Christian Bartsch

Modellierung und Simulation von IT-Dienstleistungsprozessen

Modellierung und Simulation von IT-Dienstleistungsprozessen

von
Christian Bartsch

Dissertation, Karlsruher Institut für Technologie
Fakultät für Wirtschaftswissenschaften
Tag der mündlichen Prüfung: 26.04.2010
Referent: Prof. Dr. Andreas Oberweis
Korreferent: Prof. em. Dr. Dr. h.c. Wolffried Stucky

Gedruckt mit Unterstützung der Stiftung Landesbank Baden-Württemberg

LB≡BW

Stiftungen
Landesbank Baden-Württemberg

Impressum

Karlsruher Institut für Technologie (KIT)
KIT Scientific Publishing
Straße am Forum 2
D-76131 Karlsruhe
www.ksp.kit.edu

KIT – Universität des Landes Baden-Württemberg und nationales
Forschungszentrum in der Helmholtz-Gemeinschaft

KIT Scientific Publishing 2010
Print on Demand

ISBN 978-3-86644-524-6

Vorwort

Diese Arbeit entstand während meiner Tätigkeit als wissenschaftlicher Mitarbeiter und Projektleiter in den Forschungsbereichen Information Process Engineering (IPE) und Software Engineering (SE) am FZI Forschungszentrum Informatik in Karlsruhe.

Mein besonderer Dank richtet sich an meinen Doktorvater Prof. Dr. Andreas Oberweis für seine kontinuierliche Unterstützung, seine kritischen Anmerkungen und seine konstruktiven Ratschläge. Ebenso danke ich meinem Korreferenten Prof. Dr. Dr. h.c. Wolffried Stucky, sowie Prof. Dr. Gerhard Satzger und Prof. Dr. Bruno Neibecker für die Begleitung meiner mündlichen Prüfung.

Allen meinen Kollegen danke ich für ihre Hilfsbereitschaft und die gute Zusammenarbeit in einer sehr angenehmen Atmosphäre. Ein herzliches Dankeschön richtet sich an Prof. Dr. Marco Mevius, der als wertvoller Mentor stets Zeit hatte, sich meine Ideen anzuhören, diese kritisch zu hinterfragen und in spannenden Diskussionen zu verfeinern.

Außerdem bedanke ich mich bei Dr. Christopher Ward und Dr. Larisa Shwartz von der Forschungsgruppe IT-Service Management am T.J. Watson Research Center (IBM Research), New York, USA für die konstruktive und außergewöhnliche Zeit während meines Forschungsaufenthalts von April bis August 2007. Darüber hinaus danke ich dem Vorstand des FZI Forschungszentrum Informatik, der diesen Forschungsaufenthalt unterstützt hat.

Für viele inspirierende Impulse zu meiner Arbeit danke ich unter anderem Prof. Dr. Stefan Tai, Prof. Dr. Rainer Schmidt, Prof. Dr. Dieter Hertweck, Markus Losert, Thiemo Doleski und Steven Handgrätinger. Dank gilt auch den zahlreichen Diplomarbeitern für ihre engagierte Mitarbeit. Selbstverständlich auch vielen Dank an alle meine Freunde, die mich während dieser Zeit immer wieder motiviert und moralisch unterstützt haben.

Meiner Frau Ursula danke ich ganz besonders für ihren unersetzbaren Rückhalt, ihre unbezahlbare Geduld und ihr unerschütterliches Vertrauen in mich. Meinen Eltern und meiner gesamten Familie danke ich für ihre uneingeschränkte Unterstützung, meine persönlichen Ziele jederzeit verfolgen zu können.

Karlsruhe, April 2010

Christian Bartsch

Auch der längste Weg

beginnt mit dem ersten Schritt.

(Laotse)

Inhaltsverzeichnis

3 Modellierung von Prozess- und Dienstgüteobjekten 85

4 Modellierung von IT-Dienstleistungsprozessen 121

Abbildungsverzeichnis

Tabellenverzeichnis

Abkürzungsverzeichnis

ARIS	Architektur integrierter Informationssysteme
B/E-Netz	Bedingung/Ereignis-Netz
BF-Suche	Breadth First-Suche
BNF	Backus-Naur-Form
BPD	Business Process Diagram
BPMN	Business Process Modeling Notation
BPR	Business Process Reengineering
BPSS	Business Process Specification Schema
BS 15000	British Standard 15000
CASSIS	Capability Simulator for IT-Service Desks
CCTA	Central Computing and Telecommunications Agency
CI	Configuration Item
CMDB	Configuration Management Database
CMMI	Capability Maturity Model Integration
CObIT	Control Objectives for Information and related Technology
Conf.	Conference
CRM	Customer Relationship Management
DGQ	Deutsche Gesellschaft für Qualität e.V.
DIN	Deutsche Institut für Normung e.V.
DOM	Document Object Model
DTD	Document Type Definition
DV	Datenverarbeitung
DW	Data Warehouse
ebXML-BPSS	E-Business XML Business Process Specification Schema
eEPK	erweitere Ereignisgesteuerte Prozesskette
ePfN	einfaches Performance-Netz
EPK	Ereignisgesteuerte Prozesskette
ERM	Entity Relationship Model
ERP	Enterprise Ressource Planning
GEF	Graphical Editing Frameworks
GUI	Grafical User Interface
HTML	Hypertext Markup Language

HTTP	HyperText Transfer Protocol
IaaS	Infrastructure as a Service
IMAP	Internet Message Access Protocol
INCOME	Interactive Netbased Conceptual Modelling Environment
Intl.	International
IPD	INCOME Process Designer
ISACA	Information Systems Audit and Control Association
ISO	International Organization for Standardization
IT	Informationstechnologie
ITGI	IT Governance Institute
ITIL	IT Infrastructure Library
ITSM	IT-Service Management
itSMF	IT-Service Management Forum
IuK	Information- und Kommunikation
K/I-Netz	Kanal/Instanzen-Netz
KEF	Kritischer Erfolgsfaktor
KPI	Key Performance Indikatoren
MDA	Model Driven Architecture
MDSD	Model Driven Software Development
ML	Modeling Language
MOF	Meta Object Facility
MTBF	Mean Time Between Failure
MTBSI	Mean Time Between System Incidents
MTRS	Mean Time to Restore a Service
MVC	Model View Controller
NR/T-Netz	NF2-Relationen/Transitionen-Netz
NS	Namespace
OEM	Original Equipment Manufacturer
OLA	Operational Level Agreement
OSP	Original Service Provider
PaaS	Platform as a Service
PIM	Platform Independent Model
PIMS	Profit Impact of Market Strategies
PO	Prozessobjekt
POP3	Post Office Protocol 3

Pr/T-Netz	Prädikate/Transitionen-Netz
Proc.	Proceedings
PSM	Platform Specific Model
QFD	Quality Function Deployment
QualIT	Qualitätsmodell für IT-Dienstleistungen
RCP	Rich Client Platform
Re-QualIT	Requirements-*QualIT*
RfC	Request for Change
ROI	Return On Investment
ROS	Return On Sales
S/T-Netz	Stellen/Transitionen-Netz
SaaS	Software as a Service
SAX	Simple API for XML
SCM	Supply Chain Management
SGML	Standard Generalized Markup Language
SHM	Semantisch Hierarchisches Modell
SLA	Service Level Agreement
SMTP	Simple Mail Transfer Protocol
SOA	Service Oriented Architecture
SOAP	Simple Object Access Protocol
SOE	Service Oriented Enterprise
SOX	Sarbanes Oxley Act
SPI	Strategic Planning Institute
SPICE	Software Process Improvement and Capability Determination
TiMo	Transitionsinschriften-Modellierer
TQM	Total Quality Management
TRS	Time to Restore a Service
UC	Underpinning Contract
UDDI	Universal Description, Discovery and Integration
UML	Unified Modeling Language
VEA	Verallgemeinerter Erreichbarkeitsalgorithmus
VM	Verfügbarkeitsmuster
W3C	World Wide Web Consortium
WfMS	Workflow Management System
WML	Wireless Markup Language

WPF	Windows Presentation Foundation
WS	Web Service
WS-BPEL	Web Services Business Process Execution Language
WSDL	Web Service Description Language
WSFL	Web Services Flow Language
XManiLa	XML Manipulation Language
XML	Extensible Markup Language
XPath	XML Path Language
XPDL	XML Process Definition Language
XQuery	XML Query Language
XSD	XML-Schema Diagramm
XSM	XML-Schema Modell
YAWL	Yet Another Workflow Language
ZB-IT	Zentralbereich Informationstechnologie

1 Einleitung

In diesem Kapitel der vorliegenden Arbeit wird zuerst die Problemstellung dargestellt und darauf aufbauend die Zielsetzung erläutert. Im Anschluss daran wird der Aufbau der Arbeit vorgestellt.

1.1 Problemstellung und Motivation

Aufgrund einer Vielzahl interner und externer Einflussfaktoren[1] müssen sich Unternehmen zunehmend mit der Frage auseinandersetzen, welche Geschäftsprozesse die Kernkompetenzen bestmöglich unterstützen. Im Rahmen dieser Auseinandersetzung muss auch ermittelt werden, welche der in Frage kommenden Geschäftsprozesse intern erbracht oder aufgrund strategischer Entscheidungen[2] von externen Dienstanbietern bezogen werden. Nach [ZEW08] werden sekundäre Geschäftsprozesse deutlich häufiger ausgelagert als primäre. Primäre Geschäftsprozesse werden durch das Vorhandensein einer externen Kundenbeziehung charakterisiert. Produkte oder Dienstleistungen werden im Rahmen primärer Aktivitäten innerhalb einer Wertschöpfungskette für einen externen Kunden erstellt und vermarktet. Sekundäre Geschäftsprozesse zeichnen sich durch interne Kundenbeziehungen aus. Sie können die Ausführung primärer Geschäftsprozesse durch die Bereitstellung von Ressourcen unterstützen sowie primäre Aktivitäten miteinander verknüpfen, die keine externe Kundenbeziehung aufweisen [Jos00]. In über der Hälfte aller IT-Outsourcing[3] Projekte wird eine Kombination beider Geschäftsprozesse entweder ganz oder teilweise von externen Dienstanbietern erbracht. Neben dem Rechnungswesen lagern Unternehmen am häufigsten den IT-Bereich aus [ZEW08]. Die IT-seitige Unterstützung von Geschäftsprozessen kann durch den gezielten Einkauf von IT-Dienstleistungen[4] von einem oder mehreren sowohl internen als auch externen Dienstanbietern sicher gestellt werden. Die eingekauften IT-Dienstleistungen werden auf Basis unterschiedlicher Ausprägungen von IT-Dienst-

---

[1] Externe Einflussfaktoren sind: Konjunktur, Preise, Politik, neue Gesetze, neue Technologien, Branchenentwicklung, etc.. Interne Einflussfaktoren sind: Marktstellung, neue Produkte, Qualität des Managements, Produktivität, Unternehmensziele, Kundenanforderungen, etc..

[2] Entscheidungen, die sich direkt oder indirekt auf langfristige Zeit (> 3 Jahre, vgl. [Wil82]) auf das Unternehmen auswirken (z.B. Erlangung von Wettbewerbsvorteilen durch Qualitätssteigerung, engere Bindung zu Kunden durch verbesserte Kooperation, Prozessverbesserung durch verbesserte Informationsverfügbarkeit).

[3] Als IT-Outsourcing wird eine mittel- oder langfristige Geschäftsbeziehung zwischen zwei Vertragsparteien bezeichnet, wobei die Bereitstellung bestimmter IT-Infrastrukturkomponenten und IT-Dienstleistungen für den einen Vertragspartner im Verantwortungsbereich des anderen Vertragspartners liegt.

[4] Die Begriffe IT-Dienstleistung und IT-Service werden aufgrund der gleichwertigen Verwendung in der Literatur [GrF08; Zar07] im Folgenden synonym verwendet (vgl. Kapitel 2).

leistungsvereinbarungen[5] erbracht [BWW03]. Die zunehmende Modularisierung und Flexibilisierung von IT-Dienstleistungen bietet – entsprechend den Zielen eines Dienstanbieters – Potentiale, die zur Kostensenkung und zur Qualitätsverbesserung bei der Entwicklung, Anpassung und Leistungserstellung der IT-Dienstleistungen führen können [KrB05]. Die Umgebung zum Betrieb von IT-Dienstleistungen ist stark heterogen und verändert sich permanent im Kontext individueller Kundenanforderungen [Mas07]. IT-Dienstleistungen werden nicht mehr vollständig selbstständig erbracht und bereitgestellt, sondern unter Einbindung spezifisch zugekaufter IT-Dienstleistungen im Rahmen von IT-Dienstleistungskatalogen angeboten. Für den Dienstnehmer muss der Dienstanbieter eigene und beschaffte IT-Dienstleistungen systematisch im Rahmen eines kontrollier- und steuerbaren Lebenszyklus [IqN07; ISO06; KMO98; Köh06] organisieren[6], um Aussagen über die maximal mögliche Qualität der dem Dienstnehmer angebotenen IT-Dienstleistung treffen zu können. Für den Dienstnehmer eröffnen sich Möglichkeiten (z.B. durch IT-Outsourcing), die IT-Fertigungstiefe[7] individuell auf die Anforderungen des eigenen Unternehmens anzupassen [ERS08]. Aufgrund der zunehmenden Möglichkeiten zum IT-Outsourcing wächst der Markt für IT-Dienstleistungen seit einigen Jahren kontinuierlich [SBW09]. Bedingt dadurch steigt aber auch die Zahl der Dienstanbieter, wodurch das Substitutionspotential aus Sicht der Dienstnehmer aufgrund ähnlicher oder gleicher Angebote steigt. Von besonderer Bedeutung ist, zu welchem Zeitpunkt und in welcher Qualität die geforderten IT-Dienstleistungen im Verhältnis zu den dafür berechneten Kosten zur Verfügung stehen. Aufgrund steigender Kundenanforderungen an eingekaufte IT-Dienstleistungen[8] müssen sich Dienstanbieter immer feingranularer vom Wettbewerb differenzieren, um auf dem Markt erfolgreich bestehen zu können. Neben klassischen Differenzierungsmerkmalen wie Preis, Kundennähe, Flexibilität oder Innovationsfähigkeit kommt der Qualität von IT-Dienstleistungen eine entscheidende Bedeutung als Erfolgsfaktor zu [BuG04; Bru06]. Aus Sicht eines Dienstanbieters wird die Qualität bei der Erbringung von IT-Dienstleistungen sowohl

---

[5] Eine IT-Dienstleistungsvereinbarung hat verschiedene Ausprägungen in Form von Verträgen im IT-Dienstleistungsumfeld. Diese werden je nach Geschäftsbeziehung in Service Level Agreements (SLA), Operational Level Agreements (OLA) und Underpinning Contracts (UC) unterteilt [SMJ00] (vgl. Abschnitt 2.4).

[6] Zur Organisation der IT-Dienstleistungen gehört auch die systematische Kontrolle und Steuerung der zur Erzeugung der IT-Dienstleistung benötigten IT-Dienstleistungsprozesse.

[7] Die IT-Fertigungstiefe ist ein Maß für den Umfang der durch den IT-Bereich eines Unternehmens selbst erzeugten IT-Dienstleistungen. Eine hohe IT-Fertigungstiefe ist dann gegeben, wenn sämtliche zur Erzeugung einer IT-Dienstleistung benötigten IT-Komponenten, IT-Dienstleistungsprozesse, etc. ohne Einbindung externer Lieferanten komplett selbstständig erbracht werden.

[8] Zum Beispiel Kostentransparenz, kontrollierte Unterstützung der Geschäftsprozesse, Zertifizierung von Dienstanbietern unter anderem als Nachweis der Einhaltung von (Qualitäts-)Standards oder kompetentes Fachpersonal.

unter technischen als auch aus nicht-technischen Aspekten als eines der zentralen Merkmale bei der Differenzierung zum Wettbewerb immer wichtiger.

Die Identifikation der von Dienstnehmern benötigten Verfügbarkeiten für IT-Dienstleistungen ist einer der Kernaspekte bei der Gestaltung von IT-Dienstleistungsvereinbarungen. In der betrieblichen Praxis ist eines der zentralen Probleme, dass Ausfallwahrscheinlichkeiten von IT-Dienstleistungen und deren Korrelationen nicht bekannt oder nur schwer bestimmbar sind [BrH08]. Daher basiert die Festlegung einer Verfügbarkeit für IT-Dienstleistungen auf Erfahrungswerten und Schätzungen. Die Validierung erfolgt zur Laufzeit des Vertrages. A priori Abschätzungen – beispielsweise durch Simulation – über die Effektivität und Effizienz vereinbarter Service-Levels und möglicher Auswirkungen von Ausfallzeiten oder Wartungszeiten auf die Performanz der Geschäftsprozesse des Dienstnehmers sind nicht möglich. Eine der Ursachen hierfür liegt in der meist informellen Repräsentationsform von IT-Dienstleistungsprozessen im Rahmen des IT-Service Managements eines Dienstanbieters, den zu Ihrer Realisierung verfügbaren Ressourcen, möglichen Interaktionen sowie deren Einfluss auf zu unterstützende Geschäftsprozesse von Dienstnehmern. Ein Defizit bisheriger Modellierungssprachen [BPM08; KKN91; Oes06; WSB07] und Methoden [EsM07; Kne06; Köh06; RaB08] ist das Fehlen einer integrierten und formalen Darstellungsweise, die es erlaubt, Verfügbarkeiten in IT-Dienstleistungsprozessen mit der operativen Betriebs- und der taktischen Geschäftsprozessebene[9] zu verbinden [Wes07]. Die integrierte Modellierung ist beispielsweise wünschenswert, um Auswirkungen von vereinbarten Kennzahlen der IT-Dienstleistungen auf die Performanz der Geschäftsprozesse der Dienstnehmer softwaregestützt bereits zur Entwurfszeit von Verträgen systematisch „durchspielen" zu können. Eine integrierte Modellierung von IT-Dienstleistungsprozessen soll außerdem dazu beitragen, das richtige Gleichgewicht zwischen der erwarteten Qualität der IT-Dienstleistung und dem dafür berechneten Preis zu identifizieren und die grundsätzliche Leistungsfähigkeit von Dienstanbietern sichtbar zu machen. Auf Basis dieser Informationen soll es ermöglicht werden, IT-Dienstleistungsvereinbarungen in Bezug auf technische und geschäftsprozessrelevante Kennzahlen mit dem Dienstnehmer sowie den an der Erbringung der IT-Dienstleistung

---

[9] Die Betriebs- und Geschäftsprozessebene bilden unterschiedliche Detailgrade in der Unternehmensmodellierung. Geschäftsprozessebenen können beispielsweise in Anlehnung an das Drei-Ebenen-Modell nach [Öst95] (so genannter Top-Down Ansatz) ausgestaltet sein. Bei diesem Ansatz werden nach Festlegung einer zu verfolgenden Unternehmensstrategie, die zur Umsetzung dieser Strategie benötigten Geschäftsprozesse aufgebaut. Im Anschluss daran werden die zur (teil-)automatisierten Unterstützung der Geschäftsprozesse notwendigen Informations- und Datenverarbeitungssysteme implementiert. Betriebsprozesse unterstützen die Geschäftsprozesse beispielsweise durch den Betrieb der Informations- und Datenverarbeitungssysteme. Strategische, taktische und operative Geschäftsprozesse unterscheiden sich durch den unterschiedlichen Zeitbezug. Je nach Situation sind unterschiedliche Definitionen sinnvoll. Zum Beispiel beziehen sich nach [Wil82] strategische Geschäftsprozesse auf einen Betrachtungszeitraum von mehr als drei Jahren, taktische Geschäftsprozesse auf ein bis drei Jahre und operative Geschäftsprozesse auf weniger als ein Jahr.

beteiligten Zulieferern zu erstellen. Durch die kundenspezifische Festlegung und Modellierung von gängigen (Qualitäts-)Kennzahlen im IT-Service Management soll die systematische Bereitstellung, der Betrieb sowie die kontinuierliche Verbesserung von angebotenen IT-Dienstleistungen zur Unterstützung der Geschäftsprozesse des Dienstnehmers bestmöglich umgesetzt werden. Bisher existiert keine Sprache, und damit verbunden auch keine Methode, welche eine integrierte Modellierung der ablaufrelevanten Qualitätsmerkmale, insbesondere der Verfügbarkeit von IT-Dienstleistungen ermöglicht und somit zur realistischeren Bestimmung der vertraglich bindenden Kennzahlen beispielsweise in IT-Dienstleistungsvereinbarungen während der Entwurfszeit beiträgt. Die Ausdrucksmächtigkeit der verwendeten Modellierungssprache muss neben der Beschreibung der relevanten Kennzahleninformation auch die sich daraus ergebenden dynamischen Konsequenzen ermöglichen [Mev06]. Größtenteils erfüllen Petri-Netze [ObS96; Pet62; Rei91; ReR98] diese Voraussetzungen.

1.2 Zielsetzung

Ausgehend von der Problemstellung ist das Ziel dieser Arbeit die Entwicklung einer integrierten Methode, mit der Dienstanbieter Qualitätsmerkmale wie die Verfügbarkeit oder Zuverlässigkeit der angebotenen IT-Dienstleistungen sowie die zu ihrer Erbringung benötigten IT-Dienstleistungsprozesse unter Berücksichtigung von IT-Dienstleistungsvereinbarungen formal modellieren und anschließend simulieren können. Es wird eine integrierte Methode zur Modellierung und Simulation von IT-Dienstleistungsprozessen adressiert und mit der Entwicklung folgender Komponenten umgesetzt:

- Entwicklung eines Qualitätsanforderungsmodells für IT-Dienstleistungen und daran anknüpfend eine integrierte Sammlung von Qualitätsanforderungen für Dienstanbieter, die auf Modellen und Standards aus dem IT-Service Management basieren [BaM08]. Das Qualitätsanforderungsmodell soll einen Orientierungsrahmen zur Verfügung stellen, um mögliche qualitative Schwachstellen bei der Erbringung von IT-Dienstleistungen zu identifizieren und einzuordnen. Durch das Qualitätsanforderungsmodell werden Handlungsempfehlungen zur Verfügung gestellt, mit dem Ziel, identifizierte Qualitätsdefizite zu beheben und die zur Erbringung von IT-Dienstleistungen betroffenen IT-Dienstleistungsprozesse zu verbessern.

- Entwicklung einer auf höheren Petri-Netzen basierenden Methode zur durchgängigen, präzisen Modellierung von IT-Dienstleistungsprozessen und den damit verbundenen Qualitätsmerkmalen. Ein besonderer Fokus wird auf die Anwendung von XML-Netzen

4

[Len03; LeO03], einer Variante höherer Petri-Netze [Gen86; Jen92; Obe96b; Wei98] gelegt. Die zu entwickelnde Methode soll zur integrierten Modellierung von ablaufrelevanten Dienstgüteobjekten am Beispiel der Verfügbarkeit von IT-Dienstleistungen verwendet werden, um das qualitätsorientierte Management von IT-Dienstleistungsprozessen zu ermöglichen. Die systematische Dokumentation und Analyse von IT-Dienstleistungsprozessen und deren Qualitätsmerkmalen soll gezielt unterstützt werden.

- Im Rahmen der vorliegenden Arbeit soll darüber hinaus eine simulationsgestützte Methode entwickelt werden, die den Dienstanbieter dabei unterstützt, notwendige Verfügbarkeiten von IT-Dienstleistungen, deren Auswirkungen auf die Performanz des Geschäftsprozesses des jeweiligen Dienstnehmers und den damit verbundenen IT-Dienstleistungsvereinbarungen bereits zur Entwurfszeit abzuschätzen. Die Informationen über die Verfügbarkeit von IT-Dienstleistungen sind notwendig, da die Verfügbarkeit eines der Kernelemente in IT-Dienstleistungsvereinbarungen darstellt. Eine simulative a priori Abschätzung von Verfügbarkeiten soll den Dienstanbieter unterstützen, beispielsweise die Auswirkungen und die damit verbundenen Risiken einer Über- oder Unterdimensionierung von vereinbarten Verfügbarkeiten bereits im Vorfeld der Vertragsverhandlungen zu identifizieren. Die Möglichkeit zur Simulation qualitätsbeeinflussender Merkmale bei der Erbringung von IT-Dienstleistungen soll den Dienstanbieter auch dabei unterstützen, Entscheidungen in Bezug auf den Umfang und Inhalt der zu erstellenden IT-Dienstleistungsvereinbarungen zu treffen.

- Konzeption und Implementierung von zwei prototypischen Softwarewerkzeugen zur Modellierung und Simulation von IT-Dienstleistungsprozessen. Das Softwarewerkzeug *Simulator zur Auslastung von IT-Service Desks (CASSIS)*[10] soll die Modellierung und Simulation der Auslastung eines IT-Service Desk[11] unter Anwendung der Warteschlangentheorie [CAA71; Lip09] unterstützen und Analysen zur Einhaltung ausgewählter, in IT-Dienstleistungsvereinbarungen festgelegten, Qualitätsmerkmale ermöglichen. Das Softwarewerkzeug *CASSIS* soll insbesondere die ereignisbasierte Simulation der Ressourcenauslastung (z.B. Anzahl verfügbare Mitarbeiter, Erfahrung,

---

[10] Da das Softwarewerkzeug auch im Englisch-sprachigen Umfeld eingesetzt werden soll, wurde das Akronym *CASSIS* aus *Capacity Simulator for IT-Service Desks* abgeleitet.

[11] Der IT-Service Desk ist die zentrale Anlaufstelle (per Telefon, Formular, etc.) für den Anwender bei Störungsmeldungen oder Anfragen zu IT-Dienstleistungen. Er gewährleistet die Erreichbarkeit der IT-Organisation und ist für die Lösung aller Störungsmeldungen oder Anfragen der Dienstanwender verantwortlich [OGC07d].

etc.) sowie der Performanz (Pausendauer, Lösungsdauer, etc.) bei der Bearbeitung von Störungstickets an einem IT-Service Desk unterstützen. Das Softwarewerkzeug *Transitionsinschriften-Modellierer (TiMo)* soll die Modellierung von IT-Dienstleistungsprozessen auf Basis von XML-Netzen durch die Integration von Schaltbedingungen in Transitionen benutzerfreundlich unterstützen. Das Softwarewerkzeug *TiMo* erfüllt somit eine wichtige Voraussetzung zur automatisierten Simulation von IT-Dienstleistungsprozessen mit dem Ziel der a priori Abschätzung der Verfügbarkeiten von IT-Dienstleistungen.

Die Basis für die präzise Modellierung und Analyse von IT-Dienstleistungsprozessen ist die Auswahl einer geeigneten Sprache. Die Modellierungssprache sollte grafisch und formal sein, um Qualitätsmerkmale von IT-Dienstleistungsprozessen mittels Simulationsexperimenten analysieren zu können. Eine spezielle Variante höherer Petri-Netze [Gen86; Jen92; Obe96b; Wei98], im Folgenden XML-Netze [Len03; LeO03; Mev06] genannt, soll als Basis für die Entwicklung einer dafür geeigneten Modellierungssprache dienen. XML-Netze ermöglichen die Modellierung komplexer Prozessobjekte mit hierarchischer Struktur, wie sie für die Repräsentation von Qualitätsmerkmalen in IT-Dienstleistungsprozessen benötigt werden. Die Integration des XML-Standards [W3C04] erlaubt die Entwicklung einer eigenen Auszeichnungssprache, mit der sich beliebig komplexe Dokumentstrukturen, der Ausdruck grafischer Elemente sowie die Wiedergabe zeitlicher Informationen abbilden lassen. Die Auszeichnungssprache ist nicht auf eine vorgegebene Grammatik und ein nicht erweiterbares Vokabular beschränkt [HPZ08]. Des Weiteren wird der inner- und überbetriebliche Austausch von Prozessobjektinformationen zwischen Geschäftsprozessen und IT-Dienstleistungsprozessen ermöglicht, was die standardisierte Modellierung, Analyse und Kontrolle von ablaufrelevanten Dienstgüteobjekten verbessert. Die systematische Modellierung von IT-Dienstleistungsprozessen in Verbindung mit Qualitätsmerkmalen soll es dem Dienstanbieter ermöglichen, methodisch bei der a priori Bestimmung von Qualitätsmerkmalen wie der Verfügbarkeit oder Zuverlässigkeit von IT-Dienstleistungen im Rahmen von IT-Dienstleistungsvereinbarungen vorzugehen.

1.3 Aufbau der Arbeit

Der Aufbau der vorliegenden Arbeit gestaltet sich wie folgt: Das *zweite Kapitel* gibt eine motivierende Einführung in die Grundlagen des Managements von IT-Dienstleistungsprozessen. Im Besonderen werden verschiedene Methoden aus der betrieblichen Praxis

[BMO06; ITI05; Köh06; OGC07a; OGC07b; OGC07c; OGC07d; OGC07e] betrachtet, die das strategische, taktische und operative Management von Informationstechnologie (IT) und IT-Dienstleistungen unterstützen. Die spezifischen Eigenschaften von IT-Dienstleistungsprozessen werden hergeleitet und deren Bedeutung für das Geschäftsprozessmanagement sowie das Management von IT-Dienstleistungen aufgezeigt. Der Qualitätsbegriff im Allgemeinen sowie bezogen auf IT-Dienstleistungen im Besonderen wird eingeführt und diskutiert. Es wird verdeutlicht, dass das Management von IT-Dienstleistungsprozessen in Verbindung mit Qualitätsmerkmalen noch nicht ausreichend unterstützt wird. Insbesondere neue Ansätze zur Erbringung skalierbarer IT-Dienstleistungen beispielsweise auf Basis von *Cloud Computing*[12] [BKN09] erfordern ein hohes Maß an Vertrauen in die Einhaltung der vereinbarten Qualität der IT-Dienstleistung. Daran anknüpfend darauf wird ein Qualitätsanforderungsmodell zur Bestimmung der Qualität von IT-Dienstleistungen entwickelt, welches Maßnahmen zur Behebung von möglichen Qualitätsdefiziten bei der Erbringung von IT-Dienstleistungen vorschlägt [BaM08]. Anschließend wird aufgezeigt, wie IT-Dienstleistungsvereinbarungen erstellt werden und welchen Einfluss diese auf das Geschäftsprozessmanagement der beteiligten Akteure haben.

Kapitel drei befasst sich mit der Modellierung von komplexen Prozess- und Dienstgüteobjekten (z.B. IT-Dienstleistungsvereinbarungen, Ressourcen oder Kennzahlen) in IT-Dienstleistungsprozessen sowie relevanter Qualitätsmerkmale. Im ersten Abschnitt dieses Kapitels werden Anforderungen an Sprachen zur integrierten Modellierung von Prozessobjekten und IT-Dienstleistungsprozessen erhoben. Im Anschluss daran werden Sprachen zur Modellierung von Prozess- und Dienstgüteobjekten beispielhaft skizziert. Ein domänenspezifisches Metamodell zur Charakterisierung von IT-Dienstleistungsvereinbarungen in IT-Dienstleistungsprozessen stellt die notwendigen Sichten [Ber05; SBO07; ScB07] und entsprechend zu modellierende, ablaufrelevante Dienstgüteobjekte bereit. Aufgrund der formulierten Zielsetzung dieser Arbeit wird auf die Verwendung von Petri-Netzen und insbesondere auf die XML-basierte Repräsentation von ablaufrelevanten Dienstgüteobjekten in IT-Dienstleistungsprozessen eingegangen. Es folgt eine Einführung in XML und XML Schema [W3C04; W3C08a; W3C08b] zur Definition von Strukturen für XML-Dokumente. Danach werden Prozess- und Dienstgüteobjekte XML-basiert modelliert.

---

[12] Skalierbare on-Demand IT-Dienstleistungen wie „Platform as a Service" (PaaS), „Infrastructure as a Service" (IaaS) oder „Software as a Service" (SaaS) werden durch neue Ansätze der flexiblen Kopplung – teils zur Laufzeit – von ausschließlich im Web laufenden Anwendungen realisiert. Solche Ansätze bieten, insbesondere in Bezug auf die deutlich steigenden, verfügbaren Rechenkapazitäten, Potentiale zur kommerziell nutzbaren Simulation komplexer Systeme. Bisher sind dazu spezielle und teure Hardwareinvestitionen notwendig.

Im *vierten Kapitel* werden im ersten Teil verschiedene Sprachen zur Modellierung von Geschäftsprozessen und IT-Dienstleistungsprozessen wie die EPK [Sch07a], WS-BPEL [OAS07a] oder BPMN [OMG09] exemplarisch beschrieben und bewertet. Im Anschluss daran wird auf die Modellierung von IT-Dienstleistungsprozessen mit einfachen und höheren Petri-Netzen eingegangen. Gestützt darauf wird eine Petri-Netz-basierte Methode entwickelt, mittels der ein wichtiges Qualitätsmerkmal einer IT-Dienstleistung – die *Verfügbarkeit* – modelliert und anschließend simuliert werden kann [BMO08]. Darüber hinaus werden weitere Qualitätsmerkmale wie die *Zuverlässigkeit* einer IT-Dienstleistung sowie die *Wiederherstellungszeit* bei Störungen einer IT-Dienstleistung betrachtet.

Das *fünfte Kapitel* behandelt die Simulation von IT-Dienstleistungsprozessen und führt in die Grundlagen der quantitativen und qualitativen Analyse ein [BMO08]. Darauf aufbauend werden Simulationsexperimente zur Analyse der Auswirkungen der Verfügbarkeit von IT-Dienstleistungen auf die Performanz von IT-Dienstleistungsprozessen mittels verschiedener Thesen motiviert und die Durchführung der Simulationsexperimente erörtert. Es werden insgesamt sechzehn durchgeführte Simulationsexperimente für sequentielle, nebenläufige und parallele IT-Dienstleistungsprozesse beschrieben, analysiert und interpretiert. Das Kapitel schließt mit einer Zusammenfassung und Diskussion der Simulationsergebnisse.

In *Kapitel sechs* werden zwei prototypische Softwarewerkzeuge vorgestellt, die sowohl zur Modellierung als auch Simulation von IT-Dienstleistungsprozessen entwickelt worden sind. Zuerst wird in die Grundlagen und die Funktionen des Softwarewerkzeug *CASSIS* eingeführt, bevor anschließend auf die Implementierung und den Betrieb näher eingegangen wird [BMO10]. Mittels eines Beispielszenarios aus der betrieblichen Praxis wird die Modellierung und Simulation des IT-Dienstleistungsprozesses ‚Störungsmanagement' evaluiert.

Das zweite Softwarewerkzeug, der *Transitionsinschriften-Modellierer (TiMo)*, wird als Erweiterung der im Rahmen eines Forschungsprojektes entwickelten Modellierungssuite *INCOME2010* (vgl. Abschnitt 6.2.3) in Form eines Java-basierten Plug-ins für Transitionsinschriften bereit gestellt. Im ersten Schritt werden die funktionalen und nicht-funktionalen Anforderungen an das Softwarewerkzeug mittels verschiedener Anwendungsfälle erhoben. Im Anschluss daran wird auf die Implementierung und den Betrieb eingegangen, bevor die verschiedenen Anforderungen anhand eines Anwendungsbeispiels evaluiert werden.

Kapitel sieben fasst die vorangegangen Kapitel zusammen und schließt mit einer kritischen Betrachtung der gewonnen Ergebnisse. Ein Fazit hinsichtlich der erreichten Forschungsziele, offen gebliebenen Forschungsfragen sowie weiterführender Implementierungsarbeiten gegeben schließt das Kapitel ab.

2 Grundlagen zum Management von IT-Dienstleistungsprozessen

In diesem Kapitel wird nach der Einführung in die Grundlagen von Geschäftsprozessen und IT-Dienstleistungsprozessen die Domäne des IT-Service Management erläutert. Es werden gängige Methoden[13], die in der betrieblichen Praxis im Rahmen des IT-Service Management eingesetzt werden, vorgestellt. Im Anschluss daran wird motiviert, warum die Qualität von IT-Dienstleistungen ein entscheidender Wettbewerbsfaktor aus Sicht von Dienstanbietern ist und wie die Anforderungen an die Qualität von IT-Dienstleistungsprozessen zur Bereitstellung von IT-Dienstleistungen integriert modelliert werden können. Gestützt darauf wird das Konzept der IT-Dienstleistungsvereinbarung erläutert sowie deren Bedeutung und Ausgestaltung in der betrieblichen Praxis dargestellt.

2.1 Grundlagen zu Geschäfts- und IT-Dienstleistungsprozessen

Zunächst werden die grundlegenden Begriffe Geschäftsprozess, Dienstleistung (Service), IT-Dienstleistung (IT-Service) und IT-Dienstleistungsprozess hergeleitet und miteinander in Zusammenhang gesetzt.

2.1.1 Geschäftsprozess

Es existiert eine Vielzahl ähnlicher Definitionen [Dav93; HaC94; Öst95; Sch02] zur Charakterisierung von Geschäftsprozessen. Im Rahmen dieser Arbeit wird die Definition des betrieblichen Ablaufs[14] [Obe96a] verwendet und nachfolgend *Geschäftsprozess* genannt.

Definition 2.1: Geschäftsprozess
Ein Geschäftsprozess besteht aus einer Menge von manuellen, teil-automatisierten oder automatisierten Aktivitäten, die in einem Betrieb unter Berücksichtigung bestimmter Regeln ein definiertes Ziel verfolgen und nacheinander (sequentiell) oder nebenläufig (parallel) ablaufen. Einzelne Aktivitäten sind über betroffene Personen, Dokumente, Betriebsmittel, etc. miteinander verbunden. Personelle oder nicht-personelle (maschinelle) Aufgabenträger führen Aktivitäten aus, wobei Aufgaben als zu erbringende Leistungen zu verstehen sind. Das Ergebnis eines Geschäftsprozesses soll für einen Kunden einen Wert erzeugen. Die Erfüllung einer Aufgabe erfolgt durch eine oder mehrere Aktivitäten.

---

[13] Es werden ausschließlich Methoden betrachtet, die herstellerunabhängig und frei verfügbar sind.

[14] Begriffe wie Business Process, Vorgang oder Prozesskette werden synonym zum Begriff Geschäftsprozess verwendet.

Tabelle 1 zeigt den Zusammenhang zwischen Aktivitäten und den zu ihrer Ausführung benötigten Aufgabenträgern.

	Aufgabenträger	
	personell	nicht-personell (maschinell)
Aktivität Manuell	X	
teil-automatisiert	X	X
automatisiert		X

Tabelle 1: Aufgabenträger zur Ausführung von Aktivitäten

Zur Ausführung von manuellen Aktivitäten sind personelle Aufgabenträger in Form von personellen Ressourcen notwendig. Werden beispielsweise zwischen einem Dienstanbieter und einem Dienstnehmer Verhandlungen über zu erbringende Qualitätsmerkmale einer Aktivität geführt, sind zur Ausführung dieser Aktivität nur die jeweiligen Mitarbeiter notwendig. Die Ausführung von teil-automatisierten Aktivitäten benötigt sowohl personelle als auch maschinelle Aufgabenträger, wobei insbesondere maschinelle Aufgabenträger häufig in Form von IT-Dienstleistungen (vgl. Abschnitt 2.1.3) an der Ausführung beteiligt sind. Die Aktivität wird IT-gestützt ausgeführt[15]. Zur Ausführung von automatisierten Aktivitäten sind ausschließlich maschinelle Aufgabenträger ohne menschliche Interaktion notwendig[16].

Eine prozessorientierte Sichtweise soll Unternehmen dabei unterstützen, sich auf wettbewerbskritische Erfolgsfaktoren hin auszurichten. Im Gegensatz zur funktionsorientierten Betrachtung von Unternehmen, zeichnet sich die prozessorientierte Betrachtung dadurch aus, dass sie zwischen Aktivitäten bestehende, inhaltliche Verflechtungen und Zusammenhänge über Organisationseinheiten hinweg berücksichtigt. Nachhaltige Verbesserungen der Geschäftsprozesse in Bezug auf die Leistungsfähigkeit, Flexibilität und Kosten sollen erzielt werden. Zur Erreichung dieser Ziele stehen verschiedene Methoden wie das *Business Process Reengineering* (BPR) [HaC94], *Total Quality Management* (TQM) [Fre94] oder *Six Sigma* [Bre03] zur Verfügung. Das BPR fordert eine radikale Reorganisation der betrieblichen Abläufe in einem Unternehmen. Die Organisationsstruktur wird auf Basis von umfangreichen Geschäftsprozessanalysen unter Berücksichtigung moderner Informations- und Kommunikationstechnologien vollständig neu gestaltet. Das TQM basiert auf der Reaktionskette

---

[15] Die Erfassung einer eingehenden Störungsmeldung an einem IT-Service Desk (vgl. Abschnitt 2.2.2) kann zum Beispiel nur dann durchgeführt werden, wenn sowohl der erfassende Mitarbeiter als auch das Werkzeug zur Erfassung der Störungsmeldung die Aktivität gemeinsam ausführen.

[16] Erkennt zum Beispiel ein Monitoring-Werkzeug eine zu 95 Prozent volle Festplatte eines Logfile-Servers, so kann es automatisiert ein Störungsticket erzeugen, welches ein ebenfalls automatisiertes Verfahren startet, um ungenutzte Daten auf dem Logfile-Server zu löschen.

von Deming [Dem94] mit dem Ziel, durch systematische Anwendung von spezifischen Methoden und unter Einbeziehung der Mitarbeiter einen hohen Qualitätsstandard zum Beispiel bei der Erbringung von Dienstleistungen einzuführen und dauerhaft im Rahmen eines kontinuierlichen Verbesserungsprozesses zu erhalten. „Fehlerfreie" Geschäftsprozesse sind nach der Six Sigma Methode für eine hohe Produkt- und Dienstleistungsqualität und die daraus resultierende Kundenzufriedenheit verantwortlich. Das strikt top-down durchgeführte Geschäftsprozessverbesserungskonzept fordert eine durchgängige Messung der durch die Six Sigma Aktivitäten hervorgerufenen Verbesserungen. Entsprechende Kontrollsysteme ermöglichen die Erhebung von monetären und nicht-monetären Kennzahlen, mit dem Ziel, Wettbewerbsvorteile zu sichern und den Unternehmensgewinn zu steigern. Sind an einem Geschäftsprozess mindestens zwei Aufgabenträger beteiligt, handelt es sich um einen *kollaborativen Geschäftsprozess*. Wird ein Geschäftsprozess nicht lokal, sondern an mindestens zwei geographisch unterschiedlichen Orten ausgeführt, liegt ein *verteilter Geschäftsprozess* vor. Der *innerbetriebliche Geschäftsprozess* ist dadurch gekennzeichnet, dass er ausschließlich innerhalb eines einzelnen Unternehmens ausgeführt wird, wohingegen bei der Ausführung eines *überbetrieblichen Geschäftsprozesses* mindestens zwei Unternehmen beteiligt sind [Mev06, S.11 f.].

Die *Wertschöpfungskette* nach Porter ist ein Konzept, welches ein Unternehmen in strategisch relevante Tätigkeiten (so genannte Wertschöpfungsaktivitäten) aufteilt und analysiert. In jedem Unternehmen besteht die Wertschöpfungskette aus neun Grundtypen von Tätigkeiten, die miteinander verknüpft und als Bausteine, um ein Produkt zu schaffen, definiert sind [Por96, S.64 ff.]. Wertschöpfungsaktivitäten werden in physische und technologische Aktivitäten unterschieden, die für den Kunden einen Wert schaffen, den dieser über einen Preis vergütet. Das Ziel einer Wertschöpfungskettenanalyse ist die Steigerung des Unternehmenswertes am Ende der Wertschöpfungskette. Primäre Geschäftsprozesse stehen direkt mit dem Güterstrom in Verbindung und bestehen aus der physischen Herstellung, dem Verkauf und der Übermittlung eines Produktes an den Kunden sowie aus dem Kundendienst. Sekundäre Geschäftsprozesse wirken auf primäre Geschäftsprozesse ein. Sie umfassen die Beschaffung, Technologieentwicklung, Forschung und Entwicklung, Personalwirtschaft sowie die Unternehmensinfrastruktur. Der Input oder Output von Aktivitäten in Geschäftsprozessen wird nach [Mev06, S.13] durch das Prozessobjekt (PO) repräsentiert, wobei *elementare Prozessobjekte*[17] zu *komplexen Prozessobjekten*[18] aggregiert werden können.

---

[17] Kundenadresse, Identifikationsnummer eines Störungstickets, Kennzahlen, etc.

[18] Kundenspezifische Quartalsberichte, Kennzahlensysteme, etc.

Input-Prozessobjekte werden einer Aktivität vor ihrer Ausführung von außen zugeführt, wohingegen Output-Prozessobjekte das Ergebnis einer Aktivität darstellen und ihrerseits wiederum als Input-Prozessobjekt für die Folgeaktivität dienen können. Abbildung 1 illustriert den Aufbau eines Geschäftsprozessmodells mit Verfeinerungen.

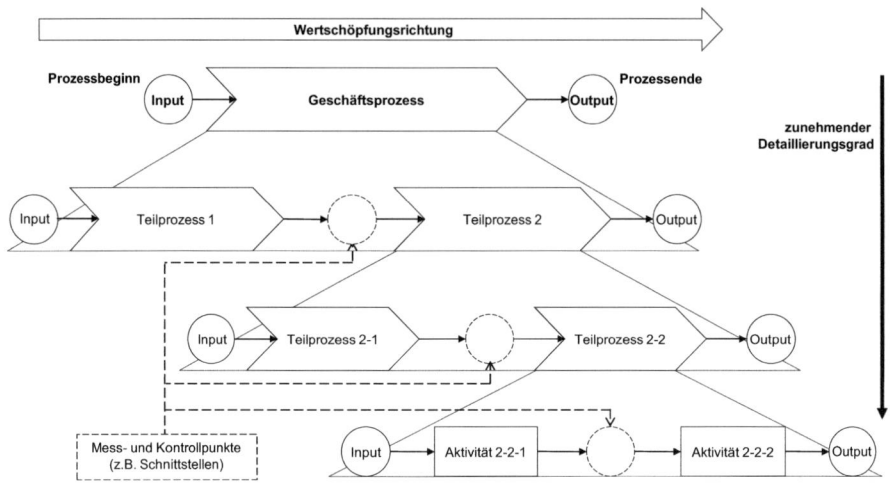

Abbildung 1: Geschäftsprozessmodell mit Verfeinerungen

Geschäftsprozesse lassen sich aufgrund ihrer zeitlichen und sachlichen Zusammenhänge in Teilprozesse unterteilen. *Teilprozess 2-2* lässt sich zum Beispiel weiter verfeinern in die *Aktivität 2-2-1* und *Aktivität 2-2-2*. Im Rahmen des Geschäftsprozessmodells aus Abbildung 1 ist das Output-Prozessobjekt der Aktivität 2-2-2 über die verschiedenen Verfeinerungsebenen hinweg gleichzeitig das Output-Prozessobjekt des gesamten Geschäftsprozesses. Geschäftsprozessmodelle repräsentieren reale Geschäftsprozesse und können zur Lenkung und Planung von Geschäftsprozessen genutzt werden. Je nach Umfang des betrachteten Geschäftsprozesses wird eine Verfeinerung über mehrere Stufen hinweg vorgenommen, bis keine Verfeinerung mehr möglich oder betriebswirtschaftlich sinnvoll ist und die elementaren Aktivitäten erreicht sind. Die Festlegung von Mess- und Kontrollpunkten zwischen Aktivitäten und Teilprozessen ermöglicht die Erfassung von Daten und Information, die als Input zur Bildung von Kennzahlen dienen (vgl. Abschnitt 2.4). Sie führen zur späteren Spezifikation von Schnittstellen im Geschäftsprozess.

Messpunkte liefern nicht nur die Spezifikationen, an welchen Stellen im Geschäftsprozess welche Informationen erhoben oder ausgelesen werden, sondern liefern auch zeitliche Informationen, wann diese Daten bezogen auf den Teilprozess erfasst werden [Kro05]. Das Prinzip der Verfeinerung wird in [EOK95] im Rahmen eines *Kunden-Lieferanten-Ansatzes* entwickelt und angewendet. Ein Geschäftsprozess wird als eine Folge von Kunden-Lieferanten-

Beziehungen gesehen, wobei der Kunde als Dienstnehmer (vgl. Abschnitt 2.1.3) mit einer Leistungsanfrage an den Lieferanten als Dienstanbieter herantritt und mit ihm über die Bedingungen der Leistungserbringung verhandelt. Der Informationsaustausch zwischen den beteiligten Akteuren wird über Kommunikationsbeziehungen geregelt, wobei sich die Rollen Dienstnehmer und Dienstanbieter innerhalb des Geschäftsprozesses abwechseln können (vgl. Abschnitt 2.2.3).

2.1.2 Dienstleistung

Der Begriff *Service* wird vereinzelt auf unterstützende Dienstleistungen im Konsum- und Investitionsgüterbereich angewendet. Dienstleistungen werden auch als das ‚Produkt' und Service als die ‚Form der Ausgestaltung' angesehen. Unterschiedliche Interpretationen der Begriffe Dienstleistung und Service führen gegenüber dem angloamerikanischen Sprachraum allerdings zu einem abweichenden Begriffsverständnis [Bru06]. Im Folgenden wird daher nicht zwischen einer Dienstleistung und einem Service unterschieden. Beide Begriffe werden synonym verwendet. Bei der Definition von Dienstleistungen wird, wie in Abbildung 2 dargestellt, zwischen drei Ansätzen unterschieden [CoG07]. Bei der *enumerativen Definition* bezieht sich der Begriff einer Dienstleistung auf die einfache Aufzählung von Beispielen, wohingegen bei der *negativen Definition* eine Dienstleistung von Sachgütern abgegrenzt wird. Es werden Eigenschaften aufgezählt, die Dienstleistungen im Gegensatz zu Sachgütern nicht aufweisen [Büh99]. Bei der Definition nach *konstitutiven Merkmalen* wird eine Dienstleistung anhand der Dimensionen Leistungspotential, Leistungserstellungsprozess und Leistungs-ergebnis charakterisiert [Sch99]. Entsprechend der jeweils betrachteten Dimension wird zwischen einer potentialorientierten, prozessorientierten und ergebnisorientierten Definition unterschieden.

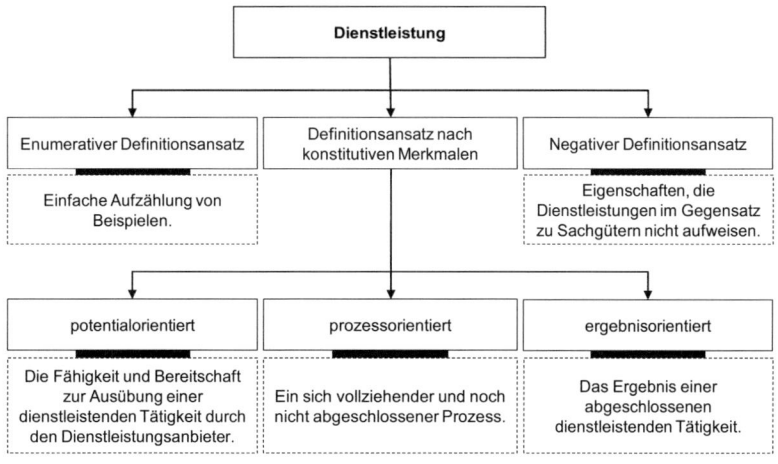

Abbildung 2: Ansätze zur Definition einer Dienstleistung

Die *enumerative* sowie die *negative Definition* einer Dienstleistung wird in der Literatur häufig kritisiert, da der enumerative Ansatz kein konkretes Kriterium bestimmt, das eine genaue Zuordnung einer Leistung als Dienst- oder als Sachleistung zulässt. Der negative Ansatz wird häufig als „wissenschaftliche Verlegenheitslösung" bezeichnet [Büh99; CoG07]. Entsprechend wird eine Dienstleistung in dieser Arbeit mittels konstitutiver Merkmale charakterisiert. Eine *potentialorientierte Dienstleistung* ist eine Dienstleistung, zu deren Erbringung der Dienstleister die Fähigkeit und entsprechende Ressourcen (Leistungspotential) besitzt [Hil89][19]. Das Leistungspotential kennzeichnet den immateriellen Charakter einer Dienstleistung, da es sich bei einer Dienstleistung nicht um ein sichtbares Produkt handelt und die Dienstleistung vor der Leistungserstellung nicht sinnlich wahrgenommen werden kann. Bei einer Dienstleistung handelt es sich nicht um ein fertiges und bereits auf Vorrat produziertes oder produzierbares Produkt [Sch99]. Da die Fähigkeit und Bereitschaft zur Erbringung einer Dienstleistung vom Dienstleister angeboten wird, wird die Bereitschaft auch als Leistungsversprechen bezeichnet [CoG07]. Wird unter einer Dienstleistung ein sich vollziehender und noch nicht abgeschlossener Geschäftsprozess verstanden, wird diese mittels des *prozessorientierten Ansatzes* charakterisiert [Büh99]. Der prozessorientierte Ansatz hebt einerseits den simultanen Charakter von Erbringung und Abnahme einer Dienstleistung (so genanntes Uno-Actu-Prinzip) hervor. Andererseits wird die Integration eines externen Faktors in die Erbringung einer Dienstleistung gefordert[20]. Beim *ergebnisorientierten Ansatz* werden Dienstleistungen durch das produzierte Ergebnis einer abgeschlossenen, dienstleistenden Tätigkeit charakterisiert [Hil89]. Es wird Bezug auf das tatsächlich hergestellte immaterielle Gut als Ergebnis einer Dienstleistung genommen.

Definition 2.2: Dienstleistung

Eine Dienstleistung (Service) wird charakterisiert durch die Fähigkeit und Bereitschaft eines Dienstleisters (Leistungserbringer, Leistungsgeber) zur Ausübung einer dienstleistenden Tätigkeit bei gleichzeitig Nutzen stiftender Integration eines durch einen Dienstabnehmer (Leistungsabnehmer) in die Dienstleistung eingebrachten externen Faktors. Eine Dienstleistung benötigt einen Dienstleister und einen Dienstabnehmer.

Dienstleistungen können als Hauptprodukt (*direkte Dienstleistung*) am Markt angeboten werden oder lediglich zur innerbetrieblichen Unterstützung (*indirekte Dienstleistung*) ohne Marktzugang dienen. Es wird weiter in *Konsumdienstleistungen* und *Produktiv-*

---

[19] Beispielsweise könnte ein Unternehmen eine Schulung für bis zu 100 Personen durchführen, obwohl ein Auftrag in dieser Größe bisher noch nicht vorgekommen ist.

[20] Externe Faktoren werden vom Dienstabnehmer durch sich selbst, Objekte, Rechte, Sachgüter oder Informationen eingebracht [Sch99].

dienstleistungen[21] unterschieden, wobei erstere unmittelbar dem (privaten) Endverbraucher zur Verfügung gestellt werden und letztere von anderen Unternehmen (Dienstabnehmer) als Produktionsfaktoren genutzt werden [MeB03]. Aufgrund der vielfältigen Kombinationsmöglichkeiten von Dienstleistungen können Dienstleistungstypologien helfen, Dienstleistungen systematisch einem Wissensgebiet zuzuordnen und überschaubar zu machen. Beispielsweise können Dienstleistungen über ein Merkmalsschema klassifiziert werden [Jas98]. Dieses ermöglicht auf Basis von zehn Merkmalen[22] die Bildung von so genannten Lösungsmustern für Dienstleistungssysteme und der Charakterisierung verschiedener Dienstleistungstypen. Eine weitere Möglichkeit zur Klassifizierung einer Dienstleistung ist deren Einteilung nach dem Grad der Arbeitsintensität und dem Grad der Kundeninteraktion[23] [Sch86]. Beispielsweise ist die Dienstleistung *Unternehmensberatung* durch einen hohen Grad der Arbeitsintensität und der Kundeninteraktion charakterisiert. Bei der Dienstleistung *Unternehmensberatung* handelt es sich um eine wissensintensive Dienstleistung, in der die Flexibilität und die Fähigkeit, in multiplen Wertschöpfungsketten zu agieren, im Vordergrund steht [Mei02]. Der Wert der zur Durchführung der Dienstleistung benötigten materiellen Ausstattung ist verhältnismäßig gering (z.B. Büroarbeitsplatz, Mobiltelefon, Dienstwagen, etc.). Der Grad der Interaktion mit dem Kunden ist dagegen sehr ausgeprägt, da intensive Kommunikation und Zusammenarbeit die Voraussetzung für eine erfolgreiche und qualitativ hochwertige Erbringung der Dienstleistung darstellt. Bei der Bestimmung des Grades der Kundeninteraktion ist zu unterscheiden, ob der Dienstabnehmer direkt am Geschäftsprozess mitwirkt, die Dienstleistung an ihm oder einem von ihm eingebrachten externen Faktor erbracht wird, oder der Dienstabnehmer lediglich als Informationslieferant fungiert, ohne aktiv in den Geschäftsprozess integriert zu sein. Dem gegenüber steht die Einzeldienstleistung, die einen geringen Grad der Arbeitsintensität beispielsweise aufgrund standardisierter Geschäftsprozesse (vgl. Abschnitt 2.1.5) und einen geringen Grad der Kundeninteraktion aufweist. Beispielsweise bieten Fluggesellschaften standardisierte Dienstleistungen (z.B. Transatlantikflug) an, die nur eine geringe Interaktion mit dem Kunden (z.B. Flugbuchung) benötigt, um diese durchführen zu können.

---

[21] Produktivdienstleistungen können weiter unterteilt werden in Produktionsdienstleistungen mit einmaliger, kurzfristiger Wirkung und Investitionsdienstleistungen mit mehrfacher, langfristiger Wirkung.

[22] Merkmale sind: Produkttyp, Haupteinsatzfaktoren, Hauptobjekt der Dienstleistung, Produktumfang, Produktart, Planung des Kundenauftrags, Erbringungsdauer, Interaktionsort, Prozessstabilität, Kundenrolle.

[23] Das Verhältnis zwischen den Arbeitskosten für Personal und dem Wert der betrachteten Anlage oder Ausstattung wird als Grad der Arbeitsintensität bezeichnet. Der Umfang, mit welchem der Kunde aktiv in den Dienstleistungserstellungsprozess einbezogen wird, wird als Grad der Kundeninteraktion bezeichnet.

2.1.3 IT-Dienstleistung

Der Dienstleistungsbereich weist eine hohe Heterogenität[24] in Bezug auf die Ausgestaltungsmöglichkeiten von Dienstleistungen auf. Aufgrund der Heterogenität wurden zahlreiche Ansätze zur Klassifizierung von Dienstleistungen entwickelt [CoG07; FiF00; Jas98; MeB03]. Durch die Integration der Informations- und Kommunikationstechnologie (IuK-Technologie) in die Entwicklung und Erweiterung von Dienstleistungen haben sich neue Dienstleistungsangebote ergeben, die ohne den Einsatz von technologischen Entwicklungen nicht möglich gewesen wären. Für die Abgrenzung von so genannten IT-Dienstleistungen zu Dienstleistungen existieren verschiedene Ansätze, die nachfolgend dargestellt werden. Mit dem Ziel einer Vereinheitlichung der Begriffswelt werden die von den jeweils untersuchten Autoren verwendeten Begriffe am Ende dieses Abschnitts konsolidiert und für den weiteren Verlauf dieser Arbeit definiert.

[HAN99] charakterisiert IT-Dienstleistungen auf Basis von fünf funktionalen Merkmalen. Wie in Abbildung 3 dargestellt, wird das Dienstangebot eines IT-Dienstleisters in *Kerndienste* und *Zusatzdienste* unterteilt. Kerndienste werden unmittelbar durch die Verwendung der vom IT-Dienstleister bereitgestellten Ressourcen erbracht, während Zusatzdienste Dienstnehmern den Einsatz von Kerndiensten ermöglichen. Kerndienste umfassen Kommunikationsdienste oder System- und Anwendungsdienste. Kommunikationsdienste ermöglichen einem Dienst-nehmer die Übertragung von Daten mit festgelegtem Funktionsumfang. System- und Anwendungsdienste erlauben es Dienstnehmern, auf die vom IT-Dienstleister bereitgestellten System- und Anwendungskomponenten mit festgelegtem Funktionsumfang zuzugreifen.

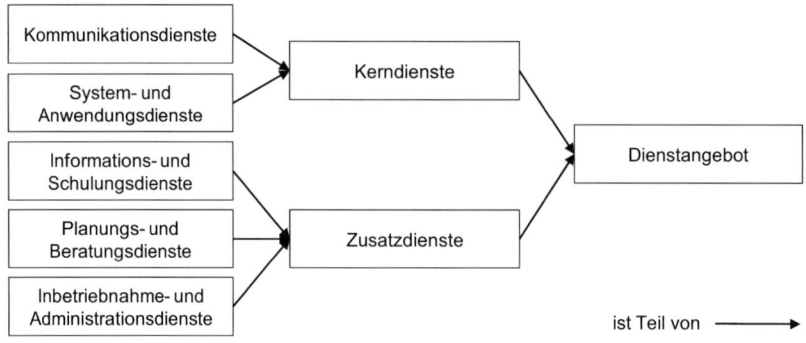

Abbildung 3: Unterteilung eines Dienstangebotes (in Anlehnung an [HAN99])

---

[24] Die Heterogenität bezieht sich auch auf die unterschiedlichen Begrifflichkeiten, die im Zusammenhang mit der Erbringung von IT-Dienstleistungen verwendet werden.

Zusatzdienste gliedern sich in Informations- und Schulungsdienste, Beratungs- und Planungsdienste sowie in Inbetriebnahme- und Administrationsdienste. Informations- und Schulungsdienste unterrichten den Dienstnehmer im Umgang mit vernetzten Systemen[25]. IT-Dienstleister unterstützen im Rahmen von Beratungs- und Planungsdiensten Dienstnehmer beim Entwurf spezifischer Lösungen im Bereich der vernetzten Systeme. Die Installation und der Betrieb von Hardware- und Softwarekomponenten des Dienstnehmers werden durch Inbetriebnahme- und Administrationsdienste abgedeckt.

Im Gegensatz zu [HAN99] werden IT-Dienstleistungen in [HeL05] als die Gesamtheit von IT-Funktionen beschrieben, die die Geschäftsprozesse des Dienstnehmers unterstützen. Der Dienstnehmer nimmt IT-Dienstleistungen als eine an seinen Geschäftsprozessen ausgerichtete Einheit wahr. Die Einheit besteht aus einem Verbund von IT-Funktionen der durch den Dienstanbieter mit dem Ziel bereitgestellt wird, die Funktionsfähigkeit der Geschäftsprozesse des Dienstnehmers sicherzustellen. Die Durchführung von Geschäftsprozessen des Dienstnehmers wird durch IT-Dienstleistungen unterstützt. Darüber hinaus werden auch andere Unternehmensfunktionen, die Einfluss auf die Funktionsfähigkeit der Geschäftsprozesse haben, sowie der Erhaltung der Funktions- und Leistungsfähigkeit der Informationsinfrastruktur beim Dienstnehmer dienen, unterstützt.

In [ZBP05] orientiert sich die Beschreibung einer IT-Dienstleistung (analog zu [HeL05]) an dem durch ein so genanntes IT-Produkt erzeugten Nutzen für den IT-Leistungsabnehmer. Ein IT-Produkt beschreibt ein Bündel von IT-Leistungen, mit Hilfe derer ein Geschäftsprozess des IT-Leistungsabnehmers unterstützt wird. Abbildung 4 veranschaulicht diesen Zusammenhang. IT-Leistungen werden in ressourcenorientierte und lösungsorientierte IT-Leistungen eingeteilt. Ressourcenorientierte IT-Leistungen stellen Ressourcen (z.B. CPU-Zeit, Plattenplatz, Bereitstellung eines PCs, etc.) für einen IT-Leistungsabnehmer bereit. Allerdings fehlt einzelnen ressourcenorientierten IT-Leistungen die geschäftliche Ausrichtung, was einen IT-Leistungsabnehmer dazu veranlassen müsste, sich mit den technischen Details einer IT-Leistung auseinanderzusetzen. In der Folge ist der IT-Leistungsabnehmer dazu gezwungen, eine Vielzahl von Einzelleistungen von unterschiedlichen IT-Leistungserbringern zu beziehen, um den Bedarf an IT-Leistungen zu decken. Lösungsorientierte IT-Leistungen umfassen die Bereitstellung von IT-Lösungen (z.B. für die Textverarbeitung, Fakturierung oder Rechnungsstellung), durch den IT-Leistungserbringer.

---

[25] Ein vernetztes System besteht aus einer Menge von Funktionseinheiten, die in Beziehung zueinander stehen und eine Funktion erbringen, die nicht durch eine Funktionseinheit alleine erbracht werden kann [Ben04].

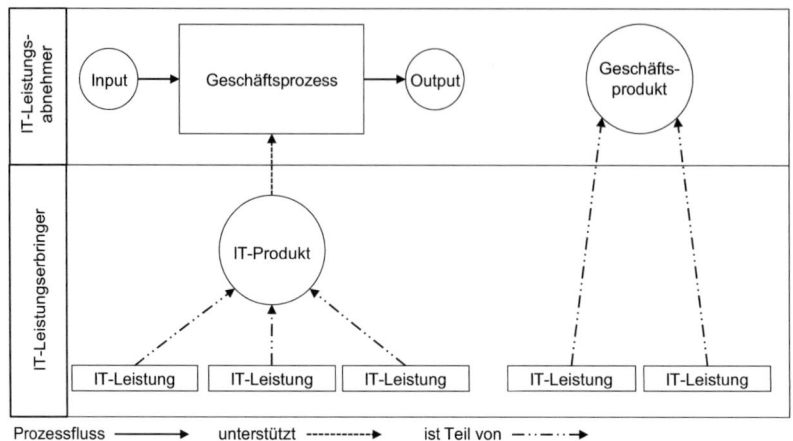

Abbildung 4: IT-Leistungen und IT-Produkte (in Anlehnung an [ZBP05])

Für einen IT-Leistungsabnehmer bieten lösungsorientierte IT-Leistungen in Form von IT-Lösungen für sich genommen keinen geschäftlichen Nutzen, da dieser erst durch erzeugten Output der IT-Lösung (z.B. Erfassung von Rechnungsdaten) generiert wird. Eine weitere Unterscheidung wird bei [ZBP05] in Bezug auf geschäftsprozessunterstützende und geschäftsproduktunterstützende IT-Produkte getroffen. Erstere sind Kombinationen von IT-Leistungen, die der Unterstützung von Geschäftsprozessen (z.B. IT-Unterstützung eines Beschaffungsprozesses, Bürokommunikationsprozesses, etc.) des IT-Leistungsabnehmers dienen, während letztere direkt in die Geschäftsprodukte (z.B. elektronische Tickets, Online-Anrufbeantworter, Internet-Zugang, etc.) des IT-Leistungsabnehmers einfließen. Im Unterschied zu ressourcen- und lösungsorientierten IT-Leistungen verhandeln IT-Leistungs-erbringer und -abnehmer bei prozessunterstützenden IT-Produkten nicht über technische Parameter und Funktionalitäten. Vielmehr stehen die Eigenschaften und Konditionen des durch den Geschäftsprozess generierten Outputs im Fokus der Verhandlungen[26]. Sind die Eigenschaften und vertraglichen Rahmenbedingungen der IT-Leistung geklärt, werden die prozessunterstützenden IT-Produkte vom IT-Leistungserbringer den Anforderungen des IT-Leistungsabnehmers angepasst und entsprechende Ressourcen vorgehalten. Wie die für die IT-Produkte benötigten IT-Leistungen aussehen, bleibt für den IT-Leistungsabnehmer verborgen und liegt nach dem Black-Box-Prinzip ausschließlich in der Verantwortung des IT-Leistungserbringers. Folgende Abbildung 5 veranschaulicht eine IT-Dienstleistung nach [Bra07] in Anlehnung an [HAN99; ZBP05].

---

[26] Beispiele für Eigenschaften und Konditionen können sein: Preis, Qualität, Anzahl, Lieferbedingungen, etc.

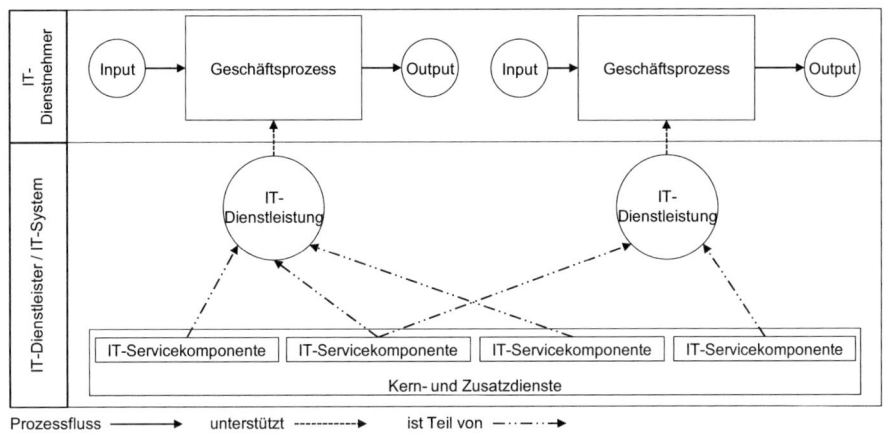

Abbildung 5: IT-Servicekomponenten / IT-Dienstleistungen (in Anlehnung an [Bra07])

Eine IT-Dienstleistung setzt sich aus einer Menge zusammengehörender IT-Servicekomponenten (z.B. Softwarekomponenten, Infrastrukturkomponenten, etc.) zusammen, die sowohl durch ein IT-System (vgl. Abschnitt 2.1.5), als auch durch einen Dienstleister mit dem Ziel bereitgestellt werden, die Geschäftsprozesse des Dienstnehmers zu unterstützen. Im Unterschied zu [ZBP05] werden geschäftsproduktunterstützende IT-Produkte als das Ergebnis der Ausführung von Geschäftsprozessen interpretiert.

Definition 2.3: IT-Dienstleistungskomponente

Eine IT-Dienstleistungskomponente ist die kleinste Einheit im Portfolio eines Dienstanbieters, aus der sich IT-Dienstleistungen planen und erstellen lassen[27].

Unter Berücksichtigung unterschiedlicher Geschäftsstrategien sowie technischer und organisatorischer Gegebenheiten eines Dienstanbieters muss die Größe der kleinsten Einheit jeweils individuell bestimmt werden. IT-Dienstleistungskomponenten können sich auf Software (z.B. MS Office), Hardware (z.B. Exchange Server), Infrastruktur (z.B. WAN/LAN Bandbreite) und IT-bezogene Dienstleistungen (z.B. Datenbankmigration, Reporting) beziehen. Allerdings ist es auch möglich, die kleinste Einheit im Portfolio grundsätzlich als Kombination von Software und Hardware in Verbindung mit einer IT-bezogenen Dienstleistung festzulegen. Eine IT-Dienstleistungskomponente könnte in diesem Fall beispielsweise ein Exchange Server in Verbindung mit einem Email Client und einem monatlichen Reporting sein. Die Bestimmung der Ausprägung einer IT-Dienstleistungskomponente

---

[27] Eine IT-Dienstleistungskomponente kann im Extremfall selbst eine IT-Dienstleistung darstellen (z.B. IT-Schulung).

hat Einfluss auf den Umfang, die Flexibilität und die Standardisierung von IT-Dienstleistungen.

Definition 2.4: Dienstanbieter

Ein Dienstanbieter (IT-Service Provider, IT-Dienstleister, IT-Dienstleistungsgeber, IT-Leistungserbringer) leistet durch die Erbringung von IT-Dienstleistungen unter Berücksichtigung interner und externer Einflussfaktoren einen messbaren Beitrag zur Wertschöpfung des Dienstnehmers.

Definition 2.5: Dienstnehmer

Ein Dienstnehmer (IT-Leistungsabnehmer, IT-Dienstnehmer, Kunde) bezieht IT-Dienstleistungen von einem Dienstanbieter zu einem vereinbarten Preis, um die Ausführung von Aktivitäten in bestimmten Geschäftsprozessen zielgerichtet zu unterstützen. Dienstnehmer sind zum Beispiel Abteilungen einer Aufbauorganisation.

Definition 2.6: Dienstanwender

Ein Dienstanwender (personeller Aufgabenträger, Anwender) nutzt die vom Dienstnehmer beschafften IT-Dienstleistungen im operativen Geschäftsbetrieb zur Erfüllung der zu erbringenden Leistung. Dienstanwender sind zum Beispiel Stellen einer Aufbauorganisation[28].

Definition 2.7: IT-Dienstleistung

Eine IT-Dienstleistung (IT-Service) wird zur Ausführung teil-automatisierter oder automatisierter Aktivitäten in Geschäftsprozessen benötigt. Eine IT-Dienstleistung wird aus mindestens einer IT-Dienstleistungskomponente gebildet und ist das Ergebnis eines IT-Dienstleistungsprozesses der von einem Dienstanbieter ausgeführt wird. Eine IT-Dienstleistung wird von einem Dienstanbieter für einen Dienstnehmer bereit gestellt und vertraglich in IT-Dienstleistungsvereinbarungen spezifiziert. Die IT-Dienstleistung ist eine Ausprägung einer Dienstleistung.

Abbildung 6 zeigt einen Geschäftsprozess, der durch mindestens eine IT-Dienstleistung unterstützt wird, wobei eine IT-Dienstleistung aus einer Kombination von IT-Dienstleistungen bestehen kann. Jede IT-Dienstleistung wird aus mindestens einer IT-Dienstleistungskomponente gebildet. Das systematische Management von IT-Dienstleistungsprozessen und IT-Dienstleistungen soll den Dienstnehmer unterstützen, einen positiven Beitrag zu dessen Wertschöpfung zu leisten, ohne dass dieser die Verantwortung für spezifische Kosten und Risiken der zu erbringenden IT-Dienstleistung trägt.

---

[28] Ein Dienstanwender ist gleichzeitig Dienstnehmer, wenn die bezogene Dienstleistung vom Dienstanwender bezahlt wird. Ein Dienstnehmer ist gleichzeitig Dienstanwender, wenn die bezogene Dienstleistung vom Dienstnehmer im operativen Geschäftsbetrieb genutzt wird.

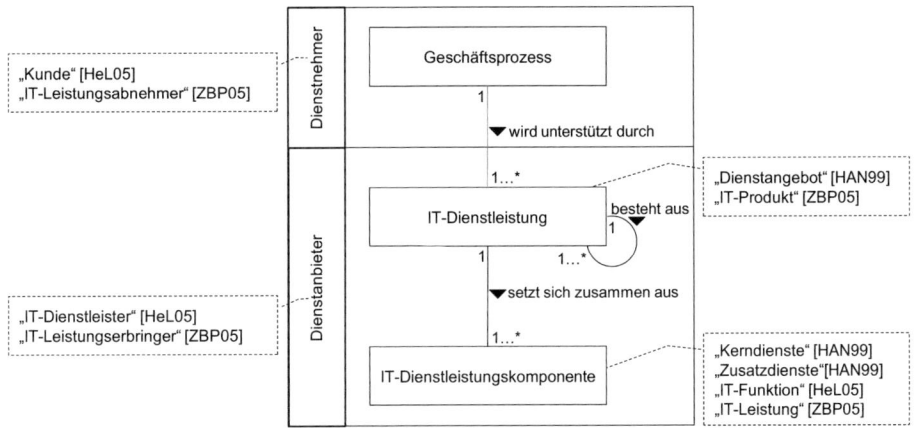

Abbildung 6: IT-Dienstleistung, IT-Dienstleistungskomponente und Geschäftsprozess

In Anlehnung an [OGC07a] setzt sich aus Sicht des Dienstnehmers der wertschöpfende Beitrag einer IT-Dienstleistung im Rahmen der Unterstützung von Geschäftsprozessen aus dem *zugesicherten Nutzen* („was der Dienstnehmer geliefert bekommt") in Verbindung mit den *erfüllenden Eigenschaften* („wie die IT-Dienstleistung erbracht wird") der angebotenen IT-Dienstleistung zusammen. Der zugesicherte Nutzen basiert auf den Eigenschaften der IT-Dienstleistung, die dazu beitragen, die benötigten Leistungsparameter zu unterstützender Geschäftsprozessaktivitäten zu erhalten oder zu erhöhen. Die bei der Erbringung einer IT-Dienstleistung zu erfüllenden Eigenschaften beziehen sich unter anderem auf

- die Verfügbarkeit der IT-Dienstleistung zum Zeitpunkt der Nutzung,
- die Zuverlässigkeit bei der Erbringung der IT-Dienstleistung,
- die Bereitstellung der IT-Dienstleistung auf Basis ausreichender Ressourcen (Kapazität) sowie
- die Einhaltung von Sicherheitsanforderungen im Zuge der Erbringung der IT-Dienstleistung.

Der zugesicherte Nutzen sowie die erfüllenden Eigenschaften einer IT-Dienstleistung stellen Qualitätsmerkmale von IT-Dienstleistungen dar (vgl. Abschnitt 2.3.4). Eine IT-Dienstleistung liefert in der mittels eines Petri-Netzes (vgl. Abschnitt 4.2.1) modellierten, konzeptionellen Darstellung in Abbildung 7 mindestens dann einen Mehrwert für die Wertschöpfung eines Dienstnehmers, wenn die erfüllenden Eigenschaften einer IT-Dienstleistung durch den Dienstanbieter bereitgestellt werden. Die erfüllenden Eigenschaften unterstützen die Ziele des Dienstnehmers durch Verbesserung der Effizienz insgesamt, oder gezielt unter gegebenen Randbedingungen wie zum Beispiel Kosteneinsparungen. Das Verhältnis des Effektes der Kosten und Qualität auf die unterstützten Geschäftsprozesse zu den Kosten der Erzeugung und Erbringung einer IT-Dienstleistung kann ein Maß für die Wirtschaftlichkeit einer IT-Dienstleistung sein.

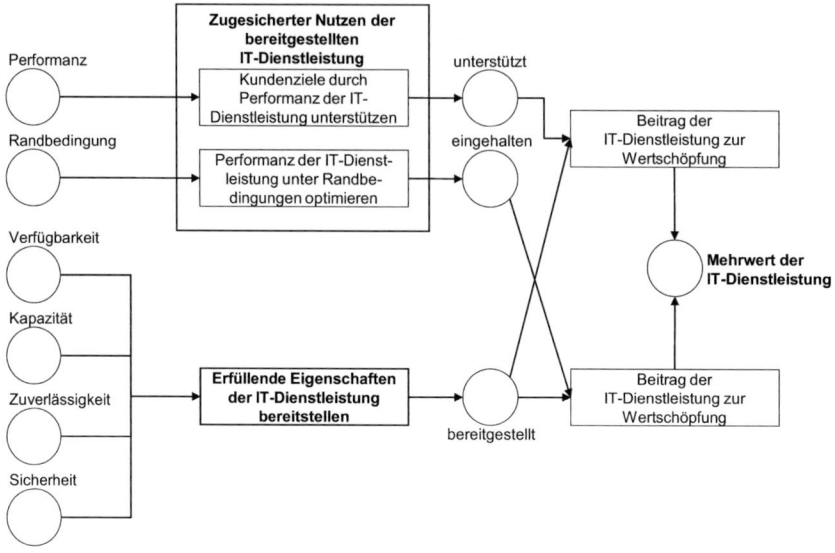

Abbildung 7: Beitrag einer IT-Dienstleistung zur Wertschöpfung

IT-Dienstleistungen können beispielsweise anhand der Dimensionen *Abhängigkeit von den zu unterstützenden Geschäftsprozessen* und *Anteil an der Wertschöpfung der unterstützten Geschäftsprozesse* klassifiziert werden [ZBP05]. Aufgrund ihrer Korrelation zu Geschäftsprozessen werden, wie in Abbildung 8 gezeigt, IT-Dienstleistungen in *prozessneutrale* und *prozessbezogene IT-Dienstleistungen* unterschieden. Prozessbezogene IT-Dienstleistungen werden weiter danach differenziert, ob sie für den Einsatz in administrativen oder produktiven Unternehmensbereichen bestimmt sind. Ohne Kenntnis darüber, in welchen Geschäftsprozessen sie eingesetzt werden, können prozessneutrale IT-Dienstleistungen (z.B. Bereitstellung von Textverarbeitungsdiensten) geplant und hergestellt werden. Prozessbezogene IT-Dienstleistungen für den administrativen Bereich (z.B. Gehaltsabrechnung, Finanzbuchhaltung oder Controlling-Systeme) werden für unterstützende Geschäftsprozesse erbracht, haben aber wenige Abhängigkeiten vom Geschäftsbetrieb. Prozessbezogene IT-Dienstleistungen für den produktiven Bereich (z.B. Customer Relationship Management (CRM), Enterprise Ressource Planning (ERP) oder Logistik-Systeme) werden ebenfalls für unterstützende Geschäftsprozesse erbracht, weisen aber starke Abhängigkeiten vom Geschäftsbetrieb auf. Wird der Beitrag einer IT-Dienstleistung zur Wertschöpfung eines Geschäftsprozesses betrachtet, kann nach IT-Dienstleistungen mit geringem oder hohem Anteil an der Wertschöpfung unterschieden werden.

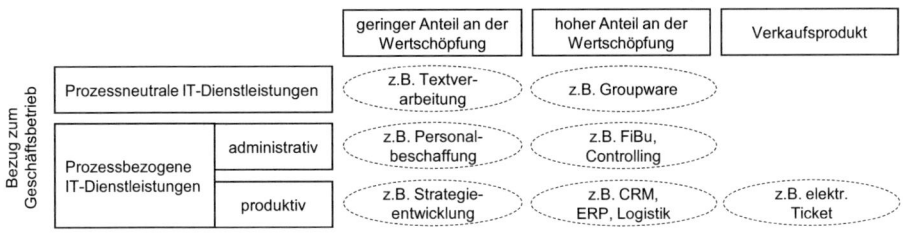

Abbildung 8: Klassifikation von IT-Dienstleistungen (in Anlehnung an [ZBP05])

Darüber hinaus werden IT-Dienstleistungen, die direkt als Produkt einem Dienstnehmer zur Verfügung stehen, als Teil der Wertschöpfung im Rahmen des Produktionsprozesses eines Unternehmens betrachtet.

2.1.4 IT-Dienstleistungsprozess

Zur Ausführung von Aktivitäten in Geschäftsprozessen werden IT-Dienstleistungen oder personelle Aufgabenträger benötigt. Geschäftsprozesse können in der Gesamtheit oder in Teilen unterstützt werden. IT-Dienstleistungen werden als Output von IT-Dienstleistungsprozessen erzeugt, dem Dienstnehmer angeboten und bereit gestellt, um die Ausführung teilautomatisierter oder automatisierter Aktivitäten innerhalb von Geschäftsprozessesen zu unterstützen. Die Erzeugung und anschließende Bereitstellung von IT-Dienstleistungen ist angelehnt an Workflows und die Handhabung von Workflows durch Workflow-Managementsysteme (WfMS) (vgl. [Obe96a, S.52 ff.] und Abschnitt 4.1.3). Ein Workflow läuft nach einem definierten und wiederkehrenden Ablaufschema[29] ab. Das Ablaufschema ist die Grundlage für das Workflow-Management, das den Rahmen für konkrete Abläufe vorgibt. Unter Vermeidung von Medienbrüchen soll eine durchgängige Unterstützung von Geschäftsprozessen ermöglicht werden [Obe96a]. Durch den Einfluss bestimmter Ereignisse werden Geschäftsprozesse gestartet und dadurch Workflows ausgelöst, die in den Geschäftsprozessen spezifizierte Aktivitäten bereitstellen und beenden können. Ein Workflow muss nach erfolgreichem Ende oder erfolgreichem Abbruch der Aktivitäten immer einen definierten Zustand erreichen [Mül05]. Eine Einteilung von Workflow-Typen auf Basis von fünf Kriterien[30] (Prozess-Variablen) wird in [PiR95] vorgeschlagen. Es werden drei Prozesstypen

---

[29] Ein *Schema* entspricht im Rahmen der Methode der modellgetriebenen Architektur (MDA) einem *Modell*.

[30] Komplexität (Anzahl der Teilaufgaben, parallele/sequentielle Anordnung von Teilaufgaben, Abhängigkeiten, etc.), Grad der Veränderlichkeit (Wiederholbarkeit des Prozesses ohne Veränderungen, Änderungsanfälligkeit bedingt durch interne/externe Faktoren, etc.), Detaillierungsgrad (Möglichkeiten zur Prozessverfeinerung), Grad der Arbeitsteilung (Anzahl am Prozess beteiligte Mitarbeiter, Koordination des Gesamtprozesses, etc.) und Interprozessverflechtung (Anzahl Schnittstellen zu anderen Prozesse, geteilte Datennutzung, etc.)

unterschieden: Der *Routineprozess*, ist unter anderem dadurch gekennzeichnet, dass er eine Struktur aufweist, die über einen längeren Zeitraum planbar ist, standardisiert abläuft und einen hohen Grad der Arbeitsteilung aufweist. Ein *Regelprozess* wird unter anderem durch häufige, individuelle Veränderungen der Struktur durch Mitarbeiter charakterisiert. Im Rahmen von *einmaligen Prozessen* sind weder Ablauf noch beteiligte Rolle vorab definiert. Jeder Ablauf wird individuell durch einen Mitarbeiter bearbeitet, da eine Automatisierung nicht sinnvoll ist.

Eine weitere Einteilung von Workflow-Typen kann aufgrund vier verschiedener Ausprägungen vorgenommen werden [All01]: *Produzierende Workflows* unterstützen die Bearbeitung und Durchführung von Geschäftsprozessen, die eine große Anzahl ähnlicher Aufgaben abarbeiten. Das Ziel ist die Verbesserung von Geschäftsprozessen unter gegebenen Rahmenbedingungen durch eine kontinuierliche Automatisierung aller Workflow-Aktivitäten. Bei *administrativen Workflows* steht die Einfachheit bei der Erstellung von Geschäftsprozessdefinitionen im Vordergrund. Es werden Routineabläufe unterstützt, die keine strategische Bedeutung aufweisen und selten zeitkritisch sind. *Kollaborative Workflows* unterstützen die zielgerichtete Zusammenarbeit von Teams und werden als notwendiges Instrument zur Erreichung von Unternehmenszielen verstanden. Im Rahmen von *ad-hoc Workflows* [RRD03] wird es Akteuren ermöglicht, Geschäftsprozessdefinitionen schnell und flexibel zu erstellen oder zu verändern. Es werden einmalige oder stark variierende Geschäftsprozesse unterstützt. Sie befinden sich im Verantwortungsbereich des Akteurs.

Innerhalb von IT-Organisationen, die vernetzte Systeme betreiben, existieren drei wichtige Betriebsprozesse: *Routine-*, *Störungsbearbeitungs-* und *Änderungsbetrieb*. Betriebsprozesse steuern den technischen Betrieb eines vernetzten Systems [HAN99]. Durch den Routinebetrieb werden dem Dienstnehmer IT-Dienstleistungen verfügbar gemacht, der laufende Betrieb bereit gestellter IT-Dienstleistungen gesichert und Auftragsarbeiten wie zum Beispiel das Zurücksetzen eines Passwortes durchgeführt. Im Störungsbearbeitungs- und Änderungsbetrieb werden an der IT-Dienstleistung aufgetretene Störungen bearbeitet, sowie geplante und abgestimmte Änderungen am vernetzten System durchgeführt. Werden in die Ausführung von sekundären Geschäftsprozessen IT-Dienstleistungskomponenten, die zur Erbringung von IT-Dienstleistungen notwendig sind, integriert, werden diese als IT-Dienstleistungsprozesse bezeichnet. IT-Dienstleistungsprozesse lassen sich analog zu Geschäftsprozessen in Teilprozesse untergliedern, deren Ziel jeweils die Erfüllung einer Aufgabe innerhalb des zugehörigen IT-Dienstleistungsprozesses ist. Aufgaben umfassen auch die mit der Erstellung von Dienstleistungen einhergehende Qualitätssicherung und Berichterstattung.

Definition 2.8: IT-Dienstleistungsprozess

Ein IT-Dienstleistungsprozess stellt unter Einbezug von IT-Dienstleistungskomponenten erfüllende Eigenschaften mit dem Ziel bereit, durch die erzeugte IT-Dienstleistung den Geschäftsprozess eines Dienstnehmers vertragsgemäß zu unterstützen. Der IT-Dienstleistungsprozess ist eine Ausprägung eines Geschäftsprozesses.

Eine IT-Dienstleistung, als Ergebnis eines IT-Dienstleistungsprozesses, unterstützt die Durchführung einer teil-automatisierten oder automatisierten Aktivität als Teil des Geschäftsprozesses eines Dienstnehmers mit dem zugesicherten Nutzen dann, wenn die zu ihrer Erzeugung relevanten IT-Dienstleistungskomponenten die notwendigen erfüllenden Eigenschaften aufweisen[31]. Aus Sicht eines Dienstanbieters müssen Aktivitäten in IT-Dienstleistungsprozesse derart ausgeführt werden, dass IT-Dienstleistungen in einer mit dem Dienstnehmer vereinbarten Qualität und Quantität erstellt und angeboten werden können. Zur Erzeugung von IT-Dienstleistungen als Output von IT-Dienstleistungsprozessen kann der Dienstanbieter IT-Dienstleistungen von Dienstzulieferern verwenden. Abbildung 9 veranschaulicht diesen Zusammenhang zwischen Dienstanbieter, Dienstnehmer und Dienstzulieferer.

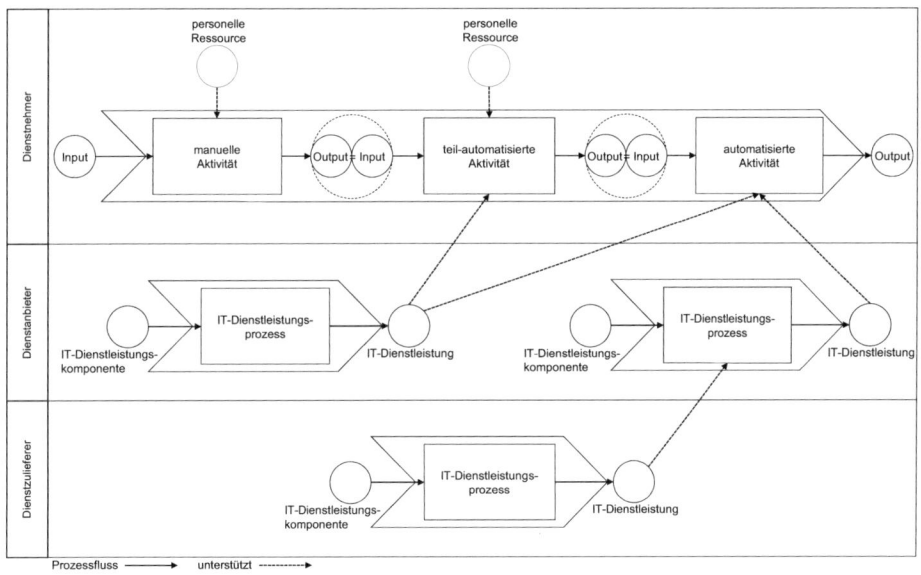

Abbildung 9: IT-Dienstleistungsprozesse auf verschiedenen Ebenen

---

[31] Das Incident Management nach ITIL v3 ist ein Beispiel für einen IT-Dienstleistungsprozess, der bei Ausfall einer IT-Dienstleistung deren Betriebstätigkeit wiederherstellt. Dazu müssen innerhalb der IT-Organisation bestimmte Aktivitäten – von der Fehlerdiagnose bis zur Wiederaufnahme des Betriebs – der IT-Dienstleistung durchgeführt werden. Der IT-Dienstleistungsprozess wird mit dem Ziel ausgeführt, als IT-Dienstleistung A die Wiederherstellung einer anderen IT-Dienstleistung B innerhalb eines vereinbarten Zeitraums zu ermöglichen, um die durch IT-Dienstleistung B unterstützten Aktivitäten eines Geschäftsprozesses wieder ausführbar zu machen.

Ausgehend von Definition 2.8 wird in Anlehnung an [Mev06, S.17 f.] eine formale Charakterisierung der in einer IT-Organisation durchführbaren IT-Dienstleistungsprozesse auf Basis ihrer Transformationseigenschaften vorgenommen.

Definition 2.9: Transformationseigenschaften von IT-Dienstleistungsprozessen

Sei $IP = \{ip_1, \dots, ip_S\}$ die Menge der IT-Dienstleistungsprozesse einer IT-Organisation, die auf Basis verfügbarer Ressourcen durchführbar ist und $ID = \{id_1, \dots, id_S\}$ die Menge der durch *IP erzeugten* IT-Dienstleistungen. Ein IT-Dienstleistungsprozess $ip_s \in$ IP, s = 1,2, … , S besteht aus einer Folge von manuellen, teil-automatisierten und automatisierten Aktivitäten $A^s = \{a_1^s, \dots, a_K^s\}$ die geplant und ausgeführt werden, um die Erzeugung einer IT-Dienstleistung $id_s \in ID$, s = 1,2, … , S zu ermöglichen. Eine Aktivität $a_k^s \in A^s$, k = 1,2, … , K ist eine in sich geschlossene Verrichtungseinheit innerhalb des IT-Dienstleistungsprozesses, die logisch und fachlich zusammengehörende Arbeitsschritte in einem sinnvollen Arbeitspaket zusammenfasst. Zur Ausführung einer Aktivität werden ein oder mehrere Inputs $x_{k,p}^{In}$, $p = 1,2, \dots, P$ (Input-Prozessobjekte) benötigt, die zu einem definierten Output $x_{k,q}^{Out}$, $q = 1,2, \dots, Q$ (Output-Prozessobjekte) transformiert werden. Folglich transformiert eine Aktivität $a_k^s \in A^s$ den Inputvektor $\vec{x}_k^{In} = (x_{k,1}^{In}, \dots, x_{k,P}^{In})$ in den Output-Vektor $\vec{x}_k^{Out} = (x_{k,1}^{Out}, \dots, x_{k,Q}^{Out})$ mittels der Transformationsvorschrift $a_k^s\colon \vec{x}_k^{In} \to \vec{x}_k^{Out}$. Die P Input-Prozessobjekte $x_{k,p}^{In}$ umfassen jegliche von extern zugeführten Vorleistungen, Bedingungen sowie Verbrauchsfaktoren, die während der Ausführung der Aktivität transformiert oder konsumiert werden. Die Q Output-Prozessobjekte sind das Ergebnis ausgeführter Aktivitäten.

Ein IT-Dienstleistungsprozess $ip_s \in IP$ transformiert eine Menge von Aktivitäten A^s in eine IT-Dienstleistung id_s mittels der Transformationsvorschrift $ip_s\colon A^s \to id_s$. Zur Ausführung einer Aktivität $a_k^s \in A^s$ eines IT-Dienstleistungsprozesses $ip_s \in$ IP werden Aufgabenträger $R = \left\{ r_1^{a_k^s}, \dots, r_N^{a_k^s} \right\}$ benötigt. Ein Aufgabenträger $r_n^{a_k^s} \in R$, $n = 1,2, \dots, N$ wird zur Ausführung einer Aktivität a_k^s benötigt, aber nicht transformiert oder verbraucht. Zur Ausführung einer automatisierten oder teil-automatisierten Aktivität $a_k^s \in A^s$ eines IT-Dienstleistungsprozesses muss ein nicht-personeller Aufgabenträger in Form einer IT-Dienstleistung $r_{id_n}^{a_k^s}$ für die Zeitdauer τ verfügbar sein[32]. Die Verfügbarkeit einer IT-Dienstleistung zu einem Zeitpunkt t sei durch Funktion (2.1) beschrieben:

$$f_t\colon r_{id_n}^{a_k^s} \to \begin{cases} 1, \text{falls Aufgabenträger } r_{id_n}^{a_k^s} \text{ zum Zeitpunkt } t \text{ verfügbar ist} \\ 0, \text{sonst} \end{cases} \tag{2.1}$$

---

[32] Es gilt $id_s = id_n$, wenn die durch einen IT-Dienstleistungsprozess erzeugte IT-Dienstleistung id_s als Aufgabenträger $r_{id_n}^{a_k^{s\prime}}$ zur Ausführung einer Aktivität eines IT-Dienstleistungsprozesses $ip_{s\prime}$ benötigt wird.

Ein Aufgabenträger $r_{id_n}^{a_k^s}$ ist zu einem Zeitpunkt t verfügbar $(f_t\left(r_{id_n}^{a_k^s}\right) = 1)$, oder nicht verfügbar $(f_t\left(r_{id_n}^{a_k^s}\right) = 0)$. Damit ein Aufgabenträger $r_{id_n}^{id_s}$ für eine Zeitdauer τ verfügbar ist, muss gelten:

$$\min_{t \in \tau} f_t\left(r_{id_n}^{a_k^s}\right) = 1 \tag{2.2}$$

Während der gesamten Zeitdauer τ muss ein Aufgabenträger $r_{id_n}^{a_k^s}$ verfügbar sein. Daraus folgt, dass zur erfolgreichen Ausführung einer Aktivität $a_k^s \in A^s$, die einen nicht-personellen Aufgabenträger $r_{id_n}^{a_k^s}$ benötigt, folgende Voraussetzung erfüllt sein muss:

$$\min_{n=1,...,N}(\min_{t \in \tau} f_t (r_{id_n}^{a_k^s})) = 1 \tag{2.3}$$

Aus (2.3) folgt, dass alle nicht-personellen Aufgabenträger $r_{id_n}^{a_k^s}$ zur Ausführung einer Aktivität $a_k^s \in A^s$ für die Zeitdauer τ verfügbar sein müssen. Falls während dieses Zeitraums eine Ausnahmesituation eintritt, die zum Ausfall eines nicht-personellen Aufgabenträgers $r_{id_n}^{a_k^s}$ führt, kann eine Aktivität a_k^s nicht ausgeführt werden.

2.1.5 IT-Systeme und flexible Systemarchitekturen

Ein IT-System umfasst die Gesamtheit der zur Verfügung gestellten technischen und orga-nisatorischen Komponenten, um das Informationsmanagement in einem Unternehmen zu unterstützen [Eck06; GeA02]. Ein *geschlossenes IT-System* baut auf der Technologie eines einzelnen Herstellers auf, ohne Schnittstellen zu Produkten anderer Hersteller bereit zu stellen. Ein geschlossenes IT-System ist auf eine definierte Anwendergruppe beschränkt. Im Gegensatz dazu sind *offene IT-Systeme* vernetzt und physisch verteilt. Offene IT-Systeme orientieren sich beim Informationsaustausch mit anderen Systemen an Standards. Aufgrund der Bedeutung von Standards im IT-Dienstleistungsumfeld folgt ein kurzer Exkurs zu Standards.

Ein *Standard*[33] wird in dieser Arbeit als eine explizit oder implizit festgelegte Menge von Regeln, die Kompatibilität oder allgemeiner den Austausch von Informationen ermöglicht, definiert. Insbesondere offene Standards tragen zur Vereinheitlichung von Schnittstellen und IT-Dienstleistungen bei. Eine solche Vereinheitlichung kann den Wettbewerb zwischen Anbietern von standardisierten Produkten verstärken. Aufgrund der Begriffsvielfalt im Kontext von Standards erläutert Abbildung 10 den Zusammenhang der relevanten Begriffe [Soe04, S.50]. Eine *Spezifikation* ist ein spezifisches Anforderungsdokument, das die Funktionen, Methoden und Beschränkungen eines technischen Artefaktes definiert [Chi02].

---

[33] In der Literatur existiert sowohl aus technologischer wie auch organisatorischer Sicht eine Vielzahl weiterer Definitionen für den Begriff Standard [Chi02; NIT04; Sam02; Soe04].

Eine Spezifikation kann als Teil eines Standards betrachtet werden. Eine *Empfehlung* ist eine Vorgehensweise, die favorisiert wird, um die Realisierung eines Vorhabens zu begünstigen. In der betrieblichen Praxis werden Empfehlungen häufig als Standard bezeichnet, sobald sie eine starke Akzeptanz in den relevanten Industriezweigen erfahren.

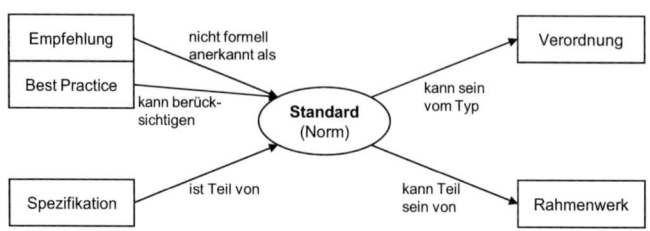

Abbildung 10: Begriffe im Kontext von Standards (vgl. [Soe04, S.50])

Die Begriffe *Best Practice* und Empfehlung sind eng miteinander verknüpft. Ein Best Practice ist eine Empfehlung, bezogen auf Geschäftsprozesse oder Techniken zur Anwendung oder Implementierung von Produkten oder (IT-)Dienstleistungen [MSD07]. Ist die Akzeptanz eines Best Practice in den relevanten Industriezweigen gegeben, wird der Best Practice auch als *de-facto Standard* bezeichnet. Ein *Rahmenwerk* umfasst eine grundlegende konzeptionelle Struktur für unterschiedliche Teilbereiche, die miteinander kombiniert einen Gegenstand oder die Lösung für eine Problemstellung bilden. Ein Standard kann als Teil eines Rahmenwerkes zur Gesamtlösung einer Problemstellung integriert werden. Eine *Verordnung* wird durch eine Behörde erlassen. Eine Verordnung, wie zum Beispiel die Einhaltung eines Umweltstandards, muss zwingend eingehalten werden. Ein Standard kann demnach Teil einer Verordnung sein. Standards zum Austausch von technischen Informationen sind beispielsweise XML [W3C04], ebXML-BPSS [OAS06], UN/EDIFACT [UNE09], WSDL [W3C01] oder SOAP [W3C07a].

Die Unterstützung des Informationsmanagements [Krc06] durch ein IT-System umfasst Aktivitäten, die zur Beschaffung, Verarbeitung, Speicherung, Übertragung und Bereitstellung von Informationen notwendig sind. Aufgrund immer stärkerer Vernetzung von IT-Systemen und der stetig wachsenden Nutzung des Internets – nicht zuletzt aufgrund des Serviceorientierungsparadigmas – steht das Management von IT-Systemen vor neuen Herausforderungen. Masak versteht unter dem Paradigma der Serviceorientierung *„alle Funktionen in einem realen System, seien es Abläufe in Organisationen, Prozesse, Aktivitäten, Funktionen in Softwaresystemen, Applikationen, Teile von Applikationen oder Softwarefunktionen [...] [die] sich als Services[34] darstellen und aus Services aufbauen [lassen]"* [Mas07, S.16]. Interne und

---

[34] Im SOA-Umfeld werden Funktionsbausteine auch Services genannt, die nach [RLP07] die Geschäftslogik repräsentieren und tendenziell grobgranular sind (vgl. Abschnitt 4.1.4). Die Implementierung von Services,

externe Dienstanbieter müssen die Fähigkeit haben, bei Änderungen von Geschäftsprozessen insbesondere die Softwarelandschaft flexibel an neue Rahmenbedingungen[35] anpassen zu können. Serviceorientierte Architekturen (SOA) sollen als spezielles technologie-unabhängiges Architekturkonzept[36] Teile eines IT-Systems flexibler und einfacher gestalten. Durch die Einführung eines auf IT-Dienstleistungen basierten IT-Systems soll ein Unter-nehmen unterstützt werden, schneller auf sich ändernde Rahmenbedingungen adäquat zu reagieren. Bei der Konzeption und Implementierung von IT-Systemen umfasst das SOA-Prinzip eine lose Kopplung von IT-Dienstleistungen mit klar umrissenen fachlichen Aufgaben. Die Geschäftslogik eines IT-Systems wird auf unterschiedliche, weitgehend unabhängige IT-Dienstleistungen, verteilt.

Softwarearchitekturen sollen durch die lose Kopplung von IT-Dienstleistungen und die Aufgabentrennung übersichtlicher und flexibler werden [RLP07]. Flexibilität entsteht dadurch, dass die Interaktion von IT-Dienstleistungen leichter erweitert und angepasst werden kann, indem neue IT-Dienstleistungen in ein bestehendes System eingefügt oder verwendete IT-Dienstleistungen entfernt oder ausgetauscht werden können [BSW08]. Die vereinfachte Wiederverwendung von IT-Dienstleistungen soll serviceorientierte Architekturen flexibler als bisherige (monolithische) Applikationen und IT-Systeme machen. Im Rahmen des Geschäfts-prozessmanagements können serviceorientierte Architekturen dazu beitragen, Änderungen oder Anpassungen an Geschäftsprozessen schneller zu realisieren. Nach [BrK06] können Geschäftsprozesse mittels Serviceorientierung flexibler und effizienter gestaltet werden, da die Prozesslogik nicht mehr unmittelbar Teil der Anwendungssysteme ist, sondern system-übergreifend definiert und implementiert werden kann. Es findet eine Verschiebung statt, hin zu einer, in Bezug auf die IT, verstärkt netzwerkartig funktionierenden Unternehmensorga-nisation. IT-Dienstleistungen werden durch den internen Dienstanbieter nicht mehr

---

also die konkrete Verarbeitungslogik, wird vor dem Anwender verborgen. In diesem Zusammenhang wird festgestellt, dass „SOA-bezogene" Services Teil einer IT-Dienstleistung nach Abschnitt 2.1.3 sein können. Im Folgenden wird der Begriff IT-Dienstleistung synonym für Funktionsbausteine („SOA-bezogene" Services) verwendet.

[35] Eine geänderte Rahmenbedingung kann zum Beispiel die Entscheidung der Unternehmensführung sein, einen neuen Standort im Ausland zu eröffnen, der dementsprechend mit IT-Dienstleistungen versorgt werden muss. Weitere sich ändernde Rahmenbedingungen haben ihre Motivation häufig aus Aktivitäten im Rahmen so genannter Mergers & Acquisitions [Wir06], Unternehmenstransaktionen, bei denen sich Unternehmen zusammenschließen oder den Eigentümer wechseln.

[36] Die Beschreibung der Entwicklung von Unternehmensarchitekturen geht bis in die 1980er Jahre zurück und wurde von John Zachmann [Zac87] maßgeblich mitgestaltet. Zielsetzung des so genannten *Zachman-Framework* war die Erstellung einer Richtlinie, die es dem Anwender erleichtern sollte, mit dem vernetzten Gesamtsystem „Unternehmen" umzugehen. Das Gesamtsystem wurde dazu in Teilstücke (Perspektiven, Sichten) unterteilt. In einer Matrix werden die Teilstücke Daten, Funktionen, Netzwerk, Menschen, Zeit und Motivation in Beziehung zu verschiedenen Rollen wie beispielsweise Planer, Besitzer, Entwickler, etc. gesetzt.

ausschließlich selbstständig bereit gestellt, sondern können bei Bedarf über ein Netzwerk externer Dienstanbieter beschafft werden.

Definition 2.10: IT-Organisation

Eine IT-Organisation ist die organisatorische Einheit einer Aufbauorganisation (Unternehmen), die die Informations- und Kommunikationsinfrastruktur sowie die notwendigen Informationsobjekte beschafft, bereitstellt und wartet, um die Anforderungen des Unternehmens an einen effizienten und effektiven Geschäftsbetrieb zu erfüllen. Eine IT-Organisation, die IT-Dienstleistungen innerhalb der Aufbauorganisation anbietet, wird als *interner Dienstanbieter* bezeichnet. Werden IT-Dienstleistungen auch außerhalb der Aufbauorganisation Dritten angeboten, wird die IT-Organisation als *externer Dienstanbieter* bezeichnet.

Eine netzwerkartig agierende und dienstleistungsorientierte Unternehmensorganisation (*Service Oriented Enterprise* – SOE) besitzt eine stärkere Strukturierung der Organisation als eine traditionelle Organisation. Der Nutzen von Standardisierung fördert in diesem Zusammenhang ein hohes Interoperabilitätspotential. Eine Unternehmensstruktur, die primär mit Hilfe von IT-Dienstleistungen strukturiert wird, ermöglicht es, schneller auf veränderte Rahmenbedingungen zu reagieren als eine traditionelle Organisation. Tabelle 2 stellt beide Organisationsformen in Anlehnung an [Mas07, S.49] einander gegenüber.

	Traditionelle Organisation	Dienstleistungsorientierte Organisation
Rolle der IT	IT hat eine unterstützende Rolle im Unternehmen.	IT hat eine strategische Rolle im Unternehmen. IT-Dienstleistungen repräsentieren Geschäftsprozesse.
Wertschöpfung	Mehrwert wird entlang der Wertschöpfungskette primär im selben Unternehmen erzeugt.	Ein Teil der Wertschöpfung wird im Netzwerk des Dienstanbieters (intern/extern) erzeugt. Mehrwert wird durch Nutzung von IT-Dienstleistungen erzeugt.
Ablauf	Sequentieller Ablauf, Wertschöpfung erfolgt kumulativ.	Netzwerkartiger Ablauf, mit oft paralleler Prozessausführung.
Geschäfts-prozessdesign	Reine Dekomposition, statischer, sequentieller Ablauf.	Dynamisches Geschäftsprozess-design; basiert auf den Ergebnissen von Subprozessen und Events.
Struktur	hierarchisch	netzwerkartig

Tabelle 2: Traditionelle Organisation und dienstleistungsorientierte Organisation

Die Nachverfolgung und Überwachung von IT-Dienstleistungen ist durch die dezentrale Bereitstellung aufwendiger als in traditionellen Organisationen, in denen solche Tätigkeiten innerhalb eines zentralen Geschäftsprozesses umgesetzt werden. Darüber hinaus muss sicher-gestellt sein, dass Sicherheit, Datenschutz und Vertrauen in die genutzten IT-Dienstleistungen gegeben sind, sowie die Konsistenz der im IT-System vereinten IT-Dienstleistungen in Bezug auf Struktur und Verhalten gewahrt bleibt. Die Flexibilität von IT-Systemen wird durch die lose Kopplung von IT-Dienstleistungen gefördert. Analog zu Produktionssystemen sollten Unternehmen neben Flexibilität auch Agilität[37] aufweisen, um Wettbewerbsvorteile zu sichern und auf unerwartete Änderungen adäquat reagieren zu können [Bec04]. In [YSG99, S.37] wird Agilität definiert als die *„successful exploration of competitive bases (speed, flexibility, innovation pro-activity, quality and profitability) through the integration of reconfigurable resources and best practices in a knowledge-rich environment to provide customer-driven products and services in a fast changing market environment"*. Eine Untersuchung der von Yusuf et al. gestellten Anforderungen an Agilität – Geschwindigkeit, Flexibilität, proaktive Innovation, Qualität und Profitabilität – zeigt, dass das Architekturkonzept SOA dazu beitragen kann, eine höhere Agilität in Unternehmen zu erreichen und das Potential besitzt, die Nachhaltigkeit der umgesetzten Anforderungen zu sichern [AiS08]. Ein Anwendungsbeispiel für Agilität in SOAs ist das Konzept Adaptive Computing, ein innovatives Betriebskonzept für Rechenzentren [LRS01; OPR09]. Unter Adaptive Computing wird ein Betriebskonzept für Rechenzentren verstanden, welches zur Verfügung gestellte Ressourcen (Hardware, Software, Netz, etc.) beschreibt und flexibel IT-Infrastrukturen zu Applikationen und technologischen Diensten (z.B. Web Services) zuordnen kann [MGK05; Sch06]. Die Einführung eines Adaptive Computing Betriebskonzeptes muss nicht zwingend mit der Einführung neuer Technologien in Form von Hardware oder Software zusammenhängen. Je nach Erfüllungsgrad der Voraussetzungen (z.B. Virtualisierung, Modularisierung, etc.) vorhandener Applikationen und IT-Infrastrukturen können IT-Ressourcen (in diesem Zusammenhang ist meist Hardware in Form von Servern, Speicherplatz, etc. gemeint) und Applikationen auch mittels manueller Anpassungen flexibel eingestellt und verteilt werden.

2.2 Grundlagen des IT-Service Managements

In diesem Abschnitt werden die Grundlagen des IT-Service Managements motiviert und erläutert. Es wird aufgezeigt, welche Eigenschaften eine IT-Organisation im Vergleich zum klassischen Geschäftsbetrieb aufweist und welchen Beitrag das Management von IT-Dienstleistungen zur Wertschöpfungskette leisten kann. Im Anschluss daran wird auf die bedeutendsten Methoden im IT-Service Management, *IT Infrastructure Library* (ITIL), *Control*

---

[37] Agilität wird in der betrieblichen Praxis häufig mit Flexibilität gleich gesetzt. Der in der produktionswirtschaftlichen Diskussion (vgl. [GNP95; ZhS99]) verwendete Agilitätsbegriff erweitert den Flexibilitätsbegriff. Flexibilität beschreibt die Fähigkeit eines Systems, sich an erwartete Änderungen anzupassen, wohingegen Agilität die Anpassungsfähigkeit an unerwartete Änderungen mit einschließt.

Objectives for Information and Related Technology (CObIT) sowie *ISO/IEC 20000* eingegangen. Ein Überblick über Transformationseigenschaften von mit der Erbringung von IT-Dienstleistungen verbundenen Rollen schließt den Abschnitt ab.

2.2.1 Eigenschaften des IT-Service Managements

Die Steuerung und Kontrolle der IT wird aufgrund sich immer stärker vernetzender und leistungsfähig werdender IT-Systeme zunehmend schwieriger. Innovationszyklen bei der Entwicklung von IT-Dienstleistungen werden bei gleichzeitigen Qualitätssprüngen der Technologien und Produkte immer kürzer [GeA02]. Kennzeichnend für die Veränderung der IT sind beispielsweise:

- steigende Sicherheitsanforderungen an IT-Systeme aufgrund gesetzlicher Vorgaben wie zum Beispiel *BASEL II* oder *SOX* [Con02].
- wachsender Wartungsaufwand aufgrund steigender Vernetzung und Abhängigkeiten zwischen IT-Systemen zum Beispiel aufgrund unterschiedlicher IT-Beschaffungsstrategien.
- vielfältigere funktionale und nicht-funktionale Anforderungen an die IT durch den Dienstnehmer (z.B. Standardsoftware versus Individualsoftware)
- steigende Leistungsfähigkeit der IT zum Beispiel durch Nutzung von Enterprise Java Beans, XML, Data Warehouses, etc.
- wachsende Heterogenität von IT-Systemen aufgrund entstehender Parallelität von alten und neuen IT-Systemen wie zum Beispiel Migration oder Integration von Legacy Systemen mit Web Services (vgl. Abschnitt 4.1.4).
- sich verändernde Prozesse in der Softwareentwicklung und der Systemverwaltung zum Beispiel durch Anwendung unterschiedlicher Offshoring-Strategien.
- fortschreitende technische Umsetzung bedarfsorientierter Ressourcenverbrauchs- und Abrechnungsmodelle zum Beispiel durch Cloud Computing [StS09] oder *Service Mash-Ups* [MWD07].

IT-Dienstleistungen erfüllen in der vernetzten Geschäftswelt zwei Aufgaben. Auf der einen Seite unterstützen IT-Dienstleistungen die Ausführung von Geschäftsprozessen eines Unternehmens und helfen, flexibel auf Veränderungen im Markt zu reagieren. Andererseits steigt aus betriebswirtschaftlicher Sicht der Druck auf die IT-Organisationen, die operativen Kosten zu senken und zugleich immer effizienter und effektiver IT-Dienstleistungen zu erbringen. Das entstehende Spannungsfeld zwischen geforderter Kostenreduzierung bei gleichzeitiger Qualitäts- und Effizienzsteigerung hat seine Ursache häufig in einem unterschiedlichen

Rollenverständnis innerhalb des eigenen Unternehmens. IT-Organisationen fallen insbesondere aus Sicht der Finanz- und Controlling-Organisationen negativ auf, da sie vornehmlich als intransparenter Kostenverursacher wahrgenommen werden. Umgekehrt werden Finanz- und Controlling-Organisationen aus Sicht von IT-Organisationen meist als administrative Notwendigkeit betrachtet, die keinen Beitrag zur Erreichung von Unternehmenszielen liefern [Add07, S.12 f.]. Die Veränderung der Sichtweise auf die Rolle der IT-Organisation von einer passiv-kostenverursachenden hin zu einer aktiv-geschäftsprozessunterstützenden Organisationseinheit ist eine wesentliche Voraussetzung für die erfolgreiche Erbringung, Steuerung und Kontrolle von IT-Dienstleistungen [Bru04]. Die Fokussierung auf Anforderungen und Bedürfnisse des Dienstnehmers ist nicht mehr ausschließlich Aufgabe des Marketings und Vertriebs, sondern gilt auch für IT-Organisationen. Innerhalb der IT-Organisationen steigt das Verständnis dafür, dass technologische Innovationen nicht automatisch zu verbesserten betrieblichen Abläufen führen [KKS06]. Ein Paradigmenwechsel ist notwendig, der anstelle der meist technisch ausgerichteten IT nun den Dienstnehmer und die am Dienstnehmer erbrachten IT-Dienstleistungen in den Vordergrund stellt. Von Mitarbeitern der IT-Organisation wird erwartet, dass sie mit ihrer Arbeit zur bestmöglichen Erbringung der IT-Dienstleistung gegenüber dem Dienstnehmer beitragen [Küt08]. Die kundenorientierte Erbringung von IT-Dienstleistungen [Add07; OGC07a; ZHB05] wird unter dem Begriff IT-Service Management[38] zusammengefasst.

Definition 2.11: IT-Service Management

IT-Service Management umfasst alle standardisierten sowie sich in der betrieblichen Praxis bewährten Methoden eines Dienstanbieters zur Erbringung von kundenorientierten IT-Dienstleistungen. Im Rahmen eines Lebenszyklus werden IT-Dienstleistungen unter Berücksichtigung interner und externer Einflussfaktoren systematisch

- geplant und entwickelt,
- erbracht und gemessen,
- gesteuert und kontinuierlich verbessert.

IT-Dienstleistungen können ersetzt oder stillgelegt werden.

Eine IT-Organisation weist Analogien zum klassischen Geschäftsbetrieb auf, sobald sie nicht mehr als isolierte funktionelle Organisationseinheit eines Unternehmens gesehen wird, sondern als unterstützender Teil der Wertschöpfungskette (siehe Tabelle 3).

---

[38] Für den weiteren Verlauf der vorliegenden Arbeit wird der gängigere angloamerikanische Begriff „IT-Service Management" anstelle der deutschen Übersetzung „IT-Dienstleistungsmanagement" verwendet, um den Eindruck einer forcierten Eindeutschung zu vermeiden. Das Ergebnis der Suchmaschine Google lieferte für den Begriff „IT-Service Management" ca. 923 Tsd. Treffer und für „IT-Dienstleistungsmanagement" ca. 290 Treffer (Abruf am 31.01.2010).

Klassischer Geschäftsbetrieb		IT-Organisation
Käufermarkt	↔	Dienstnehmer von IT-Dienstleistungen innerhalb des Geschäftsbetriebs
Produkte und Dienstleistungen	↔	angebotene IT-Dienstleistungen
Produktionslinie	↔	IT-Dienstleistungen sowie IT-Dienstleistungsprozesse, um IT-Dienstleistungen zu erstellen
Ressourceneinsatz (Mitarbeiter, Material, Energie, etc.)	↔	Ressourceneinsatz (Mitarbeiter, Kompetenzen, Technologie), um IT-Dienstleistungen zu erzeugen
Kosten / Preis	↔	Erfassbare Kosten zur Erzeugung und Erbringung einer IT-Dienstleistung

Tabelle 3: Zusammenhang IT-Organisation und klassischer Geschäftsbetrieb

Je nach definierter Rolle (vgl. Abschnitt 2.2.3) hat eine IT-Organisation im Unternehmen einen Käufermarkt analog zum klassischen Geschäftsbetrieb. Dienstnehmer (in Form von Abteilungen) beziehen angebotene IT-Dienstleistungen von einem Dienstanbieter (in Form der IT-Organisation) gegen einen Endpreis und ermöglichen deren Nutzung ihren Dienst- anwendern. Zur Bereitstellung von IT-Dienstleistungen sind analog zur Produktionslinie definierte IT-Dienstleistungsprozesse notwendig, die durch Einsatz von Ressourcen die IT-Dienstleistung erzeugen und bereitstellen. Die Leistungsverrechnung von IT-Dienst- leistungen auf Basis unterschiedlicher Kostenkategorien[39] ist wie im klassischen Geschäftsbetrieb möglich. IT-Service Management umfasst neben technologischen insbeson- dere auch organisatorische Aspekte. Die Einführung von Methoden zur Steuerung und Kontrolle von IT-Dienstleistungsprozessen und den durch sie erzeugten IT-Dienstleistungen erfordert häufig grundlegende Veränderungen der betroffenen Aufbauorganisation [Tie07]. Es existieren unterschiedliche Methoden für das Management von IT-Dienstleistungen, die meist von kommerziellen Software- oder Beratungshäusern entwickelt und oft mit speziellen Anwendungsumgebungen verknüpft werden. Abbildung 11 zeigt, dass sich der so genannte de-facto Standard IT Infrastructure Library (ITIL) als anwendungsunabhängige Methode im IT-Service Management etabliert hat [SZD04]. Achtzig Prozent der befragten Unternehmen, die ITSM-bezogene Projekte durchführen, nutzen die ITIL als Methode. Herstellerspezifische Varianten der ITIL wie beispielsweise MOF [MOF08], ITSM [HPD03] und ITMP [IBM00] werden von den jeweiligen Software- oder Beratungshäusern entwickelt, um die Methoden der ITIL gezielt in das eigene Produktportfolio zu integrieren. Das Management von IT-Dienstleistungen beinhaltet neben der Kontrolle und Steuerung von IT-Dienstleistungs- prozessen auch die Integration von Unternehmen bzw. Personen und Technologien.

---

[39] Die Kostenkategorien können direkte/indirekte Kosten, fixe/variable Kosten sowie Kapital- und Betriebs- kosten umfassen.

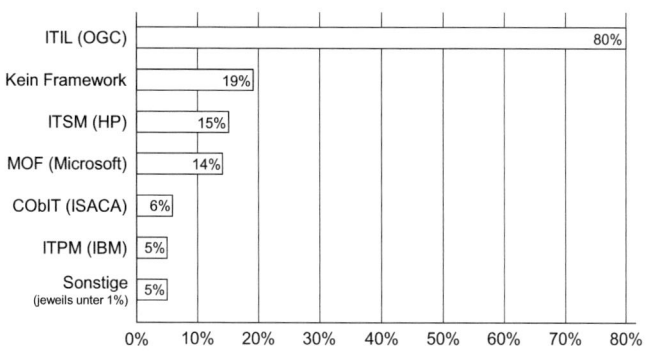

Abbildung 11: Verbreitungsgrad von ITSM-Methoden

Eine differenziertere Betrachtung gliedert das IT-Service Management in verschiedene Aspekte [Blo03; Tie05; ZHB05]:

- *Infrastruktur- und Architektur*

  Zur Erbringung von standardisierten und gleichzeitig auf den Dienstnehmer ange-passten IT-Dienstleistungen sind modular aufgebaute bzw. serviceorientierte Architekturkonzepte notwendig (vgl. Abschnitt 2.1.5).

- *Lebenszyklus*

  Der Lebenszyklus einer IT-Dienstleistung umfasst sämtliche Phasen zwischen Anforderungsdefinition und Stilllegung[40] unter Einbeziehung der dafür benötigten IT-Dienstleistungsprozesse. In Anlehnung an klassische Produktlebenszyklen lassen sich aufgrund des jeweiligen Zustands einer IT-Dienstleistung innerhalb ihres Lebens-zyklus Rückschlüsse beispielsweise auf verursachte Kosten oder mögliche Änder-ungen ziehen (vgl. Abschnitt 2.2.2).

- *Prozess*

  IT-Organisationen werden zunehmend prozessorientiert aufgestellt, wodurch die Rele-vanz der Identifikation, Dokumentation und Verbesserung von IT-Dienstleistungs-prozessen zur Erbringung von IT-Dienstleitungen steigt (vgl. Abschnitt 2.2.2).

- *Markt*

  Durch die gestiegene Bedeutung der IT als Leistungserbringer im internen oder externen Markt entsteht ein neues Rollenverständnis zwischen Dienstanbieter und Dienstnehmer (vgl. Abschnitt 2.2.3).

---

[40] Eine detaillierte Übersicht über mögliche Zustände einer IT-Dienstleistung im Rahmen ihres Lebenszyklus gibt [OGC07b, S.34].

- *Mitarbeiter*

  Ausreichende Fähigkeiten der Mitarbeiter eines Dienstanbieters, auf die Anforderungen und Bedürfnisse von Dienstnehmern einzugehen, sind erforderlich, um die Kundenzufriedenheit sowie eine hohe Qualität der IT-Dienstleistung zu gewährleisten (vgl. Abschnitt 2.3.4).

- *Dienstnehmer und IT-Dienstleistung*

  Der Fokus der Leistungserbringung durch den Dienstanbieter liegt auf dem Dienstnehmer und die Erfüllung dessen Anforderungen. Die Erfüllung der Anforderungen eines Dienstnehmers wird durch die Bereitstellung von IT-Dienstleistungen im Rahmen eines Portfolios für IT-Dienstleistungen unterstützt. Der Kommunikation zwischen Dienstanbieter und Dienstnehmer kommt eine besondere Bedeutung zu (vgl. Abschnitt 2.3.4).

- *Qualität*

  Die Differenz zwischen der Erwartung an die Qualität einer IT-Dienstleistung sowie deren Wahrnehmung ist entscheidend für die Messung der Kundenzufriedenheit. Damit einhergehend wird eine ausreichende Qualität von IT-Dienstleistungen zu angemessenen Kosten durch den Dienstnehmer gefordert (vgl. Abschnitt 2.3.4).

2.2.2   Methoden im IT-Service Management

Im Folgenden werden die beiden wichtigsten frei verfügbaren Methoden für das IT-Service Management *ITIL v3* und *CObIT* sowie der Zertifizierungsstandard *ISO/IEC 20000* vorgestellt.

2.2.2.1   IT Infrastructure Library (ITIL)

Vor dem Hintergrund, dass Aufbauorganisationen zunehmend abhängiger von der IT werden, wurde Ende der achtziger Jahre die IT Infrastructure Library (ITIL) mit dem Ziel entwickelt, das Erreichen unternehmerischer Ziele zu erleichtern. Im Auftrag der britischen Regierung sollte von der Central Computing and Telecommunications Agency (CCTA), einer Regierungsbehörde in Großbritannien, ein Managementkonzept entwickelt werden, welches IT-Dienstleistungsprozesse vereinheitlicht und dokumentiert, um die Steuerung und Kontrolle der IT der öffentlichen Verwaltung zu verbessern.[41] Das zu entwickelnde Managementkonzept sollte außerdem zweckmäßige und wirtschaftliche Methoden darlegen, um

---

[41] Die CCTA ist Teil des „Office of Gouvernement Commerce" (OGC), einer Stabsstelle der britischen Regierung. Bei der Entwicklung der ITIL wurde mit großen Firmen, Rechenzentrumsbetreibern sowie IT-Spezialisten zusammen gearbeitet. Das Ziel war es, existenzielle Prozesse zur Erbringung und zum Management von IT-Dienstleistungen zu identifizieren [Köh06].

IT-Dienstleistungen nachhaltig zu verbessern und gleichzeitig deren Betriebskosten zu senken. Grund für den Auftrag an die CCTA war die mangelhafte Qualität der von der britischen Regierung eingekauften IT-Dienstleistungen. Obwohl ursprünglich für die öffentliche Verwaltung erstellt, wurde schnell deutlich, dass das Managementkonzept aufgrund seiner Abstraktheit auch auf IT-Organisationen aus anderen Branchen übertragen werden konnte. In der Folge gab es eine Reihe von Veröffentlichungen, die sich mit Verfahren der Planung und Umsetzung von IT-Projekten aus Sicht der IT-Organisation auseinandersetzten. Die erste Dokumentensammlung umfasste einige hundert Dokumente und wurde 1989 erstmals veröffentlicht. Das Material wurde daraufhin zu einem durchgängigen Ansatz in Form von zehn Hauptpublikationen und dreißig[42], die Hauptpublikationen ergänzende, Publikationen konsolidiert und ab 1992 in einer Bibliothek für das IT-Service Management als ITIL v1 veröffentlicht. Aufgrund der fortschreitenden Durchdringung der IT in Unternehmen und der gestiegenen Fokussierung der angebotenen IT-Dienstleistungen auf die Dienstnehmer wurde eine weitere Konsolidierung der ITIL v1 vorgenommen, die die IT-Dienstleistungsprozesse aus den bereits existierenden Publikationen ineinander überführte. Im Jahr 1995 wurde das Ergebnis der Integration als ITIL v2 mit insgesamt zehn Hauptpublikationen[43] veröffentlicht. Zwei der Hauptpublikationen behandeln den operativen sowie taktischen Betrieb von IT-Dienstleistungsprozessen in IT-Organisationen mittels sich in der betrieblichen Praxis bewährten Methoden[44] und stellen den Kern des Managements von IT-Dienstleistungen nach ITIL dar. Da sowohl die Publikationen zum operativen als auch zum taktischen Betrieb von IT-Dienstleistungsprozessen von IT-Organisationen am häufigsten im Rahmen von IT-Projekten angewendet werden [Raa08; Sch04], folgt in Abbildung 12 ein Überblick über die in ITIL v2 beschriebenen IT-Dienstleistungsprozesse [OGC01a; OGC01b].

---

[42] Die Bandbreite der Themen erstreckte sich von der Verlegung von Kabeln in Serverräumen bis hin zur Sicherstellung der Kontinuität des Geschäftsbetriebs (Wartung und Nutzung der IT-Infrastruktur).

[43] Die Publikationen der ITIL v2 umfassen: Introduction to ITIL; Business Perspective – The IS View; Business Perspective – The Business View; Service Support; Service Delivery; Security Management; Application Management; ICT Infrastructure Management; Planning to Implement IT Service Management; ITIL Small Scale Implementation.

[44] ITIL ist weltweit als so genannter de-facto-Standard für das IT-Service Management etabliert und wird neben dem Office of Government Commerce (OGC) auch von der International Standardization Organization (ISO) und dem British Standardization Institute (BSI) weiterentwickelt. Unter der Mitarbeit des „IT Service Management Forum e.V." (itSMF), das zunächst in Großbritannien gegründet wurde und mittlerweile auch international agiert, hat sich das Framework kontinuierlich weiterentwickelt. Die ITIL schlägt vor, was zum Management von IT-Dienstleistungen geleistet werden muss, aber nicht, wie die vorgeschlagenen Methoden individuell umgesetzt werden. Die Art der Umsetzung bleibt dem jeweiligen Unternehmen selbst überlassen.

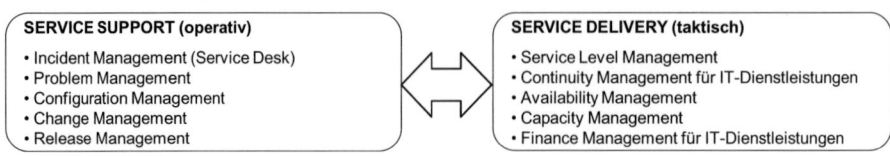

Abbildung 12: IT-Dienstleistungsprozesse der ITIL v2

Die Publikation *Service Support* beschreibt Methoden zur Unterstützung und zum Betrieb von IT-Dienstleistungsprozessen und IT-Dienstleistungen. Der *IT-Service Desk* ist die zentrale Anlaufstelle für Anwender bei Störungen oder Anfragen zu den von einer IT-Organisation bereit gestellten IT-Dienstleistungen. Der IT-Service Desk dient als Schnittstelle zwischen Dienstanwendern und Dienstanbietern von IT-Dienstleistungen und stellt organisatorische und technische Ressourcen zur Verfügung, um ein effektives und effizientes Incident Management (Störungsmanagement) durchzuführen. Mit dem *Incident Management* wird ein standardisierter IT-Dienstleistungsprozess beschrieben, in dem Störungsmeldungen und Anfragen von Anwendern bearbeitet werden. Können aufgetretene Störungen einer IT-Dienstleistung nicht im Rahmen des Incident Management Prozesses behoben werden, werden die Störungsmeldungen einer genaueren Ursachenforschung unterzogen, was durch das *Problem Management* realisiert wird. Bei diesem IT-Dienstleistungsprozess werden die Ursachen[45] von Störungen identifiziert, analysiert, bewertet, die Störung gegebenenfalls behoben und anschließend dokumentiert. Das Problem Management reagiert nicht nur auf aufgetretene Störungen, sondern führt auch proaktiv regelmäßige Analysen zum Beispiel der IT-Infrastruktur durch, um mittels entsprechender Maßnahmen[46] das Auftreten von Störungen bereits im Vorfeld zu vermeiden. Zur Aufgabe des *Configuration Managements* gehört es, ein logisches Modell der IT-Infrastruktur der IT-Organisation mit Schnittstellen, Beziehungen und Abhängigkeiten zwischen den erfassten Configuration Items[47] (CI) abzubilden. CIs werden in der Configuration Management Database (CMDB) abgelegt, die als zentrale Informationsquelle für alle IT-Dienstleistungsprozesse im Rahmen der ITIL verwendet wird. Veränderungen an CIs werden im *Change Management* durchgeführt. Änderungsanfragen

---

[45] Mögliche Ursachen können beispielsweise sein: Fehler im Design der IT-Dienstleistung, Inkompatibilität von IT-Dienstleistungskomponenten, Produktionsfehler der untersuchten Hard- und Software, etc..

[46] Wird zum Beispiel erkannt, dass der Ausfall einer Serie von Serverfestplatten (Die Störungsmeldung könnte sich in diesem Fall auf die Nicht-Verfügbarkeit eines virtuellen Laufwerks beziehen) auf einen Produktionsfehler des Herstellers zurückzuführen ist, können alle noch funktionierenden Serverfestplatten aus derselben Produktionslinie des Herstellers bereits proaktiv ausgetauscht werden, um einen wahrscheinlichen Ausfall in naher Zukunft zu vermeiden.

[47] Configuration Items bilden die Bausteine der gesamten IT einer IT-Organisation. CIs können beispielsweise von einem kompletten System (inklusive zugehöriger Hardware, Software, Dokumentation, Verträgen) bis zu einem einzelnen Softwaremodul oder einer kleinen Hardware-Komponente in Art und Umfang unterschiedlich sein.

(Request for Change – RfC) werden auf mögliche Risiken für die IT-Infrastruktur und die damit verbundenen IT-Dienstleistungen untersucht. Je nach Art und Umfang[48] der Änderung ist die Erstellung eines Rückfall-Plans erforderlich, um im Falle einer fehlerhaften Umsetzung des RfC den Ursprungszustand der IT-Infrastruktur vor der Umsetzung des RfC wiederherstellen zu können. Das *Release Management* ist als letzter IT-Dienstleistungsprozess der Publikation Service Support dafür verantwortlich, den Roll-Out von Änderungen durchzuführen. Verschiedene RfCs werden je nach Art und Umfang zu Release-Paketen zusammengefasst und durchlaufen vor der Implementierung beim Dienstanwender oder in der IT-Infrastruktur vordefinierte Entwicklungs- und Testzyklen.

Die Publikation *Service Delivery* beschreibt Methoden zur Planung und Bereitstellung von IT-Dienstleistungen sowie die zur Erbringung der IT-Dienstleistungen notwendigen Voraussetzungen und Maßnahmen. Das *Service Level Management* hat als Schnittstelle zwischen Dienstnehmer und Dienstanbieter die Aufgabe, die Anforderungen des Dienstnehmers an zu erbringende IT-Dienstleistungen zu erfassen und Konditionen zur wirtschaftlichen Erbringung der IT-Dienstleistungen mit dem Dienstnehmer auszuhandeln. Beidseitig akzeptierte Konditionen werden je nach Rolle des Dienstnehmers in verschiedenen Vertragstypen (vgl. Abschnitt 2.5.1) festgehalten und vom Service Level Management auf deren Einhaltung überwacht. Im *Continuity Management für IT-Dienstleistungen* werden Maßnahmen erarbeitet, die im Katastrophenfall[49] ergriffen werden müssen, um primäre Geschäftsprozesse[50] des Dienstnehmers schnellstmöglich mit den vereinbarten IT-Dienstleistungen wieder zu unterstützen. Für die Sicherstellung einer möglichst hohen Verfügbarkeit aller IT-Dienstleistungen ist das *Availability Management* verantwortlich. Neben der Überwachung der Auslastung von Netzwerken und Prozessoren gehört auch die Durchführung proaktiver Maßnahmen, beispielsweise in Form von Backups zur Vermeidung von Festplattenüberläufen aufgrund von Log-files, zur Aufgabe des Availability Managements. Das *Capacity*

---

[48] Die ITIL unterscheidet die drei Änderungsvarianten vom Typ „Standard", „Normal" und „Emergency". Änderungen vom Typ „Standard" werden in einem Dokument erfasst, beschrieben und aufgrund erfolgreich abgeschlossener Tests von den jeweiligen Prozessverantwortlichen vorautorisiert. Sollte ein RfC eine Änderung vom Typ „Standard" zur Folge haben, so kann diese direkt erfolgen, ohne den kompletten Change Management Prozess – anders als Änderungen vom Typ „Normal" und „Emergency" – durchlaufen zu müssen. Ein Standard Change kann beispielsweise der Austausch eines Monitors bei einem Anwender sein.

[49] Unter einem Katastrophenfall wird das Eintreten einer unvorhersehbaren Situation verstanden, die erhebliche Sachschäden infolge eines folgenschweren Unglücksereignisses verursacht. Beispiel 1: Der Totalausfall eines Rechenzentrums aufgrund eines Erdbebens, Hochwassers, Terroranschlags, etc. Beispiel 2: Ein Totalausfall aller durch einen Dienstanbieter zur Verfügung gestellten IT-Dienstleistungen beispielsweise aufgrund einer bei Bauarbeiten durchtrennten Glasfaserleitung. Die Folge – die Nicht-Verfügbarkeit aller IT-Dienstleistungen – ist in beiden Beispielen identisch, wobei beim zweiten Beispiel die Wahrscheinlichkeit einer schnellen Behebung des Totalausfalls höher ist als beim ersten.

[50] Zum Beispiel die Online-Buchung bei Fluggesellschaften, Internet-Shop eines Unternehmens mit Schwerpunkt auf E-Commerce, Internationale Transaktionsabwicklung von Banken, etc..

Management stellt auf Basis der mit dem Dienstnehmer im Service Level Management ausgehandelten Konditionen die Kapazitäten (z.B. CPU-Zeit, Festplattenkapazität, Netzwerkbandbreite, etc.) bereit, die notwendig sind, die IT-Dienstleistung vertragsgemäß zu erbringen. Insbesondere das Austarieren von vorgehaltenen und genutzten Kapazitäten wird durch das Capacity Management durchgeführt, da Überkapazitäten unnötig Investitionskapital binden und Unterkapazitäten aufgrund von Vertragsbruch mögliche Strafzahlungen nach sich ziehen können. Die Kosten für die Erbringung einer IT-Dienstleistung werden durch das *Finance Management für IT-Dienstleistungen* ermittelt. Es werden essentielle Management-Informationen zur Verfügung gestellt, die für die Gewährleistung einer effizienten, wirtschaftlichen und kostenwirksamen Erbringung von IT-Dienstleistungen benötigt werden. Die zur Verfügung gestellten Management-Informationen können unter anderem dazu verwendet werden, um zu vergleichen, ob interne IT-Dienstleistungen zu vergleichbaren Kosten nicht auch von einem externen Dienstanbieter erbracht werden können.

Im Jahr 2004 wurde mit der grundlegenden Überarbeitung der ITIL v2 begonnen. Motiviert wurde die Überarbeitung durch eine Vielzahl von Verbesserungsvorschlägen aus der betrieblichen Praxis in Bezug auf den Inhalt sowie neue Anforderungen an das Management von IT-Dienstleistungen im Zuge der fortgeschrittenen IT-Durchdringung – IT wurde zunehmend zum Kerngeschäft – bei Dienstanbietern und Dienstnehmern. Beispielsweise sollte die Konsistenz der ITIL v2 in Bezug auf Kapitelstrukturen, abgebildete IT-Dienstleistungsprozesse, etc. überarbeitet und verbessert werden. Darüber hinaus sollten aktuelle sowie zukünftige technische Entwicklungen Berücksichtigung finden. Des Weiteren lag ein Fokus auf der Integration von Schnittstellen zu einer Vielzahl weiterer Standards, Methoden und rechtlichen Rahmenwerken[51]. Das Ergebnis der Überarbeitung war die am 1. Juni 2007 veröffentlichte dritte Version der IT Infrastructure Library (ITIL v3). Die ITIL v3 besteht aus den Komponenten [OGC07b]

- *ITIL Core* (Leitfaden für alle Organisationen, die IT-Dienstleistungen anbieten) und
- *ITIL Complementary Guidance* (Leitfaden für spezifische industrielle Bereiche, Organisationstypen, Betriebsmodelle und technologische Architekturen).

Der ITIL Core, als für die betriebliche Praxis wichtigster Leitfaden, umfasst die Publikationen *Service Strategy*, *Service Design*, *Service Transition*, *Service Operation* und *Continual Service Improvement*. Die Publikationen repräsentieren zusammen die Phasen eines Lebens-

---

[51] Zum Beispiel SOX (Sarbanes-Oxley-Act), CMMI (Capability Maturity Model Integration), ISO/IEC 20000 (Standard im IT-Service Management zur Unternehmenszertifizierung), ISO 19770 (Standard zum Software Asset Management), CObIT (Control Objectives for Information and Related Technology, vgl. Abschnitt 2.2.2).

zyklus (vgl. Abbildung 13) für IT-Dienstleistungen. Zusätzlich werden Strategien zum Entwurf und zur Erbringung von IT-Dienstleistungen sowie Methoden zur Überführung von IT-Dienstleistungen in den operativen Betrieb beschrieben. Darüber hinaus werden Richtlinien zur Etablierung eines kontinuierlichen Verbesserungsprozesses bereitgestellt [BVG07]. Der Lebenszyklus für IT-Dienstleistungen hat das Ziel, ein kontinuierliches Lernen, Verbessern und „Reifen" der Organisation zu unterstützen. Nachfolgend werden die einzelnen Phasen des Lebenszyklus einer IT-Dienstleistung nach ITIL v3 genauer beschrieben. Die Strategie zur Erbringung von IT-Dienstleistungen steht im Zentrum des Lebenszyklus.

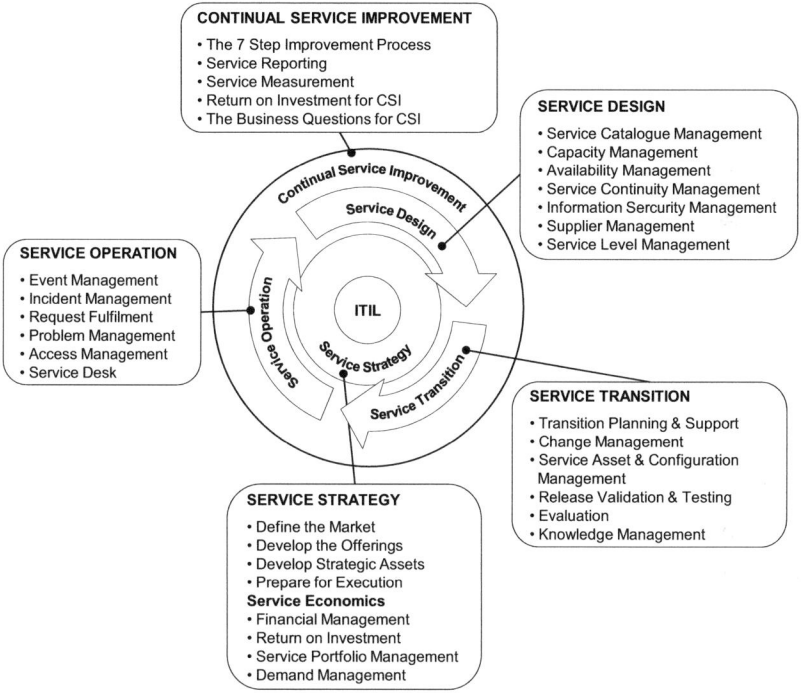

Abbildung 13: IT-Dienstleistungsprozesse der ITIL v3 (vgl. [OGC07b])

Die Phase *Service Strategy* [OGC07a] beschreibt das grundlegende Verständnis von der IT als strategischen Vermögenswert, indem es einen Leitfaden bietet, wie IT-Service Management nicht nur aus organisatorischer, sondern auch aus strategischer Sicht gestaltet, entwickelt und implementiert werden soll. Es werden Methoden zur Identifizierung, Auswahl und Priorisierung von Marktchancen und Marktplätzen bereitgestellt, um IT-Dienstleistungsstrategien von der Definition und Analyse von potenziellen Zielmärkten bis hin zur Formulierung von Angeboten für IT-Dienstleistungen zu entwickeln. Einen Schwerpunkt bilden die Themen *Finanzmanagement*, *Return on Investment*, *Service Portfolio Management* und *Demand Management*. Mit Hilfe des Finanzmanagements wird ein IT-Dienstleistungsportfolio definiert und die Entwicklung eines IT-Dienstleistungskataloges vorbereitet [BVG07]. Die taktischen und operativen Aufgaben des IT-Service Managements werden um die strategischen Aspekte der Erbringung von IT-Dienstleistungen in einem insgesamt geschlossenen Regelkreis erweitert.

Im Rahmen der *Service Design* Phase wird ein Leitfaden zum Entwurf und zur Entwicklung von IT-Dienstleistungen und IT-Service Management Prozessen bereit gestellt [OGC07b]. Ziele, die in der Strategiephase definiert wurden, werden durch Entwurfsprinzipien und -methoden in IT-Dienstleistungsportfolios und Vermögenswerte für IT-Dienstleistungen transformiert. Ein wichtiges Ergebnis dieser Stufe ist der Entwurf einer effektiven und effizienten Lösung durch IT-Dienstleistungen [BVG07]. Neben neuen IT-Dienstleistungen beinhaltet das Service Design auch notwendige Änderungen und Verbesserungen, um sowohl den Mehrwert der IT-Dienstleistungen für den Dienstnehmer über die einzelnen Lebenszyklen der IT-Dienstleistungen hinweg zu erhöhen oder zu erhalten, als auch deren Kontinuität, das Erreichen einer hohen Qualität von IT-Dienstleistungen und Konformität zu regulatorischen Anforderungen sicherzustellen. Der Entwurf beginnt bei der Integration der geschäftlichen Anforderungen, erstreckt sich über die Anwendungsentwicklung, die Schnittstellen zu Outsourcing-Partnern bis hin zur Entwicklung und Dokumentation von Service Level Agreements (SLA) und Operational Level Agreements (OLA) (vgl. Abschnitt 2.5).

Die Umsetzung der Anforderungen für neue oder geänderte IT-Dienstleistungen aus der Service Strategy wird in der *Service Transition* Phase behandelt [OGC07c]. Es wird beschrieben, wie sich Design-Anforderungen und Design-Vorschläge in die Praxis umsetzen lassen. Diese Phase bildet die Schnittstelle zwischen Entwurf (Service Design) und Betrieb (Service Operation) und behandelt das Management komplexer Änderungen an IT-Dienstleistungen und IT-Dienstleistungsprozessen. Dabei wird ein besonderer Fokus auf Methoden zur Vermeidung unerwünschter Konsequenzen und Risiken gelegt. Ein wesentlicher Aspekt der Service Transition Phase ist die kontrollierte Übergabe von Verantwortung für IT-Dienstleistungen vom Dienstanbieter zum Dienstnehmer. Es werden die im Service Design spezifizierten IT-Dienstleistungen unter Berücksichtigung festgelegter Strategien und benötigter Infrastrukturen in kontrollierter und nachvollziehbarer Weise in den Regelbetrieb überführt.

Das Management und der Betrieb von IT-Dienstleistungen wird in der *Service Operation* Phase behandelt [OGC07d]. Innerhalb dieser Phase werden Vorgehensweisen sowohl zur Erbringung als auch zur Unterstützung von IT-Dienstleistungen bereitgestellt, um den gewünschten Mehrwert für den Dienstnehmer und den Dienstanbieter zu erzeugen. Die Kritikalität dieser Phase wird daran deutlich, dass die strategischen Ziele durch eine effektive und effiziente Service Operation Phase realisiert werden müssen [BVG07]. Darüber hinaus beinhaltet diese Phase auch Anweisungen zum Erhalt und zur Stabilisierung von IT-Dienstleistungen. Methoden für das Management von Verfügbarkeiten von IT-Dienstleistungen, die Verbesserung der Kapazitätsnutzung oder das Anforderungsmanagement sollen Dienstanbieter und Dienstnehmer bei der Entscheidungsfindung unterstützen.

Der kontinuierliche Verbesserungsprozess umfasst den gesamten Lebenszyklus der IT-Dienstleistung im Rahmen der Publikation *Continual Service Improvement* [OGC07e]. Der Dienstanbieter muss konsistente und wiederholbare IT-Dienstleistungsprozesse realisieren, um die Qualität der IT-Dienstleistung erhalten, erhöhen und gegebenenfalls verbessern zu können. Des Weiteren stellt das Continual Service Improvement Handlungsempfehlungen zur Aufrechterhaltung und Verbesserung des Geschäftswerts für Dienstnehmer zur Verfügung. Methoden aus den Bereichen des Qualitätsmanagement, Änderungsmanagement und Kapazitätsmanagement sollen dem Unternehmen helfen, sowohl große als auch kleine Schritte zur Verbesserung in den Bereichen Qualität von IT-Dienstleistungen, Effizienz sowie Geschäftskontinuität zu erzielen. Diese Empfehlungen sind mit den Phasen Service Strategy, Service Design und Service Operation eng verknüpft. Für alle an der Erbringung von IT-Dienstleistungen beteiligten Akteure müssen IT-Dienstleistungsprozesse nach klar definierten Zielen aufgesetzt und mit Kennzahlensystemen implementiert, verwaltet sowie unterstützt werden.

ITIL ist das einzig umfassende, nicht proprietäre und somit öffentlich zugängliche Referenzmodell für das IT-Service Management [JoG07]. Des Weiteren ist ITIL eine Technologie- und branchenunabhängiges Methode zur Standardisierung von IT-Dienstleistungsprozessen. Darüber hinaus bietet ITIL einen herstellerunabhängiger Leitfaden, der bewährte, aus der betrieblichen Praxis gewonnene Erkenntnisse, Modelle und Architekturen beschreibt, die als Richtlinie zum systematischen Aufbau und Betrieb einer durchgängigen, professionellen IT-Dienstleistungsstruktur verwendet werden kann [Olb06]. Die Methode besteht aus verschiedenen Publikationen, die als Leitfaden zur Implementierung von IT-Dienstleistungsprozessen unter Berücksichtigung verschiedener, organisatorischer Rahmenbedingungen sowie zur Bereitstellung von qualitätsbasierten IT-Dienstleistungen verwendet werden können.

2.2.2.2 Control Objectives for Information and related Technology (CObIT)

Das Prozessmodell CObIT wird zum Aufbau eines internen Kontroll- und Steuerungssystems in Unternehmen mit dem Ziel eingesetzt, die IT-Governance[52] umzusetzen und zu verbessern. Das IT-Service Management soll durch CObIT eine methodische Unterstützung zur effizienten und effektiveren Steuerung der IT erhalten, um sicherzustellen, dass die IT die geschäftlichen Anforderungen unterstützt [JoG07]. Erstmals herausgegeben wurde CObIT 1996 von der ‚Information Systems Audit and Control Association' (ISACA), deren Leitbild es ist, Unternehmen durch Bereitstellung von Forschung, Standards, Kompetenz und Praktiken bei der Organisation, Kontrolle und Qualitätssicherung von Informationen, Systemen und Technologie zu unterstützen [HoH03]. Seit 2005 wird das Prozessmodell federführend durch das ‚IT Governance Institute' (ITGI) weiter entwickelt. Im Rahmen der vorliegenden Arbeit wird CObIT 4.0 näher betrachtet[53]. CObIT bietet Empfehlungen zur Steuerung und Kontrolle von IT-unterstützten Unternehmensbereichen und beinhaltet eine Zusammenstellung von Methoden, die vor allem Führungskräfte unterstützen sollen, die Effektivität und Effizienz der unternehmensweiten IT zu erhöhen. Der Schwerpunkt von CObIT liegt in dem Ansatz, die IT-bezogenen Ziele mit Hilfe einer umfangreichen Sammlung von Steuerungs- und Kontrollmechanismen an die wirtschaftlichen Gesamtziele der Unternehmung anzupassen [RYC04]. Da das Prozessmodell an Führungskräfte adressiert ist, steht – ähnlich zur ITIL – im Vordergrund, welche Kontrollziele zu erreichen sind und nicht, auf welche Art und Weise diese (technisch) implementiert werden müssen. Die Implementierung liegt im Verantwortungsbereich der IT-Organisation, die für die relevanten IT-Dienstleistungsprozesse entsprechende Lösungen zur Verfügung stellt und sich dabei anerkannten Standards und Empfehlungen bedient. Die Hauptpublikation des CObIT Prozessmodells gliedert sich in die Abschnitte *Executive Overview*, *CObIT Framework* und *CObIT Core Content*.

Der einführende Abschnitt *Executive Overview* motiviert die Ziele von CObIT und führt in die IT-Governance ein. Das *CObIT Framework* stellt die verschiedenen Bestandteile des Prozessmodells vor und beschreibt die Interaktionen zwischen den jeweiligen IT-Dienstleistungsprozessen. Der Schwerpunkt der beschriebenen IT-Dienstleistungsprozesse liegt darin, die Entscheidungsträger der Aufbauorganisation zuverlässig mit den Informationen zu

---

[52] [Bon08] definiert IT Governance als "the assigning of accountability and responsibility and the design of the IT organization, aimed at an efficient and effective use of IT within the Business processes, and conforming to internal and external rules".

[53] Aktuell (Stand: 20. April 2009) liegt CObIT in der Version 4.1 vor. Zwischen CObIT Version 4.0 und 4.1 wurden nur geringfügige Änderungen oder Anpassungen vorgenommen. Unter anderem fand eine schärfere Abgrenzung der in CObIT spezifizierten Kontrollziele voneinander sowie die Konsolidierung einiger sich überlappender Kontrollziele statt.

versorgen, die das Erreichen der Unternehmensziele unter Einhaltung gesetzlicher Vorgaben unterstützen können [ISA05]. In Analogie zu ITIL bietet CObIT Empfehlungen, die zur Umsetzung von IT-Governance angewendet werden können. Der Aufbau des CObIT Frameworks basiert auf dem Prinzip, dass die Bereitstellung der für die Erreichung der Ziele des Unternehmens erforderlichen Informationen mit Hilfe einer Auswahl der empfohlenen IT-Dienstleistungsprozesse erfolgt. Das Unternehmen soll durch Implementierung der Empfehlungen unterstützt werden, die vorhandene IT zu kontrollieren und zu steuern, sowie sicherzustellen, dass die entsprechenden IT-Dienstleistungen ,wie mit dem Dienstnehmer vereinbart, bereitgestellt werden. Die drei Dimensionen IT-Dienstleistungsprozesse, Ressourcen und Unternehmensanforderungen bilden den so genannten *CObIT Würfel*, der, wie in Abbildung 14 dargestellt, einen Überblick über die Zusammenhänge verschiedener Dimensionsausprägungen gibt.

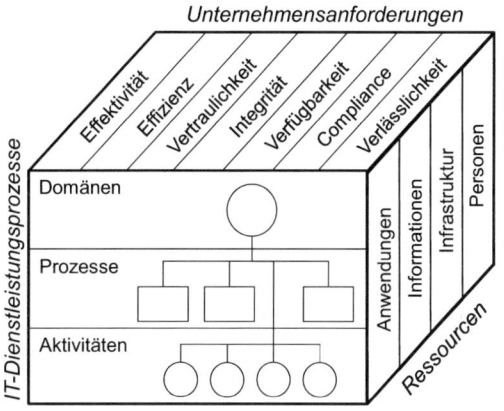

Abbildung 14: CObIT Würfel und Dimensionen (vgl. [ISA05])

Die Dimension *IT-Dienstleistungsprozesse* wird nach CObIT in die Ausprägungen *Domänen*, *Prozesse* und *Aktivitäten* unterteilt. Domänen bestehen aus vier Kontrollbereichen [JoG07]:

- *,planen und organisieren'*
  Identifikation und Planung von Maßnahmen, die zur Erreichung der strategischen und taktischen Unternehmensziele durch den Einsatz von IT geeignet sind.
- *,beschaffen und implementieren'*
  Auswahl, Entwicklung, Beschaffung sowie Implementierung von IT-Dienstleistungen für relevante Geschäftsprozesse zur Umsetzung der IT-Strategie.

- *‚erbringen und unterstützen'*

  Bereitstellung, Erbringung von IT-Dienstleistungen sowie operative Unterstützung bei deren Nutzung[54].

- *‚überwachen und evaluieren'*

  Kontrolle und Überarbeitung von IT-Dienstleistungsprozessen in Bezug auf Qualität, Performanz und Steuerungsmöglichkeiten.

Für jeden Kontrollbereich werden Prozesse und Aktivitäten definiert, um bestimmte Kontrollziele[55] zu erreichen. Die zweite Dimension *Ressourcen* adressiert Ressourcen wie Personal, Software und Hardware oder Infrastruktur, die notwendig sind, um die Ausführung von Aktivitäten in IT-Dienstleistungsprozessen zu ermöglichen. Im Rahmen der dritten Dimension *Unternehmensanforderungen* wird zum Ausdruck gebracht, dass IT-Dienstleistungsprozesse zur Erreichung bestimmter Ziele (z.B. Steigerung der Effizienz und Erhöhung der Qualität von Geschäftsprozessen) ausgeführt werden. Der *CObIT Core Content* beschreibt den Kern des Prozessmodells und befasst sich mit den im *CObIT Framework* vorgestellten vier Kotrollbereichen. Die Beschreibung jedes der 34 Prozesse beinhaltet eine allgemeinen Steuerungsvorgabe (High Level Control Objective), Handlungsempfehlungen zur Umsetzung des Prozesses, allgemeine Empfehlungen an das Management sowie ein prozess-bezogenes Reifegradmodell[56].

Darüber hinaus werden, wie in Tabelle 4 aufgelistet, für alle beschriebenen Prozesse jeweils sechs generische Kontrollanforderungen formuliert, die zusätzlich zu den individuellen Vor-gaben für jeden Prozess zu definieren sind

---

[54] Die Prozesse und Aktivitäten in diesem Kontrollbereich entsprechen in weiten Teilen den Publikationen Service Delivery und Service Support der ITIL v2.

[55] In CObIT werden bezüglich der Zielerreichung zu kontrollierende Ziele einheitlich mit dem englischen Begriff „Control Objectives" bezeichnet. Die Dimension „IT-Dienstleistungsprozesse" umfasst 34 Prozesse und 215 Aktivitäten.

[56] Ein Reifegradmodell ist ein Rahmenwerk, welches zur stufenweisen Verbesserung der Qualität von Prozessen verwendet wird (in Anlehnung an [Hum87]). Es existieren Reifegradmodelle für eine Vielzahl von Anwendungsfeldern wie zum Beispiel das Capability Maturity Model Integration (CMMI) [Kne06] zur Beurteilung und Bewertung der Qualität ("Reife") von Entwicklungsprozessen im Unternehmen oder das Reifegradmodell Software Process Improvement and Capability Determination (SPICE, ISO/IEC 15504) [ISO06] zur Durchführung von Bewertungen (Assessments) von Unternehmensprozessen mit Schwerpunkt auf der Softwareentwicklung.

Kontrollanforderungen an IT-Dienstleistungsprozesse	
Prozesseigner	Bestimmung eines prozessverantwortlichen Mitarbeiters.
Wiederholbarkeit	Gestaltung eines IT-Dienstleistungsprozesses derart, dass dieser wiederholbar und für Zwecke der Qualitätssicherung vergleichbar ist.
Ziele und Vorgaben	Klare Zielvorgaben für die IT-Dienstleistungsprozesse, um eine effektive Ausführung zu gewährleisten.
Rollen und Verantwortlichkeiten	Bestimmung klarer Rollenverteilungen, Aktivitäten und Verantwortlichkeiten für jeden IT-Dienstleistungsprozess.
Performance des Prozesses	Die Leistungsfähigkeit des IT-Dienstleistungsprozesses sollte regelmäßig mit den Prozesszielen verglichen werden.
Grundsätze, Pläne und Verfahren	Grundsätze, Pläne und Verfahren, die zur Ausführung eines IT-Dienstleistungsprozesses gehören, sollten ausreichend dokumentiert, rezensiert, aktuell gehalten und an alle in den IT-Dienstleistungsprozess involvierten Akteure kommuniziert werden.

Tabelle 4: CObIT Kontrollanforderungen an IT-Dienstleistungsprozesse

Durch die Anwendung der vier Kontrollbereiche wird der Lebenszyklus von IT-Dienstleistungen abgedeckt. Als Voraussetzung für die Ausführung von IT-Dienstleistungsprozessen und die Erbringung von IT-Dienstleistungen wird in Tabelle 5 zwischen vier Ressourcen unterschieden.

Ressourcen	
Applikationen	Verarbeitung von Informationen durch automatisierte Systeme und manuelle Aktivitäten.
Informationen	Eingabe, Verarbeitung und Ausgabe von Daten in allen möglichen Erscheinungsformen in die Informationssysteme.
Infrastruktur	Technische Anlagen (Hardware, Netzwerke, Datenbanksysteme, etc.) die Nutzung von Applikationen ermöglichen.
Menschen	Personal, das zur Planung, Organisation, Anschaffung, Implementierung, Unterstützung und Beobachtung der Informationssysteme und Dienstleistungen benötigt wird.

Tabelle 5: CObIT Ressourcen

Die Eingabe, Verarbeitung sowie Ausgabe von Daten spielt im Rahmen der Informationsverarbeitung eine wichtige Rolle. In Tabelle 6 werden Unternehmensanforderungen nach CObIT an die Ressource *Information* beispielhaft aufgezeigt, um einen IT-Dienstleistungsprozess geeignet zu unterstützen. Unter Einbeziehung verschiedener Ressourcenanforderungen beschreibt das Prozessmodell CObIT anhand der Dimensionen IT-Dienstleistungsprozesse, Ressourcen und Unternehmensanforderungen, welche Konfiguration für die jeweiligen IT-Dienstleistungsprozesse notwendig ist, um die wirtschaftlichen Ziele eines Unternehmens zu erreichen.

Unternehmensanforderungen	
Effektivität	Informationen sind für die einschlägigen Geschäftsprozesse relevant und liegen rechtzeitig in konsistenter sowie nutzbarer Form vor.
Effizienz	Informationen werden effizient erstellt oder beschafft.
Vertraulichkeit	Vertrauliche Daten werden ausreichend vor nicht Berechtigten geschützt.
Integrität	Informationen sind korrekt, vollständig und nicht nachträglich manipulierbar.
Verfügbarkeit	Informationen stehen genau dann zur Verfügung, wenn sie von Geschäftsprozessen benötigt werden.
Konformität	Informationen sind konform zu geltendem Recht, vertraglichen Absprachen und sonstigen Regulationen der zugrunde liegenden Geschäftsprozesse.
Verlässlichkeit	Informationen sind geeignet, dem Management eine verlässliche Entscheidungsgrundlage zu gewährleisten.

Tabelle 6: CObIT Unternehmensanforderungen

Das Ergebnis ist ein Prozessmodell, das spezifiziert, welche Aktivitäten kontrolliert und gesteuert werden müssen, um IT-Governance zu gewährleisten.

2.2.2.3 ISO/IEC 20000

Zertifizierungen spielen im IT-Service Management eine wichtige Rolle, da sie bescheinigen, dass bestimmte Vorgaben in Bezug auf die Steuerung und Kontrolle von IT-Dienstleistungsprozessen eingehalten werden. Zertifikate werden als Indikator für einen bestimmen Grad von Qualität eines Betrachtungsobjektes (z.B. Person oder Unternehmen als Dienstanbieter oder Dienstnehmer, Geschäftsprozesse, Softwarewerkzeuge, etc.) verwendet (vgl. Abschnitt 2.3). Der Nachweis der Anwendung und Einhaltung von Standards im Rahmen des IT-Service Managements auf Basis von Zertifikaten wird immer wichtiger, da Zertifikate häufig die Voraussetzung für erfolgreiche Projektausschreibungen darstellen, eine Methode zur Personalentwicklung bieten und den systematischen Umgang mit Qualitätsaspekten bei der Erbringung und Verbesserung von IT-Dienstleistungen dokumentieren. Zertifizierungen können sowohl für Personen als auch für Unternehmen durchgeführt werden. Durch Zertifizierungen resultieren nach [Bon06] speziell für Unternehmen eine Vielzahl von Vorteilen, wie beispielsweise die Umsetzung und Implementierung eines kontinuierlichen Verbesserungsprozesses, eine unabhängige Leistungs- und Qualitätsbescheinigung, Erhöhung der Reputation bei Dienstnehmern oder Dienstzulieferern, etc..

Der internationale Standard ISO/IEC 20000 [ISO05a; ISO05b] basiert auf dem Ende des Jahres 2005 übernommenen, nationalen *British Standard 15000* (BS 15000) [BSI02; BSI03]. Der BS 15000 wurde unter Einbezug der ITIL entwickelt, um die Umsetzung eines erfolgreichen IT-Service Managements in Unternehmen gezielter fördern und entsprechend nachweisen zu können. An der Ausarbeitung der ISO/IEC 20000 sowie des BS 15000 haben maßgeblich die Autoren der ITIL mitgewirkt, weshalb es eine weitgehende Übereinstimmung zwischen dem de-facto Standard ITIL und dem BS 15000 oder der ISO/IEC 20000 gibt [BVG07]. Während Zertifizierungen nach ITIL nur für Einzelpersonen realisierbar sind, wird es auf Basis des internationalen Standards ISO/IEC 20000 Unternehmen ermöglicht, sich nach ISO/IEC 20000 zertifizieren zu lassen. Nach ISO/IEC 20000 zertifizierte Unternehmen können so auf Grundlage einer objektiven Bewertung nachweisen, dass die implementierten IT-Dienstleistungsprozesse konform zu den Empfehlungen der IT Infrastructure Library sind[57]. Der Standard ISO/IEC 20000 unterteilt sich in folgende beide Teile:

- ISO/IEC 20000-1:2005 (*Specification*)
  Definiert Anforderungen an ein Unternehmen, die es umsetzen muss, um dem Dienstnehmer kontrollier- und steuerbare IT-Dienstleistungen in einer bestimmten Qualität bereitzustellen.
- ISO/IEC 20000-2:2005 (*Code of Practice*)
  Ergänzt die Anforderungen der ISO/IEC 20000-1:2005 um Empfehlungen und Anleitungen für ihre praktische Umsetzung.

Wie in Abbildung 15 dargestellt, adressiert ISO/IEC 20000 fünf Prozesskategorien mit dreizehn IT-Dienstleistungsprozessen. Die Kategorie *Bereitstellung- und Lieferung von IT-Dienstleistungen* (*Service Delivery* Prozesse) umfasst die planerische und taktische Ebene des IT-Service Management.

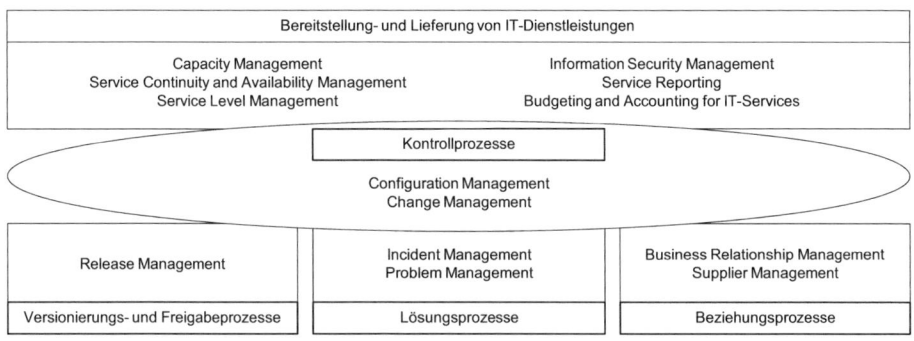

Abbildung 15: ISO/IEC 20000 Prozessmodell [ISO05a; ISO05b]

Mit Hilfe der sechs IT-Dienstleistungsprozesse *Service Level Management*, *Capacity Management*, *Service Continuity and Availability Management*, *Service Reporting*, *Information Security Management* sowie *Budgeting and Accounting for IT-Services* werden

---

[57] Zentraler Bestandteil der Implementierung von IT-Dienstleistungsprozessen nach ISO/IEC 20000 ist das Prinzip des geschlossenen Managementzyklus für IT-Dienstleistungen in Anlehnung an den Qualitätszyklus „Plan-Do-Check-Act (PDCA)" nach Deming [Dem94] (vgl. Abschnitt 2.3.2). Das Prozessmodell der ISO/IEC 20000 orientiert sich an den Anforderungen ISO 9000 [DIN05].

vom Dienstanbieter realisierbare Service-Levels für bereitgestellte IT-Dienstleistungen festgelegt und es wird über erbrachte IT-Dienstleistungen berichtet. Die *Beziehungsprozesse* (Relationship Processes) beschreiben einerseits die Rolle des Dienstanbieters im Verhältnis zu seinen Dienstnehmern mit Hilfe des Business Relationship Management Prozesses. Andererseits wird der Supplier Management Prozess herangezogen, um die Rolle eines Dienstanbieters zu dem jeweiligen Dienstzulieferer zu definieren (vgl. Abschnitt 2.2.3).Die *Lösungsprozesse* (Resolution Processes) beinhalten analog zur ITIL die IT-Dienstleistungsprozesse zur Behebung von Störungen und Problemen. Durch die Einführung von *Kontrollprozessen* (Control Processes) werden die wesentlichen Voraussetzungen geschaffen, einen sicheren und stabilen IT-Betrieb zu gewährleisten. Die Change und Configuration Management Prozesse bilden ähnlich zur ITIL die wichtigsten IT-Dienstleistungsprozesse im ISO/IEC 20000 Prozessmodell. Während das Change Management die Steuerung von Änderungen an der IT-Infrastruktur fokussiert, stellt das Release Management im Rahmen der Kategorie *Versionierungs- und Freigabeprozesse* (Release Processes) Methoden bereit, Änderungen an der IT-Infrastruktur vorzubereiten. Die weitgehende Deckungsgleichheit der ISO/IEC 20000 mit der ITIL ist gewünscht, da sich beide Prozessmodelle ergänzen sollen: ITIL empfiehlt, „Was" im Rahmen eines erfolgreichen IT-Service Management umgesetzt werden sollte; ISO/IEC 20000 stellt Ansätze bereit, „Wie" die Empfehlungen der ITIL erreicht werden können. Unternehmen müssen alle dreizehn IT-Dienstleistungsprozesse implementieren, um eine Zertifizierung nach ISO/IEC 20000 zu erhalten[58].

2.2.3 Rollen und Formen von Dienstanbieter und Dienstnehmer

Anbieter von IT-Dienstleistungen können im Rahmen der Leistungserbringung unterschiedliche Rollen einnehmen. Dienstanbieter benötigen neue Rollenkonzepte, um IT-Dienstleistungen flexibler erbringen und steuern zu können [SAB07]. Basierend auf den Definitionen 2.4 bis 2.6 erbringen *interne Dienstanbieter* IT-Dienstleistungen an Organisationseinheiten innerhalb desselben Unternehmens (Abbildung 16a). Dienstnehmer sind aus-

---

[58] Eine Zertifizierung nach ISO/IEC 20000 erfolgt nicht für ein Unternehmen als Ganzes, sondern in Bezug auf einen im Rahmen eines so genannten *Scope* definierten Umfang. Beispielsweise besitzt die *T-Systems Enterprise Services GmbH* ein ISO/IEC 20000 Zertifikat für "ein IT-Service Management System, das die Erbringung von IT-Dienstleistungen in Bezug auf den Application Management Lebenszyklus unterstützt" (http://www.isoiec20000certification.com/companydetail.asp?CompID=595, letzter Abruf am 02.August 2009). Um die definierten IT-Dienstleistungen konform zu den Anforderungen der ISO/IEC 20000 erbringen zu können, sollten die vorgestellten IT-Service Management Prozesse nach ITIL implementiert sein. Allerdings kann es im Unternehmen Bereiche geben, die nicht im *Scope* berücksichtigt und entsprechend auch nicht zertifiziert sind. Der Aufwand und die Kostenintensität einer ISO/IEC 20000 Zertifizierung wird daran deutlich, dass es in Deutschland lediglich 28 Unternehmen gibt, für die definierte IT-Dienstleistungen zertifiziert sind. Weltweit sind es 446 Unternehmen (http://www.isoiec20000certification.com, letzter Abruf am 20.September 2009).

schließlich einzelne Geschäftsbereiche desselben Unternehmens, die auf einem internen Markt[59] Geschäfte mit dem internen Dienstanbieter abwickeln. *Externe Dienstanbieter* können IT-Dienstleistungen sowohl an Organisationseinheiten innerhalb (Abbildung 16b) des Unternehmens als auch an Dienstnehmer außerhalb (Abbildung 16c) des Unternehmens anbieten.

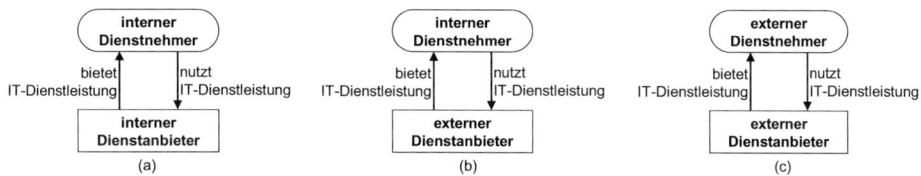

Abbildung 16: Beziehungsformen von Dienstanbietern und Dienstnehmern

Dementsprechend agieren externe Dienstanbieter sowohl auf internen als auch auf externen Märkten. Das Auftreten auf externen Märkten gilt als Abgrenzungskriterium gegenüber internen Dienstanbietern aufgrund eines vorhandenen, externen Kundenstamms [Zar07]. Bei der Leistungserbringung muss der interne wie auch externe Dienstanbieter nicht alle IT-Dienstleistungen selbst erbringen, sondern kann Teile der zu erbringenden IT-Dienstleisung auch von weiteren internen oder externen Dienstanbietern beispielsweise im Rahmen unterschiedlicher Beschaffungsstrategien beziehen [Lar99; OGC07a].

Werden IT-Dienstleistungen von einem Dienstanbieter unter Mitwirkung weiterer Akteure erbracht, ergeben sich wie in Abbildung 17 dargestellt verschiedene Rollentransformationen. Werden IT-Dienstleistungen im Rahmen der internen Leistungserbringung von einem externen Dienstanbieter eingekauft, nimmt ein interner Dienstanbieter gleichzeitig die Rolle eines externen Dienstnehmers ein (Abbildung 17a).

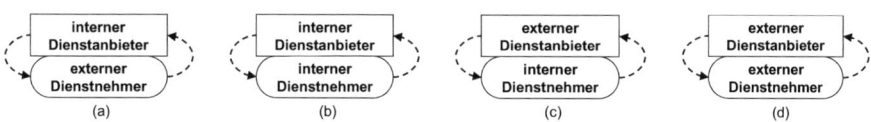

Abbildung 17: Rollentransformationen von Dienstanbietern und Dienstnehmern

---

[59] [Fre04] unterscheidet externe Märkte von realen oder fiktiven internen Märkten mittels der Dimensionen Transaktionspartner und Transaktionsspektrum. Während auf externen Märkten der jeweilige Transaktionspartner frei wählbar und das Spektrum der jeweiligen Transaktionen frei verhandelbar ist, besteht auf realen internen Märkten eine eingeschränkte Auswahl von Transaktionspartnern. Der Verhandlungsspielraum ist aufgrund organisatorischer Rahmenbedingungen eingeschränkt. In fiktiven internen Märkten werden sowohl die Transaktionspartner als auch das Transaktionsspektrum vorwiegend vorgegeben.

In Abbildung 17b werden IT-Dienstleistungen nicht von einem externen sondern von einem weiteren[60] internen Dienstanbieter bezogen. Der interne Dienstanbieter ist gleichzeitig interner Dienstnehmer. Ein externer Dienstanbieter nimmt gleichzeitig die Rolle eines internen Dienstnehmers ein, sobald im Rahmen der externen Leistungserbringung IT-Dienstleistungen von internen Dienstanbietern eingekauft werden (Abbildung 17c). Werden IT-Dienstleistungen von externen Dienstanbietern bezogen, um IT-Dienstleistungen an externe Dienstnehmer zu erbringen, nimmt der externe Dienstanbieter gleichzeitig die Rolles eines externen Dienstnehmers ein (Abbildung 17d). Berücksichtigt man das in Abschnitt 2.1.5 eingeführte Paradigma der netzwerkartig agierenden und dienstleistungsorientierten Unternehmensorganisation, wird die Schaffung von Transparenz über die Rollen der bei der Erbringung und Nutzung von IT-Dienstleistungen beteiligten Partner immer wichtiger. Beispielsweise stellt ein Dienstanbieter eine IT-Dienstleistung für einen Dienstnehmer bereit, die aus vier IT-Dienstleistungskomponenten besteht. Im Extremfall wird jede der vier IT-Dienstleistungskomponenten von einem internen oder externen Dienstanbieter eingekauft, um die Leistungserstellung zu realisieren. Jeder der vier Dienstanbieter kann seinerseits IT-Dienstleistungskomponenten von weiteren Dienstanbietern beziehen und so weiter. Die Bestimmung der jeweiligen Rolle im IT-Dienstleistungsprozess ist wichtig für die Vertragsgestaltung (vgl. Abschnitt 2.5) über die jeweils betrachtete IT-Dienstleistungskomponente. Abbildung 18 illustriert anhand zweier Beispiele, wie Beziehungsformen und Rollentransformationen von Dienstanbietern bei der Erbringung von IT-Dienstleistungen aussehen können. Ein *interner Dienstanbieter OSP*[61], der IT-Dienstleistungen an einen Geschäftsbereich desselben *Unternehmens A* erbringt wird gleichzeitig zu einem *externen Dienstnehmer OSP* (Abbildung 18a), sobald IT-Dienstleistungskomponenten von einem *externen Dienstanbieter ST1*, beispielsweise im Rahmen eines Outsourcing-Vertrages, beschafft werden. Zwischen *internem Dienstanbieter OSP* und dem *Geschäftsbereich* entsteht eine Lieferanten-Kunden-Beziehung.

---

[60] In die Organisationsstruktur großer Unternehmen sind gegebenenfalls mehrere interne Dienstanbieter integriert, die sich jeweils auf die Erbringung domänenspezifischer IT-Dienstleistungen spezialisiert haben (z.B. SAP-Dienste, Netzwerk-Dienste, Backup-Dienste, etc.)

[61] OSP ist eine Abkürzung für "Original Service Provider" in Anlehnung an den OEM im Supply Chain Management (SCM) in der Automobilindustrie. Der Autobauer wird in Anlehnung an die Zulieferpyramide im SCM-Kontext als Original Equipment Manufacturer (OEM) bezeichnet, der durch verschiedene so genannte Tier-Stufen mit Bauteilen für das zu produzierende Fahrzeug versorgt wird. Tier-1 beliefert den OEM direkt, Tier-2 beliefert Tier-1, und so weiter [VöN08]. Das Prinzip der Versorgung des OSP mit IT-Dienstleistungen über verschiedene „Service"-Tier-Stufen hinweg kann analog zum SCM erklärt werden.

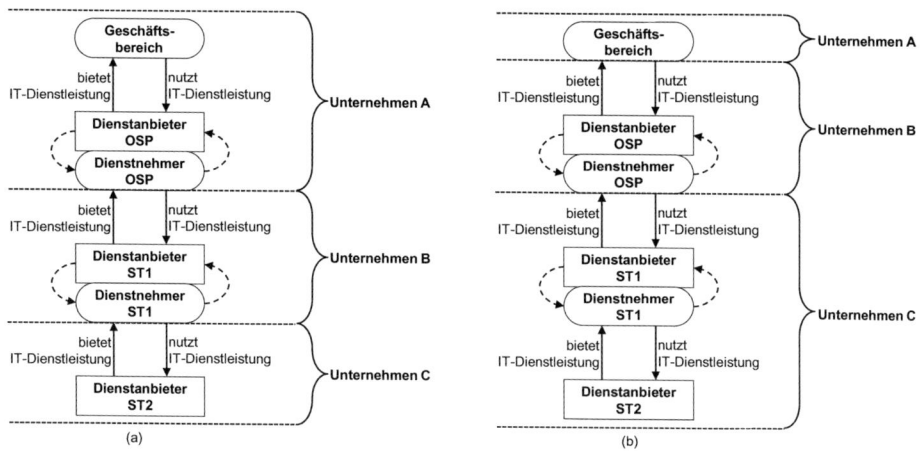

Abbildung 18: Beziehungsformen und Rollentransformationen (Beispiel)

Aus Sicht eines *externen Dienstanbieters ST1* als Teil von *Unternehmen B* wird eine neue Lieferanten-Kunden-Beziehung etabliert, in der der *interne Dienstanbieter OSP* nun die Rolle des Kunden (*externer Dienstnehmer OSP*) einnimmt und der *externe Dienstleister ST1* die des Lieferanten. Sobald *Dienstanbieter ST1* wiederum IT-Dienstleistungskomponenten von einem *externen Dienstanbieter ST2* bezieht, verändern sich – wie eben beschrieben – die jeweiligen Rollen entsprechend. Abbildung 18b beschreibt ein ähnliches Szenario wie Abbildung 18a mit dem Unterschied, dass *Dienstanbieter OSP* als Teil von *Unternehmen B*, in diesem Fall als externer Dienstanbieter, in Erscheinung tritt und sich mit dem *Geschäftsbereich von Unternehmen A* einem externen Dienstnehmer für die erbrachten IT-Dienstleistungen gegenübersieht. *Dienstanbieter ST1* als Teil von *Unternehmen C* stellt IT-Dienstleistungen dem *externen Dienstnehmer OSP* bereit und bezieht seinerseits IT-Dienstleistungskomponenten als *interner Dienstnehmer ST1* von einem unternehmensinternen *Dienstanbieter ST2*.

Im Zuge der Erbringung von IT-Dienstleistungen steigt die Bedeutung der Rollentransformationen von Dienstanbieter und Dienstnehmer. Ein Dienstanbieter nimmt die Rolle eines Dienstnehmers ein, sobald IT-Dienstleistungen eingekauft werden, um diese im Rahmen der Erstellung und Erbringung einer eigenen IT-Dienstleistung zu verwenden. Sobald ein Dienstanbieter die Rolle eines Dienstnehmers einnimmt, werden IT-Dienstleistungen von einem weiteren Dienstanbieter bezogen, der in dieser Konstellation als *Dienstzulieferer* bezeichnet wird. Ein Dienstzulieferer ist direkter Geschäftspartner des Dienstanbieters. Ein oder mehr Dienstzulieferer können an der Produktion und Erbringung von IT-Dienstleistungen durch die Kombinationen von IT-Dienstleistungskomponenten beteiligt sein, die in Form von Teilaufgaben durch einen Dienstanbieter definiert und extern vergeben werden.

2.3 Qualität von IT-Dienstleistungen

Im Folgenden wird der Begriff Qualität und damit verbundene Methoden zum Qualitäts-management eingeführt. Im Anschluss daran werden Ansätze zur Bestimmung der Qualität von Dienstleistungen diskutiert und gestützt darauf ein Qualitätsanforderungsmodell an die Erbringung von IT-Dienstleistungen vorgestellt.

2.3.1 Qualität

Aufgrund steigender Anforderungen der Dienstnehmer an eingekaufte IT-Dienstleistungen müssen sich Dienstanbieter immer feingranularer vom Wettbewerb differenzieren, um auf dem Markt erfolgreich bestehen zu können [BSW08]. Neben klassischen Differenzierungs-merkmalen wie Preis, Kundennähe, Flexibilität oder Innovationsfähigkeit kommt der Qualität von IT-Dienstleistungen eine entscheidende Bedeutung als Erfolgsfaktor zu [Bru06; BuG04]. Nachdem sich seit Ende der 1990er Jahre der Markt für (IT-)Dienstleistungen hin zu einem Käufermarkt entwickelt hat, bei dem das Angebot größer als die Nachfrage ist, hat sich das Qualitätsverständnis der Dienstnehmer erweitert. Neben den ursprünglichen Qualitätsan-forderungen an eine klassische Dienstleistung beeinflusst die Auswahl des Dienstanbieters durch den Dienstnehmer insbesondere im IT-Dienstleistungsumfeld verstärkt Eigenschaften wie Kundenservice oder Umweltverträglichkeit einer IT-Dienstleistung[62].

Aufgrund des heterogenen Verständnisses von Qualität findet sich in der Literatur eine Viel-zahl verschiedener Definitionen. [Hah99] bezeichnet, in Anlehnung an die Definition des Deutschen Instituts für Normung e.V. (DIN) [DIN08], Qualität als *die Eignung bestimmter kundenorientierter Geschäftsprozesse, Strukturen und Merkmale, festgelegte und vorausgesetzte Erfordernisse im ökonomischen und ökologischen Sinne zu erfüllen.* Demgegenüber versteht [Gra01] unter Qualität *die dauerhafte Erfüllung von gewünschten Funktionen.* Eine weitere Interpretation von Qualität findet sich in [DIN05] wonach Qualität *der Grad ist, in welchem ein Satz inhärenter[63] Merkmale[64] bestimmte Anforderungen* erfüllt.

Qualität im Kontext des IT-Service Managements kann als *Fähigkeit einer IT-Dienstleistung oder eines IT-Dienstleistungsprozesses, die gewünschte Wertschöpfung beim Dienstnehmer zu generieren,* verstanden werden. Eine IT-Dienstleistungskomponente kann beispielsweise von hoher Qualität sein, wenn sie wie gewünscht funktioniert und die erforderliche Zuverlässigkeit bietet. Zur Sicherung der Qualität eines Geschäftsprozesses müssen dessen

---

[62] vgl. Green-IT Initiativen/Ansätze beispielsweise auf Basis von [Bor08]

[63] Inhärent wird gleichbedeutend mit „einer Einheit innewohnend" angewendet.

[64] Merkmale werden zusammen mit qualitativen Merkmalen wie zum Beispiel schlecht, gut oder ausgezeichnet verwendet.

Effektivität und Effizienz jederzeit überwacht und gegebenenfalls verbessert werden können [OGC07a]. [SeH93] bezieht sich bei der Begriffsbestimmung von Qualität explizit auf Unternehmen und deren *Fähigkeit, geeignete Rahmenbedingungen zur Durchführung von Geschäftsprozessen zur Verfügung zu stellen.*

Auch die Deutsche Gesellschaft für Qualität e.V. (DGQ)[65] hat eine Begriffsdefinition für Qualität veröffentlicht. Danach ist *Qualität die Gesamtheit von Eigenschaften und Merkmalen eines Produktes oder einer Tätigkeit, die sich auf deren Eignung zur Erfüllung gegebener Erfordernisse bezieht* [DGQ93]. Die weitgehende Übereinstimmung der Definitionen beider Organisationen DIN und DGQ fordert, dass sich *Qualität aus den bewerteten Eigenschaften einer Leistung zusammensetzt und immer in Vergleich zu anderen Größen wie beispielsweise Kundenerwartungen, Preis oder Konkurrenzleistungen gesetzt werden muss.* Beide Organisationen beziehen sich somit in ihren Definitionen auf die folgenden zwei Ansätze des Qualitätsverständnisses:

- *Produktorientierter Qualitätsbegriff*

  Bei diesem Ansatz wird Qualität als Summe der vorhandenen Eigenschaften von Produkten bezeichnet [Bru06]. Ziel ist es, zu messen, ob die vorhandenen Eigenschaften bestimmte objektive Kriterien erfüllen.

- *Kundenorientierter Qualitätsbegriff*

  Grundlage dieses Qualitätsbegriffes ist die Sicht des Dienstnehmers, der darüber entscheidet, ob die Qualität der erbrachten Leistungen „gut" oder „schlecht" ist [CoG07]. Es wird gemessen, inwieweit die erbrachte Leistung den Anforderungen des Dienstnehmers entspricht und neben objektiven auch subjektive Kriterien erfüllt. In [Fre94] wird dieser Zustand als Gebrauchstauglichkeit (‚fitness for use') für den Dienstnehmer bezeichnet. Eine subjektiv wahrgenommene Qualität wird auch als relative Qualität bezeichnet, da sie das Ergebnis von erwarteter und tatsächlich erhaltener Leistung darstellt [Büh99].

---

[65] Die DGQ wurde im Jahre 1952 gegründet und ist seit 1972 unter ihrem heutigen Namen rechtlich selbstständig. Diese gemeinnützige und unabhängige Organisation hat sich zum Ziel gesetzt, das Know-how und die Methoden auf dem Gebiet des Qualitätsmanagements branchenunabhängig weiterzuentwickeln, über neueste Erkenntnisse zu informieren und deren praktische Umsetzung zu fördern.

2.3.2 Qualitätsmanagement

Im Rahmen der Erfolgsfaktorenforschung *Profit Impact of Market Strategies (PIMS)*[66] wird seit Anfang der 1970er Jahre der Zusammenhang zwischen der Qualität von Dienstleistungen und der Unternehmensrentabilität analysiert. Die Ergebnisse dieser Untersuchungen belegen, dass Unternehmen mit einem qualitativ hochwertigen Produkt- oder Dienstleistungsportfolio sowohl unter Berücksichtigung des Return on Investment (ROI) als auch des Return on Sales (ROS)[67] – als Maß für die Rentabilität – im Wettbewerb zu Unternehmen mit niedrigerer Qualität überlegen sind [BuG04]. Qualität wird zu einem strategischen Erfolgsfaktor, sobald sich ein Unternehmen von anderen am Markt agierenden Unternehmen durch eine bessere Qualität der erbrachten Dienstleistungen differenziert [Leh95]. Ziel des Qualitätsmanagements ist die Bereitstellung bestimmter Maßnahmen zur Erfüllung der Qualitätsanforderungen aus Sicht des Dienstnehmers oder des Marktes sowie die Verbesserung von Produkten, Dienstleistungen und Geschäftsprozessen. Unter Qualitätsmanagement werden aufeinander abgestimmte Tätigkeiten zum Leiten und Lenken einer Organisation bezüglich Qualität verstanden [DIN05]. Dabei sollte das Qualitätsmanagement nur so umfassend gestaltet sein, wie es zum Erreichen der Qualitätsziele notwendig ist [Bru06].

Der grundsätzliche Aufbau eines Qualitätsmanagements wird anhand des Regelkreiskonzeptes nach [Bru07] in Abbildung 19 veranschaulicht.

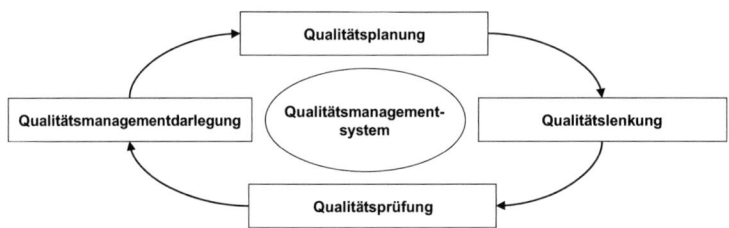

Abbildung 19: Regelkreiskonzept eines Qualitätsmanagementsystems

Das Regelkreiskonzept bildet die Grundlage zur Entwicklung eines Qualitätsmanagementsystems und besteht aus vier Phasen:

---

[66] Das PIMS-Programm (Profit Impact of Market Strategies), das seit dem Jahr 1972 durch das „Strategic Planning Institute" (SPI) in Cambridge durchgeführt wird, hat zum Ziel, die Verknüpfungen zwischen Unternehmensstrategie und Unternehmenserfolg zu untersuchen [BuG04].

[67] Die Kapitalrendite (Return on Investment - ROI) gibt an, welche Rendite das gesamte im Unternehmen eingesetzte Kapital erwirtschaftet hat. Die Umsatzrentabilität (Return on Sales - ROS) ist das Verhältnis zwischen dem erzielten Gewinn und der Höhe des Gesamtumsatzes.

- *Qualitätsplanung*

  In der Phase Qualitätsplanung werden Qualitätsmerkmale ausgewählt und Einzel-anforderungen an die Beschaffenheit von Produkten und Dienstleistungen unter Berücksichtigung der unternehmensinternen Realisationsmöglichkeit konkretisiert. Instrumente zur Zielerreichung und Förderung einer hohen Qualität sind beispiels-weise: *Ursache-Wirkung-Diagramme*[68], *Quality Function Deployment* (QFD) [Aka95] oder *Benchmarking* [Spe92].

- *Qualitätslenkung*

  Die Qualitätslenkung soll die Einhaltung der in der Planungsphase definierten Qualitätsanforderungen sicherstellen. Die Qualitätslenkung beinhaltet alle vorbeu-genden, überwachenden und korrigierenden Tätigkeiten zur Erfüllung der Qualitäts-ziele. Die einzusetzenden Maßnahmen lassen sich in mitarbeiterbezogene (z.B. Personalauswahl, Schulungen), kulturbezogene (Qualitätskultur) und organisations-bezogene Instrumente (z.B. Qualitätszirkel) unterteilen.

- *Qualitätsprüfung*

  Durch Verfahren stellt die Qualitätsprüfung fest, ob Qualitätsanforderungen tatsächlich erfüllt wurden. Bei der Qualitätsprüfung handelt es sich um eine konti-nuierliche Kontrolle der definierten Qualitätsziele. Hilfreiche Instrumente sind die Befragung interner Dienstnehmer, die Prüfung der Einhaltung von Qualitätsstandards, merkmalorientierte oder ereignisorientierte Kundenbefragungen, Beschwerdeanalysen und Testkäufe [Dwe96].

- *Qualitätsmanagementdarlegung*

  Innerhalb der letzten Phase des Regelkreiskonzepts sind sämtliche Tätigkeiten und Maßnahmen, die zur Erfüllung der Qualitätsanforderungen durchgeführt werden, zu dokumentieren. Dokumentiert wird zum Beispiel mit Hilfe von Qualitätsmanagement-handbüchern, Qualitätsstatistiken, Zertifizierungen oder Qualitätspreisen.

Der *Total Quality Management (TQM)*-Ansatz ist eine der verbreitetesten Methoden in der betrieblichen Praxis zur Sicherstellung von Qualität im Unternehmen. Qualität und Kunden-zufriedenheit bilden die obersten Ziele dieser Methode, die durch die Beteiligung aller Mitarbeiter erreicht werden sollen. Dahinter steht die Annahme, dass eine totale Qualitäts-kontrolle zu einer kontinuierlichen Qualitätsverbesserung, größerer Effizienz, höherer

---

[68] Ursache-Wirkung-Diagramme (auch Fishbone oder Ishikawa-Diagramme) basieren auf den Theorien von Kaoru Ishikawa und listen systematisch mögliche Ursachen auf, die zu einem spezifischen Problem oder Effekt zugeordnet werden können. Ursache-Wirkungs-Diagramme können helfen, die Gründe zu identifizieren, weshalb ein Geschäftsprozess nicht effektiv ist. [Ish86].

Effektivität und geringeren Kosten führt [Rot01]. Führungskräfte und Mitarbeiter auf allen Unternehmensebenen sollen gemeinsam die Verantwortung für das Qualitätsmanagement übernehmen und eine ständige Verbesserung der Qualität der Produkte und Dienstleistungen sowie der Effizienz der internen Geschäftsprozesse zur bestmöglichen Befriedigung der Kundenwünsche erzielen [Bru06, Bru07]. Die Deutsche Gesellschaft für Qualität definiert in Anlehnung an [Oes93], dass TQM als *eine auf der Mitwirkung aller ihrer Mitglieder beruhende Führungsmethode einer Organisation, die Qualität in den Mittelpunkt stellt und durch Zufriedenheit der Dienstnehmer auf langfristigen Geschäftserfolg sowie auf Nutzen für die Mitglieder der Organisation und für die Gesellschaft zielt* [DGQ93]. Mit Hilfe von Qualitätsmodellen wird untersucht, aus welchen Dimensionen sich Qualität zusammensetzt. Qualitätsmodelle stellen Anforderungen für Unternehmen bereit, deren Erfüllung für ein erfolgreiches Qualitätsmanagement notwendig sein kann.

Als Grundlage dieser Qualitätsmodelle werden sieben Anforderungen an ein Qualitäts-managementmodell (Tabelle 7) formuliert [Zol06]. Die folgenden Elemente können als eine Art Checkliste für die Bestimmung der Wirksamkeit eines Qualitätsmanagementmodells herangezogen werden. Ein Qualitätsmodell befasst sich mit der Bestimmung des Qualitätsbegriffs, dem Empfinden von Qualität und der Einteilung in unterschiedliche Qualitätsdimensionen. Ein Qualitätsmanagementmodell formuliert Handlungsempfehlungen für Unternehmen und Aufbauorganisationen, die für ein Qualitätsmanagement und zum Erreichen der gewünschten Qualität notwendig sind.

Anforderungen an Qualitätsmanagementmodelle	
Geschäfts-prozesse	Primäre und sekundäre Geschäftsprozesse sind zu identifizieren und die Qualitätsfähigkeit der Geschäftsprozesse zu bestimmen.
Management	Vom Management ist die Qualitätspolitik und die daraus abgeleiteten Qualitätsziele zu formulieren, die Ressourcen bereitzustellen und langfristig auf Basis zuverlässiger Daten zu planen.
Ressourcen	Materielle und immaterielle Ressourcen sind vom Management bereitzustellen.
Mitarbeiter	Mitarbeiter sind in den Wissensstand zu versetzen, dass sie ein entsprechendes Qualitätsbewusstsein entwickeln können.
Kunden	Ableitung von Qualitätsforderungen aus den Erwartungen der Kunden.
Verbesserung	Der kontinuierliche Verbesserungsprozess ist integraler Bestandteil des QM-Systems.
Messung und Analyse	Die Analyse der gemessenen Ergebnisse bezieht sich nicht nur auf das Produkt, sondern auch auf die Kundenzufriedenheit und die Lieferantenbeziehungen

Tabelle 7: Anforderungen an Qualitätsmanagementmodelle [Zol06]

2.3.3 Qualität von Dienstleistungen

Zur Charakterisierung der Qualität von Dienstleistungen wird das so genannte *magische Dreieck* (in Anlehnung an [MeB03]) herangezogen, welches das Spannungsfeld zwischen Dienstnehmer, Wettbewerb und Dienstanbieter aufzeigt (vgl. Abbildung 20). Sowohl Dienstnehmer als auch Dienstanbieter definieren Anforderungen an die durch den Dienstnehmer zu erbringende Qualität der Dienstleistung. Darüber hinaus werden Qualitätsanforderungen durch den Wettbewerb beispielsweise durch Einhaltung bestimmter Qualitätsstandards wie ISO 9000:2005 [DIN05] vorgegeben.

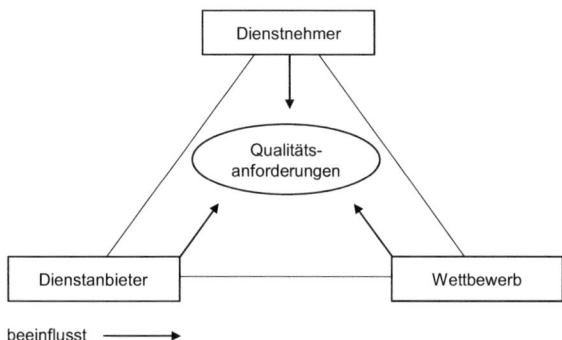

Abbildung 20: Spannungsfeld zwischen Dienstnehmer, Dienstanbieter und Wettbewerb

Aus Unternehmenssicht setzen sich die Anforderungen an Qualität aus der Fähigkeit und der Bereitschaft des Dienstanbieters zur Erbringung eines bestimmten Qualitätsniveaus zusammen. Unterschiedliche Faktoren wie beispielsweise die fachliche Kompetenz und das Verhalten der Mitarbeiter sowie die Qualitätsstrategie des Dienstanbieters müssen Berücksichtigung finden. Diese Faktoren werden auch als das Potential des Dienstanbieters bezeichnet. Die Dienstleistungsqualität wird zum strategischen Wettbewerbsfaktor, der Wettbewerbsvorteile gegenüber konkurrierenden Anbietern schafft. Die Anforderungen aus Kundensicht bilden den Maßstab zur Beurteilung der Dienstleistungsqualität und basieren auf spezifischen Erwartungen des Dienstnehmers an das Potenzial der Dienstleistung (z.B. Prozessverbesserungen und Kosteneinsparungen im Rahmen eines IT-Outsourcings), an den Prozess der Dienstleistungserstellung (z.B. Höflichkeit der Mitarbeiter eines IT-Service Desk, Performanz und Verfügbarkeit der Server beim Dienstanbieter) als auch an das Ergebnis der Dienstleistung (z.B. Verbesserung der Dienstleistungsqualität und Kosteneinsparungen nach erfolgtem IT-Outsourcing). Die Erwartungen werden durch Erfahrungen beeinflusst, die der Dienstnehmer in der Vergangenheit bereits mit dem Dienstanbieter gemacht hat oder die er durch Kommunikation mit dem Dienstanbieter oder durch Austausch mit anderen Kunden sammeln konnte.

Der Dienstnehmer stellt die Anforderungen an die Dienstleistungsqualität und steht somit im Mittelpunkt der Begriffsbestimmung zur Qualität einer Dienstleistung. Dem gegenüber stehen die Anforderungen, die implizit oder explizit durch den Wettbewerb an die Qualität der Dienstleistung gestellt werden sowie die Grenzen, die durch Ressourcen, Kapazitäten und das Qualitätsverständnis des Unternehmens gesetzt werden. Aufgrund der Heterogenität des tertiären Sektors existieren eine Menge unterschiedlicher branchenspezifischer Qualitäts-merkmale für Dienstleistungen. Darüber hinaus nehmen Kunden Dienstleistungen subjektiv wahr und bilden differenzierte Erwartungen gegenüber dem Dienstanbieter. Durch die Identifikation von Teileigenschaften der Qualität und deren Einteilung in *Dimensionen der Dienstleistungsqualität* sollen unterschiedliche Qualitätsmerkmale mit dem Ziel der Operatio-nalisierung der Dienstleistungsqualität in ihrer Gesamtheit besser abgrenzbar gemacht werden [Bru06; Büh99].

Nachfolgend werden einfache Qualitätsmodelle vorgestellt, die sich auf die Darstellung qualitätsrelevanter Leistungsbestandteile und Einflussfaktoren beschränken. Aufbauend darauf werden phasenbezogene Qualitätsmodelle eingeführt, die die Dienstleistungsqualität und deren Aufschlüsselung in Qualitätsdimensionen beschreiben.

2.3.3.1 Einfache Qualitätsmodelle

Einfache Qualitätsmodelle fokussieren auf den Wahrnehmungsprozess des Dienstnehmers mit dem Ziel einer Operationalisierung der Dienstleistungsqualität [Büh99]. Dienstleistungen werden in verschieden wahrgenommene Teilleistungen untergliedert sowie deren Auswirkung auf die Qualitätsbeurteilung beschrieben.

In einer der ersten empirischen Arbeiten [vgl. WKH98[69]] zur Qualität von Dienstleistungen unterscheidet [Zei81] die drei Qualitätsdimensionen *Such-*, *Erfahrungs-* und *Glaubens-elemente*. Entweder hat der Dienstnehmer bisher keine Erfahrungen mit dem Dienstanbieter gesammelt und muss im Vorfeld nach Indikatoren zur Beurteilung suchen (z.B. Suche nach geeignetem IT-Outsourcing Partner) oder es sind bereits Erfahrungen mit dem Dienstanbieter vorhanden, so dass der Dienstnehmer während oder am Ende des Leistungserstellungs-prozesses eine Beurteilung vornehmen kann (z.B. Evaluation einer Weiterbildungs-veranstaltung). Muss der Dienstnehmer darauf vertrauen, dass die zugesicherten Eigenschaften der Dienstleistung durch den Dienstanbieter erfüllt werden, ist eine genaue

---

[69] Die Studie "Positioning of Literature on Service Characteristics" hat untersucht, bis zu welchem Grad Konsumenten zwischen Produkten und Dienstleistungen unterscheiden. Darüber hinaus wurde eruiert, inwieweit vier Eigenschaften einer Dienstleistung („Nichtgreifbarkeit", Untrennbarkeit, Heterogenität, Vergänglichkeit) durch den Konsumenten bei der Differenzierung zwischen Gütern und Dienstleistungen Berücksichtigung fanden.

Beurteilung der zugesicherten Eigenschaften der Dienstleistung durch den Dienstnehmer nicht möglich (z.B. kompetente Schulung von Mitarbeitern des Dienstanbieters).

Erfahrungs- sowie Glaubenselemente spielen insbesondere bei Dienstleistungen eine wichtige Rolle, wohingegen bei Sachleistungen vorrangig Such- und Erfahrungselemente zur Qualitätsbeurteilung herangezogen werden. Der Dienstnehmer selbst kann die Qualität einer Dienstleistung erst nach oder während ihrer Erbringung beurteilen und muss somit darauf vertrauen, dass die a priori zugesicherten Eigenschaften durch den Dienstanbieter erfüllt werden [CoG07]. Es liegt eine *Informationsarmut* von Dienstleistungen vor. Die Qualität einer Dienstleistung beschreibt [Grö82] anhand der subjektiven Wahrnehmung des Dienstnehmers. Das individuelle Qualitätsurteil des Dienstnehmers resultiert aus dem Vergleich zwischen erwarteter und tatsächlich erhaltener Qualität der Dienstleistung. Das Qualitätsergebnis kann in eine technische und funktionale Dimension eingeordnet werden. Während die technische Dimension das materielle oder technische Ergebnis der Leistungserstellung (z.B. die durchgeführte Mitarbeiterschulung) umfasst, beinhaltet die funktionale Dimension die Art und Weise, in der die Dienstleistung erbracht wurde (z.B. Verhalten des Trainers während der Schulung). Während technische Qualität objektiv messbar ist, ist die funktionale Qualität vom subjektiven Urteil des Dienstnehmers abhängig [Büh99]. [Bra87] formuliert ein Qualitätsmodell mittels der Dimensionen *Minimal-anforderungen, wertsteigernde Elemente* und *hybride Dienstleistungseigenschaften*. Eine Minimalanforderung wird in kompensatorische und de-kompensatorische Qualitätsdefizite unterschieden. Während kompensatorische Qualitätsdefizite durch andere, positiv ausgeprägte, Qualitätsmerkmale ausgeglichen werden können (z.B. rhetorisch sehr erfahrener Trainer benötigt keine Präsentation, um Inhalte zu vermitteln), lassen sich de-kompensa-torische Qualitätsdefizite nicht durch andere Qualitätsmerkmale ausgleichen und beeinflussen das Qualitätsurteil des Kunden negativ (z.B. trotz rhetorisch sehr erfahrenem Trainer bestehen Schulungsteilnehmer die Prüfung nicht, da keine Präsentationsunterlagen zur Nachbereitung zur Verfügung stehen). Wertsteigernde Elemente entsprechen weitestgehend Nicht-Routinedienstleistungen. Das Fehlen von wertsteigernden Elementen hat keinen negativen Einfluss auf die Qualitätsbewertung durch den Kunden. Hybride Dienstleistungseigenschaften können bei *Schlechterfüllung*[70] von Qualitätsmerkmalen zu Unzufriedenheit und bei *Übererfüllung* zu erhöhter Kundenzufriedenheit führen [CoG07].

---

[70] Die „Schlechterfüllung" beschreibt die Erbringung einer Dienstleistung durch den Dienstanbieter, die der Wahrnehmung und der Erwartung des Dienstnehmers nicht entspricht (z.B. wiederkehrende und andauernde Störungen der Internetanbindung trotz einer IT-Dienstleistungsvereinbarung über 99-prozentige Zuverläs-sigkeit). Die „Übererfüllung" einer Dienstleistung beschreibt die Erbringung einer Dienstleistung durch den Dienstanbieter, die die Wahrnehmung und die Erwartung des Dienstnehmers übersteigt (z.B. 100-prozentige

2.3.3.2 Phasenbezogene Qualitätsmodelle

Die bisher vorgestellten Qualitätsmodelle beschränkten sich darauf, die qualitätsrelevanten Leistungsbestandteile einer Dienstleistung zu erfassen und deren Auswirkungen auf das Gesamtqualitätsurteil durch den Dienstnehmer zu erklären. Die phasenbezogenen Qualitäts-modelle erweitern die einfachen Qualitätsmodelle um die Aufschlüsselung und Beschreibung der Gesamtqualität in Teilqualitäten [Büh99]. Die Entwicklung des ersten phasenbezogenen Qualitätsmodells geht auf [Don66] im Rahmen einer Evaluation zur medizinischen Versorgung in Teilen der USA zurück, in dem drei Phasen der Dienstleistungserstellung unterschieden werden. Die *Struktur- und Potentialdimension* umfasst Strukturen und Poten-tiale (z.B. Ressourcen, qualifiziertes Personal oder technische Ausrüstungen) des Dienstan-bieters zur Erbringung einer Dienstleistung. Im Rahmen der *Prozessdimension* werden die Geschäftsprozesse des Dienstanbieters während der Leistungserstellung bewertet. Bei der *Ergebnisdimension* wird die erbrachte Dienstleistung oder das Ergebnis des Dienstleistungs-prozesses (z.B. gesetztes Schulungsziel erreicht) beurteilt.

Das Qualitätsmodell nach [Don66] zeigte erstmals auf, dass die Wahrnehmung der Qualität einer Dienstleistung nicht ausschließlich vom Ergebnis abhängt, sondern durch die Potentiale zur Erbringung und durch den Erstellungsprozess selbst mit beeinflusst wird [Büh99]. Das Qualitätsmodell nach [MeM87] differenziert Qualität von Dienstleistungen in *Potential-*, *Prozess-*, und *Ergebnisqualität*. Bei der Potentialqualität des Dienstanbieters wird zwischen dem *Spezifizierungs-*, und *Kontaktpotential* unterschieden. Das Spezifizierungspotential erfasst die internen Fähigkeiten des Dienstanbieters und kann beispielsweise durch Zertifikate oder Preise dokumentiert werden. Das Kontaktpotential beinhaltet alle mit dem Dienstnehmer in Kontakt kommenden Objekte und Subjekte. Dem gegenüber steht die Potentialqualität des Dienstnehmers, die in *Integrations-*, und *Interaktionspotential* gegliedert wird. Das Integrationspotential beschreibt die Integration des Dienstnehmers in den Leistungs-erstellungsprozess, d.h. seine physische und psychologische Vorbereitung, um sich in den Dienstleistungsprozess einzubringen. Das Interaktionspotential repräsentiert das Kommunika-tionsverhalten und mögliche Wirkungszusammenhänge zwischen verschiedenen Dienst-nehmern sowie zwischen Dienstnehmer und Dienstanbieter. Der Dienstnehmer ist neben dem Dienstanbieter ein relevanter Faktor bei der Erbringung der Dienstleistung. Die Prozess-qualität ergibt sich durch das Zusammentreffen der Potentiale von Dienstanbieter und Dienstnehmer bei der Erbringung der Dienstleistung. Die Ergebnisqualität wird in eine

---

Verfügbarkeit der Internetverbindung trotzt einer IT-Dienstleistungsvereinbarung über 98 Prozent Verfügbarkeit).

Zeitpunkt-bezogene Ergebnisbeobachtung (das Ergebnis, das sich am Ende des Leistungs-erstellungsprozesses einstellt) und eine Zeitraum-bezogene Betrachtung (Folgequalität, die dem Ergebnis der Dienstleistung einige Zeit nach der Dienstleistungserstellung entspricht) differenziert.

Das GAP-Modell von [PZB85] basiert auf der Annahme, dass sich die Qualität einer Dienstleistung aus der Differenz zwischen Erwartung und Wahrnehmung eines Dienst-nehmers an eine Dienstleistung ergibt. Das aus empirischen Untersuchungen abgeleitete GAP-Modell bildet verschiedene Defizite in Bezug auf die Qualität einer Dienstleistung ab. Die wahrgenommene Dienstleistung muss der Erwartung des Dienstnehmers entsprechen, um eine positive Qualitätsbewertung zu erzielen. Eine für den Dienstnehmer ungenügende Dienstleistungsqualität entsteht dann, wenn die Erwartung des Dienstnehmers höher ist als die tatsächlich erhaltene Dienstleistung. Diese Defizite – GAPs – bilden Indikatoren für mögliche Qualitätsmängel bei der Dienstleistungserbringung, da die wahrgenommene Güte der Dienstleistung von den Erwartungen des Dienstnehmers negativ abweicht. Das GAP-Modell adressiert fünf Defizite, vier auf Seiten des Dienstanbieters und eine auf Seiten des Dienstnehmers. GAP 5 repräsentiert die Qualität einer Dienstleistung, für die [PZB85] einen funktionalen Zusammenhang zu GAPs 1-4 annehmen. Die erwartete Qualität einer Dienst-leistung weicht demnach umso stärker von der tatsächlich erhaltenen Dienstleistungsqualität ab, je größer die Summe der Abweichungen der GAPs 1-4 ist. Die Differenz zwischen den Erwartungen des Dienstnehmers und den Erwartungen des Dienstnehmers in der Wahr-nehmung durch das Management des Dienstanbieters wird durch GAP 1 repräsentiert. GAP 1 ist ein Indikator für mangelnde Kommunikation zwischen Dienstnehmer und Dienstanbieter. GAP 2 hingegen repräsentiert die Differenz zwischen der Wahrnehmung der Erwartungen des Dienstnehmers durch das Management des Dienstanbieters und der daraus resultierenden Umsetzung in die Spezifikationen der Dienstleistung. Die Differenz wird größer, je mehr der Dienstanbieter beispielsweise versucht, Kosten bei der Leistungs-erstellung einzusparen. Die Differenz zwischen der Spezifikation der Dienstleistung und der tatsächlich erstellten Dienstleistung wird als GAP 3 bezeichnet. Die Ursache für die Entstehung dieser Differenz kann zum Beispiel in der mangelnden Flexibilität der eingesetzten Potentialfaktoren (z.B. allokierte Personalressourcen) begründet sein. GAP 4 beschreibt die Differenz zwischen der erbrachten Dienstleistung und der an den Dienstnehmer gerichteten Kommunikation über die Eigenschaften der Dienstleistung. Diese Differenz kann durch unverhältnismäßige Leistungsversprechen (vgl. Abschnitt 2.5) des Dienstanbieters, die beim Dienstnehmer unrealistische Erwartungen hervorrufen, entstehen [CoG07]. GAP 5 beschreibt die Differenz zwischen der erwarteten und der wahrgenommen Dienstleistung durch den Dienstnehmer. Das GAP-Modell basiert auf fünf Qualitätsdimensionen [PZB85]:

- *Sachvermögen*

  Das materielle Umfeld des Dienstanbieters, wie zum Beispiel das äußere Erscheinungsbild des Ortes der angebotenen Dienstleistung, die Ausstattung der Räume oder das Erscheinungsbild des Dienstleistungspersonals.

- *Zuverlässigkeit*

  Die Fähigkeit, die versprochene Leistung zuverlässig, sorgfältig und termingetreu zu erbringen.

- *Reaktionsfähigkeit*

  Die Motivation des Dienstanbieters, den Dienstnehmer bei der Lösung von Problemen schnell und unverzüglich zu unterstützen.

- *Leistungskompetenz*

  Vertrauenswürdigkeit, Höflichkeit, Kompetenz, Glaubwürdigkeit und Image der Mitarbeiter des Dienstanbieters.

- *Einfühlungsvermögen*

  Verständnis für die Bedürfnisse und Anforderungen des Dienstnehmers sowie die Bereitschaft des Dienstanbieters, auf individuelle Wünsche des Dienstnehmers einzugehen.

Tabelle 8 fasst die vorgestellten einfachen und phasenbezogenen Qualitätsmodelle sowie die jeweils eingeführten Qualitätsdimensionen zusammen.

	Qualitätsmodell	Qualitätsdimensionen
Einfache Qualitätsmodelle	Zeithaml [Zei81]	• Suchelement • Erfahrungselement • Glaubenselement
	Grönroos [Grö82]	• Technische Qualität • Funktionale Qualität
	Brandt [Bra87]	• Minimalanforderungen • wertsteigernde Elemente • hybride Dienstleistungseigenschaften

Tabelle 8: Qualitätsmodelle und unterschiedliche Dimensionen

	Qualitätsmodell	Qualitätsdimensionen
Phasenbezogene Qualitätsmodelle	Donabedian [Don66]	• Struktur- oder Potentialdimension • Prozessdimension • Ergebnisdimension
	Meyer/Mattmüller [MeM87]	• Potentialqualität • Prozessqualität • Ergebnisqualität
	Parasuraman/Zeithaml/Berry [PZB85]	• Sachvermögen • Zuverlässigkeit • Reaktionsfähigkeit • Leistungskompetenz • Einfühlungsvermögen

Tabelle 8: Qualitätsmodelle und unterschiedliche Dimensionen (Fortsetzung)

2.3.4 Qualitätsanforderungsmodell für die Erbringung von IT-Dienstleistungen

Das Ergebnis der PIMS-Studie [BuG04] (vgl. Abschnitt 2.3.2) betont die Bedeutung der Qualität von Dienstleistungen als kritischen Wettbewerbsfaktor. Auf IT-Dienstleistungen – als Spezialfall einer Dienstleistung – lassen sich Teile dieser Ergebnisse übertragen. Weder in den einschlägigen wissenschaftlichen Veröffentlichungen noch in der betrieblichen Praxis existiert eine Definition, die die Qualität von IT-Dienstleistungen oder von IT-Dienstleistungsprozessen integriert beschreibt. Methoden wie ITIL v3, CObiT oder ISO/IEC 20000 werden in der betrieblichen Praxis mit dem Ziel eingesetzt, das Management von IT-Dienstleistungsprozessen, der Unternehmensperformanz oder den zugrunde liegenden Organisationsstrukturen zu verbessern. Allerdings adressieren diese Methoden Maßnahmen zur Verbesserung der Qualität von IT-Dienstleistungen unvollständig und nicht standardisiert. Um dieses Defizit zu überwinden und Dienstanbieter zu unterstützen, mögliche Qualitätsdefizite zu identifizieren, entsprechende Handlungsempfehlungen umzusetzen und damit einhergehend die Implementierung von IT-Governance Paradigmen zu fördern [HaG04], wurde das im Folgenden vorgestellte Qualitätsmodell für IT-Dienstleistungen *Qual-IT* entwickelt [BaM08]. Aus Sicht eines Dienstanbieters ergeben sich unter Anwendung der in den Abschnitten 2.2 und 2.3 eingeführten Methoden und Qualitätsmodelle in Anlehnung an das phasenorientierte GAP-Modell nach [PZB85] verschiedene Anforderungen an die Qualität zur Bereitstellung und Erbringung von IT-Dienstleistungen:

- *Zuverlässigkeit*
  Die Fähigkeit, die versprochene IT-Dienstleistung verlässlich und sorgfältig zu erbringen.

- *Reaktionsfreudigkeit*

  Die Bereitschaft, den Dienstanbieter umgehend und flexibel zu unterstützen.

- *Dienstleistungsversprechen*

  Die Fähigkeit zur Erbringung der IT-Dienstleistung (z.B. ausreichend Ressourcen, Personal, etc.).

- *Einfühlungsvermögen*

  Das Verständnis für den Dienstnehmer und seine Bedürfnisse zu besitzen und die Motivation, auf individuelle Anfragen des Dienstnehmers adäquat zu reagieren.

- *Sicherheit*

  Gewährleistung der IT-Infrastruktur sowie die Sicherheit und Übereinstimmung mit rechtlichen und regulatorischen Vorgaben.

Das Qualitätsmodell für IT-Dienstleistungen beruht auf der Annahme, dass sich die Bewertung der Qualität einer IT-Dienstleistung aus der Differenz zwischen Erwartung und Wahrnehmung eines Dienstnehmers zusammensetzt. *QualIT* orientiert sich in Anlehnung an ITIL v3 am Lebenszyklus einer IT-Dienstleistung (vgl. Abschnitt 2.2.2). Eine erbrachte IT-Dienstleistung muss mindestens den Erwartungen eines Dienstnehmers entsprechen, um eine positive Qualitätswahrnehmung im Zusammenhang mit dieser IT-Dienstleistung zu erlangen. Die Differenz zwischen Erwartungen eines Dienstnehmers an ein bestimmtes, nachgefragtes Qualitätsniveau und dem tatsächlich erhaltenen und wahrgenommenen Qualitätsniveau bildet die Basis für ein so genanntes Qualitätsdefizit. Ein Qualitätsdefizit wird im Rahmen von *QualIT* in Anlehnung an [PZB85] als *IT-Service GAP* bezeichnet. Es werden fünf *IT-Service GAPs* – vier für den Dienstanbieter (*IT-Service GAPs 1-4*) und eines für den Dienstnehmer (*IT-Service GAP 5*) – beschrieben:

- *IT-Service GAP 1*

  Die Differenz zwischen den Erwartungen des Dienstnehmers und der Wahrnehmung dieser Erwartungen durch das Management des Dienstanbieters.

- *IT-Service GAP 2*

  Die Differenz der Wahrnehmung durch das Management des Dienstanbieters von den Erwartungen des Dienstnehmers und der vorgegebenen Qualität der IT-Dienstleistung.

- *IT-Service GAP 3*

  Die Differenz von vereinbarter Qualität der IT-Dienstleistung und tatsächlich erbrachter IT-Dienstleistung.

- *IT-Service GAP 4*

  Die Differenz von tatsächlich erbrachter IT-Dienstleistung und der Kommunikation des Dienstanbieters mit dem Dienstnehmer darüber.

- *IT-Service GAP 5*

  Die Differenz von erwarteter zu wahrgenommener IT-Dienstleistung.

Die in *QualIT* abgebildete Qualität einer IT-Dienstleistung wird als *IT-Service GAP 5* dargestellt, da es von *IT-Service GAP 1* bis *IT-Service Gap 4* unmittelbar beeinflusst wird. Die Differenz von Erwartung zu Wahrnehmung einer IT-Dienstleistung ist die Summe der *IT-Service GAPs 1-4*. Die in Abschnitt 2.2.3 eingeführte Rollentransformation zwischen Dienstanbieter, Dienstnehmer und Dienstzulieferer erfordert die Erweiterung des Modells um ein weiteres *IT-Service GAP 6*. Die *IT-Service GAPs 2-4* können sowohl auf Seiten eines Dienstanbieters als auch eines Dienstzulieferers auftreten. *IT-Service GAP 1* und *IT-Service GAP 6* unterscheiden sich voneinander, sobald beispielsweise vertragliche oder gesetzliche Regelungen (z.B. Sarbanes-Oxley-Act) die Einbindung weiterer Dienstzulieferer und/oder Dienstanbieter zur Erbringung einer oder mehrerer IT-Dienstleistungen vorgeben. Derartige Konstellationen können sich ergeben, sobald Dienstnehmer die Einbindung bestimmter Dienstzulieferer im Rahmen der IT-Dienstleistungserbringung (vgl. Abschnitt 2.5) vorschreiben. Darüber hinaus können regulatorische Zulieferverträge oder IT-Outsourcing-Verträge geschlossen werden, die festlegen, dass bestimmte Teile eines IT-Dienstleistungs-prozesses unter kooperativer Zusammenarbeit verschiedener Dienstzulieferer erbracht werden müssen. Ein Dienstanbieter sollte während der Erstellung und Bereitstellung der IT-Dienst-leistung das *IT-Service GAP 6* berücksichtigen:

- *IT-Service GAP 6*

  Der Unterschied zwischen den Erwartungen eines Dienstanbieters an die Wahr-nehmung eines Dienstzulieferers an die an ihn gestellten Qualitätsanforderungen.

Dienstanbieter sollten sicherstellen, dass zusammen mit den jeweils an der Erbringung einer IT-Dienstleistung involvierten Dienstzulieferern eine Zulieferkette entlang des IT-Dienstleistungsprozesses unter Einbindung von Ressourcen, Information, Verantwortlich-keiten und Finanzflüssen etabliert wird, um *IT-Service GAP 6* zu vermeiden. Nicht nur interne Geschäftsprozesse müssen in diesem Zusammenhang berücksichtigt werden, sondern auch die überbetrieblichen Geschäftsprozesse aller an der Zulieferkette beteiligten Akteure [BaM08].

Zur Erhaltung der Wettbewerbsfähigkeit sind lose gekoppelte Beziehungen zur Erbringung flexibler IT-Dienstleistungen notwendig [KaR01]. Unter Einbindung aller Akteure steht der gesamte IT-Dienstleistungsprozess zur Erbringung von IT-Dienstleistungen im Mittelpunkt des Verbesserungsvorhabens. Insbesondere der Aufbau effektiver und effizienter Informationsflüsse zwischen den Akteuren innerhalb der Wertschöpfungskette spielt eine entscheidende Rolle, fördert die Kommunikation und damit das Verständnis für die Anforderungen und Bedürfnisse der Dienstnehmer. Das *IT-Service GAP 6* zwischen Dienstanbieter und Dienstzulieferer vergrößert sich, sobald der Informationsfluss über Anforderungen, Bedarfe, Erwartungen oder das Feedback von Dienstnehmern nicht mehr ausreichend an die beteiligten Akteure kommuniziert wird. Dies kann die Wahrnehmung des Dienstnehmers über die Qualität der IT-Dienstleistung negativ beeinflussen. Die sechs *IT-Service GAPs* werden in Abbildung 21 im Zusammengang dargestellt. Die Abbildung veranschaulicht, welche Qualitätsdefizite während der Erbringung von IT-Dienstleistungen – auch aus Sicht des Managements eines Dienstanbieters – vermieden werden sollten, um die Voraussetzungen für die Erbringung qualitativ hochwertiger IT-Dienstleistungen zu schaffen. Außer *IT-Service GAP 5* können auch weitere, durch den Dienstnehmer selbst verursachte Qualitätsdefizite auftreten, die dessen Gesamtwahrnehmung der Qualität der IT-Dienstleistung beeinflussen können (z.B. falls ein Mitarbeiter wider besseres Wissen bestimmte Transaktionen implementiert, obwohl bekannte Kompatibilitätsprobleme existieren oder aufgrund der fehlenden Fähigkeit eines Mitarbeiters auf Seiten des Dienstnehmers).

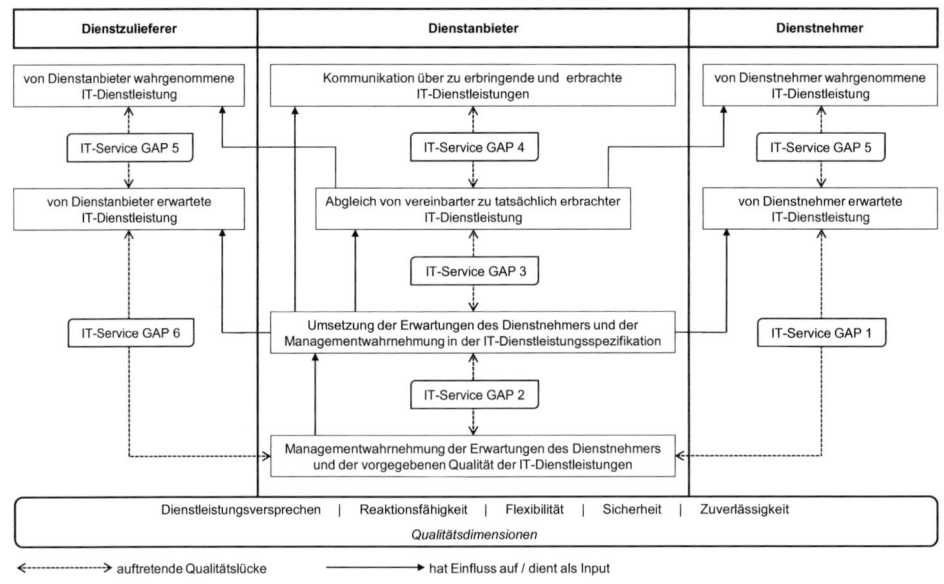

Abbildung 21: Qualitätsmodell QualIT

Die durch den Dienstnehmer selbst verursachten Qualitätsdefizite wurden im Qualitätsmodell für IT-Dienstleistungen nicht berücksichtigt, da die *IT-Service GAPs* aus Sicht des Dienstanbieters modelliert worden sind.

Unter Anwendung des Qualitätsmodells *QualIT* für IT-Dienstleistungen sowie der in Abschnitt 2.2.2 vorgestellten Methoden im IT-Service Management wird in [BaM08] ein allgemeines Anforderungsmodell *Re-QualIT* an die Qualität von IT-Dienstleistungen entwickelt, um Dienstanbietern eine Methode bereitzustellen, mögliche Qualitätsdefizite bei der Erbringung von IT-Dienstleistungen durch gezielte Maßnahmen zu vermeiden. Dazu wurden die Potentiale der ITIL v3, CObIT und ISO/IEC 20000 untersucht, mit den zur Verfügung gestellten *Prozessen (P)*, *Funktionen (F)* und *Aktivitäten (A)*[71] mögliche *IT-Service GAPs* zu schließen oder ex ante zu vermeiden. Für jede der drei Maßnahmen wurden Qualitätsanforderungsmodelle erstellt[72], die ausschließlich die in den jeweils betrachteten Methoden ITIL v3, CObIT und ISO/IEC 20000 zur Verfügung gestellten IT-Dienstleistungsprozesse, Funktionen und Aktivitäten enthalten (siehe Anhang A.1). Das Qualitätsanforderungsmodell für ITIL v3 enthält beispielsweise 19 zugeordnete IT-Dienstleistungsprozesse, 21 Aktivitäten und eine Funktion. Die Inhalte der einzelnen Methoden wurden im Rahmen einer Plausibilitätsprüfung auf Ihren Beitrag zur Schließung von *IT-Service GAPs* hin untersucht und entsprechend den Qualitätsdefiziten zugeordnet, bei denen sie einen wesentlichen Beitrag zu deren Beseitigung leisten könnten. Im Anschluss daran wurden die einzelnen Qualitätsanforderungsmodelle miteinander verglichen.

Daran anknüpfend wurden die Qualitätsanforderungsmodelle zu einem allgemeinen Qualitätsanforderungsmodell für die Erbringung von IT-Dienstleistungen (*Re-QualIT*) integriert, sobald die untersuchten IT-Dienstleistungsprozesse, Aktivitäten oder Empfehlungen in mindestens zwei der drei Methoden Übereinstimmungen aufwiesen. Abbildung 22 beschreibt das Qualitätsanforderungsmodell *Re-QualIT*. Das Qualitätsanforderungsmodell für die Erbringung von IT-Dienstleistungen kann Dienstanbietern als Leitfaden dienen, um Qualitätsdefizite zu identifizieren und um abzugleichen, welche Qualitätsanforderungen für die Erbringung von IT-Dienstleistungen noch umgesetzt werden sollten.

---

[71] Die Auswahl der drei sich ergänzenden Methoden basiert auf dem hohen Durchdringungsgrad in der betrieblichen Praxis (vgl. [SZD04]). Bei Aktivitäten im Kontext der ITIL v3, CObIT und ISO/IEC 20000 handelt es sich um Empfehlungen innerhalb von Prozessen oder Funktionen, um ein IT-Service GAP zu schließen oder eine Qualitätsdimension zu erfüllen.

[72] Für die Entwicklung der drei Qualitätsanforderungsmodelle wurden die Anforderungen identifiziert, die zur Erbringung von qualitätsorientierten IT-Dienstleistungen im Rahmen eines IT-Dienstleistungsprozesses notwendig sind. Der Zuordnung liegt eine umfassende Analyse von über 70 Prozessen sowie einer Vielzahl assoziierter Aktivitäten und Funktionen zugrunde.

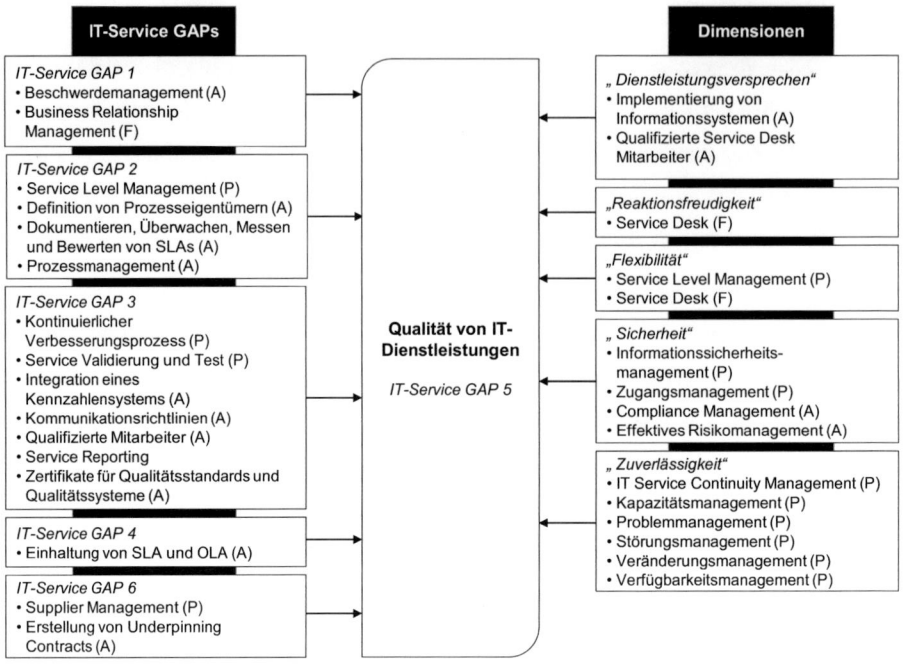

Abbildung 22: Qualitätsanforderungsmodell Re-QualIT

Im Rahmen eines in Abschnitt 5.2 vorgestellten Forschungstransferprojektes wurde *Re-QualIT* bereits angewendet.

2.4   Qualitätskennzahlen im IT-Service Management

Wichtige Merkmale von Kennzahlen sind ihr Informationscharakter, ihre Quantifizierbarkeit und die spezifische Form ihrer Darstellung [Bai00, S.197 ff.; Hor08]. Das Merkmal des *Informationscharakters* bezieht sich auf die Eigenschaft von Kennzahlen, über entscheidungsrelevante Sachverhalte zu berichten. Kennzahlen stellen somit eine bewusste Auswahl und Reduktion von Informationen dar. Unter *Quantifizierbarkeit* wird hier die besondere Form der Messbarkeit der durch die Kennzahlen betrachteten Sachverhalte verstanden. Die *spezifische Form der Darstellung* relevanter Sachverhalte soll es ermöglichen, die Ursprungsinformationen über komplizierte Strukturen und Geschäftsprozesse auf möglichst einfache Weise abbilden zu können. Dieser Schritt beinhaltet eine Verdichtung der Informationen nach bestimmten Regeln, wodurch sich zwei Arten der Informationsverdichtung unterscheiden lassen:

- Die *quantitative Verdichtung* erfolgt, indem man entweder gleichartige Einzelinformationen über gleichartige Objekte durch Summierung aggregiert oder mehrdimensionale Einzelinformationen anhand eines gemeinsamen, übereinstimmenden Merkmals selektiv zusammenfasst (z.B. Anzahl Aufträge).

- Die *qualitative Verdichtung* bildet Ergebnisse, die nicht selbst in jeder Einzelinformation enthalten sind, sondern sich erst durch die Betrachtung der gesamten Einzelinformationen ergeben. Beispiele hierfür sind die Bildung von Durchschnitten, Nutzwert oder Korrelationsrechnungen, deren Verdichtungsergebnisse charakteristische Eigenschaften der Gesamtmenge wiedergeben (z.B. Kundenzufriedenheit).

Darüber hinaus wird zwischen Kennzahlen unterschieden, die auf gesamtbetriebliche Zusammenhänge abzielen, und Kennzahlen, die sich auf funktionale (z.B. IT-, Personal-, Finanz-, Logistikkennzahlen), divisionale oder organisatorische Bereiche beziehen. Durch ihre vielfältigen Funktionen werden Kennzahlen als wichtiges umfassendes Hilfsmittel im gesamten operativen Führungsprozess sowie dem operativen IT-Service Management angesehen [Küt08, S.45 ff.]. Funktionen von Kennzahlen umfassen:

- *Operationalisierungsfunktion*
  Bildung von Kennzahlen zur Operationalisierung von Zielen und Zielerreichung.
- *Anregungsfunktion*
  Erfassung von Kennzahlen zur Erkennung von Auffälligkeiten und Veränderungen.
- *Vorgabefunktion*
  Festlegung von kritischen Vorgabe-/Planwerten für Kennzahlen als Zielgrößen für unternehmerische Teilbereiche.
- *Steuerungsfunktion*
  Kennzahlen zur Vereinfachung von Steuerungsprozessen.
- *Kontrollfunktion*
  Kennzahlen zur Erkennung von Soll/Ist-Abweichungen.

Kennzahlen werden in Kennzahlensystemen [Hor08; Mey08] sachlogisch zusammengefasst und erscheinen in der betrieblichen Praxis in zwei Formen: Auf der einen Seite besteht die Möglichkeit, Kennzahlen bestimmten Sachverhalten zuzuteilen, die die Aufgabe besitzen, Aspekte des Unternehmens durch Ordnungssysteme zu erfassen. Auf der anderen Seite kann man Kennzahlen durch eine pyramidale Struktur rechnerisch zerlegen. Dabei wird zur Vermittlung der wichtigsten Aspekte des Unternehmens eine Spitzenkennzahl herangezogen. Sie soll die wichtigste Aussage des Systems in zusammengefasster Form wiedergeben, weshalb als Spitze einer Kennzahlenpyramide meist das Ergebnisziel gewählt wird. Ein bekanntes Beispiel für ein solches Rechensystem ist das Du Pont-Kennzahlensystem mit dem Return on

Investment an der Spitze (siehe beispielsweise [Bai00, S.199]). Kennzahlenwerte sind Parameter mit denen die Erfüllung von Anforderungen an die Qualität von IT-Dienstleistungen gemessen werden kann.

Im Rahmen eines Forschungstransferprojektes mit einem mittelständischen Dienstanbieter wurde eine Methode entwickelt, um Qualitätskennzahlen im IT-Service Management zu erheben und die systematische Sammlung, Aufbereitung und Speicherung von Informationen vor, während und nach der Erbringung von IT-Dienstleistungen zu unterstützen [DSB09]. Für die Umsetzung dieses internen Datengewinnungs- und Datenspeicherungsprozesses setzte der Dienstanbieter ein so genanntes *Ticketsystem* ein, durch das sämtliche Informationen, die bei der Erbringung von IT-Dienstleistungen erzeugt wurden, dokumentiert und gespeichert werden konnten. Die gesammelten Informationen dienten als Grundlage für die Berechnung von qualitativen und quantitativen Kennzahlen und waren somit elementar für die Messung von Ist-Werten von IT-Dienstleistungen. Des Weiteren wurden Informationen zu der internen Infrastruktur des Dienstanbieters (z.B. mit Hilfe einer Configuration Management Data Base (CMDB) nach ITIL v3 oder durch den Einsatz von Monitoring-Systemen) für die Berechnung der Kennzahlen herangezogen. Da diese Informationen (Daten) mit unterschiedlichen Softwarewerkzeugen gesammelt wurden, erfolgte die Speicherung meist in verschiedenen Datenformaten. Zur möglichst effizienten Kennzahlenberechnung und der monatlichen Generierung von Berichten für den Dienstnehmer war eine konsolidierte Speicherung der heterogenen Daten beispielsweise mittels eines *Data Warehous*-Ansatzes (DW) [Hol01] notwendig. Der Einsatz eines Data Warehouse hat unter anderem den Vorteil, dass bei der Ausführung der Kennzahlenberechnung sowie bei der Generierung von Reports ausschließlich Daten aus dem DW abgefragt werden, wodurch ein Produktivsystem (z.B. Softwarewerkzeug zum Monitoring von Netzwerken) durch die Vermeidung von rechenintensiven Abfragen entlastet wird. Darüber hinaus kann eine Berechnung von Kennzahlen und die Generierung von Reports auf Basis gesammelter und historischer Informationen zum Beispiel auch über einen Zeitraum von mehreren Jahren erfolgen. Als Teil des Forschungstransferprojektes wurde beispielhaft der standardisierte und an ITIL orientierte IT-Dienstleistungsprozess *Incident Management* analysiert. Dazu wurde ein so genannter *kritischer Erfolgsfaktor* (KEF) für ein erfolgreiches Störungsmanagement mit der Bezeichnung ‚*schnelle Lösung von Störungen*' eingehend untersucht [OGC07d, S.54 f.]. Der KEF setzte sich aus mehreren Spitzenkennzahlen – so genannten *Key Performance Indikatoren* (KPI) – zusammen von denen exemplarisch die ‚*durchschnittliche Lösungszeit*' einer Störung betrachtet wurde. Abbildung 23 zeigt die entwickelte und gemeinsam mit dem

Dienstanbieter erfolgreich angewandte Methode zur Entwicklung von Qualitätskennzahlen. Es wurden fünf iterative Phasen *Initialisierung*, *Buttom-Up*, *Top-Down*, *Integration* und *Dokumentation* unterschieden, mit dem Ziel, einen kontinuierlichen Verbesserungsprozess auch für die zukünftige Erhebung von Qualitätskennzahlen zu etablieren. In der *Initialisierungs*-Phase erfolgte die Erhebung von Daten über alle im Unternehmen eingesetzten Informations-, Kennzahlen- und Reporting-Systeme.

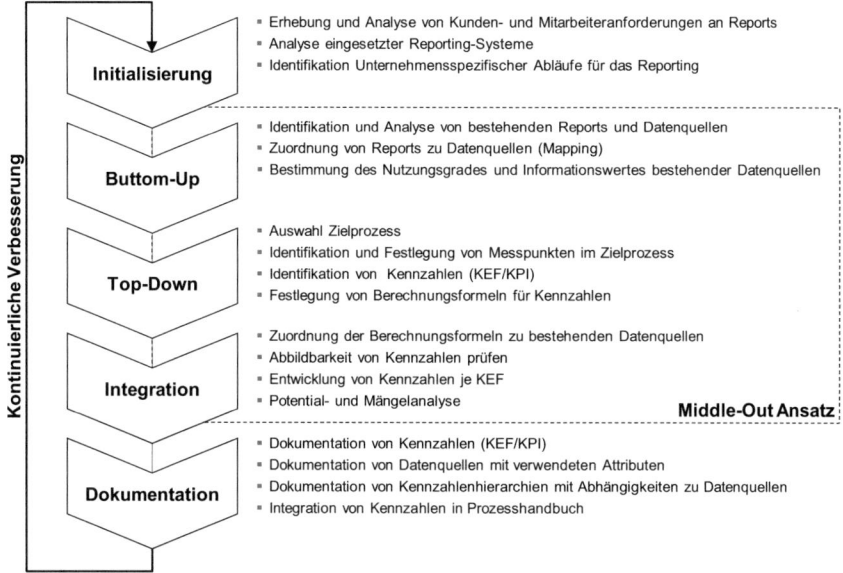

Abbildung 23: Methode zur Entwicklung von Qualitätskennzahlen

Im Zusammenhang mit dieser Phase wurde die Frage beantwortet:

> *„Wie ist das derzeit eingesetzte Kennzahlen- und Reporting-System im Detail aufgebaut und welche Abhängigkeiten gibt es zu anderen Systemen?"*

Im Anschluss daran wurden in der *Buttom-Up*-Phase die bestehenden Datenquellen und Reports des Unternehmens analysiert. Da Reports meist auf Grundlage von Datenbanktabellen erstellt wurden, konnten die Datenbankfelder daraufhin untersucht werden, ob sie für die Berechnung einer Kennzahl geeignet waren. In der zweiten Phase wurde die Frage beantwortet:

> *„Welche KEF/KPI werden in Reports bereits abgebildet und welche Daten zur Berechnung neuer KEF/KPI müssen noch erhoben werden?"*

In der *Top-Down*-Phase wurde untersucht, an welcher Stelle im IT-Dienstleistungsprozess ‚Incident Management' bestimmte Messpunkte als Grundlage zur Generierung von Kennzahlen verwendet werden konnten (vgl. Abschnitt 0). In dieser Phase wurde die Frage beantwortet:

„Welche Messpunkte gibt es in IT-Dienstleistungsprozessen und welche KEF/KPI können mit Hilfe dieser Informationen zusätzlich berechnet werden?".

Die *Integrations*-Phase führte die Ergebnisse aus der Buttom-Up-Phase und der Top-Down-Phase zusammen und erzeugte die gewünschte Kennzahl. Eine Antwort auf die Frage *„Welche Datenbankfelder werden benötigt, um KPIs zu berechnen?"* wurde in der vierten Phase gegeben. In der Dokumentations-Phase wurden die Ergebnisse aufbereitet und den verschiedenen Stakeholdern[73] entsprechend zur Verfügung gestellt. Die letzte Phase beantwortete die Frage:

„Wie werden die erhobenen Kennzahlen aussagekräftig aufbereitet und Stakeholder-spezifisch dargestellt?"

Um das Ergebnis der Methode zu verdeutlichen, wird in Abbildung 24 der KPI *‚Durchschnittliche Lösungszeit'* des KEF *‚Schnelle Lösung von Störungen'* eines IT-Dienstleistungsprozesses *Incident Management* als Kennzahl dargestellt. Der KPI *‚Durchschnittliche Lösungszeit'* verwendet die drei Dimensionen Reporting-Perspektive, Zeitraum und KPI-Daten zur Berechnung der Kennzahl.

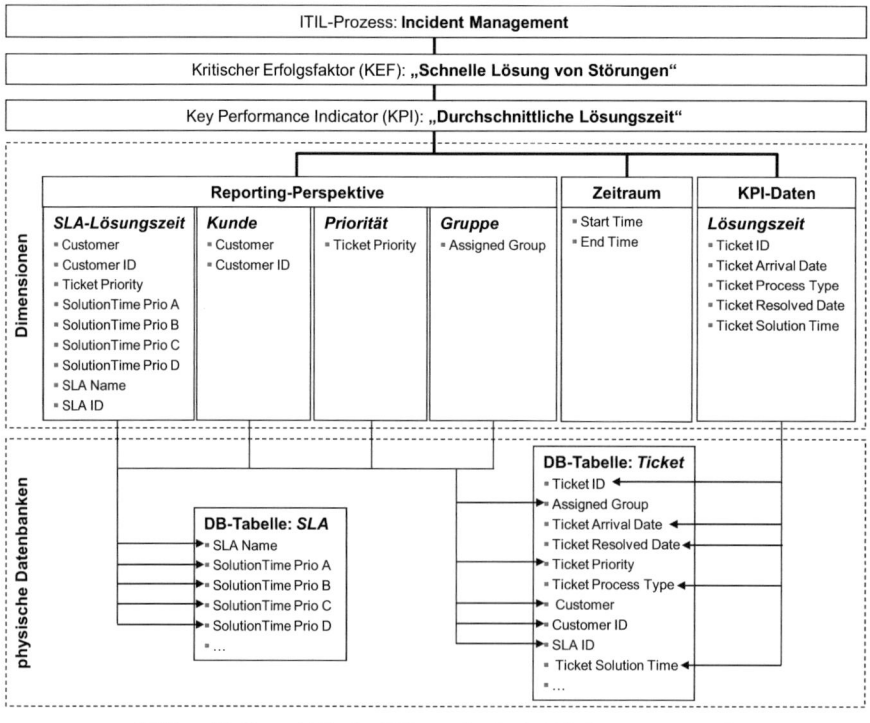

Abbildung 24: Kennzahl für den KPI Durchschnittliche Lösungszeit

---

[73] Ein Stakeholder in einem Unternehmen ist eine Person (oder eine Gruppe von Personen), die Einfluss auf das Erreichen der in einem Unternehmen gesetzten Ziele hat (haben) oder von der Erreichung der gesetzten Ziele betroffen ist (sind) (in Anlehnung an [Fre84, S.46]).

Die Methode ermöglichte den Aufbau einer konsolidierten Datenbasis zur Steuerung und Kontrolle von IT-Dienstleistungsprozessen, indem die für die Berechnung der KPIs benötigten physischen Datenbankfelder identifiziert wurden. Der Vorteil lag insbesondere in der Vermeidung einer redundanten Datenspeicherung, wodurch aufgrund eines daraus resultierenden, verbesserten Reportings die Qualität der erbrachten IT-Dienstleistungen erhöht werden konnte.

2.5 IT-Dienstleistungsvereinbarungen

Die Abhängigkeit der Unternehmen von Informationstechnologien kann bei Störungen oder Ausfall von IT-Dienstleistungen zu geschäftlichen Einbußen führen [Sch05]. Eine Methode zur Kontrolle und Steuerung dieser Abhängigkeit ist das so genannte Service Level Management (SLM).

Definition 2.12: Service Level Management (SLM)

Service Level Management ist eine Methode des Dienstanbieters, um proaktiv die von einem Dienstnehmer geforderte Qualität einer IT-Dienstleistung unter Berücksichtigung der Geschäftsziele der an einer IT-Dienstleistung beteiligten Akteure zu vertretbaren Kosten zu gewährleisten. Die Qualität einer IT-Dienstleistung wird im Rahmen einer IT-Dienstleistungsvereinbarung zwischen Dienstanbieter und Dienstnehmer vertraglich geregelt.

Eine IT-Dienstleistungsvereinbarung sollte dienstorientiert – also unabhängig von der jeweiligen Implementierung – aufgebaut sein, da Dienstnehmer kein Wissen über Implementierungsmöglichkeiten haben und nicht immer beurteilen können, welche technischen Varianten zur Umsetzung ihrer Funktionalitäts- und Qualitätsanforderungen bestmöglich geeignet sind [Hil99]. Die IT-Dienstleistungsvereinbarung ist eine zweiseitige, vertragliche Vereinbarung zwischen einem Dienstanbieter und einem Dienstnehmer über die Qualität, den Umfang, die Bezugsdauer und den Preis einer definierten IT-Dienstleistung [Wal06]. Aufgrund der in einer IT-Dienstleistungsvereinbarung definierten Zielvorgaben verpflichten sich Dienstanbieter, ihre IT-Dienstleistungsprozesse an vereinbarten Service-Levels auszurichten. Service-Levels werden beispielsweise im Zusammenhang mit der Verfügbarkeit, Effizienz oder Richtigkeit einer IT-Dienstleistung bestimmt. Die *Verfügbarkeit* einer IT-Dienstleistung gibt den zugesicherten Anteil der Bezugsdauer an, in dem ein Dienstnehmer die IT-Dienstleistung nutzen kann[74]. Die *Effizienz* einer IT-Dienstleistung wird je nach IT-

---

[74] Beispielsweise soll die Bezugsdauer der IT-Dienstleistung 30 Tage umfassen, wobei die IT-Dienstleistung „Rund um die Uhr" nutzbar sein soll. Der zugesicherte Anteil der Bezugsdauer der IT-Dienstleistung ist

Dienstleistungstyp beispielsweise durch Kennzahlen wie Datendurchsatz oder Transkationen pro Zeiteinheit charakterisiert. Die *Richtigkeit* einer IT-Dienstleistung sagt beispielsweise aus, dass eine abgesendete Email dem jeweils adressierten Empfänger auch zugestellt wird.

Aufgrund der Festlegung der Bezugsdauer und des Umfangs der IT-Dienstleistung erleichtern IT-Dienstleistungsvereinbarungen die Ressourcenplanung, erhöhen die Ressourceneffizienz, ermöglichen eine genauere Abschätzung benötigter Kapazitäten und Auslastungen und geben Planungssicherheit [Wal06]. Dienstanbieter implementieren Service Level Management als Methode, um [SMJ00, S.16]:

- die Kundenzufriedenheit zu erhöhen,
- flexibel auf neue Anforderungen des Dienstnehmers in Bezug auf die vereinbarte IT-Dienstleistung zu reagieren,
- IT-Ressourcen, die zur Erbringung der IT-Dienstleistung notwendig sind, zielgerichtet bereit zu stellen,
- die Kommunikation zwischen dem Management und der IT-Abteilung zu verbessern,
- die IT-Kosten zur Einhaltung von Service-Levels in Bezug zu den Anforderungen des Dienstnehmers zu kontrollieren und
- sich gegen Beschwerden des Dienstnehmers bezüglich der erbrachten IT-Dienstleistung abzusichern.

Da es sich bei der IT-Dienstleistungsvereinbarung um einen zweiseitigen Vertrag zwischen Dienstanbieter und Dienstnehmer handelt, verfolgen die Akteure sowohl individuelle als auch gemeinsame Ziele [Ber05, S.48 ff.]. Durch die IT-Dienstleistungsvereinbarung wird die zu erbringende IT-Dienstleistung hinsichtlich Inhalt, Qualität und Kosten detailliert beschrieben. Es werden Anforderungen von Dienstnehmern an die zu unterstützenden Geschäftsprozesse identifiziert und festgelegt. Darauf aufbauend werden in der IT-Dienstleistungsvereinbarung die benötigten IT-Dienstleistungen mit den entsprechend vereinbarten Service-Levels definiert, die zur Unterstützung des Geschäftsprozesses des Dienstnehmers geeignet sind. Eine einheitliche Sicht von Dienstanbieter und Dienstnehmer auf die Bewertung der Qualität der erbrachten IT-Dienstleistung soll durch die gemeinsame Vereinbarung von Service-Levels erreicht werden. Service-Levels werden durch Kennzahlen und Messverfahren[75] charakterisiert. Die IT-Dienstleistungsvereinbarung stellt sicher, dass ein Dienstnehmer nur

---

vertraglich auf 99,5 Prozent festgelegt. Daraus ergibt sich, dass die IT-Dienstleisung innerhalb der 30 Tage für 216 Minuten (0,5 Prozent) nicht verfügbar sein darf, ohne das vereinbarte Service-Level zu verletzen.

[75] Ein Messverfahren (z.B. Absetzen eines „Ping" an den Kundendaten-Server alle 10 Minuten mit Hilfe des Softwarewerkzeugs X) ist die praktische Umsetzung einer Messmethode (z.B. „Call/Response"-Messmethode). Eine Messmethode basiert auf einem Messprinzip (z.B. es ist physikalisch möglich, dass ein Rechner ein Signal über eine Netzwerkleitung sendet und empfängt).

für die Leistung bezahlt, die vereinbart wurde. Darüber hinaus tragen IT-Dienstleistungsvereinbarungen zur Standardisierung der IT-Infrastruktur bei, wenn IT-Dienstleistungen semantisch einheitlich und syntaktisch korrekt beschrieben werden. Die einheitliche Beschreibung von IT-Dienstleistungen fördert das Einsparpotential der IT-Kosten beim Dienstanbieter, indem die Wirtschaftlichkeit zum Beispiel durch die schnellere Bereitstellung von IT-Dienstleistungen verbessert wird. Sofern sich Rahmenbedingungen bei der Erbringung von IT-Dienstleistungen (z.B. bezogen auf IT-Ressourcen, Verfügbarkeit, etc.) ändern, können IT-Dienstleistungsvereinbarungen die Steuerung und Kontrolle eines kontinuierlichen Verbesserungsprozesses unterstützen.

2.5.1 Anforderungen an IT-Dienstleistungsvereinbarungen

Bei IT-Dienstleistungsvereinbarungen handelt es sich um formale, schriftlich dokumentierte und für einen definierten Zeitraum abgeschlossene Verträge zwischen einem Dienstanbieter und einem Dienstnehmer [Ber05][76]. Sie werden zur Standardisierung der Qualität von IT-Dienstleistungen eingesetzt, um Eigenschaften der erbrachten IT-Dienstleistung zu messen und gegenüber dem Dienstnehmer nachzuweisen. Wesentliche Anforderungen an den Aufbau und Inhalt von IT-Dienstleistungsvereinbarungen sind in Anlehnung an [Ber05; Bur03; Hil99; Kar97; SMJ00] in Abbildung 25 dargestellt:

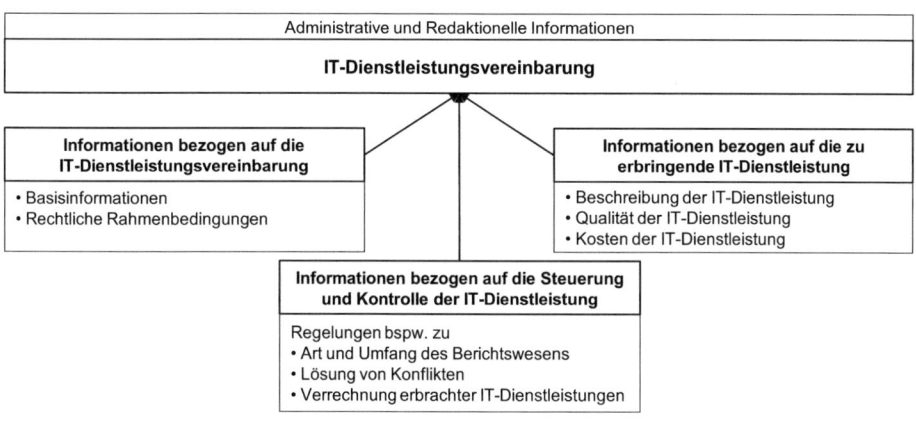

Abbildung 25. Inhalt und Aufbau von IT-Dienstleistungsvereinbarungen

Es werden Basisinformationen wie der Gegenstand des Vertrages, Zweck und Ziele der abzuschließenden IT-Dienstleistungsvereinbarung, Art und Anzahl der am Vertrag beteiligten Akteure (inklusive Rollen und Verantwortlichkeiten) und die Laufzeit des Vertrages fest-

---

[76] Eine Übersicht über die in der Literatur existierenden Definitionen zu IT-Dienstleistungsvereinbarungen gibt [Sch07b].

gelegt. Im Falle von Vertragsschließungen mit externen Dienstanbietern oder externen Dienstnehmern müssen gegebenenfalls rechtliche Rahmenbedingungen wie Schadenersatzregelungen, Haftungs- oder Gewährleistungsansprüche hinterlegt werden. Bei den *Informationen, bezogen auf die zu erbringende IT-Dienstleistung,* werden Inhalt, Qualität und Kosten der IT-Dienstleistung dokumentiert. Neben der eindeutigen Bezeichnung und Beschreibung der IT-Dienstleistung werden auch IT-Dienstleistungsprozesse beispielsweise in Bezug auf den Umgang mit Störungen in Verbindung mit den jeweils hinterlegten Eskalationsstufen erfasst. Im Rahmen der Festlegung von Qualitätsmerkmalen der zu erbringenden IT-Dienstleistung müssen aussagekräftige Kennzahlen hinterlegt und die zur Erhebung der jeweiligen Kennzahlen benötigten Messverfahren beschrieben werden. Darüber hinaus werden für die IT-Dienstleistung relevante Service-Levels wie die Servicezeit, Verfügbarkeit, etc. festgelegt. *Informationen bezogen auf die Kontrolle und Steuerung von IT-Dienstleistungen* werden in Form von Dienstnehmer-individuellen Regelungen und IT-Dienstleistungsprozessen zu vertragsrelevanten Aspekten in die IT-Dienstleistungsvereinbarung aufgenommen. Darunter fallen Regelungen zu Art und Umfang des Berichtswesens, Vorgehen bei der Verrechnung erbrachter IT-Dienstleistungen, Prozeduren zur Kontrolle oder Veränderung bestehender IT-Dienstleistungsvereinbarungen oder zur Schlichtung von Meinungsunterschieden zwischen den Akteuren. Zur Vervollständigung einer IT-Dienstleistungsvereinbarung werden *administrative und redaktionelle Informationen* benötigt, die unter anderem im Rahmen einer Versionsnummer des Vertrages, Verfasser, Begriffsglossar etc. bereit gestellt werden.

Die in Abschnitt 2.2.3 beschriebenen Rollentransformationen haben Auswirkungen auf die Art der abzuschließenden IT-Dienstleistungsvereinbarung. Bei der Unterscheidung nach internen und externen IT-Dienstleistungsvereinbarungen können diese sowohl innerbetrieblich als auch überbetrieblich eingesetzt werden. Besteht eine Geschäftsbeziehung zwischen Dienstanbieter und Dienstnehmer wird allgemein von einer IT-Dienstleistungsvereinbarung oder von einem *Service Level Agreement (SLA)* gesprochen (Abbildung 26). Wird eine Geschäftsbeziehung zwischen einem Dienstanbieter und einem Dienstzulieferer, der im gleichen Unternehmen tätig ist, geschlossen, wird eine interne IT-Dienstleistungsvereinbarung oder ein *Operational Level Agreement (OLA)* geschlossen. Im Rahmen von OLAs werden IT-Dienstleistungen bezogen, die zur Erzeugung und Bereitstellung von IT-Dienstleistungen mittels IT-Dienstleistungsprozessen gegenüber einem Dienstnehmer angeboten werden können. Eine Geschäftsbeziehung zwischen einem Dienstanbieter und einem Dienstzulieferer aus einem anderen Unternehmen wird vertraglich über eine externe IT-Dienstleistungsvereinbarung oder einen *Underpinning Contract (UC)* geregelt.

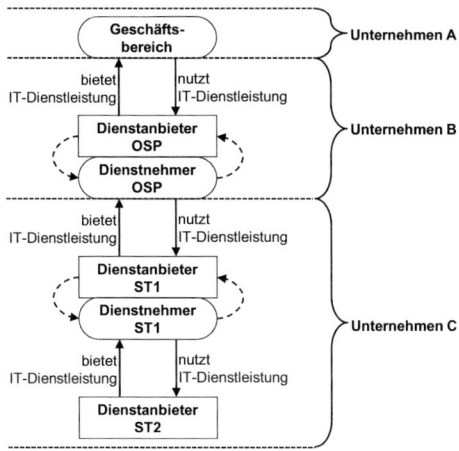

Abbildung 26: Zusammenhang zwischen SLA, OLA und UC

Der Dienstzulieferer befindet sich außerhalb des Unternehmens, in welchem der Dienstanbieter meist als Zentralbereich organisiert ist. Im Rahmen von UCs spielen rechtliche Rahmenbedingungen eine wichtige Rolle, da die Verletzung der vereinbarten Qualität einer an den Dienstnehmer zu erbringenden IT-Dienstleistung für den Dienstanbieter betriebswirtschaftliche Konsequenzen nach sich ziehen kann. IT-Dienstleistungsprozesse auf Seiten des Dienstanbieters, die zur Erstellung und Erbringung von IT-Dienstleistungen gegenüber dem Dienstnehmer auf die Integration von IT-Dienstleistungen durch Dienstzulieferer angewiesen sind, können unterbrochen werden. Dies ist dann der Fall, wenn der Dienstzulieferer die vertraglich vereinbarte IT-Dienstleistung nicht oder in schlechter Qualität (z.B. zu geringe Bandbreite, Kapazität, etc.) liefert. Der Dienstanbieter muss die daraus resultierende Schlechterfüllung der IT-Dienstleistung gegenüber dem Dienstnehmer verantworten, obwohl der Fehler auf Seiten des Dienstzulieferers aufgetreten ist.

2.5.2   Einsatzgebiete und Werkzeugunterstützung

IT-Dienstleistungsvereinbarungen werden unter anderem in Bereichen[77] eingesetzt, in denen aufgrund guter Standardisierbarkeit, hoher Wiederholhäufigkeit und des Einsatzes von Informationsverarbeitungssystemen eine kosteneffiziente Anwendung möglich ist [Wal06]. Beim Einsatz von IT-Dienstleistungsvereinbarungen wird zwischen ziel- und zweckgerichteten Gestaltungsformen von unternehmensbezogenen Zentralbereichen[78] differenziert.

---

[77] IT-Unternehmen, Call-Centern, Finanzunternehmen, etc.

[78] Ein Zentralbereich innerhalb eines Unternehmens ist eine funktionale Einheit, welche die aus der Unternehmensleitung und den einzelnen Geschäftsbereichen des Unternehmens bestehenden Strukturen ergänzt [Kre95]. Zentralbereiche werden insbesondere in großen und international aufgestellten Unternehmen

Insbesondere ein Zentralbereich Informationstechnologie (ZB-IT) kann in Anlehnung an [KuS08] verschiedene Ziele innerhalb eines Unternehmens verfolgen. Wird der ZB-IT als *Cost Center* geführt, so erbringt dieser interne und meist nicht marktfähige IT-Dienstleistungen und wird an Standardvorgaben hinsichtlich der verursachten Kosten oder der Budgettreue gemessen. Die Erbringung von IT-Dienstleistungen im Rahmen eines *Service Centers* unterscheidet sich von einem Cost Center darin, dass die intern angebotenen IT-Dienstleistungen marktfähig sind. Die zur wirtschaftlichen Erbringung von IT-Dienstleistungen benötigten Informationen aus dem IT-Controlling sind verfügbar und die dazu benötigten IT-Dienstleistungsprozesse sind implementiert. Wird die Verantwortung für verursachte IT-Kosten und durch die Erbringung von IT-Dienstleistungen erzielte Erlöse zusammengeführt, so handelt es sich um einen so genannten *Profit Center*. Der Einsatz von IT-Dienstleistungsvereinbarungen gewinnt in dem Maße an Bedeutung, in dem die jeweils vorhandenen Strukturen an der Wertschöpfung im Unternehmen beteiligt sind. Das Konzept des *Shared Service Centers* repräsentiert eine Spezialform[79] des Profit Centers, in dem diejenigen IT-Dienstleistungsprozesse gebündelt werden (z.B. Support-Prozesse für IT-Dienstleistungen in Form eines unternehmensweiten IT-Service Desk), die vorher von mehreren Unternehmensbereichen parallel erbracht worden sind [FiS06]. Das Shared Service Center Konzept stellt eine Variante des IT-Insourcings[80] dar, da IT-Dienstleistungen von einem externen Markt abgezogen und innerhalb der Unternehmensgrenzen im Rahmen des operativen Betriebs von IT-Dienstleistungen wieder bereitgestellt werden. Durch die arbeitsteilige Organisationsstruktur verfügen einzelne Center in ihrem jeweiligen Aufgabenbereich über eine eigene Entscheidungskompetenz. Entscheidungen der Center dürfen allerdings nicht im Widerspruch zu den Unternehmenszielen stehen. Da durch den Einsatz von IT-Dienstleistungsvereinbarungen unternehmensintern Kunden-Lieferanten-Beziehungen entstehen, werden IT-Dienstleistungen auch an interne Dienstnehmer zu den vereinbarten Eigenschaften und in der entsprechenden Qualität erbracht.

Neben dem Einsatz von IT-Dienstleistungsvereinbarungen als Koordinations- und Motivationsinstrument in internen Unternehmensbereichen nehmen diese auch im Rahmen von IT-Outsourcing-Beziehungen eine wichtige Rolle bei der Koordination der IT-Leistungs-

---

eingerichtet, um bestimmte Aufgaben aus Effektivitäts- und Effizienzgründen zentral zusammen zu führen [FrW93]. Beispiele für Zentralbereiche sind [Kre92]: Controlling, Personal, Informationstechnologie, etc.

[79] Ein Shared Service Center ist häufig rechtlich und betriebswirtschaftlich selbstständig, hat keine Richtlinienkompetenz und ist auf Dienstnehmer innerhalb (teilweise auch außerhalb) des Unternehmens angewiesen. Dienstleistungen werden durch SLAs mit den einzelnen Dienstnehmern vereinbart [KrD04].

[80] IT-Insourcing umfasst den Vorgang der Rückführung von IT-Dienstleistungen auf eine oder mehrere interne Unternehmenseinheiten, wobei die IT-Dienstleistungen zuvor teilweise beziehungsweise vollständig von einem rechtlich selbstständigen, externen Dienstanbieter erbracht worden sind [FrL00].

erbringung ein. Die Auslagerung bestimmter IT-Dienstleistungen und deren Übernahme in die Betriebsführung sowie die operative Verantwortung eines externen Geschäftspartners müssen unter Einsatz von nachvollziehbaren, messbaren Qualitätsmerkmalen über einen mehrjährigen Zeitraum sichergestellt werden können [GeL01]. Aufgrund des im Rahmen von IT-Outsourcing-Projekten entstehenden hohen Koordinations- und Abstimmungsbedarfs ist es erforderlich, die Abhängigkeiten der im Unternehmen verbliebenen Geschäfts- oder IT-Dienstleistungsprozesse mit Hilfe von vertraglichen Regelungen (beispielsweise in Bezug auf Garantie, Preisgestaltung, Vertragslaufzeit) an die Veränderungen anzupassen [Sur05]. Durch die Verwendung von IT-Dienstleistungsvereinbarungen werden vertragliche Regelungen ergänzt, in welchen die Leistungen des Dienstanbieters gegenüber dem Dienstnehmer genau spezifiziert werden (Umfang, Ziele, Preis, Geltungsbereich, Qualität, etc.). Ein wesentlicher Aspekt, der im Rahmen von IT-Dienstleistungsvereinbarungen im IT-Outsourcing schriftlich fixiert werden muss, ist die Festlegung von Rollen, Zuständigkeiten sowie personellen, organisatorischen und gegebenenfalls technischen Schnittstellen in den involvierten Unternehmen sowie die Rechte und Pflichten der jeweiligen Akteure. Durch die Abhängigkeit des Dienstanbieters von der Mitwirkung des Dienstnehmers bei der Leistungserstellung müssen die Mitwirkungspflichten des Dienstnehmers (z.B. Zugang zum Serverraum, Bereitstellung von Informationen, etc.) in IT-Dienstleistungsvereinbarungen geregelt sein. In diesem Zusammenhang kommt der Regelung von Vertragsstrafen und Anreizsystemen eine besondere Bedeutung zu, da die Vertragssicherheit zwischen Dienstanbieter und Dienstnehmer steigt und mögliche Folgekosten – zum Beispiel bei einem Serverausfall für einen Tag – verringert werden können [Sch03]. Aus Sicht des Dienstnehmers unterstützen IT-Dienstleistungsvereinbarungen die Schaffung von Transparenz über die mit einer IT-Dienstleistung verbundenen Kosten und Kostenstrukturen auf Seiten des Dienstanbieters [Ber05]. Durch die Definition von Mitwirkungspflichten wird es für den Dienstnehmer sichtbar, welche Ressourcen von ihm bereitgestellt werden müssen, um einen ordnungsgemäßen Ablauf der Leistungserbringung durch den Dienstanbieter zu ermöglichen. Durch die Auslagerung von Geschäfts- oder IT-Dienstleistungsprozessen, kann der Dienstnehmer zum einen die internen Leistungen mit denen des Dienstanbieters vergleichen und mögliche Verbesserungsmaßnahmen anstoßen und zum anderen über die vereinbarten Mitwirkungspflichten seine vorzuhaltenden Ressourcen besser steuern und kontrollieren.

Der Einsatz von IT-Dienstleistungsvereinbarungen wird im Wesentlichen durch die Immaterialität von IT-Dienstleistungen begrenzt [Bur03]. Im Vergleich zu Sachgütern ist die Qualitätsmessung und genaue Bestimmung der Erstellungskosten von IT-Dienstleistungen erschwert.

Zudem lassen sich bestimmte Eigenschaften von IT-Dienstleistungen nicht messen[81]. Objektive und auf den Dienstnehmer zugeschnittene Beurteilungskriterien wie die Verfügbarkeit oder Termintreue einer IT-Dienstleistung lassen sich a priori nur schwer definieren und überprüfen (vgl. Kapitel 5). Darüber hinaus können die objektiven Bewertungskriterien durch subjektive Einflüsse, wie persönliche Erfahrungen oder Erwartungshaltungen der evaluierenden Person, beeinflusst werden. Die Ziele von IT-Dienstleistungsvereinbarungen können dann umgesetzt werden, wenn subjektive Einflüsse im Rahmen des Verhandlungsprozesses von IT-Dienstleistungsvereinbarungen zwischen Dienstanbieter und Dienstnehmer objektiviert werden können (z.B. durch Nachweis der Einhaltung von Standards). Weitere Faktoren, die den Einsatz von IT-Dienstleistungsvereinbarungen einschränken, sind eine geringe Standardisierbarkeit und Wiederholhäufigkeit der zu erbringenden IT-Dienstleistungen [STR00]. Eine zusätzliche Schranke sind die mit der Verwendung von IT-Dienstleistungsvereinbarungen verbundenen Kosten. Neben einmaligen Belastungen bei der Einführung von IT-Dienstleistungsvereinbarungen sowohl auf Seiten des Dienstanbieters als auch des Dienstnehmers und den Aufwendungen für die zur Realisierung benötigten Ressourcen, entstehen weiterhin *Garantiekosten* beim Dienstanbieter und *Überwachungskosten* beim Dienstnehmer. Garantiekosten resultieren daraus, dass der Dienstnehmer durch die Vereinbarung von Service-Levels über den Leistungsumfang informiert ist und demzufolge bei jeder geringfügigen Abweichung hiervon Ausgleichszahlungen einfordern kann. Ohne IT-Dienstleistungsvereinbarungen würden die Garantiekosten für den Dienstanbieter wesentlich geringer ausfallen, da der Dienstnehmer durch eine unzureichende Leistungsbeschreibung zum Einfordern von Garantieleistungen nicht in der Lage wäre.

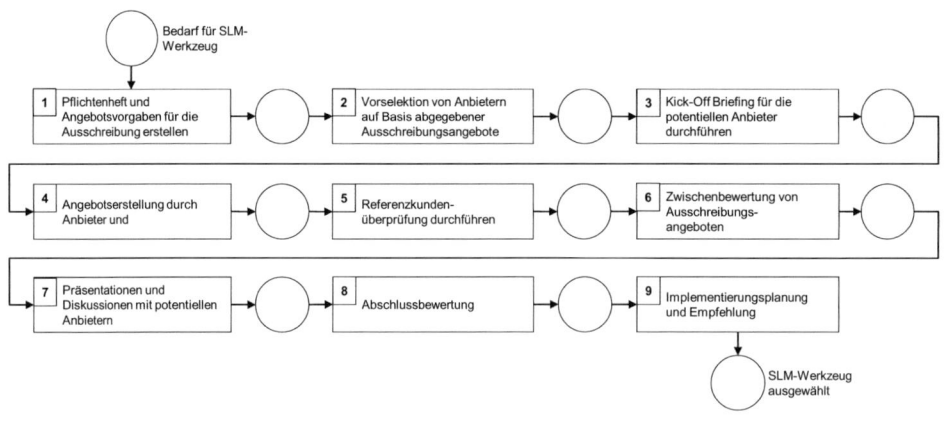

Abbildung 27: Auswahlprozess für SLM-Werkzeuge

---

[81] Dies umfasst Kriterien wie die Freundlichkeit des Personals oder der kooperative Umgang mit Kunden. Vgl. dazu das Anforderungsmodell an die Qualität von IT-Dienstleistungen in Abschnitt 2.3.4.

Das Management von IT-Dienstleistungsvereinbarungen ist ohne Werkzeugunterstützung nicht umsetzbar. Aufgrund der Vielzahl der auf dem Markt verfügbaren Hersteller[82] von SLM-Werkzeugen ist ein systematischer Auswahlprozess für das geeignete Softwarewerkzeug notwendig. In Anlehnung an Auswahlprozesse für Standardsoftwaresysteme [Gro01, Öst90] wird in Abbildung 27 ein Auswahlprozess für SLM-Werkzeuge in neun Phasen unterteilt [Ber06]. In *Phase 1* wird nach der Erarbeitung von inhaltlichen Vorgaben an die Ausschreibung und Anforderungen[83] an das benötigte SLM-Werkzeug ein Pflichtenheft erstellt. Anforderungen an ein SLM-Werkzeug können beispielsweise sein:

- Unterstützung bei der Messung der Effizienz von Service-Levels.
- Unterstützung der Dokumentation von IT-Dienstleistungsvereinbarungen.
- Verwaltung von IT-Dienstleistungsvereinbarungen (z.B. nach Dienstnehmern, Aufträgen, Projekten, Verträgen, etc.).
- Integration von Kennzahlen aus IT-Systemen von Drittherstellern über Schnittstellen zur ganzheitlichen Abbildung aller relevanten Informationen.
- Erstellung von Berichten inklusive grafischer Aufbereitung von Überschreitungen von Service-Levels (z.B. Hervorhebung in roter Farbe).

In *Phase 2* werden Anbieter eines SLM-Werkzeugs auf Basis eines Vergleichs ihrer Kompetenzen (z.B. Referenzen) und des Leistungsprofils (z.B. Erfüllung von Mindestanforderungen) ausgewählt. Eine Liste mit Teilnehmern an der Ausschreibung wird erstellt. In der darauf folgenden *Phase 3* werden im Rahmen einer Auftaktveranstaltung die Ausschreibungsteilnehmer über das geplante Vorhaben im Detail informiert und die Ausschreibungsunterlagen an die Teilnehmer übergeben. *Phase 4* gibt den Zeitraum an, in welchem an der Ausschreibung zugelassene Anbieter eines SLM-Werkzeugs ein Angebot an das ausschreibende Unternehmen abgeben müssen. Im Rahmen einer Referenzkundenüberprüfung (*Phase 5*) werden durch den Werkzeuganbieter angegebene Referenz-Dienstnehmer zum Beispiel im Rahmen eines Telefonats oder eines persönlichen Besuchs zu den Erfahrungen mit dem eingesetzten SLM-Werkzeug befragt. Im Anschluss an die Referenzkundenüberprüfung erfolgt in *Phase 6* eine Zwischenbewertung der abgegebenen Angebote mittels verschiedener Methoden (z.B. Nutzwertanalyse[84], SWOT-Analyse[85], etc.).

---

[82] Eine Liste mit Softwarewerkzeugen für das Service Level Management befindet sich in Anhang A.3.

[83] Nichtfunktionale Anforderungen (z.B. Effizienz, Funktionalität, Benutzbarkeit, etc.) und Funktionale Anforderungen (z.B. systeminterne Funktionen, Interaktionen mit dem Benutzer, Schnittstellen etc.)

[84] Die Nutzwertanalyse ist eine „Analyse einer Menge komplexer Handlungsalternativen mit dem Zweck, die Elemente dieser Menge entsprechend den Präferenzen des Entscheidungsträgers bezüglich eines multidimensionalen Zielsystems zu ordnen. Die Abbildung der Ordnung erfolgt durch die Angabe der Nutzwerte (Gesamtwerte) der Alternativen" [Zan71, S.45].

Eine „Favoritenliste" wird erstellt. Aufbauend auf der Zwischenbewertung erfolgt in *Phase 7* eine Angebotspräsentation durch die Werkzeuganbieter. Im Rahmen beispielsweise eines Workshops werden unter Einbeziehung von Fachexperten aus den an der Einführung des SLM-Werkzeugs beteiligten Fachbereichen mögliche offene Fragen geklärt. In *Phase 8* erfolgt eine Abschlussbewertung der Angebote mittels derselben Methoden wie in Phase 6. Auf Basis einer Rangliste wird der erstplatzierte Werkzeuganbieter ausgewählt. In der letzten *Phase 9* wird eine Detailplanung zur Implementierung des SLM-Werkzeugs vorgenommen und Handlungsempfehlungen für die Einführung im Unternehmen erstellt.

---

[85] Die SWOT-Analyse ist eine Methode zur Erfassung und Bewertung von innerbetriebliche Stärken und Schwächen (Strength and Weakness) sowie Chancen und Bedrohungen (Opportunities and Threats) außerhalb des Unternehmens in Verbindung mit der geplanten Durchführung eines Projekts [And87, S.48 ff.].

3 Modellierung von Prozess- und Dienstgüteobjekten

Nach einer motivierenden Einführung in die Prozessmodellierung werden die Anforderungen an Sprachen zur Modellierung von Prozess- und Dienstgüteobjekten in IT-Dienstleistungsprozessen vorgestellt. Im Anschluss daran wird ein Metamodell für IT-Dienstleistungsvereinbarungen eingeführt, welches den Bezugsrahmen für die spätere Modellierung von IT-Dienstleistungsprozessen in Verbindung mit verschiedenen Qualitätsmerkmalen von IT-Dienstleistungen bildet.

3.1 Einführung

Modellierungssprachen sind Sprachen, die dazu verwendet werden, um Modelle (zum Beispiel von Geschäftsprozessen, IT-Dienstleistungsprozessen, IT-Systemen, etc.) zu erstellen. Ein Modell ist ein materielles oder immaterielles Abbild der Realwelt (des Objektsystems) [BRS95, S.435]. In Modellen wird bewusst die Realität auf einen definierten Ausschnitt reduziert, in dem nicht alle Attribute des entsprechenden Originals erfasst werden. Modelle werden innerhalb einer bestimmten Zeitspanne und zu bestimmten Zwecken für ein Original eingesetzt [Sta73, S.131 ff.]. Modellierungssprachen sind das Resultat eines Konstruktionsprozesses, bei dem es mindestens einen Konstrukteur[86] gibt, der die Modellierungssprache für eine bestimmte Verwendung definiert [Wir74; Cry87]. Häufig werden Modellierungssprachen im Rahmen der Entwicklung von Software eingesetzt, um Anforderungen an die zu realisierende Software zu präzisieren oder Entwurfs- und Architekturbeschreibungen anzufertigen. Bei der Klassifikation von Modellierungssprachen (Tabelle 9) wird zwischen der textuellen und grafischen Darstellung (Syntax) sowie der informalen, semi-formalen und formalen Modellierung[87] (Semantik) unterschieden. Grafische Modellierungssprachen verwenden Symbole wie beispielsweise Kreise, Kästchen oder Ovale, die durch Kanten oder gerichtete Kanten miteinander verbunden und aussagekräftig beschriftet sind. Die einer grafischen Modellierungssprache zugrunde liegende Syntax legt fest, wie die Symbole eingesetzt und miteinander verbunden werden dürfen.

---

[86] Die Begriffe *Modellierer* und *Modellierungsprozess* werden synonym für die Begriffe *Konstrukteur* und *Konstruktionsprozess* verwendet.

[87] Modellierung ist die Beschreibung von Sachverhalten unter Verwendung einer Beschreibungssprache, dem Beschreibungsmodell. Das Ergebnis der Modellierung wird als Schema (also die konkrete Beschreibung) bezeichnet [Obe96a]. Der Begriff *Schema* wird als Synonym für den Begriff *Modell* verwendet.

		Darstellung	
		textuell	**grafisch**
Modellierung	informal	z.B. natürliche Sprache	z.B. Zeichnung
	semi-formal	z.B. XML, XPDL, WS-BPEL	z.B. EPK, UML, BPMN, ER-Modell, SHM
	formal	z.B. Z[88]	z.B. Petri-Netze

Tabelle 9: Klassifikation von Modellierungssprachen

Formale Modellierungssprachen haben eine präzise Semantik und sind mathematisch fundiert. Bei informalen Modellierungssprachen liegt die Semantik in der Sprachdefinition nur umgangssprachlich vor. Die Modellierung von Geschäftsprozessen wird als Geschäftsprozess-modellierung bezeichnet [EOK95]. IT-Dienstleistungsprozesse (vgl. Abschnitt 2.1.4) als Variante der Geschäftsprozesse sowie Dienstgüteobjekte (vgl. Abschnitt 3.3) als Variante der Prozessobjekte werden mit Hilfe von Modellierungssprachen aus verschiedenen Gründen modelliert (in Anlehnung an [Obe96a]):

Dokumentation von IT-Dienstleistungsprozessen

Die Prozessmodellierung ermöglicht die Dokumentation von IT-Dienstleistungsprozessen. An der Prozessausführung beteiligte Personen können sich bei der Erfüllung ihrer Auf-gaben an entsprechenden Modellen orientieren. IT-Dienstleistungsprozessmodelle werden in diesem Fall als Arbeitsanweisung eingesetzt.

Analyse und Reorganisation von IT-Dienstleistungsprozessen

Modelle bereits etablierter, aber auch noch einzuführender IT-Dienstleistungsprozesse, können zur Analyse und zur darauf basierenden Reorganisation von IT-Dienstleistungs-prozessen eingesetzt werden. IT-Dienstleistungsprozesse werden auf Inkonsistenzen und Redundanzen sowie hinsichtlich ihrer syntaktischen Korrektheit untersucht. Modelle erleichtern das Auffinden von Mängeln in IT-Dienstleistungsprozessmodellen. Die Identifikation bestehender Engpässe und Fehlerquellen in IT-Dienstleistungsprozessen kann beispielsweise durch die Simulation von IT-Dienstleistungsprozessmodellen ermög-licht werden. In der Analysephase identifizierte Defizite können durch eine Verbesserung beispielsweise im Rahmen einer Reorganisation von IT-Dienstleistungsprozessen behoben werden. Durch Prozessmodellierung kann die Qualität von IT-Dienstleistungsprozessen

---

[88] „Z" ist eine auf der Mengentheorie und Prädikatenlogik basierende Sprache zur Modellierung von Computer-basierten Systemen [ISO02].

verbessert werden, indem zum Beispiel eine Verkürzung der Prozessdurchlaufzeiten und eine Steigerung der Prozesseffizienz erreicht wird.

Entwurf von Software

Software, die zur Unterstützung von IT-Dienstleistungsprozessen entworfen wird, wird unter Einsatz von Modellen dieser IT-Dienstleistungsprozesse implementiert. Durch die Einführung des Paradigmas der Modellgetriebenen Softwareentwicklung (MDSD) wird die automatisierte Generierung von Quellcode aus entsprechenden Modellen unterstützt (vgl. exemplarisch [BKR09; StV05]).

Planung des Ressourceneinsatzes in IT-Dienstleistungsprozessen

Informationen über die zur Ausführung von IT-Dienstleistungsprozessen benötigten Ressourcen können durch die Analyse von IT-Dienstleistungsprozessmodellen ermittelt werden. Diese Analyse kann auch simulationsgestützt erfolgen. Auf Basis des Analyse-ergebnisses kann der Ressourceneinsatz geplant und die Unter- oder Überschreitung von Kapazitätsgrenzen vermieden werden (vgl.Kapitel 5 und Abschnitt 6.1).

Überwachung und Steuerung von IT-Dienstleistungsprozessen

Die Modellierung von IT-Dienstleistungsprozessen bildet die Basis für die Steuerung und Überwachung der IT-Dienstleistungsprozessinstanzen. Die Modellierung der Soll-Prozesse erlaubt einen Abgleich mit derzeit ausgeführten IT-Dienstleistungsprozessinstanzen, um ein steuerndes oder korrigierendes Eingreifen in Abläufe zu ermöglichen.

Grundlage für die Unterstützung durch ein Managementsystem für IT-Dienst-leistungsprozesse

Präzise IT-Dienstleistungsprozessmodelle bilden die Grundlage für eine teilweise oder vollständige Automatisierung von IT-Dienstleistungsprozessen. Durch die Verwendung formaler Prozessmodellierungssprachen wird die Unterstützung der Ausführung von IT-Dienstleistungsprozessen durch IT-Systeme möglich.

3.2 Anforderungen an Sprachen zur integrierten Modellierung von Prozessobjekten und IT-Dienstleistungsprozessen

Bei der Definition von Anforderungen an Modellierungssprachen sind teilweise sich gegenseitig beeinflussende Eigenschaften zu berücksichtigen. Ein Teil der Anforderungen wird aus Sicht des Modellierers eines IT-Dienstleistungsprozessmodells gestellt. Der andere Teil wird aus Sicht des Personenkreises definiert, der die IT-Dienstleistungsprozessmodelle lesen und verstehen muss. Im Rahmen dieser Arbeit werden folgende Anforderungen an Modellierungssprachen zur integrierten Modellierung von Prozess- oder Dienstgüteobjekten und IT-Dienstleistungsprozessen in Anlehnung an [BRU00; Mev06; Obe96a] formuliert:

Syntaktische und semantische Korrektheit

Die Modellierungssprache soll die Korrektheitsprüfung von Syntax und Semantik der mit ihr modellierten IT-Dienstleistungsprozessmodelle unterstützen. Eine Korrektheitsprüfung für IT-Dienstleistungsprozessmodelle wird durch die Modellierungssprache dann unterstützt, wenn unzulässige IT-Dienstleistungsprozessmodelle bzgl. Syntax und Semantik systematisch identifiziert werden können. Ein IT-Dienstleistungsprozessmodell ist syntaktisch korrekt, wenn die syntaktischen Regeln der Modellierungssprache in einem gegebenen IT-Dienstleistungsprozessmodell eingehalten werden. Ein IT-Dienstleistungsprozessmodell ist semantisch korrekt, wenn die zeitlichen und sachlogischen Zusammenhänge im IT- Dienstleistungsprozessmodell gegenüber dem realen IT-Dienstleistungsprozess widerspruchsfrei modelliert sind.

Ausdrucksmächtigkeit

Die Modellierungssprache soll Objekte der Realwelt adäquat darstellen können. Zur integrierten Modellierung von Dienstgüte- und Prozessobjekten sowie IT-Dienstleistungsprozessen sollen beispielsweise komplexe Objektstrukturen, zeitliche und sachlogische Abhängigkeiten zwischen Aktivitäten in IT-Dienstleistungsprozessen, Rollen, organisatorische Rahmenbedingungen, Geschäftsregeln zum Ablauf von IT-Dienstleistungsprozessen, Prioritäten, Kommunikationsstrukturen, Kennzahlen und Ausnahmesituationen modellierbar sein. Darüber hinaus soll die Modellierungssprache sowohl die allgemeine Beschreibung (Typ-Ebene) als auch die Abbildung der Instanz (Ausprägungs-Ebene) von Aktivitäten und Objekten in IT-Dienstleistungsprozessen unterstützen. Dienstgüte- und Prozessobjekte (z.B. Service Level Agreement Dokumente, physische Produkte oder Daten) sollen syntaktisch und semantisch mit der Modellierungssprache beschrieben werden können. Die syntaktische Beschreibung kann beispielsweise mittels der XML erfolgen, wohingegen auf semantischer Ebene wechselseitige Vereinbarungen notwendig werden, die eine einheitliche Interpretation der jeweiligen Inhalte (z.B. Dokumente, Daten, etc.) ermöglichen.

Formalisierungsgrad

Die Modellierung von IT-Dienstleistungsprozessen soll unter Einbezug von Dienstgüte- und Prozessobjekten in einer präzisen und formalen Notation möglich sein, um beispielsweise eine rechnergestützte Analyse (z.B. Erkennung von Redundanzen, Mehrdeutigkeiten oder Widersprüchen) und Simulation zu ermöglichen. Des Weiteren soll ausgehend von anwendungsnahen, informellen Beschreibungen die schrittweise Formalisierbarkeit von IT-Dienstleistungsprozessen in maschineninterpretierbare IT-Dienstleistungsprozessmodelle erfolgen können.

Visualisierungsmöglichkeiten

Die Modellierungssprache soll über eine intuitive, grafische und anschauliche Darstellungsmöglichkeit verfügen. Je nach Anwender soll die Modellierung verschiedener Sichten (z.B. bezogen auf relevante Aktivitäten, Ressourcen, Personen) mit unterschiedlichem Detaillierungsgrad der IT-Dienstleistungsprozesse unterstützt werden.

Analysierbarkeit

Der Einsatz analytischer Verfahren soll möglich sein, um quantitative Aussagen über bestimmte Eigenschaften der IT-Dienstleistungsprozesse (z.B. Zeitdauer, Verbrauch von Ressourcen, Auslastung der Kapazität) treffen zu können.

Klarheit und Redundanzfreiheit

Die Modellierungssprache soll redundanzfrei (Vermeidung überflüssiger Konzepte) sein und die strukturierte, übersichtliche sowie lesbare Modellierung von IT-Dienstleistungsprozessmodellen unterstützen.

Entwicklungsunterstützung

Die Modellierung komplexer IT-Dienstleistungsprozessmodelle soll durch schrittweise top-down und/oder bottom-up Vorgehensweisen unterstützt werden. Im ersten Fall wird ausgehend von einer groben Modellierung des IT-Dienstleistungsprozesses eine wiederholte Verfeinerung einzelner IT-Dienstleistungsprozesskomponenten vorgenommen. Durch eine top-down Modellierung können hierarchische Beziehungen zwischen verschiedenen Beschreibungsebenen (Detailebenen) modelliert werden. Im zweiten Fall wird aus einzelnen Beschreibungsbausteinen ein komplexes IT-Dienstleistungsprozessmodell quasi „zusammengesetzt". Eine weitere Möglichkeit zur Entwicklungsunterstützung bildet die so genannte *middle-out* Vorgehensweise, die sowohl die top-down als auch bottom-up Vorgehensweise in sich vereint.

Validierbarkeit

Simulationsgestützte Validierungsverfahren (vgl. Abschnitt 5.1) sollen angewendet werden können, um die Übereinstimmung eines IT-Dienstleistungsprozessmodells mit dem tatsächlichen IT-Dienstleistungsprozess validieren zu können.

Unabhängigkeit

Die verwendete Modellierungssprache soll herstellerunabhängig und nicht an proprietäre Softwarewerkzeuge angelehnt sein, um die Anwendung und Einhaltung von Standards zu fördern und die Modellierungssprache einer möglichst großen Anwendergruppe frei zugänglich zu machen.

Anpassbarkeit

Die Modellierungssprache soll flexibel konzipiert sein, um modellierte IT-Dienstleistungs-prozessmodelle einfach und schnell an sich permanent verändernde Rahmenbedingungen anpassen zu können.

Wirtschaftlichkeit

Die Anwendung der Modellierungssprache zur Modellierung von IT-Dienstleistungs-prozessmodellen sollte in einem angemessenen Verhältnis von Aufwand und Nutzen stehen. Der Aufwand umfasst die Erstellung des IT-Dienstleistungsprozessmodells in Bezug auf die Informationserhebung, -bereitstellung und –validierung. Der Nutzen der modellierten IT-Dienstleistungsprozessmodelle wird unter anderem in deren Anpassbarkeit und Dauerhaftigkeit sichtbar.

Im Folgenden werden verschiedene Sprachen zur Modellierung von Prozessobjekten und IT-Dienstleistungsprozessen dargestellt.

3.3   Modellierung von Prozess- und Dienstgüteobjekten

Im Rahmen der Modellierung von IT-Dienstleistungsprozessen ist die Abbildung von Prozessobjekten[89] besonders zu berücksichtigen, da Prozessobjekte die Grundlage für jede Analyse und Kontrolle von (dynamischen) IT-Dienstleistungsprozessen bilden. In diesem Zusammenhang müssen Prozessobjekte zur Unterstützung der Wiederverwendung in IT-Dienstleistungsprozessmodellen abgebildet werden können. Dieselben Anforderungen gelten für Dienstgüteobjekte.

> *Definition 3.1: Dienstgüteobjekt*
>
> Ein Dienstgüteobjekt ist ein Spezialfall eines Prozessobjektes, welches die Abbildung von in IT-Dienstleistungsvereinbarungen festgelegten Qualitätsmerkmalen für IT-Dienst-leistungsprozesse unterstützt. Ist ein Dienstgüteobjekt für die Ausführung eines IT-Dienstleistungsprozesses unmittelbar notwendig, wird es als *ablaufrelevantes Dienst-güteobjekt* bezeichnet.

Die Modellierung von Prozess- und Dienstgüteobjekten kann durch Modellierungssprachen mit unterschiedlicher Ausdrucksmächtigkeit unterstützt werden. Nachfolgend werden Sprachen zur konzeptuellen Modellierung von Datenobjekten vorgestellt, die sich in der betrieblichen Praxis bewährt haben.

---

[89] Das zentrale Element im Geschäftsprozessmanagement bildet das Prozessobjekt (PO). Es stellt den Input oder Output von Aktivitäten in Geschäftsprozessen dar. Ein Prozessobjekt kann *elementar* oder *komplex* sein. Es wird zwischen *Input-Prozessobjekten*, *Output-Prozessobjekten* und *internen Prozessobjekten* differenziert (vgl. [Mev06, S.13]).

Das von P.P. Chen [Che76] entwickelte *Entity Relationship Modell* (ER-Modell) wird vornehmlich zum konzeptuellen Entwurf von klassischen relationalen Datenbanken eingesetzt, die auf objektorientierte Anteile weitgehend verzichten [Vos08]. Das ER-Modell ist eine Modellierungssprache, welche die Beschreibung von gespeicherten Daten und ihren Beziehungen untereinander sowie die Analyse der Daten aus fachlogischer Sicht ermöglicht. Bei der Modellierung wird ein konzeptuelles Modell erstellt, das gegen Veränderungen der Funktionalität weitgehend stabil ist. Im ersten Schritt werden bei der Erstellung von ER-Modellen Datenobjekte und Beziehungen zwischen diesen im Rahmen einer Anforderungs-analyse erfasst. Bei dem anschließenden konzeptuellen Entwurf wird eine Globalsicht der Anwendung erstellt, indem ausgehend von groben Informationsblöcken eine schrittweise Verfeinerung erfolgt. Das resultierende ER-Modell soll die Realität möglichst gut abbilden. Das ER-Modell unterscheidet zwischen *Entitäten*, *Attributen* und *Beziehungen*.

Entitäten stellen unterscheidbare und identifizierbare Objekte (z.B. Dinge, Personen, etc.) der realen Welt dar. Entitäten werden zu *Entitäts-Typen* zusammengefasst, sobald eine Menge von Entitäten gleiche *Attribute* aufweist. Ein Entitäts-Typ kann verschiedene Ausprägungen (Instanzen) besitzen. Beispielsweise ist die Entität (Objekt) IT-Dienstleistungs-verfügbarkeit eine Instanz des Entitäts-Typs Verfügbarkeit (Abbildung 28). Die grafische Darstellung eines Entitäts-Typs erfolgt mit einem Rechteck.

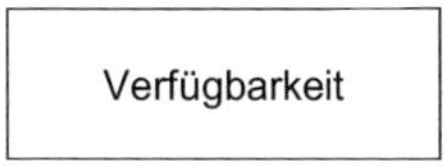

Verfügbarkeit

Abbildung 28: Entitäts-Typ `Verfügbarkeit`

Attribute sind gemeinsame Eigenschaften von Entitäten eines bestimmten Typs. Beispielswei-se wird der Entitäts-Typ Verfügbarkeit durch die Attribute Verfügbarkeitsiden-tifikator (V-ID), Servicezeit und Ausfallzeit beschrieben (Abbildung 29).

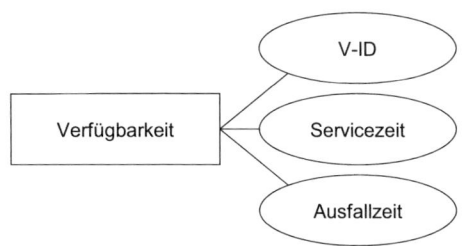

Abbildung 29: Entitäts-Typ `Verfügbarkeit` *mit Attributen*

Entitäts-Typen werden durch eine Menge von Attributen beschrieben, Entitäten durch eine Menge von Attributwerten. Eine Attributmenge, die Entitäten eines Typs eindeutig von allen anderen Entitäten dieses Typs unterscheidet, wird *Schlüssel* genannt [Cod90].

Beziehungen repräsentieren logische Verknüpfungen zwischen zwei oder mehr Entitäten und lassen sich ebenfalls zu Beziehungs-Typen zusammenfassen. Beziehungs-Typen können Attribute enthalten und werden grafisch mittels einer Raute dargestellt. In Abbildung 30 hat ein IT-Dienstleistungsprozess eine Verfügbarkeit, die durch das Attribut V-ID eindeutig identifiziert wird. Darüber hinaus besitzt der Entitäts-Typ Verfügbarkeit die Attribute Servicezeit und Ausfallzeit.

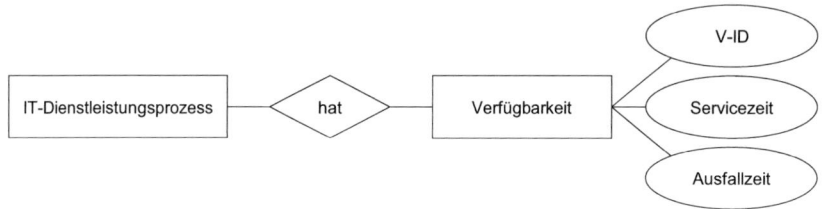

Abbildung 30: Beziehungs-Typ hat

Die Komplexität der Beziehungs-Typen zwischen einzelnen Entitäten wird durch *Kardinalitäten* ausgedrückt und jeweils an den Kanten eingetragen. Im ER-Modell kann der Komplexitätsgrad entweder durch die 1:n-Notation [Che76] oder durch die (min,max)-Notation [Abr74] erfolgen. Abbildung 31 zeigt die 1:n Notation.

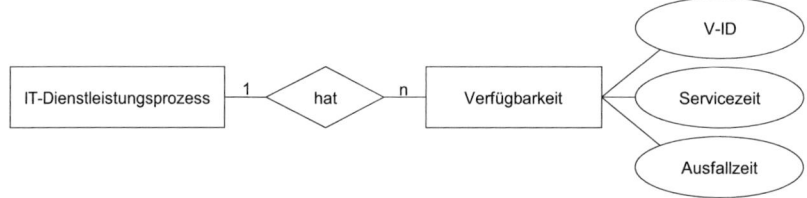

Abbildung 31: Beziehungstyp hat mit Kardinalitäten 1:n

Ein IT-Dienstleistungsprozess kann mehrere Verfügbarkeiten haben (z.B. je nachdem wie viel der Kunde bereit ist, zu bezahlen) aber jede Verfügbarkeit kann genau einem IT-Dienstleistungsprozess zugeordnet werden (z.B. für Reporting-Zwecke).

Das eER-Modell, eine semantische Erweiterung des ER-Modells, enthält zusätzliche Funktionen, um Entitäten und Beziehungen besser darstellen zu können [Cod79; Gog94]. Unter anderem werden objektorientierte Ansätze integriert, die Mechanismen zur Vererbung sowie Klassen- und Unterklassenbildung bereitstellen.

Im Gegensatz zum ER-Modell unterscheidet das *Semantisch-Hierarchische Modell (SHM)* [LaS87] nicht explizit zwischen Entitäts-Typen, Beziehungs-Typen und Attributen [Obe96a, S.47 ff.]. Es werden Teile der Realwelt mittels konkreter Objekte beschrieben, die bereits existieren oder in Zukunft existieren können [Mev06, S.46 ff.]. Objekttypen können mittels Typ-Konstruktoren aus einfacheren Objekttypen zusammengesetzt werden. Objekttypen werden als elementare Objekttypen bezeichnet, sobald sie weder Subtyp, Mengentyp oder Aggregattyp sind. Im Vergleich zum ER-Modell unterstützt das SHM das Konzept der Vererbung von Wertebereichen. Die Vererbungsrichtung wird durch gerichtete Kanten zwischen Objekttypen und Abstraktionszeichen im Objektmodell angegeben. Zur Spezifikation komplexer und hierarchischer Objektstrukturen können die Typ-Konstruktoren *Aggregation*, *Spezialisierung* und *Gruppierung* verwendet werden.

Durch eine *Klassifikation* erfolgt die Zusammenfassung von Objekten zu Klassen, die in Bezug auf bestimmte Kriterien Ähnlichkeiten aufweisen. Objekte sind über Ihren gesamten Lebenszyklus hinweg auch bei Veränderungen eindeutig identifizierbar und benötigen keinen Primärschlüssel wie Objekte im ER-Modell. Abbildung 32 zeigt die als Kreise grafisch dargestellten Objektklassen IT-Dienstleistungen, Aufgabenträger und Verfügbarkeiten.

Abbildung 32: SHM-Klassifikation

Bei der *Aggregation* werden Beziehungen zwischen gegebenen Objekttypen (Komponententypen) hergestellt, um neue Objekttypen auf einer höheren Abstraktionsebene (Aggregattyp) zu generieren.

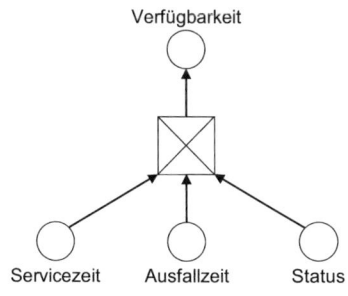

Abbildung 33: SHM-Aggregation

Ein Objekt eines Aggregattyps besteht aus einem Tupel konkreter Objekte von Komponententypen. In Abbildung 33 wird der Aggregattyp Verfügbarkeit mit den

Komponententypen Servicezeit, Ausfallzeit und Status durch ein Quadrat mit einem x-Symbol (symbolisiert das *kartesische Produkt*) über gerichtete Kanten verbunden. Bei der Aggregation werden verschiedene Objekte mit eigenen Wertebereichen zu einem Aggregattyp zusammengefasst. Alle Wertebereiche werden an den Aggregattyp vererbt. Im Rahmen der *Spezialisierung* werden aus einem Supertyp ein oder mehrere Subtypen abgeleitet. Die Subtypen verfügen über mindestens dieselben Komponenten wie der Supertyp. Die Spezialisierung verbindet den Supertyp mit Subtypen mit Hilfe gerichteter Kanten über ein Quadrat mit einem v-Symbol (symbolisiert die *logische Disjunktion*). Die Richtung der Kanten drückt die Vererbungsrichtung von Komponenten aus.

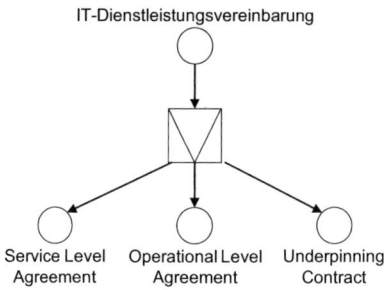

Abbildung 34: SHM-Spezialisierung

Abbildung 34 zeigt den Supertyp IT-Dienstleistungsvereinbarung sowie die Subtypen Service Level Agreement, Operational Level Agreement und Underpinning Contract. Sämtliche Komponenten und Wertebereiche, die in einer IT-Dienstleistungsvereinbarung definiert sind, werden an die drei abgebildeten Subtypen vererbt und können jeweils bei Bedarf um zusätzliche Komponenten erweitert werden. Sollen aus einer Menge von Instanzen eines gegebenen Objekttyps (Elementtyp) Objekte eines neuen Typs (Mengentyp) erzeugt werden, wird das Konzept der *Gruppierung* verwendet. Eine Menge von Instanzen des Elementtyps bildet dann ein konkretes Objekt.

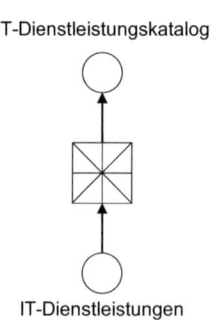

Abbildung 35: SHM-Gruppierung

Die Gruppierung wird grafisch durch ein Quadrat mit einem *-Symbol (repräsentiert die *Potenzmenge*) dargestellt. Das Quadrat verbindet Elementtypen mit dem Mengentyp über gerichtete Kanten und zeigt die Vererbungsrichtung von Eigenschaften und Wertebereichen an. Abbildung 35 stellt einen IT-Dienstleistungskatalog als eine Menge von angebotenen IT-Dienstleistungen dar.

Die *Unified Modeling Language, Version 2.1 (UML)* ist eine objektorientierte, grafische Modellierungssprache zur Visualisierung, Konstruktion, Spezifikation und Dokumentation von Software und softwaregestützten IT-Systemen [OMG07]. Die UML beinhaltet eine einheitliche Notation sowie die Definition eines Metamodells (vgl. Abschnitt 3.4.1) [Oes06, S.19]. Mit Hilfe der UML können IT-Systeme modelliert werden, die von Firmeninformationssystemen über webbasierte Anwendungen bis hin zu eingebetteten Echtzeitsystemen reichen [BRJ07, S.37 ff.]. Die UML stellt ausdrucksmächtige Diagrammtypen bereit, um die Entwicklung von Software und softwaregestützten IT-Systemen von der Entwurfs- bis zur Implementierungsphase aus verschiedenen Sichten zu unterstützen. Die UML beschreibt dreizehn Diagrammtypen auf Basis eines dahinter liegenden Metamodells. Das Metamodell dient als Ausgangsbasis für die bedarfsgerechte Weiterentwicklung und Erweiterung von Diagrammtypen. In Anlehnung an [Fow03, S.31] zeigt Abbildung 36 die Diagrammtypen in der Übersicht.

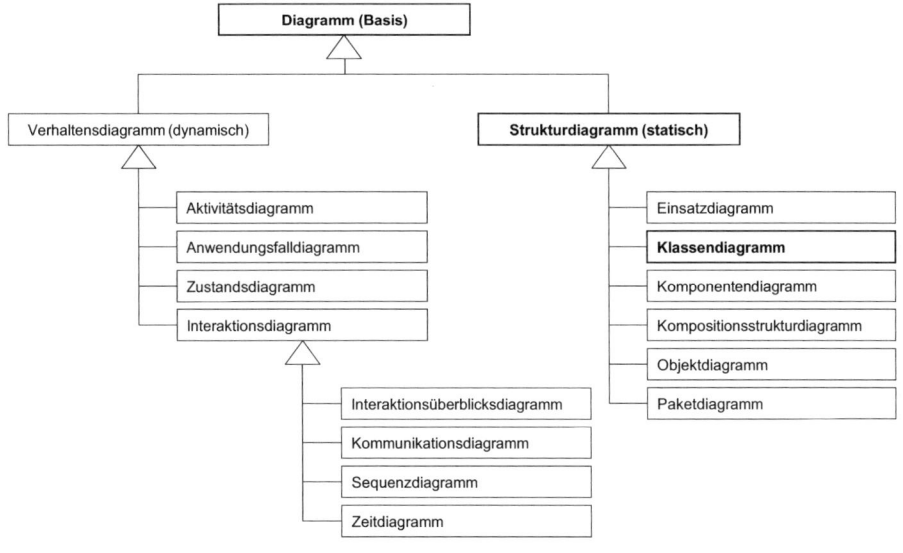

Abbildung 36: UML-Diagrammtypen

Bei der Modellierung mit UML erfolgt eine Unterteilung in die verschiedenen Sichten: Basissicht, statische Sicht und dynamische Sicht [Mül05, S.99]. Die *Basissicht* beschreibt

Objekte, Klassen, Operationen und Attribute. In der *statischen Sicht* werden sich nicht verändernde Aspekte eines Systems mit Hilfe der objektorientierten Prinzipien Vererbung, Assoziation, Aggregation und Abstraktion abgebildet. Modelliert werden die grundlegenden Aktivitäten und Aufgaben, die das zukünftige IT-System unterstützen soll. Die *dynamische Sicht* beschreibt das Verhalten eines IT-Systems unter Berücksichtigung der Zeit. Der Informationsaustausch von Nachrichten steht im Mittelpunkt des IT-Systems. Dargestellt wird beispielsweise der Kommunikationsfluss über die in den statischen Sichten definierten Kommunikationsschnittstellen. Aufgrund der Fokussierung auf die Modellierung von Prozess- und Dienstgüteobjekten wird hier nur auf die Konzepte des *Klassendiagramms* näher eingegangen. Eine vertiefte Darstellung der weiteren Diagrammtypen erfolgt beispielweise in [BRJ07].

Durch Klassendiagramme wird die statische Entwurfssicht eines Systems modelliert. Das den UML-Strukturdiagrammen zuzuordnende Klassendiagramm bildet eine Menge von Klassen, Schnittstellen und Kollaborationen mit ihren Beziehungen ab. Mit Hilfe von Klassendiagrammen werden die funktionellen Anforderungen eines IT-Systems abgebildet, also diejenigen Funktionen, die das IT-System den Anwendern zur Verfügung stellen muss. Eine Klasse wird durch ein Rechteck dargestellt und beschreibt die Struktur sowie das Verhalten der Objekte, die durch sie erzeugt wird. Das Rechteck wird in drei Abschnitte unterteilt. Im oberen Drittel des Rechtecks werden der Name der entsprechenden Klasse sowie Eigenschaften, wie beispielsweise Stereotypen eingetragen. Stereotypen sind neu eingeführte projektspezifische oder methodenspezifische Metamodellelemente und klassifizieren die mögliche Verwendung eines Metamodellelements. Alle bei der Modellierung verfügbaren Komponenten werden in einer Menge durch das Metamodellelement repräsentiert. Im zweiten Drittel des Rechtecks werden Attribute mit Namen und Typ eingetragen. Ein Attribut ist ein strukturelles Merkmal einer Klasse. Das untere Drittel des Rechtecks beinhaltet Methoden (Operationen auf Attributen) der Klasse. Abbildung 37 zeigt den Aufbau einer UML-Klasse mit Attributen und Methoden.

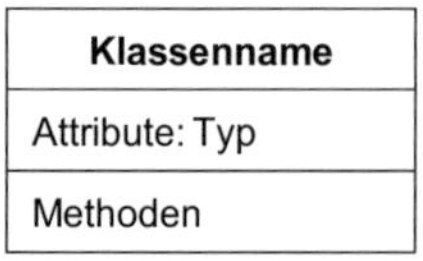

| **Klassenname** |
| Attribute: Typ |
| Methoden |

Abbildung 37: Aufbau einer UML-Klasse

Beziehungen zwischen Objekten verschiedener Klassen werden über *Assoziationen* beschrieben. Es wird zwischen binären und reflexiven Assoziationen unterschieden. *Binäre*

Assoziationen treten zwischen genau zwei Klassen auf und werden grafisch mit einer Linie als Verbindung zwischen diesen repräsentiert. Zur Erhöhung der Aussagekraft der Verbindungslinie können an den Enden Assoziationsnamen, Kardinalitäten oder eine Leserichtung ergänzt werden. Abbildung 38 zeigt eine binäre Assoziation `hat` zwischen den Klassen `IT-Dienstleistungsprozess` und `Verfügbarkeit`. Die Kardinalität bedeutet, dass ein IT-Dienstleistungsprozess mindestens eine Verfügbarkeit zugewiesen bekommen werden muss. Eine *reflexive Assoziation* (Rekursion) besteht zwischen Objekten der derselben Klasse.

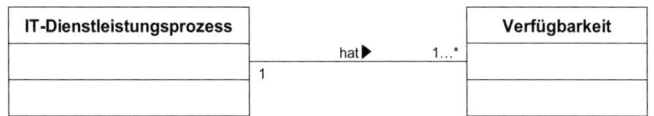

Abbildung 38: Binäre Assoziation in UML-Notation

Die reflexive Assoziation `unterstützt` (Abbildung 39) sagt aus, dass eine IT-Dienstleistung die Ausführung weiterer IT-Dienstleistungen unterstützen kann oder nicht.

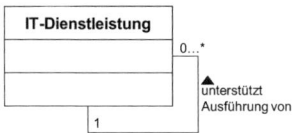

Abbildung 39: Reflexive Assoziation in UML-Notation

Die *Aggregation* modelliert eine Beziehung, bei der sich die Objekte der einen Klasse aus den Objekten anderer Klassen zusammensetzen. Eine nicht ausgefüllte Raute an der betreffenden Klasse repräsentiert diesen Zusammenhang. In Abbildung 40 wird eine Aggregation zwischen den Klassen `IT-Dienstleistung` und `IT-Dienstleistungskomponente` dargestellt. Eine IT-Dienstleistung besteht demnach aus mindestens einer IT-Dienstleistungs-komponente.

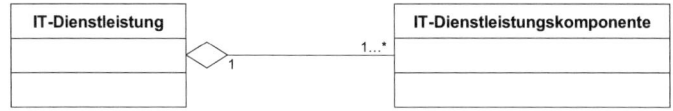

Abbildung 40: Aggregation in UML-Notation

Die *Komposition* ist ein Spezialfall einer Aggregation und beschreibt den Zusammenhang zwischen einem Objekt und den dazugehörigen Teilen. Einem Objekt ist es nicht erlaubt, Teil mehrerer Objekte der zusammengesetzten Klasse zu sein. Ein Teilobjekt existiert nur so lange, wie das betreffende Objekt, zu dem es gehört. Die grafische Darstellung einer Komposition erfolgt mittels einer ausgefüllten Raute auf der Seite der betreffenden Klasse. Abbildung 41 zeigt eine Klasse `Verfügbarkeit`, die aus den Subklassen `Verfüg-barkeits-ID (V-ID)`, `Servicezeit` und `Ausfallzeit` besteht. Jede Verfügbarkeit besteht aus genau einer Verfügbarkeits-ID, Servicezeit und Ausfallzeit.

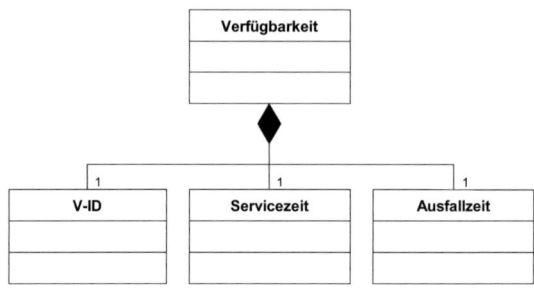

Abbildung 41: Komposition in UML-Notation

Wird eine Superklasse aus einer Menge aller Objekte ihrer Subklassen zusammengesetzt, liegt eine *Generalisierung* vor. Die Generalisierungsbeziehung wird durch ein nicht ausgefülltes Dreieck an der Superklasse grafisch dargestellt. Bei der Generalisierung in Abbildung 42 kann eine IT-Dienstleistungsvereinbarung entweder ein Service Level Agreement, ein Operational Level Agreement oder ein Underpinning Contract sein.

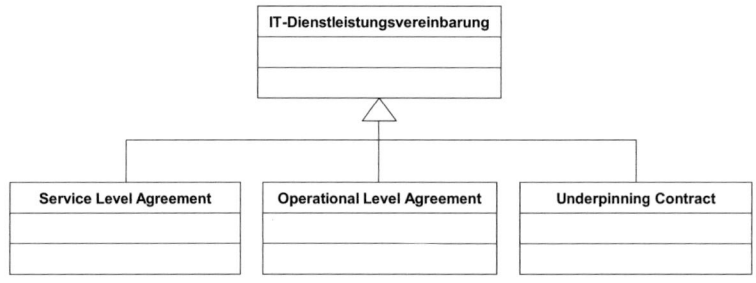

Abbildung 42: Generalisierung in UML-Notation

Klassen können als `abstract` deklariert werden, wenn von ihnen keine Instanz erzeugt werden kann. Abstrakte Klassen sehen aus wie reguläre Klassen, werden aber zur Kennzeichnung mit dem Wort `{abstract}` in geschweiften Klammern unterhalb des Klassennamens gekennzeichnet. Der Klassenname kann als alternative Darstellung auch kursiv geschrieben werden.

3.4 Domänenspezifisches Metamodell zur Modellierung von IT-Dienstleistungsvereinbarungen

In diesem Abschnitt werden die Grundlagen der Metamodellierung vorgestellt. Im Anschluss daran werden die Sichten einer IT-Dienstleistungsvereinbarung modelliert, um den Bezugsrahmen für die weitere Modellierung von IT-Dienstleistungsprozessen herzustellen.

3.4.1 Grundlagen der Metamodellierung

Die Methode der Modell-getriebenen Architektur (MDA) [Fra03] wird meist im Zusammenhang mit der UML verwendet. Bei der MDA handelt es sich um eine Methode zur Nutzung der UML als Programmiersprache [Fow03, S.22 ff.]. Das Ziel der MDA ist es, die Lücke zwischen Modell und ausführbarem Code zu schließen. Die MDA beinhaltet eine konsequente Trennung zwischen implementierungsunabhängigem Modell (*Platform Independent Model, PIM*) und plattformspezifischem Modell (*Platform Specific Model, PSM*). Mit Hilfe von Transformationsregeln zwischen PIM, PSM und Code können gezielt Änderungen im Softwareentwicklungsprozess auf einzelnen Abstraktionsebenen vorgenommen werden. Im Rahmen der MDA werden vier Abstraktionsebenen der Modellierung unterschieden, die durch die *Meta Object Facility (MOF)* beschrieben werden [OMG06]. Das Ziel der MOF ist es, Kompatibilität zwischen unterschiedlichen Metamodellen durch die Erstellung einer allgemeinen Grundlage für Metamodelle herzustellen. MOF bildet die Grundlage für eine Vielzahl automatisierter und teil-automatisierter Anwendungen zur Transformation von Modellen [BéP01, S.1]. Modelle auf Ebene M0 sind Instanzen von Ebene M1 und beschreiben die Ausprägungen eines bestimmten Modells (z.B. `Kunde`: Mittelstand GmbH, `Laufzeit`: 1 Jahr, etc.). Zur Vereinfachung der Modelle, werden in einem Modell der Ebene M1 gleichartige Entitäten der Ebene M0 zusammengefasst. Ebene M1 enthält alle Arten von Modellen, ist eine Instanz der Ebene M2 und definiert die Sprache zur Beschreibung der Domäne (z.B. `Klasse`: Kunde, `Klasse`: Laufzeit, etc.) Beispielsweise wird bei der objektorientierten Modellierung eine Menge ähnlicher Objekte durch eine Klasse repräsentiert. Entsprechend wird eine Menge ähnlicher IT-Dienstleistungsprozessinstanzen durch ein IT-Dienstleistungsprozessmodell dargestellt. Ein Modell der Ebene M1 wird durch ein Metamodell der Ebene M2 beschrieben. Ein Metamodell der Ebene M2 ist eine Instanz eines Meta-Metamodells auf Ebene M3 und definiert die Sprache (z.B. UML) zur Beschreibung der Modelle (z.B. `Klasse`, `Attribut`, `Operation`, etc.). Die Ebene M2 ist das zentrale Element der UML und definiert die Konzepte, die bei der Modellierung mit UML verwendet werden (z.B. `UML Class`, `UML Attribute`, `UML Association`, etc.).

Werden Ebene M2 und M1 auf Petri-Netze übertragen, so modelliert ein Petri-Netz-Metamodell, dass Petri-Netze aus Stellen und Transitionen bestehen, die einen gerichteten, bipartiten Graphen bilden.

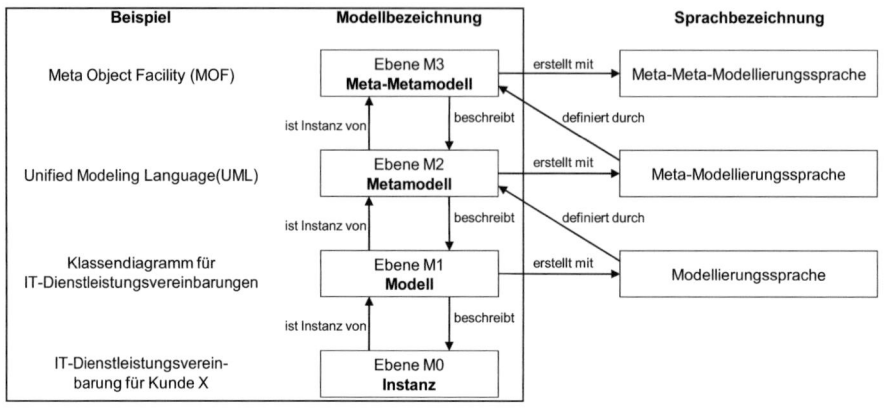

Abbildung 43: Vier Abstraktionsebenen der Modellierung

Die Ebenen M0, M1 und M2 spielen bei der Entwicklung und der Analyse komplexer IT-Systeme eine wichtige Rolle [Wes07, S.75 ff.]. Abbildung 43 zeigt die vier beschriebenen Abstraktionsebenen der Modellierung im Zusammenhang. Die Meta-Metamodell Ebene M3 repräsentiert die Infrastruktur der Metamodellarchitektur in Form der MOF und definiert die Sprache zur Beschreibung von Metamodellen. Beispielsweise wird die Menge der Konstrukte, die zur Definition von Metamodellen genutzt werden (MOF Class, MOF Attribute, MOF Association, etc.), festgelegt. In der Praxis haben sich die vier Abstraktionsebenen der Modellierung zur Umsetzung einer MDA weitgehend etabliert [KaK02, S.184].

3.4.2 Sichten einer IT-Dienstleistungsvereinbarung

Zur Übersicht wird im Folgenden eine UML-Klasse durch ein Rechteck dargestellt, welches nur den Namen der Klasse enthält. Methoden und Attribute werden nicht weiter berücksichtigt. Wie in Abschnitt 2.1 erläutert, bildet ein Modell die für die Erreichung des Modellierungsziels relevanten Aspekte eines zu beschreibenden Objektsystems ab. Ein Modellierer wählt bei der Erstellung eines Modells eine bestimmte Perspektive, die Sicht genannt wird. Trotz der Beschränkung auf eine bestimmte Sicht bei der Modellierung realer oder gedachter Sachverhalte sind Modelle häufig umfangreich. Eine Möglichkeit, die Größe eines Modells systematisch zu reduzieren, ist die Zerlegung in Teilmodelle, die das jeweilige Objektsystem unter Betrachtung unterschiedlicher Aspekte abbilden. Teilmodelle werden als Teilsichten bezeichnet. Teilsichten werden aus unterschiedlichen Gründen erstellt. Teilsichten sind disjunkt, da keine Teilsicht eine Aussage über die Inhalte einer anderen enthält. Dennoch beschreiben sie das gleiche Objektsystem und sind aus diesem Grund miteinander verbunden [Zac87; S.282]. Die Zusammenfassung von Modellelementen und deren Beziehungen in Teilsichten führt unter anderem zu einer klareren Strukturierung und zu einer Vereinfachung von IT-Dienstleistungsprozessmodellen [Sch02, S.33].

Obwohl IT-Dienstleistungsvereinbarungen gemeinsam zwischen Dienstanbieter und Dienstnehmer geschlossen werden, unterscheidet sich die Sicht der Akteure auf das Vertragswerk. Aus diesem Grund ist eine IT-Dienstleistungsvereinbarung so zu formulieren, dass sie der Sicht beider Akteure entspricht. Weder die anwendungsorientierte Sicht des Dienstnehmers noch die detaillierte und technisch-orientierte Sicht eines Dienstanbieters ist als alleinige Grundlage für die Formulierung einer IT-Dienstleistungsvereinbarung geeignet [Sch05, S.35]. Eine gemeinsame Sicht von Dienstanbieter und Dienstnehmer auf Inhalt und Ausprägung einer IT-Dienstleistungsvereinbarung wird nachfolgend in acht Teilsichten zerlegt und jeweils abgebildet.

Aktivitäten, die Input-Leistungen zu Output-Leistungen transformieren, werden zur *Funktionssicht* zusammengefasst. Die zur Ausführung von Aktivitäten definierten IT-Dienstleistungsprozesse werden in der *Prozesssicht* dargestellt. Die in IT-Dienstleistungsvereinbarungen festgelegten Ziele sowie mit diesen verbundene Objekte werden in der *Zielsicht* abgebildet. Die *Organisationssicht* beschreibt die an der Erbringung einer IT-Dienstleistung beteiligten Organisationseinheiten sowie deren Rollen. Die zur Erstellung von IT-Dienstleistungskomponenten einzusetzenden materiellen Produktionsfaktoren werden durch die *Ressourcensicht* dargestellt. Die im Rahmen der Erbringung einer IT-Dienstleistung zu erzeugenden oder zu verwendenden Daten sowie die mit den Daten zusammenhängenden Objekte sind Bestandteile der *Datensicht*. Monetäre Aspekte einer IT-Dienstleistungsvereinbarung werden in der *Finanzsicht* abgebildet. Die *Administrationssicht* beschreibt die Rahmenbedingungen der Erbringung einer IT-Dienstleistung und enthält Objekte, die diese beeinflussen können.

Die grundlegenden Elemente von IT-Dienstleistungsvereinbarungen werden im Folgenden durch verschiedene Sichten als UML-Klassendiagramm dargestellt und miteinander in Beziehung gesetzt. Im Anschluss daran werden ablaufrelevante Dienstgüteobjekte identifiziert, die eine Abbildung von in IT-Dienstleistungsvereinbarungen festgelegten Qualitätsmerkmalen für IT-Dienstleistungsprozesse ermöglichen.

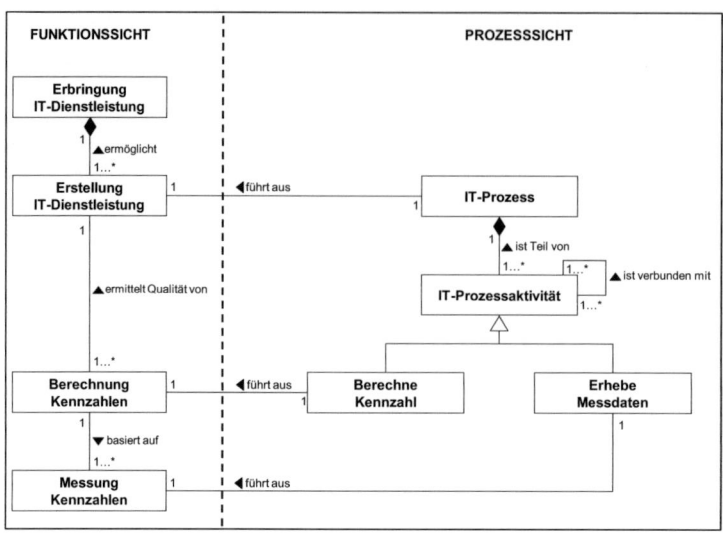

Abbildung 44: Verknüpfung von Funktions- und Prozesssicht

Der Zusammenhang zwischen den Klassen der *Funktionssicht* und der *Prozesssicht* ist in Abbildung 44 dargestellt. In einer IT-Dienstleistungsvereinbarung wird die Erbringung einer IT-Dienstleistung unter vereinbarten Randbedingungen (z.B. Qualität, Preis, etc.) beschrieben. Die Erbringung einer IT-Dienstleistung erfordert eine vorherige Erstellung, was durch die Ausführung eines IT-Dienstleistungsprozesses erfolgt[90]. Die Qualität einer erstellten IT-Dienstleistung wird mit Hilfe von Kennzahlen bewertet. Die Berechnung von Kennzahlen basiert auf Methoden zur Messung von Kennzahlen. Die Funktionssicht ist eng mit der Prozesssicht verknüpft, da die in einer IT-Dienstleistungsvereinbarung beschriebene Leistungserbringung durch die Ausführung von IT-Dienstleistungsprozessen erfüllt wird. Ein IT-Dienstleistungsprozess besteht aus einer festgelegten Anzahl von Aktivitäten. Die Berechnung von Kennzahlen sowie die Erhebung von Messdaten (z.B. Messen des Datendurchsatzes einer Netzwerkverbindung) gehören jeweils zur Superklasse IT-Dienstleistungsprozessaktivität, sind also Aktivitäten mit zusätzlichen Methoden und Attributen. Im Rahmen der Funktionssicht werden die Klassen Berechnung Kennzahlen und Messung Kennzahlen modelliert und mit den Klassen Berechne Kennzahl sowie Erhebe Messdaten aus der Prozesssicht verknüpft. Die Klassen unterscheiden sich dahingehend, dass die Berechnung und Messung einer Kennzahl als funktionale Anforderungen modelliert werden und diese

---

[90] Bevor eine IT-Dienstleistung für einen Dienstnehmer bereit gestellt werden kann, muss die IT-Dienstleistung durch die Ausführung von Aktivitäten eines IT-Dienstleistungsprozesses innerhalb der IT-Organisation des Dienstanbieters erstellt werden.

Anforderungen jeweils durch den Prozess der Berechnung einer Kennzahl oder der Erhebung von Messdaten erfüllt wird.

Aus Sicht der Organisation (*Organisationssicht*) schließen Dienstanbieter und Dienstnehmer mittels einer IT-Dienstleistungsvereinbarung einen rechtlich bindenden Vertrag über die Erbringung einer spezifizierten IT-Dienstleistung. Sowohl Dienstanbieter als auch Dienstnehmer benennen mindestens einen Dienstanwender, der eine für die Ausführung einer IT-Dienstleistungsprozessaktivität notwendige Rolle einnimmt. Ein Dienstanwender muss mindestens eine Rolle einnehmen. Die Verbindungen zwischen den Klassen der Organisationssicht sowie deren Beziehungen zu Klassen der Funktions- und Prozesssicht sind in Abbildung 45 dargestellt.

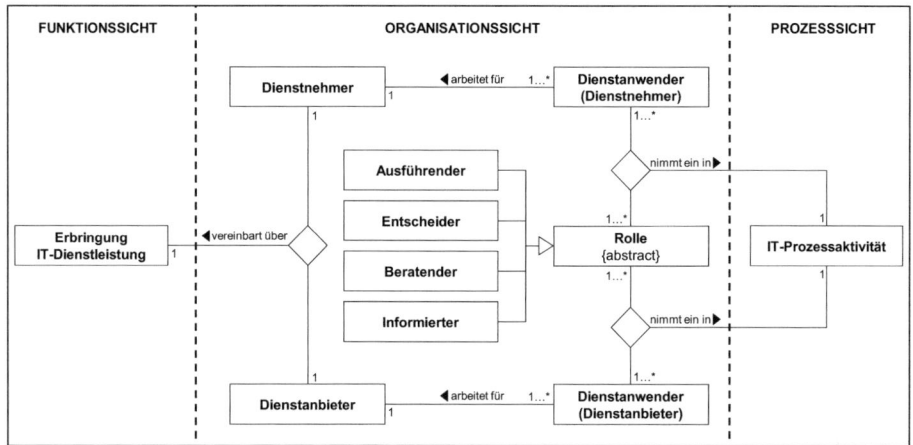

Abbildung 45: Verknüpfung von Funktions-, Organisations-, und Prozesssicht

In Anlehnung an die ITIL können Dienstanwender die `Rollen` *Ausführender*, *Entscheider*, *Beratender* und *Informierter* einnehmen [OGC07a, S.189]. Ein `Dienstanwender`, der ausführend an einer IT-Dienstleistungsprozessaktivität beteiligt ist, unterstützt die Erreichung des zu erzielenden Outputs. Entsprechend trägt ein Dienstanwender in der Rolle eines Entscheiders die Verantwortung für die Ausführung einer IT-Dienstleistungsprozessaktivität. Dienstanwender, die eine beratende Rolle einnehmen, unterstützen die Ausführung einer IT-Dienstleistungsprozessaktivität mittelbar. Über den Fortschritt einer ausgeführten IT-Dienstleistungsprozessaktivität können Dienstanwender auch nur informiert werden.

In der *Zielsicht* werden die in einer IT-Dienstleistungsvereinbarung von den jeweiligen Akteuren angestrebten `Ziele` (vgl. Abschnitt 2.5) beschrieben. Die von Dienstanbieter und Dienstnehmer angestrebten Ziele haben Auswirkungen (z.B. Qualität, Kosten, etc.) auf die zu erbringende IT-Dienstleistung und auf die zur Erstellung der IT-Dienstleistung notwendigen

IT-Dienstleistungskomponenten. Ziele werden zwischen Dienstanbieter und Dienstnehmer als Service-Levels vereinbart. Ein Service-Level beinhaltet mindestens eine `Randbedingung`, die regelt, in welchem Umfang ein Dienstanbieter von `vereinbarten Service-Levels` unter bestimmten Bedingungen (z.B. höhere Gewalt, Unterlassung der Mitwirkungspflichten des Dienstnehmers, etc.) abweichen darf.

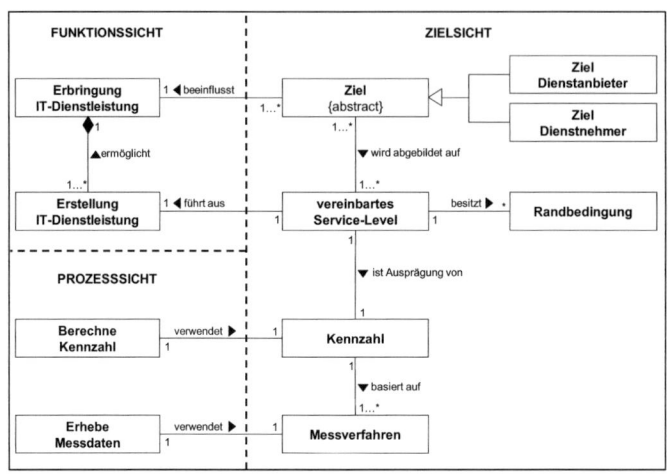

Abbildung 46: Verknüpfung von Funktions-, Prozess- und Zielsicht

Ein Service-Level wird als Ausprägung einer `Kennzahl` in der IT-Dienstleistungsverein-barung hinterlegt. Zur Berechnung einer Kennzahl muss mindestens ein `Messverfahren`[91] definiert sein. Abbildung 46 zeigt die Assoziationen zwischen den Klassen der Zielsicht und den Klassen der Funktions- und Prozesssicht.

Die *Datensicht* bildet die zur Steuerung und Kontrolle von Service-Levels benötigten Informationen ab. Durch das Erheben und Bereitstellen einer Menge von `Messdaten` können Kennzahlen berechnet werden. Durch die Berechnung einer Kennzahl wird ein im operativen Betrieb einer IT-Dienstleistung `erreichtes Service-Level` ermittelt und mit dem vereinbarten Service-Level der Zielsicht in Relation gesetzt. Informationen aus der Datensicht werden bei der Erstellung von Berichten verwendet. `Berichte` basieren auf `Berichtsdefinitionen`, die festlegen, aus welchen quantitativen und qualitativen Inhalten ein Bericht aufgebaut werden muss. Berichtsdefinitionen stellen Informationen darüber bereit, wann und/oder aus welchem Grund ein Bericht zu erstellen ist und wer die jeweils adressierten Akteure sind (Abbildung 47). Durch die Ausführung bestimmter

---

[91] Ein Messverfahren beschreibt, welche Messdaten (z.B. Verfügbarkeit einer IT-Dienstleistung) wie (z.B. Einsatz eines Softwarewerkzeugs), wo (z.B. Bestimmung von Messpunkten innerhalb eines Netzwerks) und wann (z.B. Überprüfung in definierten Zeitintervallen) zu erheben sind (vgl. [DIN95]).

IT-Dienstleistungsprozessaktivitäten werden Berichte erstellt, die die Erstellung einer IT-Dienstleistung und der dazu jeweils benötigten IT-Dienstleistungskomponenten unter Berücksichtigung von Service-Levels beschreiben. Berichte enthalten Informationen über erreichte Service-Levels.

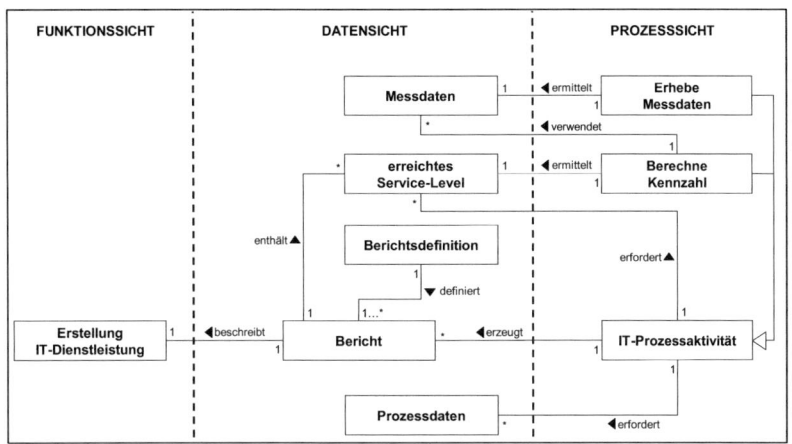

Abbildung 47: Verknüpfung von Funktions-, Daten- und Prozesssicht

Die `Erhebung von Messdaten` im Rahmen der Erbringung einer IT-Dienstleistung erfolgt regelmäßig, um erreichte Service-Levels ermitteln und in Berichten dokumentieren zu können. Die Ausführung von IT-Dienstleistungsprozessaktivitäten erfordert spezifische Prozessdaten zum Beispiel aus ERP-Systemen. Zur Ausführung einer IT-Dienstleistungs-prozessaktivität wird mindestens eine Ressource[92] benötigt, die in der *Ressourcensicht* (Abbildung 48) abgebildet wird. In einer IT-Dienstleistungsvereinbarung kann darüber hinaus festgelegt werden, dass bei der Ausführung einer IT-Dienstleistungsprozessaktivität durch einen Dienstnehmer vorgegebene Ressourcen verwendet werden müssen. Ressourcen können sowohl durch den Dienstanbieter als auch durch den Dienstnehmer bereitgestellt werden. Im Rahmen der *Finanzsicht* werden die Kosten für die Erstellung einer IT-Dienstleistung abgebildet. Die Erstellung und der Betrieb einer IT-Dienstleistung werden durch den Dienstanbieter gegenüber einem Dienstnehmer abgerechnet. In einer IT-Dienstleistungsvereinbarung wird ein `Kostenrechnungsverfahren` je IT-Dienstleistung definiert. Die Kosten für die Erstellung einer IT-Dienstleistung setzen sich

---

[92] Ressourcen können sein: System-Hardware, System-Software, Datenbank-Systeme, Netzwerke, Anwendungen und die physische Umgebung der IT-Infrastruktur. Die physische Umgebung der IT-Infrastruktur umfasst beispielsweise Räumlichkeiten, Einrichtungsgegenstände, Energieversorgungssysteme und Klimaanlagen.

unter anderem aus direkten und indirekten Kosten, fixen und variablen Kosten sowie Kapitel- und Betriebskosten zusammen.

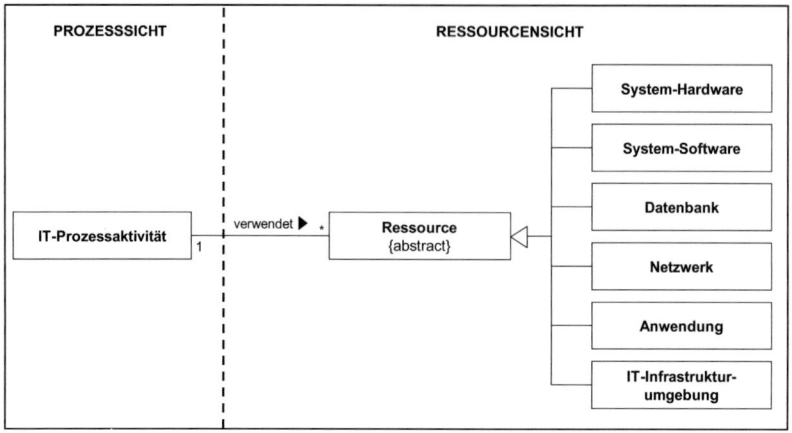

Abbildung 48: Verknüpfung von Prozess- und Ressourcensicht

Daran anknüpfend wird die Leistungsverrechnung für die erstellte und genutzte IT-Dienstleistung gegenüber dem Dienstnehmer ausgeführt. Eine Abweichung von vereinbartem zu erreichtem Service-Level kann in einer IT-Dienstleistungsvereinbarung mittels monetärer Konsequenzen geregelt sein. Aufgrund festgelegter Zielgrößen für Kennzahlen (so genannte Schwellwerte) werden Strafzahlungen oder Bonuszahlungen auf Seiten des Dienstanbieters vereinbart. Die Verbindungen zwischen den verschiedenen Klassen der Finanzsicht sowie deren Beziehungen zur Funktionssicht sind in Abbildung 49 dargestellt.

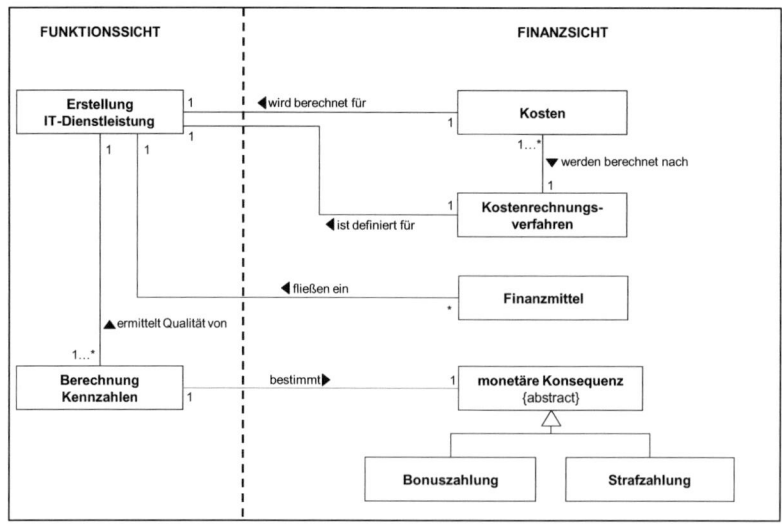

Abbildung 49: Verknüpfung von Funktions- und Finanzsicht

`Finanzmittel` müssen vor oder während der Erstellung einer IT-Dienstleistung durch den Dienstnehmer bereitgestellt werden. Nach oder während der Erstellung einer IT-Dienstleistung entstehen `Kosten`[93]. Die *Administrationssicht* verbindet die in Abschnitt 2.5.1 dargestellten Inhalte einer IT-Dienstleistungsvereinbarung miteinander. Die in Abbildung 50 modellierte Klasse `IT-Dienstleistungsvereinbarung` ist vom Typ `abstract`. Da es sich bei einer IT-Dienstleistungsvereinbarung um eine abstrakte Klasse handelt, kann diese nicht instanziiert werden und somit nicht Teil eines konkreten Modells eines SLAs sein. Eine IT-Dienstleistungsvereinbarung beinhaltet mindestens eine `juristische Bestimmung` und eine Regelung zur Kontrolle, Änderung, Konfliktlösung oder Verrechnung. Darüber hinaus kann eine IT-Dienstleistungsvereinbarung eine `Negativabgrenzung` enthalten, also explizit darstellen, was *nicht* Teil einer zu erbringenden IT-Dienstleistung ist.

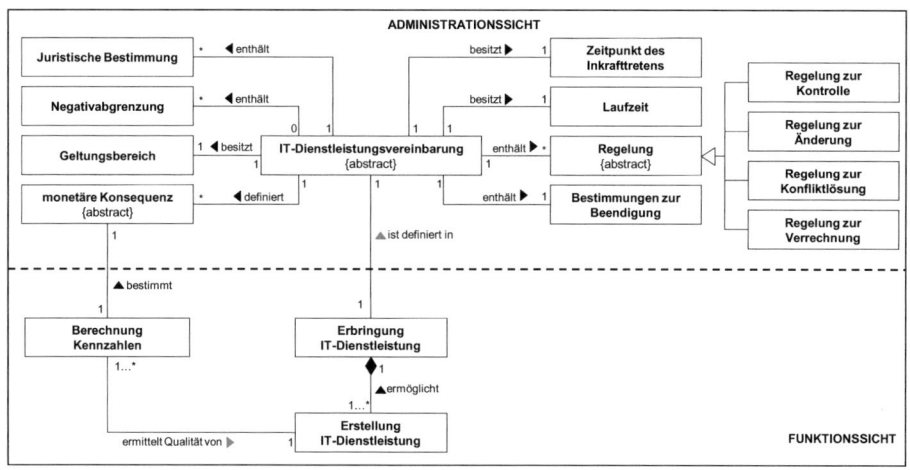

Abbildung 50: Verknüpfung von Administrations- und Funktionssicht

Zudem enthält eine IT-Dienstleistungsvereinbarung einen `Zeitpunkt des Inkrafttretens`, eine `Bestimmung zur Beendigung` des Vertragsverhältnisses, eine `definierte Laufzeit` sowie eine detaillierte Beschreibung der `Erbringung der IT-Dienstleistung` durch den Dienstanbieter. Der `Geltungsbereich` einer

---

[93] Die Kosten für eine IT-Dienstleistung können beispielsweise mittels verschiedener Kostenarten ermittelt werden. Kostenarten können sein: *Ausrüstungskosten (Material)* – z.B. Server, Speicherplatz, Netzwerk, Drucker; *Softwarekosten (Material)* - z.B. System-Software, Datenbankmanagementsysteme, Anwendungsentwicklungssysteme, Anwendungen; *Organisationskosten (Arbeit)* - z.B. Gehälter, Schulung, Reisekosten; *Mietkosten (Betriebskosten)* - z.B. Computerräume, Büros, übrige Einrichtungen wie Testräume, Schulungsräume, Klimaanlage; *Übertragbare Kosten (Betriebskosten)* - interne Verrechnung zwischen unterschiedlichen Abteilungen innerhalb einer Organisation; *Management Kosten (Betriebskosten)* - Kosten, die in Verbindung mit der Steuerung und Kontrolle der Finanzen entstehen.

IT-Dienstleistungsvereinbarung definiert die Erbringung einer IT-Dienstleistung beispielsweise für verschiedene Organisationseinheiten eines Dienstnehmers.

Das domänenspezifische Metamodell zur Charakterisierung von IT-Dienstleistungsvereinbarungen in IT-Dienstleistungsprozessen dient als Bezugsrahmen für die Identifikation von ablaufrelevanten Dienstgüteobjekten (vgl. Definition 3.1). Durch die Bestimmung von ablaufrelevanten Dienstgüteobjekten auf Basis des Metamodells werden diejenigen Objekte identifiziert, die für die Modellierung von IT-Dienstleistungsprozessen in Verbindung mit Qualitätsmerkmalen relevant sind.

Im Gegensatz zur Prozesssicht existieren in der Funktionssicht keine ablaufrelevanten Dienstgüteobjekte, da lediglich Input/Output-Relationen durch die Klassen abgebildet werden. Beispielsweise gibt die Klasseninstanz `Berechnung Kennzahl` mittels einer Kennzahl ein Qualitätsmerkmal (z.B. Verfügbarkeit) der Klasseninstanz `Erstellung IT-Dienstleistung` an. Die Berechnung der Kennzahl selbst erfolgt jedoch in der Klasseninstanz der IT-Dienstleistungsprozessaktivität `Berechne Kennzahl` innerhalb der Prozesssicht. Instanzen der Klassen der Prozesssicht sind ablaufrelevante Dienstgüteobjekte. Instanzen der Klassen `Dienstanwender/Dienstnehmer` und `Dienstanwender/Dienstanbieter`[94] sowie Unterklassen der abstrakten Klasse `Rolle` sind ablaufrelevante Dienstgüteobjekte, da zur Ausführung teilautomatisierter oder manueller Aktivitäten in IT-Dienstleistungsprozessen personelle Ressourcen notwendig sind. Obwohl im Rahmen der Organisationssicht Dienstanbieter und Dienstnehmer die Rahmenbedingungen für die Erstellung und Erbringung oder den Bezug von IT-Dienstleistungen bereit stellen, wirken sie nur mittelbar an der Ausführung von IT-Dienstleistungsprozessen mit. Im Gegensatz zu Dienstanwendern werden Dienstnehmer nicht als ablaufrelevante Dienstgüteobjekte behandelt. In der Zielsicht beschreiben Klasseninstanzen zu erreichende oder einzuhaltende Qualitätsmerkmale eines IT-Dienstleistungsprozesses. `Ziele` sind ablaufrelevant und für die unmittelbare Ausführung von Aktivitäten eines IT-Dienstleistungsprozessen notwendig, da der Sinn einer Ausführung von Aktivitäten ohne definiertes Ziel in Frage gestellt ist. Ziele bilden die Grundlage für die Bestimmung von Qualitätsmerkmalen, die durch Soll-Kennzahlen und Zielkorridore innerhalb eines IT-Dienstleistungsprozesses abgebildet werden. Darüber hinaus muss die Einhaltung vereinbarter Service-Levels während der Erstellung einer IT-Dienstleistung unter Anwendung von Messverfahren sichergestellt sein. Die Instanzen der Klassen `vereinbartes Service-Level`, `Kennzahl`, `Messverfahren` und

---

[94] Nachdem eine IT-Dienstleistungsvereinbarung zwischen Dienstanbieter und Dienstnehmer geschlossen worden ist, gibt es bei beiden Akteuren Mitarbeiter, die in der Rolle eines Dienstanwenders zum Beispiel Prozessaktivitäten ausführen , überwachen, etc. (vgl. Definitionen 2.3-2.4)

`Randbedingung` sind ablaufrelevante Dienstgüteobjekte. Klasseninstanzen der Datensicht sind ablaufrelevant, da bei der Ausführung von Aktivitäten in IT-Dienstleistungsprozessen die in IT-Dienstleistungsvereinbarungen hinterlegten Informationen berücksichtigt werden. Die Instanzen der Klassen innerhalb der Ressourcensicht sind ablaufrelevante Dienstgüteobjekte, da die Qualität der Ausführung von Aktivitäten von der Bereitstellung jeweils notwendiger Ressourcen abhängt. Nicht ablaufrelevant sind hingegen Klasseninstanzen aus der Finanz- sowie der Administrationssicht, da die Erstellung der IT-Dienstleistung nicht von Finanzinformationen oder administrativen Rahmenbedingungen abhängt.

3.5 XML-basierte Modellierung von Prozess- und Dienstgüteobjekten

Die *eXtensible Markup Language* (XML) [W3C04] ist eine erweiterbare, textbasierte Auszeichnungssprache zur semantischen Repräsentation, Speicherung und programmgesteuerten Verarbeitung strukturierter Daten. Die XML ist aufwärtskompatibel zur *Standard Generalized Markup Language* (SGML) [ISO86], die als Metasprache auch weitere Auszeichnungssprachen wie HTML[95] oder WML[96] definiert. Mittels XML wird eine strikte Trennung zwischen Inhalt und Darstellung von Dokumenten ermöglicht, was insbesondere beim Daten- und Dokumentenaustausch beispielsweise im e-Business oder e-Commerce von Bedeutung ist (z.B. *ebXML* [Chi02]). Da die XML textbasiert ist und Informationen im Rahmen der XML beliebig strukturiert werden können, entstehen keine Abhängigkeiten von Softwareplattformen oder Programmiersprachen.

Im Rahmen des XML-Standards[97] wird definiert, wie ein XML-Dokument strukturiert sein muss und eine *Dokumenttypdefinition (DTD[98])* für eine Klasse von XML-Dokumenten aufgebaut wird. Zusätzlich wird festgelegt, wie ein XML-Prozessor (XML-Parser[99]) Daten aus

---

[95] Die Hypertext Markup Language (HTML) ist eine textbasierte Auszeichnungssprache zur Strukturierung von Inhalten wie Texten, Bildern und Hyperlinks in Dokumenten, die in Webbrowsern angezeigt werden können [W3C99a].

[96] Die Wireless Markup Language (WML) ist eine XML-basierte Seitenbeschreibungssprache, die zur Darstellung veränderlicher Inhalte auf mobilen Endgeräten verwendet wird [WAP01].

[97] Das World Wide Web Konsortium (W3C) ist im Gegensatz zum Beispiel zur International Organisation for Standardization (ISO) nicht dazu berechtigt, rechtsverbindliche Normen herauszugeben. Aus diesem Grund spricht das W3C in seinen Publikationen von „Recommendations" und nicht von Standards. Allerdings sind viele der W3C-Recommendations sehr verbreitet und anerkannt und bilden zum Teil auch die Basis verschiedener ISO-Normen.

[98] Im Rahmen der SGML wurde die Struktur einer DTD zur Validierung von XML-Dokumenten erstmals definiert. Eine DTD enthält zwingend Elementtyp-Deklarationen (`ELEMENT`) und kann darüber hinaus Attributlisten (`ATTLIST`) zur übersichtlicheren Abbildung von Element-Attributen beinhalten.

[99] Es wird zwischen zwei Parser-Typen unterschieden: SAX-Parser und DOM-Parser. SAX-Parser (Simple API for XML) sind ereignisorientierte Parser und informieren beim Durchlaufen eines XML-Dokuments die eigentliche Applikation über den Status des Parservorgangs. Der DOM-Parser (Document Object Model) bildet

verarbeiteten XML-Dokumenten an eine aufrufende Applikation weitergibt. Die Struktur eines XML-Dokuments wird durch so genannte *Markups* vorgegeben, die aus *Tags* mit einer definierten Semantik bestehen. Ein XML-Dokument besteht aus einem *Prolog*, der optionale Bestandteile (z.B. XML-Deklaration, Dokumententyp-Deklaration, Kommentare) enthält, und dem eigentlichen *Dokument-Element*, welches das Root-Element sowie hierarchische Eltern-Kind-Elemente enthält. Ein XML-Dokument ist *wohlgeformt*, wenn es genau ein Wurzel-element besitzt, jedes Element durch ein begrenzendes Markup-Paar (öffnendes `<elementName>` und schließendes Tag `</elementName>`) eingefasst ist und sich Tags verschiedener Elemente nicht überlappen. Öffnende Elemente können beliebig viele Attribute besitzen, deren Namen innerhalb des Tags eindeutig (paarweise verschieden) sein müssen und in der Form

```
<elementName attributName="attributWert"> ... </elementName>
```

dargestellt werden. Ein XML-Dokument ist *gültig*, wenn es wohlgeformt ist und darüber hinaus den Verweis auf eine Grammatik (definiert z.B. durch eine DTD oder XML-Schema) und das durch die Grammatik beschriebene Format enthält. Die Gültigkeit eines XML-Dokuments soll sicher stellen, dass ein Element nicht weitere Elemente enthält, die zu seiner Bedeutung im Widerspruch stehen.

Die *XML Schema Definition Language (XML-Schema)* [W3C08a; W3C08b] unterstützt die Maschinenlesbarkeit und –verarbeitung von XML-Dokumenten und wird wie eine DTD zur Definition einer Klasse von XML-Dokumenten verwendet. Im Vergleich zur DTD hat XML-Schema folgende Vorteile [RoG03, S.35 ff.]:

- XML-Schema basiert selbst auf einem XML-Vokabular, was die Anwendung beispielsweise von XML-Editoren ermöglicht.

- XML-Schemata bieten einen umfangreichen Satz vordefinierter Datentypen, was beispielsweise die Kompatibilität zu Programmiersprachen erhöht oder die Ausführung typisierter Suchen in Dokumenten ermöglicht.

- XML-Schemata stellen Mechanismen zur Verfügung, um Kardinalitäten von Elementen zu spezifizieren und Wertinhalte von Elementen oder Attributen einzuschränken.

- Die Wiederverwendbarkeit und Wartbarkeit von XML-Schemata wird unterstützt, da XML-Schemata objektorientierte Konzepte wie Vererbung, Aggregation oder Spezialisierung nutzen.

---

die vollständige Struktur des XML-Dokuments im Hauptspeicher als Elementbaum ab. Der Unterschied zwischen beiden Parsern liegt im Zugriffsbereich auf ein XML-Dokument sowie in der Anwendung in Bezug auf die jeweils durchzuführende Aufgabe (Ressourcenverbrauch versus Effizienz) [KuW03, S.23].

Ein *Nachteil* von XML-Schema im Vergleich zur DTD liegt im erhöhten Aufwand zur Strukturierung eines XML-Dokuments. Auch werden XML-Schemata nicht durch alle XML-Parser unterstützt, da zur Reduktion des Implementierungsaufwands häufig nicht der Gesamtumfang der XML-Schema Definition Language berücksichtigt wird.

Mittels Datentypen[100] können Attributwerte oder die Werte von Elementen einfachen Datentyps eingeschränkt werden. Primitive Datentypen (z.B. `string`, `time`, `date`) können nicht durch andere Datentypen definiert werden. Vordefinierte abgeleitete Datentypen werden mittels Restriktion oder durch Auflistung bestehender Datentypen aus jeweils anderen Datentypen gebildet. Beispielsweise wird der Datentyp `byte` über die Datentypen `integer`, `long`, `int` und `short` aus dem einfachen Datentyp `decimal` abgeleitet. Die Parametrisierung von vordefinierten Datentypen erfolgt durch so genannte *Facetten* (*facet*), die im Rahmen von *Einschränkungen* (*restriction*) angewendet werden. Eine Facette kann zum Beispiel die Länge (z.B. `<xs:maxLength value="100"/>`) des Datentyps `string` sein oder die Angabe, ob ein minimaler Wert (z.B. `<xs:minInclusive value="1"/>`) eingeschlossen werden soll. Nicht alle Facetten stehen für alle Datentypen zur Verfügung, da sie wie beispielsweise im Fall der Facette `minInclusive` einen geordneten Datentyp voraussetzen.

Globale Element- und Typ-Deklarationen können von allen Stellen innerhalb eines XML-Schemas durch `ref="..."` referenziert werden, wenn sie direkte Kinder des Dokumenten-Elements `xs:schema` sind. Im Gegensatz dazu sind *lokal* definierte Element- und Typ-Deklarationen nach außen hin anonym und stehen lediglich innerhalb des jeweiligen Elements zur Verfügung. Mit Hilfe von *Namensräumen* (*Namespace*) kann der Ersteller eines XML-Schemas die semantische Zugehörigkeit eines Elements zu einem Dokument definieren. Ein Namensraum ist ein Deklarationsbereich, der ein Präfix an jeden Elementnamen anheftet, der darin deklariert wurde. Das zusätzliche Präfix schließt mögliche Namenskonflikte mit Namen, die an anderer Stelle in einer Applikation deklariert wurden aus. Es existieren verschiedene Methoden, Namensräume in XML-Schemata zu integrieren und beispielsweise Dokumenttypinstanzen mit einem XML-Schema zu assoziieren; hierfür sei auf [W3C06] verwiesen. Abbildung 51 beschreibt den Aufbau eines XML-Dokuments zur Darstellung eines Störungstickets. Das XML-Schema besteht aus einem Dokumenten-Element `xs:schema` sowie weiteren Subelementen, die die Struktur und den Inhalt der Elemente der Dokumententypinstanz spezifizieren. Alle XML-Schema Elemente wurden um das Präfix `xs:` erweitert

---

[100] In Anhang A.2 werden in Anlehnung an [W3C08b] insgesamt 44 vordefinierte Datentypen für XML-Schema dargestellt.

und mittels der Deklaration <xs:schema xmlns:xs= "http://www.w3.org/ 2001/XMLSchema"> mit dem XML-Schema Namensraum assoziiert. Entsprechend werden vordefinierte einfache Datentypen mit dem Präfix xs: erweitert.

```xml
<?xml version="1.0" encoding="utf-8"?>
<xs:schema xmlns:xsd="http://www.w3.org/2001/XMLSchema">
  <xs:annotation>
      <xs:documentation xml:lang="DE">Beispiel XML-Schema zur
      Definition eines Stoerungstickets.
      </xs:documentation>
  </xs:annotation>
  <xs:element name="masterticket">
      <xs:complexType>
          <xs:sequence maxOccurs="unbounded">
            <xs:element ref="stoerungsticket"/>
          </xs:sequence>
      </xs:complexType>
  </xs:element>
  <xs:element name="stoerungsticket">
      <xs:complexType>
          <xs:sequence>
            <xs:element ref="dienstanwender-ID"/>
            <xs:element ref="kategorie"minOccurs="1"
                                        maxOccurs="3"/>
            <xs:element ref="prioritaet"/>
            <xs:element ref="status"/>
            <xs:element ref="beschreibung"/>
          </xs:sequence>
          <xs:attribute name="ticket-ID" type="ID"
                        use="required"/>
          <xs:attribute name="erzeugungsdatum" type="xs:date"
                        use="required"/>
          <xs:attribute name="erzeugungsuhrzeit"
                        type="xs:time" use="required"/>
      </xs:complexType>
  </xs:element>
  <xs:element name="dienstanwender-ID">
      <xs:complexType>
          <xs:attribute name="id" type="xs:integer"
                        use="required"/>
          <xs:attribute name="name" type="xs:string"/>
      </xs:complexType>
```

```
    </xs:element>
  <xs:element name="kategorie" type="xs:string"/>
  <xs:element name="prioritaet">
      <xs:simpleType>
          <xs:restriction base="xs:positiveInteger">
            <xs:minInclusive value="1"/>
            <xs:maxInclusive value="3"/>
          </xs:restriction>
      </xs:simpleType>
  </xs:element>
  <xs:element name="status" type="xs:string"/>
  <xs:element name="beschreibung">
      <xs:simpleType>
          <xs:restriction base="xs:string">
            <xs:maxLength value="1500"/>
          </xs:restriction>
      </xs:simpleType>
  </xs:element>
  <xs:simpleType name="ID">
      <xs:restriction base="xs:string">
          <xs:pattern value="[0-9]{4}-[A-Z]{4}"/>
      </xs:restriction>
  </xs:simpleType>
</xs:schema>
```

Abbildung 51: XML-Schema Störungsticket

Das XML-Schema definiert die Struktur für das Beispiel XML-Dokument *Störungsticket* in Abbildung 52.

```
<?xml version="1.0" encoding="utf-8"?>
<masterticket>
    <stoerungsticket ticket-ID="2663-XKXO"
            erzeugungsdatum="2009-08-01"
            erzeugungsuhrzeit="13:23:00">
        <dienstanwender-ID id="7494"/>
        <kategorie>SAP</kategorie>
        <prioritaet>1</prioritaet>
        <status>offen</status>
        <beschreibung>SAP HR Modul lässt sich nicht
                    starten!</beschreibung>
    </stoerungsticket>
</masterticket>
```

Abbildung 52: XML-Dokument ‚Störungsticket'

Ein Störungsticket besteht aus einem Hauptelement `masterticket` sowie den Subelementen `stoerungsticket`, `dienstanwender-ID`, `kategorie`, `prioritaet`, `status` und `beschreibung`. Ein Ticket enthält die Elementattribute `ticket-ID`, `erzeugungsdatum` und `erzeugungsuhrzeit`. Die Struktur des Wertes einer `ticket-ID` muss gemäß dem zugehörigen XML-Schema vier Ziffern, gefolgt von einem Bindestrich und vier Buchstaben, enthalten. Die Datentypen `date` für `erzeugungsdatum` und `time` für `erzeugungsuhrzeit` lassen nur entsprechende Eingaben zu. Subelemente können weitere Subelemente oder Attribute enthalten. Zur Definition von XML-Schemata existiert keine standardisierte, grafische Notation, was aufgrund des im Vergleich zur DTD gestiegenen Aufwands den Entwurf erschwert. Es existiert eine Vielzahl kommerzieller und nicht-kommerzieller Editoren, die den textbasierten oder grafischen Entwurf von XML-Schemata unterstützen[101].

Die Repräsentation von komplexen XML-Dokumenten (z.B. ablaufrelevante Dienstgüteobjekte in IT-Dienstleistungsprozessen) wird weder durch XML Schema selbst noch durch existierende Softwarewerkzeuge ausreichend unterstützt. Mit der Zielsetzung einer integrierten Modellierung von Dienstgüteobjekten in IT-Dienstleistungsprozessen gilt dies insbesondere für die Modellierung auf Basis von XML.

Im Folgenden wird zunächst das von [Len03] entwickelte *XML-Schema-Modell* (XSM) zum grafischen Entwurf von XML-Schemata vorgestellt. Das XSM dient als Grundlage für den in Abschnitt 6.2 präsentierten Softwareprototypen *TiMo* (*Transitionsinschriften-Modellierer*). Der Softwareprototyp *TiMo* unterstützt die konzeptionelle Modellierung von Dienstgüteobjekten in IT-Dienstleistungsprozessen. Das XSM ist eine auf UML-Klassendiagrammen basierende graphische Beschreibungssprache zur Modellierung von XML-Schemata. Die Anwendung von XML-Schemata ermöglicht die Abbildung von Sachverhalten der Realwelt auf hohem Abstraktionsniveau und soll einen von der Implementierung weitgehend unabhängigen Entwurf der XML-Schemata ermöglichen [Len03]. Die graphische Darstellung von XML-Schemata erfolgt durch Verwendung so genannter *XML-Schema-Diagramme* (XSD). Die wesentlichen Elemente des XML-Schema-Modells sowie deren graphische Repräsentation durch XML-Schema-Diagramme werden nachfolgend beschrieben. Elemente, die gleiche Eigenschaften oder eine ähnliche Struktur aufweisen, werden zu so genannten *Elementtypen* zusammengefasst. Ein Elementtyp verfügt über einen

---

[101] Zum Beispiel *XMLSpy* (http://www.altova.com), *.STYLUS XML Schema Editor* (http://www.stylusstudio.com), *XML Writer* (http://www.xmlwriter.net), *XMLFox Editor* (http://www.xmlfox.com) oder *Visual Schema Editor* (http://www.oxygenxml.com).

eindeutigen Namen E sowie über eine (gegebenenfalls leere) Menge von Attributen A. Ferner wird jedem Elementtyp ein Datentyp T zugeordnet, der die möglichen Inhalte der durch den Elementtyp repräsentierten Elemente definiert. Enthält ein Elementtyp keine Inhalte, so wird er als leerer Elementtyp bezeichnet. Ein Elementtyp wird in der Form E:<A|T> dargestellt. Der Elementtyp stoerungsticket:<ticket-ID|string> beschreibt zum Beispiel Elemente vom Typ stoerungsticket und enthält das Attribut ticket-ID sowie den Datentyp string. Den Inhalt der betreffenden Elemente bilden demnach Zeichenketten beliebiger Länge. Jedem Attribut eines Elementtyps A(E) wird ein Datentyp zugeordnet, der dessen Wertebereich W(A(E)) festlegt. Die Darstellung von Elementtypen unter Berücksichtigung ihrer Attribute erfolgt durch UML-Klassen. Abbildung 53 zeigt eine XSM-Repräsentation des Elementtyps E:<A_1,A_2,A_3|T>.

```
<<stereotyp>>
       E
A₁: W(A₁)
A₂: W(A₂)
A₃: W(A₃)
```

Abbildung 53: XSM-Repräsentation eines Elementtyps als XSD

Ist der Inhalt eines Elements e vom Typ T und können alle seine Attributwerte jeweils einem Attribut A(E) zugewiesen werden, so ist das Element e vom Elementtyp E. Sollen bereits deklarierte Elementtypen wiederverwendet werden, so können diese über eine *Element-referenz* referenziert werden, um die Übersichtlichkeit der graphischen Darstellung innerhalb der XSD zu erhöhen (Abbildung 54).

Abbildung 54: XSM-Repräsentation: Elementreferenz auf den Elementtyp E als XSD

Kann der Typ eines Elements, das an einer bestimmten Stelle in einem XML-Schema auftritt, nicht eindeutig definiert werden, so wird an Stelle eines Elementtyps ein *Elementplatzhalter* eingesetzt. Ein Elementplatzhalter enthält keinen Datentyp und ist der allgemeinste aller Elementtypen. In einem XML-Dokument, d. h. einer Instanz eines XML-Schema-Modells, kann ein Elementplatzhalter durch jedes beliebige Element ersetzt werden. Wie in Abbildung 55 gezeigt, wird in der XSM-Darstellung ein Elementplatzhalter durch ein Rechteck, das ein stilisiertes A enthält, repräsentiert.

Abbildung 55: XSM-Repräsentation: Elementplatzhalters als XSD

Für leere Elementtypen wird das Symbol ∅ (‚leere Menge') als Stereotyp verwendet. Es wird in der rechten oberen Ecke des Rechtecks angegeben (Abbildung 56). Eine Angabe des Datentyps ist nicht notwendig.

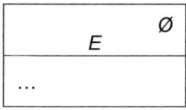

Abbildung 56: XSM-Repräsentation: Stereotyp ‚leere Menge' als XSD

Zwischen Elementen bestehende Beziehungen werden durch *Assoziationen* beschrieben. Treten Assoziationen gleicher Art zwischen Elementen derselben Elementtypen auf, so werden diese in XML-Schema-Modellen zu *Assoziationstypen* zusammengefasst. Die Gruppierung von Assoziationen ermöglicht die Beschreibung der Zusammensetzung komplexer Elementtypen aus komplexen oder atomaren Elementtypen. Ein Elementtyp ist *atomar*, wenn sich der Elementtyp nicht aus anderen Elementtypen zusammensetzt. Andernfalls ist der Elementtyp *komplex*. Ein atomarer Elementtyp kann entweder leer sein oder einen atomaren Inhalt besitzen. Im letzteren Fall muss dem atomaren Elementtyp ein vordefinierter oder abgeleiteter Datentyp (z.B. `string` oder `date`) zugeordnet werden. Assoziationstypen geben an, auf welche Weise ein Supertyp aus Subtypen entwickelt wird. Elemente eines Supertyps setzen sich demnach aus Elementen der Subtypen zusammen. In XML-Schema-Diagrammen werden Assoziationstypen graphisch durch UML-Aggregationen abgebildet. Setzt sich ein Element eines Supertyps aus einer festgelegten Folge von Elementen der Subtypen zusammen, liegt ein *Sequenztyp* vor. In XML-Schema-Diagrammen werden die einzelnen Elementtypen eines Sequenztyps ihrer Abfolge entsprechend von links nach rechts angeordnet dargestellt. Ein Elementtyp, der nicht Subtyp eines Assoziationstyps ist, wird *Top-Level-Elementtyp* genannt. Folgendes Beispiel

```
sequence<stoerungsticket|dienstanwender-
        ID,kategorie,prioritaet>
```

lässt sich als XSD abbilden (Abbildung 57). In der vereinfachten Darstellung ergibt die Anordnung der Subtypen von links nach rechts automatisch die Reihenfolge der Subtypen mit dem Supertyp `stoerungsticket`. Alle Elemente des Typs `stoerungsticket` haben einen Inhalt, der sich aus genau einem Element des Typs `dienstanwender-ID`, gefolgt von je einem Element `kategorie` und `prioritaet` bildet.

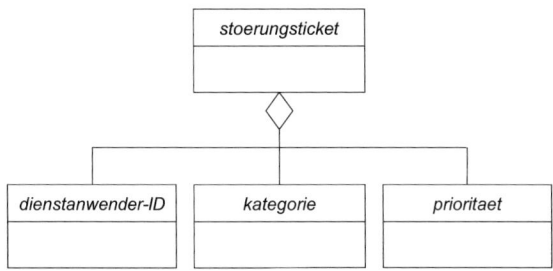

Abbildung 57: Sequenztyp mit drei Subtypen als XSD

Jedem Elementtyp (Subtyp eines Assoziationstyps) wird eine Kardinalität `card(E)` bzgl. dieses Assoziationstyps zugewiesen. Durch die Einführung von Kardinalitäten wird abgebildet, aus wie vielen Elementen eines Typs sich ein Supertyp zusammensetzen kann. Sobald für einen Subtyp keine Kardinalität angegeben ist, wird im Unterschied zur UML (,*') im XML-Schema Modell die Standardkardinalität 1 festgelegt. Tabelle 10 fasst die gebräuchlichsten Kardinalitätsangaben zusammen. Die Kardinalitäten eines Elementtyps werden an der adjazenten Kante des Assoziationstyps vermerkt.

Kardinalität des Elementtyps *E*	Beschreibung	Kardinalitätsangabe im XSM	Auftrittsindikator in einer DTD
`card(E)=(0,1)`	Es darf höchstens ein Element vom Typ E auftreten.	`0..1`	?
`card(E)=(1,1)`	Es gibt genau ein Element vom Typ E.	ohne Angabe eines Operators	ohne Angabe eines Operators
`card(E)=(0,*)`	Es kann beliebig viele Elemente vom Typ E geben, es muss aber kein Element vorhanden sein.	*	*
`card(E)=(1,*)`	Es gibt mind. ein Element vom Typ E, die Anzahl ist jedoch unbeschränkt.	`1..*`	+
`card(E)=(2,4)`	Es gibt mind. zwei und höchstens vier Elemente vom Typ E.	`2..4`	unzulässige Kantenangabe

Tabelle 10: Kardinalitäten von Elementtypen als Subtypen eines Assoziationstypen

Abbildung 58 zeigt ein XML-Schema-Diagramm für einen Assoziationstypen mit zwei Subtypen einschließlich der Angabe der entsprechenden Kardinalitäten. Ein Element vom Typ

E setzt sich aus mindestens einem Element E_1, gefolgt von mindestens zwei, aber höchstens vier Elementen vom Typ E_2 zusammen.

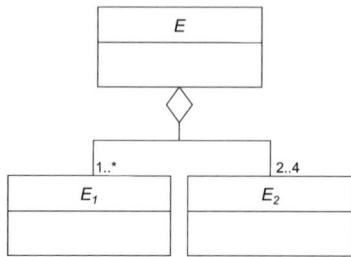

Abbildung 58: Supertyp mit zwei Subtypen unter Angabe einer Kardinalität

Kardinalitäten können erweitert, sowie für geschachtelte Assoziationstypen verwendet werden. Darüber hinaus können für Elementtypen Schlüssel $K:<E,\hat{E}\,|\,X_1,...,X_n>(n\geq1)$ und Fremdschlüssel $K:<EF,\hat{EF},K\,|\,X_1,...,X_n>(n\geq1)$ deklariert werden. Sie sind für alle Elemente des Typs gültig, für den sie deklariert werden. Zu jedem XSD können alle Datentypen und damit auch die Wertebereiche der Elementinhalte durch Angabe des zugehörigen Datentypdiagramms graphisch abgebildet werden. Je nach Anwendungsfall kann ein Datentypdiagramm entweder mit einem XSD verknüpft werden oder mit diesem zu einem Diagramm verschmelzen. Darüber hinaus besteht die Möglichkeit, im Rahmen einer *Schematransformation* von XML-Schema-Diagrammen *Verfeinerungen*, *Vergröberungen*, *Einbettungen* oder *Restriktionen* vorzunehmen. Schematransformationen bilden eine Menge der XML-Schemata in sich selbst ab, d.h. das resultierende Schema ist wieder ein XML-Schema. Schematransformationen sind nötig, um unter anderem den schrittweisen Entwurf von XML-Schemata zu unterstützen. Für den *top-down*-Entwurf[102] von XML-Schemata können beispielsweise die Verfeinerung und die Einbettung eingesetzt werden, für den *bottom-up*-Entwurf die Einbettung [Len03, S.111 ff.]. Das exemplarische XML-Schema für ein Störungsticket aus Abbildung 51 kann als XML-Schema-Diagramm wie folgt modelliert werden (Abbildung 59). Die XSD beschreibt ein Element vom Typ `masterticket` als einziges Top-Level-Element. Dieses enthält mindestens ein Element vom Typ `stoerungsticket`, welches die Attribute `ticket-ID`, `erzeugungsdatum` und `erzeugungsuhrzeit` besitzt.

---

[102] Bei einem "top-down"-Entwurf werden als erstes Elementtypen auf oberster Hierarchiestufe entworfen und dann durch Assoziationstypen und die daran beteiligten Elementtypen auf niedrigerer Ebene detailliert beschrieben. Bei einem "bottom-up"-Entwurf werden zunächst atomare Elementtypen modelliert und diese nachfolgend durch Assoziationstypen zu komplexen Elementtypen zusammengesetzt.

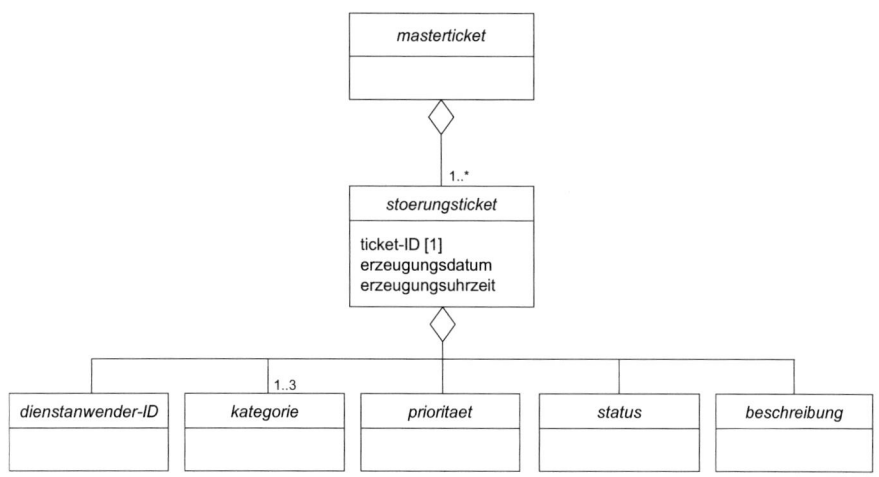

Abbildung 59: XSD für ein Störungsticket

In diesem Beispiel muss jedes Ticket eine eindeutige Ticketnummer enthalten. In der betrieblichen Praxis werden Störungstickets zu einem Masterticket zusammengefasst, wenn Störungen ähnlichen Typs auftreten. Ein Elementtyp `stoerungsticket` besteht aus genau einem Element des Typs `dienstanwender-ID`, gefolgt von mindestens einem und maximal drei Elementen des Typs kategorie. Im Anschluss daran folgen die Elemente des Typs `prioritaet`, `status` und `beschreibung` in der entsprechenden Reihenfolge.

4 Modellierung von IT-Dienstleistungsprozessen

In diesem Kapitel werden zunächst verschiedene Sprachen zur Modellierung von IT-Dienstleistungsprozessen eingeführt. Im Anschluss daran wird ein auf Petri-Netzen basierender Ansatz zur integrierten, präzisen und grafischen Modellierung von Qualitätsmerkmalen von IT-Dienstleistungen in IT-Dienstleistungsprozessen am Beispiel der Verfügbarkeit präsentiert.

4.1 Sprachen zur Modellierung von Geschäftsprozessen

In diesem Abschnitt werden in der betrieblichen Praxis verwendete Sprachen zur Modellierung von IT-Dienstleistungsprozessen beispielhaft vorgestellt und diskutiert. Nach der Ereignisgesteuerten Prozesskette wird die Business Process Modelling Notation, die XML Process Definition Language und die Web Service Business Process Execution Language beschrieben. Abschließend wird gezeigt, wie IT-Dienstleistungsprozesse unter Verwendung der verschiedenen Sprachen modelliert werden können.

4.1.1 Ereignisgesteuerte Prozessketten

Unterschiedliche Modellierungssichten und -ebenen werden als *ARIS[103]-Architektur* in Abbildung 60 zusammengefasst dargestellt.

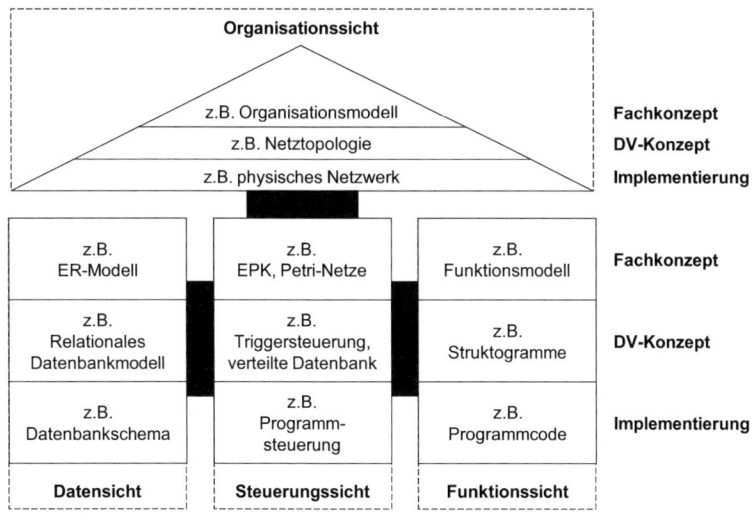

Abbildung 60: ARIS-Architektur [Sch02]

---

[103] *Architektur integrierter Informationssysteme* (ARIS) ist eine Methode zur integrierten Beschreibung von Unternehmen und betrieblichen Informationssystemen „hinsichtlich ihrer Art, funktionalen Eigenschaften und ihres Zusammenwirkens" [Sch99, S.1].

Zur Modellierung bestimmter Beschreibungssichten und -ebenen wird in der ARIS-Architektur die semi-formale, grafische Modellierungssprache *Ereignisgesteuerte Prozesskette (EPK)* vorgeschlagen. EPKs wurden mit dem Ziel entwickelt, sachlogische Zusammenhänge von Geschäftsprozessen in einem Unternehmen einfach und möglichst realitätsnah abbilden zu können [Sch02]. EPKs sind gerichtete, bipartite Graphen, die aus Knoten (*Funktion, Ereignis, Verknüpfungsoperator*) und Kanten (*Daten- und Kontrollfluss*) gebildet werden. Eine EPK besteht aus aktiven und passiven Komponenten. Funktionen[104] sind aktive Komponenten, die den Zustand von Objekten ändern, eine „Entscheidungskompetenz" besitzen und Zeit verbrauchen. Ereignisse sind passive Komponenten, die den Zustand eines Prozessobjektes repräsentieren. Ereignisse sind auf einen bestimmten Zeitpunkt innerhalb eines Geschäftsprozesses bezogen und können sowohl Auslöser als auch Ergebnis einer Funktion sein. Es werden verschiedene Arten von Ereignissen unterschieden:

- Erzeugung eines neuen Prozessobjekts (z.B. „Störungsticket ist erstellt")
- Finaler Status eines Prozessobjekts (z.B. „Störung ist beseitigt")
- Attributänderung eines Prozessobjekts (z.B. „Störungsticket ist klassifiziert")
- Eintreffen eines bestimmten Zeitpunkts (z.B. „Lösungszeit ist erreicht")
- Bestandsänderung, die einen Prozess(-schritt) auslöst (z.B. „Request for Change ist gestellt")

Funktionen und Ereignisse können mittels Kanten entweder direkt oder über Verknüpfungsoperatoren miteinander verbunden werden. In EPKs verbinden Kanten immer zwei Knoten eines unterschiedlichen Typs. Bei den Verknüpfungsoperatoren wird zwischen einem *logischen UND*, einem *logischen ODER* sowie einem *exklusiven ODER* unterscheiden. Durch Verknüpfungsoperatoren können Kanten verzweigen und nicht-sequenzielle Prozesse modelliert werden. Die Ein- und Ausgänge eines Verknüpfungsoperators sind immer unterschiedlichen Typs. Eine höhere Ausdrucksmächtigkeit als eine EPK besitzt die *erweiterte Ereignisgesteuerte Prozesskette (eEPK)*. Die eEPK ergänzt die EPK um zusätzliche syntaktische Konzepte, da die Symbole einer EPK nicht ausreichen, um alle Aspekte von Geschäftsprozessen abbilden zu können. Mit der eEPK stehen weitere Symbole unter anderem für *Organisationseinheiten, Informationsobjekte, Anwendungssysteme* und *Prozesswegweiser* zur Verfügung.

---

[104] Eine Funktion ist eine fachliche Aufgabe oder Tätigkeit an einem Objekt zur Unterstützung eines oder mehrerer Unternehmensziele. Funktionen greifen auf Daten zu und verwenden, transformieren, transportieren sowie produzieren diese.

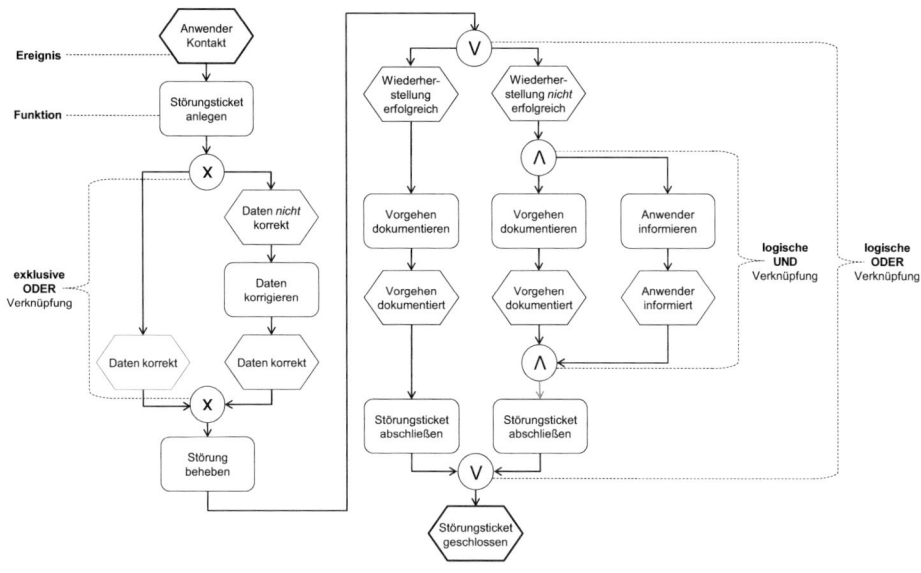

Abbildung 61: Ereignisgesteuerte Prozesskette „Störung beheben'

Die eEPK ergänzt die EPK um zusätzliche syntaktische Konzepte, da die Symbole einer EPK nicht ausreichen, um alle Aspekte von Geschäftsprozessen abbilden zu können. Mit der eEPK stehen weitere Symbole unter anderem für *Organisationseinheiten*, *Informationsobjekte*, *Anwendungssysteme* und *Prozesswegweiser* zur Verfügung. Abbildung 61 zeigt die zur grafischen Modellierung verwendeten Symbole einer EPK anhand eines Modellierungs-beispiels *‚Störung beheben'*. Trotz der hohen Verbreitung in der betrieblichen Praxis weisen EPKs aufgrund ihrer beschränkten Ausdrucksmächtigkeit Schwächen bei der phasenüber-greifenden Steuerung und Kontrolle von Geschäftsprozessen auf. Im Vergleich zu formalen Modellierungssprachen wie zum Beispiel Petri-Netzen sind weder Syntax noch Semantik von EPKs präzise definiert [Aal99]. Darüber hinaus kann beispielsweise die Korrektheit eines EPK-Modells erst nach der Überführung in ein formales, zum Beispiel Petri-Netz-basiertes Modell überprüft werden.

4.1.2 Business Process Modelling Notation

Die Business Process Modelling Notation (BPMN) [OMG09, Whi04] ist eine grafische Modellierungssprache zur fachlich-technischen Darstellung von Geschäftsprozessen. Mittels BPMN wird die sukzessive Überführung einer fachlichen in eine technische und ausführbare (maschinenlesbare) Prozessbeschreibung ermöglicht. Modellierungssprachen wie UML, EPK oder Petri-Netze fokussieren einen bestimmten Abstraktionslevel der Prozessmodellierung. Da die BPMN sowohl für die Beschreibung von Geschäftsprozessen verwendet wird, als auch ein BPMN-Modell im Rahmen einer Transformation in eine ausführbare Prozessbeschreibung überführt werden kann, besitzt die BPMN einen *hybriden* Charakter. Das Ergebnis einer Prozessbeschreibung mit BPMN ist das Business Process Diagramm (BPD). Obwohl die Ausführung eines mit der BPMN modellierten Geschäftsprozesses nicht unmittelbar unterstützt wird, gibt die BPMN-Spezifikation Hinweise zur Transformation zum Beispiel in die XML-basierten, ausführbaren Modellierungssprachen *XML Process Definition Language* (XPDL) oder *Business Process Execution Language for Web Services* (WS-BPEL) [OAS07a]. Eine Vorgehensweise zur Transformation in WS-BPEL ist in der BPMN Version 2.0-Spezifikation bereits enthalten. Das Vorgehen für eine entsprechende Transformation eines mit BPMN modellierten Prozesses in XPDL ist in der XPDL-Spezifikation beschrieben [WMC08]. Die grundlegenden Symbole der BPMN sind in Abbildung 62 dargestellt.

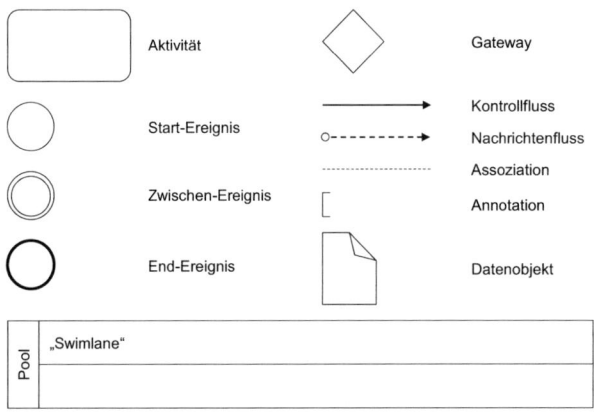

Abbildung 62: Symbole der BPMN

Die vier zur Verfügung stehenden Kategorien zur Beschreibung von Prozessen mit der BPMN sind *Flussobjekt*, *Verbindungsobjekt*, *Pool* und *Artefakt*. Flussobjekte sind die Kernelemente *Ereignis*, *Aktivität* und *Gateway* zum Festlegen des Verhaltens von Geschäftsprozessen. Ereignisse beeinflussen den Prozessfluss und haben einen Auslöser sowie ein Ergebnis. Ereignisse werden in Abhängigkeit des eintretenden Zeitpunkts in Start-Ereignis, Zwischen-Ereignis und End-Ereignis unterteilt. Aktivitäten beschreiben atomare oder komplexe Aufgaben in einem Prozess. Komplexe Aufgaben werden als Subprozesse bezeichnet, die sich wiederum aus atomaren oder komplexen Aufgaben zusammensetzen können. Gateways sind Entscheidungspunkte zur Verzweigung oder Zusammenführung von Geschäftsprozessen und entscheiden über den Kontrollfluss. In der BPMN entsprechen die einfachen Entscheidungs-operatoren (AND, OR, XOR) denen der EPK. Darüber hinaus können mittels komplexer Gateways Entscheidungslogiken modelliert (z.B. „sobald zwei von drei vorgelagerten

Aktivitäten abgeschlossen sind schaltet der Entscheidungsoperator") werden, die mittels einfacher Entscheidungsoperatoren nicht abzubilden sind. Verbindungsobjekte stellen die Verbindung zwischen Flussobjekten in einem BPD her. Der Kontroll- oder Sequenzfluss verbindet Aktivitäten innerhalb eines Geschäftsprozesses in einer festgelegten Reihenfolge miteinander. Eine Assoziation wird verwendet, um Informationen mit Flussobjekten zu verknüpfen. Die Richtung des Informationsflusses wird in einer Assoziation als Richtungspfeil dargestellt. Der Nachrichtenfluss stellt den Informationsaustausch zwischen einzelnen Prozessteilnehmern dar, die jeweils durch verschiedene Pools repräsentiert werden. Pools werden als Rechtecke mit spitzen Kanten dargestellt. Die Unterteilung eines Pools erfolgt durch so genannte *Lanes*. Eine Lane unterteilt einen Pool vom Anfang bis zum Ende des Pools. Lanes werden verwendet, um Aktivitäten innerhalb eines Pools zu organisieren, wobei die BPMN-Spezifikation keine Vorgaben zum Anwendungsbereich von Lanes gibt. Der Austausch von Informationen innerhalb und zwischen Lanes eines Pools erfolgt durch einen Sequenzfluss. Artefakte ergänzen Prozesse um zusätzliche Informationen in Form von Datenobjekten, Gruppen oder Annotationen[105]. Datenobjekte repräsentieren Informationen, die zur Ausführung von Aktivitäten benötigt, durch Aktivitäten erzeugt oder zwischen Aktivitäten ausgetauscht werden. Eine Gruppe ist ein Hilfsmittel, um Elemente eines BPD zusammenzufassen und grafisch hervorzuheben, wobei der eigentliche Prozess nicht beeinflusst wird. Annotationen ermöglichen die informale Kommentierung von BPDs. Beispielsweise werden Annotationen neben der Beschreibung wie Fluss- oder Verbindungsobjekten auch zur Formulierung von Abbruchbedingungen verwendet, wobei die eigentliche Bedingung als Attributwert in den Elementen transparent hinterlegt ist. Folgendes vereinfachtes Beispiel (Abbildung 63) zeigt einen mit der BPMN modellierten IT-Dienstleistungsprozess ,*Störung beheben'*.

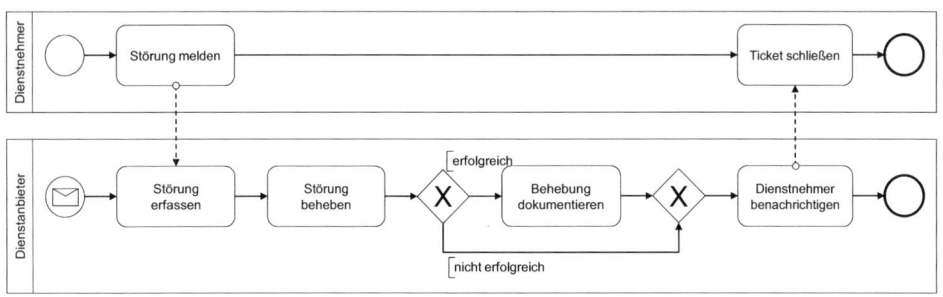

Abbildung 63: BPMN-Modellierung ,Störung beheben'

---

[105] Die BPMN macht keine Vorgaben, welche Typen von Artefakten ein Modell enthalten muss oder darf, wodurch bei Bedarf die Anzahl der benötigten Artefakte beliebig erweitert werden kann.

Ein Dienstnehmer übermittelt eine Störungsmeldung an den Dienstanbieter. Die Aktivität *‚Störung erfassen'* wird durch das durch den Dienstnehmer ausgelöste Ereignis ausgeführt und es wird ein Störungsticket erstellt. Die Aktivität *‚Störung beheben'* wird ausgeführt. Eine Störungsbehebung kann entweder erfolgreich oder nicht erfolgreich durchgeführt werden. Ist die Behebung der Störung erfolgreich, wird diese dokumentiert und der Dienstnehmer anschließend über die erfolgreiche Störungsbehebung benachrichtigt. Der Dienstanwender schließt daraufhin das noch offene Störungsticket, wenn die IT-Dienstleistung wieder genutzt werden kann. Ist eine Störungsbehebung nicht erfolgreich, wird der Dienstnehmer ebenfalls benachrichtigt. In diesem Beispiel wird das Störungsticket dann ebenfalls durch den Dienstnehmer geschlossen.

In Anlehnung an verschiedene Diagrammtypen der UML können Geschäftsprozesse nach Prozessteilnehmern in Abgrenzung von Verantwortungsbereichen strukturiert werden. Die Anwendung von Pools und Lanes ermöglicht die anschauliche Abbildung komplexer Prozessstrukturen. Des Weiteren können Kontroll- und Nachrichtenflüsse explizit dargestellt, sowie Aktivitäten um Zeitdauern und Wartezeiten erweitert werden. Neben umfangreicher Möglichkeiten zur Abbildung implementierungstechnischer Details liegt ein Vorteil der BPMN in der Nähe zum de-facto Standard WS-BPEL, welcher zur Spezifikation ausführbarer Prozessmodelle mittels Web Services angewendet wird [TLD07, S.43 f]. Als Nachteil kann die im Vergleich zu anderen Modellierungssprachen wie zum Beispiel EPK oder Petri-Netzen große Menge zur Verfügung stehender Symbole gesehen werden, da die Übersichtlichkeit und Lesbarkeit der BPD eingeschränkt werden kann. Die Symbolvielfalt bedingt unter anderem auch, dass eine durchgängige und eindeutige Prozessbeschreibung eines ausführbaren Prozesses trotz BPMN-Sprachspezifikation und Vorschriften zur Transformation in WS-BPEL derzeit noch nicht möglich ist[106]. Des Weiteren können zur Ausführung von Aktivitäten benötigte Ressourcen nicht explizit dargestellt werden.

4.1.3 XML Process Definition Language

Die XML Process Definition Language (XPDL) [WMC08[107]] ist eine XML-basierte Sprache zur textuellen Beschreibung von ausführbaren Geschäftsprozessen. Die XPDL stellt ein Dateiformat zur Verfügung, das auf Grundlage der BPMN die Speicherung und den

---

[106] Die Symbolvielfalt wird in herstellerspezifischen Softwarewerkzeugen wie zum Beispiel *SemTalk* (http://www.semtalk.com) oder *Adonis* (http://www.adonis-online.com) eingeschränkt, so dass eine Transformation von BPMN in WS-BPEL im Rahmen des entsprechenden Werkzeugs erfolgen kann.

[107] Verantwortlich für die Spezifikation und Weiterentwicklung der XPDL ist die Workflow Management Coalition (WfMC). Die WfMC wurde 1993 als Allianz zwischen Anwendern, Herstellern und Beratern mit dem Ziel der Standardisierung von Begriffen und Schnittstellen im Kontext technisch unterstützter Prozesse gegründet.

Austausch von Prozessdefinitionen ermöglicht. Das Dateiformat unterstützt sowohl den Austausch und die Speicherung der graphischen Prozessbeschreibung in BPMN (BPD) als auch zur Laufzeit auszuführende Bestandteile einer BPD. Die XPDL unterstützt die so genannte *Schnittstelle 1* des WfMC-Referenzmodells [WMC95, S.20 ff.], die den Austausch von Modellen beispielsweise eines grafischen Modellierungswerkzeugs zu einer ausführenden Workflow-Engine[108] beschreibt. Das Datenformat wird als Austauschformat zwischen den prozessunterstützenden Anwendungen wie beispielsweise grafischen Softwarewerkzeugen zur Prozessmodellierung verwendet[109]. Mittels *Schnittstelle 2* wird der Datenaustausch zwischen einem Workflow-Managementsystem (WfMS) (vgl. [Obe96a, S.52 ff.]) und einer Workflow-Client-Anwendung beschrieben. Workflow-Client-Anwendungen stellen Funktionalitäten wie zum Beispiel die Darstellung einer Liste mit Arbeitsaufträgen zur Verfügung, die von einem Dienstanwender oder einer Gruppe von Dienstanwendern bearbeitet werden kann. *Schnittstelle 3* beschreibt den Aufruf und die Integration von externen Programmen in ein WfMS, da zu erledigende Aufgaben innerhalb eines Workflows gegebenenfalls selber softwareunterstützt ausgeführt werden müssen. Sobald Fachfunktionen nicht vollständig durch das WfMS zur Verfügung gestellt werden, sollten Schnittstellen zu anderen Programmen (z.B. individuelle Finanzbuchhaltungssoftware oder Standardsoftware wie SAP R/3) bereitgestellt werden. Mit Hilfe von *Schnittstelle 4* wird beschrieben, wie zusätzliche WfMS in ein bestehendes WfMS angebunden werden können, um die Interoperabilität von Workflows sicher zu stellen. Darüber hinaus wird der Aufruf räumlich entfernt auszuführender Aktivitäten, der Datentransfer sowie die Möglichkeiten zur Synchronisation zwischen verschiedenen WfMS spezifiziert. *Schnittstelle 5* beschreibt die Kommunikation zwischen einem WfMS und externen Analyse- und Kontrollwerkzeugen zur Überwachung von Workflows. Abbildung 64 fasst die Schnittstellen des WfMC-Referenzmodells zusammen. XPDL stellt ein Prozess-Metamodell zum Entwurf eines Geschäftsprozesses bereit und ist konform zur Definition der *Schnittstelle 1* des WfMC-Referenzmodells. Gemäß WfMC-Referenzmodell ist die Abbildung des dynamischen Zustands einer Prozessinstanz[110] durch XPDL nicht notwendig, da die Behandlung von Prozessinstanzen über die

---

[108] Eine Workflow-Engine ist zentraler Bestandteil eines Workflow-Managementsystems und löst Aktivitäten aus. Handelt es sich um automatisierte Aktivitäten, werden entsprechend parametrisierte Anwendungsprogramme aufgerufen. Bei manuellen Aktivitäten werden entsprechende Mitarbeiter über die Aktivität informiert und mit den jeweils benötigten Daten versorgt [Obe96a, S.79].

[109] Unter http://www.wfmc.org/xpdl-implementations.html befindet sich eine aktuelle Liste mit Softwarewerkzeugen, die XPDL unterstützen.

[110] Mittels XPDL ist es nicht möglich, den dynamischen Zustand einer Prozessinstanz (wie beispielsweise durch eine Stelle im Petri-Netz oder einem Ereignis in einer EPK) abzubilden.

Schnittstellen 2, 3 und *4* erfolgt, um die Trennung zwischen Entwurf und Laufzeit eines Geschäftsprozesses zu ermöglichen.

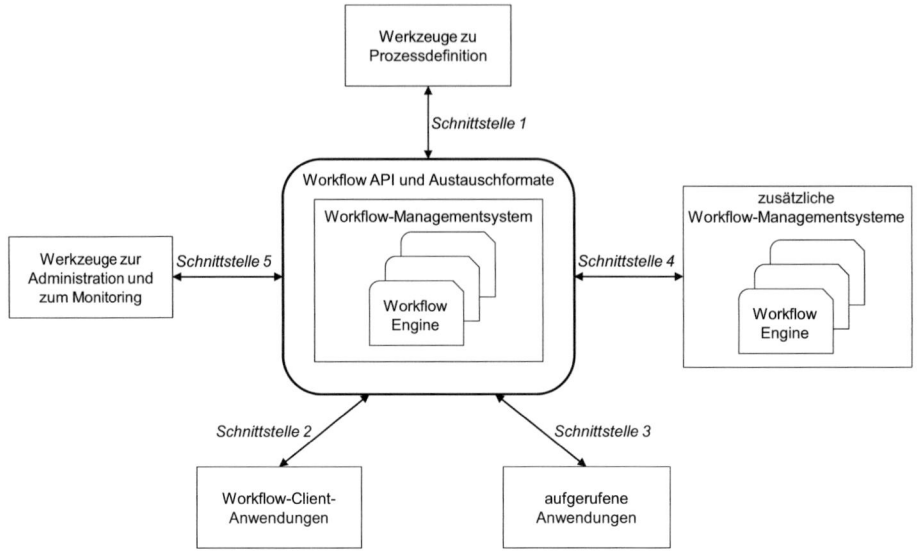

Abbildung 64: WfMC-Referenzmodell

Wie bereits in Abschnitt 3.4.1 erläutert, wird durch ein Metamodell beispielsweise in Verbindung mit einer MOF ein standardisierter Ansatz zum Austausch von Modellen verschiedener Modellierungssprachen ermöglicht. Insbesondere die Integration BPMN-spezifischer Klassen zur Darstellung von mit der BPMN modellierten Geschäftsprozessen (`Pool`, `Lane`, `Gateway` und `Ereignis`) in die XPDL 2.0 trägt zur Standardisierung der Transformation von BPMN nach XPDL bei. Beispielsweise stimmt die Definition eines Geschäftsprozesses in XPDL mit der eines Geschäftsprozesses in BPMN überein. Das folgende Beispiel[111] in Abbildung 65 zeigt einen vereinfachten IT-Dienstleistungsprozess *‚Störung bearbeiten'* in XPDL. Die XPDL wird, ähnlich wie die im nachfolgenden Abschnitt vorgestellte Modellierungssprache *Business Process Execution Language for Web Services* (WS-BPEL), zum Austausch von Beschreibungen für Geschäftsprozesse zwischen verschiedenen IT-Systemen verwendet. Während der Schwerpunkt von WS-BPEL auf der Orchestrierung technischer Funktionsblöcke (Web Services) liegt, adressiert XPDL den koordinierten Ablauf von durch Menschen auszuführende Aufgaben.

---

[111] Das Beispiel wurde mit dem Open-Source Modellierungswerkzeug *Enhydra JaWE* (Java Workflow Editor) erstellt, das eine vollständige Implementierung der WfMC-Spezifikation für XPDL 1.0 enthält (http://www.enhydra.org/workflow/jawe/index.html)

```
<Package>
 <Applications>
    <Application Id="DB" Name="Wissensdatenbank"/>
 </Applications>
 <WorkflowProcesses>
    <WorkflowProcess AccessLevel="PUBLIC" Id="INC"
                Name="Stoerung bearbeiten">
      <Participants>
         <Participant Id="DAB" Name="Dienstanbieter">
            <ParticipantType Type="ORGANIZATIONAL_UNIT"/>
         </Participant>
      </Participants>
      <Activities>
         <Activity Id="Stoerung_erfassen" Name="Stoerung erfassen">
            <Implementation>
               <Tool Id="DB" Type="APPLICATION"/>
            </Implementation>
            <Performer>Dienstanbieter</Performer>
            <TransitionRestrictions>
               <TransitionRestriction>
                  <Split Type="AND">
                     <TransitionRefs>
                        <TransitionRef Id="dokumentieren"/>
                        <TransitionRef Id="benachrichtigen"/>
                     </TransitionRefs>
                  </Split>
               </TransitionRestriction>
            </TransitionRestrictions>
         </Activity>
         <Activity Id="Dienstanwender_benachrichtigen"
                Name="Dienstanwender_benachrichtigen">
            <Implementation>
               <Tool Id="DB" Type="PROCEDURE"/>
            </Implementation>
            <Performer>Dienstanbieter</Performer>
         </Activity>
         <Activity Id="Loesung_dokumentieren"
                Name="Loesung dokumentieren">
            <Implementation>
               <Tool Id="DB" Type="PROCEDURE"/>
            </Implementation>
            <Performer>Dienstanbieter</Performer>
```

```
          </Activity>
      </Activities>
      <Transitions>
        <Transition From="Stoerung_erfassen" Id="benachrichtigen"
          Name="benachrichtigen" To="Dienstanwender_benachrichtigen"/>
        <Transition From="Stoerung_erfassen" Id="dokumentieren"
          Name="dokumentieren" To="Loesung_dokumentieren"/>
      </Transitions>
    </WorkflowProcess>
  </WorkflowProcesses>
</Package>
```

Abbildung 65: Beispiel für einen IT-Dienstleistungsprozess in XPDL

Allerdings weist die XPDL Schwächen in der verwendeten Semantik auf, da die XPDL-Spezifikation der WfMC an einigen Stellen nicht eindeutig ist und insbesondere für Anbieter von Softwarewerkzeugen großen Interpretationsspielraum lässt [Aal03a, S.25]. Im Vergleich zu WS-BPEL beschränkt sich die XPDL nicht auf die inhaltliche Abbildung von Geschäftsprozessen, sondern integriert darüber hinaus auch die graphische Darstellung in das Datenformat. Aufgrund der textuellen Darstellung adressiert die XPDL primär Prozessmodellierer auf technischer Ebene. Die Verbindung der XPDL zur BPMN wird nicht nur in der Namenskonvention, sondern auch in einigen Verarbeitungskonzepten sowie der expliziten Trennung von Kontroll- und Nachrichtenfluss sichtbar. Da der Kontrollfluss mit Prozessaktivitäten und Kanten modelliert wird, folgt die XPDL einem Graph-basierten Ansatz, der als Grundlage für die Simulation von Prozessen benötigt wird..

4.1.4 Web Service Business Process Execution Language

Die Web Service Business Process Execution Language in der Version 2.0 (WS-BPEL) [OAS07a] basiert auf XML und ist eine textuelle Sprache zur Ausführung von Geschäftsprozessen mit Hilfe von Web Services. WS-BPEL ist eine Kombination und Weiterentwicklung der Modellierungssprachen *Web Services Flow Language* (WSFL) und *XLANG*. WSFL ist eine Sprache zur Beschreibung der Komposition[112] von Web Services. Mittels

---

[112] Im Zusammenhang mit dem Begriff *Komposition* – die Erstellung neuer Web Services durch die Kombination und Wiederverwendung vorhandener Web Services – werden häufig die Begriffe Konversation, Choreographie und Orchestrierung verwendet [ReS04]. *Konversation* ist die Abfolge einzelner Operationen zwischen Web Services und bezeichnet die konkrete Kommunikation von zwei oder mehreren Web Services unter Einbeziehung eines bestimmten Kontextes. Eine *Choreographie* (auch als *Koordination* bezeichnet [ACK04, S.197 ff.]) beschreibt die zulässigen Nachrichtenabfolgen zwischen einem oder mehreren Akteuren, da die in der WSDL beschriebenen Web Services lediglich einzelne Operationen, nicht aber die benötigten Nachrichtenabfolgen beinhalten. Im Rahmen der *Orchestrierung* wird die Prozesslogik aus der Sicht eines Akteurs beschrieben, d.h. die Reihenfolge und Ausführungsbedingungen der Aufrufe externer oder unter-

XLANG, einer Erweiterung der *Web Service Description Language* (WSDL) [W3C01], wird die Ausführung von Geschäftsprozessen auf Basis von Web Services spezifiziert. Unter Anwendung von WS-BPEL können komplexe Prozesse (BPEL-Prozesse) komponiert werden, indem unterschiedliche Aktivitäten erstellt und zusammengefasst werden [Aal03b]. Aktivitäten sind beispielsweise der Aufruf von Web Services, die Manipulation von Daten oder das Abfangen und Behandeln von Fehlern innerhalb des Prozesses. Wie bei XPDL liegt das Anwendungsgebiet der WS-BPEL nicht in der Entwicklung und Analyse, sondern in der Implementierung von Geschäftsprozessen. Für WS-BPEL existiert keine standardisierte grafische Darstellung. Ferner beinhaltet ein mittels WS-BPEL beschriebener Geschäftsprozess keine Informationen zur grafischen Darstellung, sondern beschränkt sich auf die inhaltliche Beschreibung des Geschäftsprozesses.

Web Services repräsentieren die technische Umsetzung des SOA-Paradigmas [Wes07, S.315]. Web Services fördern aufgrund ihrer losen Kopplung und durch die Wiederverwendung generischer Schnittstellen die Flexibilität von (unternehmensübergreifenden) IT-Systemen. Aus technischer Sicht[113] ist ein Web Service eine in WSDL beschriebene Softwarekomponente, die mit anderen Web Services Nachrichten im XML-Format über ein standardisiertes Übertragungsprotokoll (*Simple Object Access Protocol* – SOAP [W3C07a]) austauscht. Der Austausch von Daten erfolgt über synchrone (z.B. HTTP[114]) oder asynchrone (z.B. SMTP[115]) Transportmechanismen. Web Services werden über einen Verzeichnisdienst *Universal Description, Discovery and Integration* (UDDI) von einem Dienstanbieter für einen Dienstnehmer bereitgestellt [Pap07]. Abbildung 66 zeigt das Zusammenspiel zwischen WSDL, SOAP und UDDI. Ein Dienstanbieter beschreibt seine angebotenen Web Services mittels WSDL und registriert (1) die beschriebenen Informationen in einem zentralen Verzeichnisdienst UDDI[116].

---

nehmensinterner Web Services. Die Orchestrierung beschreibt einen Prozess aus Sicht eines Akteurs, der den Aufruf mehrerer Web Services beinhaltet. Der Prozess muss nicht zwingend mit der Choreographie oder dem jeweiligen Koordinationsprotokoll übereinstimmen [ReS04].

[113] Gegenüber der technischen Sicht kann ein Web Service aus betriebswirtschaftlicher Sicht als Teil einer Integrationsarchitektur interpretiert werden, der eine dynamische Zusammenarbeit von Anwendungen über ein Netzwerk unter Nutzung standardisierter Internet-Technologien ermöglicht.

[114] Das HyperText Transfer Protocol (HTTP) ist ein Protokoll zum Übertragen von Daten über ein Netzwerk und ist Teil der Anwendungsschicht im Rahmen des ISO/OSI-Referenzmodells [Zim80]. HTTP wird hauptsächlich eingesetzt, um Webseiten aus dem Internet in einen Webbrowser (Anwendung) zu laden.

[115] Das Simple Mail Transfer Protocol (SMTP) ist ein Protokoll zum Austausch von Nachrichten (E-Mails) über ein Netzwerk und wird unter anderem zum Weiterleiten von E-Mails verwendet. Sollen Nachrichten abgeholt werden, werden andere Protokolle wie POP3 oder IMAP eingesetzt [Roh99].

[116] Im Rahmen der Komposition von Web Services mit WS-BPEL sind bestimmte Dienste wie eine Registrierung bei UDDI nicht zwingend notwendig, da zur Implementierung des Prozesses alle beteiligten Web Services von Anfang an bekannt sein müssen.

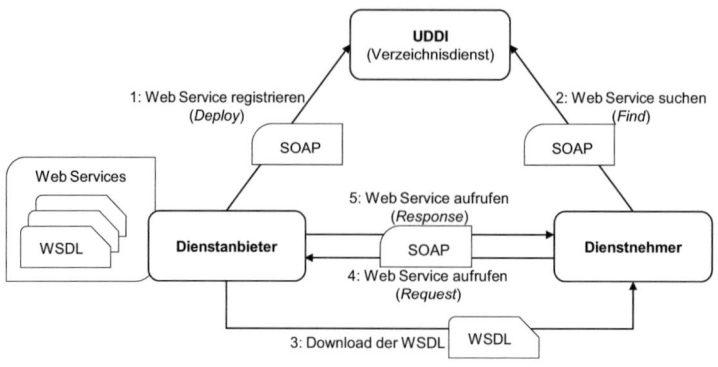

Abbildung 66: Zusammenspiel zwischen WSDL, SOAP und UDDI

Ein Dienstnehmer, der auf der Suche (2) nach einem passenden Web Service ist, kann entsprechende Suchanfragen in UDDI stellen. Ist die Suche erfolgreich, wird das Web Service spezifische WSDL-Dokument vom Dienstanbieter bezogen (3), das die jeweiligen Implementierungsdetails für den gewünschten Web Service enthält. Der Web Service wird vom Dienstnehmer auf Basis der im WSDL-Dokument beschriebenen Schnittstellen aufgerufen (4). Auf den aufgerufenen Web Service antwortet der Dienstanbieter entsprechend (5) mit der Folge, dass Dienstanbieter und Dienstnehmer über den Web Service miteinander verbunden (*Binding*) sind.

Mittels WS-BPEL wird ein neuer Web Service aus vorhandenen atomaren Web Services komponiert. Sowohl die Kommunikation zwischen dem BPEL-Prozess und den atomaren Web Services, als auch zwischen dem BPEL-Prozess und dem Dienstnehmer erfolgt über eine WSDL-Schnittstelle[117] (*white box*). Der sequentielle oder parallele Prozess und die Ausführung einzelner Prozessaktivitäten bleibt vor dem Dienstnehmer verborgen (*black box*). In Anlehnung an [Mas07, S.247] zeigt folgende Abbildung 67 ein allgemeines WS-BPEL Schema. WS-BPEL Prozesse können entweder *abstrakt* oder *ausführbar* sein. Ein abstrakter WS-BPEL Prozess ist ein nur teilweise spezifizierter Prozess, der nicht ausgeführt wird und explizit als `abstrakt` gekennzeichnet ist. Entsprechend sind ausführbare WS-BPEL Prozesse vollständig spezifiziert. Ein abstrakter Prozess kann zur Ausführung notwendige, operative Details verbergen, die mittels eines ausführbaren Artefakts ausgedrückt werden. Abstrakte WS-BPEL-Prozesse haben einen deskriptiven Charakter und umfassen mehr als einen Anwendungsfall.

---

[117] Eine WSDL-Schnittstelle enthält Informationen darüber, wie die Funktionalitäten eines Web Service aufgerufen werden können, welches Ergebnis vom Aufruf eines Web Service zu erwarten ist und welches Transportverfahren zur Übermittlung von Nachrichten angewendet werden muss.

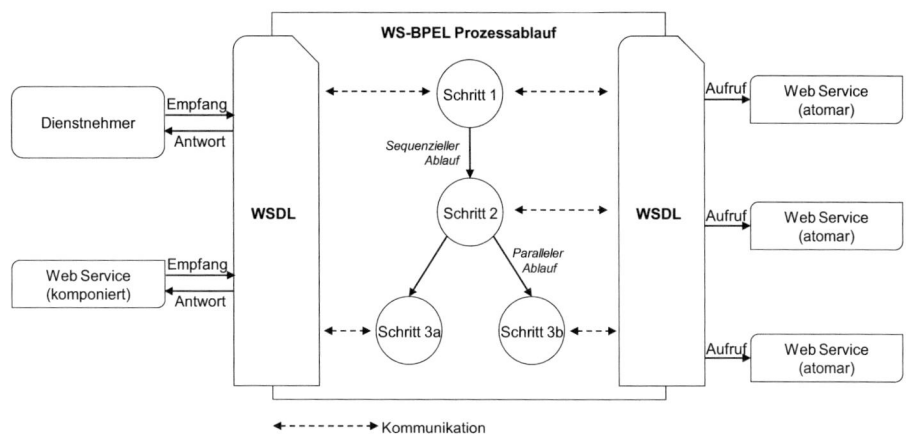

Abbildung 67: Allgemeines WS-BPEL Schema

Ein Anwendungsfall kann beispielsweise die allgemeine Beschreibung des wahrnehmbaren Verhaltens eines oder gegebenenfalls aller Web Services sein, die durch einen ausführbaren WS-BPEL Prozess bereit gestellt werden. Ein weiterer Anwendungsfall könnte die Definition einer WS-BPEL Prozessvorlage sein, die Domänen-spezifische Vorgehensweisen zur Ausführung enthält. Eine WS-BPEL Prozessvorlage erfasst die wesentliche Prozesslogik zur Entwurfszeit ohne Ausführungsdetails. Die Vervollständigung einer WS-BPEL Prozessvorlage erfolgt entsprechend erst durch die Abbildung WS-BPEL Prozessvorlage auf einen ausführbaren WS-BPEL Prozess.

Ein WS-BPEL Prozess ruft *Partner* (zusammengefasste *PartnerLinks*) auf, die jeweils durch ein WSDL-Dokument beschrieben sind. Da ein WS-BPEL Prozess eine WSDL-Schnittstelle besitzt, wird dieser nach außen selbst als Web Service repräsentiert. Eine WS-BPEL Prozessdefinition umfasst die Entitäten *PartnerLinks*, *Variablen*, *Aktivitäten* sowie *optionale Konstrukte*. Durch PartnerLinks werden die Web Services definiert, die mit dem WS-BPEL Prozess interagieren sollen. Variablen verarbeiten Eingabe- und Ausgabenachrichten von Partner Services und besitzen als Typdeklaration eine WSDL-Nachricht oder einen XML-Schema-Datentyp. Die Prozesslogik (Ablauf) eines WS-BPEL-Prozesses wird durch *Aktivitäten* abgebildet, in der weitere Aktivitäten enthalten sein können.

WS-BPEL unterscheidet *Basisaktivitäten* und *strukturierte Aktivitäten*. Basisaktivitäten ermöglichen die Durchführung bestimmter Aufgaben eines WS-BPEL Prozesses wie zum Beispiel den Empfang von Nachrichten `<receive>`, den Aufruf eines Web Service `<invoke>`, die Manipulation von Werten in Variablen `<assign>` oder das Beenden einer Prozessinstanz `<terminate>`. Durch strukturierte Aktivitäten werden Basisaktivitäten in eine Reihenfolge der Ausführung gebracht. Eine Anordnung kann beispielsweise sequenziell

<sequence>, parallel <flow> oder alternativ <switch> erfolgen. Ein WS-BPEL Prozess ist wie folgt aufgebaut:

```
<process name="ProcessName">
    <partnerLinks>...</partnerLinks>
    <partners>...</partners>
    <variables>...</variables>
    <correlationSets>...</correlationSets>
    <faultHandlers>...</faultHandlers>
    <compensationHandlers>...</compensationHandlers>
    <eventHandlers>...</eventHandlers>
    <activity/>
</process>
```

Abbildung 68: Struktur eines WS-BPEL Prozesses

Neben der Festlegung der Kommunikationspartner mittels <partnerLinks> sowie der Variablen zur Repräsentation eines bestimmten Zustandes durch <variables> werden in <correlationSets> die Daten gespeichert, die einen bestimmten Zustand beschreiben. Im Rahmen strukturierender Aktivitäten können optional Fehlerbehandlungen (<faultHandlers> und <compensationHandler>) und Entscheidungsbäume (<eventHandlers>) basierend auf Rückgabewerten aufgebaut werden.

Im Vergleich zur Modellierungssprache XPDL, bei der die Modellierung der Dokumenten-bearbeitung durch den Menschen im Vordergrund steht, fokussiert die WS-BPEL die Komposition von Web Services ohne menschliche Interaktion.[118] XPDL enthält keine Konstrukte zur Interaktion mit anderen IT-Systemen, Spezifikation von Transaktionen, Fehlerbehandlungen, Kompensationen oder Datentransformationen. In Tabelle 11 werden in Anlehnung an [Sta08, S.277] ausgewählte Merkmale der XPDL und WS-BPEL einander gegenübergestellt.

---

[118] WS-BPEL4People [OAS07b], eine Erweiterung der WS-BPEL, basiert auf der Spezifikation WS-HumanTask [OAS07c] und ermöglicht die Einbeziehung einer rollenbasierten, menschliche Interaktion in den modellierten WS-BPEL Prozess.

Merkmal	XPDL	WS-BPEL
Ziel	Offener Austausch von Prozessedefinitionen (WfMC Schnittstelle 1) und Dateiformat für BPMN.	Spezifikation von abstrakten und ausführbaren Prozessen auf Basis von Web Services.
Prozessteilnehmer	Ressource, Rolle, Organisatorische Einheit, Mensch und System. Dynamische Zuordnung mittels Regeln zur Laufzeit möglich.	Keine interne Zuordnung von Teilnehmern, sondern nur extern über `Partner-(Links)`.
Darstellung	Textuell	Textuell
Techn. Schnittstellen	z.B. Web Service, EJB, etc.	Web Services (WSDL), beliebige `Bindings`.
Manuelle Aufgaben	Explizite Definition von manuellen Prozessaktivitäten.	Keine explizite Unterstützung.
Ausführbarkeit	Ja	Ja
Modularisierung	Unterstützung von Arbeitsabläufen (Sub-Prozessen).	Mittels `Scopes` eingeschränkt möglich.
Simulation	Attribute wie z.B. Kosten, Zeitdauer, etc. vorhanden.	Keine explizite Unterstützung von simulationsrelevanten Attributen
Datenfluss	Nur bei Übergabe während Start und Ende eines Arbeitsablaufs.	Möglichkeit zur `Collaboration` zwischen parallelen Web Services.
Laufzeitverhalten, Problembehandlung	Keine explizite Unterstützung beim Ablauf von automatisierten Prozessaktivitäten.	Explizite Unterstützung mittels `Fault Handler`, `Compensation Handler` und und `Transaction Demarcation`.
Austausch mit BPMN	Bidirektionaler Austausch möglich. Enthält Koordinaten und Shape-Größen sowie Elemente Pool, Lane, Gateway und Event.	Unidirektionaler Austausch möglich. Keine Unterstützung zur Abbildung graphischer Elemente.

Tabelle 11: Vergleich von XPDL und WS-BPEL

4.2 Modellierung von IT-Dienstleistungsprozessen mit Petri-Netzen

Petri-Netze basieren auf der Dissertation „Kommunikation mit Automaten" von Carl Adam Petri [Pet62]. Die nach ihrem Erfinder benannten Petri-Netze sind eine präzise, visuelle Modellierungssprache mit einer mathematischen Fundierung, die zur Modellierung verteilter diskreter Systeme sowie deren Analyse und Ausführung angewendet werden. Bei Petri-Netzen wird zwischen lokalen (Teil-)Zuständen (Objekte und Bedingungen) und Zustandsänderungen (Aktivitäten und Ereignisse) unterschieden. Petri-Netze *„ermöglichen die Beschreibung sequentieller, sich gegenseitig ausschließenden sowie nebenläufiger (voneinander unabhängige) Aktivitäten"* [Obe96a, S.98]. Neben einer formalen Syntax und Semantik ist ein besonderes Merkmal von Petri-Netzen ihre einfache graphische Darstellung und präzise Verhaltensbeschreibung. Petri-Netze benötigen nur die Beschreibungskonstrukte

Kreis zur Repräsentation von lokalen Zuständen (z.B. Dokumente, Ressourcen, Daten, etc.) und *Viereck* zur Repräsentation von lokalen Zustandsänderungen, Aktivitäten oder Ereignissen. Mittels einer *Schaltregel* wird die Modellierung der Dynamik von IT-Dienstleistungsprozessen mit Petri-Netzen ermöglicht. Das Markenspiel, das in einfachen Petri-Netzen das „Fließen" anonymer Prozessobjekte repräsentiert, wird durch die Schaltregel bestimmt. Petri-Netze werden aufgrund ihrer graphischen Darstellung eingesetzt, um beispielsweise Ansichten über Systemstrukturen abzubilden, diese zu kommunizieren und dadurch deren Gültigkeit zu überprüfen. Durch die Anwendung der Schaltregel können Abläufe für Petri-Netze mit einem definierten Verhalten simuliert werden. Aufgrund ihrer im Vergleich zu höheren Petri-Netzen weniger kompakten Darstellung eignen sich einfache Petri-Netze zur Modellierung von komplexen IT-Dienstleistungsprozessen nur bedingt. Sobald Modellierungsprojekte durchgeführt werden, die eine automatisierte Ausführung der Prozessmodelle mit komplexen Prozessobjekten zum Ziel haben, werden höhere Petri-Netz-Varianten mit individuellen Marken[119] verwendet. Petri-Netze unterstützen die Darstellung von Systemen und IT-Dienstleistungsprozessen auf verschiedenen Abstraktionsebenen [in Anlehnung an DeO96]. Alle elementaren Petri-Netze sowie Varianten höherer Petri-Netze bestehen aus zwei disjunkten Knotenmengen, die *Stellen* (Kreise) und *Transitionen* (Vierecke) genannt werden[120] (Abbildung 69). Stellen und Transitionen werden durch gerichtete *Kanten* (Pfeile), den *Flussrelationen*, miteinander verbunden [Bau96; Rei91].

Stelle   Transition   Kante

Abbildung 69: Petri-Netz Notation

Durch das *Schalten* von Transitionen werden Zustandsübergänge dargestellt. Eine Transition kann schalten, wenn sie *aktiviert* ist (vgl. Definition 4.4). Aufgrund ihrer breiten wissenschaftlichen Fundierung werden Petri-Netze seit mehr als vier Jahrzehnten zur Modellierung, Analyse und Simulation von Abläufen in den verschiedensten Anwendungsbereichen eingesetzt [DeO96]. Verschiedene Petri-Netz-Varianten (höhere Petri-Netze) wurden auf Basis unterschiedlicher Definitionen und Interpretationen ihrer statischen und dynamischen Modellierungskonzepte entwickelt. Die Entwicklung höherer Petri-Netze (z.B. *Prädikate/*

---

[119] Je nach Netzvariante repräsentieren Marken unterscheidbare Objekte (Individuen) oder nicht unterscheidbare Objekte (anonyme Token).

[120] Stellen repräsentieren passive Komponenten und Transitionen aktive Komponenten.

Transitionen-Netze [Gen86] oder *Gefärbte Netze* [Jen92]) unterstützt die Modellierung komplexer Systeme. Erweiterungen umfassen beispielsweise die Zuweisung von Kapazitäten oder Kantengewichten zu Stellen, die Hinterlegung unterscheidbarer Marken oder die Integration von Zeitstrukturen [Obe90]. Die von [ObS96] entwickelten *NF2-Relationen/ Transitionen-Netze* (NR/T-Netze) ermöglichen die Modellierung komplex strukturierter Prozessobjekte bei der Beschreibung von IT-Dienstleistungsprozessen mit Petri-Netzen [Obe96a; Obe96b]. Darauf aufbauend entwickelte [Wei98] *SGML-Netze*, eine Variante höherer Petri-Netze, in der komplexe Prozessobjekte als Dokumente mittels der SGML (vgl. Abschnitt 3.5) modelliert und manipuliert werden können. Motiviert durch die starke Verbreitung und Akzeptanz der Auszeichnungssprache XML zur Repräsentation, Speicherung und programmgesteuerten Verarbeitung strukturierter Daten entwickelten [Len03; LeO03] *XML-Netze*, eine Variante höherer Petri-Netze. XML-Netze unterstützen die integrierte Modellierung von XML-basierten Dokumenten, deren Abfrage und Manipulation sowie die Modellierung von IT-Dienstleistungsprozessen mit höheren Petri-Netzen [Len03; LeO03].

4.2.1 Einfache Petri-Netze

Durch Petri-Netze können Kontroll- und Datenflüsse eines IT-Systems modelliert werden. Um beispielsweise den aktuellen Status eines Kontrollflusses, die Verfügbarkeit einer Ressource oder die Anzahl Nachrichten zu modellieren, ist eine abstrakte Sicht ausreichend, bei der keine Marken typisiert werden. Ein Petri-Netz ist ein Netz, das wie folgt definiert ist [Pet62; Thi86]:

Definition 4.1: Netz
Ein Tripel $N = (S, T, F)$ heißt Netz, falls folgende Eigenschaften erfüllt sind:
(i) S, T sind endliche Mengen
(ii) $S \cap T = \emptyset$
(iii) $S \cup T \neq \emptyset$
(iv) $F \subseteq (S \times T) \cup (T \times S)$ ∎

Ein Netz N ist ein bipartiter Graph, der aus zwei disjunkten Mengen S und T besteht, die durch eine Menge gerichteter Kanten F miteinander verbunden sind. Die Elemente der Menge S repräsentieren die Stellen und die Elemente der Menge T die Transitionen von N. $X = S \cup T$ ist die Menge der Knoten im Netz. Abbildung 70 zeigt ein Beispiel für ein Netz $N = (S, T, F)$ mit einer Menge von Stellen $S = \{s_1, s_2, s_3, s_4, s_5, s_6, s_7\}$, einer Menge von Transitionen $T = \{t_1, t_2, t_3, t_4\}$ und einer Flussrelation $F = \{(s_1, t_1), (t_1, s_2), (t_1, s_3), (t_1, s_4), (s_2, t_2), (s_3, t_3), (s_4, t_3), (t_2, s_5), (t_3, s_6), (s_5, t_4), (s_6, t_4), (t_4, s_7)\}$.

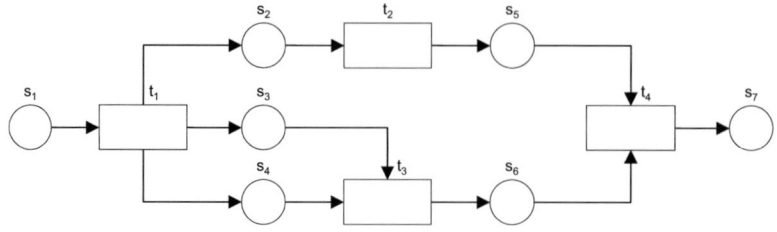

Abbildung 70: Grafische Repräsentation eines Netzes

Den Vorbereich eines Elementes $x \in X$ bilden diejenigen Elemente, die über eine Ausgangs-kante mit dem Knoten x verbunden sind. Im Nachbereich befinden sich die Knoten, die durch eine Eingangskante mit dem Element x verbunden sind.

Definition 4.2: Vorbereich, Nachbereich und Umgebung

Sei $N = (S, T, F)$ ein Netz. Dann bezeichnet für $x \in X$:

(i) $\bullet x = \{y \in X : (y, x) \in F\}$ den Vorbereich von x,

(ii) $x \bullet = \{y \in X : (x, y) \in F\}$ den Nachbereich von x und

(iii) $(\bullet x \cup x \bullet)$ die Umgebung von x.   ∎

Sowohl im Vorbereich als auch im Nachbereich einer Transition t können nur Stellen s vor-kommen ($\bullet t \cup t \bullet \subseteq S$). Analog gilt, dass die Umgebung einer Stelle s eine Menge ist, die nur aus Transitionen besteht ($\bullet s \cup s \bullet \subseteq T$). Bezogen auf Abbildung 70 ergibt sich zum Bei-spiel für t_3 der Vorbereich $\bullet t_3 = \{s_3, s_4\}$ und der Nachbereich $t_3 \bullet = \{s_6\}$.

In Kapitel fünf werden die Auswirkungen der Verfügbarkeit von IT-Dienstleistungen auf IT-Dienstleistungsprozesse unter Verwendung verschiedener Netzstrukturen untersucht. Abbildung 71 bis Abbildung 74 zeigt die grundlegenden Netzstrukturen *Sequenz*, *Neben-läufigkeit*, *Synchronisation*, *Alternative* und *Iteration*.

![Abbildung 71: Sequenz]

Abbildung 71: Sequenz

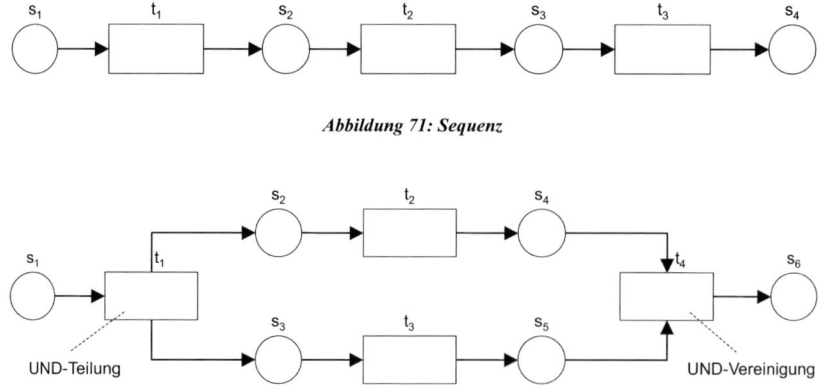

Abbildung 72: Nebenläufigkeit (UND-Teilung) / Synchronisation (UND-Vereinigung)

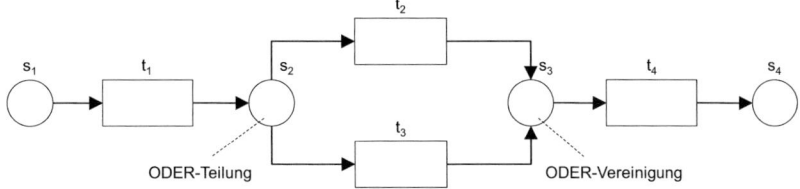

Abbildung 73: Alternative (ODER-Teilung) / Synchronisation (ODER-Vereinigung)

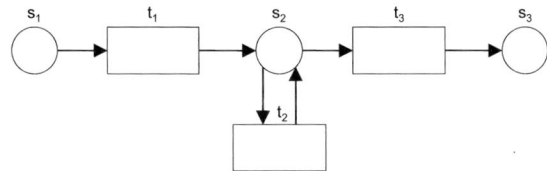

Abbildung 74: Iteration

Ein Knoten heißt *vorwärtsverzweigt* (i), wenn mindesten zwei Kanten den Knoten verlassen und *rückwärtsverzweigt* (ii), wenn mindestens zwei Kanten auf den Knoten zeigen:

(i) $|x \bullet| > 1$

(ii) $|\bullet x| > 1$ ∎

Kanal/Instanzen Netze (K/I-Netze) [Rei85] repräsentieren Netze, in denen Netzelemente umgangssprachlich und allgemein verständlich beschriftet sind, um ihnen eine Bedeutung zu geben [Obe96a, S.100]. Die passiven Komponenten eines Netzes werden als *Kanäle* und die aktiven Komponenten als *Instanzen* bezeichnet. K/I-Netze werden zum Grobentwurf von Geschäftsprozessen verwendet, in denen sie die oberste Abstraktionsebene als Ausgangspunkt einer schrittweisen *Verfeinerung* darstellen. Ausgehend von einer groben Modellierung einzelner Komponenten, werden diese wiederholt verfeinert, um die Entwicklung komplexer Ablaufbeschreibungen handhabbar zu machen [Obe96a].

Ein Typ einfacher Petri-Netze sind *Stellen/Transitionen-Netze* (S/T-Netze) [Bau96; Rei87; Rei91], in denen die passiven Komponenten als Behälter für nicht unterscheidbare Marken verwendet werden. Die Anzahl der Marken in dem jeweiligen Behälter wird durch die aktiven Komponenten verändert. Marken werden graphisch als schwarze Punkte dargestellt.

Definition 4.3: Stellen/Transitionen-Netz (S/T-Netz)

Ein S/T-Netz ist ein 6-Tupel $ST = (S, T, F, K, W, M_0)$, für das gilt:

(i) (S, T, F) ist in Netz

(ii) $K: S \rightarrow \mathbb{N} \cup \{\infty\}$

(iii) $W: S \rightarrow \mathbb{N}$

(iv) $M: S \rightarrow \mathbb{N}_0$, wobei $\forall s \in S: M(s) \leq K(s)$ ∎

Die Markierung M weist jeder Stelle eine bestimmte Anzahl von Marken zu. M_0 wird als Startmarkierung bezeichnet. K weist jeder Stelle eine Aufnahmekapazität zu, die nicht überschritten werden darf und gibt an, wie viele Marken eine Stelle höchstens aufnehmen kann. W ist eine Kantengewichtung im Netz. Eine unendliche Aufnahmekapazität der Stelle und ein Kantengewicht von eins werden unterstellt, sofern Stelle und Kante nicht beschriftet sind. Eine Transition kann schalten, wenn sie unter einer gegebenen Markierung M aktiviert ist. Dabei entfernt sie entsprechend den Kantengewichtungen Marken aus allen Stellen im Vorbereich und fügt sämtlichen Stellen im Nachbereich entsprechend den Kantengewichtungen Marken hinzu. Die Schaltregel für S/T-Netze wird nachfolgend definiert:

Definition 4.4: Schaltregel für S/T-Netze

Gegeben sei ein Stellen/Transitionen-Netz $ST = (S, T, F, K, W, M_0)$. Eine Transition $t \in T$ heißt aktiviert unter einer Markierung M, falls gilt:

(i) $\forall s \in \bullet\, t: M(s) \geq W(s, t)$

(ii) $\forall s \in t\, \bullet : M(S) \leq K(s) - W(t, s)$

Ist eine Transition t unter M markiert, so kann t schalten. Das Schalten von t unter M führt zur Folgemarkierung M' wobei gilt:

$$
M'(s) = \begin{cases}
M(s) - W(s, t) & falls\ s \in \bullet\, t\ und\ s \notin t\, \bullet \\
M(s) + W(t, s) & falls\ s \in t\, \bullet\ und\ s \notin \bullet\, t \\
M(s) - W(s, t) + W(t, s) & falls\ s \in t\, \bullet\ und\ s \in \bullet\, t \\
M(s) & sonst
\end{cases}
$$

■

Abbildung 75 zeigt die Markierung vor und nach dem Schalten von Transition t_1.

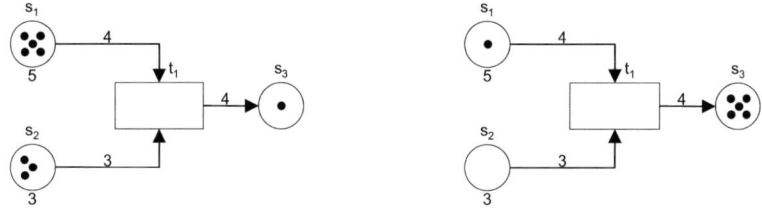

Abbildung 75: Schaltvorgang im S/T-Netz

Im S/T-Netz auf der linken Seite ist die Transition t_1 unter der gegebenen Markierung M aktiviert. Das rechte S/T-Netz zeigt die entsprechende Folgemarkierung M'.

4.2.2 Höhere Petri-Netze

Einfache Petri-Netz-Typen sind für eine Modellierung von komplexen IT-Dienstleistungs-prozessen nur bedingt geeignet, da eine Unterscheidung von individuellen Marken nicht möglich ist. Werden Marken Werte zugeordnet, um sie unterscheiden und mit ihnen rechnen zu können, handelt es sich um ein System mit *individuellen Marken* [Bau96, S.193]. Unter dem Oberbegriff *höhere Petri-Netze* [EHP02; GeL81; Jen92; Len03; ObS96] werden verschiedenste Netztypen mit individuellen Marken zusammengefasst. Beispiele für höhere Petri-Netz-Varianten sind Prädikate/Transitionen-Netze (Pr/T-Netze), NF2-Relationen/ Transitionen-Netze (NR/T-Netze) und XML-Netze.

Prädikate/Transitionen-Netze [GeL81; Rei87] integrieren bei der Modellierung und Analyse von Geschäftsprozessen objektbezogene Aspekte in Form individueller Marken. Daraus folgt, dass eine Markierung sowohl von der Anzahl Marken als auch von deren Beschaffenheit (z.B. Zahlen, Zeichenketten, Tupel, etc.) abhängt.

> *Definition 4.5: Prädikate/Transitionen-Netz (Pr/T-Netz)*
>
> Ein Pr/T-Netz ist ein 7-Tupel $PT = (S, T, F, \Psi, KB, TI, M_0)$, für das gilt:
> (i) (S, T, F) ist ein Netz. S wird als Menge von Prädikaten mit veränderlichen Ausprägungen interpretiert.
> (ii) $\Psi = (D, FT, PR)$ ist eine Struktur bestehend aus einer Individuenmenge D, einer auf D definierten Menge von Funktionen FT und einer Menge PR von auf D definierten Prädikaten mit unveränderlichen Ausprägungen.
> (iii)   Die Kantenbeschriftung KB weist den Kanten aus F eine Menge von Variablen-tupeln mit der Stelligkeit des adjazenten Prädikats zu.
> (iv) TI weist jeder Transition aus T eine Transitionsinschrift in Form eines über Ψ und der Menge der an den adjazenten Kanten vorkommenden Variablen gebildeten prädikatenlogischen Ausdrucks zu.
> (v) M markiert die Prädikate mit Mengen von konstanten Individuentupeln (Relationen) mit der Stelligkeit des entsprechenden Prädikats. Die Startmar-kierung ist M_0.   ∎

Prädikate (Kreise) können mit einer festgelegten Anzahl individueller Marken belegt werden. Aufgrund der Identifikation individueller Marken können Eigenschaften von und Beziehungen zwischen Objekten modelliert werden, was im Vergleich zu einfachen Petri-Netzen zu einer kompakteren und lesbareren Darstellung führt.

> *Definition 4.6: Prädikatenlogischer Ausdruck*
>
> Für die Menge P_Ψ der prädikatenlogischen Ausdrücke zu einer Struktur $\Psi = (D, FT, PR)$ gilt:
> (i)   *wahr* $\in P_\Psi$

(ii) $\quad P \in PR$ n-stelliges Prädikat, $t_1, \dots, t_n$ Terme $\Rightarrow P(t_1, \dots, t_n) \in P_\Psi$

(iii) $\quad p_1, p_2 \in P_\Psi \Rightarrow \begin{cases} p_1 \wedge p_2 \in P_\Psi \\ p_1 \vee p_2 \in P_\Psi \\ \neg p_1 \in P_\Psi \\ p_1 \rightarrow p_2 \in P_\Psi \end{cases}$

$\blacksquare$

Ein markiertes Prädikat enthält eine Relation, die dem spezifizierten Relationsschema entspricht. Transitionen können prädikatenlogische Ausdrücke (Transitionsinschrift *TI*) enthalten und entsprechende Änderungsoptionen auf Individuentupeln definieren, die beim Schalten der Transition aus den Eingangsprädikaten entfernt und in die Ausgangsprädikate eingefügt werden. Die Prüfung, ob eine Transition aktiviert ist oder nicht, wird lokal durchgeführt und hängt von Prädikaten ab, die sich unmittelbar im Vor- oder Nachbereich der Transition befinden (Lokalitätsprinzip).

Abbildung 76 zeigt ein als Pr/T-Netz modelliertes, vereinfachtes Beispiel für die Vergabe von zu identifizierenden Ticketnummern für Störungstickets je Ticket-Typ. Das Pr/T-Netz enthält drei Prädikate Störungsmeldung, Ticketnummer und Störungsticket, die mit den entsprechenden Individuentupeln markiert sind, sowie eine Transition Nummernzuweisung mit einer logischen Formel als Transitionsinschrift. Bei der gegebenen Markierung kommt es zu folgender Variablenbelegung: Ticket-Typ=SAP, Ticket-ID=030, Anwender_Name=Moser, Bearbeiter_Name=Schulze. Da die Variablenbelegung (Ticket-ID≠0) ist und die instanziierten Tupel in den Eingangsprädikaten enthalten und in den Ausgangsprädikaten nicht enthalten sind, ist die Transition Nummernzuweisung aktiviert.

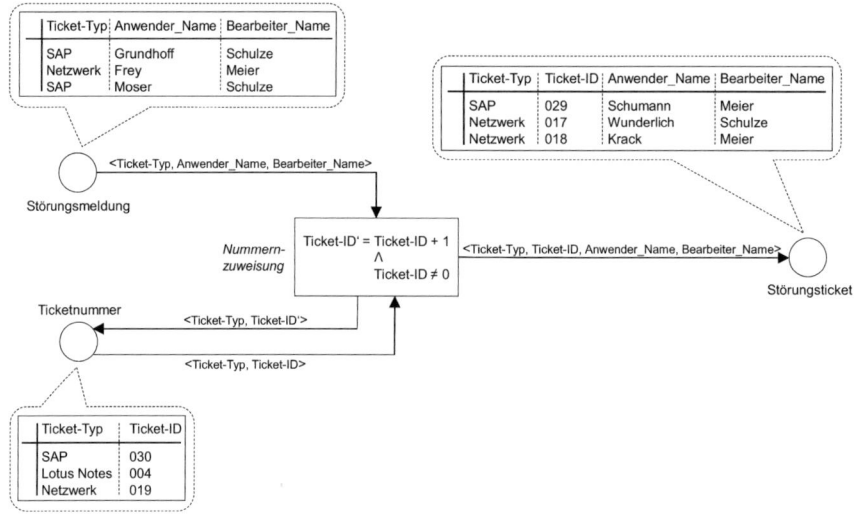

Abbildung 76: Vergabe von Ticket-IDs als Pr/T-Netz modelliert

Sobald die Transition schaltet, werden die der gegebenen Variablenbelegung entsprechenden Tupel der Eingangsprädikate `Störungsmeldung(<SAP, Moser, Schulze>)` und `Ticketnummer(<SAP, 030>)` gelöscht und ein neues Tupel in das Prädikat `Störungsticket(<SAP, 030, Moser, Schulze>)` eingefügt. Die Identifikationsnummer des Tickets (`Ticket-ID`) erhöht sich um den Wert 1 und wird in das Prädikat `Ticketnummer` zurückgeschrieben.

XML-Netze sind eine Variante höherer Petri-Netze zur graphischen Modellierung von Geschäftsprozessen. Die Modellierung mit XML-Netzen basiert auf dem Austausch von XML-Dokumenten und durch diese repräsentierte Prozess- oder Dienstgüteobjekte. Marken eines XML-Netzes repräsentieren XML-Dokumente. Aktivitäten entsprechen Operationen auf XML-Dokumenten. Stellen eines XML-Netzes werden durch *Stellenschemata* typisiert, d.h. eine Stelle kann nur solche XML-Dokumente als Marken enthalten, die gültig in Bezug auf ein XML-Schema sind. Durch die Verwendung von XML-Schemata können komplex strukturierte, prozessrelevante Objekte als Marken eines Netzes modelliert werden. Kanten werden in XML-Netzen durch *Filterschemata* beschriftet, die zu den XML-Schemata der adjazenten Stellen korrespondieren müssen. Filterschemata fungieren als Schablonen für XML-Dokumente und deren Elemente, die es unter anderem ermöglichen, Inhalte eines XML-Dokuments oder auch ganze Dokumente zu manipulieren oder zu löschen. Graphisch werden Filterschemata durch *Filterdiagramme* dargestellt (z.B. in Abbildung 80). Stellen- und Filterschemata basieren auf XML-Schema. Transitionen „*repräsentieren Aktivitäten, die jeweils eine Klasse von (Einfüge- und Lösch-)Operationen auf den Dokumenten der adjazenten Stellen definieren*" [Len03, S.171]. Optional können so genannte *Transitionsinschriften* Operationen einschränken. Wenn eine Transition eine Inschrift enthält, kann diese nur dann ausgeführt werden, wenn die durch die Transitionsinschrift formulierte Bedingung auf die XML-Dokumente zutrifft, die durch die Filterschemata repräsentiert werden[121]. Die Anwendung von Transitionsinschriften bei der Modellierung von IT-Dienstleistungsprozessen wird in Abschnitt 6.2 anhand des prototypischen Softwarewerkzeugs *TiMo* verdeutlicht.

Die Anfragesprache XML Manipulation Language (*XManiLa*) [Len03] ist eine Erweiterung von XML-Schema und wird zur graphischen Modellierung von Selektionen und Manipulationen von XML-Dokumenten verwendet. Filterschemata setzen sich aus *Elementfiltern* zusammen, die jeweils den Elementtypen in XML-Schema entsprechen und

---

[121] Eine Variablenbelegung kann für eine Transitionsinschrift „*wahr*" oder „*falsch*" sein und die Werte „1" oder „0" annehmen.

deren Instanzen mittels XManiLa selektiert oder manipuliert werden. Elementfilter können *Attributfilter* analog zu Attributen in XML-Schema enthalten. Während XML-Schema auf die Beschreibung der Struktur von XML-Dokumenten beschränkt ist, werden Filterschemata beispielsweise zur Auswahl von XML-Dokumenten aus einer Menge von XML-Dokumenten, die dem gleichen XML-Schema entsprechen, verwendet. Zur Auswahl von XML-Dokumenten werden Variablen oder Konstanten einem Elementfilter und/oder Attributfilter eines Filterschemas zugewiesen. Zur Manipulation von XML-Dokumenten werden in einem Filterschema diejenigen Elementfilter markiert, die in einem XML-Dokument Elemente repräsentieren, die hinzugefügt oder entfernt werden sollen. Die in einem markierten Elementfilter enthaltenen Sub-Elementfilter erben die Markierungen des jeweiligen Super-Elementfilters. XML-Dokumente können durch Filterschemata auf verschiedenen Ebenen manipuliert werden. Sind bestimmte Elemente in XML-Dokumenten für eine Selektion nicht relevant oder werden nicht manipuliert, können die entsprechenden Elementfilter in einem Filterschema durch Elementplatzhalter ersetzt werden, um zum Beispiel die Lesbarkeit des Filterschemas zu erhöhen (vgl. Abschnitt 3.5). Elementfilter und Elementtypen werden jeweils durch ein aus zwei Teilen bestehendes Rechteck dargestellt. Der obere Teil enthält den Namen des Elementtyps, der dem Elementfilter im entsprechenden XML-Schema entspricht. Der untere Teil enthält die einem Elementfilter zugewiesenen Variablen oder Konstanten[122]. Enthält ein Elementfilter Attributfilter, werden diese neben der dem Attributfilter zugewiesenen Variablen oder Konstanten geschrieben.

Abbildung 77a zeigt die XSM-Repräsentation eines Elementtyps E. Der Wertebereich des Attributs A_3 wird durch das Intervall ganzer Zahlen zwischen 0 und einschließlich 5 begrenzt. Der in Abbildung 77b gezeigte Elementfilter repräsentiert alle Instanzen des Elementtyps E, deren Attribute A_3 die Konstante mit dem Wert „3" enthalten. Die Attributfilter A_1 und A_2 des Elementfilters enthalten die Variablen Y und Z.

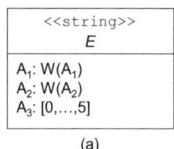
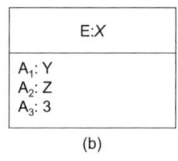

(a)   (b)

Abbildung 77: (a) Elementtyp und (b) zugehöriger Elementfilter

Ein Elementfilter wird als Schablone zur Selektion von Instanzen eines bestimmten Elementtyps verwendet und als *Vergleichsfilter* bezeichnet. Variablen werden bei einer

---

[122] Zur besseren Lesbarkeit werden Konstanten mit Anführungs- und Schlusszeichen gekennzeichnet.

Selektion automatisch mit den Inhalten der Elemente oder den Werten der Attribute der ausgewählten Elemente belegt. *Manipulationsfilter* sind Elementfilter, die zur Manipulation von XML-Dokumenten verwendet werden. Ein Manipulationsfilter ermöglicht das Hinzufügen oder Löschen von Inhalten in XML-Dokumenten. Die graphische Darstellung eines Manipulationsfilters unterscheidet sich von der eines Vergleichsfilters durch eine breite, schwarze Kante an der linken Seite des Rechtecks.

Abbildung 78: (a) Elementtyp und (b) zugehöriger Manipulationsfilter

Abbildung 78a zeigt einen Elementtyp, der dem beschriebenen Manipulationsfilter entspricht. Der Manipulationsfilter in Abbildung 78a wird zur Erzeugung oder Entfernung eines Elements vom Typ `Ticket` verwendet. Sobald ein Element mittels des Manipulationsfilters erzeugt wird, wird das Attribut `Ticket-ID` mit dem Wert `234` und das Attribut `Ticket-Typ` mit dem Wert `SAP` beschrieben. Sobald der Manipulationsfilter zur Entfernung von Elementen verwendet wird, können nur Elemente entfernt werden, deren Attribute `Ticket-ID` den Wert `234` und `Ticket-Typ` den Wert `SAP` enthält.

Die Abbildung von Elementplatzhaltern in Filterdiagrammen entspricht der graphischen Darstellung im XML-Schema-Modell. Analog zu Assoziationstypen zwischen Elementtypen in XML-Schemata existieren in Filterschemata *Filterassoziationen* zwischen Elementfiltern. Elementfilter können auf mehreren Ebenen dargestellt werden, die identisch zu der Darstellung von lokalen Assoziationstypen sind. Analog zum Sequenztyp in XML-Schemata werden *Filtersequenzen* verwendet. Die Struktur eines Filterschemas entspricht dem Aufbau eines XML-Schema-Diagramms, das genau einen Top-Level-Elementtyp enthält. Ein Filterschema heißt zulässig zu einem XML-Schema, wenn alle XML-Dokumente, die durch das Filterschema beschrieben werden, gültig bezüglich dieses XML-Schemas sind. Eine Anfrage mittels der Anfragesprache XManiLa setzt sich aus einer Stelle, einer Transition und einer Kante zwischen beiden Knoten zusammen. Die Stelle wird durch ein XML-Schema typisiert. Alle Dokumente, die für die Anfrage von Relevanz sind, müssen gültig bezüglich dieses XML-Schemas sein. Die Kante zwischen Stelle und Transition wird mit einem Filterschema beschriftet, das zulässig hinsichtlich des XML-Schemas der Stelle ist. Zur Modellierung einer Lese-Operation (Abbildung 79a) mit XManiLa werden ausschließlich Vergleichsfilter verwendet. Bei Lese-Operationen werden die Inhalte eines XML-Dokumentes, das in der Stelle enthalten ist, ausgelesen. Falls bei der Modellierung einer Anfrage ein Manipulationsfilter verwendet wird, bestimmt die Kantenrichtung den Operationstyp. Handelt es sich um eine von der Transition abgehende Kante, liegt eine Einfüge-Operation `insert` vor. Entsprechend den Vorgaben des Filterschemas werden einem in der Stelle vorhandenen XML-Dokument Elemente hinzufügt oder neue XML-Dokumente in der Stelle erzeugt (Abbildung 79b).

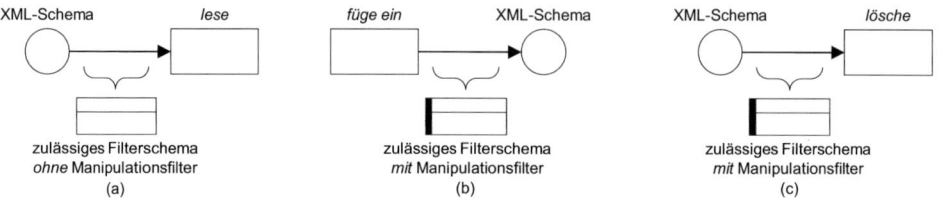

Abbildung 79: XManiLa-Anfragen: (a) Lesen, (b) Einfügen und (c) Löschen

Handelt es sich um eine von der Transition abgehende Kante, liegt eine Lösch-Operation `delete` vor. Durch Lösch-Operationen werden, entsprechend den Vorgaben des Filter-schemas, entweder Elemente aus den in der Stelle enthaltenen XML-Dokumenten entfernt oder XML-Dokumente komplett aus der Stelle gelöscht (Abbildung 79c).

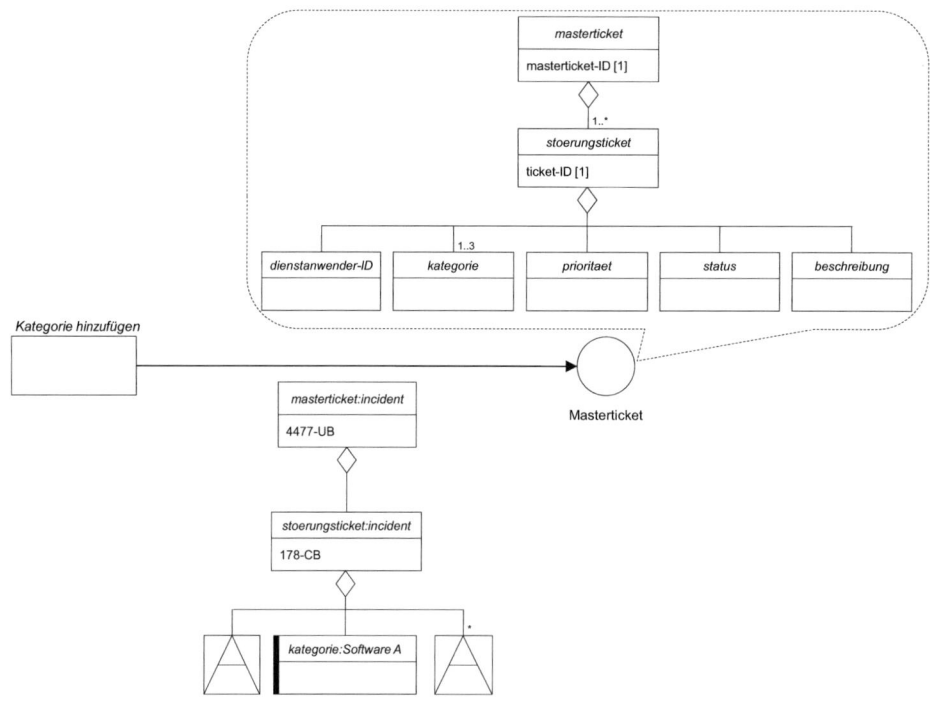

Abbildung 80: Einfügen eines atomaren Elements in ein XML-Dokument

Abbildung 80 zeigt eine Einfüge-Operation als Anfrage in XManiLa. Das Filterschema enthält einen Manipulationsfilter φ_1=`kategorie:Software A`. Darüber hinaus enthält das Filterschema einen Vergleichsfilter mit Attributfilter φ_2=`masterticket: incident<masterticket-ID:4477-UB>` und φ_3=`störungsticket:incident <ticket-ID:178-CB>`. Vor und nach dem Manipulationsfilter φ_1 steht jeweils ein Elementplatzhalter E_{ANY} , da keine weiteren Elemente des Stellenschemas für die Einfüge-Operation relevant sind. Einem in der Stelle `masterticket` existierenden Störungsticket mit dem Attributwert `ticket-ID:178-CB` wird eine neue Kategorie mit dem Wert `SAP` hinzugefügt. Eine Einfüge-Operation wird im Rahmen der Modellierung von IT-Dienstleistungsprozessen beispielsweise zur Abbildung von Ressourcen zur Ausführung von Aktivitäten verwendet.

Ein XML-Netz wird wie folgt definiert (vgl. [CLO09; Len03; LeO03]):

Definition 4.7: XML-Netz

Ein XML-Netz ist ein Tupel $XN = (S, T, F, \Psi, I_S, I_F, I_T)$, für das gilt:
- (i) (S, T, F) ist ein Petri-Netz
- (ii) $\Psi = (D, FT, PR)$ ist eine Struktur die aus einer nicht-leeren und endlichen Individuenmenge D, einer auf D definierten Menge von Funktionen FT und einer auf D definierten Menge von Prädikaten PR mit unveränderlichen Ausprägungen besteht.
- (iii) I_S ist eine Funktion, die jeder Stelle $s \in S$ ein XML-Schema zur Stellentypisierung zuweist. Das zugewiesene XML-Schema schränkt die Menge zulässiger Markierungen ein.
- (iv) I_F ist eine Funktion, die jeder Kante aus F ein valides XML-Schema zuweist. Filterschemata an eingehenden Kanten einer Transition können vergleichende oder manipulierende Filter zum Lesen oder (partiellen) Löschen von XML-Dokumenten enthalten. Filterschemata an ausgehenden Kanten einer Transition *müssen* manipulierende Filter zum Verändern oder Erzeugen von XML-Dokumenten enthalten.
- (v) I_T ist eine Funktion, die jeder Transition $t \in T$ eine Transitionsinschrift in Form eines über Ψ und der Menge der an allen adjazenten Kanten vorkommenden XML-Schema-Variablen gebildeten prädikatenlogischen Ausdrucks $p \in P_\Psi$ zuweist. Die Auswertung eines prädikatenlogischen Ausdrucks muss den booleschen Wert *wahr* annehmen, damit die Transition schalten kann. ∎

[Len03] verwendet in der Definition von XML-Netzen XML-Schema-Diagramme für die Stellentypisierung und die Sprache XManiLa zur Anfrage an XML-Dokumente. Der im Rahmen dieser Arbeit implementierte Softwareprototyp eines Editors für Transitionsinschriften *TiMo* (vgl. Abschnitt 6.2) setzt darauf auf und verwendet XML-Schema als Beschreibungssprache zur Stellentypisierung sowie den W3C-Standard *XML Query* (XQuery) [W3C07c] als Anfragesprache zur Dokumentenmanipulation. XQuery ist eine Sprache, mit der deklarative Anfragen im Stil von SQL mit Elementen funktionaler Programmierung kombiniert werden. XQuery wird zur Verwaltung, Abfrage und Manipulation von text- und datenzentrierten[123] XML-Dokumenten innerhalb und außerhalb von XML-basierten Datenbanken eingesetzt. Da das gesamte Typsystem von XML-Schema übernommen wird, unterstützt XQuery eine große Anzahl von Datentypen sowie XML Namensräume. Als zentrales Konstrukt verwendet XQuery so genannte *FLOWR*[124]-Ausdrücke, die dem in SQL genutzten Konzept der SELECT-FROM-WHERE-Anfragen nachempfunden sind. Beispielsweise werden durch die XQuery-Anfrage in Abbildung 81 alle Ticket-IDs im Dokument stoerungstickets.xml ausgegeben, die eine Priorität mit dem Wert 1 haben. Bei der Ausgabe werden die selektierten Ticket-IDs sortiert.

```
for $x in doc("stoerungstickets.xml")//tickets/incident
where $x/Prioritaet=1
order by $x/Ticket-ID
return $x/Ticket-ID
```

Abbildung 81: XQuery-Anfrage zur Ausgabe von Störungstickets

Die Navigation innerhalb von XML-Dokumenten erfolgt auf Basis der *XML Path Language* (XPath) [W3C07b], wodurch jeder Knoten in der durch das XML-Dokument repräsentierten Baumstruktur erreicht werden kann. Da die in XPath vorhandenen Funktionen und elementaren Ausdrücke auch in XQuery verwendet werden können, ist XPath eine Untermenge von XQuery.

Im Folgenden werden Beispiele für ablaufrelevante Dienstgüteobjekte im Rahmen verschiedener Sichten (vgl. Abschnitt 3.4.2) einer IT-Dienstleistungsvereinbarung mit dem Ziel modelliert, IT-Dienstleistungsprozesse unter Berücksichtigung der in IT-Dienstleistungsvereinbarungen definierten Anforderungen abzubilden. In der Ressourcensicht werden Dienstgüteobjekte von Aktivitäten eines IT-Dienstleistungsprozesses erzeugt, verwendet oder

---

[123] Bei textzentrierten XML-Dokumenten wird die aktuell vorliegende Version von XQuery 1.0 unter anderem zur Suche nach passenden Dokumenten oder Dokumentteilen, zum Erstellen von Inhaltsverzeichnissen oder Erstellen neuer XML-Dokumente als Ergebnis einer Anfrage verwendet. Sofern datenorientierte XML-Dokumente verwendet werden, kann XQuery beispielsweise zur Extraktion und Transformation von Daten und zur Integration heterogener Daten genutzt werden.

[124] Als Teil innerhalb des Anfragerumpfs eines XQuery-Ausdrucks sind die so genannten FLOWR-Ausdrücke von besonderer Bedeutung. FLOWR-Ausdrücke bestehen allgemein aus den Syntax-Komponenten FOR IN, LET :=, ORDER BY, WHERE und RETURN.

verbraucht. Dienstgüteobjekte werden in XML-Netzen durch XML-Dokumente repräsentiert, die gültig bezüglich der gleichen XML-Schemata sind. Stellen enthalten XML-Dokumente, die gültig bezüglich der diese typisierenden XML-Schemata sind und als Speicher oder Ressource für ähnliche Dienstgüteobjekte interpretiert werden. Beispielsweise können Applikations-Server (App-Server) als ressourcenbezogene Dienstgüteobjekte in XML-Netzen interpretiert werden. Die in einem Unternehmen existierenden App-Server können durch Ihre Inventarnummer und verschiedene Eigenschaften (z.B. Festplattengröße, RAM-Speicher, etc.) eindeutig beschrieben werden. Das vereinfachte XML-Schema in Abbildung 82a modelliert den Elementtyp `App-Server` und die drei Attribute `Inventarnummer`, `Festplatten-groesse` und `RAM-Kapazitaet`. Abbildung 82b zeigt die XSM-Repräsentation des XML-Schemas. Wird eine Stelle mit dem XML-Schema aus Abbildung 82a typisiert, kann diese beispielsweise als Datenbank interpretiert werden, die Informationen über aktuell verfügbare App-Server enthält. Mit ablaufrelevanten Dienstgüteobjekten der Zielsicht werden einzuhaltende Qualitätsmerkmale eines IT-Dienstleistungsprozesses modelliert. Qualitäts-merkmale können in XML-Netzen durch so genannte Kennzahlenstellen modelliert werden.

```
<schema>
  <element name="App-Server">
    <complexType>
      <attribute name="Inventarnummer"
        type="String"/>
      <attribute name="Festplattengroesse"
        type="Integer"/>
      <attribute name="RAM-Kapazitaet"
        type="Integer"/>
    </complexType>
  </element>
</schema>
```

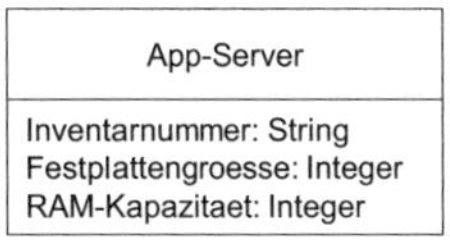   App-Server
Inventarnummer: String
Festplattengroesse: Integer
RAM-Kapazitaet: Integer

(a) (b)

Abbildung 82: (a) XML-Schema und (b) entsprechende XSM-Repräsentation

In Abhängigkeit der jeweiligen Kennzahlenart (relativ oder absolut) werden die Kenn-zahlenstellen typisiert (vgl. Abschnitt 2.4). Beispielsweise können mit den Symbolen in Abbildung 83 absolute und relative Kennzahlenstellen im Rahmen Petri-Netz basierter, *einfacher Performance-Netze* (ePfN) modelliert werden [Mev06]. Absolute und relative

Kennzahlenstellen werden zur Kapselung von Kennzahlenmustern[125] verwendet, die das Konzept der Vergröberung von Petri-Netzen nutzen.

(a)   (b)

Abbildung 83: Darstellung von (a) absoluten und (b) relativen Kennzahlenstellen

In Kennzahlenstellen gekapselte, ausgeblendete[126] Teilnetze von XML-Netzen berechnen jeweils Kennzahlenwerte. Durch Anwendung eines *Durchschnitt-Kennzahlenmusters* wird zum Beispiel das arithmetische Mittel einer Menge zeitlich aufeinander folgender, gleichartiger Werte berechnet. Das Durchschnitt-Kennzahlenmuster wird aus einer Transition t_1 und mindestens zwei Stellen s_n^{IN}, $n = 1, 2, \dots, N$ (Input-Stellen) im Vorbereich sowie einer Stelle s_1^{OUT} (Output-Stelle) im Nachbereich von t_1 gebildet. Die Kennzahlenberechnung wird in t_1 durchgeführt. Alle Stellen des Kennzahlenmusters werden mit entsprechenden XML-Schemata typisiert. Die zur Berechnung einer Kennzahl verwendete Formel wird der Transition als Inschrift zugewiesen. Die Transitionsinschrift definiert, wie in Abbildung 84 gezeigt, das Zeitintervall, auf das sich die jeweils berechnete Kennzahl bezieht.

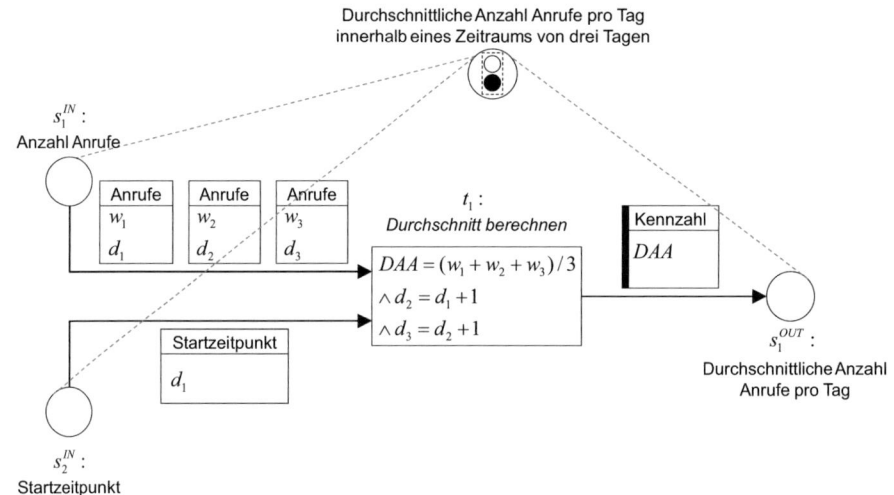

Abbildung 84: XML-Netz für ein Durchschnitt-Kennzahlenmuster

---

[125] Kennzahlenmuster bilden Rechenoperationen in XML-Netzen ab, die zur Ermittlung von Kennzahlenwerten verwendet werden. Bei der Berechnung wird unter anderem zwischen Summenkennzahlen, Differenzkennzahlen, Durchschnittskennzahlen, Indexkennzahlen oder Gliederungskennzahlen unterschieden [Mev06, S.148 ff.].

[126] Die Transformation eines (Teil-)netzes wird mittels Netzmorphismen formalisiert, wobei zwischen *Vergröberung/Verfeinerung*, *Einbettung/Restriktion* und *Faltung/Entfaltung* unterschieden wird [Bau96; Rei91].

Das Durchschnitt-Kennzahlenmuster kann ein Dienstanbieter beispielsweise dazu verwenden, die durchschnittliche Anzahl der Anrufe pro Tag (z.B. wegen ausgefallener Applikations-Server), die innerhalb eines Zeitraums von drei Tagen am IT-Service Desk eingegangen sind, zu ermitteln. Die Anzahl der Anrufe pro Tag ist mit Datum in einer Datenbank gespeichert. Stelle s_1^{IN} modelliert die Datenbank, die Informationen über die Anzahl eingegangener Anrufe jeden Tages unter Angabe des jeweiligen Datums enthält. Stelle s_2^{IN} modelliert den Startzeitpunkt der Kennzahlberechnung. Stelle s_1^{OUT} repräsentiert das Ergebnis der Rechenoperation. Zur Berechnung der Kennzahl werden gemäß den Filterschemata an der Kante (s_1^{IN}, t_1) drei Einträge aus der Datenbank ausgelesen[127]. Die Filterschemata enthalten jeweils ein Datum $d_n, n = 1,2,3$ wodurch nur die zeitlich relevanten XML-Dokumente selektiert werden sowie die Anzahl Anrufe $w_n, n = 1,2,3$ als Wert vom Typ `Integer`. Die Variablen beinhalten jeweils die Werte der Datenbankeinträge. Das Filterschema an der Kante (s_2^{IN}, t_1) modelliert, dass ein Startzeitpunkt d_1 für die Berechnung benötigt wird. Der prädikatenlogische Ausdruck der Transitionsinschrift in t_1 setzt sich aus drei Teilausdrücken zusammen. Der erste Teilausdruck beschreibt die bei der Kennzahlberechnung zu verwendende Formel. Die beiden folgenden, mit dem logischen UND-Operator verknüpften, Teilausdrücke legen fest, dass d_1, d_2 und d_3 aufeinanderfolgende Daten repräsentieren.

Kennzahlenmuster können bei Modellierung von Kennzahlen als Teil von IT-Dienst-leistungsvereinbarungen in XML-Netzen verwendet werden. Unter anderem ist der Zusammenhang zwischen erreichten und vereinbarten Service-Levels als ablaufrelevante Dienstgüteobjekte der Zielsicht von besonderem Interesse. Die Modellierung der Dienstgüteobjekte kann in XML-Netzen durch die Verwendung so genannter *Alert-Transitionen* erfolgen (vgl. [Mevi06, S.174 ff.]). Die im Rahmen einer IT-Dienstleistungs-vereinbarung vereinbarten Service-Levels sind nur eine Teilmenge der Kennzahlen, die ein Dienstanbieter für seine IT-Dienstleistungsprozesse definiert. Das liegt unter anderem daran, dass nicht alle Kennzahlen, die während der Ausführung eines IT-Dienstleistungsprozesses erhoben werden, in einer IT-Dienstleistungsvereinbarung festgelegt sein müssen.

Die Ausführung von Aktivitäten in IT-Dienstleistungsprozessen wird im Rahmen der Prozesssicht durch ablaufrelevante Dienstgüteobjekte unterstützt, um gegebenenfalls neue Dienstgüteobjekte zu erzeugen oder vorhandene zu transformieren. IT-Dienstleistungs-prozesse werden durch den „Dokumentenfluss", der in XML-Netzen durch eine Folge von XManiLa-Anfragen auf XML-Dokumente festgelegt ist, modelliert. XML-Dokumente sind

---

[127] In Anlehnung an das Konzept der *Abräumkanten* (vgl. [Bau96, S.250 ff.]), werden beim Schalten von Transition t_1 alle drei XML-Dokumente gleichzeitig aus Stelle s_1^{IN} ausgelesen. Zur Modellierung werden keine Doppelpfeile verwendet, sondern mehrere Elementfilter mit indizierten Variablen.

ablaufrelevante Dienstgüteobjekte, sofern sie Einfluss auf die Qualität des IT-Dienstleistungsprozesses oder der durch diesen erzeugte IT-Dienstleistung haben. Das Beispiel in Abbildung 85 veranschaulicht diesen Zusammenhang. Zur Abwicklung von Druckaufträgen bezieht ein Dienstnehmer von einem Dienstanbieter eine IT-Dienstleistung ‚Drucken‘, die die Bereitstellung eines Druckservers und eine Anzahl Drucker umfasst. Dokumente, die sich in Stelle s_1 (kann als Warteschlange des Druckservers interpretiert werden) befinden, sollen auf entsprechenden Druckern ausgegeben werden. Alle zu einem bestimmten Zeitpunkt verfügbaren Drucker sind in Stelle s_2 (Datenbank) eingetragen. Gedruckte Dokumente werden in Stelle s_3 (Druckausgabe) bereitgestellt. Wartende sowie gedruckte Dokumente werden als Prozessobjekte bezeichnet, wohingegen die einen Drucker und dessen Eigenschaften repräsentierenden XML-Dokumente als Dienstgüteobjekt charakterisiert werden.

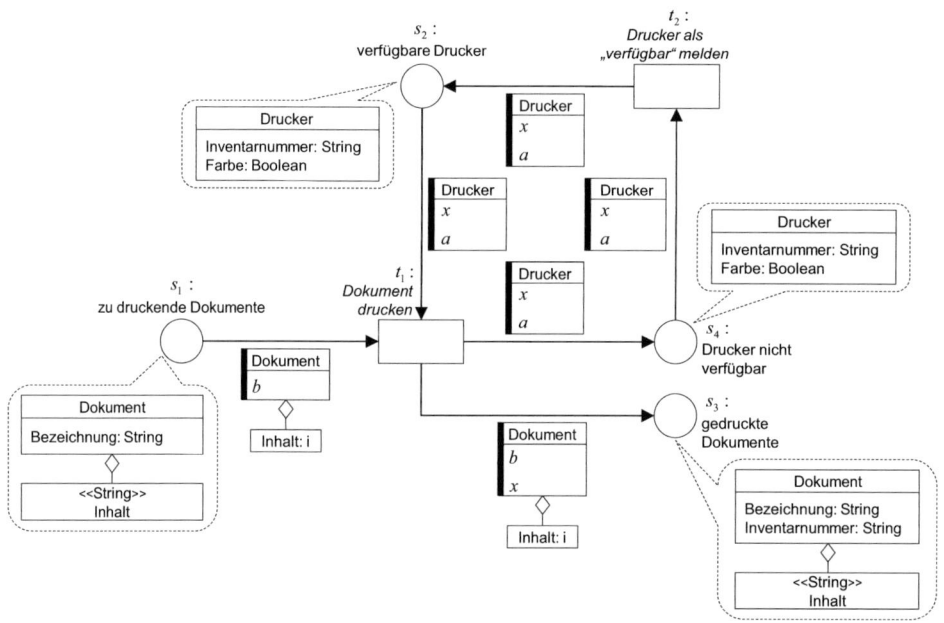

Abbildung 85: Modellierung von Dienstgüteobjekten in XML-Netzen

Der Drucker ist am Druckprozess eines Dokuments über mehrere Aktivitäten hinweg beteiligt und hat Einfluss auf die Qualität der IT-Dienstleistung ‚Drucken‘ in Bezug auf Verfügbarkeit, Druckqualität, Auflösung, etc.. Darüber hinaus enthält das Dienstgüteobjekt `Drucker` verschiedene Zustände (z.B. `verfügbar` / `in Arbeit` / `nicht aktiv`) die über entsprechende Filterschemata gesetzt werden. Die Bezeichnung der Dokumente wird durch die Variable b in den jeweiligen Filterschemata der Kanten (s_1, t_1) und (t_1, s_3) ausgedrückt. Die Variable i repräsentiert die Inhalte der Dokumente in den Filterschemata. Zusätzlich enthält ein gedrucktes Dokument mit der Variablen x Informationen, auf welchem Drucker das Dokument ausgegeben wurde. Variable a modelliert, ob es sich bei einem verwendeten Drucker um einen Farbdrucker (`Farbe: true`) oder um einen Schwarz-Weiß-Drucker (`Farbe: false`) handelt. Das Filterschema der Kante (t_1, s_4) modelliert, dass ein Drucker, der einen Druckvorgang beendet hat, eine Zustand `nicht aktiv` erhält. Sobald der Druckerstatus aktualisiert wird (Transition t_2) wird der Zustand wieder auf `verfügbar` gesetzt und der entsprechende Drucker in Stelle s_2 zur Verfügung gestellt. Die Filterschemata an den Kanten (s_4, t_2) und (t_2, s_2) modellieren das Entfernen und Hinzufügen entsprechender Datenbankeinträge. Dienstgüteobjekte, die zur Durchführung von mehreren Aktivitäten benötigt werden, können beispielsweise als Ressourcen in IT-Dienstleistungsprozessen mittels XML-Netzen modelliert werden. Diese können gegebenenfalls zur Durchführung weiterer Aktivitäten verwendet werden, bevor sie wieder bereit gestellt werden. Dienstgüteobjekte können eingeschränkt werden. Ein Dienstnehmer kann beispielsweise mit einem Dienstanbieter im Rahmen einer IT-Dienstleistungsvereinbarung festlegen, dass in ausgewählten Abteilungen eines Unternehmens aus Effizienzgründen ausschließlich Internetbandbreiten angeboten werden, die bestimmten Leistungsanforderungen genügen müssen. Zusätzlich kann im Rahmen einer IT-Dienstleistungsvereinbarung modelliert werden, dass zum Beispiel die Entstörung von Engpässen bei der zugesicherten Internetbandbreite ausschließlich durch speziell geschulte Mitarbeiter erfolgen muss, um Störungen schnellstmöglich zu lösen. Die Auswahl bestimmter, zur Ausführung einer Aktivität benötigter Dienstgüteobjekte kann durch Transitionsinschriften im XML-Netz spezifiziert werden. Das Beispiel in Abbildung 86 zeigt die Auswahl eines Dienstgüteobjektes `Drucker` in Abhängigkeit vom jeweils bearbeiteten Prozessobjekt `Dokument`.

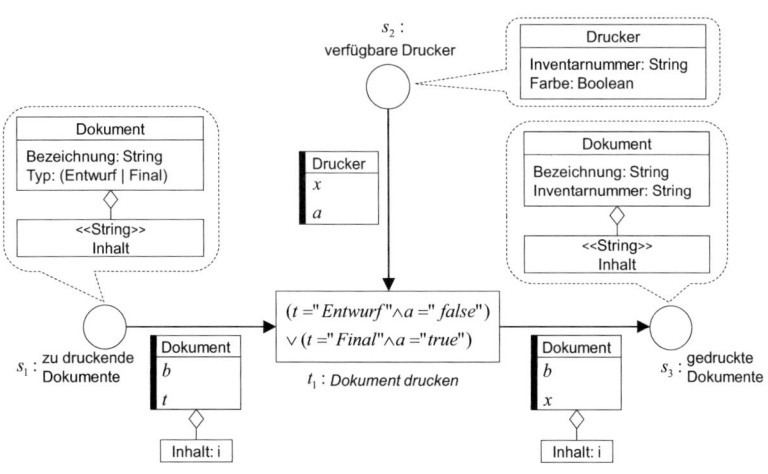

Abbildung 86: Auswahl geeigneter Dienstgüteobjekte

153

Ist ein Dokument mit dem Attribut/Wert-Paar `Typ=Entwurf` gekennzeichnet, können aufgrund der Transitionsinschrift nur die Dienstgüteobjekte `Schwarz-Weiss-Drucker` den prädikatenlogischen Ausdruck $t = "Entwurf" \land a = "false"$ erfüllen. Im Rahmen von IT-Dienstleistungsvereinbarungen werden Einschränkungen vorgenommen, die die Ausführung bestimmter Aktivitäten innerhalb eines definierten Zeitraums erfordern. Beispielsweise wird modelliert, innerhalb welcher Zeitspanne ein Dienstanbieter die von einem Dienstnehmer benötigten IT-Dienstleistungskomponenten bereitzustellen hat oder innerhalb welches Zeitraums Störungen an einem IT-Service Desk behoben oder eskaliert werden müssen. Abbildung 87 präsentiert ein vereinfachtes XML-Netz zur zeitüberwachten Bearbeitung eines Störungstickets. Die Stellenschemata wurden zur besseren Lesbarkeit des XML-Netzes nicht abgebildet.

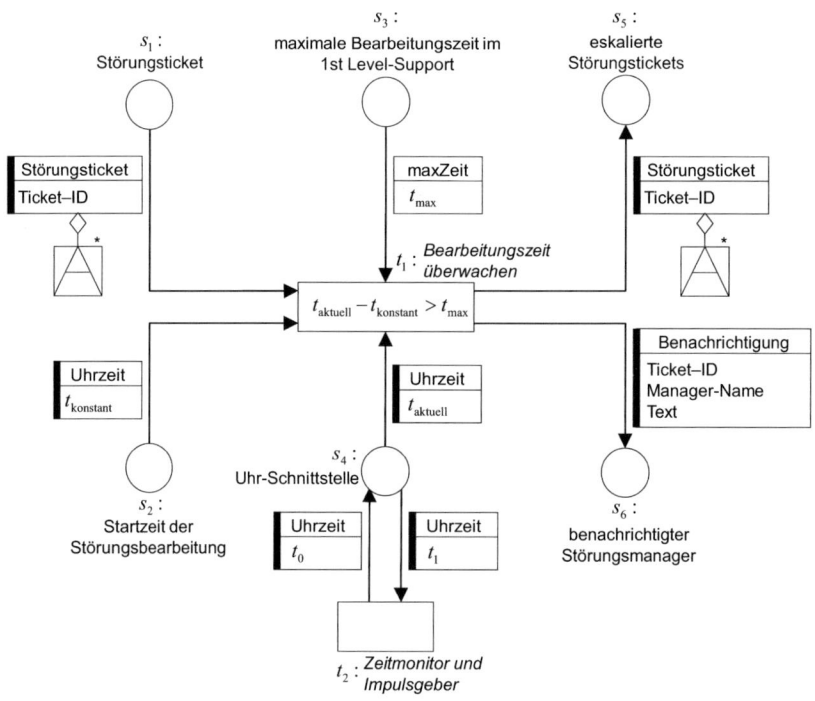

Abbildung 87: Zeitüberwachte Bearbeitung eines Störungstickets (vereinfacht)

Stelle s_4 repräsentiert die Schnittstelle einer physikalischen Uhr (vgl. [Obe90, S.21]). Die Schnittstelle ist mit einem kombinierten Zeitmonitor und Impulsgeber (Transition t_2) verbunden, der die aktuelle Uhrzeit an s_4 bereitstellt. Stelle s_2 modelliert den Startzeitpunkt der Aktivität `Bearbeitungszeit überwachen` des IT-Dienstleistungsprozesses. Zur Aktivierung von Transition t_1 muss der Startzeitpunkt der Bearbeitung gelesen und in Variable

$t_{konstant}$ geschrieben werden. Die aktuelle Uhrzeit $t_{aktuell}$ wird aus s_4 gelesen. In der Transitionsinschrift wird überprüft, ob der Term $t_{aktuell} - t_{konstant} > t_{max}$ erfüllt ist. Überschreitet die Differenz zwischen aktueller Uhrzeit und Startzeitpunkt einen zum Beispiel im Rahmen einer IT-Dienstleistungsvereinbarung definierten Zeitpunkt t_{max}, ist der prädikatenlogische Ausdruck `true` und die Transition t_1 schaltet. Das Schalten der Transition repräsentiert die Eskalation eines Störungstickets, indem eine Nachricht an den verantwortlichen Störungsmanager versendet wird (Stelle s_5).

Ablaufrelevante Dienstgüteobjekte der Organisationssicht aus Abschnitt 3.4.2 sind die als XML-Dokumente modellierten Mitarbeiter eines Unternehmens sowie die durch die Mitarbeiter repräsentierten Rollen und entsprechende Stati. Ein Mitarbeiter wird mit dem Status `ausführend` gekennzeichnet, wenn der Mitarbeiter zur Ausführung einer Aktivität in einem IT-Dienstleistungsprozess benötigt wird. Der Status `entscheidend` wird verwendet, wenn Mitarbeiter Entscheidungsbefugnis über die Ausführung einer Aktivität haben, diese selber aber nicht ausführen. Sofern Mitarbeiter von der Ausführung einer Aktivität betroffen sind, wird der Status `betreffend` verwendet. Beispielsweise kann die Reaktionszeit, die einem Dienstanbieter zur Erstlösung eines Störungstickets zur Verfügung steht, abhängig von der Rolle des jeweils anrufenden Dienstanbieters sein.

Die ablaufrelevanten Dienstgüteobjekte der Datensicht repräsentieren Messdaten als Grundlage für die Ermittlung von Kennzahlen zur Überwachung von IT-Dienstleistungsprozessen. Durch Berichte werden Dienstnehmer zum Beispiel über den Zustand ausgeführter Aktivitäten, aufgetretene Störungsmeldungen oder erreichte Service-Levels – die vereinbarte Qualität der IT-Dienstleistung – informiert. Kennzahlen in Form von Service-Levels sind Dienstgüteobjekte, da sie das Ergebnis ausgeführter Aktivitäten sind oder zur Ausführung von Aktivitäten verwendet werden können.

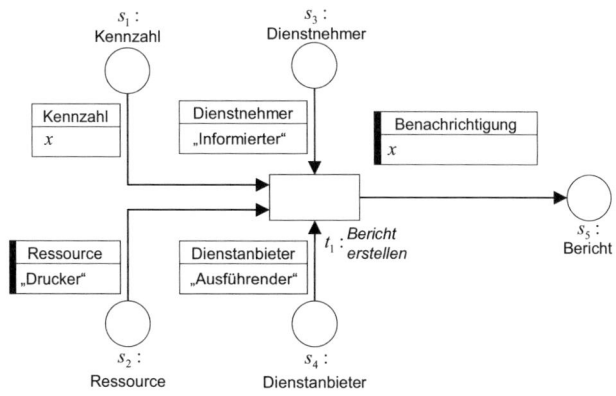

Abbildung 88: Erstellung eines Berichts (vereinfacht)

Relevante Kennzahlen, Ressourcen (z.B. Drucker) sowie Rollen werden in Form von Filter-schemata, wie in Abbildung 88 gezeigt, zur Erstellung eines Prozessobjektes `Bericht` genutzt. Transition t_1 („*Bericht erstellen*') schaltet, sobald XML-Dokumente in den Stellen s_1 bis s_4 verfügbar sind. Mittels entsprechender Vergleichs- und Manipulationsfilter wird ein Bericht über eine Kennzahl x unter Nutzung eines Druckers erstellt. Der Bericht wird von einem Dienstanbieter, der die Berichtserstellung ausführt, für einen Dienstnehmer, der über den Status der Kennzahl informiert wird, erstellt.

4.2.3 Erweiterungen für Petri-Netze

Mit der Einführung individueller Marken wurde bereits eine Ergänzung der elementaren Petri-Netze vorgestellt. Darüber hinaus gibt es eine Vielzahl an Erweiterungen, die die Ausdrucks-mächtigkeit von Petri-Netzen erhöhen, das Modellieren von IT-Systemen vereinfachen und auch komplexe IT-Systeme modellierbar machen (vgl. [Kos73; Pet81]). Die Analyse und Evaluation der Leistungsfähigkeit von IT-Systemen und IT-Dienstleistungsprozessen ist sowohl mit einfachen als auch mit den vorgestellten höheren Petri-Netzen nicht unmittelbar möglich [Bau92].

In Petri-Netzen mit Zeitbegriffen werden Zeiträume in Stellen meist als *Mindestverweildauer* von neu abgelegten Marken und für Aktivitäten als *Schaltdauern* interpretiert [Bau96]. In der Literatur existieren eine Vielzahl Ansätze zur Repräsentation von Zeiten in Petri-Netzen [BeM83; Mag84; Obe90; Ram74; Wan98]. Durch die Einführung des Zeitbegriffs schalten aktivierte Transitionen nach einer definierten Zeitdauer, wodurch die Schaltreihenfolge von Transitionen festgelegt wird. Es werden zwei Ansätze unterschieden: Beim *Preselection-Modell* [Ram74] „reserviert" eine aktivierte Transition die zum Schalten benötigten Marken im Vorbereich, so dass die reservierten Marken nicht mehr für andere Transitionen verfügbar sind. Jeder Transition $t \in T$ wird mittels der Funktion $\tau : T \rightarrow \mathbb{R}^+$ eine konstante Zeitdauer $\tau(t)$ zugewiesen. Der Schaltvorgang einer Transition erfolgt in drei Schritten. Im ersten Schritt wird den Stellen im Vorbereich $\bullet t$ die Marken entzogen. Im zweiten Schritt ist die Transition für die zugeordnete Zeitdauer $\tau(t)$ aktiv, entzogene Marken sind für andere Transitionen nicht verfügbar. Nach Ablauf der Schaltdauer wird im dritten Schritt das Schalten der Transition beendet und die Marken werden dem Nachbereich hinzugefügt. Stehen zwei Transitionen in Konflikt zueinander, dann wird eine Transition zum Einzug der Marken zufällig ausgewählt. Im *Race-Modell* [Bau92] werden keine Marken reserviert. Ist eine Transition aktiviert, schaltet diese nach einer definierten Zeitdauer τ, sofern sie zum Schaltzeitpunkt noch aktiviert ist. Im Konfliktfall schaltet diejenige Transition, die „am schnellsten" ist. Wie in Abbildung 89 gezeigt, ist Transition t_1 mit einer Zeitdauer von $\tau(t_1) = 5\ min$ und Transition t_2 mit einer Zeitdauer $\tau(t_2) = 8\ min$ markiert.

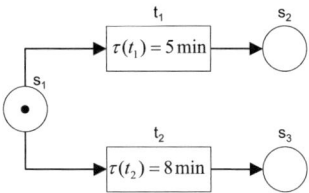

Abbildung 89: Konflikt von Transitionen in Petri-Netzen mit Zeitbegriffen

Im Preselection-Modell wird zufällig eine Transition ausgewählt, die die Marke in Stelle s_2 reserviert. Nach Ablauf der Zeitdauer τ schaltet die ausgewählte Transition. Im Race-Modell schaltet Transition t_1 nach der Zeitdauer $\tau(t_1)$, da diese „schneller" ist ($\tau(t_1) < \tau(t_2)$) und der Transition t_2 die Marke "wegnimmt". Abbildung 90 zeigt den Schaltvorgang einer zeitbehafteten Transition t_1.

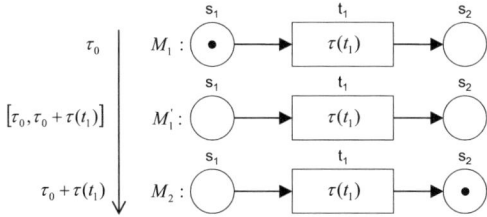

Abbildung 90: Markierungen beim Schaltvorgang einer zeitbehafteten Transition

Zum Zeitpunkt τ_0 ist Transition t_1 unter der Markierung M_1 aktiviert. Beim Schalten entnimmt t_1 Marken aus dem Vorbereich, die für das Zeitintervall $[\tau_0, \tau_0 + \tau(t_1)]$ nicht verfügbar sind (Markierung M_1'). Anschließend werden die Marken in den Nachbereich der Transition eingefügt (Markierung M_2).

Zeitdauern und -intervalle in Petri-Netzen können mit (Zufalls-) Verteilungsfunktionen versehen werden, wodurch *stochastische Petri-Netze* modelliert werden [DTG84; Mol89; Pag87; Zub85]. Beispielsweise muss eine IT-Dienstleistung, die die Ausführung einer Aktivität innerhalb eines IT-Dienstleistungsprozesses unterstützt, während der Ausführung der Aktivität verfügbar sein. In der betrieblichen Praxis sind IT-Dienstleistungen nicht immer verfügbar (z.B. aufgrund technischer Ausfälle, Ressourcenengpässe, etc.), was in einem Petri-Netz-basierten Modell der Realwelt mittels Transitionen, die mit einer bestimmten Wahrscheinlichkeit schalten, modelliert werden kann. Bei der Behandlung von Konflikten kann, wie bei Petri-Netzen mit Zeitbegriff, das Preselection oder Race-Modell angewendet werden.

Im Rahmen des Preselection-Modells werden den zeitbehafteten Transitionen $t \in T$ Schaltwahrscheinlichkeiten $c(t) \in [0,1]$ zugewiesen, anhand derer sie ausgewählt werden [Cia87]. Um im Race-Modell Wahrscheinlichkeiten zu integrieren, werden so genannte Zufallsschalter („*random switches*") [Pag87] verwendet. Neben den zeitbehafteten Transitionen werden Transitionen ohne Zeitdauer („*immediate transitions*") modelliert, die schalten, sobald sie aktiviert sind. Transitionen ohne Zeitdauer verbrauchen keine Zeit. Im Falle eines Konflikts zwischen mehreren aktivierten Transitionen ohne Zeit, wählt ein Zufallsschalter vor jedem Schaltvorgang zufällig eine mögliche Kante aus [Pat06].

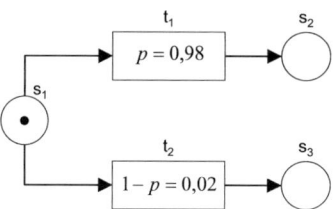

Abbildung 91: Transitionen mit Wahrscheinlichkeiten

Abbildung 91 zeigt einen durch die Transitionen t_1 und t_2 verursachten Konflikt an der vorwärtsverzweigten Stelle s_1. Im Modell wurde festgelegt, dass Transition t_1 mit der Wahrscheinlichkeit von 0,98 und Transition t_2 mit der Wahrscheinlichkeit von 0,02 schaltet. Eine zusätzliche Erweiterung betrifft die Art der Kanten im Netz und die Variabilität der Kantengewichte. Neben den bisher verwendeten Kanten von Stellen zu Transitionen wird eine so genannte *Verbotskante* [Bau96; ChH93; Wan98] zugelassen, die bei einer markierten Stelle das Schalten der Transition nicht zulässt. Durch Modellierung einer Verbotskante kann in einer Stelle eine Nullabfrage durchgeführt werden. Eine Verbotskante $(s, t) \in I^-$, $I^- \subseteq (S \times T)$ verbindet eine Stelle $s \in S$ und eine Transition $t \in T$ mit der Eigenschaft, dass die Transition t nur dann aktiviert ist, wenn sich in der Stelle s *keine* Marke befindet ($M(s) = 0$). Eine Verbotskante wird durch eine durchgezogene Linie dargestellt, die anstatt einer Pfeilspitze einen kleinen Kreis enthält.

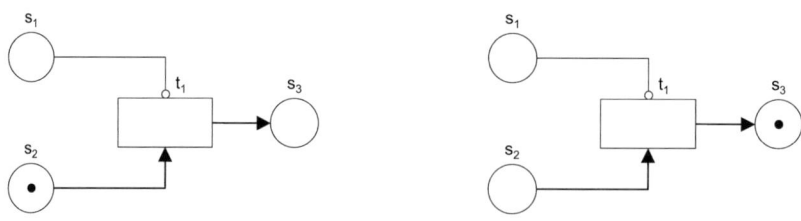

Abbildung 92: Schaltvorgang mit Verbotskante

Transition t_1 kann schalten, da sich in Stelle s_1 keine Marke befindet (Abbildung 92). Im Gegensatz zur Verbotskante verbindet eine *Lesekante* $(s,t) \in I^+$, $I^+ \subseteq (S \times T)$ eine Stelle $s \in S$ und eine Transition $t \in T$ mit der Eigenschaft, dass die Transition t nur dann aktiviert ist, wenn sich in der Stelle s *mindestens eine* Marke befindet $(M(s) \geq 1)$ [ScK98]. Eine Lesekante wird durch eine durchgezogene Linie ohne Pfeilspitze dargestellt.

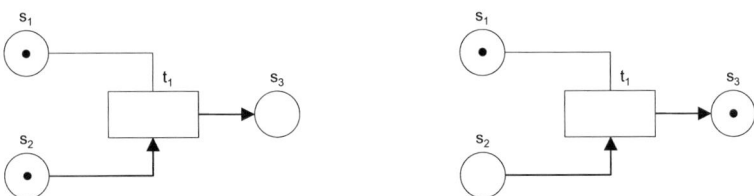

Abbildung 93: Schaltvorgang mit Lesekante

Transition t_1 kann schalten, da sich in Stelle s_1 eine Marke befindet (Abbildung 93). Soll mit einem Petri-Netz modelliert werden, dass bei gleichzeitiger Aktivierung zweier Transitionen t und t' unter einer Markierung M die Transition t bevorzugt schaltet, werden Prioritäten verwendet [BaK02; Bau96; Rei09]. Eine Transition t wird unter einer gegebenen Markierung M dann aktiviert, falls keine aktivierte Transition t' in Konflikt steht mit $t < t'$, oder eine höhere Priorität besitzt [Bau96, S.248]. Abbildung 94 zeigt ein Petri-Netz, in dem die Transitionen t_1 und t_2 aktiviert sind und schalten können. Wird das Netz durch $t_1 < t_2 < t_3$ um Prioritäten ergänzt, schaltet t_2, da die Transition eine höhere Priorität hat als t_1. Obwohl Transition t_3 die höchste Priorität besitzt, schaltet t_3 nicht, da t_3 unter der gegebenen Markierung nicht aktiviert ist.

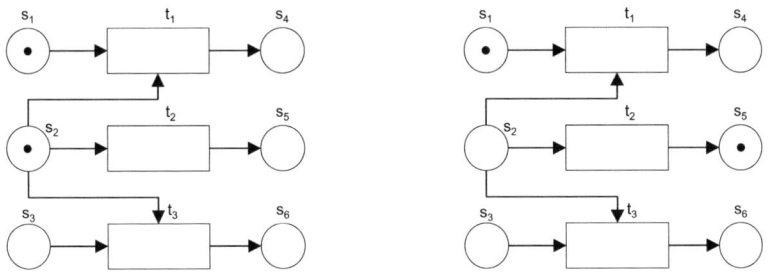

Abbildung 94: Schaltvorgang mit Prioritäten

4.3 Modellierung der Verfügbarkeit von IT-Dienstleistungen mit Petri-Netzen

Die Verfügbarkeit einer IT-Dienstleistung ist ein Qualitätsmerkmal, welches Einfluss auf die Zufriedenheit eines Dienstnehmers hat [LeB02].

Definition 4.8: Verfügbarkeit einer IT-Dienstleistung

Eine IT-Dienstleistung $id_n, n = 1,2, ..., N$ ist verfügbar, wenn sie gemäß den in einer IT-Dienstleistungsvereinbarung festgelegten Qualitätsmerkmalen durch den Dienstnehmer zu einem bestimmten Zeitpunkt oder in einem bestimmten Zeitintervall genutzt werden kann (vgl. Definition 2.9). ∎

Die *operative Zeit* $ut(id_n)$ einer IT-Dienstleistung ist die Zeit, in der die IT-Dienstleistung verfügbar ist. Die vereinbarte *Servicezeit* $ast(id_n)$ ist der Zeitraum, der die Verfügbarkeit einer IT-Dienstleistung im Rahmen einer IT-Dienstleistungsvereinbarung festlegt[128]. Die *Verfügbarkeit* $a(id_n)$ einer IT-Dienstleistung ist eine Beziehungskennzahl und berechnet sich aus der Summe der operativen Zeit einer IT-Dienstleistung im Verhältnis zur vereinbarten Servicezeit (vgl. Abschnitt 2.1.3 und 2.1.4).

$$a(id_n) = \frac{\sum ut(id_n)}{ast(id_n)} \tag{4.1}$$

Das Produkt zwischen der Nicht-Verfügbarkeit einer IT-Dienstleistung und der vereinbarten Servicezeit ergibt die *Gesamtausfallzeit* $dt(id_n)$, in der eine IT-Dienstleistung innerhalb der vereinbarten Servicezeit nicht verfügbar ist.

$$dt(id_n) = \big(1 - a(id_n)\big) * ast(id_n); \tag{4.2}$$

Darüber hinaus muss zur Bestimmung der Verfügbarkeit einer IT-Dienstleistung die *Anzahl der Ausfälle* $F(id_n)$ sowie das *Zeitintervall zur Wiederherstellung einer nicht-verfügbaren IT-Dienstleistung* $TRS_x(id_n), x = 1,2, ..., F(id_n)$ berücksichtigt werden. Die Wiederherstellung einer nicht-verfügbaren IT-Dienstleistung umfasst, wie in Abbildung 95 gezeigt, verschiedene Aktivitäten. Der Dienstanbieter erkennt den Ausfall einer IT-Dienstleistung und reagiert darauf mit der Einleitung entsprechender Maßnahmen. Im Anschluss daran werden relevante IT-Dienstleistungskomponenten repariert, um die IT-Dienstleistung wiederherzustellen.

---

[128] Der Zeitaufwand für die mit dem Dienstnehmer vereinbarte Wartung von IT-Dienstleistungen wird nicht zur vereinbarten Servicezeit gerechnet, da Dienstanbieter die Möglichkeit bekommen müssen, bereitgestellte IT-Dienstleistungen überprüfen und gegebenenfalls verbessern zu können. Entsprechend werden IT-Dienstleistungen, die aufgrund von Wartungsarbeiten nicht verfügbar sind, als „nicht ausgefallen" interpretiert.

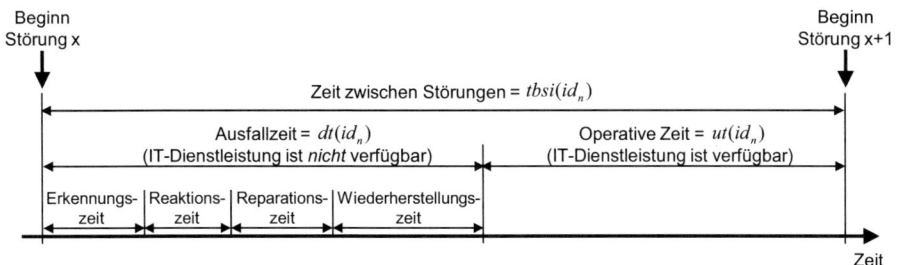

Abbildung 95: Verfügbarkeitsmessung einer IT-Dienstleistung

Eine weitere Möglichkeit, die Gesamtausfallzeit $dt(id_n)$ einer IT-Dienstleistung zu berechnen, ist die Aufsummierung der einzelnen Zeitintervalle zur Wiederherstellung einer nicht-verfügbaren IT-Dienstleistung innerhalb der vereinbarten Servicezeit.

$$dt(id_n) = \sum_{x=1}^{N(id_n)} TRS_x(id_n);$$ (4.3)

Neben der Verfügbarkeit wird auch die *Zuverlässigkeit* einer IT-Dienstleistung als weiteres Qualitätsmerkmal in einer IT-Dienstleistungsvereinbarung spezifiziert. Die Zuverlässigkeit gibt an, wie lange eine IT-Dienstleistung innerhalb einer vereinbarten Servicezeit ununterbrochen verfügbar ist (vgl. Abschnitt 2.1.3 und 2.4). Eine IT-Dienstleistung kann in Abhängigkeit der jeweiligen Konfiguration trotz des Ausfalls einer IT-Dienstleistungskomponente funktionstüchtig bleiben. Die Bewertung der Zuverlässigkeit einer IT-Dienstleistung erfolgt zum Einen durch die Berechnung der durchschnittlichen Zeit zwischen allen innerhalb einer vereinbarten Servicezeit aufgetretenen Ausfällen $MTBSI(id_n)$.

$$MTBSI(id_n) = \frac{ast(id_n)}{F(id_n)};$$ (4.4)

Zum Anderen wird die durchschnittliche operative Zeit einer IT-Dienstleistung bis zum Auftreten einer Störung $MTBF(id_n)$ berücksichtigt. Die $MTBF(id_n)$ beschreibt die durchschnittliche Zeitdauer, die zwischen der Wiederherstellung einer nicht-verfügbaren IT-Dienstleistung (= Störung x) und dem Auftreten der nächsten Störung $x + 1$ vergeht.

$$MTBF(id_n) = \frac{ast(id_n) - dt(id_n)}{F(id_n)};$$ (4.5)

Die Differenz zwischen $MTBSI(id_n)$ und $MTBF(id_n)$ berechnet die Zeitdauer der Wiederherstellung einer nicht-verfügbaren IT-Dienstleistung. $MTRS(id_n)$ entspricht der durchschnittlichen Zeitdauer, die zwischen Ausfall und Wiederherstellung einer IT-Dienstleistung vergeht.

$$MTRS(id_n) = \sum_{x=1}^{F(id_n)} \frac{TRS_x(id_n)}{F(id_n)} = \frac{dt(id_n)}{F(id_n)};\qquad\qquad(4.6)$$

Die $MTRS(id_n)$ berechnet sich aus der erwarteten Zeitdauer von der „Erkennung"[129] bis zur Wiederherstellung einer IT-Dienstleistung und ist ein Maß für die Fähigkeit eines Dienstanbieters, eine ausgefallene IT-Dienstleistung zeiteffizient wiederherzustellen. Es besteht folgender Zusammenhang zwischen der Verfügbarkeit und der Zuverlässigkeit einer IT-Dienstleistung:

$$a(id_n) = \frac{ut(id_n)}{ast(id_n)} = \frac{MTBF(id_n)}{MTBSI(id_n)} = 1 - \frac{MTRS(id_n)}{MTBSI(id_n)};\qquad\qquad(4.7)$$

Die Verfügbarkeit einer IT-Dienstleistung hängt sowohl von der durchschnittlichen Zeitdauer zur Wiederherstellung als auch von der erwarteten Zeitdauer zwischen den Ausfällen einer IT-Dienstleistung ab. Eine Verdopplung der $MTBSI(id_n)$ hat die gleiche Auswirkung auf die Verfügbarkeit $a(id_n)$ wie die Halbierung der $MTRS(id_n)$. Die effiziente Bereitstellung von IT-Dienstleistungen mit einer bestimmten Verfügbarkeit basiert einerseits auf IT-Dienstleistungsprozessen, die die Wiederherstellung einer ausgefallenen IT-Dienstleistung erst ermöglichen. Andererseits muss im Rahmen einer IT-Dienstleistungsvereinbarung festgelegt werden, wie häufig eine IT-Dienstleistung innerhalb eines Zeitintervalls maximal ausfallen darf. Beide Parameter hängen nicht nur von den technischen, sondern auch von den organisatorischen Rahmenbedingungen des Dienstanbieters ab [Win06].

Folgendes Beispiel stellt den Zusammenhang der vorgestellten Begriffe dar. Im Rahmen einer IT-Dienstleistungsvereinbarung wird festgelegt, dass eine IT-Dienstleistung id_{SAP} eine vereinbarte Servicezeit von 30 Tagen ($ast(id_{SAP}) = 720h$) haben soll. Die IT-Dienstleistung soll „Rund um die Uhr" verfügbar sein. Während dieses Zeitintervalls fällt die IT-Dienstleistung zweimal aus ($F(id_{SAP}) = 2$). Der erste Ausfall hat eine Zeitdauer von 5 Stunden ($TRS_1(id_{SAP}) = 5h$), der zweite Ausfall dauert 13 Stunden ($TRS_2(id_{SAP}) = 13h$). Entsprechend dieser Informationen hat die IT-Dienstleistung id_{SAP} eine operative Zeit von $ut(id_{SAP}) = 720h - (5h + 13h) = 702$ Stunden. Daraus ergibt sich die Gesamtausfallzeit $dt(id_{SAP}) = 5h + 13h = 18$ Stunden. Im Rahmen der vereinbarten Servicezeit ist die IT-Dienstleistung id_{SAP} mit $a(id_{SAP}) = \frac{720h-(5h+13h)}{720h} * 100 = 97{,}50\%$ verfügbar. Zwischen Störungen einer IT-Dienstleistung (Ausfallzeit + operative Zeit) vergehen durchschnittlich $MTBSI(id_{SAP}) = \frac{720h}{2} = 360$ Stunden. Die durchschnittliche Zeitdauer zwischen zwei

---

[129] Es wird angenommen, dass der Ausfall einer IT-Dienstleistung und die Erkennung des Ausfalls (z.B. mit Hilfe technischer Überwachungssysteme) zum selben Zeitpunkt auftreten.

162

Störungen (operative Zeit) beträgt $MTBF(id_{SAP}) = \frac{720h-(5h+13h)}{2} = 351h$, wobei die Wiederherstellung einer ausgefallenen IT-Dienstleistung im Mittel $MTRS(id_{SAP}) = \frac{5h+13h}{2} =$ 9h dauert.

Ein mit Petri-Netzen modelliertes, präzises Prozessmodell wird verwendet, um die Auswirkungen der Verfügbarkeit von IT-Dienstleistungen auf unterstützte IT-Dienstleistungsprozesse ip_n simulativ zu analysieren (vgl. [BMO08]). Zur Modellierung der Verfügbarkeit einer IT-Dienstleistung id_n mit Petri-Netzen (Abbildung 96) wird die Verfügbarkeit $a(id_n)$, die durchschnittliche Zeit zur Wiederherstellung einer ausgefallenen IT-Dienstleistung $MTRS(id_n)$ und die Anzahl Ausfälle innerhalb der vereinbarten Servicezeit $F(id_n)$ modelliert.

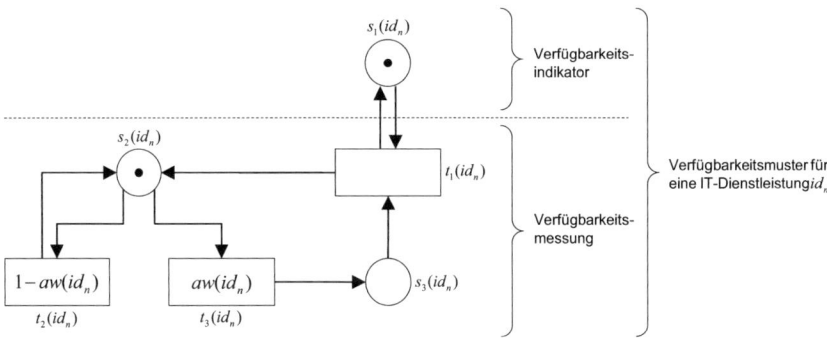

Abbildung 96: Verfügbarkeitsmuster für eine IT-Dienstleistung

Das Verfügbarkeitsmuster $VM(id_n)$ repräsentiert eine IT-Dienstleistung id_n und deren Verfügbarkeit $a(id_n)$. Eine IT-Dienstleistung wird entsprechend der Transformationseigenschaften von IT-Dienstleistungsprozessen (Definition 2.9) als Ressource modelliert, die die Ausführung einer automatisierten oder teil-automatisierten Transition (Aktivität) innerhalb eines IT-Dienstleistungsprozesses ermöglicht. Der Zustand einer IT-Dienstleistung id_n (verfügbar oder nicht verfügbar), der Einfluss auf die Ausführung einer Aktivität a_k^s hat, wird durch eine Marke in Stelle $s_1(id_n)$ dargestellt, d.h. die Stelle $s_1(id_n)$ repräsentiert die Verfügbarkeitsfunktion $f_t: r_{id_n}^{a_k^s}$ aus Abschnitt 2.1.4 (Formel 2.1). Ist die IT-Dienstleistung id_n verfügbar, wird die Stelle $s_1(id_n)$ markiert $(M(p_1(id_n)) = 1)$; falls IT-Dienstleistung id_n nicht verfügbar ist, wird die Stelle $s_1(id_n)$ nicht markiert $(M(p_1(id_n)) = 0)$. Die Stelle zur Modellierung der Verfügbarkeit enthält ein stilisiertes A mit zwei kleinen Kreisen (Abbildung 97a). Die kleinen Kreise symbolisieren in Anlehnung an eine Ampel die Verfügbarkeit einer IT-Dienstleistung, wobei ein unterer ausgefüllter Kreis (Abbildung 97b) eine verfügbare IT-

Dienstleistung anzeigt und ein oberer ausgefüllter Kreis (Abbildung 97c) eine nicht-verfügbare IT-Dienstleistung.

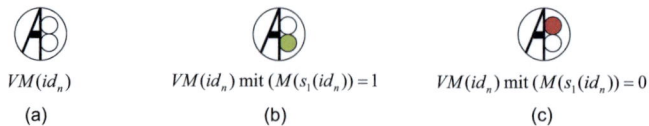

$VM(id_n)$ $VM(id_n)$ mit $(M(s_1(id_n))) = 1$ $VM(id_n)$ mit $(M(s_1(id_n))) = 0$

(a)   (b)   (c)

Abbildung 97: Symbole für das Verfügbarkeitsmuster einer IT-Dienstleistung

Im Verfügbarkeitsmuster repräsentiert Transition $t_2(id_n)$ eine verfügbare IT-Dienstleistung. Solange $t_2(id_n)$ schalten kann, ist Transition $t_1(id_n)$ nicht aktiviert und die Stelle $s_1(id_n)$ ist markiert. Abbildung 98 zeigt das Verfügbarkeitsmuster für eine verfügbare IT-Dienstleistung.

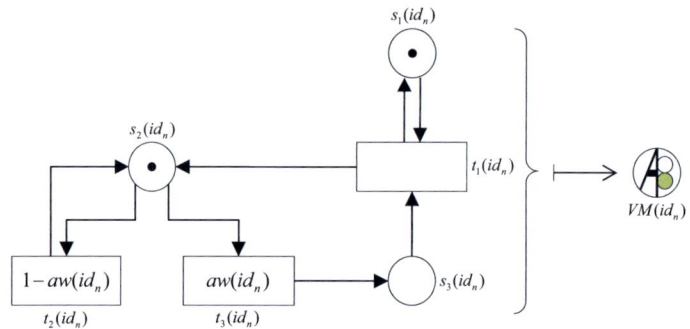

Abbildung 98: Symbol für eine verfügbare IT-Dienstleistung

Transition $t_3(id_n)$ repräsentiert im Verfügbarkeitsmuster den Ausfall einer IT-Dienstleistung und steht in Konflikt mit Transition $t_2(id_n)$. Schaltet Transition $t_3(id_n)$, wird die Marke aus $s_2(id_n)$ entnommen und Stelle $s_3(id_n)$ markiert. Transition $t_1(id_n)$ ist aktiviert und kann schalten. Sobald $t_1(id_n)$ schaltet, ist IT-Dienstleistung id_n nicht mehr verfügbar, da die Stelle $s_1(id_n)$ für die Schaltdauer der Transition nicht markiert ist. Entsprechend repräsentiert Transition $t_1(id_n)$ die Ausfallzeit einer IT-Dienstleistung und wird in dieser Arbeit als Zeitdauer bis zur Widerherstellung $MTRS(id_n)$ der IT-Dienstleistung interpretiert. Abbildung 99 zeigt das Verfügbarkeitsmuster für eine nicht verfügbare IT-Dienstleistung. Als Zeitintervall für eine simulationsgestützte Analyse (vgl. Kapitel 5) der Auswirkungen von Verfügbarkeiten auf unterstützte IT-Dienstleistungsprozesse wird die in der IT-Dienstleistungsvereinbarung vereinbarte Servicezeit $ast(id_n)$ verwendet. Um die Verfüg-barkeit einer IT-Dienstleistung $a(id_n)$ im Rahmen einer simulationsgestützten Analyse zu modellieren, repräsentiert eine aktivierte Stelle $s_1(id_n)$ die durchschnittliche operative Zeit $ut(id_n)$, eine nicht aktivierte Stelle die Ausfallzeit $dt(id_n)$.

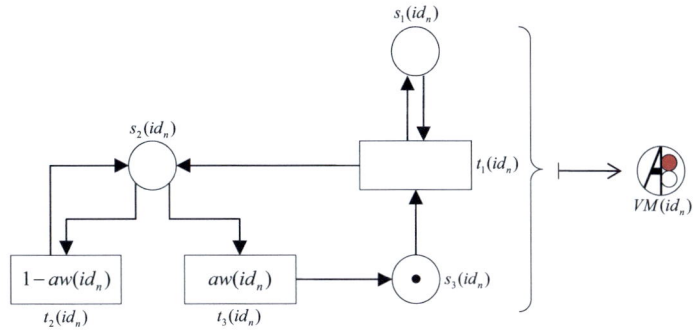

Abbildung 99: Symbol für eine nicht-verfügbare IT-Dienstleistung

Der Ausfall einer IT-Dienstleistung wird durch die Stelle $s_2(id_n)$, die eine Startmarkierung enthält, und die Transitionen $t_1(id_n)$ und $t_2(id_n)$ „gesteuert". Für die Generierung eines Ausfalls einer IT-Dienstleistung prüft das Verfügbarkeitsmuster iterativ nach einer festgelegten Zeitspanne, dem Prüfintervall $pi(id_n)$, ob die IT-Dienstleistung id_n zur Verfügung steht oder nicht. Abbildung 100 illustriert das iterative Testen auf Verfügbarkeit nach einem vorgegebenen Prüfintervall. Bei der Auswahl eines für die simulationsgestützte Analyse geeigneten Prüfintervalls müssen zwei Aspekte gegeneinander abgewogen werden. Da in der betrieblichen Praxis eine IT-Dienstleistung jederzeit ausfallen kann, ist zur realitätsnahen Modellierung einerseits ein möglichst kleines Prüfintervall sinnvoll, das häufig die Verfügbarkeit einer IT-Dienstleistung testet.

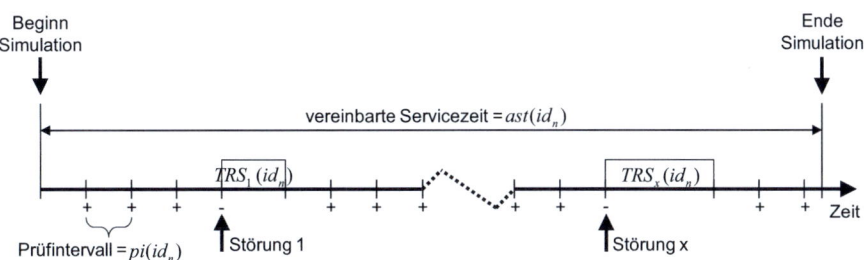

Abbildung 100: Iteratives Testen der Verfügbarkeit einer IT-Dienstleistung

Andererseits erfordert jeder Test auf Verfügbarkeit das Schalten einer Transition, wodurch die Anzahl der Schaltvorgänge und entsprechend der Rechenaufwand im Rahmen einer simulationsgestützten Analyse steigt. Das Prüfintervall $pi(id_n)$ wird durch die Zuordnung eines Schaltzeitpunktes (z.B. einmal pro Stunde) der Transitionen $t_2(id_n)$ und $t_3(id_n)$ modelliert.

Die Anzahl der Ausfälle einer IT-Dienstleistung wird stochastisch ermittelt. Der Transition $t_3(id_n)$ wird eine Wahrscheinlichkeit für den Ausfall einer IT-Dienstleistung $aw(id_n)$ zugewiesen; der Transition $t_2(id_n)$ eine Gegenwahrscheinlichkeit $1 - aw(id_n)$. Die Berechnung der Ausfallwahrscheinlichkeit $aw(id_n)$ erfolgt durch die Formeln (4.8) und (4.9). Im ersten Schritt wird die Anzahl der im Rahmen einer Simulation benötigten „Überprüfungen auf Verfügbarkeit" $nc(id_n)$ berechnet. Berechnungsgrundlage ist die Zeitdauer, in der eine IT-Dienstleistung verfügbar ist, da eine Überprüfung auf Verfügbarkeit bei einer bereits ausgefallenen IT-Dienstleistung nicht durchgeführt wird.

$$nc(id_n) = \frac{a(id_n) * ast(id_n)}{pi(id_n)} \; ; \tag{4.8}$$

$$aw(id_n) = \frac{F(id_n)}{nc(id_n)} = \frac{F(id_n) * pi(id_n)}{a(id_n) * ast(id_n)} = \frac{pi(id_n) * (1 - a(id_n))}{MTRS(id_n) * a(id_n)} \; ; \tag{4.9}$$

Im Anschluss daran wird die Wahrscheinlichkeit des Ausfalls einer IT-Dienstleistung $aw(id_n)$ berechnet. Diese gibt an, mit welcher Wahrscheinlichkeit in einer von $nc(id_n)$ Prüfungen auf Verfügbarkeit die IT-Dienstleistung ausfällt. $aw(id_n)$ hängt vom Wert des Prüfintervalls $pi(id_n)$ ab, von den in das IT-Dienstleistungsprozessmodell eingehenden Werten der Verfügbarkeit einer IT-Dienstleistung $a(id_n)$ sowie der mittleren Zeitdauer für die Wiederherstellung einer IT-Dienstleistung $MTRS(id_n)$. Folgendes Beispiel verdeutlicht die Vorgehensweise:

Eine IT-Dienstleistung wird mit einer vereinbarten Servicezeit von 30 Tagen (720 Stunden) durchgehend und einer Verfügbarkeit von 95,00% bereitgestellt. Im Rahmen der a priori Abschätzung sollen während der vereinbarten Servicezeit maximal $F(id_n) = 12$ Ausfälle auftreten. Entsprechend beträgt die erwartete Zeitdauer zur Wiederherstellung der IT-Dienstleistung je Ausfall $MTRS(id_n) = \frac{dt(id_n)}{F(id_n)} = \frac{0,95*720h}{12} = 3$ Stunden. Das Prüfintervall wird auf $pi(id_n) = 1$ Stunde festgelegt. Daraus ergeben sich insgesamt $nc(id_n) = \frac{a(id_n)*ast(id_n)}{pi(id_n)} = \frac{0,95*720h}{1h} = 684$ durchzuführende Überprüfungen auf (Nicht-)Verfügbarkeit an Transition $t_2(id_n)$ und $t_3(id_n)$. Mit einer Wahrscheinlichkeit von $aw(id_n) = \frac{F(id_n)}{nc(id_n)} = \frac{12}{684} = 1,75\%$ wird bei einer Überprüfung, die einmal pro Stunde durchgeführt wird ($pi(id_n) = 1h$), eine IT-Dienstleistung ausfallen. Bei Auftreten eines Ausfalls werden zur Wiederherstellung drei Stunden Zeit benötigt, die der Schaltdauer der Transition $t_3(id_n)$ entsprechen.

Aufgrund der Berücksichtigung von Wahrscheinlichkeiten im Verfügbarkeitsmuster kann die zu modellierende Verfügbarkeit einer IT-Dienstleistung $a(id_n)$ von der im Rahmen einer Simulation auftretenden Verfügbarkeit $a(id_n)_{sim}$ abweichen. Der Grund dafür ist, dass die vorab festgelegte Anzahl Ausfälle $F(id_n)$ von der simulierten Anzahl $F(id_n)_{sim}$ abweichen kann, wohingegen die auf Grundlage von $F(id_n)$ berechnete und in Transition $t_3(id_n)$ hinterlegte Zeit zur Wiederherstellung der IT-Dienstleistung $MTRS(id_n)$ unverändert bleibt. Entsprechend kann eine im Rahmen der simulationsgestützten Analyse erreichte Verfügbarkeit wie folgt errechnet werden:

$$a(id_n)_{sim} = \frac{ast(id_n) - F(id_n)_{sim} * MTRS(id_n)}{ast(s_n)} = \frac{ut(id_n)_{sim}}{ast(id_n)};$$ (4.10)

In einem alternativen Ansatz [BMO08] wird die $MTRS(id_n)_{sim}$ in Abhängigkeit der Verfügbarkeit einer IT-Dienstleistung und den stochastischen Eigenschaften eines höheren Petri-Netzes bestimmt. Es wird das Hilfskonstrukt eines so genannten Prüfzyklus $cc(id_n)$ verwendet. Der Prüfzyklus basiert auf der Annahme, dass von einhundert „Überprüfungen auf Verfügbarkeit" $nc(id_n)$ eine bestimmte Anzahl Ausfälle $dtcc(id_n)$ auftreten werden. Das vorangegangene Beispiel hätte entsprechend $cc(id_n) = \frac{nc(id_n)}{100} = \frac{684}{100} = 6,84$ Prüfzyklen. Bei einer gegebenen Verfügbarkeit einer IT-Dienstleistung von $1 - a(id_n) = 0,98$ würde eine IT-Dienstleistung bei einhundert Überprüfungen durchschnittlich zweimal ausfallen. Entsprechend treten Ausfälle innerhalb eines simulierten Zeitraums gleichmäßig verteilt auf. Die Anzahl der während einer vereinbarten Servicezeit auftretenden Ausfälle $dtast(id_n)$ kann nicht willkürlich festgelegt werden, sondern wird über folgende Formeln (4.11) und (4.12) ermittelt.

$$dtcc(id_n) = \left(1 - a(id_n)\right) * 100$$ (4.11)

$$dtast(id_n) = dtcc(id_n) * cc(id_n)$$ (4.12)

Die Zeitdauer für die Wiederherstellung einer ausgefallenen IT-Dienstleistung im Rahmen einer Simulation $MTRS(id_n)_{sim}$ wird berechnet aus:

$$MTRS(id_n)_{sim} = min\left(dt(id_n); \frac{dt(id_n)}{dtast(id_n)}\right)$$ (4.13)

Die Zeit zur Wiederherstellung kann nicht größer sein, als die maximal mögliche Nicht-Verfügbarkeit einer IT-Dienstleistung. Um die Wiederherstellungszeit einer ausgefallenen IT-Dienstleistung im Rahmen eines Verfügbarkeitsmusters berechnen zu können sei angenommen, dass die Verwendung der gegebenen Verfügbarkeit einer IT-Dienstleistung und das Prüfintervall innerhalb der vereinbarten Servicezeit ausreichen.

Annahme:

$$\frac{dt(id_n)}{dtast(id_n)} = \frac{pi(id_n)}{a(id_n)};$$

Beweis:

$$\frac{dt(id_n)}{dtast(id_n)} = \frac{\left(1 - a(id_n)\right) * ast(id_n)}{dtcc(id_n) * pi(id_n)} = \frac{\left(1 - a(id_n)\right) * ast(id_n)}{\left(1 - a(id_n)\right) * \frac{ut(id_n)}{pi(id_n)}} =$$

$$\frac{pi(id_n) * ast(id_n)}{ut(id_n)} = \frac{pi(id_n) * ast(id_n)}{a(id_n) * ast(id_n)} = \frac{pi(id_n)}{a(id_n)}; \qquad \blacksquare$$

Durch den Zusammenhang zwischen Verfügbarkeit einer IT-Dienstleistung und Prüfintervall kann die Bestimmung der Wiederherstellungszeit im Verfügbarkeitsmuster einfach berechnet werden. Entsprechend ergibt sich Formel 4.14.

$$MTRS'(id_n)_{sim} = min\left(dt(id_n); \frac{pi(id_n)}{a(id_n)}\right) \qquad (4.14)$$

Im alternativen Ansatz wird die Anzahl der Ausfälle durch die vorgegebene Verfügbarkeit und das Prüfintervall implizit festgelegt. Entsprechend müssen verhältnismäßig viele Ausfälle simuliert werden, was nicht mit der Realität übereinstimmt. Der geforderte Zusammenhang zwischen Verfügbarkeit und Zuverlässigkeit einer IT-Dienstleistung kann nicht modelliert werden. Auch ist es nicht möglich, Vorgaben einer IT-Dienstleistungsvereinbarung (z.B. maximal fünf Ausfälle pro vereinbarter Servicezeit) zu berücksichtigen. Der Vorteil des alternativen Ansatzes liegt in der realitätsnäheren Modellierung der Verfügbarkeit einer IT-Dienstleistung, da die Anzahl an Ausfällen auf Basis des Prüfintervalls berechnet wird.

Darüber hinaus können Vorgaben einer IT-Dienstleistungsvereinbarung berücksichtigt werden. Das Auftreten von Störungen ist nicht auf einen Prüfzyklus bezogen, d.h. es treten nicht zwangsläufig zum Beispiel zwei Störungen bei einhundert Überprüfungen auf. Gegebenenfalls können Abweichungen bei der Modellierung der Verfügbarkeit einer IT-Dienstleistung im Rahmen der Simulation auftreten, da die vorgegebene Anzahl an Ausfällen eine Bestimmung der Wiederherstellungszeit im Rahmen von höheren Petri-Netzen erschwert.

Mit beiden Ansätzen werden immer so genannte „Worst-Case-Szenarien" modelliert und simuliert, da die Zeit zur Wiederherstellung einer IT-Dienstleistung im Falle eines Ausfalls immer voll ausgeschöpft wird. Dienstanbieter können auf diese Weise a priori mehr

Informationen darüber erhalten, ob in einer IT-Dienstleistungsvereinbarung festgelegte Verfügbarkeiten zur Unterstützung von IT-Dienstleistungsprozessen ausreichen. Da der zuerst vorgestellte Ansatz die Realität besser abbildet als der alternative Ansatz, wird für die Simulationsexperimente in Kapitel 5 ausschließlich dieser verwendet.

Zur Ausführung einer (teil-)automatisierten Aktivität a_k^s eines IT-Dienstleistungsprozesses ip_s müssen unterstützende IT-Dienstleistungen $id_{n,k} = \{id_{1,k}, id_{2,k}, \dots, id_{N,k}\}$ verfügbar sein. In den Verfügbarkeitsmustern $VM(id_n)$ der IT-Dienstleistungen $id_{1,k}, id_{2,k}, \dots, id_{N,k}$ liegen dann die Markierungen $M\left(s_1(\text{id}_{1,k})\right) = M\left(s_1(\text{id}_{2,k})\right) = \dots = M\left(s_1(\text{id}_{N,k})\right) = 1$ vor. Eine IT-Dienstleistung kann neben der Ausführung einer Aktivität a_k^s auch weitere Aktivitäten a_{k+1}^s desselben oder eines anderen IT-Dienstleistungsprozesses ip_{s+1} bei der Ausführung der Aktivität a_k^{s+1} unterstützen. Beispielsweise kann ein ERP-System, das als IT-Dienstleistung zur Verfügung gestellt wird, die Ausführung mehrerer Aktivitäten verschiedener IT-Dienstleistungsprozesse gleichzeitig unterstützen. Innerhalb dieser Arbeit wird im Rahmen der Modellierung von Verfügbarkeiten angenommen, dass die Ressource IT-Dienstleistung „ausreichend" zur Verfügung steht. Daraus folgt, dass die Ausführung einer Aktivität a_k^s nicht durch die Ausführung einer Aktivität a_k^{s+1} (und vice versa) beeinflusst wird, obwohl dieselbe IT-Dienstleistung die Ausführung beider Aktivitäten unterstützt. Die Modellierung der Ausführung von Aktivitäten durch unterstützende IT-Dienstleistungen mittels des vorgestellten Verfügbarkeitsmusters zeigt Abbildung 101 in Form eines Kanal-Instanzen-Netzes.

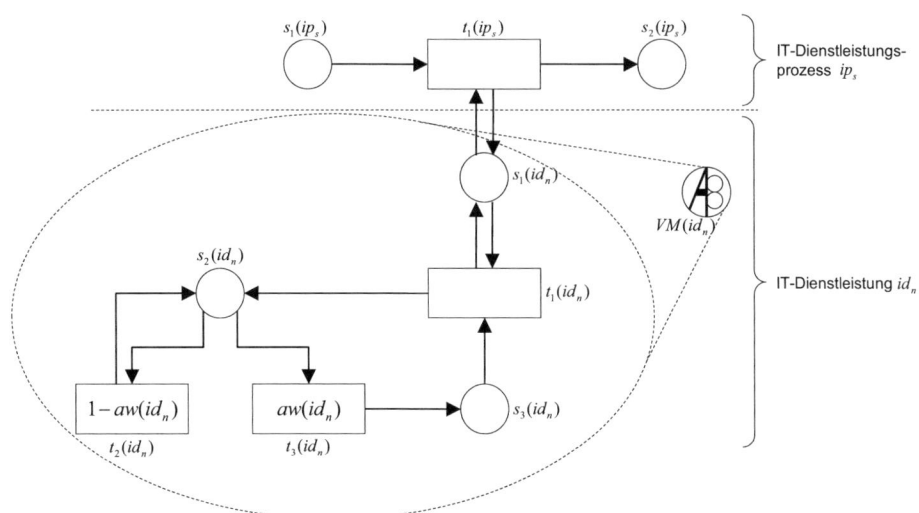

Abbildung 101: Verfügbarkeitsmuster Modellierung von IT-Dienstleistungsprozessen

Um die Modellierung zu vereinfachen und übersichtlicher zu gestalten, wird das Verfügbarkeitsmuster im Folgenden durch das Symbol für die Verfügbarkeit von IT-Dienstleistungen repräsentiert. Abbildung 102 zeigt einen einfachen sequentiellen IT-Dienstleistungsprozess ip_s mit zwei Aktivitäten $a_1^s \triangleq t_1(ip_s)$ und $a_2^s \triangleq t_2(ip_s)$.

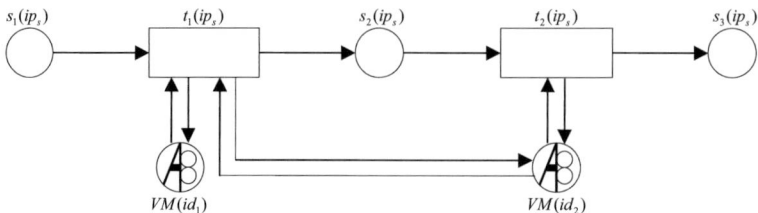

Abbildung 102: Verfügbarkeit eines sequentiellen IT-Dienstleistungsprozesses

Die Ausführung von Aktivität a_1^s wird durch zwei IT-Dienstleistungen id_1 und id_2 unterstützt ($ID_1 = \{id_1, id_2\}$). Zur Ausführung von Aktivität a_2^s wird IT-Dienstleistung id_2 benötigt ($ID_2 = \{id_2\}$). Die Modellierung der „Verbindung" zwischen IT-Dienstleistungsprozess und IT-Dienstleistung, kann anstelle einer Schlinge auch durch eine Lesekante erfolgen (vgl. Abbildung 93). Eine Transition $t_n(id_n)$ ist aktiviert, wenn neben allen Stellen im Vorbereich der Transition die Stelle $s_1(id_n)$ aller jeweils unterstützenden IT-Dienstleistungen markiert ist. Im Unterschied zu einer Schlinge[130] wird bei der Lesekante zum Zeitpunkt des Schaltens der Transition einer mit der Lesekante verbundenen Stelle keine Marke (auch nicht für kurze Zeit) „entzogen". Die Verwendung einer Lesekante hat im Vergleich zu einer Schlinge den Vorteil, dass bei Ausfall einer IT-Dienstleistung (Markierung $M(s_3(id_n)) = 1$) die Wiederherstellung in $t_1(id_n)$ nicht warten muss, bis eine unterstützte Aktivität a_k^s des IT-Dienstleistungsprozesses ausgeführt wurde. Transition $t_3(id_n)$ kann sofort schalten, da a_k^s keine Marke (entgegen der Modellierung mit einer Schlinge) nach Ablauf der jeweiligen Schaltdauer nach $s_1(id_n)$ „zurücklegt". Durch Verwendung der Lesekante wird die berechnete Ausfallzeit der IT-Dienstleistung nicht verfälscht. Darüber hinaus kann die Unterstützung der Ausführung verschiedener Aktivitäten durch eine IT-Dienstleistung modelliert werden. Eine Einschränkung des Verfügbarkeitsmusters besteht darin, dass der Ausfall einer IT-Dienstleistung, der während des Schaltvorgangs mit einer über eine Lesekante verbundenen Transition auftritt, für die die Schaltdauer der Transition ohne Auswirkung bleibt. Tritt der Ausfall einer IT-Dienstleistung auf, nachdem die Marken aus dem Vorbereich von $t_n(id_n)$ „entnommen" worden sind, schaltet die Transition. Im Rahmen verschiedener Simulationsexperimente (vgl. Kapitel 5) wird gezeigt, dass der Effekt

---

[130] Zwei Knoten x und y eines Petri-Netzes bilden eine Schlinge, wenn $x \in \cdot y \wedge y \in \cdot x$ [Rei09].

„abgeschwächt" wird, wenn die Schaltdauer der Transitionen des IT-Dienstleistungsprozesses $a_k^s \triangleq t_n(ip_s)$ geringer ist als die Zeiten zur Wiederherstellung ausgefallener IT-Dienstleistungen. Ein Beispiel, welches IT-Dienstleistungsprozesse und die unterstützenden IT-Dienstleistungen modelliert und als Grundlage für spätere Simulationen verwendet werden kann, wird in Abbildung 103 gezeigt . Ein IT-Dienstleistungsprozess ip_1 enthält eine UND-Verzweigung und wird an zwei Transitionen über eine Lesekante mit zwei IT-Dienstleistungen verknüpft. Ein weiterer IT-Dienstleistungsprozess ip_2 enthält eine ODER-Verzweigung und wird ebenfalls an zwei Transitionen über eine Lesekante mit zwei IT-Dienstleistungen verknüpft. Beide IT-Dienstleistungen unterstützen die Ausführung von Aktivitäten in beiden IT-Dienstleistungsprozessen. Neben der Modellierung der Verfügbarkeit von IT-Dienstleistungen und IT-Dienstleistungsprozessen ist eine Notation notwendig, mit der für jede Aktivität a_k^s die benötigte Zeitdauer und die jeweils unterstützenden IT-Dienstleistungen id_n repräsentiert werden können.

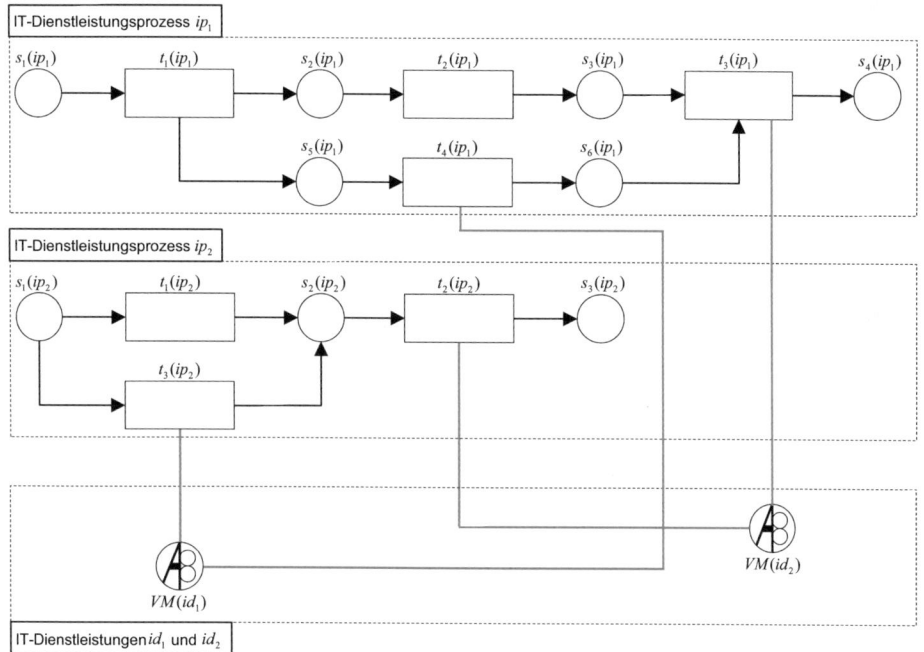

Abbildung 103: Paralleler und alternativer IT-Dienstleistungsprozess

Ein IT-Dienstleistungsprozess wird als eine Sequenz von Tupeln $[\tau(t_n(ip_s)); VM(id_{1,k}), VM(id_{2,k}), \dots, VM(id_{N,k})]$ notiert. $\tau(t_n(ip_s))$ ist die Schaltdauer der k-ten Aktivität a_k^s und $VM(id_{1,k}), VM(id_{2,k}), \dots, VM(id_{N,k})$ die Verfügbarkeiten der unterstützenden IT-Dienstleistungen, die durch die Verfügbarkeitsmuster modelliert sind. Der IT-Dienstleistungsprozess aus Abbildung 102 wird wie folgt beschrieben:

$$ip_s = [\tau(t_1(ip_s)); VM(id_{1,1})] \rightarrow [\tau(t_2(ip_s)); VM(id_{2,1}), VM(id_{2,2})]$$

Neben sequentiellen IT-Dienstleistungsprozessen sollen auch alternative und nebenläufige IT-Dienstleistungsprozesse modelliert und analysiert werden können. Zur Darstellung nebenläufiger Aktivitäten eines IT-Dienstleistungsprozesses werden runde Klammern verwendet. Der IT-Dienstleistungsprozess ip_1 aus Abbildung 103 wird wie folgt beschrieben:

$$ip_1 = [\tau(t_1(ip_1))] \rightarrow ([\tau(t_2(ip_1))] \rightarrow [\tau(t_3(ip_1)); VM(id_{2,3})]) \rightarrow [\tau(t_4(ip_1)); VM(id_{1,4})]$$

Nach Transition $t_1(ip_1)$ verzweigt sich der IT-Dienstleistungsprozess. Die verzweigende und synchronisierende UND-Verknüpfung wird durch ein *rundes* Klammerpaar modelliert. Innerhalb der runden Klammern werden die Transitionen $t_2(ip_1)$ und $t_3(ip_1)$ parallel ausgeführt. Nach der Synchronisation schaltet Transition $t_4(ip_1)$, die durch IT-Dienstleistung id_1 unterstützt wird. Eine verzweigende und synchronisierende ODER-Verknüpfung (alternativer IT-Dienstleistungsprozess) wird durch ein *geschweiftes* Klammerpaar modelliert. Aktivitäten in alternativen Teilprozessen werden durch ein Semikolon getrennt. Der IT-Dienstleistungsprozess ip_2 aus Abbildung 103 wird wie folgt dargestellt:

$$ip_2 = \{[\tau(t_1(ip_2))]; [\tau(t_3(ip_2)); VM(id_{1,3})]\} \rightarrow [\tau(t_2(ip_2)); VM(id_{2,2})]$$

Im Rahmen verschiedener, simulationsgestützter Analysen sollen IT-Dienstleistungsprozesse im Kontext der Verfügbarkeit von IT-Dienstleistungen und Performanz miteinander vergleichbar sein. Die Auswirkung der Verfügbarkeiten prozessunterstützender IT-Dienstleistungen auf die Performanz eines IT-Dienstleistungsprozesses kann durch den Quotienten (Formel 4.15) aus relativer zu absoluter Performanz des entsprechenden IT-Dienstleistungsprozesses bestimmt werden.

$$A(ip_s) = \frac{relative\ Performanz\ (ip_s)}{absolute\ Performanz\ (ip_s)} \tag{4.15}$$

Zur Berechnung der *Performanz* eines IT-Dienstleistungsprozesses $A(ip_s)$ wird zuerst die maximale Anzahl „Output-Objekte" bestimmt, die ein IT-Dienstleistungsprozess nach Beendigung eines definierten Zeitraums erzeugt. Die Verfügbarkeit aller IT-Dienstleistungen wird auf 100 Prozent gesetzt, wodurch keine Ausfälle auftreten können (*absolute Performanz*). Die maximale Anzahl „Output-Objekte" (obere Schranke) hängt von der Ankunftsrate ab, mit der Objekte in das höhere Petri-Netz „eintreten", von der Dauer einzelner Aktivitäten und vom betrachteten, simulierten Zeitraum. Die *relative Performanz* ergibt sich aus der maximalen Anzahl „Output-Objekte" unter Einbeziehung von unterschiedlich verfügbaren IT-Dienstleistungen.

Fazit zur Beurteilung der Eignung von Petri-Netzen zur Modellierung von IT-Dienstleistungsprozessen:

Petri-Netze eignen sich aus verschiedenen Gründen besonders zur Modellierung, Analyse und Ausführung von IT-Dienstleistungsprozessen. Hierfür können folgende Gründe genannt werden:

- Durch höhere Petri-Netze kann die Verfügbarkeit von IT-Dienstleistungen modelliert und simuliert werden, um die a priori Abschätzung von Service-Levels bereits zur Entwurfszeit von IT-Dienstleistungsvereinbarungen zu unterstützen.
- Höhere Petri-Netze ermöglichen die Modellierung von komplexen Prozess- und Dienstgüteobjekten innerhalb verschiedener Prozessebenen, wie sie typischerweise in IT-Dienstleistungsprozessen vorkommen.
- Höhere Petri-Netze unterstützen die Verwendung von Standards im inner- und überbetrieblichen Austausch von Service-Level Informationen und fördern die standardisierte Entwicklung, Implementierung und das Monitoring relevanter Kennzahlen.
- Ein auf höheren Petri-Netzen basierender Softwareprototyp kann mit simulationsrelevanten Informationen verknüpft werden. Vordefinierte Simulationsläufe von IT-Dienstleistungsprozessen können automatisiert ausgeführt werden.

5 Simulation von IT-Dienstleistungsprozessen

In diesem Kapitel wird zunächst auf die Grundlagen der qualitativen und quantitativen Analyse von IT-Dienstleistungsprozessen eingegangen. Gestützt darauf werden, durch die in verschiedenen IT-Service Management bezogenen Forschungstransferprojekten gesammelten Erfahrungen motiviert, die Ergebnisse durchgeführter Simulationsexperimente zu den Auswirkungen der Verfügbarkeit von IT-Dienstleistungen auf IT-Dienstleistungsprozesse präsentiert. Im Rahmen der Simulationsexperimente wurden sequentielle, parallele und alternative IT-Dienstleistungsprozesse „durchgespielt" und simulationsrelevante Parameter wie zum Beispiel Kapazitäten, Ankunftszeiten variiert. Im Anschluss daran werden die aus den Simulationsexperimenten gewonnenen Erkenntnisse diskutiert und bewertet.

5.1 Grundlagen der qualitativen und quantitativen Analyse

Zur Unterstützung der Modellierung von IT-Dienstleistungsprozessen kann Simulation angewendet werden (vgl. exemplarisch [KMR99; NRS00; Zim01; ZKP02]). Im Rahmen einer Simulation werden Operationen auf Testobjekten in einem IT-Dienstleistungsprozessmodell ausgeführt (in Anlehnung an [Obe96a]). Simulation ermöglicht die Antizipation des Verhaltens von IT-Dienstleistungsprozessen zur „virtuellen" Laufzeit, wodurch Erkenntnisse über geplante IT-Dienstleistungsprozesse erlangt werden können, ohne diese in der Realität ausführen zu müssen. Die Durchführung von Simulationsexperimenten am realen IT-System ist aufgrund von Zeit, Kosten und Risiko oft nicht möglich [BFS87].

Die Simulation von IT-Dienstleistungsprozessen kann zur *quantitativen Analyse* verwendet werden. Bei der quantitativen Analyse werden in Anlehnung an [AaH04] Eigenschaften eines IT-Dienstleistungsprozessmodells in Bezug auf die Einhaltung von zuvor definierten kennzahlenbasierten Prozesszielen, wie zum Beispiel die Verfügbarkeit einer IT-Dienstleistung oder die Anzahl bearbeiteter Störungstickets pro Zeiteinheit, untersucht. Die Bewertung alternativer Strukturen von IT-Dienstleistungsprozessen wird ermöglicht. In der betrieblichen Praxis kann die Simulation von IT-Dienstleistungsprozessen zur Bestimmung von Gesamtdurchlaufzeiten und Gesamtprozesskosten verwendet werden. Zusätzlich wird die Kapazitätsplanung durch die Möglichkeit unterstützt, alternative Ressourcenkonfigurationen und deren Allokation zu simulieren und darauf aufbauend die Auswirkungen beispielsweise auf Durchlaufzeiten und Ressourcenauslastungen zu identifizieren. Darüber hinaus wird Simulation häufig zur Steuerung, Kontrolle und Verbesserung von IT-Dienstleistungsprozessen eingesetzt, um a priori Abschätzungen und Prognosen über mögliche Auswirkungen von Veränderungen an IT-Dienstleistungsprozessen zu treffen, bevor Aktivitäten in einem realen IT-System verändert werden [KMR99].

Die Visualisierung von IT-Dienstleistungsprozessen mittels Animation[131] „verbirgt" das formale Modell und unterstützt die Verständlichkeit des modellierten IT-Dienstleistungsprozesses. Die Animationsunterstützung ermöglicht die frühzeitige Einbindung der Anwender in den Modellierungs- und Validierungsprozess [Obe96a, S.211]. Im Rahmen dieser Arbeit werden die Begriffe Simulation und Simulationsexperiment in Anlehnung an [VDI93] wie folgt definiert:

Definition 5.1: Simulation

Eine Simulation ist die Abbildung eines IT-Systems mit seinen dynamischen IT-Dienstleistungsprozessen in Simulationsmodellen und das anschließende „Durchspielen" der Simulationsmodelle in Simulationsexperimenten.

Definition 5.2: Simulationsexperiment

Ein Simulationsexperiment ist die zielgerichtete Untersuchung des dynamischen Verhaltens eines IT-Dienstleistungsprozesses bei systematischer Parameter- und/oder Strukturvariation.

Simulation mit Petri-Netzen ist die Erzeugung von Markierungsfolgen, ausgehend von einem Netz mit Startmarkierung. Die Folge der durchlaufenen Zwischenmarkierungen kann als Ergebnis einer Simulation grafisch dargestellt werden [Obe96a, S.214]. Sei M eine Markierung eines Petri-Netzes PN. Falls $M \xrightarrow{t_1} M_1$, $M_1 \xrightarrow{t_2} M_2, ..., M_{n-1} \xrightarrow{t_n} M_n$ Schaltvorgänge sind, ist $\varphi = t_1, t_2, ..., t_n$ die Schaltfolge von $M \rightarrow M_n$. Die zugeordnete Markierungsfolge ist $\omega = M, M_1, M_2, ..., M_{n-1}, M_n$. Eine Simulation unterstützt die Qualitätssicherung und Qualitätsverbesserung von IT-Dienstleistungsprozessen unter anderem durch Identifikation und gegebenenfalls Beseitigung von Defiziten am IT-Dienstleistungsprozessmodell. Tabelle 12 stellt eine Auswahl wichtiger Vor- und Nachteile der Simulation dar [Ban98; Bos92]. In Ergänzung zur Simulation kann mittels einer *qualitativen Analyse* beispielsweise die logische Korrektheit („Erstellen alle Aktivitäten den gewünschten Output?") sowie die Vollständigkeit („Wird die erforderliche Funktionalität bereitgestellt?") des IT-Dienstleistungsprozessmodells untersucht werden. Syntaktische und semantische Defizite können in IT- Dienstleistungsprozessmodellen identifiziert werden. Darüber hinaus kann das Verhalten in bestimmten Ausnahmesituationen sowie die Erreichbarkeit von Fehlerzuständen validiert werden.

---

[131] Bei der Animation wird aus Gründen der Übersichtlichkeit oft nur ein IT-Dienstleistungsprozess visualisiert, wohingegen bei der Simulation mehrere IT-Dienstleistungsprozesse ausgeführt werden.

Vorteile der Simulation	Nachteile der Simulation
Keine „Experimente" am realen IT-System notwendig.	Abweichungen zur Realität (vereinfachter Ausschnitt), wodurch Unsicherheit über die Korrektheit der Ergebnisse entsteht.
Frühe Identifikation von Planungsrisiken und möglichen Fehlplanungen.	Kostenintensiver Aufwand zur Erstellung von Simulationsmodellen.
Entwicklung eines Gesamtverständnisses für die IT-Dienstleistungsprozesse bei Anwendern und Modellierern.	Auffinden einer optimalen Lösung nicht garantiert.
Animation zur Visualisierung zum besseren Verständnis des modellierten IT-Dienstleistungsprozesses.	Kostenintensive Beschaffung relevanter Daten zur Erstellung des Simulationsmodells.
Vergleich alternativer IT-Dienstleistungs-prozesse mittels „Durchspielen" und Identifikation z.B. von Engpässen.	Erstellung von Simulationsmodellen erfordert spezielle Ausbildung und/oder Erfahrung des Modellierers.
Automatisierte oder teil-automatisierte Simulation über lange Zeiträume.	Interpretation der Simulationsergebnisse schwierig durch fehlenden Kontext.
Je nach Art und Umfang eines Simulationsmodells können Zeit und Kosten für eine Simulation stark variieren.	

Tabelle 12: Vorteile und Nachteile der Simulation

In der betrieblichen Praxis umfasst die qualitative Analyse die Identifikation von nicht direkt messbaren Aspekten eines IT-Dienstleistungsprozesses, wie zum Beispiel die redundante Ausführung von Aktivitäten, mögliche Medienbrüche oder falsche Verantwortungsbereiche. Eine Methode der qualitativen Analyse von IT-Dienstleistungsprozessen mit Petri-Netzen ist die *Erreichbarkeitsanalyse*, bei der ausgehend von einer Startmarkierung M_0 sämtliche Zustände eines IT-Dienstleistungsprozesses, die in einem Petri-Netz erreicht werden können, erfasst werden. Nach der Modellierung eines IT-Dienstleistungsprozesses kann mittels *Erreichbarkeitsgraphen* das IT-Dienstleistungsprozessmodell auf verschiedene dynamische Eigenschaften [Bau96, S.130 ff.; Sta90] wie zum Beispiel *Beschränktheit*, *Lebendigkeit*, *Erreichbarkeit*, *Deadlocks* oder *Konflikte* untersucht werden [Abe90, S.61]. Ein Erreichbarkeitsgraph ist ein gerichteter Graph und erfasst alle Zustände, die ein Petri-Netz annehmen kann sowie alle Zustandswechsel, die durch das Schalten von Transitionen herbeigeführt werden können. Abbildung 104 zeigt das Verfügbarkeitsmuster aus Abschnitt 0 sowie den dazugehörigen Erreichbarkeitsgraphen. Die Vektoren der erreichbaren Markierungen werden im Erreichbarkeitsgraphen als Knoten repräsentiert. Jeder Knoten repräsentiert eine Markierung, die durch das Tupel $(s_1(ip_n), s_2(ip_n), s_1(id_n), s_2(id_n), s_3(id_n))$ gebildet wird. Die Startmarkierung entspricht dem Vektor $M_0 = (1,0,1,1,0)$. Die Markierung des Startknotens wird durch Schalten einer Transition, die mit dem Namen der Kante beschriftet ist, in die Markierung des Zielknotens überführt. Der Erreichbarkeitsgraph wird durch die sukzessive Erweiterung und Vervollständigung der Knoten- und Kantenmenge konstruiert, wobei die Knotenmenge nur Knoten mit unterschiedlichen Markierungen enthalten darf.

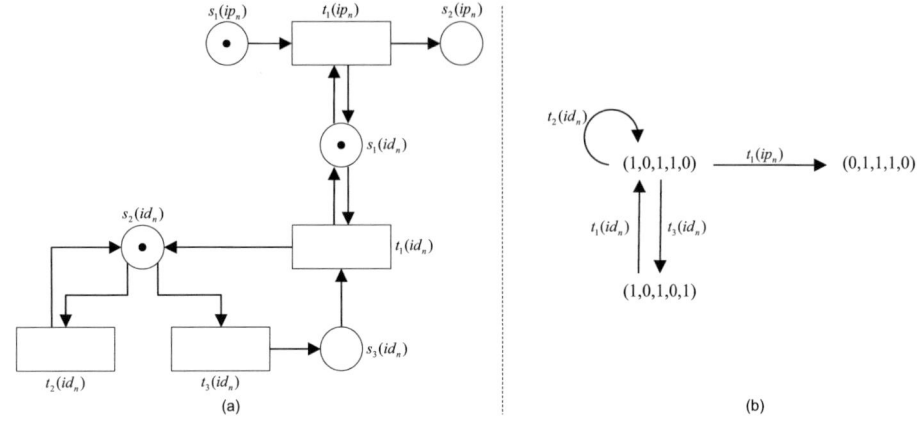

Abbildung 104: (a) Einfaches Petri-Netz und (b) dazugehöriger Erreichbarkeitsgraph

Eine Erreichbarkeitsanalyse kann beispielsweise auch informal durch den *Erreichbarkeits-algorithmus BF („breadth first")* oder den *verallgemeinerten Erreichbarkeitsalgorithmus (VEA)* in Verbindung mit einer Tabelle beschrieben werden [Bau96, S.165 ff.].

Die strukturellen Eigenschaften von Petri-Netzen werden im Rahmen der *Strukturanalyse* untersucht, bei der Marken und Markierungen nicht berücksichtigt werden. Durch die kontinuierliche Weiterentwicklung der Informationstechnologie ist es möglich, die Aktivitäten eines IT-Dienstleistungsprozesses, die bisher sequentiell ausgeführt wurden, teilweise nebenläufig zu bearbeiten. Strukturelle Veränderungen in Form von Parallelisierung haben in vielen Fällen zu deutlichen Effizienzsteigerungen beispielsweise durch Reduktion der Gesamtdurchlaufzeiten geführt. Zum besseren Verständnis von Geschäftsprozessen sollten bei der Strukturanalyse unter anderem bestimmte informale Regeln berücksichtigt werden [AaH04, S.104 ff.]. Ein Netz beginnt und endet immer mit einer Stelle, die einen klaren Start- und Endzeitpunkt modelliert. Bei der Modellierung von IT-Dienst-leistungsprozessen sollten *Engpässe*, auch „Flaschenhälse" genannt, vermieden werden. Engpässe sind Netzstrukturen, die zu einer Menge von Prozessobjekten führen, die aufgrund ihrer Anzahl nicht weiter abgearbeitet werden können. Außerdem sollten Netzstrukturen vermieden werden, die innerhalb von IT-Dienstleistungsprozessen vor deren erfolgreichem Abschluss zu Deadlocks führen. [Aal95] stellt drei wesentliche Anforderungen an Geschäftsprozessmodelle, die auch für IT-Dienstleistungsprozessmodelle als Spezialfall der Geschäftsprozessmodelle gelten:

1. Jeder gestartete IT-Dienstleistungsprozess muss terminieren können.

2. Jedes Prozess- und Dienstgüteobjekt muss nach Terminierung des IT-Dienst-leistungsprozesses bearbeitet worden sein[132].

3. Jeder Teil des IT-Dienstleistungsprozesses ist erreichbar und kann entsprechend in mindestens einer Prozessinstanz ausgeführt werden.

Die quantitative Analyse der Eigenschaften von IT-Dienstleistungsprozessen kann auf Basis deterministischer oder stochastischer IT-Dienstleistungsprozessmodelle erfolgen. Sind die Eigenschaften der Transaktionen und die Startereignisse zum Beginn eines softwaregestützten Simulationsexperiments vorgegeben, sind alle Parameter des IT-Dienstleistungsprozesses bekannt, also deterministisch. Die wiederholte Durchführung von Simulationsexperimenten ist nicht notwendig, da die Berechnung des Ablaufs vorgegebener Transaktionen immer zum selben Ergebnis führt („Fallstudien-Simulation"). In deterministischen Simulationsex-perimenten können Parameter (z.B. Frequenz, Kapazität, Schaltdauer, Kosten, etc.) verändert werden, um so genannte „*what-if*"-Fragen zu beantworten. Deterministische Simulations-experimente eignen sich aufgrund der Plausibilitätsprüfung von erzeugten Outputs als Vorstufe zu stochastischen Simulationsexperimenten. Wird ein stochastisches Simulationsexperiment durchgeführt, variieren bestimmte Parameter auf Grundlage einer ex-ante gemessenen oder geschätzten Häufigkeitsverteilung. Durch die Integration von Zufallszahlen[133] werden je durchgeführtem Simulationsexperiment unterschiedliche Prozess-Outputs erzeugt. Die Verwendung verschiedener Zufallszahlen führt zu verschiedenen Resultaten, die statistisch ausgewertet und interpretiert werden müssen. Parameter wie beispielsweise die Schaltdauer von Aktivitäten in einem IT-Dienstleistungsprozessmodell sind Zufallszahlen, die durch empirisch ermittelte Verteilungen oder Schätzwerte von *Erwartungswert*, *Varianz* und *Schiefe*[134] charakterisiert werden können [Ros02]. In der betrieblichen Praxis werden stochastische Simulationen aufgrund der sehr umfangreichen und zeitintensiven Simulationsexperimente sowie der Auswertung von Ergebnissen häufig

---

[132] Die Forderung, dass jedes Prozess- oder Dienstgüteobjekt nach Terminierung des IT-Dienstleistungsprozesses immer bearbeitet worden sein muss, kann insbesondere bei der quantitativen Analyse zu Einschränkungen führen. Bestimmte Defizite eines IT-Dienstleistungsprozesses (z.B. „überflüssige Prozessobjekte") könnten nicht mehr identifiziert werden.

[133] Zufallszahlen können mittels geeigneter Zufallszahlen-Generatoren wie der *Monte-Carlo-Methode* (z.B. Normalverteilung, Exponentielle Verteilung, etc.) [Fis96, S.187 ff.] oder Methoden wie beispielsweise *Inverse Transform*, *Cutpoint*, *Composition* oder *Acceptance-Rejection* [Fis01, S.329 ff.] erzeugt werden.

[134] Der *Erwartungswert* $E(X)$ einer Zufallsvariablen X ist der Wert, der sich bei oftmaligem Wiederholen desselben Simulationsexperiments als Mittelwert der Ergebnisse ergibt. Die *Varianz* $Var(X)$ ist ein Streuungsmaß und gibt die Abweichung einer Zufallsvariable X von ihrem Erwartungswert $E(X)$ an. Die *Schiefe* $v(X)$ ist ein Maß für die Symmetrie der Wahrscheinlichkeitsverteilung zum Erwartungswert $E(X)$ und zeigt an, ob und wie stark die Verteilung nach rechts (positive Schiefe) oder nach links (negative Schiefe) geneigt ist [BSM08, S.816 ff.]

umgangen, indem mit Erwartungswerten und Varianzen der Wahrscheinlichkeitsverteilungen deterministisch gerechnet wird. Die Substitution von stochastischen Simulationsexperimenten durch deterministische Berechnung kann zu systematisch „verzerrten" Ergebnissen führen, da beispielsweise Größe und Vorzeichen der Fehler, die sich aus den deterministischen Annahmen ergeben, nicht bekannt sind. Alternativ zur stochastischen Simulation kann mit vertretbarem Aufwand analytisch gerechnet werden, wenn beispielsweise der Zeitdauer der Aktivitäten in einem IT-Dienstleistungsprozessmodell die gleiche Wahrscheinlichkeitsverteilung zugrunde liegt.

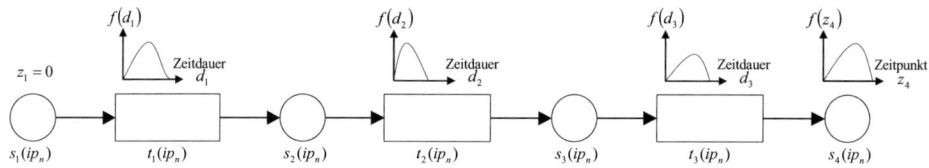

Abbildung 105: Verschiedene Wahrscheinlichkeitsverteilungen (Beispiel)

Es gibt Wahrscheinlichkeitsverteilungen wie die Normalverteilung oder Poisson-Verteilung, bei denen sich der Erwartungswert und/oder die Varianz zum Beispiel einer Summe von Zeitdauern von Aktivitäten aus den einzelnen Erwartungswerten oder Varianzen errechnen lässt. Abbildung 105 zeigt in Anlehnung an [Ros02, S.120 f.], dass bereits bei einer einfachen Sequenz, in der die Zeitdauer einzelner Aktivitäten auf unterschiedlichen Wahrscheinlichkeitsverteilungen basiert, eine analytische Berechnung der Zustände sehr aufwendig ist. Die Wahrscheinlichkeitsverteilung des Zeitpunkts z_4, an dem in einem Simulationsexperiment die Stelle $s_4(ip_n)$ markiert ist, berechnet sich aus der *Faltung* (vgl. exemplarisch [KoF99; RNR90]) der Wahrscheinlichkeitsverteilungen der Zeitdauer der Aktivitäten $t_1(ip_n)$, $t_2(ip_n)$ und $t_3(ip_n)$. Integriert das IT-Dienstleistungsprozessmodell Netzstrukturen wie Nebenläufigkeit, Synchronisation, Alternative und/oder Iteration, ist eine analytische Berechnung der Zustände der Stellen zu einem bestimmten Zeitpunkt z nicht mehr möglich. Eine analytische Berechnung wird darüber hinaus erschwert, wenn die Zeitdauer von Aktivitäten positiv oder negativ korreliert. Beispielsweise werden aufgrund einer zu spät ausgeführten Aktivität (z.B. Erkennungszeit für eine Störung wurde stark überschritten), die darauffolgenden Aktivitäten kürzer ausgeführt, um die vereinbarte Lösungszeit noch einhalten zu können.

Neben softwaregestützten, stochastischen Simulationsexperimenten über die Auswirkungen der Verfügbarkeit von IT-Dienstleistungen auf IT-Dienstleistungsprozesse wird in dieser Arbeit auch das Verfahren der *Warteschlangentheorie* [Lip09; Rob94] verwendet (vgl.

Abschnitt 6.1). Die Warteschlangentheorie eignet sich zur quantitativen Analyse von Petri-Netzen in Zusammenhang mit der Bestimmung von Kennzahlen wie Wartezeit, Bearbeitungszeit oder Auslastungsgrad. Insbesondere bei IT-Dienstleistungsprozessen entstehen häufig Situationen, in denen bestimmte Aktivitäten auf die Bearbeitung durch (personelle) Aufgabenträger warten müssen und dadurch die Durchführung des IT-Dienstleistungsprozesses verzögern. Die Grundlage für eine quantitative Analyse mit der Warteschlangentheorie bildet ein Wartesystem. In einem Wartesystem entsprechen zu bedienende Dienstanwender den zu bearbeitenden Aufträgen (z.B. Störungstickets). Die Ankunftszeiten und Bedienzeiten der Dienstanwender entsprechen den Bereitstellungs-terminen oder Bearbeitungsdauern der Aufträge, wobei die Reihenfolge, in der die Dienstanwender bedient werden, durch die Bearbeitungsreihenfolge der Aufträge modelliert wird [NeM02, S.661 ff.]. Eine Bedienstation kann aus einem oder mehreren Schaltern oder aus mehreren Schaltern in Serie bestehen, was bei „Scheduling[135]"-Problemen dem Fall einer oder mehrerer paralleler Bedienstationen entspricht.

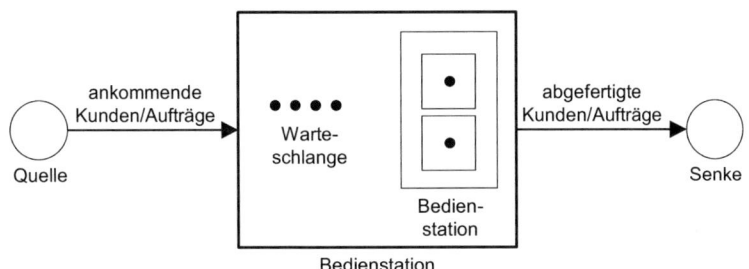

Abbildung 106: Wartesystem mit Bedienungsstation

Das Wartesystem W in Abbildung 106 besteht aus einer Quelle, die die zu bedienenden Dienstanwender erzeugt, sowie einer Warteschlange Q_W, in der noch nicht bediente Dienstanwender bis zu Ihrer Abfertigung warten. Die Bedienstation besteht aus zwei Schaltern, die gleichzeitig Dienstanwender bearbeiten. Die Wartezeit t_W in der Warteschlange Q_W ist die Zeitdauer, die ein Dienstanwender nach Eintritt in das Wartesystem bis zur Bedienung warten muss. Die Zeitdauer, die vom Eintritt eines Dienstanwenders D bis zum Eintritt eines Dienstanwenders $D + 1$ vergeht, wird Zwischenankunftszeit Z_D genannt. Die Bedienzeit B_D ist die Zeitspanne vom Beginn bis zum Ende der Bedienung eines Dienst-anwenders. Ein weiterer für das Wartesystem relevanter Parameter ist die Ankunftsrate λ, die

---

[135] Scheduling (Zeitablaufsteuerung) beschreibt die Erstellung eines Ablaufplanes, der Geschäftsprozessen zeitlich begrenzt Ressourcen zuweist [CMM03]. Beispielsweise wird festgelegt, welche Störungstickets wann und von welchen Bedienstationen bearbeitet werden.

die pro Zeiteinheit ankommenden Dienstanwender angibt und den Ankunftsprozess des Wartesystems charakterisiert (vgl. [BZB09, S.215 ff.]). Die Ankunftsrate wird aus dem Kehrwert der Zwischenankunftszeit Z_D berechnet: $\lambda = 1/Z_D$. Die Warte- und Verweilzeiten lassen sich aus $t_w = Q_w/\lambda$ ermitteln. Für die Bedienung von Dienstanwendern gelten die analogen Berechnungen wie für die Ankunft von Dienstanwendern im Wartesystem. Entsprechend wird anstatt von der Zwischenankunftszeit Z_D und der Ankunftsrate λ von der Bedienzeit B_D und der Bedienrate μ gesprochen. Der Auslastungsgrad ρ eines Wartesystems wird mittels $\rho = \lambda/\mu$ berechnet. Ist $\rho < 1$, wird das Wartesystem als stabil bezeichnet, bei dem eine Warteschlange entstehen und abgearbeitet werden kann. Wenn Zwischenankunftszeiten auf Basis von Wahrscheinlichkeitsverteilungen erzeugt sind, können die Zwischenankunftszeiten als Zufallsvariablen betrachtet werden. $\{Z_D, D \in \mathbb{N}\}$ beschreibt dann einen stationären, stochastischen Prozess, also eine Folge gleichartiger Aktivitäten. Im Rahmen der prototypischen Implementierung eines Softwarewerkzeuges zur Simulation der Bearbeitung von Störungstickets an einem IT-Service Desk wird in Abschnitt 6.1 detaillierter auf die Anwendung der Warteschlangentheorie eingegangen.

Bei der simulationsgestützten Analyse können Aussagen über das Verhalten von modellierten IT-Dienstleistungsprozessen nur in Abhängigkeit von der gewählten Startmarkierung des Netzes getroffen werden, da die Auswertung von Simulationsläufen nur in Verbindung mit einer gewählten Startmarkierung[136] möglich ist. Bei der Durchführung einer software-gestützten Simulation wird zwischen der interaktiven und der automatisierten Simulation unterschieden [Obe96a]. Bei der *interaktiven Simulation* werden dem Benutzer des Software-werkzeugs alle aktivierten Transitionen grafisch angezeigt und dieser wählt selbst aus, welche Transitionen als nächstes schalten sollen. Diese Prozedur wird solange wiederholt, bis eine tote Markierung[137] erreicht oder der Simulationslauf durch den Benutzer manuell beendet worden ist. Die interaktive Simulation eignet sich zum „Durchspielen" ausgewählter Folgen von Aktivitäten oder zur Validierung von Ausnahmesituationen. Bei der *automatisierten Simulation* liegt die Kontrolle bei einem maschinellen Simulator, der das Schalten von aktivierten Transitionen steuert. Die festgelegte Startmarkierung sowie simulationsspezifische Parameter[138] beeinflussen die daraus resultierende Schaltfolge. Automatisierte Simulationen werden für einen vom Benutzer definierten Zeitraum durchgeführt oder enden bei Erreichen

---

[136] Die Erzeugung geeigneter Startmarkierungen wird in [DOZ97; Zim01] diskutiert.

[137] Eine Transition t eines Petri-Netzes PN ist unter einer Markierung M tot, wenn keine Markierung M' erreichbar ist, die t aktiviert. Eine Markierung eines Petri-Netzes ist tot, falls alle Transitionen tot sind [Rei09].

[138] Je nach Simulationsstrategie werden für Transitionen Parameter wie zum Beispiel die Schaltfolge [Bau96] oder Zeitbedingungen (Schaltdauer / Schaltzeitpunkt) [MeP04; Obe90; Ste05] festgelegt. Darüber hinaus kann die Spezifikation von stochastischen Parametern, beispielsweise in Form einer Wahrscheinlichkeitsverteilung das Schaltverhalten der Transition beeinflussen [Bal02; Bau96; MeP04].

einer toten Markierung. Für die Simulation komplexer Prozessmodelle oder großer Zeiträume haben sich automatische Simulationen als sinnvoll erwiesen, da die häufig unüberschaubare Anzahl schaltender Transitionen bei der interaktiven Simulation einen überproportional hohen Zeitaufwand erfordert. Sofern die softwaregestützte Simulation über die reine Animierung des Markenflusses hinausgeht, kann sie zur Leistungsanalyse beispielsweise unter Berücksichtigung von quantitativen Größen wie Ressourcen verwendet werden [Erw02]. Typischerweise erfolgt eine softwaregestützte Simulation nicht grafisch animiert, da meist eine große Anzahl von Simulationsläufen innerhalb eines Simulationsexperiments durchgeführt werden muss, um aussagekräftige Ergebnisse zu erhalten. Da eine interaktive Simulation aus diesem Grund oft nicht möglich ist, müssen die Ergebnisse der Simulationsläufe in geeigneter Form in einer Simulationsdatenbank gespeichert und für Datenbank-Abfragen[139] zur Verfügung gestellt werden [Obe96a].

Für die simulationsgestützte Analyse von Auswirkungen der Verfügbarkeit von IT-Dienstleistungen auf IT-Dienstleistungsprozesse ist ein geeigneter grafischer Editor und Simulator notwendig. Die Anforderungen an dieses Softwarewerkzeug leiten sich aus den IT-Dienstleistungsprozessmodellen aus Abschnitt 0 ab. Das Softwarewerkzeug soll folgende Anforderungen erfüllen:

- Modellierung von höheren Petri-Netzen mit unterscheidbaren Marken
- Integration von Zeitbedingungen
- Modellierung von Wahrscheinlichkeiten
- Modellierung von Prioritäten und/oder Inhibitorkanten
- Qualitative und Quantitative Analysemöglichkeiten
- Automatisierte Simulation
- Hierarchische Modellierung von Petri-Netzen

Zusätzlich sollte ein grafischer Editor und Simulator eine grafische Benutzerschnittstelle und eine angemessene Dokumentation des Funktionsumfangs zur Verfügung stellen [Win06].

Es existieren zahlreiche frei verfügbare Softwarewerkzeuge für elementare und höhere Petri-Netze. Eine Marktübersicht bietet die Petri Net Tool Database[140]. Anhand der oben genannten Anforderungen wurden verschiedene Softwarewerkzeuge untersucht und verglichen (siehe

---

[139] Eine grafische Abfragesprache zur Auswertung von auf höheren Petri-Netzen basierenden Simulationsergebnissen wurde von [ObS94, Sän96] entwickelt.

[140] Eine umfassende Übersicht über Petri-Netz Editoren und Simulatoren bietet die Petri Net Tool Database unter http://www.informatik.uni-hamburg.de/TGI/PetriNets/tools/db.html (letzter Abruf am 14.09.2009).

Anhang A.5). Das Produkt *INCOME Suite*[141] (Interactive Netbased Conceptual Modelling Environment) erfüllt alle Anforderungen in Bezug auf die in Abschnitt 5.2) durchgeführten Simulationsexperimente. Die „INCOME Suite" besteht aus den Modulen *Process Designer*, *Knowledge Browser*, *Process Simulator*, *Process Monitor* und *Document Center* zur Modellierung, Simulation, Steuerung und Kontrolle von Geschäftsprozessen. Zu den Einsatzmöglichkeiten der „INCOME Suite" zählen: Business Process Re-Engineering, Knowledge Management, Anwendungsentwicklung, Einführung von Standardsoftware, Workflow Management, Qualitätssicherung und Prozess-Benchmarking. Die Wurzeln der „INCOME Suite" liegen in den Forschungsprojekten INCOME, INCOME/WWW, INCOME/WF und INCOME/STAR [OSS97], die am Institut AIFB an der Universität Karlsruhe (TH) zwischen 1985 und 1995 durchgeführt wurden. Seit 1990 wird das Produkt „INCOME Suite" als kommerzielles Softwarewerkzeug vertrieben. Im Rahmen dieser Arbeit wird die „INCOME Suite 4.8" verwendet. Die Petri-Netz-basierte Modellierung von IT-Dienstleistungen und IT-Dienstleistungsprozessen erfolgt mit dem Modul „INCOME Process Designer" (IPD), das als Applet oder Applikation gestartet werden kann. Der „IPD" stellt im Rahmen des „ganzheitlichen" Geschäftsprozessmanagements mit der INCOME Suite ein Softwarewerkzeug zur Modellierung von IT-Dienstleistungsprozessen zur Verfügung und unterstützt unter anderem eine grafische Ablauf-, Organisations- und Objektmodellierung. Über Querverweise können erstellte Ablaufmodelle mit Ressourcen des Organisationsmodells und den Objekttypen des Objektmodells verknüpft werden. Die modellierten IT-Dienstleistungsprozesse können anschließend mit dem Modul „INCOME Simulator" simuliert und iterativ verbessert werden. Die Simulation läuft für einen vom Benutzer definierten Zeitraum automatisiert ab. Mit der Animationssteuerung kann zu bestimmten Zeitpunkten in einem Simulationslauf „gesprungen" werden (Abbildung 107). Für die Modellierung von IT-Dienstleistungsprozessen wurden höhere Petri-Netze verwendet, die die Integration einfacher Objektstrukturen, wie beispielsweise eine Unterteilung von Störungstickets in die Kategorien „Priorität 1" und „Priorität 2" unterstützen. Zusätzlich können Petri-Netze in der INCOME Suite um Zeitbedingungen, Wahrscheinlichkeiten, Kosten, Prioritäten und unterschiedliche Hierarchiestufen erweitert werden. Die Modellierung komplex strukturierter Objekte wird durch den IPD nicht ausreichend unterstützt.

---

[141] http://www.synlogic.ch/produkte.cfm (letzter Abruf am 01.11.2009).

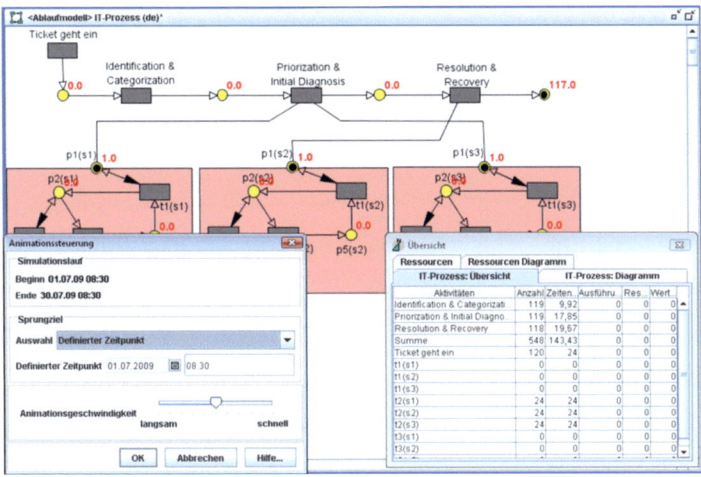

Abbildung 107: Beispiel einer Ablaufsimulation mit dem INCOME Simulator

Petri-Netze sollen im Rahmen dieser Arbeit nicht nur zur Modellierung von IT-Dienstleistungen und IT-Dienstleistungsprozessen, sondern darüber hinaus auch zur Simulation der Performanz von IT-Dienstleistungsprozessen verwendet werden. Zusätzlich soll das Verhalten der IT-Dienstleistungsprozesse in Ausnahmesituationen, wie beispielsweise bei Ausfall einer oder mehrerer IT-Dienstleistungen analysiert werden.

5.2 Simulation und Analyse der Auswirkungen von IT-Dienstleistungen auf IT-Dienstleistungsprozesse

Die in diesem Abschnitt untersuchten IT-Dienstleistungsprozessmodelle basieren auf Anwendungsfällen, die im Rahmen von IT-Service Management-bezogenen Forschungs- und Forschungstransferprojekten zwischen den Jahren 2006 und 2009 am FZI erstellt worden sind. Aufgrund der Ergebnisse insbesondere aus Forschungstransferprojekten [FZI09] mit der IT-Abteilung einer öffentlichen Verwaltung, eines mittelständischen Dienstanbieters sowie eines Verbunds von Pflegeheimen und Kliniken in Baden-Württemberg, wurden verschiedene Thesen abgeleitet, die simulationsgestützt evaluiert worden sind. Die Thesen basieren auf Prozessmustern, die in Zusammenhang mit den Auswirkungen der Verfügbarkeit von IT-Dienstleistungen auf die Performanz von IT-Dienstleistungsprozessen in allen Forschungstransferprojekten gleichermaßen identifiziert worden sind.

Im Rahmen eines Forschungstransferprojektes zwischen dem FZI und der IT-Abteilung einer öffentlichen Verwaltung wurden Lösungen zu verschiedenen Problemstellungen der Modellierung, Analyse und Kalibrierung von IT-Dienstleistungsprozessen entwickelt. Darüber hinaus wurde die Grundlage für einen flächendeckenden IT-Dienstleistungskatalog sowie die damit verbundene Erstellung von IT-Dienstleistungsvereinbarungen geschaffen. Die IT-Dienstleistungsprozesse eines neu implementierten IT-Service Desk wurden durch Anwendung der IT Infrastructure Library an den Anforderungen der Anwender der ca. 2.300 Rechnerarbeitsplätze ausgerichtet. Eine a priori Abschätzung der zu erwartenden Auslastung von Mitarbeitern an einem IT-Service Desk wurde durch die Entwicklung eines Software-werkzeugs zur Modellierung, Simulation und anschließenden Visualisierung unterstützt (vgl. Abschnitt 6.1) [BMO10]. Durch Anwendung des Softwarewerkzeugs zur a priori Abschätzung konnten bei der Erstellung von IT-Dienstleistungsvereinbarungen zwischen der IT-Abteilung und verschiedenen Ämtern und Dezernaten Service-Level relevante Parameter individuell bestimmt werden. Aufgrund der bisher erzielten Ergebnisse wird derzeit evaluiert, ob die Einführung weiterer IT-Dienstleistungsprozesse zum Beispiel durch die Modellierung und Simulation mit XML-Netzen unterstützt werden kann (Abschnitt 6.2). Während eines Forschungstransferprojektes bei einem mittelständischen Dienstanbieter von IT-Dienst-leistungen wurde ein Vorgehensmodell entwickelt, mit dem Kennzahlen für IT-Dienst-leistungsprozesse identifiziert und als Basis zur Steuerung und Kontrolle von IT-Dienst-leistungsvereinbarungen angewendet werden können [DSB09]. In einem weiteren Forschungstransferprojekt wurde ein Outsourcing-Vorhaben der IT-Abteilung eines Verbunds von Pflegeheimen und Kliniken in Baden-Württemberg wissenschaftlich begleitet. Es wurden die Anforderungen an Dienstanbieter analysiert und unter Berücksichtigung von standardi-sierten IT-Dienstleistungsprozessen der ITIL bewertet. Darüber hinaus wurde die Identifi-kation von geeigneten Dienstanbietern durch Handlungsempfehlungen während des Auswahl-verfahrens unterstützt.

Motiviert wurde das Forschungstransferprojekt mit der öffentlichen Verwaltung durch die Anforderung, die Qualität der durch die IT-Abteilung zu erbringenden IT-Dienstleistungen durch entsprechende Maßnahmen zu erhöhen. Zur Bestimmung der Maßnahmen wurde das in Abschnitt 2.3.4 entwickelte Qualitätsmodell *QualIT* sowie das daraus resultierende Qualitäts-anforderungsmodell *Re-QualIT* verwendet. Im Rahmen einer Anforderungsanalyse wurde als erster Schritt die Implementierung eines *IT-Service Desk* in Verbindung mit dem *Service Level Management* identifiziert. Beide Maßnahmen zusammen reduzierten die *IT-Service GAPs 2,3* und *4* und erfüllten darüber hinaus einen Teil der Anforderungen an die Dimensionen *Flexibilität*, *Dienstleistungsversprechen*, *Reaktionsfreudigkeit* und *Zuverläs-sigkeit*, die zur Sicherstellung der Qualität von IT-Dienstleistungen notwendig sind. Abbildung 108 zeigt exemplarisch einen IT-Dienstleistungsprozess, der im Rahmen des Forschungstransferprojektes mit der öffentlichen Verwaltung modelliert worden ist. Zur besseren Lesbarkeit wurde der XOR-Entscheidungsoperator durch einen gestrichelten Pfeil repräsentiert. Die Verfeinerung einer Transition wurde durch zwei senkrechte Striche inner-halb eines Rechtecks modelliert. Die Verfeinerungen des IT-Dienstleistungsprozesses befinden sich in Anhang A.4.

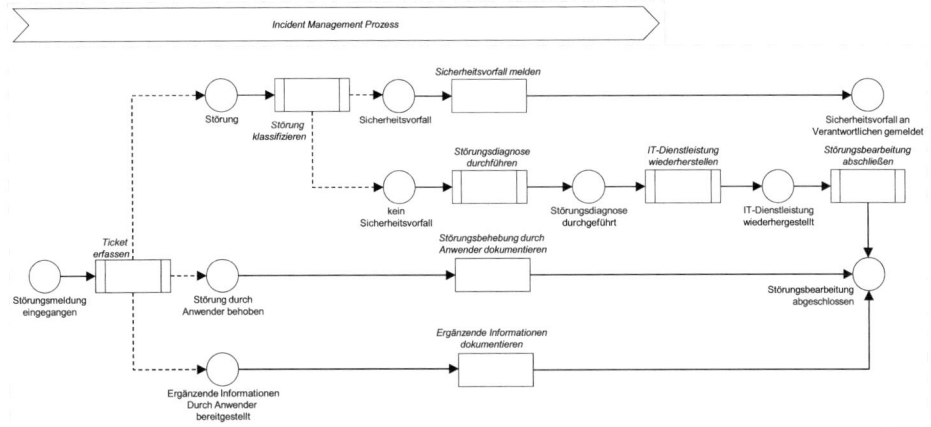

Abbildung 108: IT-Dienstleistungsprozess aus ITSM-Forschungstransferprojekt

Auf Basis des Beispielprozesses aus Abbildung 108 und einer Vielzahl weiterer modellierter IT-Dienstleistungsprozesse aus verschiedenen IT-Service Management-bezogenen Forschungs- (z.B. *SLA@SOI*[142]) und Forschungstransferprojekten, wurden die in Tabelle 13 aufgeführten Thesen zur Auswirkung der Verfügbarkeit von IT-Dienstleistungen auf IT-Dienstleistungsprozesse abgeleitet.

T-01	Der Ausfall einer oder mehrerer IT-Dienstleistungen hat nicht immer automatisch negative Auswirkungen auf die Performanz eines IT-Dienstleistungsprozesses.
T-02	Es besteht kein grundsätzlich linearer Zusammenhang zwischen einer Erhöhung der Verfügbarkeit einer IT-Dienstleistung und der Performanz des IT-Dienstleistungs-prozesses.
T-03	Die Erhöhung der Verfügbarkeit einer IT-Dienstleistung führt unter Berücksichtigung einer Kapazitätsbeschränkung nicht immer automatisch zu einer Verbesserung der Performanz eines IT-Dienstleistungsprozesses.
T-04	Die Erhöhung einer Kapazität erhöht bei geringer Verfügbarkeit (< 0,97) einer IT-Dienst-leistung die Performanz eines IT-Dienstleistungsprozesses.
T-05	Viele Ausfälle (> 50) einer IT-Dienstleistung mit kurzen Wiederherstellungszeiten (< 20 Min.) wirken sich weniger negativ auf die Performanz eines IT-Dienstleistungsprozesses aus, als wenige Ausfälle (< 10) einer IT-Dienstleistung mit langen Wiederherstellungs-zeiten (> 240 Min.).

Tabelle 13: Thesen zur Auswirkung der Verfügbarkeit von IT-Dienstleistungen

---

[142] Das EU-geförderte Forschungsprojekt SLA@SOI (Juni 2008 bis Mai 2011) verfolgt die Ziele, die Qualitätsmerkmale von IT-Dienstleistungen bereits während des Verhandlungsprozesses von IT-Dienst-leistungen vorherzusagen, IT-Dienstleistungsvereinbarungen über die ganze Geschäfts- und IT-Hierarchie transparent zu verwalten und den Verhandlungsprozess sowie die Überwachung von IT-Dienst-leistungsvereinbarungen zu automatisieren (http://www.sla-at-soi.eu, letzter Abruf am 01.12.2009).

T-06	Die Variation der Bearbeitungszeit von Aktivitäten und/oder der Zwischenankunftszeit von Prozessobjekten beeinflusst die Performanz eines IT-Dienstleistungsprozesses bei gleichbleibender Verfügbarkeit der IT-Dienstleistungen.
T-07	Die Verfügbarkeiten von IT-Dienstleistungen beeinflussen sich gegenseitig, so dass die Erhöhung der Verfügbarkeit einer von mehreren IT-Dienstleistungen die Performanz des IT-Dienstleistungsprozesses insgesamt verschlechtert.
T-08	Die Performanz eines IT-Dienstleistungsprozesses wird durch Nutzung von mehr IT-Dienstleistungen mit geringerer Verfügbarkeit (< 0,97) im Vergleich zu wenigen IT-Dienstleistungen mit hoher Verfügbarkeit (> 0,99) erhöht.

Tabelle 13: Thesen zur Auswirkung der Verfügbarkeit von IT-Dienstleistungen (Fortsetzung)

Die Thesen wurden in 16 Simulationsexperimenten evaluiert. Zur Evaluation wurden verschiedene Muster sequentieller, nebenläufiger und alternativer IT-Dienstleistungsprozesse identifiziert, in denen zur Ausführung bestimmter Aktivitäten IT-Dienstleistungen benötigt wurden. Die möglichen Auswirkungen der Verfügbarkekit der benötigten IT-Dienstleistungen auf die Performanz der IT-Dienstleistungsprozesse wurden durch Variation der Simulationsparameter aus Abschnitt 5.2.1 im Rahmen von Simulationsexperimenten untersucht und anhand von Kennzahlen wie zum Beispiel dem Korrelationskoeffizienten ϱ analysiert. Zur Beschreibung des jeweils untersuchten IT-Dienstleistungsprozessmodells wurde die in Abschnitt 0 entwickelte Darstellungsweise verwendet.

5.2.1 Vorgehensweise und Simulationsparameter

In einem Simulationsexperiment wurde jeweils ein IT-Dienstleistungsprozessmodell – im Folgenden Simulationsmodell genannt – unter Variation von Simulationsparametern P_{sim} in einer ex-ante festgelegten Anzahl Simulationsläufe „durchgespielt". Durch die Variation der Simulationsparameter wurden verschiedene Handlungsalternativen beispielsweise in Bezug auf die Bestimmung der Verfügbarkeit von IT-Dienstleistungen identifiziert. Der simulierte Zeitraum war für alle Simulationsläufe innerhalb eines Simulationsexperiments identisch. Darüber hinaus wurden auf Basis der Ergebnisse eines Simulationslaufs für alle Simulationsexperimente dieselben Kennzahlen berechnet und im Kontext des jeweils untersuchten IT-Dienstleistungsprozessmodells analysiert.

Simulierter Zeitraum und Anzahl der Simulationsläufe

Da im Rahmen der Simulationsexperimente ausschließlich stochastische Simulationsmodelle simuliert und analysiert wurden, war eine wiederholte Durchführung von Simulationsläufen mit identischer Startmarkierung notwendig, um vergleichbare Ergebnisse zu erhalten. Für jede Änderung eines Simulationsparameters wurden Simulationsläufe $Sim\,r_{(ip_s)}, r = 1,2,\dots,R$

jeweils fünf[143] mal mit identischer Startmarkierung wiederholt. Der simulierte Zeitraum für alle in dieser Arbeit durchgeführten Simulationsexperimente umfasste jeweils 30 Tage (720 Stunden). Die Festlegung einer bestimmten Anzahl Simulationsläufe inklusive Wiederholungen unterstützte die Vergleichbarkeit von Simulationsergebnissen. Zur Evaluation alternativer Varianten eines Simulationslaufs wurden die Simulationsparameter des Simulationsmodells verändert. Durch das „Durchspielen" von Simulationsläufen bei gleichzeitiger Parameterveränderung und/oder Variation der Abhängigkeiten zwischen Stellen und Transitionen wurde „*die Herleitung optimaler Entscheidungen [...] aus den möglichen Handlungsalternativen mit ihren Kausalbeziehungen zu den Outputgrößen*" [KüS99, S.2] analysiert. Bei jeder Anpassung der Simulationsstrategie wurde nur ein Simulationsparameter verändert, um eine mögliche Abhängigkeit zwischen Startmarkierung und Simulationsergebnis („*Was passiert, wenn?*") herzustellen. Die folgenden Simulationsparameter wurden im Rahmen verschiedener Simulationsexperimente verwendet und unter Berücksichtigung der Simulationsstrategie für jeden Simulationslauf $Sim\ r_{(ip_s)}$ angepasst.

$P1_{sim}$: *Verfügbarkeit einer IT-Dienstleistung* - $a(id_n)$

In allen Simulationsexperimenten wurden die zu analysierenden IT-Dienstleistungsprozesse von zwei oder drei IT-Dienstleistungen id_n unterstützt. Jeder IT-Dienstleistung wurde eine Verfügbarkeit $a(id_n)$ zugewiesen. Ein Verfügbarkeitsmuster repräsentierte eine IT-Dienstleistung im jeweiligen Simulationsmodell mit einer festgelegten Verfügbarkeit $a(id_n)$.

$P2_{sim}$: *Wiederherstellunsgdauer einer IT-Dienstleistung* - $TRS(id_n)$

Bei der Modellierung einer IT-Dienstleistung id_n wurde nicht nur die Verfügbarkeit $a(id_n)$, sondern auch die durchschnittliche Zeit zwischen dem Ausfall und der Wiederherstellung einer IT-Dienstleistung $TRS_x(id_n), x = 1,2, ..., F(id_n)$ berücksichtigt. War die Verfügbarkeit $a(id_n)$ einer IT-Dienstleistung id_n vorgegeben, bestand eine Abhängigkeit zwischen der Anzahl Ausfälle $F(s_n)$ und der benötigten Zeit zur Wiederherstellung $TRS(id_n)$ (vgl. Formel 4.3). Bei festgelegter Verfügbarkeit wurde bestimmt, ob eine IT-Dienstleistung viele Ausfälle (> 50) und eine geringe Wiederherstellungsdauer (< 20 Min.), oder wenige Ausfälle (< 10) und eine entsprechend größere Wiederherstellungs-

---

[143] Die Anzahl der Wiederholungen eines Simulationslaufs wurde auf *fünf* festgelegt, da zuvor durchgeführte, exemplarische Tests mit verschiedenen IT-Dienstleistungsprozessmodellen gezeigt haben, dass sich auch bei einer höheren Frequenz von 10 und 30 Wiederholungen die errechneten Mittelwerte nur geringfügig (±3%) verändert haben. Die Analyse der untersuchten IT-Dienstleistungsprozesse hat gezeigt, dass die Genauigkeit der berechneten Mittelwerte für eine statistisch aussagekräftige Interpretation der Simulationsergebnisse ausreicht. Mit der festgelegten Anzahl von fünf Wiederholungen pro Simulationslauf wurden im Rahmen aller durchgeführten Simulationsexperimente etwa 1000 Simulationsläufe durchgeführt und analysiert.

dauer (> 240 Min.) haben sollte. Mit Hilfe des Simulationsparameters $P2_{sim}$ wurden Aussagen darüber getroffen, ob und welche Auswirkungen die Wiederherstellungsdauer $TRS(id_n)$ einer IT-Dienstleistung auf die Performanz des unterstützten IT-Dienstleistungsprozesses gehabt hat. War die Wiederherstellungsdauer $TRS(id_n)$ in den Simulationsexperimenten nicht explizit angegeben, wurde angenommen, dass innerhalb eines jeweils simulierten Zeitraums $F(id_n) = 12$ Ausfälle[144] auftraten.

$P3_{sim}$: *Prüfintervall - $pi(id_n)$*

Für sämtliche IT-Dienstleistungen wurde das in Abschnitt 0 eingeführte Prüfintervall definiert und für alle Simulationsexperimente auf $pi(id_n) = 60$ Minuten festgelegt.

$P4_{sim}$: *Zeitdauer von Aktivitäten eines IT-Dienstleistungsprozesses - $\tau(t_k(ip_s))$*

Neben den Simulationsparametern $P1_{sim}$, $P2_{sim}$ und $P3_{sim}$ für IT-Dienstleistungen wurden auch Simulationsparameter für den unterstützen IT-Dienstleistungsprozess variiert. Die Zeitdauer $\tau(t_k(ip_s))$ zur Bearbeitung von Aktivitäten eines IT-Dienstleistungsprozesses war variabel. Im Rahmen der Simulationsexperimente konnten durch Variation von $\tau(t_k(ip_s))$ Engpässe als Repräsentation für zeitkritische Aktivitäten identifiziert und gegebenenfalls durch geeignete Maßnahmen (z.B. durch die gezielte Veränderung der maximalen Zeitdauer einzelner Aktivitäten) beseitigt werden.

$P5_{sim}$: *Zwischenankunftszeit von Prozessobjekten - $\tau(t_{IN})$*

Die Zwischenankunftszeit von Prozessobjekten ist die Zeitdauer zwischen dem Eintreffen eines Prozessobjektes x und dem Eintreffen eines Prozessobjektes $x + 1$. Durch Variation der Zwischenankunftszeit von Prozessobjekten wurden Aussagen über die benötigten Verfügbarkeiten von IT-Dienstleistungen getroffen, die notwendig waren, um eingehende Prozessobjekte vollständig[145] bearbeiten zu können. Beispielsweise konnte, basierend auf empirischen Erfahrungen eines IT-Dienstleistungsprozesses „Störungsmanagement", die durchschnittliche Zeitdauer zwischen der Ankunft einzelner „Störungstickets" an einem IT-Service Desk modelliert und simuliert werden. Soweit nicht anders angegeben, wurde

---

[144] Zwölf Ausfälle ergeben sich beispielsweise aus einer maximalen Wiederherstellungszeit von drei Stunden bei einer Verfügbarkeit von 0,950 innerhalb eines simulierten Zeitraums von 30 Tagen. Die Wiederherstellungszeit ändert sich entsprechend, sofern eine größere oder geringere Verfügbarkeit vorliegt. Durch die verhältnismäßig hohe Anzahl Ausfälle soll der Einfluss eines Ausfalls auf die Performanz eines IT-Dienstleistungsprozesses besser analysiert werden können. Laut "2009 Disaster Recovery Research Report" peilen deutsche Unternehmen eine durchschnittliche Wiederherstellungszeit von vier Stunden an und liegen damit zwischen spanischen (drei Stunden) und französischen Unternehmen (sechs Stunden) im europäischen Mittelfeld. Für die Studie wurden 1.650 IT-Leiter und Sicherheitsexperten aus mittelständischen und großen Unternehmen befragt (http://www.symantec.com/content/de/de/about/ downloads/press/Disaster_Recovery_Survey_Report_EMEA_Findings.pdf, letzter Abruf am 02.12.2009).

[145] Die vollständige Bearbeitung aller eingehenden Prozessobjekte entspricht der Performanz eines IT-Dienstleistungsprozesses von $A(ip_s) = 1,00$.

für alle Simulationsexperimente eine Zwischenankunftszeit $\tau(t_{IN}) = 12\,min$ angenommen[146].

P6$_{sim}$: Kapazität an Stellen - $K\big(s_k(ip_s)\big)$

Die Kapazität modellierte die Maximalbelegung einer Stelle mit Marken. Kapazitäten
wurden im Kontext von IT-Dienstleistungsprozessen als nicht-personelle oder personelle
Ressourcen interpretiert. Beispielgebend wurde modelliert, dass aufgrund einer IT-Dienstleistungsvereinbarung die Anzahl Störungstickets in einem Wartesystem oder die Anzahl
Telefonleitungen, Computer oder Mitarbeiter begrenzt war. Mittels der Simulationsexperimente wurde der Einfluss von Kapazitäten auf die Performanz von IT-Dienstleistungsprozessen untersucht.

Die im Rahmen eines Simulationsexperiments (inklusive Simulationsexperimentvarianten
und Simulationsläufe) erzeugten Daten wurden erfasst und für die Auswertung tabellarisch
aufbereitet (siehe Anhang A.6). Nach Beendigung eines Simulationslaufs wurde die in den
Stellen des IT-Dienstleistungsprozesses verbliebene Anzahl Marken und die Anzahl der tatsächlich aufgetretenen Ausfälle der in dem Simulationsmodell modellierten IT-Dienstleistungen id_n erfasst, um die simulierte Verfügbarkeit $a(id_n)_{sim}$ zu errechnen (Formel
4.10). Die Anzahl der Marken im Endknoten des IT-Dienstleistungsprozesses ip_s
(Prozessoutput) repräsentierte die erfolgreich bearbeiteten Objekte und war Grundlage für die
Berechnung der Performanz eines IT-Dienstleistungsprozesses $A(ip_s)$ (Formel 4.15). Die
Analyse der Daten aus den Simulationsläufen erfolgte mit Hilfe verschiedener Kennzahlen[147].
Aus den simulierten Verfügbarkeiten der IT-Dienstleistungen und des IT-
Dienstleistungsprozesses wurde für jedes Simulationsexperiment der Erwartungswert $E(X)$
(arithmetisches Mittel), die empirische Varianz $Var(X)$ und die Standardabweichung ϱ_x

---

[146] Im Rahmen des Forschungstransferprojektes mit der öffentlichen Verwaltung wurden die Erzeugungszeiten
von Störungstickets über einen Zeitraum von 6 Monaten statistisch ausgewertet und ein Mittelwert von 12
Minuten ermittelt.

[147] Bei der statistischen Auswertung von Simulationen wird zwischen Simulationen mit endlichem Horizont
("finite-horizon simulations") und stationären Simulationen ("steady-state simulations") unterschieden. In
Bezug auf Leistungsmaße wird zwischen transienten und stationären Leistungsmaßen differenziert. Bei
transienten Leistungsmaßen startet ein Simulationslauf in einem bestimmten Anfangszustand (oder bestimmten
Anfangsbedingungen) und endet, sobald ein vorab spezifiziertes Ereignis (z.B. Ende des simulierten Zeitraums,
Ausnahmesituation, etc.) eintritt. Die Simulationsergebnisse sind von den Anfangszuständen beeinflusst.
Werden beispielsweise die Wartezeiten von Dienstnehmern in einem Wartesystem betrachtet, so ist die Anzahl
der Beobachtungsdaten konstant und die Zeit zufällig. Werden aber die Wartezeiten der Dienstnehmer in einem
festen Beobachtungszeitraum untersucht, so ist die Anzahl der Dienstnehmer und somit die Anzahl der
Beobachtungsdaten zufällig. Demgegenüber interessiert bei *stationären Leistungsmaßen* das Grenzverhalten,
wobei berücksichtigt werden muss, dass ein Simulationsmodell anfangs häufig eine von den
Anfangsbedingungen abhängige transiente Phase durchläuft. Eine Besonderheit bei der Simulation stationärer
Größen ist die Beseitigung des Einflusses der Anfangsbedingungen (so genannte *Eingangsverzerrung* oder
initial bias) [San04, S.40 ff.]. Der Begriff *Leistungsmaß* wird von [San04] synonym zur qualitativen oder
quantitativen Verdichtung von Kennzahlen verwendet (vgl. Kapitel 2.4).

berechnet, um Aussagen über die „Lage" der Simulationsergebnisse und über die durchschnittliche Abweichung Simulationsergebnisse vom Erwartungswert zu treffen. Als Zusammenhangsmaß zwischen der Verfügbarkeit einer einzelnen IT-Dienstleistung und der Performanz des unterstützten IT-Dienstleistungsprozesses wurde der empirische Korrelationskoeffizient $\varrho_{x,y}$ (vgl. [Bol98; BSM00]) berechnet. Der Korrelationskoeffizient für zwei Stichproben $x_1, x_2, \ldots, x_r$ und $y_1, y_2, \ldots, y_r$ berechnete sich aus:

$$\varrho_{x,y} := \frac{\sum_{i=1}^{r}(x_i - \bar{x}) \cdot (y_i - \bar{y})}{\sqrt{\sum_{i=1}^{r}(x_i - \bar{x})^2 \cdot \sum_{i=1}^{r}(y_i - \bar{y})^2}}; \tag{5.1}$$

$\bar{x} = \frac{1}{r}\sum_{i=1}^{r} x_i$ und $\bar{y} = \frac{1}{r}\sum_{i=1}^{r} y_i$ waren die arithmetischen Mittel der Stichproben $x_1, x_2, \ldots, x_r$ und $y_1, y_2, \ldots, y_r$. Die Korrelation zwischen der simulierten Verfügbarkeit $a(s_n)_{sim}$ einer IT-Dienstleistung id_n und der Performanz $A(ip_s)$ des unterstützten IT-Dienstleistungsprozesses wurde mit ϱ_{id_n,ip_s} dargestellt, wobei der Korrelationskoeffizient Werte zwischen -1 und +1 annehmen konnte. Aus dem jeweiligen Wert ließ sich ableiten, ob ein linearer Zusammenhang zwischen der Verfügbarkeit einer IT-Dienstleistung und dem Prozessoutput bestand. Lag der Wert des Korrelationskoeffizienten nahe +1, bestand ein positiver linearer Zusammenhang zwischen der simulierten Verfügbarkeit einer IT-Dienstleistung und dem Prozessoutput. Ein Wert nahe Null deutete darauf hin, dass kein linearer Zusammenhang zwischen den Ausprägungen bestand. Der empirische Korrelationskoeffizient wurde als Hilfsmittel zur Abschätzung von Zusammenhängen zwischen IT-Dienstleistungen und IT-Dienstleistungsprozessen verwendet, konnte aber aufgrund zusätzlich zu berücksichtigender Merkmale wie *Anzahl Wertpaare* oder *Signifikanzniveau* nicht als alleiniges Entscheidungsmaß herangezogen werden (vgl. exemplarisch [Bol98, S.7; Sch07c, S.143 f.]). Beispielsweise würde ein Wert nahe Null eine Abhängigkeit zwischen den beiden Merkmalen nicht grundsätzlich ausschließen, wenn ein IT-Dienstleistungsprozess die Verfügbarkeit zweier IT-Dienstleistungen in gleichem Maße benötigte (siehe Simulationsergebnisse in Anhang A.6). Tabelle 14 gibt eine Übersicht über die jeweils verwendeten Simulationsparameter und deren Modifikationen[148].

---

[148] „v" = Der Parameter wird während des Simulationsexperiments variiert.
„-" = Der Parameter ist voreingestellt und wird nicht variiert.
„∞" = Die verwendete Kapazität der Stellen ist „unbegrenzt", d.h. im Rahmen des durchgeführten Simulationsexperiments hatte die Kapazität keinen Einfluss auf das Simulationsergebnis.
„k" = Mindestens eine voreingestellte Kapazitätsbeschränkung wird verwendet.

Sim	Typ	ip_s	$\#t_n$	$\#s_n$	$\#id_n$	$a(id_n)$	$\tau(t_k(ip_s))$	$K(s_k(ip_s))$	$TRS(id_n)$	$\tau(t_{IN})$
1	S	ip_{1-1}	3	4	3	v	-	∞	-	-
		ip_{1-2}	3	4	3	v	v	∞	-	-
2	S	$ip_{1-1'}$	3	4	3	v	-	∞	-	-
		$ip_{1-2'}$	3	4	3	v	v	∞	-	-
3	S	ip_{2-1}	3	4	2	v	-	∞	-	-
		ip_{2-2}	3	4	2	v	-	∞	-	-
4	S	ip_{3-1}	3	4	2	v	-	k	-	-
		ip_{3-2}	3	4	2	v	-	k	-	-
5	S	ip_{3-3}	3	4	2	-	-	v	-	-
		ip_{3-4}	3	4	2	-	v	v	-	-
6	S	ip_{4-1}	3	4	3	-	-	v	-	-
7	S	ip_{3-5}	3	4	2	-	-	∞	v	-
8	S	ip_{3-6}	3	4	2	-	v	∞	v	-
9	S	ip_{4-2}	3	4	2	-	-	k	v	-
		$ip_{4-2'}$	3	4	2	-	-	∞	v	-
10	S	ip_{1-3}	3	4	3	-	-	∞	-	v
		ip_{1-4}	3	4	3	-	v	∞	-	v
11	N	ip_{1N}	4	6	3	v	-	∞	-	-
		ip_{2N}	4	6	3	v	v	∞	-	-
12	N	ip_{3N}	5	7	3	v	-	∞	-	-
		$ip_{3N'}$	5	7	3	v	v	∞	-	-
13	A	ip_{1-1}	4	4	3	v	-	∞	-	-
		ip_{1A}	4	4	3	v	-	∞	-	-
14	A	ip_{3-7}	5	7	3	v	-	∞	-	-
		ip_{2A}	5	7	3	v	-	k	-	-
15	A	ip_5	5	7	3	v	-	-	-	-
		ip_{3A}	5	7	3	v	-	k	-	-
16	A	ip_{4A}	5	5	3	v	-	∞	-	v

Tabelle 14: Übersicht über Parametervariationen in den Simulationsexperimenten 1-16

5.2.2 Sequentielle IT-Dienstleistungsprozesse

In diesem Abschnitt werden die Ergebnisse simulativer Analysen der Auswirkungen variierender Simulationsparameter auf sequentielle IT-Dienstleistungsprozesse vorgestellt. In den Simulationsexperimenten 1, 2 und 3 wurden die Auswirkungen einer variierenden Verfügbarkeit von IT-Dienstleistungen auf IT-Dienstleistungsprozesse untersucht.

Simulationsexperiment 1

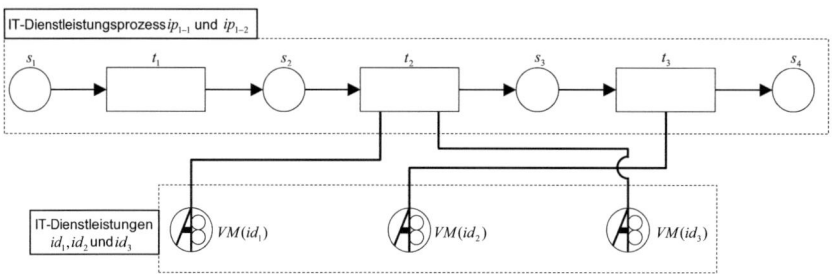

Abbildung 109: Sequentielle IT-Dienstleistungsprozesse ip_{1-1} und ip_{1-2}

Im ersten Simulationsexperiment wurde ein IT-Dienstleistungsprozess ip_{1-1} untersucht, zu dessen Ausführung drei IT-Dienstleistungen notwendig waren (Abbildung 109). Zur Ausführung einer Aktivität $t_2(ip_{1-1})$ waren gleichzeitig zwei IT-Dienstleistungen id_1 und id_3 und zur Ausführung von Aktivität $t_3(ip_{1-1})$ eine IT-Dienstleistung id_2 notwendig. Der IT-Dienstleistungsprozess ip_{1-1} wurde definiert als:

$$ip_{1-1} = \big[\tau\big(t_1(ip_{1-1})\big) = 5\big] \rightarrow \big[\tau\big(t_2(ip_{1-1})\big) = 7; a(id_1), a(id_3)\big]$$
$$\rightarrow \big[\tau\big(t_3(ip_{1-1})\big) = 12; a(id_2)\big]; \qquad\qquad \tau(ip_{1-1}) = 24;$$

Die Verfügbarkeit der IT-Dienstleistungen wurde bei jeder Simulationsexperimentvariante $Sim1(ip_{1-1}) - Sim5(ip_{1-1})$[149] verändert. Die Ergebnisse (Abbildung 110) haben gezeigt, dass bei gleichzeitiger Erhöhung der Verfügbarkeit aller IT-Dienstleistungen die Verfügbarkeit des unterstützten IT-Dienstleistungsprozesses (hellgrauer Balken) proportional angestiegen ist. Die Simulationsparameter $a(id_1), a(id_2)$ und $a(id_3)$ sind jeweils durch dunkelgraue Balken dargestellt.

---

[149] Bei Darstellung der Simulationsexperimente $Sim1 - Sim5$ ist der zugehörige IT-Dienstleistungsprozess (hier: ip_{1-1}) in Klammern mit angegeben. In den jeweils korrespondierenden Abbildungen wurde auf die erweiterte Notation mit dem Ziel der besseren Lesbarkeit verzichtet.

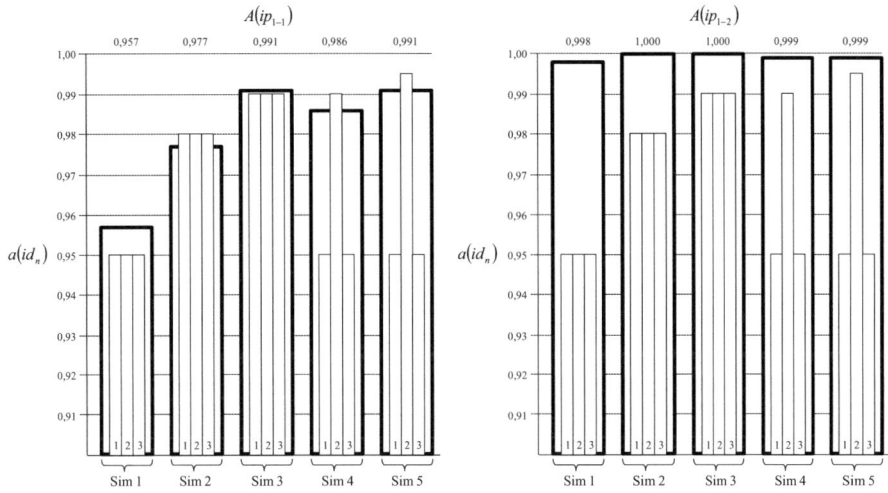

Abbildung 110: Sim-Ergebnisse der IT-Dienstleistungsprozesse ip_{1-1} und ip_{1-2}

Durch Erhöhung der Verfügbarkeit von IT-Dienstleistungen wurde die Performanz des IT-Dienstleistungsprozesses erhöht. Die Analyse verschiedener Kennzahlen wie der Varianz oder des Korrelationskoeffizienten (siehe Anhang A.6) machten deutlich, dass bei den ersten drei Simulationsexperimentvarianten $Sim1(ip_{1-1}) - Sim3(ip_{1-1})$ mit $\varrho_{id_2,ip_{1-1}} > 0{,}97$ eine hohe Korrelation zwischen der Verfügbarkeit der IT-Dienstleistung id_2 und der Verfügbarkeit des unterstützten IT-Dienstleistungsprozesses ip_{1-1} bestand. Veränderungen der simulierten Ausfallzeit $TRS(id_2)$ implizierten Schwankungen der Performanz $A(ip_{1-1})$. Die Verfügbarkeit $a(id_2)$ hatte in den ersten drei Simulationsexperimentvarianten die stärkste Auswirkung auf die Performanz des IT-Dienstleistungsprozesses $\left(\varrho_{id_2,ip_{1-1}} = 0{,}97\right)$, während die Auswirkungen der Verfügbarkeiten $a(id_1)$ und $a(id_3)$ vergleichsweise gering waren. Die Ausfallzeiten von IT-Dienstleistung id_2 waren die Ursache für die meisten der nach Ablauf des simulierten Zeitraums im Simulationsmodell verbliebenen Marken. Aus diesem Grund wurde in $Sim4(ip_{1-1})$ die Priorität auf eine hohe Verfügbarkeit der IT-Dienstleistung id_2 gelegt. $Sim4(ip_{1-1})$ zeigte, dass mit einer hohen Verfügbarkeit der IT-Dienstleistung id_2 von 0,99 und einer geringeren Verfügbarkeit der IT-Dienstleistungen id_1 und id_3 von jeweils 0,95 nahezu dasselbe Ergebnis wie in $Sim3(ip_{1-1})$ erreicht werden konnte. Eine zusätzliche Erhöhung der Verfügbarkeit $a(id_2)$ auf 0,995 $(Sim5(ip_{1-1}))$ wirkte sich jedoch nur noch geringfügig positiv auf die Performanz des IT-Dienstleistungsprozesses aus. Die Simulationsdaten aus $Sim5(ip_{1-1})$ zeigten keinen linearen Zusammenhang zwischen der Verfügbarkeit $a(id_2)$ und der Performanz des unterstützten IT-Dienstleistungsprozesses ip_{1-1} $\left(\varrho_{id_2,ip_{1-1}} = -0{,}29\right)$. Die starke Erhöhung der operativen Zeit $ut(id_2)$ verringerte die

Abhängigkeit des Prozessoutputs von IT-Dienstleistung id_2. In der Simulationsexperiment-variante mit $a(id_2) = 0,95$ waren die Schwankungen der Verfügbarkeit des IT-Dienst-leistungsprozesses stark von IT-Dienstleistung id_2 abhängig, während dieser Zusammenhang bei der Simulationsexperimentvariante mit $a(id_2) = 0,995$ nicht mehr erkennbar war. Die Anzahl der im System verbliebenen Marken in $Sim5(ip_{1-1})$ wurde auf die Ausfallzeit der IT-Dienstleistungen id_1 und id_3 zurückgeführt.

Die Ergebnisse aus den Simulationsexperimentvarianten des IT-Dienstleistungsprozesses ip_{1-1} haben gezeigt, dass sich kritische IT-Dienstleistungen eines unterstützten IT-Dienst-leistungsprozesses, also IT-Dienstleistungen, deren Ausfallzeiten eine große Auswirkung auf den Prozessoutput hatten, ex-ante identifizieren lassen. Darüber hinaus hat die systematische Erhöhung der Verfügbarkeit „kritischer" IT-Dienstleistungen bis zu einem bestimmten Punkt positive Auswirkungen auf das Prozessergebnis. Eine Erhöhung über diesen Punkt hinaus bleibt wirkungsfrei. Dieser optimale Punkt wurde im Rahmen von Simulationsexperimenten ermittelt. Eine Erhöhung der Verfügbarkeit $a(id_n)$ einer IT-Dienstleistung kann darüber hinaus dazu führen, dass eine zuvor bestandene Abhängigkeit des Prozessoutputs von einer bestimmten IT-Dienstleistung ab-, und die Auswirkung anderer IT-Dienstleistungen entsprechend zunimmt.

Durch eine geringfügige Änderung der Bearbeitungszeiten einzelner Aktivitäten des IT-Dienstleistungsprozesses ip_{1-1} wurde in ip_{1-2} untersucht, ob und falls zutreffend, wie signifikant die Auswirkungen der Verfügbarkeit von IT-Dienstleistungen auf den Prozess-output waren. Der IT-Dienstleistungsprozess ip_{1-2} wurde definiert als:

$$ip_{1-2} = \left[\tau\big(t_1(ip_{1-2})\big) = 5\right] \rightarrow \left[\tau\big(t_2(ip_{1-2})\big) = 9; a(id_1), a(id_3)\right]$$
$$\rightarrow \left[\tau\big(t_3(ip_{1-2})\big) = 10; a(id_2)\right]; \qquad \tau(ip_{1-2}) = 24;$$

Abbildung 110 zeigt, dass bereits geringe Veränderungen der Bearbeitungszeiten einzelner Aktivitäten in ip_{1-2} starke Auswirkungen auf die Performanz des IT-Dienstleistungsprozesses haben. Bei jeder Simulationsexperimentvariante lag die Performanz des IT-Dienstleistungs-prozesses ip_{1-2} oberhalb der Performanz des IT-Dienstleistungsprozesses ip_{1-1}. Anhand $Sim2(ip_{1-2})$ wurde gezeigt, dass eine Verfügbarkeit aller IT-Dienstleistungen von 0,98 ausreicht, um die Performanz des IT-Dienstleistungsprozesses ip_{1-2} auf 1,00 zu erhöhen. Die Erkenntnisse aus dem ersten Simulationsexperiment können bei der Erstellung von IT-Dienst-leistungsvereinbarungen berücksichtigt werden. Ist der zu unterstützende IT-Dienst-leistungsprozess mit entsprechenden Bearbeitungszeiten bekannt, kann die Verfügbarkeit von IT-Dienstleistungen näherungsweise bestimmt werden, um eine bestimmte Performanz zu erreichen. Für den IT-Dienstleistungsprozess ip_{1-2} hat beispielsweise eine Verfügbarkeit von 0,97 für IT-Dienstleistung id_1 und id_3 sowie 0,98 für IT-Dienstleistung id_2 ausgereicht, um eine Performanz des IT-Dienstleistungsprozesses von 1,00 zu erreichen. Höhere Anforderungen an die Verfügbarkeit der betrachteten IT-Dienstleistungen hatten keine weiteren (positiven) Auswirkungen auf die Performanz des IT-Dienstleistungsprozesses und wären von einem Dienstnehmer entsprechend „umsonst" bezahlt worden. Die Vermeidung der Vergütung von evtl. nicht benötigten Kapazitäten spielt in der betrieblichen Praxis eine zunehmende Rolle, da die Kosten für nicht-personelle sowie personelle Aufgabenträger mit steigender Verfügbarkeit einer IT-Dienstleistung exponentiell zunehmen [Olb06, S.105].

Simulationsexperiment 2

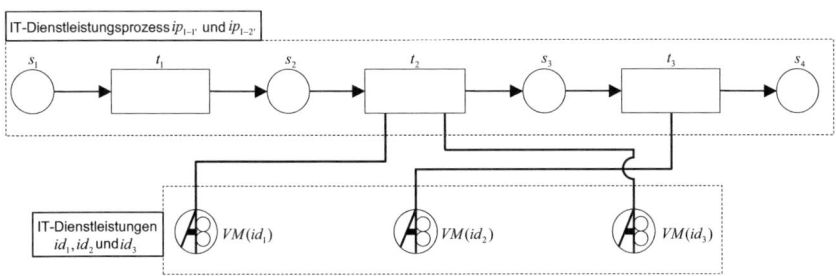

Abbildung 111: Sequentielle IT-Dienstleistungsprozesse $ip_{1-1'}$ und $ip_{1-2'}$

Nachdem in Simulationsexperiment 1 gezeigt wurde, wie sich Änderungen der Verfügbarkeit einer IT-Dienstleistung und variierende Bearbeitungszeiten auf die Performanz des IT-Dienstleistungsprozesses auswirken, wurde im zweiten Simulationsexperiment die Reihenfolge der Bearbeitungszeiten der IT-Dienstleistungsprozesse ip_{1-1} und ip_{1-2} vertauscht. Die IT-Dienstleistungsprozesse $ip_{1-1'}$ und $ip_{1-2'}$ wurden definiert als:

$$ip_{1-1'} = [\tau(t_1(ip_{1-1'})) = 12] \rightarrow [\tau(t_2(ip_{1-1'})) = 7; a(id_1), a(id_3)]$$
$$\rightarrow [\tau(t_3(ip_{1-1'})) = 5; a(id_2)]; \qquad \tau(ip_{1-1'}) = 24;$$

$$ip_{1-2'} = [\tau(t_1(ip_{1-2'})) = 10] \rightarrow [\tau(t_2(ip_{1-2'})) = 9; a(id_1), a(id_3)]$$
$$\rightarrow [\tau(t_3(ip_{1-2'})) = 5; a(id_2)]; \qquad \tau(ip_{1-2'}) = 24;$$

Abbildung 112 zeigt, dass die Simulationsexperimentvarianten von $ip_{1-1'}$ und $ip_{1-2'}$ trotz unterschiedlicher Bearbeitungszeiten ähnliche Ergebnisse geliefert haben. Verglichen mit dem Prozessoutput aus dem ersten Simulationsexperiment waren zwischen den IT-Dienstleistungsprozessen ip_{1-2} und $ip_{1-2'}$ kaum Abweichungen erkennbar. Allerdings hat ein Vergleich der IT-Dienstleistungsprozesse ip_{1-1} und $ip_{1-1'}$ gezeigt, dass bei gleicher Verfügbarkeit der IT-Dienstleistungen eine höhere Performanz des IT-Dienstleistungsprozesses $ip_{1-1'}$ erreicht worden ist. Grund für die Differenz war die Position der Aktivität $(t_1(ip_{1-1'})) = 12$. Im IT-Dienstleistungsprozess $ip_{1-1'}$ lag diese vor den IT-Dienstleistungen, die zur Ausführung von Aktivitäten benötigt wurden. Ausfallzeiten haben sich nicht auf Aktivitäten ausgewirkt.

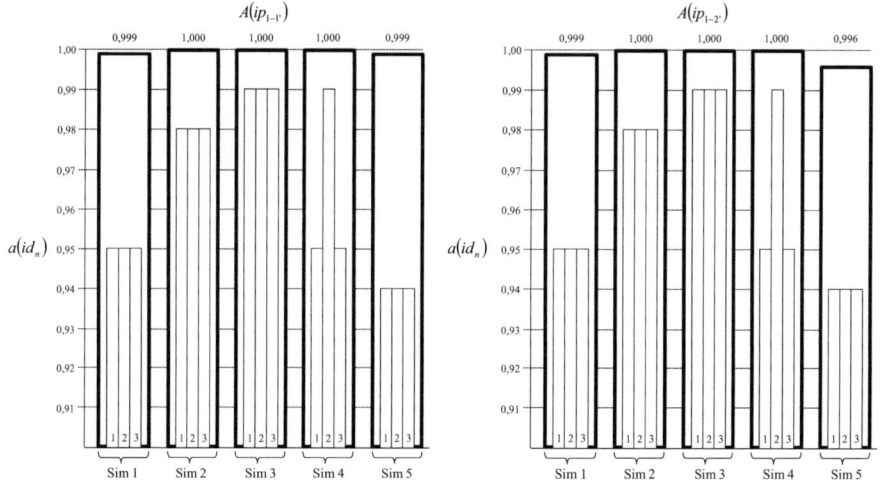

Abbildung 112: Sim-Ergebnisse der IT-Dienstleistungsprozesse $ip_{1-1'}$ und $ip_{1-2'}$

In ip_{1-1} befand sich die Aktivität mit der Bearbeitungszeit von zwölf Minuten am Ende des IT-Dienstleistungsprozesses, so dass Ausfälle von IT-Dienstleistungen die Bearbeitung von Prozessobjekten durch die Aktivität verschlechterten. Die Simulationsergebnisse identifizierten einen Engpass im Vorbereich von Transition $t_3(ip_{1-1})$, der sich negativ auf die Performanz ausgewirkt hatte.

Das zweite Simulationsexperiment hat gezeigt, dass neben der Verfügbarkeit der IT-Dienstleistungen und der Bearbeitungszeit von Aktivitäten auch die Position bestimmter Aktivitäten Auswirkungen auf die Performanz eines IT-Dienstleistungsprozesses hat.

Simulationsexperiment 3

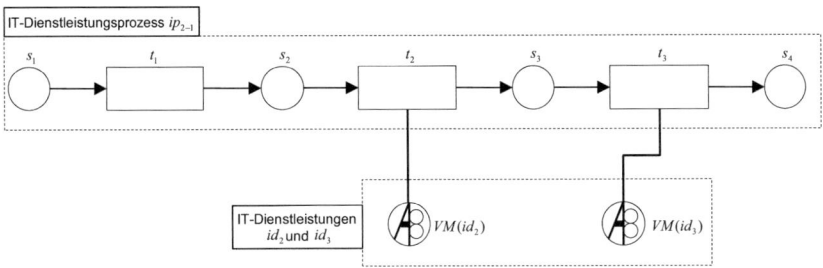

Abbildung 113: Sequentieller IT-Dienstleistungsprozess ip_{2-1}

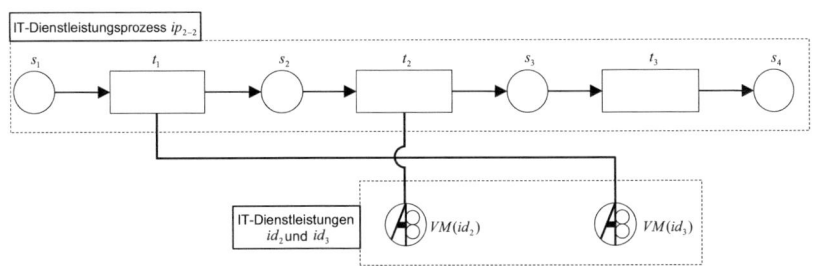

Abbildung 114: Sequentieller IT-Dienstleistungsprozess ip_{2-2}

Anhand des zweiten Simulationsexperiments wurde gezeigt, dass durch den Ausfall von IT-Dienstleistungen Engpässe an Aktivitäten mit hohen Bearbeitungszeiten entstehen können. Die Entstehung von Engpässen wurde mit Hilfe der IT-Dienstleistungsprozesse ip_{2-1} (Abbildung 113) und ip_{2-2} (Abbildung 114) untersucht. Die Bearbeitungszeiten der Aktivitäten waren in beiden IT-Dienstleistungsprozessen identisch. Überdies wurde zur Ausführung der Aktivitäten $t_2(ip_{2-1})$ und $t_2(ip_{2-2})$ IT-Dienstleistung id_2 und zur Ausführung von $t_3(ip_{2-1})$ und $t_1(ip_{2-2})$ IT-Dienstleistung id_3 benötigt. Die IT-Dienstleistungsprozesse ip_{2-1} und ip_{2-2} wurden definiert als:

$$ip_{2-1} = \left[\tau\big(t_1(ip_{2-1})\big) = 5\right] \rightarrow \left[\tau\big(t_2(ip_{2-1})\big) = 7; a(id_2)\right]$$
$$\rightarrow \left[\tau\big(t_3(ip_{2-1})\big) = 12; a(id_3)\right]; \qquad \tau(ip_{2-1}) = 24;$$

$$ip_{2-2} = \left[\tau\big(t_1(ip_{2-2})\big) = 5; a(id_3)\right] \rightarrow \left[\tau\big(t_2(ip_{2-2})\big) = 7; a(id_2)\right]$$
$$\rightarrow \left[\tau\big(t_3(ip_{2-2})\big) = 12\right]; \qquad \tau(ip_{2-2}) = 24;$$

Der Unterschied zwischen den IT-Dienstleistungsprozessen ip_{2-1} und ip_{2-2} lag in der Position der verwendeten IT-Dienstleistung id_3. Abbildung 115 zeigt die Ergebnisse der Simulationsexperimentvarianten für die IT-Dienstleistungsprozesse ip_{2-1} und ip_{2-2}.

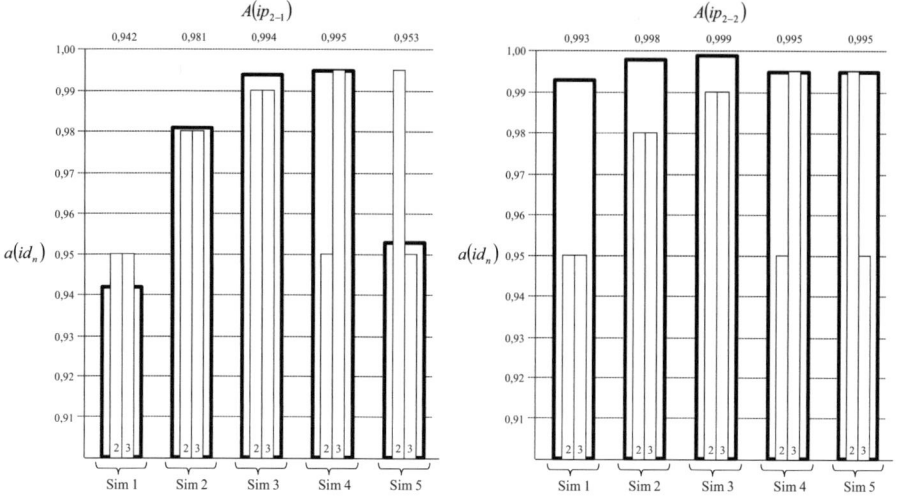

Abbildung 115: Sim-Ergebnisse der IT-Dienstleistungsprozesse ip_{2-1} und ip_{2-2}

Die Simulationsergebnisse zeigten ein im Vergleich zu ip_{2-1} stabileres Verhalten des IT-Dienstleistungsprozesses ip_{2-2} auf. Bei gleicher Verfügbarkeit der IT-Dienstleistungen id_2 und id_3 erreichte ip_{2-2} eine höhere Performanz als ip_{2-1}. Während sich die Performanz des IT-Dienstleistungsprozesses ip_{2-1} in $Sim1(ip_{2-1}) - Sim3(ip_{2-1})$ proportional zu der Erhöhung der Verfügbarkeiten veränderte, wurden für ip_{2-2} nur geringe Schwankungen in Bezug auf die Performanz sichtbar. Insbesondere die Simulationsexperimente $Sim4$ und $Sim5$ präsentierten Unterschiede in den Auswirkungen der Verfügbarkeit von IT-Dienstleistungen id_2 und id_3 auf die Performanz $A(ip_{2-1})$ und $A(ip_{2-2})$. Die Performanz des IT-Dienstleistungsprozesses ip_{2-1} war von der Verfügbarkeit der IT-Dienstleistung $a(id_3)$ abhängig, wohingegen eine Veränderung der Verfügbarkeit $a(id_2)$ nur geringe Auswirkungen bewirkte. Demgegenüber zeigten die Simulationsergebnisse für den IT-Dienstleistungsprozess ip_{2-2}, dass eine Erhöhung der Verfügbarkeit $a(id_2)$ den gleichen Effekt auf die Performanz hatte, wie eine Erhöhung der Verfügbarkeit $a(id_3)$.

In beiden IT-Dienstleistungsprozessen sammelten sich nach dem Ende eines Simulationslaufs aufgrund eines Engpasses vor Aktivität t_3 Prozessobjekte in Stelle s_3. In den Simulationsexperimentvarianten von ip_{2-1} bedingte jeder Ausfall der IT-Dienstleistung id_3 eine Erhöhung der Anzahl Prozessobjekte in $s_3(ip_{2-1})$. Bis zum Ende des Simulationslaufs war eine Abarbeitung von angesammelten Prozessobjekten nicht mehr möglich, wodurch sich die

Performanz des IT-Dienstleistungsprozesses verschlechterte. Die Simulationsexperiment-varianten von ip_{2-2} zeigten, dass der Zeitpunkt des ersten Ausfalls einer IT-Dienstleistung (id_2 oder id_3) entscheidend war. Während der Ausfallzeit sammelten sich Prozessobjekte in den Stellen $s_1(ip_{2-2})$ und $s_2(ip_{2-2})$. Die Anzahl der Marken war von der jeweils festgelegten Ausfallzeit $TRS(id_n)$ abhängig. Bedingt durch einen Ausfall war keine weitere Bearbeitung der Prozessobjekte durch Schalten von Folgetransitionen möglich, wodurch auch die letzte, manuelle Aktivität $t_3(ip_{2-2})$ nicht schaltete. Durch die kurzen Bearbeitungszeiten von $t_1(ip_{2-2})$ und $t_2(ip_{2-2})$ wurden nach Wiederherstellung der entsprechenden IT-Dienst-leistung die in den Vorbereichen angesammelten Prozessobjekte zwar abgearbeitet, jedoch sammelten sich aufgrund der hohen Bearbeitungszeit von $t_3(ip_{2-2})$ Prozessobjekte im Vorbereich von $t_3(ip_{2-2})$. Analog zu ip_{2-1} bildete sich ein Engpass vor der letzten Aktivität. Da die Zwischenankunftszeit von Prozessobjekten mit $\tau(t_{IN}) = 12\ min$ der Bearbeitungszeit von $t_3(ip_{2-2})$ entsprach, konnte der in $s_3(ip_{2-2})$ entstandene Engpass nicht aufgelöst werden. Ausfälle der anderen IT-Dienstleistungen hatten allerdings geringe Auswirkungen auf die Performanz des IT-Dienstleistungsprozesses, da die in $s_3(ip_{2-2})$ angesammelten Prozessobjekte – analog zu einem Puffer – sukzessive abgearbeitet wurden. Sofern während der gesamten Ausfallzeit einer IT-Dienstleistung in $s_3(ip_{2-2})$ angesammelte Prozessobjekte durch $t_3(ip_{2-2})$ bearbeitet werden konnten, hatte ein Ausfall keine Auswirkungen auf die Performanz des IT-Dienstleistungsprozesses. Die Performanz war von den Wiederherstel-lungszeiten $TRS(id_2)$ und $TRS(id_3)$ sowie von den Zeitpunkten des Auftritts von Ausfällen abhängig.

Die Unterschiede in der Performanz von $A(ip_{2-1})$ und $A(ip_{2-2})$ waren darin begründet, dass sich ein Ausfall der IT-Dienstleistung id_3 bei ip_{2-1} direkt auf die Performanz auswirkte, wohingegen der Ausfall von id_3 bei ip_{2-2} durch die puffernde Eigenschaft der manuellen Aktivität $t_3(ip_{2-2})$ abgeschwächt wurde. Bei der Erstellung von IT-Dienstleistungs-vereinbarungen kann die Simulation von IT-Dienstleistungsprozessen oder von ausgewählten Teilen Dienstanbieter unterstützen, Abschätzungen in Bezug auf die Auswirkung der Verfügbarkeit von IT-Dienstleistungen durchzuführen. Beispielsweise können Verbesserungs-potentiale in einem IT-Dienstleistungsprozess identifiziert werden, nach deren Umsetzung auch eine geringere Verfügbarkeit einer IT-Dienstleistung ausreicht, um eine gewünschte Performanz zu erreichen. Auf der Grundlage der Ergebnisse aus diesem Simulations-experiment wurden in Simulationsexperiment 8 die Auswirkungen variierender Wiederher-stellungszeiten bei konstanter Verfügbarkeit von IT-Dienstleistungen untersucht.

Simulationsexperiment 4

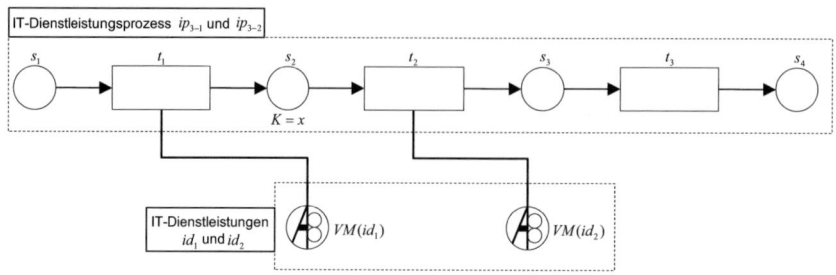

Abbildung 116: Sequentielle IT-Dienstleistungsprozesse ip_{3-1} und ip_{3-2}

Im vierten Simulationsexperiment (Abbildung 116) wurden die Auswirkungen von Kapazitätsbeschränkungen anhand eines Vergleichs zweier IT-Dienstleistungsprozesse ip_{3-1} und ip_{3-2} untersucht. Stelle s_2 wurde eine Kapazität von x Marken ($x \in \mathbb{N} \cup \{\infty\}$) zugewiesen. Für den IT-Dienstleistungsprozess ip_{3-1} wurde eine unbeschränkte Kapazität mit $K\big(s_2(ip_{3-1})\big) = \infty$ angenommen[150]. Der IT-Dienstleistungsprozess ip_{3-1} wurde definiert als:

$$
\begin{aligned}
ip_{3-1} = \ & \big[\tau\big(t_1(ip_{3-1})\big) = 7; a(id_1)\big] \rightarrow \big[\tau\big(t_2(ip_{3-1})\big) = 12; a(id_2)\big] \\
& \rightarrow \big[\tau\big(t_3(ip_{3-1})\big) = 5\big]; \qquad\qquad\qquad \tau(ip_{3-1}) = 24;
\end{aligned}
$$

Die IT-Dienstleistungsprozesse ip_{3-1} und ip_{3-2} waren in Bezug auf gleiche Bearbeitungszeiten und benötigte IT-Dienstleistungen identisch, wobei in ip_{3-2} eine Kapazitätsbeschränkung mit $K\big(s_2(ip_{3-2})\big) = 8$ vorgenommen wurde.

Die Ergebnisse der Simulationsexperimentvarianten $Sim1 - Sim3$ (vgl. Abbildung 117) zeigten, dass bei Variation der Verfügbarkeit der IT-Dienstleistungen id_1 und id_2, bei dem mit einer Kapazität ausgestatteten IT-Dienstleistungsprozess ip_{3-2} eine geringere Performanz erreicht wurde als bei IT-Dienstleistungsprozess ip_{3-1}, der keine Kapazitätsbeschränkung berücksichtigte. Die Performanz des IT-Dienstleistungsprozesses ip_{3-1} stieg linear mit der Verfügbarkeit der IT-Dienstleistungen, während die Performanz $A(ip_{3-2})$ asymptotisch zunahm. Mit steigender Verfügbarkeit der IT-Dienstleistungen näherte sich die Performanz von ip_{3-1} und ip_{3-2} einander an. Ab einer Verfügbarkeit von 0,98 (vgl. $Sim4$) war die

---

[150] In der betrieblichen Praxis entsprach eine unbeschränkte Kapazität einer ausreichenden Anzahl Mitarbeiter zur sofortigen Bearbeitung jedes neu erzeugten Störungstickets sowie der Annahme, dass zum Beispiel eine IT-Dienstleistung „SAP R/3" alle IT-Dienstleistungsprozesse eines Unternehmens ohne Priorisierung gleichermaßen unterstützt.

Performanz beider IT-Dienstleistungsprozesse identisch. Die Auswirkung der Kapazitätsbeschränkung auf die Performanz sank mit zunehmender Verfügbarkeit.

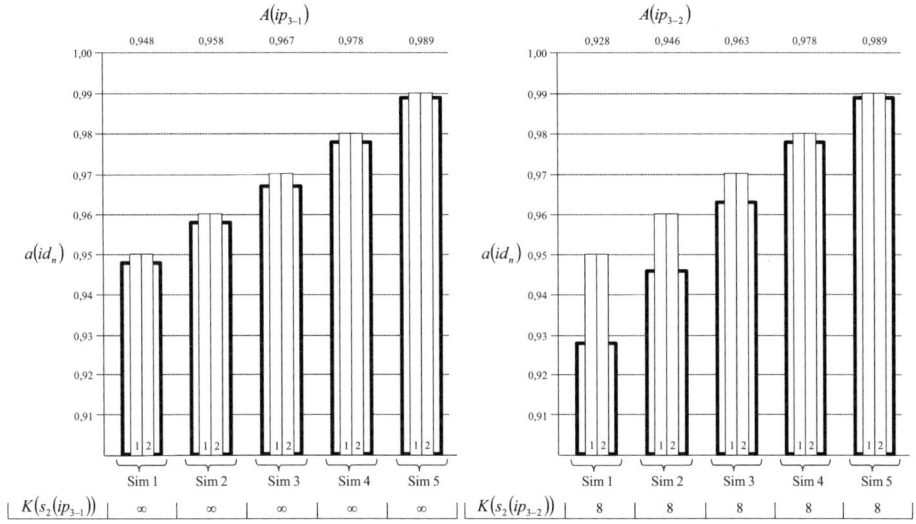

Abbildung 117: Sim-Ergebnisse der IT-Dienstleistungsprozesse ip_{3-1} und ip_{3-2}

Kapazitätsbeschränkungen müssen bei der Simulation von IT-Dienstleistungsprozessen berücksichtigt werden, da diese Auswirkungen auf die Performanz der IT-Dienstleistungsprozesse haben können.

Simulationsexperiment 5

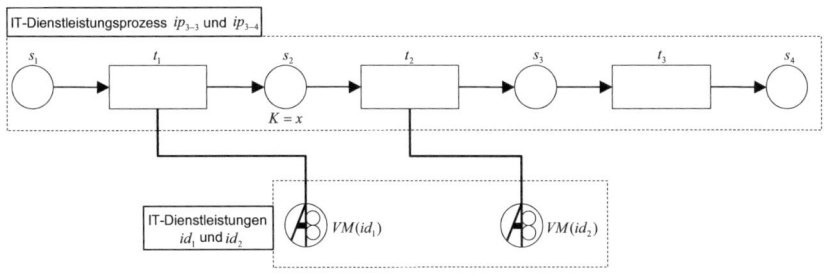

Abbildung 118: Sequentielle IT-Dienstleistungsprozesse ip_{3-3} und ip_{3-4}

Im nächsten Schritt wurden die Auswirkungen variierender Kapazitäten bei konstanter Verfügbarkeit der IT-Dienstleistungen anhand der in Abbildung 118 dargestellten IT-Dienstleistungsprozesse ip_{3-3} und ip_{3-4} simulativ untersucht. Die Verfügbarkeiten $a(id_1) = 0,95$ und $a(id_2) = 0,99$ wurden als konstant vorgegeben, wohingegen die Kapazität $K(s_2) = x$, $x \in \mathbb{N} \cup \{\infty\}$ variierte. Der IT-Dienstleistungsprozess ip_{3-3} wurde definiert als:

203

$$ip_{3-3} = \begin{array}{l} \left[\tau(t_1(ip_{3-3})) = 7; a(id_1) = 0{,}95\right] \rightarrow \left[\tau(t_2(ip_{3-3})) = 12; a(id_2) = 0{,}99\right] \\ \rightarrow \left[\tau(t_3(ip_{3-3})) = 5\right]; \qquad\qquad\qquad\qquad \tau(ip_{3-3}) = 24; \end{array}$$

Die Ergebnisse der Simulationsexperimentvarianten $Sim1(ip_{3-3}) - Sim6(ip_{3-3})$ sind in Abbildung 119 präsentiert. Die in den Simulationsläufen jeweils verwendeten Kapazitäten an Stelle $s_2(ip_{3-3})$ sind unterhalb der Diagramme dargestellt. Im Rahmen des fünften Simulationsexperiments wurde gezeigt, dass sich die Performanz des IT-Dienstleistungsprozesses ip_{3-3} bei zunehmender Kapazität an der Stelle $s_2(ip_{3-3})$ verbesserte. Entsprechend wurde deutlich, dass zum Beispiel die alleinige Erhöhung der Verfügbarkeit einer IT-Dienstleistung nicht zur Verbesserung der Performanz beigetragen hatte. Ab einer Kapazität $K(s_2(ip_{3-3})) = 20$ war die Performanz des IT-Dienstleistungsprozesses ip_{3-3} identisch mit der Performanz des IT-Dienstleistungsprozesses aus Simulationsexperimentvariante $Sim6(ip_{3-3})$.

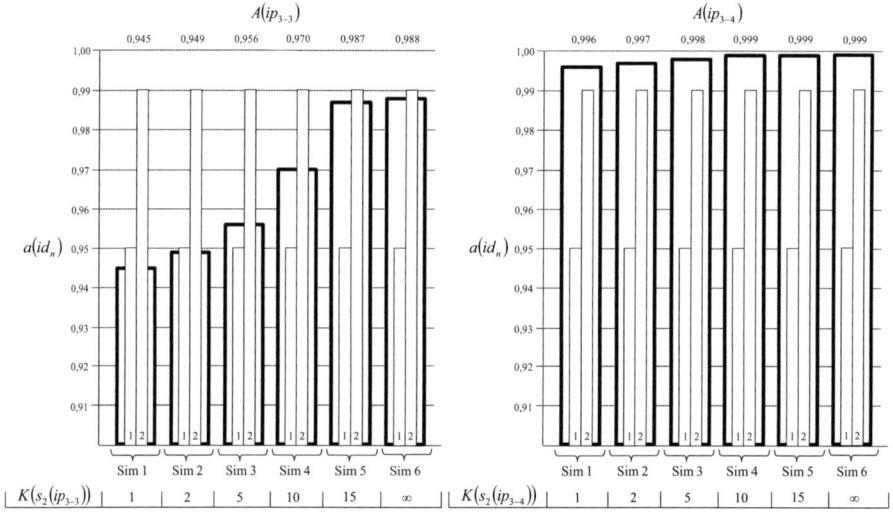

Abbildung 119: Sim-Ergebnisse der IT-Dienstleistungsprozesse ip_{3-3} und ip_{3-4}

Eine weitere Erhöhung der Kapazität war nicht mehr notwendig. Unter der Annahme, dass die Bearbeitungsdauer der Aktivitäten im IT-Dienstleistungsprozess mit den Auswirkungen der Kapazitäten in Wechselwirkung stand, wurde das Simulationsmodell für den IT-Dienstleistungsprozess ip_{3-4} wie folgt angepasst:

$$ip_{3-4} = \begin{array}{l} \left[\tau(t_1(ip_{3-4})) = 7; a(id_1) = 0{,}95\right] \rightarrow \left[\tau(t_2(ip_{3-4})) = 11; a(id_2) = 0{,}99\right] \\ \rightarrow \left[\tau(t_3(ip_{3-4})) = 6\right]; \qquad\qquad\qquad\qquad \tau(ip_{3-4}) = 24; \end{array}$$

Die geringfügige Veränderung der Bearbeitungszeiten im IT-Dienstleistungsprozess ip_{3-4} (vgl. Abbildung 119) bewirkte, dass die Kapazitätsbeschränkung kaum noch Auswirkungen auf die Performanz des IT-Dienstleistungsprozesses hatte. Unter Berücksichtigung der Ergebnisse aus dem vierten Simulationsexperiment wurde sichtbar, dass die jeweilige Kapazität, die zu keiner Verringerung der Performanz eines IT-Dienstleistungsprozesses führte, sowohl von der Verfügbarkeit der IT-Dienstleistungen als auch von den Bearbeitungs-zeiten des IT-Dienstleistungsprozesses abhängig war. Für den IT-Dienstleistungsprozess ip_{3-4} war eine Kapazität von $K(s_2(ip_{3-4})) = 10$ ausreichend, um dieselbe Performanz wie mit einer unbeschränkten Kapazität zu erreichen.

Simulationsexperiment 6

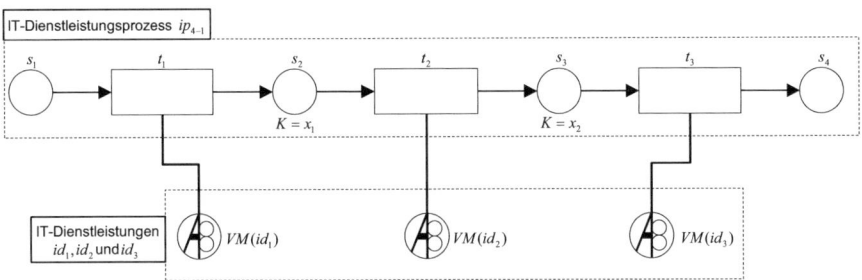

Abbildung 120: Sequentieller IT-Dienstleistungsprozess ip_{4-1}

Im sechsten Simulationsexperiment wurde untersucht, wie sich Kapazitätsbeschränkungen an mehreren Stellen bei konstanter Verfügbarkeit von IT-Dienstleistungen auf die Performanz auswirken (Abbildung 120). Darüber hinaus wurde analysiert, ob und wie sich Kapazitäts-beschränkungen an verschiedenen Stellen gegenseitig beeinflussen, um beispielsweise Stellen mit „kritischen" Kapazitäten zu identifizieren. Als kritisch wurden Kapazitäten eingestuft, die bereits bei geringer Verringerung oder Erhöhung signifikante Auswirkungen auf die Performanz des IT-Dienstleistungsprozesses bedingten. Im Rahmen des Simulations-experiments blieb die Verfügbarkeit der IT-Dienstleistungen konstant, wohingegen Kapa-zitäten variiert wurden. Der IT-Dienstleistungsprozess ip_{4-1} wurde definiert als:

$$ip_{4-1} = [\tau(t_1(ip_{4-1})) = 7; a(id_1) = 0{,}95] \rightarrow [\tau(t_2(ip_{4-1})) = 5; a(id_2) = 0{,}95]$$
$$\rightarrow [\tau(t_3(ip_{4-1})) = 12; a(id_3) = 0{,}99]; \qquad \tau(ip_{4-1}) = 24;$$

Die Kapazitäten des IT-Dienstleistungsprozesses wurden definiert als: $K(s_2(ip_{4-1})) = x_1 \wedge$ $K(s_3(ip_{4-1})) = x_2$ $(x_1, x_2 \in \mathbb{N} \cup \{\infty\})$. Durch Variation von x_i $(i = 1,2)$ wurden die in

Abbildung 121 präsentierten Simulationsergebnisse $Sim1(ip_{4-1}) - Sim7(ip_{4-1})$ erzielt. Die variierenden Kapazitäten $K(s_2(ip_{4-1}))$ und $K(s_3(ip_{4-1}))$ sind unterhalb der Diagramme dargestellt. Die Simulationsergebnisse zeigten, dass eine Kapazität von einer Marke an Stelle $s_2(ip_{4-1})$ bei unbeschränkter Markenkapazität der Stelle $s_3(ip_{4-1})$ vernachlässigbare Auswirkungen auf die Performanz des IT-Dienstleistungsprozesses hatte (vgl. $Sim1(ip_{4-1})$ und $Sim7(ip_{4-1})$).

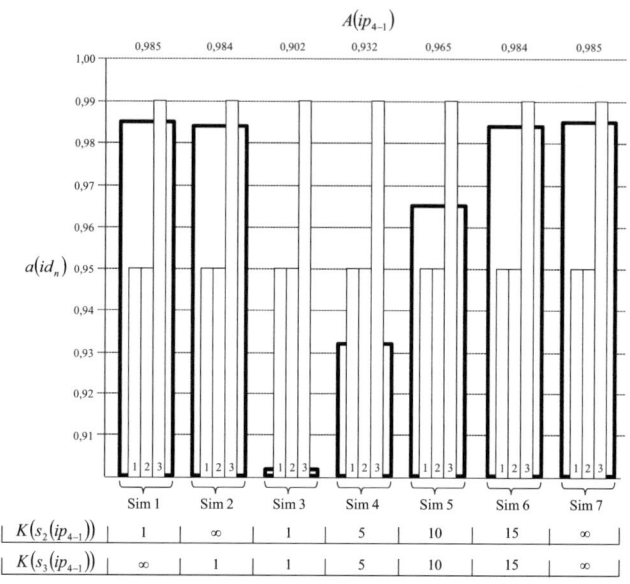

Abbildung 121: Sim-Ergebnisse des IT-Dienstleistungsprozesses ip_{4-1}

Wurde die Kapazität an Stelle $s_3(ip_{4-1})$ auf den Wert 1 gesetzt, (vgl. $Sim3(ip_{4-1})$), sank die Performanz $A(ip_{4-1})$ mit 0,902 erheblich. Das Simulationsergebnis lag deutlich unterhalb der möglichen Performanz, die mit unbeschränkter Kapazität erreicht werden konnte. In Simulationsexperimentvariante $Sim7(ip_{4-1})$ wurde ein IT-Dienstleistungsprozess ohne Kapazitätsbeschränkungen analysiert. Aufgrund der Ausfälle einzelner IT-Dienstleistungen bildete sich ein Engpass an Stelle $s_3(ip_{4-1})$, mit dem Effekt, dass die Performanz des IT-Dienstleistungsprozesses $A(ip_{4-1})$ von der Verfügbarkeit der IT-Dienstleistung id_3 abhängig war. Die Verfügbarkeit der IT-Dienstleistungen id_1 und id_2 hatten kaum Auswirkungen auf die Performanz, da während der Ausfallzeiten die kritische Transition $t_3(ip_{4-1})$ weiterhin Prozessobjekte aus ihrem Vorbereich verarbeiten konnte. Das Hinzufügen einer Kapazität an Stelle $s_3(ip_{4-1})$ (vgl. $Sim2(ip_{4-1})$) verhinderte die Häufung von Marken in Stelle $s_3(ip_{4-1})$, so dass sich dieser Vorgang auf Stelle $s_2(ip_{4-1})$ verschoben hatte. Daraus resultierte, dass bei Ausfall der IT-Dienstleistung id_2 nicht nur die von der IT-Dienstleistung unterstützte Ausführung der Aktivität $t_2(ip_{4-1})$ verhindert wurde, sondern auch, dass Akti-

206

vität $t_3(ip_{4-1})$ aufgrund der beschränkten Markenzahl im Vorbereich $(K(s_3(ip_{4-1})) = 1)$ maximal einmal schalten konnte. In dieser Simulationsvariante wirkten sich die Ausfälle der IT-Dienstleisungen id_3 und id_2 signifikant auf die Performanz des IT-Dienstleistungsprozesses aus. Als Folge der geringeren Verfügbarkeit von id_2 entstand eine hohe Abhängigkeit der Verfügbarkeit $a(id_2)$ mit $\varrho_{id_2,ip_{4-1}} = 0,998$. Das Hinzufügen einer zusätzlichen Kapazität an Stelle $s_2(ip_{4-1})$ in $Sim3(ip_{4-1})$ implizierte eine weitere Verschiebung der sich ansammelnden Marken. Prozessobjekte „sammelten" sich in Stelle $s_1(ip_{4-1})$ mit der Konsequenz, dass der Ausfall aller IT-Dienstleistungen id_1, id_2 und id_3 eine Verringerung der Performanz des IT-Dienstleistungsprozesse zur Folge hatte.

Die Simulationsexperimente 4, 5 und 6 haben gezeigt, dass im Falle ausgefallener IT-Dienstleistungen Kapazitäten die Auswirkungen auf die Performanz eines IT-Dienstleistungsprozess sowohl beeinflussten als auch ohne Wirkung blieben. Die Intensität der Auswirkung des Ausfalls einer IT-Dienstleistung war von der „Position" der Kapazitätsbeschränkung innerhalb des IT-Dienstleistungsprozesses, der Verfügbarkeit der IT-Dienstleistungen und von den Bearbeitungszeiten einzelner Aktivitäten abhängig. Darüber hinaus trat der Fall auf, dass durch das Hinzufügen neuer Kapazitäten die Auswirkung bereits existierender, vormals wirkungsloser Kapazitäten „aktiviert" und negativ verstärkt wurden.

Die Erkenntnisse aus den Simulationsexperimenten können beispielsweise dazu verwendet werden, um Mindestanforderungen an Kapazitäten zu definieren, welche die Auswirkungen des Ausfalls von IT-Dienstleistungen auf die Performanz eines IT-Dienstleistungsprozesses begrenzen. Außerdem ermöglichen die Simulationsexperimente, die im Rahmen einer IT-Dienstleistungsvereinbarung benötigte Verfügbarkeit von IT-Dienstleistungen bei gegebenen Kapazitäten zu ermitteln sowie für eine hohe Performanz benötigte Kapazitäten zu identifizieren.

Simulationsexperiment 7

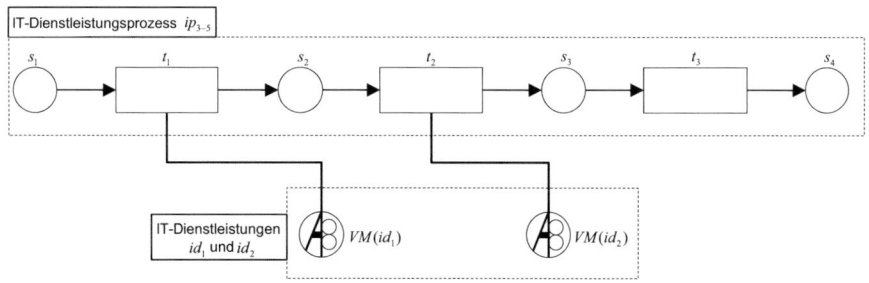

Abbildung 122: Sequentieller IT-Dienstleistungsprozess ip_{3-5}

Die Verfügbarkeit einer IT-Dienstleistung hing von der Anzahl Ausfälle $F(id_n)$ und von der Wiederherstellungszeit $TRS(id_n)$ ab. In den vorangegangenen Simulationsexperimenten war für jede Verfügbarkeit $a(id_n)$, $0 < a(id_n) < 100$ eine konstante Zeitdauer $TRS(id_n)$ verwendet worden. Es wurde untersucht, ob die Auswirkungen auf die Performanz eines IT-Dienstleistungsprozesses bei gegebener Verfügbarkeit von IT-Dienstleistungen größer ist, falls viele Ausfälle mit kurzen Wiederherstellungszeiten auftreten oder wenig Ausfälle mit hohen Wiederherstellungszeiten. Die Fragestellung ist in der betrieblichen Praxis im Zusammenhang mit der so genannten *Zuverlässigkeit* einer IT-Dienstleistung von hoher Relevanz.

Im Rahmen des siebten Simulationsexperiments wurde ein IT-Dienstleistungsprozess ip_{3-5} analysiert, zu dessen Ausführung zwei IT-Dienstleistungen id_1 und id_2 notwendig waren (vgl. Abbildung 122). Für beide IT-Dienstleistungen wurde eine Verfügbarkeit von 0,95 modelliert. Der IT-Dienstleistungsprozess ip_{3-5} wurde definiert als:

$$ip_{3-5} = \left[\tau\big(t_1(ip_{3-5})\big) = 7; a(id_1) = 0,95 \right] \rightarrow \left[\tau\big(t_2(ip_{3-5})\big) = 12; a(id_2) = 0,95 \right]$$
$$\rightarrow \left[\tau\big(t_3(ip_{3-5})\big) = 5 \right]; \qquad\qquad \tau(ip_{3-5}) = 24;$$

In den Simulationsexperimentvarianten wurden die Wiederherstellungszeiten $TRS(id_1)$ und $TRS(id_2)$ variiert, wodurch bei vorgegebenen Verfügbarkeiten $a(id_1) = a(id_2) = 0,95$ eine Anpassung der Ausfallwahrscheinlichkeiten $aw(id_n)$ erfolgte. Infolgedessen wurde die erwartete Anzahl Ausfälle $F(id_n)$ beeinflusst. Wie in Abschnitt 0 erläutert worden ist, sollte im Rahmen der Simulationsexperimente eine möglichst exakte Modellierung von Wiederherstellungszeiten erfolgen. Die Simulationsexperimentvarianten wurden sowohl mit einer sehr niedrigen Wahrscheinlichkeit für einen Ausfall als auch mit einer sehr hohen Wahrscheinlichkeit für einen Ausfall simuliert. Tabelle 15 zeigt die Parameter $TRS(id_n)$ und $aw(id_n)$ zur Konfiguration der IT-Dienstleistungen, bei einer festgelegten Verfügbarkeit $a(id_n) = 0,95$.

$TRS(id_n)$	$a(id_n) = 0,95$	
	$aw(id_n)$	$F(id_n)$
4,3 min	0,731	500
10,8 min	0,292	200
21,6 min	0,146	100
54,0 min	0,059	40
108,0 min	0,029	20
180,0 min	0,018	12
270,0 min	0,012	8
720,0 min	0,004	3

Tabelle 15: Parameter für IT-Dienstleistungsprozess ip_{3-5}

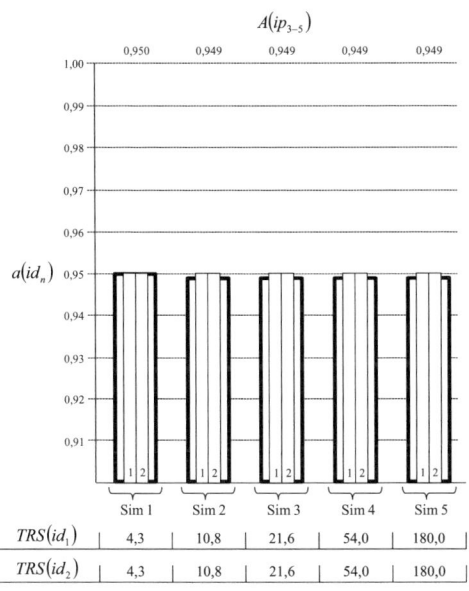

Abbildung 123: Sim-Ergebnisse des IT-Dienstleistungsprozesses ip_{3-5}

Die Ausfallwahrscheinlichkeit $aw(id_n)$ und die erwartete Anzahl der Ausfälle $F(id_n)$ ergaben sich aus den Formeln (4.6) und (4.9). Aufgrund der Ergebnisse aus den Simulations-experimenten $Sim1(ip_{3-5}) - Sim5(ip_{3-5})$ in Abbildung 123 wurde kein Zusammenhang zwischen der Performanz $A(ip_{3-5})$ und der Wiederherstellungszeit einer IT-Dienstleistung $TRS(id_n)$ festgestellt. Sofern $TRS(id_n)$ „groß" gewählt wurde, hatte sich lediglich die Varianz der simulierten Verfügbarkeit einer IT-Dienstleistung vergrößert, wodurch sich die Varianz der Performanz des IT-Dienstleistungsprozesses erhöhte. Neben den Simulations-experimenten $Sim1(ip_{3-5}) - Sim5(ip_{3-5})$ wurde zusätzlich mit einer Wiederherstellungszeit von 12 Stunden (720 Minuten) simuliert. Die Simulationsläufe zeigten keine signifikanten Veränderungen der Performanz. Die Performanz der IT-Dienstleistungsprozesses $A(ip_{3-5})$ korrelierte in allen Simulationsexperimenten ($\varrho > 0{,}95$) stark mit der Verfügbarkeit von IT-Dienstleistung id_2.

In Simulationsexperiment 7 wurde für den untersuchten IT-Dienstleistungsprozess die Unabhängigkeit der Performanz von den jeweils simulierten Wiederherstellungszeiten $TRS(id_1)$ und $TRS(id_2)$ gezeigt. Die Performanz basierte auf der Anzahl der Ausfälle und entsprechend der summierten Ausfallzeit $dt(id_2)$.

Simulationsexperiment 8

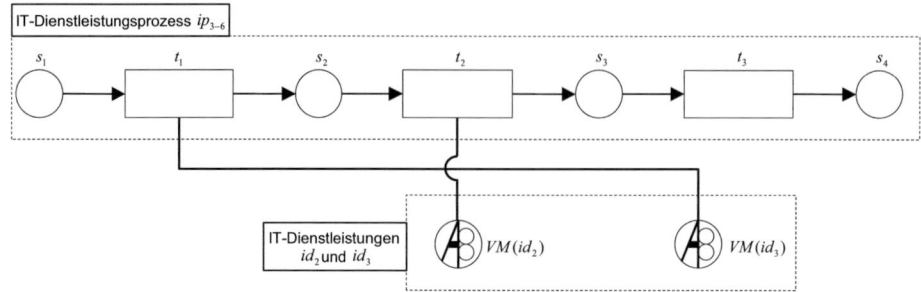

Abbildung 124: Sequentieller IT-Dienstleistungsprozess ip₃₋₆

Im achten Simulationsexperiment wurde überprüft, wie sich die Performanz eines IT-Dienst-leistungsprozesses veränderte, wenn die kritische Aktivität manuell war, d.h. zur Ausführung keine IT-Dienstleistung benötigt wurde (Abbildung 124). Der IT-Dienstleistungsprozess ip_{3-6} wurde definiert als:

$$ip_{3-6} = \left[\tau\big(t_1(ip_{3-6})\big) = 5; a(id_3) = 0{,}95\right] \to \left[\tau\big(t_2(ip_{3-6})\big) = 7; a(id_2) = 0{,}95\right]$$
$$\to \left[\tau\big(t_3(ip_{3-6})\big) = 12\right]; \qquad\qquad \tau(ip_{3-6}) = 24;$$

Für die Simulationsexperimentvarianten wurden bei konstanter Verfügbarkeit $a(id_2) = a(id_3) = 0{,}95$ die Wiederherstellungszeiten $TRS(id_2)$ und $TRS(id_3)$ variiert. Abbildung 125 stellt die Simulationsergebnisse $Sim1(ip_{3-6}) - Sim7(ip_{3-6})$. dar.

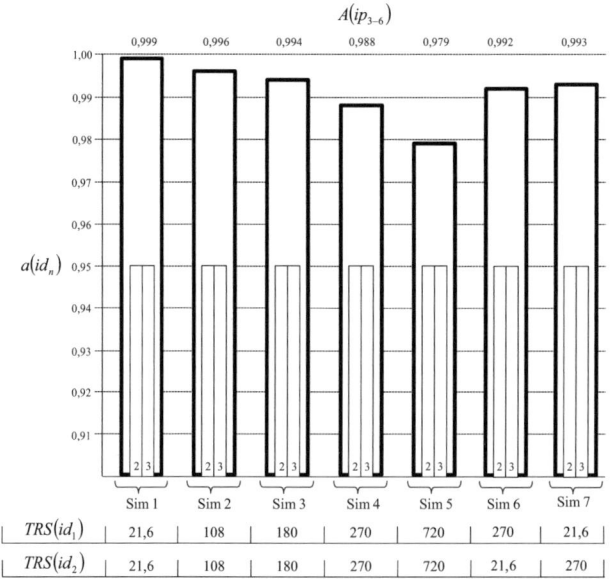

	Sim 1	Sim 2	Sim 3	Sim 4	Sim 5	Sim 6	Sim 7
$TRS(id_1)$	21,6	108	180	270	720	270	21,6
$TRS(id_2)$	21,6	108	180	270	720	21,6	270

Abbildung 125: Sim-Ergebnisse des IT-Dienstleistungsprozesses ip₃₋₆

Im Gegensatz zum IT-Dienstleistungsprozess ip_{3-5} war ip_{3-6} von der Wiederherstellungszeit $TRS(id_2)$ und $TRS(id_3)$ abhängig. Je kürzer $TRS(id_2)$ und $TRS(id_3)$ gewählt wurde, desto höher war die Performanz $A(ip_{3-6})$. Im Vergleich zu den Simulationsexperimentvarianten $Sim1(ip_{2-2}) - Sim5(ip_{2-2})$ wurde mit $a(id_2) = a(id_3) = 0,95$ und $TRS(id_2) = TRS(id_3) = 21,6\ min$ eine höhere Performanz erzielt (vgl. $Sim1(ip_{3-5})$), als mit $a(id_2) = a(id_3) = 0,98$ und $TRS(id_2) = TRS(id_3) = 72\ min$ (vgl. $Sim2(ip_{2-2})$). Das Simulationsergebnis war stärker von der Wiederherstellungszeit einer ausgefallenen IT-Dienstleistung abhängig, als von deren Verfügbarkeit.

Die Erstellung von IT-Dienstleistungsvereinbarungen kann durch Simulationsexperimente unterstützt werden, indem eine maximal zulässige Wiederherstellungszeit einer IT-Dienstleistung identifiziert wird, die die Performanz eines IT-Dienstleistungsprozesses am geringsten beeinflusst.

Simulationsexperiment 9

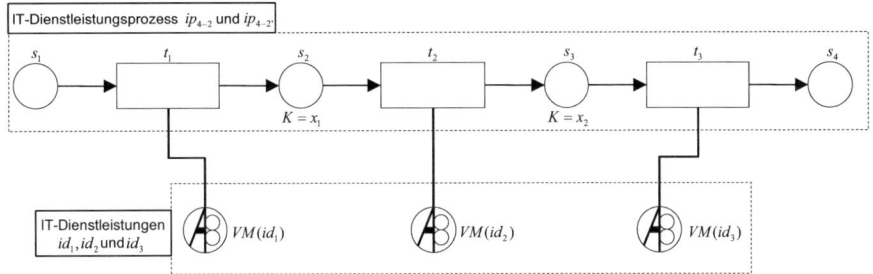

Abbildung 126: Sequentielle IT-Dienstleistungsprozesse ip_{4-2} und $ip_{4-2'}$

Das neunte Simulationsexperiment berücksichtigte bei der Analyse des IT-Dienstleisungsprozesses ip_{4-2} sowohl die Wiederherstellungszeit der IT-Dienstleistungen als auch die Kapazität an zwei Stellen des IT-Dienstleistungsprozesses (Abbildung 126). Der IT-Dienstleistungsprozess ip_{4-2} wurde definiert als:

$$ip_{4-2} = \left[\tau\big(t_1(ip_{4-2})\big) = 5; a(id_1) = 0,95\right] \rightarrow \left[\tau\big(t_2(ip_{4-2})\big) = 7; a(id_2) = 0,95\right]$$
$$\rightarrow \left[\tau\big(t_3(ip_{4-2})\big) = 12; a(id_3) = 0,99\right]; \qquad \tau(ip_{4-2}) = 24;$$

Die Ergebnisse aus dem sechsten Simulationsexperiment haben gezeigt, dass sich Kapazitätsbeschränkungen bei variierender Verfügbarkeit von IT-Dienstleistungen auf die Performanz des IT-Dienstleistungsprozesses auswirken. Darauf aufbauend wurde untersucht, ob die Veränderung von Wiederherstellungszeiten $TRS(id_1)$ und $TRS(id_2)$ zu einer Änderung der

Performanz des IT-Dienstleistungsprozesses ip_{4-2} führen, der zusätzlich die Kapazitätsbeschränkungen $K\big(s_2(ip_{4-2})\big) = 10$ und $K\big(s_3(ip_{4-2})\big) = 10$ enthielt. Zum Vergleich wurde der IT-Dienstleistungsprozess ip_{4-2} ohne Kapazitätseinschränkung $(ip_{4-2\prime})$ simuliert.

Die Simulationsexperimente $Sim1(ip_{4-2}) - Sim3(ip_{4-2})$ in Abbildung 127 zeigen, dass die Performanz des IT-Dienstleistungsprozesses $A(ip_{4-2})$ von den Wiederherstellungszeiten $TRS(id_1)$ und $TRS(id_2)$ beeinflusst wurde. Je kürzer die Wiederherstellungszeit gewesen ist, desto höher war die Performanz des IT-Dienstleistungsprozesses ip_{4-2}. Die Analyse der Korrelationskoeffizienten hat gezeigt, dass mit steigender Wiederherstellungszeit $TRS(id_n)$ die Korrelation zwischen der Verfügbarkeit von IT-Dienstleistung $a(id_3)$ und der Performanz $A(ip_{4-2})$ abnimmt. Das bedeutet implizit, dass bei steigender Wiederherstellungszeit die Verfügbarkeit der IT-Dienstleistungen id_1 und id_2 eine wichtigere Rolle in Bezug auf die Performanz einnimmt.

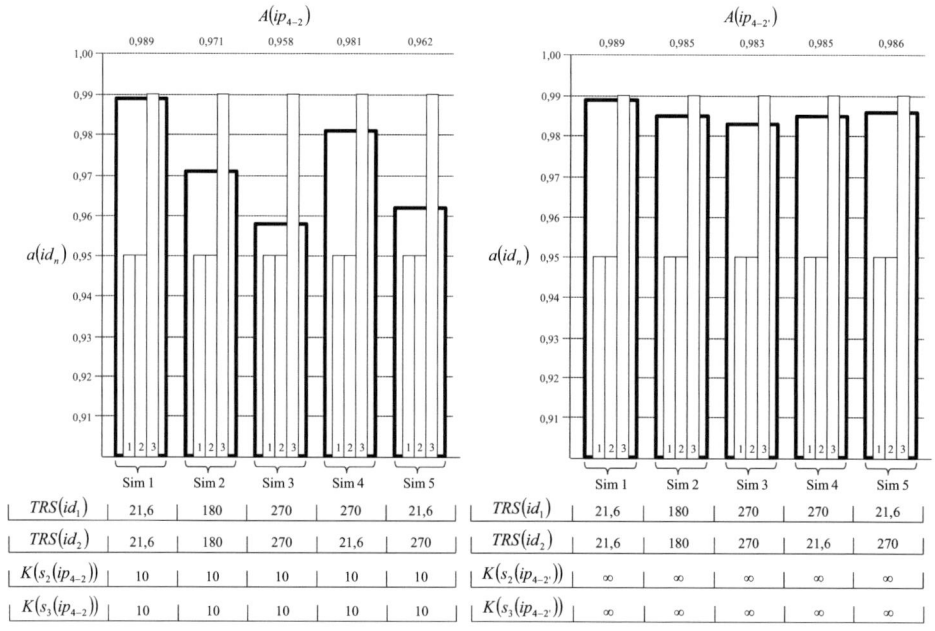

Abbildung 127: Sim-Ergebnisse der IT-Dienstleistungsprozesse ip_{4-2} und $ip_{4-2\prime}$

Die Ursache für den wechselseitigen Einfluss der Verfügbarkeit einer IT-Dienstleistung und die variierende Performanz bei Änderung der Wiederherstellungszeiten $TRS(id_1)$ und $TRS(id_2)$ kann mit dem „Fluss der Marken" im Petri-Netz erklärt werden. Zur Verdeutlichung wurde der IT-Dienstleistungsprozess ip_{4-2} mit kurzer Wiederherstellungszeit $TRS(id_2)$ (vgl. $Sim1(ip_{4-2})$) und großer Wiederherstellungszeit $TRS(id_2)$ (vgl. $Sim3(ip_{4-2})$) simuliert. Es wurde angenommen, dass zum Zeitpunkt der Beobachtung des IT-Dienstleistungsprozesses noch kein Ausfall aufgetreten war. In den Stellen $s_n(ip_{4-2}), n = 1,2,3$ des Netzes lag maximal eine Marke. Der Ausfall der IT-Dienstleistung id_2 bewirkte, dass Aktivität $t_2(ip_{4-2})$ für die Zeitdauer $TRS(id_2)$ nicht ausführbar war. Während dieser Zeitdauer sammelten sich Marken im Vorbereich von Transition $t_2(ip_{4-2})$ an. Aufgrund der begrenzten Kapazität (hier z.B. zehn Marken) konnte ab dem Zeitpunkt, in dem die Markenzahl in Stelle $s_2(ip_{4-2})$ gleich der Stellenkapazität war – $M\big(s_2(ip_{4-2})\big) = K\big(s_2(ip_{4-2})\big)$ – auch die vorgelagerte Transition $t_2(ip_{4-2})$ nicht schalten, da die Schaltbedingung $M\big(s_2(ip_{4-2})\big) \leq K\big(s_2(ip_{4-2})\big) - W\big(t_1(ip_{4-2}), s_2(ip_{4-2})\big)$ nicht erfüllt war. Wurde eine kurze Wiederherstellungszeit $TRS(id_2)$ gewählt, so dass während der Zeitdauer des Ausfalls weniger als zehn Marken in Stelle $s_2(ip_{4-2})$ eintrafen, hatte der Ausfall keine Auswirkung auf die vorgelagerte Transition $t_1(ip_{4-2})$. Daraus folgte, dass je größer $TRS(id_2)$ gewählt wurde, die vorgelagerte Transition $t_1(ip_{4-2})$ nicht schalten konnte. Neben den Auswirkungen auf die Transition $t_1(ip_{4-2})$ hatte die Nicht-Verfügbarkeit von IT-Dienstleistung id_2 aufgrund der Kapazitätsbeschränkung an Stelle $s_3(ip_{4-2})$ auch auf Folgeaktivitäten Auswirkungen. Bei der Simulation ohne Kapazitätsbeschränkungen bildete sich nach dem Ausfall der IT-Dienstleistung ein Engpass an Stelle $s_3(ip_{4-2'})$. Während IT-Dienstleistung id_2 ausgefallen war, konnte Folgeaktivität $t_3(ip_{4-2'})$ aufgrund angesammelter Marken weiter ausgeführt werden. Während Wiederherstellungszeit $TRS(id_2)$ konnte Aktivität $t_3(ip_{4-2})$ zunächst weiter schalten, indem die in $s_3(ip_{4-2})$ gegebenenfalls angesammelten Marken sukzessive bearbeitet wurden. War die Wiederherstellungszeit für IT-Dienstleistung id_2 hoch, konnte die auf zehn begrenzte Anzahl Marken schnell abgearbeitet werden. Sobald in Stelle $s_3(ip_{4-2})$ keine Marken mehr enthalten waren, wurde Aktivität $t_3(ip_{4-2})$ nicht weiter ausgeführt und musste warten, bis IT-Dienstleistung id_2 wieder verfügbar war. Damit Transition $t_3(ip_{4-2})$ während der Zeitdauer eines Ausfalls der IT-Dienstleistung id_2 schalten konnte, wurde die Wiederherstellungszeit $TRS(id_2)$ kleiner gewählt, als die für den Abbau der Marken in Stelle $s_3(ip_{4-2})$ benötigte Zeitdauer. Da sich Stelle $s_3(ip_{4-2})$ nach der Wiederherstellung der IT-Dienstleistung wieder bis zur Kapazitätsgrenze mit Marken gefüllt hatte, galt der erläuterte Zusammenhang analog für sämtliche darauffolgenden Ausfälle. Ab einer bestimmten Zeitdauer des Ausfalls einer IT-Dienstleistung id_2 konnten andere Aktivitäten nicht mehr ausgeführt werden. Je größer die Wiederherstellungszeit $TRS(id_2)$ gewählt wurde, desto länger musste Aktivität $t_3(ip_{4-2})$ bis zum Schalten warten, obwohl diese die IT-Dienstleistung id_2 zum Schaltvorgang gar nicht benötigte. Je kürzer die Wiederherstellungszeit gewählt wurde, desto geringer waren die Auswirkungen auf die Folgeaktivität. Im Rahmen des neunten Simulationsexperiments wirkten sich viele kurze Ausfälle weniger negativ auf die Performanz des IT-Dienstleistungsprozesses aus, als wenige Ausfälle mit großen Wiederherstellungszeiten.

Simulationsexperiment 10

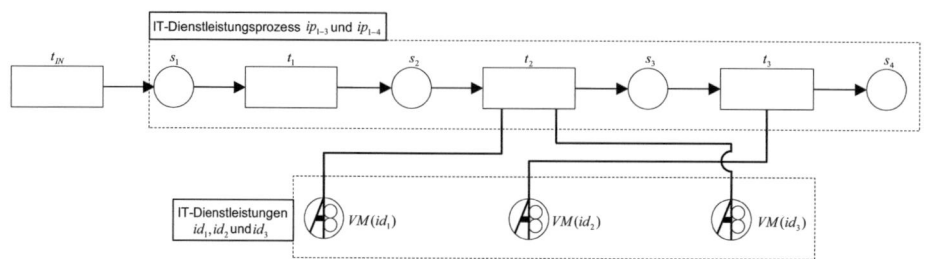

Abbildung 128: Sequentielle IT-Dienstleistungsprozesse mit Eingangs-Schnittstelle

In Simulationsexperiment 10 wurde die Zwischenankunftszeit von Prozessobjekten variiert und daraus resultierende Auswirkungen auf die Performanz untersucht. Der im ersten Simulationsexperiment modellierte IT-Dienstleistungsprozess ip_{1-2} wurde wiederverwendet, wobei die Verfügbarkeit der IT-Dienstleistungen konstant geblieben ist und die Zwischenankunftszeit ankommender Prozessobjekte variiert wurde. Die IT-Dienstleistungsprozesse ip_{1-3} und ip_{1-4} wurden definiert als:

$$ip_{1-3} = [\tau(t_1(ip_{1-3})) = 5] \rightarrow [\tau(t_2(ip_{1-3})) = 7; a(id_1) = 0{,}95, a(id_3) = 0{,}95]$$
$$\rightarrow [\tau(t_3(ip_{1-3})) = 12; a(id_2) = 0{,}95]; \qquad \tau(ip_{1-3}) = 24;$$

$$ip_{1-4} = [\tau(t_1(ip_{1-4})) = 5] \rightarrow [\tau(t_2(ip_{1-4})) = 9; a(id_1) = 0{,}95, a(id_3) = 0{,}95]$$
$$\rightarrow [\tau(t_3(ip_{1-4})) = 10; a(id_2) = 0{,}95]; \qquad \tau(ip_{1-4}) = 24;$$

Abbildung 128 zeigt die Modellierung eingehender Prozessobjekte mittels einer Eingangs-Schnittstelle[151] t_{IN}. Durch Variation der Zwischenankunftszeiten von Prozessobjekten mittels $\tau(t_{IN})$ wurden je Simulationslauf unterschiedlich viele Prozessobjekte erzeugt. Die Ergebnisse der Simulationsexperimentvariationen sind in Abbildung 129 präsentiert. Die Zwischenankunftszeit eingehender Prozessobjekte wurde sukzessive erhöht, um die Auswirkung auf die Performanz der IT-Dienstleistungsprozesse $A(ip_{1-3})$ und $A(ip_{1-4})$ zu überprüfen. $A(ip_{1-3})$ und $A(ip_{1-4})$ stiegen mit zunehmender Zwischenankunftszeit an.

---

[151] Im Softwarewerkzeug INCOME fungieren Transitionen ohne Vorbereich als *Lastgeneratoren*. Lastgeneratoren erzeugen im Rahmen eines Simulationslaufs nach festgelegten Zeitabständen Prozessobjekte.

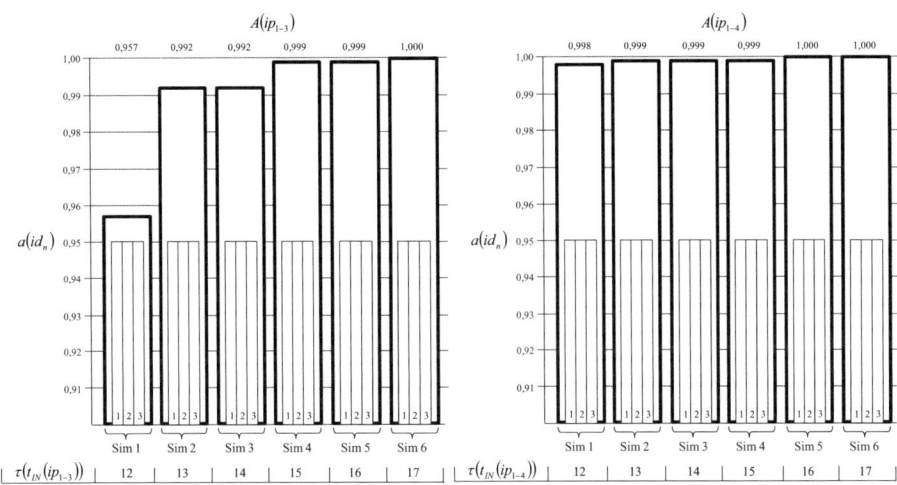

Abbildung 129: Sim-Ergebnisse der IT-Dienstleistungsprozesse ip_{1-3} und ip_{1-4}

Im Vergleich zur Simulationsexperimentvariante $Sim1(ip_{1-3})$ stieg die Performanz in $Sim2(ip_{1-3})$ „sprunghaft" an, während eine weitere Erhöhung der Zwischenankunftszeit in den Simulationsexperimentvarianten $Sim3(ip_{1-3}) - Sim5(ip_{1-3})$ nur noch geringe Auswirkungen auf die Performanz hatte. Ursache für den „sprunghaften" Anstieg der Performanz war die Wechselwirkung zwischen der Zwischenankunftszeit von Prozessobjekten, der Wiederherstellungszeit von IT-Dienstleistungen und der Bearbeitungszeit von zwölf Minuten in Aktivität $t_3(ip_{1-3})$.

Bei einer Zwischenankunftszeit der Prozessobjekte von zwölf Minuten und dem gleichzeitigen Ausfall einer IT-Dienstleistung häuften sich Marken im Vorbereich von $t_3(ip_{1-3})$ an. Da die Bearbeitungszeit in Aktivität $t_3(ip_{1-3})$ identisch mit der Zwischenankunftszeit neuer Prozessobjekte war, konnten die nach dem Ausfall einer IT-Dienstleistung id_2 im Vorbereich von $t_3(ip_{1-3})$ angehäuften Prozessobjekte nicht mehr vollständig innerhalb des verbleibenden, simulierten Zeitraums bearbeitet werden. Der Korrelationskoeffizient zwischen $A(ip_{1-3})$ und der Verfügbarkeit von IT-Dienstleistung id_2 zeigte eine starke Abhängigkeit der Performanz des IT-Dienstleistungsprozesses von der Verfügbarkeit der IT-Dienstleistung an $t_3(ip_{1-3})$. Eine Erhöhung der Zwischenankunftszeit auf 13 Minuten hatte zur Folge, dass der durch $t_3(ip_{1-3})$ verursachte Engpass nach Wiederherstellung von IT-Dienstleistung id_2 abgebaut wurde, da Prozessobjekte schneller verarbeitet werden konnten, als neue angekommen sind. Je höher die Zwischenankunftszeit $\tau(t_{IN})$ gewählt wurde, desto schneller konnte ein durch den Ausfall einer IT-Dienstleistung verursachter Engpass abgebaut und die Performanz des IT-Dienstleistungsprozesses verbessert werden. Eine Korrelation zwischen der Verfügbarkeit einer einzelnen IT-Dienstleistung und der Performanz des IT-Dienstleistungsprozesses war nach Erhöhung der Zwischenankunftszeit nicht mehr gegeben. War die Zwischenankunftszeit der Prozessobjekte größer als die maximale Bearbeitungszeit einer Aktivität des untersuchten IT-Dienstleistungsprozesses, hatte der Zeitpunkt des Ausfalls einer IT-Dienstleistung verstärkten Einfluss auf die Performanz. Das zehnte Simulationsexperiment verdeutlicht, dass bereits eine geringe Änderung der Zwischenankunftszeit von Prozessobjekten eine große Auswirkung auf die Performanz des untersuchten IT-Dienstleistungsprozesses haben kann.

5.2.3 Nebenläufige IT-Dienstleistungsprozesse

In diesem Abschnitt werden Ergebnisse von Simulationsexperimenten zu Auswirkungen von variierenden Simulationsparametern auf die Performanz von nebenläufigen IT-Dienstleistungsprozessen vorgestellt. In einem ersten Schritt wurde anhand zweier IT-Dienstleistungsprozesse die Auswirkung einer variierenden Verfügbarkeit von IT-Dienstleistungen sowie variierender Bearbeitungszeiten von Aktivitäten untersucht.

Simulationsexperiment 11

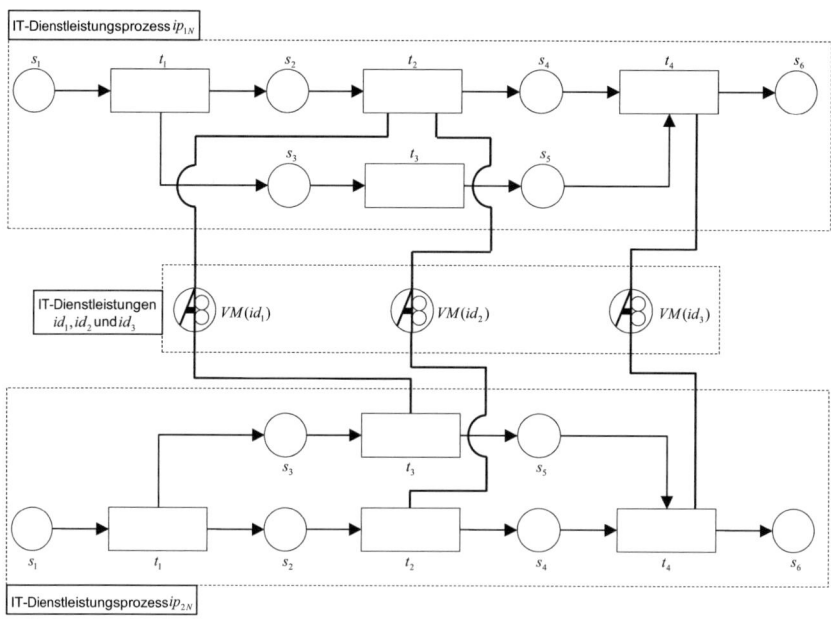

Abbildung 130: Nebenläufige IT-Dienstleistungsprozesse ip_{1N} und ip_{2N}

Zur Ausführung der in Abbildung 130 präsentierten nebenläufigen IT-Dienstleistungsprozesse ip_{1N} und ip_{2N} waren jeweils drei IT-Dienstleistungen id_1, id_2 und id_3 notwendig. Die IT-Dienstleistungsprozesse ip_{1N} und ip_{2N} wurden definiert als:

$$ip_{1N} = \quad [\tau(t_1(ip_{1N})) = 5] \rightarrow ([\tau(t_2(ip_{1N})) = 11; a(id_1), a(id_2)];$$
$$[\tau(t_3(ip_{1N})) = 11]) \rightarrow [\tau(t_4(ip_{1N})) = 8; a(id_3)]; \qquad \tau_{max}(ip_{1N}) = 24;$$

$$ip_{2N} = \quad [\tau(t_1(ip_{2N})) = 5] \rightarrow ([\tau(t_2(ip_{2N})) = 11; a(id_2)];$$
$$[\tau(t_3(ip_{2N})) = 11; a(id_1)]) \rightarrow [\tau(t_4(ip_{2N})) = 8; a(id_3)]; \quad \tau_{max}(ip_{2N}) = 24;$$

Nach Ausführung der ersten Aktivität $t_1(ip_{1N})$ wurden die darauffolgenden Aktivitäten $t_2(ip_{1N})$ und $t_3(ip_{1N})$ des IT-Dienstleistungsprozess ip_{1N} nebenläufig ausgeführt. *Nebenläufigkeit* bedeutet, dass zwei Aktivitäten unabhängig voneinander ausführbar sind [Obe96a, S.96]. Aktivität $t_4(ip_{1N})$ synchronisierte die nebenläufigen Pfade.

In IT-Dienstleistungsprozess ip_{1N} wurden zur Ausführung von Aktivität $t_2(ip_{1N})$ zwei IT-Dienstleistungen benötigt, wohingegen für IT-Dienstleistungsprozess ip_{2N} jeweils eine IT-Dienstleistung zur Ausführung der nebenläufigen Aktivitäten $t_2(ip_{2N})$ sowie $t_3(ip_{2N})$ notwendig war. Die Wahrscheinlichkeit, dass beide IT-Dienstleistungen id_2 und id_3 verfügbar waren, was Voraussetzung für die Ausführung von $t_2(ip_{1N})$ war, wurde durch Multiplikation der Verfügbarkeiten $a(id_1)$ und $a(id_2)$ berechnet. Die Gesamtverfügbarkeit $a_{Serie}(ID_n)$ von in Serie geschalteten IT-Dienstleistungen $id_1, id_2, ..., id_N$ konnte durch Multiplikation der Verfügbarkeiten $a(id_n)$ bestimmt werden (vgl. [Hel04]):

$$a_{Serie}(ID_n) = \prod_{n=1}^{N} a(id_n); \tag{5.2}$$

Jeder IT-Dienstleistung id_n wurde eine Verfügbarkeit zugewiesen, die Auswirkung auf die Gesamtverfügbarkeit $a_{Serie}(ID_n)$ hatte. Aus $a_{Serie}(ID_n) < 1$ folgte $a_{Serie}(ID_n) < a(id_n), n = 1, 2, ..., N$ d.h. die Gesamtverfügbarkeit bei Serienschaltung war geringer als sämtliche Verfügbarkeiten einzelner IT-Dienstleistungen. Entsprechend nahm die Gesamtverfügbarkeit $a_{Serie}(ID_n)$ mit zunehmender Anzahl in Serie geschalteter IT-Dienstleistungen ab. Sofern eine IT-Dienstleistung id_n, $n \in \{1, 2, ..., N\}$ redundant (parallel) zur Verfügung gestellt wurde, war die Funktionalität (z.B. Unterstützung der Ausführung einer Aktivität) so lange verfügbar, wie mindestens eine der redundanten IT-Dienstleistungen id_n zugreifbar war. Die Gesamtverfügbarkeit $a_{Parallel}(ID_n)$ wurde bei Parallelschaltung von IT-Dienstleistungen berechnet mittels (vgl. [Olb06, S.107]):

$$a_{Parallel}(ID_n) = 1 - \prod_{n=1}^{N} \left(1 - a(id_n)\right); \tag{5.3}$$

Obwohl sich durch den Einsatz redundanter IT-Dienstleistungen die Wahrscheinlichkeit des Ausfalls einer einzelnen IT-Dienstleistung erhöhte, nahm aufgrund der parallelen Anordnung die Wahrscheinlichkeit, eine unterstützte Aktivität nicht ausführen zu können, ab. Die Verfügbarkeiten einzelner IT-Dienstleistungen $a(id_n) < 1$ erhöhten sich, so dass die Gesamtverfügbarkeit $a_{Parallel}(ID_n)$ größer war, als die Verfügbarkeit jeder einzelnen IT-Dienstleistung.

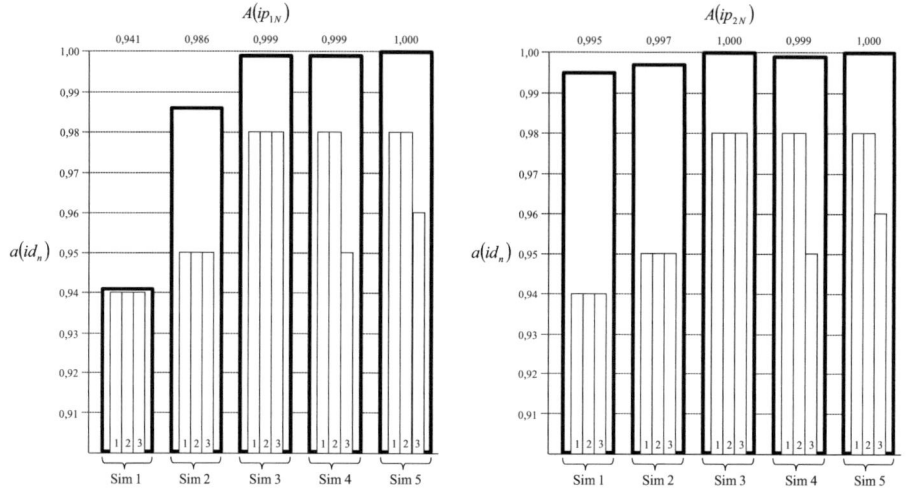

Abbildung 131: Sim-Ergebnisse der IT-Dienstleistungsprozesse ip$_{1N}$ und ip$_{2N}$

In den Simulationsexperimentvarianten (Abbildung 131) wurde jeweils die Verfügbarkeit $a(id_1), a(id_2)$ und $a(id_3)$ variiert.

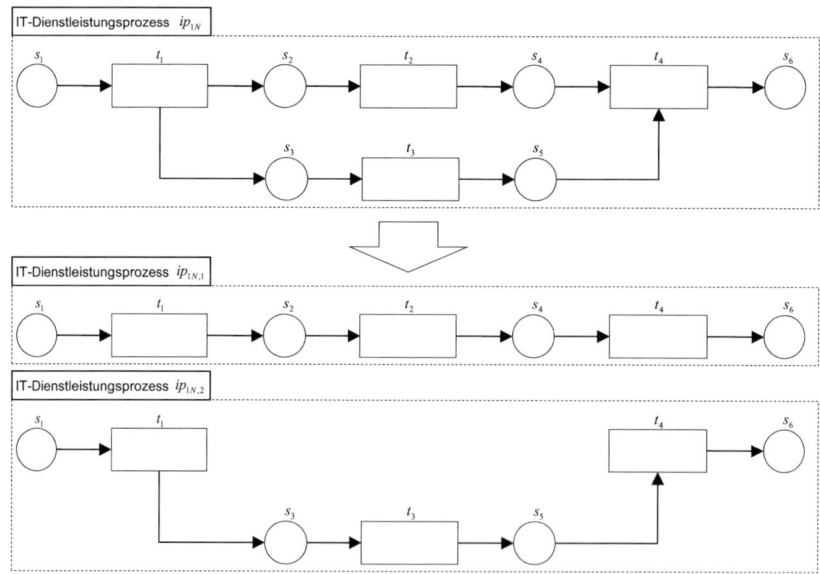

Abbildung 132: Aufteilung des IT-Dienstleistungsprozesses ip$_{1N}$ in Pfade

Analog zu sequentiellen IT-Dienstleistungsprozessen konnte durch die Erhöhung der Verfügbarkeit der IT-Dienstleistungen die Performanz des IT-Dienstleistungsprozesses verbessert werden. Ein Vergleich der Simulationsexperimentvarianten $Sim1(ip_{1N})$ – $Sim2(ip_{1N})$ mit $Sim1(ip_{2N})$ – $Sim2(ip_{2N})$ hat ein „stabileres" Verhalten des IT-Dienstleistungsprozesses ip_{2N} und eine höhere Performanz bei gleicher Verfügbarkeit der IT-Dienstleistungen id_1, id_2 und id_3 im Vergleich zu ip_{1N} gezeigt. Zur Analyse der unterschiedlichen Simulationsergebnisse wurden die nebenläufigen IT-Dienstleistungsprozesse im Rahmen der Simulationsexperimente so in stark zusammenhängende Teilnetze aufgeteilt, dass Anfangsknoten und Endknoten der nebenläufigen Netze sowie jeweils einer der nebenläufigen Pfade enthalten war.

Jede Transition der Teilnetze hatte genau eine Eingangs- und Ausgangskante. Aus den nebenläufigen IT-Dienstleistungsprozessen ip_{1N} und ip_{2N} wurden jeweils zwei Pfade gebildet. Abbildung 132 zeigt die beispielhafte Aufteilung für den IT-Dienstleistungsprozess ip_{1N}. Zur Ausführung der Aktivitäten beider Pfade wurden analog zum nebenläufigen IT-Dienstleistungsprozess die entsprechenden IT-Dienstleistungen benötigt. Aus den IT-Dienstleistungsprozessen ip_{1N} und ip_{2N} wurden jeweils die sequentiellen IT-Dienstleistungsprozesse $ip_{1N,1}$ und $ip_{1N,2}$ sowie $ip_{2N,1}$ und $ip_{2N,2}$ gebildet und definiert als:

$$ip_{1N,1} = \left[\tau\big(t_1(ip_{1N})\big) = 5\right] \rightarrow \left[\tau\big(t_2(ip_{1N})\big) = 11; a(id_1), a(id_2)\right]$$
$$\rightarrow \left[\tau\big(t_4(ip_{1N})\big) = 8; a(id_3)\right]; \qquad\qquad \tau\big(ip_{1N,1}\big) = 24;$$

$$ip_{1N,2} = \left[\tau\big(t_1(ip_{1N})\big) = 5\right] \rightarrow \left[\tau\big(t_3(ip_{1N})\big) = 11\right]$$
$$\rightarrow \left[\tau\big(t_4(ip_{1N})\big) = 8; a(id_3)\right]; \qquad\qquad \tau\big(ip_{1N,2}\big) = 24;$$

$$ip_{2N,1} = \left[\tau\big(t_1(ip_{2N})\big) = 5\right] \rightarrow \left[\tau\big(t_2(ip_{2N})\big) = 11; a(id_2)\right]$$
$$\rightarrow \left[\tau\big(t_4(ip_{2N})\big) = 8; a(id_3)\right]; \qquad\qquad \tau\big(ip_{2N,1}\big) = 24;$$

$$ip_{2N,2} = \left[\tau\big(t_1(ip_{2N})\big) = 5\right] \rightarrow \left[\tau\big(t_3(ip_{2N})\big) = 11; a(id_1)\right]$$
$$\rightarrow \left[\tau\big(t_4(ip_{2N})\big) = 8; a(id_3)\right]; \qquad\qquad \tau\big(ip_{2N,2}\big) = 24;$$

Die Simulationsexperimentvarianten wurden mit identischen Verfügbarkeiten für IT-Dienstleistungen und Zwischenankunftszeiten für Prozessobjekte durchgeführt. Folgende Gleichungen (5.4a) und (5.4b) wurden für die Analyse der Performanz der IT-Dienstleistungsprozesse ip_{1N} und ip_{2N} erstellt:

$$A(ip_{1N}) = min\left(A\big(ip_{1N,1}\big), A\big(ip_{1N,2}\big)\right) \qquad\qquad (5.4a)$$

$$A(ip_{2N}) = min\left(A(ip_{2N,1}), A(ip_{2N,2})\right) \tag{5.4b}$$

In jedem Simulationslauf entsprach die Performanz des nebenläufigen IT-Dienst-leistungsprozesses dem Minimum der Performanz der jeweiligen Pfade. Aufgrund identischer Verfügbarkeiten für IT-Dienstleistungen und Zwischenankunftszeiten für Prozessobjekte wurden alle Transitionen des IT-Dienstleistungsprozesses ip_{1N} sowie der Pfade $ip_{1N,1}$ und $ip_{1N,2}$, die vor der synchronisierenden Transition $t_4(ip_{1N})$ lagen, zu den gleichen Zeitpunkten aktiviert. Die Markierung der Stellen $s_1(ip_{1N,1})$ und $s_2(ip_{1N,1})$ sowie $s_1(ip_{1N,2})$ und $s_3(ip_{1N,2})$ entsprach zu jedem Zeitpunkt der Markierung entsprechender Stellen des neben-läufigen IT-Dienstleistungsprozesses ip_{1N}. Die zusammenführende Transition $t_4(ip_{1N})$ konnte dann schalten, wenn $s_4(ip_{1N})$ und $s_5(ip_{1N})$ markiert und die Schaltbedingung $M\left(s_4(ip_{1N})\right) \geq 1 \wedge M\left(s_5(ip_{1N})\right) \geq 1$ erfüllt war[152]. Das bedeutete, dass Transition $t_4(ip_{1N})$ des IT-Dienstleistungsprozesses ip_{1N} zum selben Zeitpunkt wie die Transition $t_4(ip_{1N})$ des Pfades $ip_{1N,1}$ oder $ip_{1N,2}$ aktiviert war und entsprechend schalten konnte. Ein Pfad war langsamer als ein anderer Pfad, wenn ein Prozessobjekt (unter Berücksichtigung der Verfügbarkeit der IT-Dienstleistungen) später den Vorbereich der Transition $t_4(ip_{1N})$ erreichte. Aufgrund der anschließenden Synchronisation stimmte die Stellenmarkierung des nebenläufigen IT-Dienstleistungsprozesses aber zu jedem Zeitpunkt mit der Stellenmar-kierung entsprechender Stellen des „langsameren" Pfades $ip_{1N,1}$ oder $ip_{1N,2}$ solange überein, wie eine unbegrenzte Kapazität der Stellen vorausgesetzt wurde. Die Pfade $ip_{1N,1}$ (unterstützt durch id_1, id_2 und id_3), $ip_{2N,1}$ (unterstützt durch id_1 und id_3), $ip_{2N,2}$ (unterstützt durch id_2 und id_3) und $ip_{1N,2}$ (unterstützt durch id_3) wurden nach Durchführung verschiedener Simulationsexperimentvarianten miteinander verglichen und es konnte folgender Zusammen-hang (5.5) abgeleitet werden:

$$A(ip_{1N,1}) \leq min\left(A(ip_{2N,1}), A(ip_{2N,2})\right) \leq A(ip_{1N,2}) \tag{5.5}$$

Aus (5.4a), (5.4b) und (5.5) wurde folgende Ungleichung bezüglich der Performanz der nebenläufigen IT-Dienstleistungsprozesse ip_{1N} und ip_{2N} abgeleitet:

$$
\begin{aligned}
A(ip_{1N}) &= min\left(A(ip_{1N,1}), A(ip_{1N,2})\right) = A(ip_{1N,1}) \\
&\leq min\left(A(ip_{2N,1}), A(ip_{2N,2})\right) = A(ip_{2N})
\end{aligned}
\tag{5.6}
$$

---

[152] Bei Kantengewichten „größer Eins" ist die Schaltbedingung: $M\left(s_4(ip_{1N})\right) \geq W\left(s_4(ip_{1N}), t_4(ip_{1N})\right) \wedge M\left(s_5(ip_{1N})\right) \geq W\left(s_5(ip_{1N}), t_4(ip_{1N})\right)$. Die zweite Schaltbedingung $\forall s \in t_4(ip_{1N}) \bullet : M(s) \leq K(s) - W(t_4(ip_{1N}), s)$ ist aufgrund der unbeschränkten Kapazitäten erfüllt.

Die Performanz des IT-Dienstleistungsprozesses ip_{2N} war für jede Variation der Verfügbarkeit $a(id_1)$, $a(id_2)$ und $a(id_3)$ mindestens so hoch wie die Performanz des IT-Dienstleistungsprozesses ip_{1N}. Aus den vorangegangenen Simulationsexperimenten mit sequentiellen IT-Dienstleistungsprozessen war bekannt, dass eine Abhängigkeit zwischen den Bearbeitungszeiten einzelner Aktivitäten und der Performanz besteht. Das elfte Simulationsexperiment hat gezeigt, dass die Verfügbarkeit nebenläufiger IT-Dienstleistungsprozesse von der Verfügbarkeit ihrer jeweiligen Pfade abhängt, wodurch mittels Analyse der Pfade Aussagen bezüglich der Performanz des IT-Dienstleistungsprozesses abgeleitet werden können.

Simulationsexperiment 12

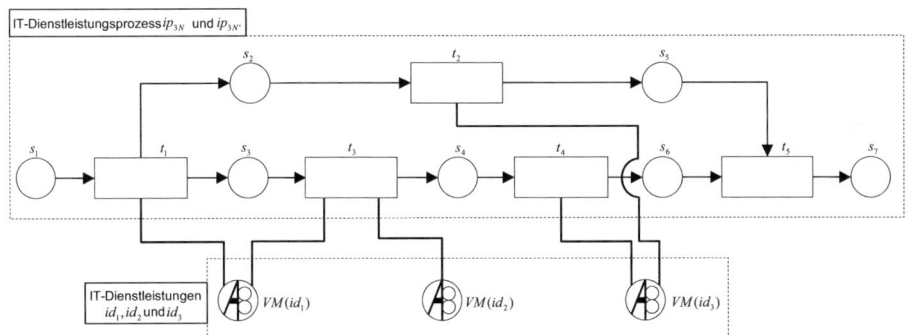

Abbildung 133: Nebenläufige IT-Dienstleistungsprozesse ip_{3N} und $ip_{3N'}$

In Simulationsszenario 12 wurden zwei nebenläufige IT-Dienstleistungsprozesse ip_{3N} und $ip_{3N'}$ in Abhängigkeit ihrer identischen Verknüpfungen von Stellen und Transitionen unter Variation verschiedener Bearbeitungszeiten der Aktivitäten simulativ analysiert (Abbildung 133). Die IT-Dienstleistungsprozesse ip_{3N} und $ip_{3N'}$ wurden definiert als:

$$ip_{3N} = [\tau(t_1(ip_{3N})) = 5; a(id_1)] \rightarrow ([\tau(t_2(ip_{3N})) = 12; a(id_3)];$$
$$[\tau(t_3(ip_{3N})) = 8; a(id_1), a(id_2)] \rightarrow [\tau(t_4(ip_{3N})) = 3; a(id_3)])$$
$$\rightarrow [\tau(t_5(ip_{3N})) = 8]; \qquad\qquad \tau_{max}(ip_{3N}) = 25;$$

$$ip_{3N'} = [\tau(t_1(ip_{3N'})) = 5; a(id_1)] \rightarrow ([\tau(t_2(ip_{3N'})) = 11; a(id_3)];$$
$$[\tau(t_3(ip_{3N'})) = 8; a(id_1), a(id_2)] \rightarrow [\tau(t_4(ip_{3N'})) = 4; a(id_3)])$$
$$\rightarrow [\tau(t_5(ip_{3N'})) = 8]; \qquad\qquad \tau_{max}(ip_{3N'}) = 25;$$

Die Simulationsexperimentvarianten $Sim1(ip_{3N}) - Sim5(ip_{3N})$ zeigten, dass eine Abhängigkeit des IT-Dienstleistungsprozesses ip_{3N} von der Verfügbarkeit der IT-Dienstleistung id_3

bestand (vgl. Abbildung 134). Die Verfügbarkeit der IT-Dienstleistungen id_2 und id_3 hatte geringen Einfluss auf die Performanz $A(ip_{3N})$, d.h. eine deutliche Erhöhung der Verfügbarkeit beider IT-Dienstleistungen von 0,95 auf 0,99 bewirkte lediglich eine Verbesserung der Performanz um 0,002 Prozentpunkte. Die Endmarkierungen aller Simulationsläufe zeigten eine Häufung von Prozessobjekten an den Stellen $s_2(ip_{3N})$ und $s_6(ip_{3N})$. Ursache für die „Ansammlung" war Aktivität $t_2(ip_{3N})$, zu deren Ausführung IT-Dienstleistung id_3 benötigt wurde. Sobald id_3 ausfiel, sammelten sich Marken im Vorbereich von $t_2(ip_{3N})$, die nicht mehr „abgearbeitet" werden konnten. Aufgrund eines Engpasses war die synchronisierende Aktivität $t_5(ip_{3N})$ solange nicht ausführbar, bis Prozessobjekte aus Stelle $s_6(ip_{3N})$ wieder bearbeitet werden konnten. Entsprechend „sammelten" sich Prozessobjekte auch in Stelle $s_6(ip_{3N})$. Der nebenläufige IT-Dienstleistungsprozess ip_{3N} wurde analog zu Simulationsexperiment 11 in Pfade aufgeteilt. Der Pfad, der Aktivität $t_2(ip_{3N})$ enthielt, wurde in Bezug auf die Durchlaufzeit von Prozessobjekten „langsamer" und erzeugte einen entsprechend geringeren Prozessoutput. Daran anknüpfend wurden die Bearbeitungszeiten der Aktivitäten im nebenläufigen IT-Dienstleistungsprozess $ip_{3N'}$ geringfügig verändert. Die Ausführung von Aktivität $t_2(ip_{3N'})$ dauerte nun elf Minuten (vorher zwölf), wohingegen für Aktivität $t_4(ip_{3N'})$ eine längere Bearbeitungsdauer von vier Minuten (vorher drei) modelliert wurde. Die Simulationsergebnisse zeigten, dass durch die marginalen Änderungen der Bearbeitungszeiten die Performanz $A(ip_{3N'})$ im Vergleich zu $A(ip_{3N})$ signifikant gestiegen war. Infolgedessen reichte bereits eine Verfügbarkeit von $a(id_1) = a(id_3) = 0,99$ und $a(id_1) = 0,95$ aus, um die maximal mögliche Performanz von 1,00 für den untersuchten IT-Dienstleistungsprozess zu erreichen.

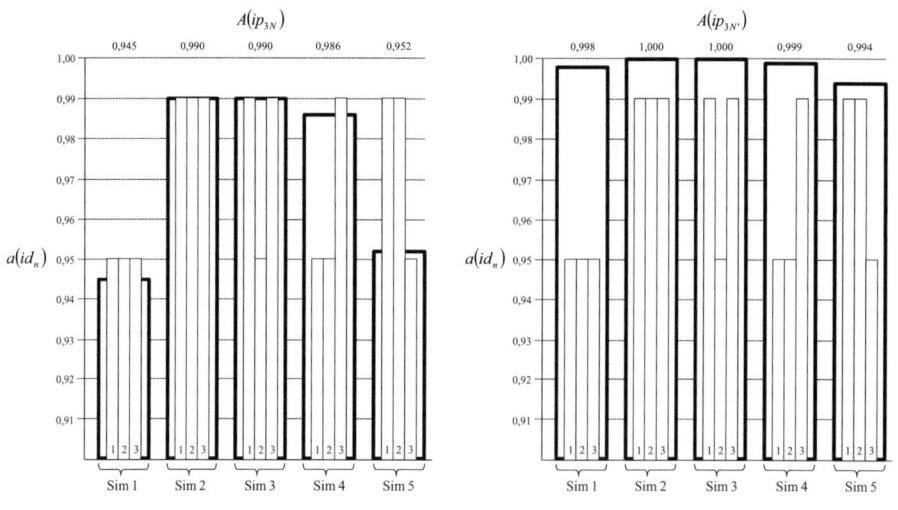

Abbildung 134: Sim-Ergebnisse der IT-Dienstleistungsprozesse ip_{3N} und $ip_{3N'}$

Die Simulation und Analyse der nebenläufigen IT-Dienstleistungsprozesse hat verdeutlicht, dass die Performanz insbesondere an die Abhängigkeiten der Verknüpfungen von Stellen und Transitionen der jeweiligen Pfade, an die Bearbeitungszeiten sowie die Verfügbarkeit notwendiger IT-Dienstleistungen gekoppelt ist.

5.2.4 Alternative IT-Dienstleistungsprozesse

Zur prospektiven Bewertung der Auswirkungen der Verfügbarkeit von IT-Dienstleistungen auf die Performanz von IT-Dienstleistungsprozessen wurden in den Simulationsexperimenten 13, 14 und 15 verschiedene Simulationsmodelle alternativer IT-Dienstleistungsprozesse untersucht. Darüber hinaus wurden in einem abschließenden Simulationsexperiment 16 unterscheidbare Prozessobjekte zur Steuerung von verschiedenen alternativen IT-Dienstleistungsprozessen analysiert.

Simulationsexperiment 13

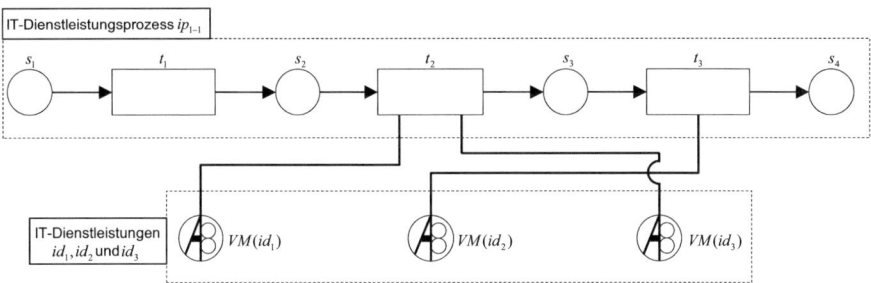

Abbildung 135: Sequentieller IT-Dienstleistungsprozess ip_{1-1}

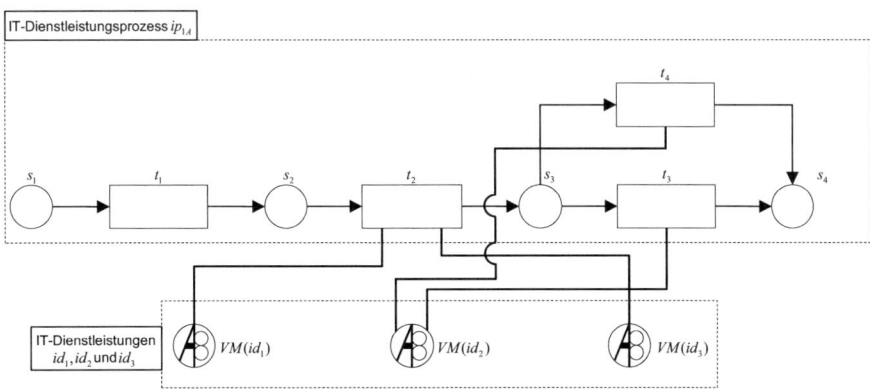

Abbildung 136: Alternativer IT-Dienstleistungsprozess ip_{1A}

Auf Grundlage der wie folgt dargestellten Simulationsmodelle wurden im dreizehnten Simulationsexperiment zwei IT-Dienstleistungsprozesse ip_{1-1} (Abbildung 109) und ip_{1A} (Abbildung 136) analysiert und miteinander verglichen. Die IT-Dienstleistungsprozesse ip_{1-1} und ip_{1A} wurden definiert als:

$$ip_{1-1} = \left[\tau(t_1(ip_{1-1})) = 5\right] \to \left[\tau(t_2(ip_{1-1})) = 7; a(id_1), a(id_3)\right]$$
$$\to \left[\tau(t_3(ip_{1-1})) = 12; a(id_2)\right]; \qquad \tau(ip_{1-1}) = 24;$$

$$ip_{1A} = \left[\tau(t_1(ip_{1A})) = 5\right] \to \left[\tau(t_2(ip_{1A})) = 7; a(id_1), a(id_3)\right]$$
$$\to \left\{\left[\tau(t_3(ip_{1A})) = 12; a(id_2)\right]; \left[\tau(t_4(ip_{1A})) = 12; a(id_2)\right]\right\};$$
$$\tau(ip_{1A}) = 24|24;$$

Im ersten Simulationsexperiment wurde gezeigt, dass sich die Menge der Prozessobjekte aufgrund eines durch $t_3(ip_{1-1})$ verursachten Engpasses in $s_3(ip_{1-1})$ vergrößerte, wodurch sich die Performanz des IT-Dienstleistungsprozesses $A(ip_{1-1})$ reduziert hatte. Aufgrund dieses Ergebnisses wurde in Simulationsexperiment 13 angenommen, dass $t_3(ip_{1-1})$ eine teil-automatisierte Aktivität sei, die beispielsweise durch Einstellung neuer Mitarbeiter mehrfach ausgeführt werden könne. Entsprechend wurde der IT-Dienstleistungsprozess ip_{1-1} an Stelle $s_3(ip_{1-1})$ um eine alternative Aktivität zum IT-Dienstleistungsprozess ip_{1A} erweitert. Nach Ausführung der voneinander abhängigen Aktivitäten $t_1(ip_{1A})$ und $t_2(ip_{1A})$ konnte entweder Aktivität $t_3(ip_{1A})$ oder $t_4(ip_{1A})$ schalten. Nach Ausführung sowohl der einen als auch der anderen Aktivität wurde der IT-Dienstleistungsprozess mit Erreichen des Endknotens $s_4(ip_{1A})$ beendet. Sofern sich eine Marke in $s_3(ip_{1A})$ befand und eine der beiden Transitionen $t_3(ip_{1A})$ oder $t_4(ip_{1A})$ aktiviert war, konnte das Prozessobjekt von der schaltbereiten Transition aus dem Vorbereich abgezogen werden. Waren beide Transitionen schaltbereit, wurde die Auswahl der schaltenden Transition nicht-deterministisch getroffen (implizite Oder-Teilung[153]). Die Ergebnisse des Simulationsexperiments zeigten, dass der in ip_{1-1} gebildete Engpass durch Hinzufügen von Aktivität $t_4(ip_{1A})$ aufgelöst werden konnte. Entsprechend stieg die Performanz des IT-Dienstleistungsprozesses $A(ip_{1A})$ im Vergleich zur Performanz $A(ip_{1-1})$ signifikant an (vgl. Abbildung 137). Nach Hinzufügen der alternativen

---

[153] Bei der ODER-Teilung können zwei Fälle unterschieden werden. Wird die Wahl der schaltenden Transition bei einer ODER-Teilung nicht-deterministisch getroffen, d.h. von den nachfolgenden Transitionen wird eine beliebige Transition ausgewählt, so spricht man von einer impliziten ODER-Teilung oder einem Konflikt. Hängt die Wahl, welche der nachfolgenden Transitionen schaltet, von Attributen der Prozessobjekte ab, so spricht [Aal98] von einer expliziten Oder-Teilung. Ein IT-Dienstleistungsprozess mit expliziter ODER-Teilung wird in Simulationsexperiment 16 gezeigt.

Aktivität reichte eine Verfügbarkeit von „nur" 0,95 für IT-Dienstleistungen id_1, id_2 und id_3 aus, um die höchstmögliche Performanz des IT-Dienstleistungsprozesses ip_{1A} zu realisieren.

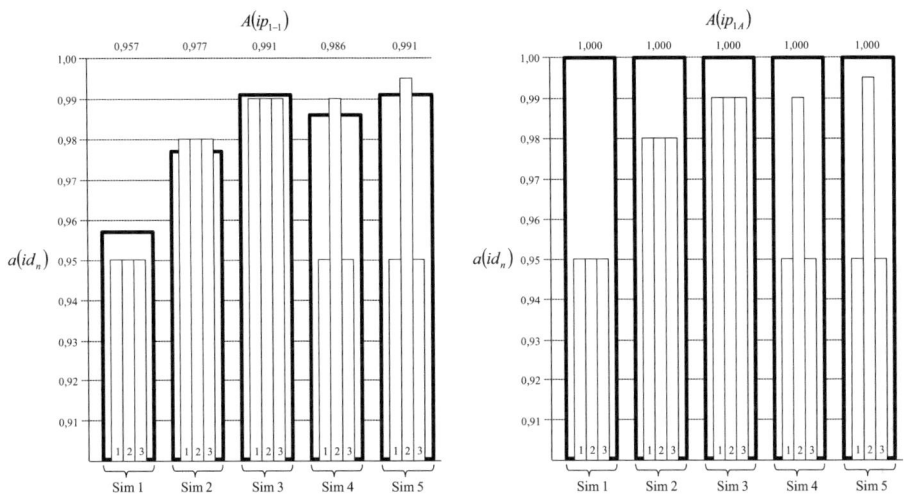

Abbildung 137: Sim-Ergebnisse der IT-Dienstleistungsprozesse ip_{1-1} und ip_{1A}

Neben einer Erhöhung der Verfügbarkeit von IT-Dienstleistungen konnte auch die Variation weiterer Simulationsparameter wie Bearbeitungszeit oder Zwischenankunftszeit zur Erhöhung der Performanz beitragen. Weitere Analysen haben außerdem gezeigt, dass bei Verringerung der Zwischenankunftszeit eingehender Prozessobjekte von zwölf auf acht Minuten bei gleichbleibender Verfügbarkeit von $a(id_1) = a(id_2) = a(id_3) = 0,95$ die Performanz des IT-Dienstleistungsprozesses mit $A(ip_{1A}) = 0,997$ weiterhin sehr hoch geblieben ist. In der Konsequenz wurden von dem IT-Dienstleistungsprozess ein Drittel mehr Prozessobjekte bearbeitet und ohne signifikante Einbußen bei der Performanz als Prozessoutput erzeugt.

Simulationsexperiment 14

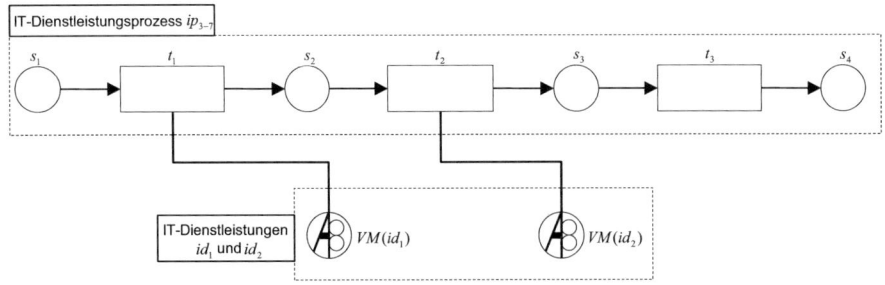

Abbildung 138: Sequentieller IT-Dienstleistungsprozess ip_{3-7}

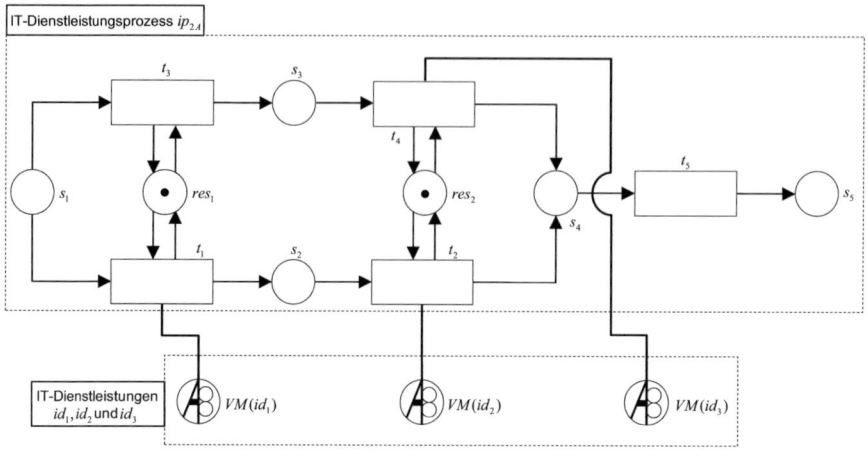

Abbildung 139: Alternativer IT-Dienstleistungsprozesses ip$_{2A}$

Im vierzehnten Simulationsexperiment wurde die Performanz eines IT-Dienstleistungs-prozesses untersucht, der bei Ausfall von IT-Dienstleistung id_1 durch einen alternativen Pfad kompensiert wurde. Im Rahmen des Simulationsexperiments wurde die Performanz des sequentiellen IT-Dienstleistungsprozesses $A(ip_{3-7})$ aus Abbildung 138 mit der Performanz des alternativen IT-Dienstleistungsprozesses $A(ip_{2A})$ aus Abbildung 139 verglichen. Das Simulationsmodell für den IT-Dienstleistungsprozess ip_{3-7} wurde definiert als:

$$ip_{3-7} = \left[\tau\big(t_1(ip_{3-7})\big) = 12; a(id_1)\right] \rightarrow \left[\tau\big(t_2(ip_{3-7})\big) = 8; a(id_2)\right]$$
$$\rightarrow \left[\tau\big(t_3(ip_{3-7})\big) = 7\right]; \qquad\qquad \tau(ip_{3-7}) = 27;$$

Die Ergebnisse der Simulationsexperimentvarianten für den IT-Dienstleistungsprozess ip_{3-7} werden in Abbildung 140 präsentiert. Die in den Simulationsexperimentvarianten $Sim1(ip_{3-7}) - Sim5(ip_{3-7})$ erreichte, jeweils unterschiedliche Performanz $A(ip_{3-7})$, basierte auf Variation der Verfügbarkeit von IT-Dienstleistung $a(id_1)$. Eine Variation der Verfügbarkeit $a(id_2)$ in $Sim2(ip_{3-7})$ und $Sim3(ip_{3-7})$ hatte geringe Auswirkungen auf die Performanz $A(ip_{3-7})$. Der IT-Dienstleistungsprozess ip_{3-7} wurde daraufhin so erweitert, dass bei Ausfall von IT-Dienstleistung id_1 ein alternativer Pfad ausgeführt werden sollte, der nicht auf die Verfügbarkeit von IT-Dienstleistung id_1 angewiesen war. Der alternative Pfad bestand aus einer manuellen Aktivität $t_3(ip_{2A})$ und einer teil-automatisierten Aktivität $t_4(ip_{2A})$, zu deren Ausführung IT-Dienstleistung id_3 benötigt wurde. Der IT-Dienstleistungsprozess ip_{2A} wurde definiert als:

$$ip_{2A} = \{[\tau(t_1(ip_{2A})) = 12; a(id_1)] \rightarrow [\tau(t_2(ip_{2A})) = 8; a(id_2)];$$
$$[\tau(t_3(ip_{2A})) = 15] \rightarrow [\tau(t_4(ip_{2A})) = 10; a(id_3)]\}$$
$$\rightarrow [\tau(t_5(ip_{2A})) = 7]; \qquad\qquad \tau(ip_{2A}) = 27|32;$$

Es wurde angenommen, dass die personellen oder nicht-personellen Aufgabenträger, sowohl zur Ausführung von Aktivität $t_1(ip_{2A})$ als auch zur Ausführung der alternativen Aktivität $t_3(ip_{2A})$ benötigt werden. Analoges galt für die Ausführung der Aktivitäten $t_2(ip_{2A})$ und $t_4(ip_{2A})$ mittels einer gemeinsamen Ressource. Eine Ressource wurde durch Hinzufügen einer so genannten *Ressourcenstelle* $res_n(ip_{2A})$, $n = 1,2,\dots,N$ modelliert. Die Ressourcenstelle wurde über eine Schlinge mit den Aktivitäten verknüpft, die die Ressource zur Ausführung benötigten. Abbildung 139 zeigt das resultierende Petri-Netz, in dem die Transitionen $t_1(ip_{2A})$ und $t_3(ip_{2A})$ sowie $t_2(ip_{2A})$ und $t_4(ip_{2A})$ jeweils mit Hilfe einer gemeinsamen Ressource $res_1(ip_{2A})$ oder $res_2(ip_{2A})$ ausgeführt werden konnten.

Aufgrund der längeren Bearbeitungszeiten des alternativen Pfades wurde dieser nur dann ausgeführt, wenn IT-Dienstleistung id_1 nicht verfügbar war. Der „schnellere" Pfad $s_1(ip_{2A})$ $\xrightarrow{t_1(ip_{2A})} s_2(ip_{2A}) \xrightarrow{t_2(ip_{2A})} s_4(ip_{2A}) \xrightarrow{t_5(ip_{2A})} s_5(ip_{2A})$ wurde solange ausgeführt, wie IT-Dienstleistung id_1 verfügbar war. Die Priorisierung des auszuführenden Pfades wurde mittels der Ungleichung $t_3(ip_{2A}) < t_1(ip_{2A})$ modelliert. Waren Prozessobjekte im Anfangsknoten $s_1(ip_{2A})$ vorhanden und IT-Dienstleistung id_1 verfügbar, wurden nacheinander die Aktivitäten $t_1(ip_{2A})$, $t_2(ip_{2A})$ und $t_5(ip_{2A})$ ausgeführt. War IT-Dienstleistung id_1 nicht verfügbar, wurden alternativ die Aktivitäten $t_3(ip_{2A})$, $t_4(ip_{2A})$ und $t_5(ip_{2A})$ ausgeführt. Die maximale Anzahl Prozessobjekte im Endknoten des IT-Dienstleistungsprozesses ip_{2A} entsprach, wenn alle IT-Dienstleistungen eine Verfügbarkeit von 1,00 gehabt hätten, der maximalen Anzahl Prozessobjekte im Endknoten von ip_{3-7}. Abbildung 140 zeigt, dass für den um einen alternativen Pfad erweiterten IT-Dienstleistungsprozess ip_{2A} bei einer geringeren Verfügbarkeit der IT-Dienstleistungen eine höhere Performanz realisiert werden konnte, als für IT-Dienstleistungsprozess ip_{3-7}. Allerdings wurde die Performanz $A(ip_{2A})$ wie auch $A(ip_{3-7})$ von der Verfügbarkeit von IT-Dienstleistung id_1 beeinflusst. Darüber hinaus haben die Simulationsexperimentvarianten $Sim3(ip_{2A})$ und $Sim5(ip_{2A})$ gezeigt, dass sich eine Verringerung der Verfügbarkeit der IT-Dienstleistungen id_2 und id_3 nur gering auf die Performanz von ip_{2A} ausgewirkt hat. Der Vergleich der Simulationsergebnisse hat verdeutlicht, dass ausgehend vom IT-Dienstleistungsprozess ip_{3-7}, der durch IT-Dienstleistungen mit einer Verfügbarkeit von $a(id_1) = a(id_2) = 0,95$ (vgl. $Sim1(ip_{3-7})$) unterstützt wurde, die Erhöhung der Verfügbarkeit auf $a(id_1) = a(id_2) = 0,99$ (vgl.

$Sim3(ip_{3-7})$) eine identische Auswirkung auf die Performanz hatte, wie die Einführung eines alternativen Pfades mit einer weiteren IT-Dienstleistung und einer Verfügbarkeit von $a(id_1) = a(id_2) = a(id_3) = 0{,}95$ (vgl. $Sim1(ip_{2A})$).

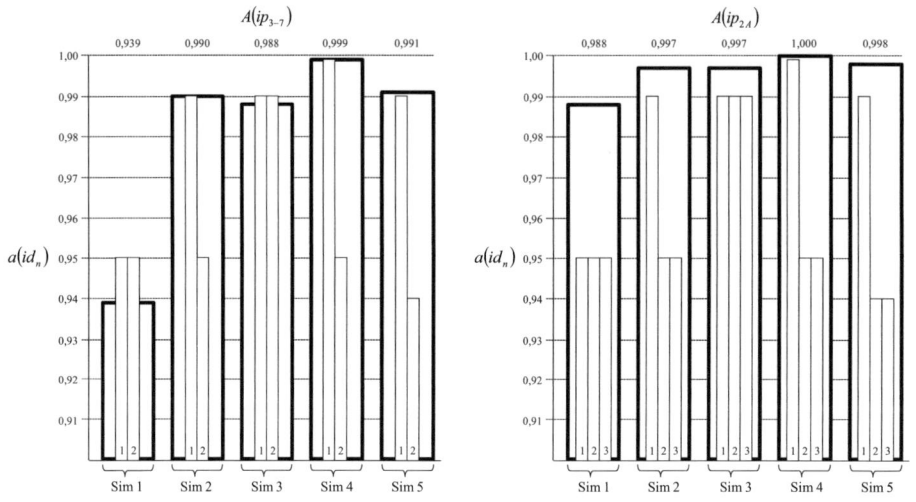

Abbildung 140: Sim-Ergebnisse der IT-Dienstleistungsprozesse ip_{3-7} und ip_{2A}

Die Entscheidung über Einführung eines alternativen Pfades und die Integration weiterer IT-Dienstleistungen zur Unterstützung eines IT-Dienstleistungsprozesses wäre abhängig von der Kostenentwicklung der Dienstleistung id_1 bei zunehmender Verfügbarkeit und den Kosten für die Bereitstellung von IT-Dienstleistung id_3. Aufgrund der bereits erwähnten überproportional steigenden Kosten zur Erhöhung der Verfügbarkeit einer IT-Dienstleistung, kann der Einsatz von drei IT-Dienstleistungen mit einer insgesamt geringeren Verfügbarkeit betriebswirtschaftlich rentabler sein, als der Bezug von zwei IT-Dienstleistungen mit hoher Verfügbarkeit.

Simulationsexperiment 15

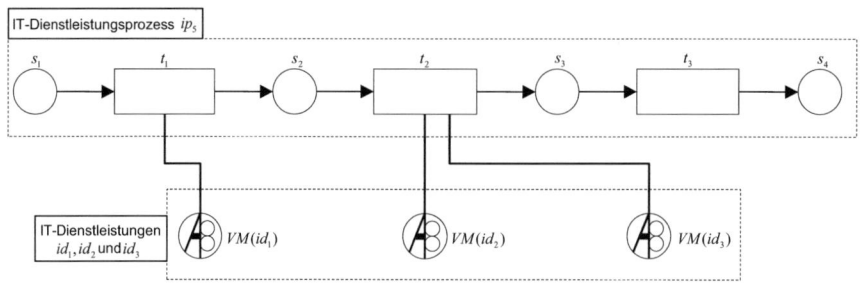

Abbildung 141: Struktur des sequentiellen IT-Dienstleistungsprozesses ip_5

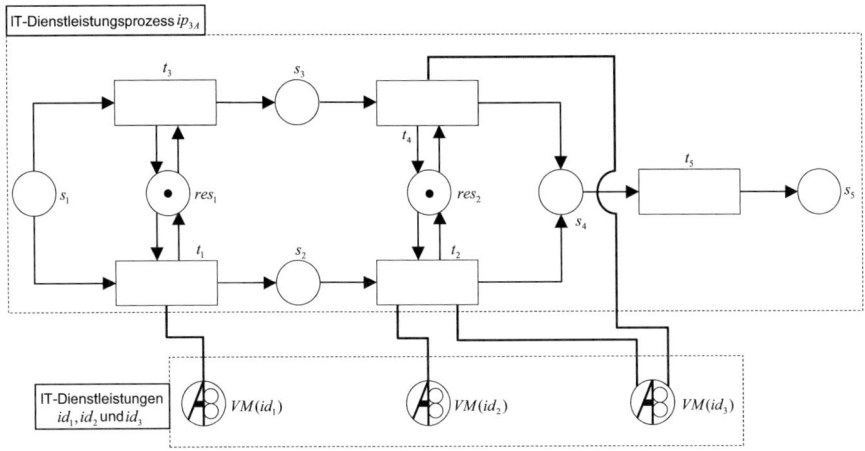

Abbildung 142: Struktur des alternativen IT-Dienstleistungsprozesses ip$_{3A}$

In Anlehnung an Simulationsexperiment 14 wurden im fünfzehnten Simulationsexperiment ein sequentieller und einen alternativer IT-Dienstleistungsprozess einander gegenübergestellt. Die IT-Dienstleistungsprozesse ip_5 (Abbildung 141) und ip_{3A} (Abbildung 142) wurden definiert als:

$$ip_5 = \quad [\tau(t_1(ip_5)) = 12; a(id_1)] \rightarrow [\tau(t_2(ip_5)) = 11; a(id_2), a(id_3)]$$
$$\rightarrow [\tau(t_3(ip_5)) = 4]; \qquad\qquad\qquad \tau(ip_5) = 27;$$

$$ip_{3A} = \quad \{[\tau(t_1(ip_{3A})) = 12; a(id_1)] \rightarrow [\tau(t_2(ip_{3A})) = 11; a(id_2), a(id_3)];$$
$$[\tau(t_3(ip_{3A})) = 13] \rightarrow [\tau(t_4(ip_{3A})) = 14; a(id_3)]\}$$
$$\rightarrow [\tau(t_5(ip_{3A})) = 4]; \qquad\qquad\qquad \tau(ip_{3A}) = 27|31;$$

Die Transitionen $t_1(ip_{3A})$ und $t_3(ip_{3A})$ sowie $t_2(ip_{3A})$ und $t_4(ip_{3A})$ konnten in IT-Dienstleistungsprozess ip_{3A} nicht gleichzeitig schalten. Sofern IT-Dienstleistung id_1 verfügbar war, wurde der zwischen den Transitionen $t_1(ip_{3A})$ und $t_3(ip_{3A})$ modellierte Konflikt durch die Priorisierung $t_3(ip_{3A}) < t_1(ip_{3A})$ aufgelöst.

Die Simulationsergebnisse des sequentiellen IT-Dienstleistungsprozesses ip_5 (vgl. Abbildung 143) zeigten, dass eine Auswirkung auf die Performanz neben der Verfügbarkeit von IT-Dienstleistung $a(id_2)$ und $a(id_3)$ insbesondere von der Verfügbarkeit von IT-Dienstleistung $a(id_1)$ abhing. Wurde eine Verfügbarkeit $a(id_1) = 0,95$ modelliert, blieb, wie die Simulationsexperimentvarianten $Sim1(ip_5)$ und $Sim3(ip_5)$ gezeigt haben, eine Erhöhung der Verfügbarkeit $a(id_2)$ und $a(id_3)$ von 0,95 auf 0,99 ohne Wirkung auf die Performanz. Lag die Verfügbarkeit der IT-Dienstleistung id_1 bei 0,99, bewirkte eine Erhöhung der

Verfügbarkeit $a(id_2)$ und $a(id_3)$ von 0,95 auf 0,99 die Erhöhung der Performanz von $A(ip_5)$ (vgl. $Sim2(ip_5)$ und $Sim4(ip_5)$).

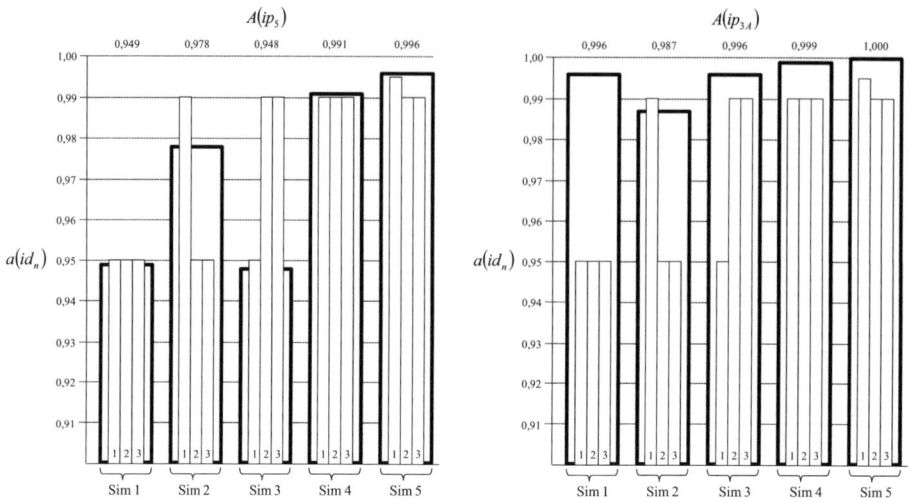

Abbildung 143: Sim-Ergebnisse der IT-Dienstleistungsprozesse ip_5 und ip_{3A}

Die Modellierung eines IT-Dienstleistungsprozesses ip_{3A} mit alternativem Pfad führte bei gleichbleibender Verfügbarkeit der unterstützenden IT-Dienstleistungen zu einer Verbesserung der Performanz $A(ip_{3A})$. Der Unterschied in der Performanz zwischen $A(ip_5)$ und $A(ip_{3A})$ war stark von der Verfügbarkeit $a(id_1)$ abhängig. Bei Erhöhung der Verfügbarkeit von IT-Dienstleistung $a(id_1)$, sank die Anzahl Prozessobjekte, die innerhalb des simulierten Zeitraums von den Aktivitäten $t_3(ip_{3A})$ und $t_4(ip_{3A})$ bearbeitet werden konnten. Die Ergebnisse der Simulationsexperimentvarianten $Sim1(ip_{3A})$ und $Sim2(ip_{3A})$ zeigten, dass die Erhöhung der Verfügbarkeit von IT-Dienstleistung id_1 bei konstant bleibender Verfügbarkeit $a(id_2) = a(id_3) = 0,95$ insgesamt zu einer Verringerung der Performanz $A(ip_{3A})$ führte. Eine Erhöhung auf $a(id_1) = 0,995$ verstärkte den Effekt. Die Verringerung der Performanz bei gleichzeitiger Erhöhung der Verfügbarkeit einer IT-Dienstleistung ist über die Verfügbarkeiten $a(id_2)$ und $a(id_3)$ zu erklären. Aufgrund der großen Anzahl Ausfälle, die bei $a(id_2) = a(id_3) = 0,95$ aufgetreten waren, konnten trotz der höheren Bearbeitungszeiten bei Verwendung des Pfades $[\tau(t_3(ip_{3A})) = 13] \rightarrow [\tau(t_4(ip_{3A})) = 14; a(id_3)]$ mehr Prozessobjekte bearbeitet werden. In diesem Fall war also eine Verfügbarkeit von $a(id_1) = 0,95$ besser als $a(id_1) = 0,99$. Als die Verfügbarkeit der IT-Dienstleistung auf $a(id_1) = a(id_2) = 0,99$ erhöht wurde, hatte der Prozesspfad mit den geringeren Bearbeitungszeiten $[\tau(t_1(ip_{3A})) = 12] \rightarrow [\tau(t_2(ip_{3A})) = 11; a(id_3)]$ insgesamt die Performanz des IT-Dienstleistungsprozesses ip_{3A} verbessert. Folglich war eine Verfügbarkeit von $a(id_1) = 0,99$ besser als $a(id_1) = 0,95$.

Die Simulationsexperimente 13, 14 und 15 haben gezeigt, dass sich Verfügbarkeiten verschiedener, aber im selben IT-Dienstleistungsprozess verwendeter IT-Dienstleistungen gegenseitig (auch negativ) beeinflussen können. Die Erhöhung der Verfügbarkeit einer IT-Dienstleistung führte nicht grundsätzlich zu einer Verbesserung der Performanz des IT-Dienstleistungsprozesses und ist teilweise völlig wirkungslos geblieben. In der betrieblichen Praxis wären die zusätzlichen Kosten für die Erhöhung der Verfügbarkeit umsonst investiert worden.

Simulationsexperiment 16

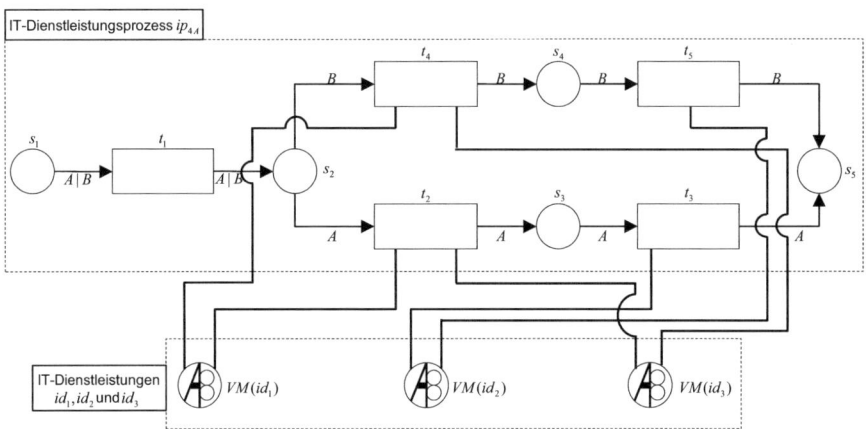

Abbildung 144: Alternativer IT-Dienstleistungsprozess ip_{4A}

In den bisherigen Simulationsexperimenten wurden lediglich Simulationsmodelle mit Prozessobjekten desselben Typs betrachtet. In Simulationsexperiment 16 wurde die Performanz eines IT-Dienstleistungsprozesses ip_{4A} (Abbildung 144) in Abhängigkeit unterscheidbarer Prozessobjekte modelliert und simulativ analysiert. Die Zwischenankunftszeit der Prozessobjekte umfasste sechs Minuten. Ein Prozessobjekt konnte mittels der Typen „Kategorie A" oder „Kategorie B"[154] identifiziert werden. Im Rahmen des Simulationsexperiments wurde angenommen, dass ein ankommendes Prozessobjekt mit einer Wahrscheinlichkeit $p(KatA) = 0,2$ die „Kategorie A" und $p(KatB) = 0,8$ die „Kategorie B"

---

[154] Im Rahmen des IT-Service Managements ist die Kategorisierung eine fachliche Einordnung zum Beispiel von Störungen in Hardware oder Software oder feingranularer in Netzwerk, Host, Peripherie, Applikation, etc. üblich. Die Kategorisierung ist Grundlage für die Zuordnung von entsprechenden Ressourcen zur Wiederherstellung einer ausgefallenen IT-Dienstleistung. Die Anzahl und Gestaltung der Kategorien ist unternehmensabhängig und muss entsprechend der implementierten IT-Dienstleistungen gebildet werden (vgl. [Olb06]).

repräsentiert. Das Simulationsmodell für den IT-Dienstleistungsprozess ip_{4A} wurde wie folgt dargestellt:

$$ip_{4A} = \left[\tau\big(t_1(ip_{4A})\big) = 12\right] \rightarrow \left\{\left[\tau\big(t_2(ip_{4A})\big) = 27; a(id_1), a(id_3)\right]\right.$$
$$\rightarrow \left[\tau\big(t_3(ip_{4A})\big) = 24; a(id_2)\right]; \left[\tau\big(t_4(ip_{4A})\big) = 7; a(id_1), a(id_3)\right]$$
$$\rightarrow \left.\left[\tau\big(t_5(ip_{4A})\big) = 7; a(id_2)\right]\right\} \qquad\qquad \tau(ip_{4A}) = 63|26;$$

Nach einer „Kategorisierung" der Prozessobjekte in Aktivität $t_1(ip_{4A})$ wurden Prozessobjekte der „Kategorie A" durch Ausführung der Aktivitäten $t_2(ip_{4A})$ und $t_3(ip_{4A})$ bearbeitet. Entsprechend wurden Prozessobjekte der „Kategorie B" durch Ausführung der Aktivitäten $t_4(ip_{4A})$ und $t_5(ip_{4A})$ bearbeitet. Die Bearbeitungszeit eines Prozessobjektes der „Kategorie A" war mit 56 Minuten größer, als die eines Prozessobjektes der „Kategorie B", bei dem die Bearbeitung 19 Minuten dauerte. Transition $t_{IN}(ip_{4A})$ erzeugte Prozessobjekte vom Typ „Kategorie A" oder „Kategorie B" gemäß $p(KatA)$ und $p(KatB)$. Stelle $s_1(ip_{4A})$ sammelte Prozessobjekte beider Kategorien worauf anschließend entweder $t_1(ip_{4A})$ oder $t_3(ip_{4A})$ entsprechend der Kantenbeschriftungen geschaltet hat.

Abbildung 145 zeigt die Ergebnisse der verschiedenen Simulationsexperimentvarianten $Sim1(ip_{4A}) - Sim5(ip_{4A})$. Der hellgraue Balken repräsentiert die Performanz des IT-Dienstleistungsprozesses in Bezug auf die Bearbeitung von Prozessobjekten mit „Kategorie A". Demgegenüber repräsentiert der weiße Balken die Performanz in Bezug auf die Bearbeitung von Prozessobjekten mit „Kategorie B".

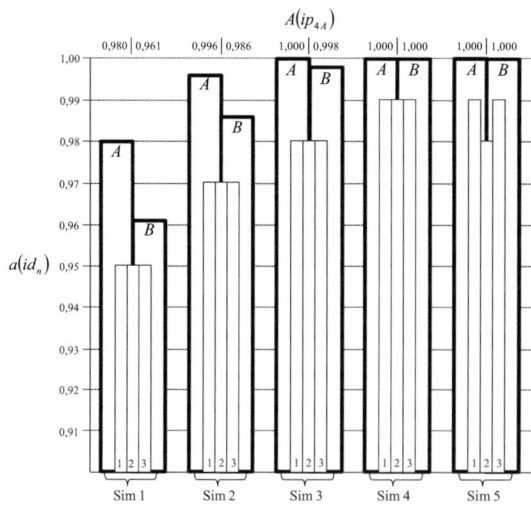

Abbildung 145: Sim-Ergebnisse des IT-Dienstleistungsprozesses ip_{4A}

Die Performanz errechnete sich aus dem prozentualen Anteil der Prozessobjekte, die innerhalb des simulierten Zeitraums den Endknoten $s_4(ip_{4A})$ erreichten, im Verhältnis zur maximal möglichen Anzahl Prozessobjekte bei einer Verfügbarkeit aller IT-Dienstleistungen $a(id_1) = a(id_2) = a(id_3) = 1{,}00$. Die Simulationsergebnisse haben verdeutlicht, dass die Verfügbarkeit der IT-Dienstleistungen id_1, id_2 und id_3 unterschiedliche Auswirkungen auf die Bearbeitung der Prozessobjekte hat. Während eine Verfügbarkeit $a(id_1) = a(id_2) = a(id_3) = 0{,}98$ ausreichte, um sämtliche Prozessobjekte mit „Kategorie A" innerhalb des simulierten Zeitraums zu bearbeiten (vgl. $Sim3(ip_{4A})$, musste die Verfügbarkeit der IT-Dienstleistungen id_1 und id_3 auf $0{,}99$ erhöht werden, um alle Prozessobjekte mit „Kategorie B" bearbeiten zu können (vgl. $Sim4(ip_{4A})$ und $Sim5(ip_{4A})$). Für die prospektive Bewertung der Auswirkungen von IT-Dienstleistungen auf IT-Dienstleistungsprozesse konnte neben der Typisierung darüber hinaus eine ergänzende Priorisierung der Prozessobjekte das Simulationsexperiment verbessern.

5.2.5 Bewertung

Für die simulativ analysierten Anwendungsfälle aus dem IT-Service Management belegen die Simulationsexperimente, dass mit Hilfe des Petri-Netz-basierten Verfügbarkeitsmusters für IT-Dienstleistungen potentielle Auswirkungen der Verfügbarkeit von IT-Dienstleistungen auf die Performanz von IT-Dienstleistungsprozessen ex ante untersucht werden können. Die Übertragbarkeit der Erkenntnisse aus den Simulationsexperimenten auf alle IT-Dienstleistungsprozesse ist möglich, da IT-Dienstleistungsprozesse in der betrieblichen Praxis aufgrund der Standardisierung beispielsweise nach ITIL unter ähnlichen Randbedingungen (vgl. Abschnitt 5.2.1) modelliert und analysiert werden können. Der Zusammenhang zwischen den am Anfang des Kapitels aufgestellten Thesen (vgl. Tabelle 13) und den Simulationsexperimenten ist in Tabelle 16 zusammengefasst. Ein „X" markiert die Simulationsexperimente, die zur Evaluation entsprechender Thesen verwendet worden sind.

Es wurden mögliche Auswirkungen einer systematischen Erhöhung und Reduzierung der Verfügbarkeit von IT-Dienstleistungen simulativ analysiert. Die Simulationsexperimente verdeutlichen, dass die reduzierte Performanz eines IT-Dienstleistungsprozesses nicht allein auf eine Nicht-Verfügbarkeit einer IT-Dienstleistung zurückzuführen ist, sondern weitere Aspekte wie zum Beispiel die Struktur des unterstützten IT-Dienstleistungsprozesses, die Bearbeitungszeiten der Aktivitäten, Prioritäten oder Zwischenankunftszeiten von Prozessobjekten berücksichtigt werden müssen. Da Dienstanbieter häufig nicht die detaillierten Geschäftsprozessmodelle der Dienstnehmer kennen, werden IT-Dienstleistungen häufig „aus

Prinzip" mit der höchstmöglichen Verfügbarkeit bereitgestellt, um die in IT-Dienstleistungs-vereinbarungen festgelegten Qualitätskriterien aus Sicht des Dienstanbieters zu erfüllen.

	Thesen							
	T-01	T-02	T-03	T-04	T-05	T-06	T-07	T-08
Sim 1	X							
Sim 2	X	X				X		
Sim 3	X						X	
Sim 4	X		X					
Sim 5				X		X		
Sim 6				X				
Sim 7					X			
Sim 8					X			
Sim 9				X	X			
Sim 10						X		
Sim 11	X	X				X		
Sim 12	X	X				X	X	
Sim 13	X					X		
Sim 14	X	X						X
Sim 15	X					X		X
Sim 16	X	X						

Tabelle 16: Thesen aus Tabelle 13 in Verbindung mit den Simulationsexperimenten

Durch das Informationsdefizit ist es für den Dienstanbieter häufig nicht abschätzbar, wie sich ein – auch nur geringer – Ausfall einer IT-Dienstleistung auf den Geschäftsprozess des Dienstnehmers auswirkt. Dem gegenüber ist der Dienstnehmer in vielen Fällen nicht bereit, die exponentiell ansteigenden Kosten für eine vereinbarte hohe Verfügbarkeit aller IT-Dienst-leistungen zu tragen. Durch die Simulationsexperimente wurde gezeigt, dass insbesondere der Dienstnehmer detaillierte Kenntnis über die Geschäftsprozesse haben sollte, um IT gezielt und effizient zur Unterstützung der Geschäftsprozesse einzusetzen. Sind die Geschäfts-prozesse präzise modelliert und darüber hinaus implementiert, kann ein Dienstanbieter die tatsächlich benötigte Verfügbarkeit von IT-Dienstleistungen zur Unterstützung der Ausführung bestimmter Aktivitäten festlegen und entsprechend betriebswirtschaftlich kalku-lieren. Die Beantwortung von Fragestellungen wie *„Hat der Ausfall einer IT-Dienstleistung X eine größere Auswirkung auf die Performanz eines IT-Dienstleistungsprozesses als der Ausfall einer IT-Dienstleistung Y?"* oder *„Führt eine kostspielige Erhöhung der Verfügbarkeit einer IT-Dienstleistung Z von 0,95 auf 0,99 ebenfalls zu einer signifikanten Verbesserung der Performanz des unterstützten IT-Dienstleistungsprozesses?"* erfolgt in der betrieblichen Praxis meist im Rahmen von teils mehrmonatigen Zeiträumen im operativen Betrieb. Eine simulative a priori Abschätzung der Auswirkungen bereits zur Entwurfszeit von IT-Dienstleistungsvereinbarungen kann entscheidungsunterstützende Informationen zur Bestimmung von Verfügbarkeiten generieren und entsprechende Tests im operativen Betrieb verkürzen oder im besten Fall vermeiden. Darüber hinaus kann die simulative a priori Abschätzung Ansatzpunkte zur Verbesserung von Geschäftsprozessen bieten, indem die Wechselwirkungen zwischen der Verfügbarkeit von IT-Dienstleistungen und den unterstützten Geschäftsprozessen untersucht werden.

Aufgrund technischer Grenzen der softwaregestützten, simulativen Analyse konnten Simulationsläufe lediglich für einen simulierten Zeitraum von jeweils dreißig Tagen durchgeführt werden, da ein simulierter Zeitraum über dreißig Tage keine zuverlässigen Simulationsergebnisse für *alle* Simulationsmodelle lieferte. Je nach Simulationsmodell und Zwischenankunftszeit der Prozessobjekte trat ein durch das Softwarewerkzeugs verursachter „Pufferüberlauf" auf, was den unerwünschten Abbruch eines Simulationslaufs zur Folge hatte. Da der simulierte Zeitraum von dreißig Tagen dem in IT-Dienstleistungsvereinbarungen häufig festgelegten Intervall zur Erstellung von Berichten zum Beispiel in Bezug auf die Verfügbarkeit von IT-Dienstleistungen oder der Performanz von IT-Dienstleistungsprozessen entspricht, ist der simulierte Zeitraum für die betriebliche Praxis repräsentativ.

Das Verfügbarkeitsmuster wird insbesondere zu einer übersichtlicheren Modellierung von IT-Dienstleistungen eingesetzt. Aus Gründen der Performanz eines Simulationsexperiments muss bei einem Simulationsmodell berücksichtigt werden, dass die Zahl der in einem Simulationsexperiment schaltenden Transitionen je verwendeter IT-Dienstleistung um den Faktor drei ansteigt. Die Anzahl der Schaltvorgänge steigt insbesondere in Abhängigkeit des gewählten Prüfintervalls deutlich an. Im Rahmen der Simulationsexperimente wurden idealisierte IT-Dienstleistungsprozesse untersucht, deren Aktivitäten und unterstützende IT-Dienstleistungen zahlenmäßig eingegrenzt wurden, um die Simulationsläufe mit vertretbarem Aufwand durchführen zu können[155]. Für umfangreichere Simulationsmodelle mit mehreren Prozesspfaden und einer Vielzahl IT-Dienstleistungen steigt die Anzahl Schaltvorgänge rapide und kann nicht mehr mit vertretbarem Aufwand „durchgespielt" werden. Zur Erweiterung der technischen Grenzen bei der Analyse umfangreicherer Simulationsmodelle sind Verbesserungen in Bezug auf die Skalierbarkeit von Simulationsmodellen sowie Verbesserungen an der Effizienz und Effektivität der Simulationsalgorithmen notwendig.

---

[155] Die reale Dauer eines Simulationsexperiments mit drei Transitionen im IT-Dienstleistungsprozess und neun Transitionen bei Modellierung von drei IT-Dienstleistungen beträgt im Schnitt ca. fünf Minuten. Die relativ lange Dauer (Rechenzeit) kann durch die hohe Anzahl Schaltungen aufgrund der Zwischeneingangszeit von Prozessobjekten sowie der Wahl des Prüfintervalls erklärt werden.

Darüber hinaus können Methoden wie *Cloud Computing* die Simulation unterstützen, indem die zur effizienten Berechnung von Simulationsläufen benötigte Rechenleistung kostengünstig und einfach genutzt werden kann. Die methodischen Grenzen resultieren aus dem gewählten Petri-Netz-Modell zur Integration von Zeitaspekten. In Abschnitt 4.2.3 wurden mit dem Preselection-Modell und dem Race-Modell zwei Modelle vorgestellt, mittels derer Transitionen eine Schaltdauer zugewiesen werden kann. Im Preselection-Modell, das zur Durchführung der Simulationsexperimente eingesetzt wurde, „reservieren" aktivierte Transitionen, die für den Schaltvorgang notwenigen Marken. Eine „Reservierung von Marken" führt dazu, dass die eigentliche Konsequenz des Ausfalls einer IT-Dienstleistung auf ein in der entsprechenden Aktivität bearbeitetes Prozessobjekt nicht berücksichtigt wird. Fällt eine IT-Dienstleistung während der Bearbeitung eines Prozessobjekts aus, schaltet die bearbeitende Transition aufgrund der Reservierung in jedem Fall, obwohl im Rahmen des Simulationsmodells das betreffende Prozessobjekt „verloren" gehen müsste. Im Extremfall könnte bei regelmäßigen kurzen Ausfällen einer IT-Dienstleistung, die die Ausführung einer Aktivität von längerer Zeitdauer unterstützt, das Simulationsergebnis verfälscht werden.

Aufgrund der aus den Simulationsexperimenten gewonnen Erkenntnisse wurden im Rahmen des Forschungstransferprojektes mit der öffentlichen Verwaltung zum Beispiel bestimmte Inhalte von IT-Dienstleistungsvereinbarungen angepasst. Zunächst wurde der zu implementierende Soll-Prozess vollständig modelliert und die zur Ausführung der Aktivitäten notwendigen IT-Dienstleistungen wurden identifiziert. Im Ergebnis wurden unter anderem die pauschal festgelegten Verfügbarkeiten von 0,995 Prozent für alle IT-Systeme hinterfragt und differenzierter erfasst. Darüber hinaus wurden die „Verfügbarkeiten" von personellen Aufgabenträgern am Second-Level-Support von 1,00 innerhalb einer vereinbarten Betriebszeit[156] angepasst. Beispielsweise war eine Verfügbarkeit des Email-Servers von 0,95 und eine Verfügbarkeit des eingesetzten IT-Service-Desk Werkzeugs[157] von 0,99 ausreichend, um den Störungsmanagementprozess unter Berücksichtigung der eingehenden Störungsmeldungen ohne Einschränkung – also mit einer Performanz von 1,00 – zu unterstützen. Darüber hinaus wurde die ursprünglich vereinbarte Verfügbarkeit der personellen Aufgabenträger im Second-Level Support um 5 Punkte auf 0,95 reduziert, da eine Bearbeitung der eingehenden

---

[156] Montag bis Mittwoch (07.30 – 15.30 Uhr), Donnerstag (07.30 – 17.45 Uhr) und Freitag (07.30 – 14.30 Uhr). Die Vereinbarung einer Betriebszeit am Samstag und Sonntag war aufgrund der Wochenarbeitszeit in der öffentlichen Verwaltung nicht notwendig.

[157] Es existiert eine Vielzahl von IT-Service Desk Werkzeugen, unter anderem: Tivoli Service Request Manager (http://www.ibm.de), HP OpenView Service Desk (http://www.hp.com), Matrix42 Service Desk (http://www.matrix42.de), HelpMatics (http://www.helpmatics.com) oder Valuemation (http://www.usu.de/).

Störungstickets im Rahmen der maximal vorgegebenen Bearbeitungszeiten auch dann noch gewährleistet werden konnte.

Zur Zeit wird geprüft, inwiefern beispielsweise XML-Netze zur Modellierung und Simulation von IT-Dienstleistungsprozessen als Erweiterung der bisherigen Simulationsexperimente bei der öffentlichen Verwaltung eingesetzt werden können, um Simulationsmodelle mit komplexeren Objektstrukturen (z.B. XML-basierten IT-Dienstleistungsvereinbarungen) zu analysieren. Die bisherigen Simulationsexperimente modellieren und simulieren einfache Objektstrukturen, wie die Kategorisierung von Prozessobjekten in „Kategorie A" und „Kategorie B". Wie in Kapitel 4.2.2 gezeigt, könnten mit XML-Netzen [Len03, LeO03] komplexe Objektstrukturen und Regeln modelliert und in Simulationsläufen berücksichtigt werden, um beispielsweise IT-Dienstleistungsvereinbarungen entlang eines IT-Dienstleistungsprozesses zur Qualitätssicherung „mitführen" zu können. Dazu ist insbesondere die Modellierung von Regeln in Transitionen notwendig. Aus diesem Grund wurde in Abschnitt 6.2 ein Editor Plug-In für Transitionsinschriften für das im Rahmen eines Forschungsprojektes entwickelte Modellierungswerkzeug *INCOME 2010* implementiert, um die Grundlage für die Modellierung und Simulation komplexer Objekte in IT-Dienstleistungsprozessen zu schaffen.

6 Prototypische Softwarewerkzeuge zur Modellierung und Simulation von IT-Dienstleistungsprozessen

In diesem Kapitel werden im Rahmen dieser Arbeit entwickelte Softwarewerkzeuge vorgestellt. Der *Capability Simulator for IT-Service Desks (CASSIS)* wurde speziell zur Modellierung und Simulation des IT-Dienstleistungsprozesses *Störungsmanagement* entwickelt, der auf dem so genannten *Incident Management* nach ITIL basiert. Der im Anschluss daran vorgestellte *Transitionsinschriften-Modellierer (TiMo)* unterstützt die Modellierung von IT-Dienstleistungsprozessen mit XML-Netzen, indem Inschriften in Transitionen benutzerfreundlich integriert und zur Simulation interpretiert werden können.

6.1 Simulator zur Modellierung und Simulation der Auslastung von IT-Service Desks (*CASSIS*)

Das Simulationswerkzeug *CASSIS* wurde im Rahmen eines IT-Service Management Forschungstransferprojektes (vgl. Abschnitt 5.2) entwickelt, um die Einführung eines IT-Service Desks in Verbindung mit der Erstellung von IT-Dienstleistungsvereinbarungen bei einer öffentlichen Verwaltung simulativ zu unterstützen [BMO10].

6.1.1 Grundlagen und Beispielszenario

Aufbauend auf den Erkenntnissen aus den Simulationsexperimenten aus Abschnitt 5.2 sollte simuliert werden, wie viele Störungsmeldungen an einem IT-Service Desk – analog zu einem Wartesystem (vgl. Abschnitt 5.1) – innerhalb bestimmter Wiederherstellungszeiten maximal bearbeitet werden können, ohne IT-Dienstleistungsvereinbarungen über einen bestimmten Toleranzwert hinaus zu verletzen[158]. Es wurde angenommen, dass eine ausgefallene IT-Dienstleistung nicht zwangsläufig zu einer Verringerung der Performanz des Geschäftsprozesses des Dienstnehmers führen muss. Aus der Annahme resultierte, dass eine bestimmte Anzahl von Überschreitungen der maximalen Bearbeitungszeit von Störungen innerhalb eines Simulationsexperiments akzeptiert werden sollte, um ein realitätsnahes Simulationsmodell zu erstellen. Eine a priori Abschätzung der möglichen Auslastung eines IT-Service Desks zur Entwurfszeit sollte die beteiligte öffentlichen Verwaltung unterstützen, mit den entsprechen-

---

[158] Als Toleranzwert wurde die Abweichung des Mittelwertes von ±2,5 Prozent aus den Simulationsläufen (vgl. Abschnitt 5.2.1) verwendet, da diese im Rahmen der 16 Simulationsexperimente zur Evaluation der Thesen berücksichtigt worden ist. Entsprechend wurde die Konfiguration eines mit *CASSIS* durchgeführten Simulationsexperiments dann „akzeptiert", wenn maximal 5,0 Prozent aller Simulationsläufe aufgrund der Überschreitung der maximalen Bearbeitungszeit von Störungstickets vorzeitig abgebrochen worden sind.

den Ämtern und Dezernaten „passende" IT-Dienstleistungsvereinbarungen zu erstellen. Es sollte evaluiert werden, welche Service-Levels mit vorhandenen personellen Aufgabenträgern (Mitarbeiter) erfüllbar sind und wie viele weitere Ressourcen zusätzlich notwendig wären, um ein bestimmtes Service-Level zu erfüllen und die relevanten Qualitätsmerkmale wie zum Beispiel Erreichbarkeit, Performanz, etc. des IT-Service Desks sicherstellen zu können.

Der dem Simulationswerkzeug zugrunde liegende Störungsmanagementprozess wurde in Anlehnung an den auf der IT Infrastructure Library (vgl. Abschnitt 2.2.2) basierenden IT-Dienstleistungsprozess aus Anhang A.3 implementiert. Das Ziel eines IT-Service Desks ist es unter anderem, den Dienstanbieter unter Berücksichtigung von IT-Dienstleistungs-vereinbarungen mit dem Dienstnehmer bei der Wiederherstellung von IT-Dienstleistungen zu unterstützen und die Fachabteilungen der IT-Organisation zu entlasten. Jede Störungsmeldung wird in einem sog. *Störungsticket* dokumentiert. Eine besondere Herausforderung beim Betrieb eines IT-Service Desks ist die Ermittlung des „richtigen" Verhältnisses zwischen der Anzahl der zu bearbeitenden Störungstickets, der Anzahl zur Verfügung stehender Mitarbeiter und den in einer IT-Dienstleistungsvereinbarung jeweils hinterlegten Bearbeitungszeiten. Abbildung 146 zeigt das Modell des in *CASSIS* implementierten Störungsmanagement-prozesses.

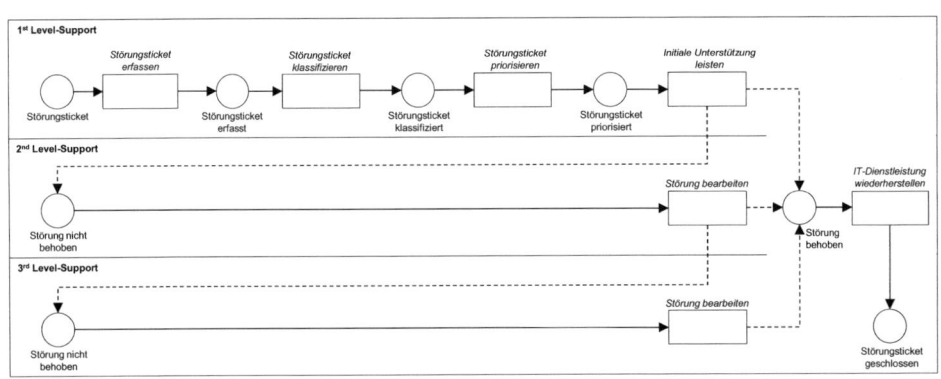

Abbildung 146: Störungsmanagementprozess in CASSIS

Sobald die Störungsmeldung erfasst und ein Störungstickt angelegt worden ist, wird die Störung durch einen bestimmten Typ (z.B. Software A, Hardware A, Software B) katego-risiert und entsprechend der Dringlichkeit und Auswirkung der Störung priorisiert[159]. Sofern

---

[159] Die *Dringlichkeit* beschreibt die maximale, meist im Rahmen einer IT-Dienstleistungsvereinbarung festgelegte Zeitdauer, die ein Dienstnehmer bis zur Wiederherstellung der IT-Dienstleistung bereit ist, zu warten. Die *Auswirkung* beschreibt das Ausmaß der durch den Ausfall einer IT-Dienstleistung betroffenen Dienstnehmer (z.B. Einzelperson, Unternehmensbereich, Unternehmen). Aus Dringlichkeit und Auswirkung kann die *Priorität* eines Störungstickets anhand einer Prioritätsmatrix bestimmt werden.

ein Störungsticket innerhalb eines bestimmten Zeitraums nicht abgeschlossen werden kann, erfolgt eine funktionale Eskalation[160]. Das Störungsticket wird anhand der zuvor festgelegten Kategorie den entsprechenden Fachexperten im nächsthöheren Support-Level weitergeleitet, wobei eine funktionale Eskalation auch an Drittanbieter stattfinden kann (z.B. der Hersteller des ausgefallenen Email-Servers). Ist die ausgefallene IT-Dienstleistung wiederhergestellt, wird das Störungsticket geschlossen.

Ein Wartesystem [GrH98] kann entstehen, wenn an einem IT-Service Desk aufgrund von vielen Störungsmeldungen von Dienstanwendern mehr Störungstickets bearbeitet werden müssen als Kapazität in Form von Mitarbeitern zur Verfügung steht. Insbesondere Dienstanbieter, die einen IT-Service Desk erstmals einführen, sollten Informationen über mögliche Ankunftszeiten und Ankunftsraten von Störungstickets sammeln[161]. Darüber hinaus ist die Qualifikation und Kompetenz eines Mitarbeiters bei der effektiven und effizienten Bearbeitung eines Störungstickets relevant [LTC99]. Die Funktionalität des entwickelten Simulationswerkzeugs basiert auf der Implementierung von *Warteschlangenprozessen* (vgl. exemplarisch [KiK06; MaS00; NLL09]), die im Rahmen des Störungsmanagementprozesses unter anderem durch folgende Parameter charakterisiert sind:

- *Ankunftszeit Störungstickets,*
- *Bedienrate Mitarbeiter,*
- *Anzahl Bedienschalter,*
- *Anzahl Bearbeitungsebenen,*
- *Systemkapazität und Warteschlangendisziplin.*

Die *Ankunftszeit Störungstickets* (Zwischenankunftszeit) beschreibt die Anzahl der, an einem IT-Service Desk eintreffenden, Störungstickets pro Zeiteinheit auf Basis einer zuvor ausgewählten Wahrscheinlichkeitsverteilung (im Simulationsfall). Die *Bedienrate Mitarbeiter* beschreibt den simulierten Bedienprozess in Bezug auf eine Wahrscheinlichkeitsverteilung, anhand derer die Verweildauer eines Störungstickets im Wartesystem festgelegt wird. Durch die *Anzahl Bedienschalter* wird die Anzahl der bedienenden Mitarbeiter festgelegt, die gleichzeitig Störungstickets bearbeiten können. Die *Anzahl der Bearbeitungsebenen* legt fest, wie viele Ebenen ein Störungsticket im Rahmen der Simulation maximal durchlaufen kann,

---

[160] Bei der *funktionalen Eskalation* wird ein Störungsticket zum Beispiel vom 1st Level-Support an den 2nd Level-Support weitergeleitet, wenn nach Erreichen einer vorgegebenen Zeitdauer das Störungsticket durch den 1st Level-Support nicht geschlossen werden kann. Droht eine Verletzung der IT-Dienstleistungsvereinbarung wird *hierarchisch eskaliert* und beispielsweise der Vorgesetzte eines IT-Service Desk Mitarbeiters informiert.

[161] Beispielsweise werden deutlich mehr Störungstickets an einem Montagvormittag als an einem Freitagnachmittag, sowie kurz vor und kurz nach einer Mittagspause als am Ende eines Werktages geöffnet (vgl. exemplarisch [Kna09]).

bevor es abgeschlossen wird. Erfolgt beispielsweise die Bearbeitung eines Störungstickets über mehrere Ebenen hinweg (1st, 2nd und 3rd Level-Support), bei der sich auf jeder Ebene eine weitere Warteschlange bilden kann, wird ein Störungsticket erst dann abgeschlossen, wenn alle Ebenen durchlaufen wurden. Durch die Festlegung der Anzahl IT-Service Desk Ebenen wird sichergestellt, dass in der Simulation ein bestimmter Anteil der ankommenden Störungstickets bis zum 3rd Level-Support weitergeleitet wird. Mittels der *Systemkapazität* wird die Anzahl der maximal wartenden Störungstickets im Wartesystem bestimmt. Durch die *Warteschlangendisziplin* wird die Reihenfolge festgelegt, in der Störungstickets von Mitarbeitern bearbeitet werden. Basiert die Warteschlangendisziplin beispielsweise auf Prioritäten, werden Störungstickets mit einer hohen Priorität grundsätzlich vor denen mit niedriger Priorität bearbeitet. Je Priorität bilden sich „Sub-Warteschlangen", in denen die einzelnen Störungstickets gleicher Priorität nach dem First-In-First-Out Prinzip bearbeitet werden. Das Simulationswerkzeug *CASSIS* unterstützt zwei Warteschlangendisziplinen:

- *„bevorzugte" Priorität:*
  Die Bearbeitung eines Störungstickets kann jederzeit durch Ankunft eines Störungstickets mit höherer Priorität abgebrochen werden.

- *„nicht-bevorzugte" Priorität:*
  Die Bearbeitung eines Störungstickets wird nicht durch Ankunft eines Störungstickets mit höherer Priorität abgebrochen, allerdings wird das Störungsticket mit der höchsten Priorität und der längsten Wartezeit als nächstes bearbeitet.

Für die Modellierung und Simulation von Geschäftsprozessen oder IT-Dienstleistungsprozessen ist die Auswahl der Zustandsgrößen und die Ermittlung des zeitabhängigen Systemzustands von zentraler Bedeutung. Nach [Bos92, S.124 f.] ist ein Systemzustand die *„kleinste Menge der gegenwärtigen Informationen über ein System, deren Kenntnis zusammen mit der Kenntnis der zeitabhängigen Eingangsfunktion[162] (bei einem deterministischen System) die Bestimmung der weiteren Systementwicklung ermöglicht."* Eine Simulation kann einen dynamischen oder statischen, kontinuierlichen oder diskreten, stochastischen oder deterministischen Charakter haben [Fis01; Law06]. Diskrete Systeme sind dadurch charakterisiert, dass sich Zustandsvariablen zu bestimmten Zeitpunkten unmittelbar verändern. Beispielsweise verändert sich die Anzahl der Störungstickets, sobald ein neues Störungsticket in das Wartesystem eintritt oder dieses verlässt. Entsprechend wird der Systemzustand durch eine Menge Zustandsvariablen zu einem bestimmten Zeitpunkt ermittelt. Dem gegenüber verändern sich Zustandsvariablen in kontinuierlichen Systemen

---

[162] Mit der Eingangsfunktion ist zum Beispiel eine Wahrscheinlichkeitsverteilung gemeint.

kontinuierlich im Zeitverlauf. Beispielsweise ändert sich die Position eines fahrenden PKWs aufgrund seiner Geschwindigkeit kontinuierlich. Ob ein System diskretes oder kontinuierliches Verhalten simulieren soll, hängt vom Ziel der jeweiligen simulativen Analyse ab. Soll beispielsweise der Verlauf eines Störungstickets über alle Ebenen des IT-Service Desk nachverfolgt werden können, kann ein kontinuierliches System modelliert werden. Ist lediglich die Anzahl der Störungstickets auf den einzelnen Ebenen des IT-Service Desk zu einem bestimmten Zeitpunkt von Interesse, reicht eine diskretes Modell des Systems aus. Bei Bedarf ist auch eine Kombination von diskretem und kontinuierlichem Systemverhalten möglich.

Die *diskrete Ereignissimulation* befasst sich mit der Modellierung von dynamischen, diskreten Systemen, bei denen sich im Rahmen einer Simulation der Systemzustand aufgrund von Ereignissen zu bestimmten Zeitpunkten verändert. Ereignisse sind Interaktionen zwischen den Entitäten eines Systems und entsprechend des Zeitpunkts ihres Auftretens entlang einer Zeitachse sortiert. Ein Ereignis kann weitere Ereignisse auslösen. Zum Beispiel kann der Zeitpunkt der funktionalen Eskalation eines Störungstickets in eine nächsthöhere Ebene oder die Ankunft eines Störungstickets an einer beliebigen Ebene des IT-Service Desk ein Ereignis darstellen. Da ein durch ein Ereignis ausgelöstes Folgeereignis erst zu einem späteren Zeitpunkt ausgeführt wird, schreitet die im Simulationswerkzeug verwaltete „Systemuhr" nicht in gleichförmigen Zeitabständen (Zeitscheibenverfahren) voran, sondern bestimmt den frühesten Zeitpunkt, an dem Aktivitäten erfolgen, über das erste in der Zukunft eintretende Ereignis. Eine Simulation mittels Zeitscheibenverfahren ist zwar möglich, würde aber unnötig Rechenzeit bei der Kontrolle von Zeitpunkten verbrauchen, in denen keine Änderung der Zustandsvariablen erfolgt [Sch07d]. Die diskrete Ereignissimulation wird in *CASSIS* dazu verwendet, die automatische Verbesserung einer Ausgangskonfiguration des Simulationsmodells eines Störungsmanagementprozesses durchzuführen. Bei der Verbesserung werden vordefinierte Toleranzwerte in Bezug auf die zulässige Auslastung der Mitarbeiter bei der Bearbeitung von Störungstickets berücksichtigt.

Die Mitarbeiter eines Störungsmanagementprozesses werden im Simulationswerkzeug als Ressourcen (personelle Aufgabenträger) interpretiert, welche die Bearbeitung von Störungstickets auf verschiedenen Ebenen ermöglichen. Aus diesem Grund ist die Repräsentation eines IT-Service Desk sowie der dazugehörigen Ebenen in einem Simulationsmodell notwendig, um aussagekräftige Ergebnisse aus den diskreten Ereignissimulationen zu erhalten. Der in Abbildung 147 modellierte Warteschlangenprozess zeigt einen Störungsmanagementprozess, in dem Störungstickets erzeugt und an entsprechende Ebenen zur Bearbeitung weitergeleitet werden können.

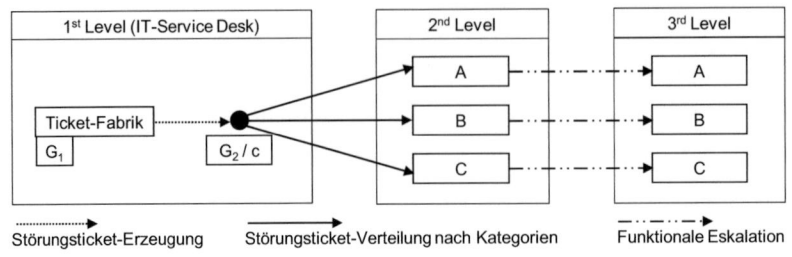

Abbildung 147: Schematische Darstellung des Warteschlangenprozesses

Der IT-Service Desk wird als Kombination aus einer, die Störungstickets generierenden, Komponente *Ticket-Fabrik* und der ersten Bearbeitungsebene (1st Level-Support) gebildet. Der IT-Service Desk integriert die Mitarbeiter, die ankommende Störungstickets zuerst bearbeiten. Die Anzahl der generierten Störungstickets sowie deren Zwischenankunftszeit im Wartesystem wird über eine Wahrscheinlichkeitsverteilung (z.B. gleichverteilt, exponentiell, etc.) gesteuert. Im Simulationswerkzeug sind neben dem IT-Service Desk zwei weitere Bearbeitungsebenen zur Simulation der funktionalen Eskalation (2nd Level-Support und 3rd Level-Support) implementiert. Überdies werden die Mitarbeiter in den letzten beiden Ebenen als „Teams" (z.B. Team A, Team B, etc.) modelliert, die sich auf die Bearbeitung von Störungstickets einer bestimmten Kategorie A, B oder C spezialisiert haben. Die am IT-Service Desk festgelegte Kategorie für ein Störungsticket ist ausschlaggebend dafür, welches Team in den darauffolgenden Ebenen für die weitere Bearbeitung verantwortlich ist. IT-Service Desk und 2nd Level-Support sind über eine einfache Warteschlange miteinander verknüpft. Der 2nd Level-Support dient wiederum als „Ticket-Fabrik" für den 3rd Level-Support, wobei die Kategorien beider Bearbeitungsebenen jeweils unabhängig voneinander über eine einfache Warteschlange miteinander verknüpft sind. Daraus folgt, dass eine Interaktion zwischen der zweiten und dritten Bearbeitungsebene nur zwischen Teams derselben Kategorie stattfindet. Beispielsweise werden Störungstickets der Kategorie A im 2nd Level-Support als Warteschlange modelliert, die sukzessive von Mitarbeitern eines Teams A abgearbeitet oder an den 3rd Level-Support weitergeleitet werden. Warteschlangenprozesse in *CASSIS* werden wie folgt charakterisiert:

- Die Anzahl der Bedienstationen ist gleich der Anzahl Mitarbeiter oder der Anzahl Mitarbeiter eines Teams.
- Die Systemkapazität ist unbeschränkt, wodurch Warteschlangen beliebig viele Störungstickets enthalten können.
- Die Bedienrate der Mitarbeiter wird durch eine ausgewählte Verteilungsfunktion bestimmt.

- Die Ankunftsrate der Störungstickets ist für die zweite und dritte Bearbeitungsebene nicht vorab bestimmt und hängt maßgeblich von den durch die Ticket-Fabrik erzeugten Störungstickets ab.

Bezogen auf die dargestellten Charakteristika kann der IT-Service Desk als Warteschlangenprozess der Form $G_1/G_2/c$ modelliert werden, wobei G_1 und G_2 die Wahrscheinlichkeitsverteilungen zur Erzeugung von Störungstickets und der Bedienrate der Mitarbeiter repräsentieren. Die Variable c entspricht der Anzahl Mitarbeiter im IT-Service Desk. Die zweite und dritte Bearbeitungsebene des Störungsmanagementprozesses besteht aus einer Gruppe von Warteschlangenprozessen, wobei mit jedem Warteschlangenprozess ein Team, bestehend aus einer Menge von Mitarbeitern (Bedienstationen) repräsentiert wird. Jedem Mitarbeiter kann ein *Erfahrungslevel* zugeordnet werden, wodurch bei einer Simulation die Bearbeitung eines Störungstickets verkürzt oder verlängert werden kann. Es wird zwischen den Erfahrungslevels *Anfänger (B)*, *Fortgeschrittener (A)* und *Experte (E)* unterschieden. Jedem Erfahrungslevel liegt, wie in Abbildung 148 dargestellt, ein Multiplikationsfaktor zugrunde, anhand dessen das zulässige Zeitintervall zur Bearbeitung eines Störungstickets bestimmt wird. Zudem wird im Simulationswerkzeug die Zeitdauer w zur Erfassung einer Störungsmeldung und zur Erzeugung eines Störungstickets berücksichtigt.

Abbildung 148: Aufteilung der implementierten Erfahrungslevels

Mit der Berücksichtigung des Erfahrungslevels soll der Annahme Rechnung getragen werden, dass Mitarbeiter, die viel Erfahrung in der Bearbeitung von Störungstickets einer bestimmten Kategorie besitzen, diese schneller lösen, als Mitarbeiter mit geringerer Erfahrung. Wird im Simulationswerkzeug für die Bedienrate zum Beispiel die Gleichverteilung gewählt, berechnen sich die jeweiligen Zeitintervalle wie folgt:

In Abhängigkeit der mittels der jeweiligen Priorität festgelegten Bearbeitungszeit (vgl. Ausgangskonfiguration) wird ein Zeitintervall $[0,1d; 1,0d]$ berechnet, welches anschließend in vier gleiche Teile[163] u unterteilt wird. Wird beispielsweise festgelegt, dass ein Störungsticket mit einer Priorität 1 für $t = 55\ Min$ am IT-Service Desk bearbeitet werden darf, ergibt sich

---

[163] *CASSIS* unterstützt in Version 1.0 die Multiplikationsfaktoren 2, 3 und 4, wodurch die Vierteilung des Intervalls begründet liegt.

nach Abzug einer Zeitdauer für die Erfassung ($w = 5\ Min$) eine verbleibende Zeitdauer $d = t - w = 50\ Min$ und das entsprechende Zeitintervall [$5\ Min;\ 50\ Min$]. Im Anschluss daran wird die Spannweite des Zeitintervalls geviertelt $u = \frac{50\ Min - 5\ Min}{4} = 11{,}25\ Min$. In Abhängigkeit der gegebenen Priorität ergeben sich für die Erfahrungslevels folgende Konfigurationen:

- Anfänger: [$0{,}1d + 2u;\ 0{,}1d + 4u$] = [$27{,}5\ Min;\ 50\ Min$]
- Fortgeschrittener: [$0{,}1d + 1{,}5u;\ 0{,}1d + 3u$] = [$21{,}9\ Min;\ 38{,}8\ Min$]
- Experte: [$0{,}1d;\ 0{,}1d + 2u$] = [$5\ Min;\ 27{,}5\ Min$]

Soll ein Störungsticket mit der Priorität 1 von einem Experten bearbeitet werden, wird ein Zufallswert aus dem Zeitintervall [$5\ Min;\ 27{,}5\ Min$] bestimmt. Falls in der Simulation keine Erfahrungslevels berücksichtigt werden sollen, da diese zum Zeitpunkt der Simulation beispielsweise noch nicht bekannt sind, wird die zur Bearbeitung eines Störungstickets mit Priorität 1 benötigte Zeit als Zufallszahl immer aus dem gesamten Zeitintervall [$5\ Min;\ 50\ Min$] bestimmt. Der Multiplikationsfaktor kann individuell angepasst werden, um zum Beispiel die Bearbeitungszeit eines Störungstickets durch einen Experten gegenüber einem Anfänger zu verändern. Sämtliche Parametrisierungen können entweder über eine XML-Datei in *CASSIS* importiert oder über einen Editor spezifiziert werden.

6.1.2 Implementierung und Betrieb

Die Architektur des Simulationswerkzeugs *CASSIS 1.0* ist mit den entsprechenden Komponenten in Abbildung 149 dargestellt. Die grafische Benutzeroberfläche (GUI) wird nicht explizit aufgeführt. Das aufgrund des Simulationsmodells entstehende „Netzwerk" von verschiedenen Ressourcen zur Bearbeitung von Störungsmeldungen wird durch die Komponente *Level Management* gesteuert und kontrolliert. Die *Ticket Management* Komponente wird zur Erzeugung von Störungstickets sowie zur Zuweisung von Kategorien und Prioritäten verwendet. Die Verwaltung der *Systemuhr* sowie aller Ereignisse wurde durch die *Discrete Event Manager* Komponente realisiert.

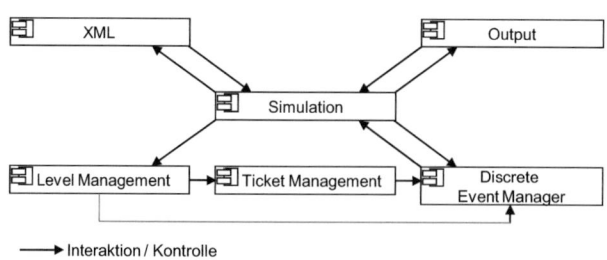

Abbildung 149: CASSIS 1.0 Architektur

Eine globale Komponente implementiert mittels des Softwareentwurfsmusters *Fassade* eine GUI, die Benutzereingaben wie zum Beispiel allgemeine Parametereinstellungen akzeptiert:

- *Simulierter Zeitraum*

  Wird von der Komponente *Discrete Event Manager* verwendet, um das Ende des simulierten Zeitraums festzulegen.

- *Betriebsart*

  Steuert, ob den Störungstickets bei der Erzeugung in der Ticket-Fabrik eine Kategorie zugewiesen wird, oder erst durch den *Queue Manager* im 1st Level-Support[164].

- *Erfahrungslevel-Indikator*

  Steuert, ob in einem Simulationsexperiment die Erfahrungen von Mitarbeitern bei der Bearbeitung von Störungstickets berücksichtigt werden. Werden keine Erfahrungen berücksichtigt, ist das Zeitintervall zur Bearbeitung von Störungstickets für alle personellen Aufgabenträger identisch.

Bei der Benutzung der grafischen Benutzeroberfläche als Editor transformiert die *XML*-Komponente das „Netzwerk" verschiedener Ressourcen zur Bearbeitung von Störungsmeldungen in eine XML-Datei, die einem spezifischen XML-Schema entspricht und vice versa. Darüber hinaus stellt die XML-Datei die Eingangsparameter für die *Simulation*-Komponente bereit. Die *Output*-Komponente bereitet die Simulationsergebnisse für die Darstellung in der GUI auf und erstellt ein Ereignisprotokoll. Die Realisierung der *CASSIS 1.0*-Komponenten in der C#-basierten Implementierung erfolgt mittels Namensräumen[165]. Die *Simulation*-Komponente repräsentiert als „Kernkomponente" die Simulationsumgebung und steuert die Interaktion zwischen den anderen *CASSIS 1.0*-Komponenten. Sobald ein Simulationslauf startet, beginnt die Ticket-Fabrik mit der Erzeugung von Störungstickets, die am 1st Level-Support „eintreffen" und mittels der *Discrete Event Manager* Komponente über den gesamten Störungsmanagementprozesses kontrolliert und über verschiedene Bearbeitungs-

---

[164] Durch den Parameter wird – konform zum „Incident Management" Prozess nach ITIL – gesteuert, ob am 1st Level-Support eingehende Störungstickets zunächst „anonym" eintreffen und entsprechend ohne Priorisierung bearbeitet werden. In der betrieblichen Praxis weiß ein Mitarbeiter am IT-Service Desk häufig nicht ad hoc, um welche Kategorie es sich bei einer Störungsmeldung handelt und muss diese erst durch Nachfragen beim Störungsmelder identifizieren. Alternativ dazu kann bereits direkt nach der Erzeugung aufgrund der jeweiligen Kategorie eine priorisierte Bearbeitung von Störungstickets erfolgen, was in der betrieblichen Praxis häufig automatisiert erstellten Störungsmeldungen (beispielsweise durch Monitoring-Werkzeuge) entspricht.

[165] Die Verschachtelung von Namensräumen wird in C# mit Hilfe des Punkt-Operators durchgeführt, wobei der Punkt dann die einzelnen Ebenen voneinander trennt (z.B. System.Windows.Forms). Typen aus einem anderen Namensraum (vordefinierter Namensraum) werden in die eigene Komponente zur besseren Lesbarkeit bei tiefverschachtelten Namensräumen mittels der „*using*-Direktive" eingebunden, um die Typen so verwenden zu können, als befänden sie sich im aktuellen Namensraum der Komponente (z.B. using System.Windows.Forms) [LiX08]. *CASSIS 1.0* besteht aus ca. 11.500 Zeilen Programmcode sowie 11 Namensräumen, 60 Klassen und 16 Schnittstellen.

ebenen hinweg weitergeleitet werden. Es existieren zwei Möglichkeiten, einen Simulations-lauf zu beenden:

- Die Ticket-Fabrik erzeugt keine Störungstickets mehr, da die vordefinierte Anzahl Störungstickets erreicht ist. Keine weiteren Aktivitäten können ausgeführt werden, da keine Prozessobjekte vorhanden sind.
- Der Simulationslauf endet nach der durch den Benutzer vorgegebenen Simulations-dauer.

In beiden Fällen werden die Knoten des Simulationsmodells durch die *Simulation*-Komponente über das Ende des Simulationslaufs informiert, und der Zustand jedes Knotens zum Zeitpunkt des Simulationsabbruchs in einer XML-Datei dokumentiert. Die in der XML-Datei enthaltenen Daten werden mit Hilfe der Output-Komponente über das GUI dem Benutzer als Simulationsergebnis angezeigt. Ein Simulationslauf bricht ab, sobald die Anzahl der in der Warteschlange angesammelten Störungstickets so groß geworden ist, dass sie während der Simulationsdauer nicht mehr abgearbeitet werden kann.

Zur Durchführung eines Simulationsexperiments sind neben allgemeinen Parameter-einstellungen auch spezifische Angaben in Bezug auf die Erzeugung von Störungstickets durch die Ticket-Fabrik notwendig. Unter anderem wird spezifiziert, wie viele Störungstickets während des simulierten Zeitraums erzeugt werden sollen, ob eine Kategorisierung der Störungstickets bereits durch die Ticket-Fabrik erfolgt und welche Wahrscheinlich-keitsverteilung zur Bestimmung der Ankunftsrate verwendet wird. Darüber hinaus wird für jede Bearbeitungsebene die Anzahl der zur Verfügung stehenden Mitarbeiter inklusive der jeweils zugewiesenen Erfahrungslevels festgelegt. Zudem werden die Kategorien (inklusive Prioritäten) der im Rahmen des Simulationsexperiments zu bearbeitenden Störungstickets spezifiziert.

Das Simulationswerkzeug stellt, wie in Abbildung 150 gezeigt, eine grafische Benutzer-oberfläche zur (GUI) Input/Output Interaktion mit dem Benutzer bereit, um allgemeine und spezifische Parametereinstellungen vorzunehmen sowie Simulationsergebnisse anzuzeigen. Das SW-Entwurfsmuster Model-View-Controller (MVC) wurde zur Implementierung der Interaktion zwischen Simulation (Model) und grafischer Benutzeroberfläche (View) verwendet. Sobald alle zur Durchführung eines Simulationsexperiments benötigten Daten[166] (Ausgangskonfiguration) zur Verfügung stehen, kann die Simulation gestartet und die berechneten Simulationsergebnisse im Anschluss daran in einer XML-Datei abgespeichert

---

[166] Die Daten werden beispielsweise auf Basis von in IT-Dienstleistungsvereinbarungen festgelegten Parametern oder im Rahmen von Workshops mit Dienstnehmern und/oder Dienstanbietern erhoben.

werden. Die GUI inklusive aller Bedienelemente wie zum Beispiel Textfelder oder Schaltflächen für Kategorien, Prioritäten, Wahrscheinlichkeitsverteilungen etc., wurde mittels Windows Presentation Foundation (WPF) implementiert[167].

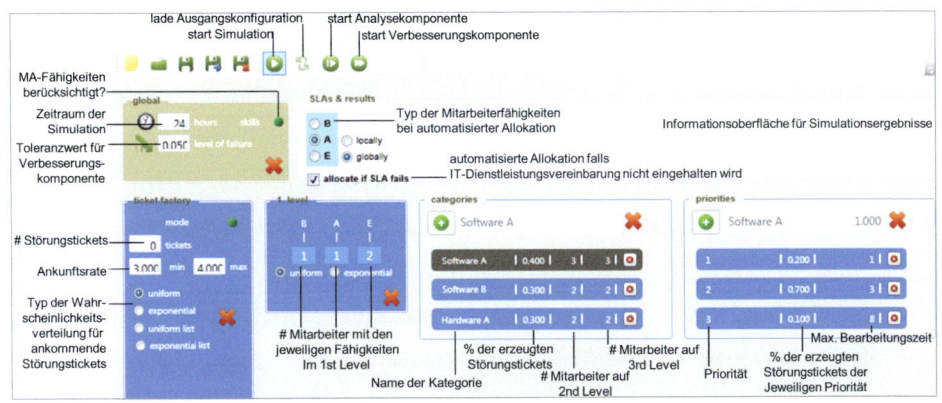

Abbildung 150: GUI Editor und Simulationsmonitor in CASSIS 1.0

Die Bedienelemente zur Einstellung *allgemeiner Parameter* ermöglichen die Eingabe des simulierten Zeitraums, der Berücksichtigung von Erfahrungslevels sowie der Festlegung eines Toleranzwertes für die im Folgenden erläuterte Verbesserungskomponente. Über die Bedienelemente der *Ticket-Fabrik* wird die Erzeugung von Störungstickets über eine festgelegte Wahrscheinlichkeitsverteilung gesteuert. Darüber hinaus wird über weitere Bedienelemente die Anzahl Mitarbeiter im 1st Level-Support, deren Erfahrungslevel sowie die bei der Simulation zu berücksichtigende Bedienrate festgelegt. Im Rahmen der Spezifizierung von *Kategorien* für Störungstickets wird neben einer eindeutigen „Kategorie-ID" auch der prozentuale Anteil der mit der jeweiligen Kategorie erzeugten Störungstickets definiert. Die Summe der prozentualen Anteile aller definierten Kategorien muss 1 ergeben. Im Bedienelement *Kategorie* wird auch die Anzahl der im 2nd Level-Support und 3rd Level-Support benötigten Mitarbeiter je Kategorie festgelegt und in einer verkürzten Darstellung präsentiert. Analog zu den Kategorien werden die Prioritäten der erzeugten Tickets im Bedienelement *Prioritäten* festgelegt. Sämtliche Parameter können vor oder nach einem Simulationsexperiment editiert und abgespeichert werden. Eine Konsistenzprüfung stellt sicher, dass die Summe der prozentualen Anteile aller Kategorien beispielsweise nach Eingabe einer neuen Kategorie weiterhin den Wert *1* ergibt. Tritt eine Fehlermeldung auf, müssen Werte in

---

[167] WPF ist Teil des Microsoft .NET Framework 3.5 und bietet Entwicklern ein einheitliches Programmiermodell für die Entwicklung einer Benutzerumgebung für Windows-Clients, die Benutzeroberfläche, Medien und Dokumente umfasst (http://msdn.microsoft.com/de-de/library/ms754130.aspx, letzter Abruf am 18.12.2009).

anderen Kategorien angepasst werden. Über das Bedienelement *SLA* wird festgelegt, welchen Erfahrungslevel ein im Rahmen der Verbesserung automatisch neu hinzugefügter Mitarbeiter haben soll[168]. Diese Funktionalität wird dann benötigt, wenn im Falle des Abbruchs eines Simulationslaufs automatisch Mitarbeiter an der Stelle hinzugefügt werden sollen, an der der Abbruch verursacht worden ist. Entsprechend werden so lange Mitarbeiter an den jeweils aufgetretenen Abbruchstellen hinzugefügt, bis ein Simulationslauf regulär beendet wird. Der Abbruch eines Simulationslaufs kann im Hinblick auf die betriebliche Praxis als Verstoß gegen in einer IT-Dienstleistungsvereinbarung definierte 2nd Levels interpretiert werden. Das Simulationswerkzeug stellt zwei Optionen zur Analyse und Verbesserung eines Simulations-experiments zur Verfügung. Die Analysefunktionalität umfasst die zuvor beschriebene sukzessive Erhöhung von personellen Aufgabenträgern bis ein im Rahmen des Simulations-experiments durchgeführter Simulationslauf regulär beendet wird. Aufgrund der im Simulationswerkzeug verwendeten, gegebenenfalls unterschiedlichen Wahrscheinlichkeits-verteilungen, kann der Abbruchzeitpunkt oder das Ergebnis eines mit der identischen Ausgangskonfiguration durchgeführten Simulationslaufs unterschiedlich ausfallen. Wird die Verbesserungskomponente während eines Simulationsexperimentes aktiviert, werden mit einer identischen Konfiguration fünfhundert[169] Simulationsläufe (ohne Hinzufügen von personellen Ressourcen) durchgeführt. Unter der Annahme, dass aufgrund der verwendeten Wahrscheinlichkeitsverteilungen unterschiedliche Ergebnisse generiert werden, werden Simulationsläufe sowohl regulär als auch durch vorzeitigen Abbruch beendet. Das Verhältnis von regulären Beendigungen zu vorzeitigen Abbrüchen wird berechnet und dem Benutzer wie in Abbildung 151a grafisch präsentiert. Darüber hinaus zeigt Abbildung 151b diejenigen Störungstickets einer bestimmten Kategorie an, bei deren Bearbeitung ein Abbruch der Simulation aufgetreten ist. In dem Beispiel werden über 70 Prozent der Simulationsläufe bereits am 1st Level-Support abgebrochen, wobei unter anderem dreizehnmal bei der Bearbeitung eines Störungstickets der Kategorie Software A ein Abbruch erfolgte.

---

[168] In der derzeitigen Version *CASSIS 1.0* muss der Erfahrungslevel, der jedem neu hinzugefügten Mitarbeiter zugewiesen wird, vorab einmal festgelegt werden. Entsprechend wird nur der festgelegte Erfahrungslevel bei der automatischen Allokation neuer personeller Aufgabenträger in der Analyse- oder Verbesserungs-komponente berücksichtigt. In einer nächsten Version ist die Berücksichtigung aller Erfahrungslevels geplant.

[169] Die Anzahl der Simulationsläufe wurde aus Gründen der Performanz gewählt und kann über Einstellungen am Simulationswerkzeug bei Bedarf variiert werden. Beispielsweise waren im Rahmen der Evaluation in Abschnitt 6.2.4 bei einem Toleranzwert von 0,015 insgesamt 3.500 Simulationsläufe notwendig, um den Toleranzwert zu unterschreiten.

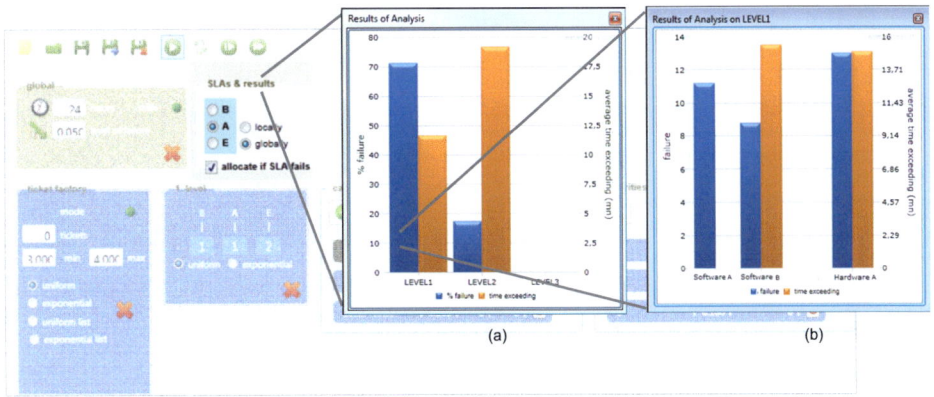

Abbildung 151: Analyseergebnisse für (a) vorzeitige Abbrüche und (b) Störungstickets

Für weitere Analysezwecke zeigt Abbildung 152 die am 1st Level-Support insgesamt erzeugten Störungstickets der jeweiligen Kategorien. Beispielsweise hatten 62,5 Prozent aller im Rahmen der Simulation erzeugten Störungstickets die Kategorie *Hardware A*. Der Benutzer hat die Möglichkeit, über einen Parameter in den allgemeinen Einstellungen einen Toleranzwert für eine maximale Anzahl „akzeptierter" vorzeitiger Abbrüche anzugeben. Auf diese Weise kann a priori festgelegt werden, mit welcher Anzahl Abbrüche eine Konfiguration durch den Benutzer angenommen und entsprechend das Simulationsexperiment regulär beendet wird. Sofern nach fünfhundert Simulationsläufen der festgelegte Toleranzwert überschritten worden ist, wird an der Stelle, an der die meisten Abbrüche „verursacht" worden sind (z.B. im 2nd Level-Support bei der Bearbeitung von Störungstickets der Kategorie „Software A") automatisch ein personeller Aufgabenträger hinzugefügt.

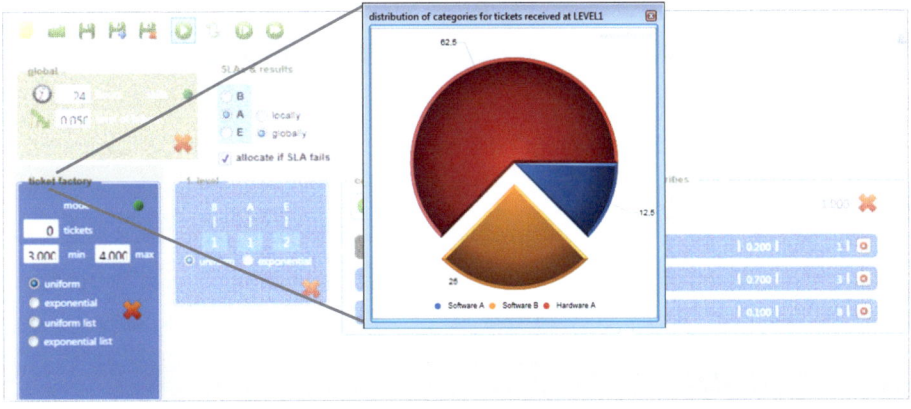

Abbildung 152: Aufteilung insgesamt erzeugter Störungstickets anhand von Kategorien

Nach Hinzufügen des zusätzlichen Mitarbeiters (inklusive eines vordefinierten Erfahrungs-levels) werden erneut fünfhundert Simulationsläufe durchgeführt. Diese Vorgehensweise wird solange wiederholt, bis ein a priori festgelegter Toleranzwert unterschritten und eine Konfi-guration mit ausreichend personellen Aufgabenträgern ermittelt worden ist. Neben der grafischen Darstellung der Simulationsergebnisse wird außerdem die durchschnittlich überschrittene Lösungszeit aller Störungstickets der vorzeitig abgebrochenen Simulations-läufe angezeigt. Anhand dieser Kennzahl wird sichtbar, um wie viele Minuten ein Service-Level „vereinbarter Lösungszeiten" im Durchschnitt überschritten worden ist.

6.1.3 Evaluation

Das Evaluationsszenario basierte auf dem Forschungstransferprojekt zwischen dem FZI und einer öffentlichen Verwaltung (vgl. Abschnitt 5.2). Im Rahmen der Projektkooperation wurde untersucht, wie mittels des Simulationswerkzeugs *CASSIS 1.0* „gute" Konfigurationen für einen IT-Service Desk identifiziert werden können. Das Ziel war, Kennzahlen wie die „Lösungszeit einer Störung" im Zusammenhang mit IT-Dienstleistungsvereinbarungen bereits a priori abzuschätzen. Beispielsweise wurde a priori abgeschätzt, welche maximalen Lösungs-zeiten für die Bearbeitung von Störungstickets als Service-Levels in einer IT-Dienstleistungs-vereinbarung festgelegt werden sollten. Entsprechend war es für den Dienstanbieter möglich, abzuschätzen, ob mit einer gegebenen Anzahl personeller Aufgabenträger eine bestimmte Anzahl eintreffender Störungstickets bearbeitet werden konnte, ohne definierte Service-Levels „zu verletzen". In dem Evaluationsszenario wurde ein IT-Service Desk mit drei Bearbeitungsebenen und der damit verbundene Störungsmanagementprozess implementiert. Die Simulationsdaten wurden im Vergleich zu den realen Projektdaten aus Datenschutz-gründen verändert, ohne die zentralen Ergebnisse zu verfälschen. Nach Erfassung der für die Ausgangskonfiguration notwendigen Daten wurden Simulationsexperimente sowohl unter Anwendung der Analysekomponente als auch der Verbesserungskomponente durchgeführt. Tabelle 17 zeigt einen Teil der Ausgangskonfiguration mit den maximalen Lösungszeiten und Eskalationswerten je Kategorie. Ein Eskalationswert von 1,00 bedeutete, dass ein Störungs-ticket im Rahmen der Simulation nicht mehr an die nächsthöhere Bearbeitungsebene weiter-geleitet und in der bestehenden Bearbeitungsebene gelöst werden musste. Beispielsweise betrug die maximale Lösungszeit für ein Störungsticket der Kategorie *Software A* mit *Priorität 3* acht Stunden. Achtzig Prozent dieser Störungstickets wurden durch den 1st Level-Support gelöst, fünfzehn Prozent durch den 2nd Level-Support und fünf Prozent in der letzten Bearbeitungsebene.

| Kategorie | ID | Priorität | Eskalationswerte | | |
		max. Lösungszeit	1st Level	2nd Level	3rd Level
Software A	1	1 Stunde	0,20	0,70	1,00
	2	3 Stunden	0,60	0,35	1,00
	3	8 Stunden	0,80	0,15	1,00
Hardware A	1	1 Stunde	0,20	0,50	1,00
	2	3 Stunden	0,20	0,70	1,00
	3	8 Stunden	0,50	0,45	1,00
Software B	1	1 Stunde	0,10	0,85	1,00
	2	3 Stunden	0,40	0,55	1,00
	3	8 Stunden	0,65	0,30	1,00

Tabelle 17: Konfiguration der max. Lösungszeiten und Eskalationswerte je Kategorie

Darüber hinaus wurden die Parameter *Anzahl Mitarbeiter am First-Level-Support* mit den entsprechenden *Erfahrungslevels* sowie die *Wahrscheinlichkeitsverteilung*, die die jeweilige Bearbeitungszeit (in Abhängigkeit der maximalen Lösungszeit) für ein Störungsticket generierte, festgelegt. Für die Ausgangskonfigurationen wurden ein Anfänger, zwei Fortgeschrittene und ein Experte modelliert, die Störungstickets jeder Kategorie bearbeiten konnten. In Tabelle 18 sind die weiteren Daten, *Anzahl Störungstickets* und *Anzahl Mitarbeiter je Kategorie*, für die Ausgangskonfiguration aufgeführt:

| Kategorie | Anteil erzeugter Störungstickets | 2nd Level | | | 3rd Level | | |
		B	A	E	B	A	E
Software A	0,40	0	2	1	0	0	3
Hardware A	0,30	0	2	0	0	0	2
Software B	0,30	0	2	0	0	0	2

Tabelle 18: Konfiguration Anteil Störungstickets und Anzahl Mitarbeiter

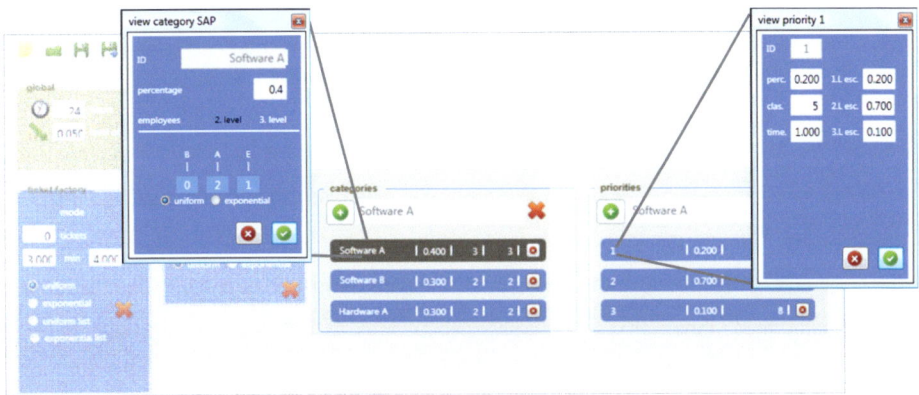

Abbildung 153: Konfigurationsbeispiel in CASSIS 1.0

Abbildung 153 zeigt beispielhaft die Eingabe von Parametern aus Tabelle 17 und Tabelle 18 im Softwarewerkezug zur Modellierung der Ausgangskonfiguration.

Der Dienstanbieter legte überdies fest, dass zum Beispiel drei Mitarbeiter (zwei Fortgeschrittene und ein Experte) im 2nd Level-Support für die Bearbeitung von Störungstickets der Kategorie *Software A* zuständig sein sollten. In Abhängigkeit der allgemeinen Parametereinstellung *Betriebsart* waren bei nicht-aktiviertem Bedienelement vierzig Prozent aller an den 2nd Level-Support weitergeleiteten Störungstickets aus der Kategorie *Software A*. Wäre das Bedienelement aktiviert gewesen, hätte bereits die Ticket-Fabrik für den 1st Level-Support Störungstickets einer bestimmten Kategorie erzeugt. Die Differenzierung ermöglichte eine adäquate Modellierung des Störungsmanagementprozesses, da in der betrieblichen Praxis Störungstickets meist erst am 1st Level-Support kategorisiert wurden, was eine bestimmte Zeitdauer in Anspruch nahm. In Analogie zur Festlegung von Kategorien wurden die Anteile der Störungstickets mit bestimmten Prioritäten definiert. Wie Tabelle 19 zeigt, wurden beispielsweise zwanzig Prozent aller Störungsticket einer Kategorie *Software A* mit einer *Priorität 1* gekennzeichnet. Zusätzlich wurde eine Zeitdauer zur Erfassung von Störungsmeldungen von fünf Minuten angenommen.

Kategorie	Priorität	Anteil erzeugter Störungstickets	Zeitdauer zur Erfassung einer Störungsmeldung
Software A	1	0,20	
	2	0,70	
	3	0,10	
Hardware A	1	0,20	
	2	0,65	5 min
	3	0,15	
Software B	1	0,20	
	2	0,45	
	3	0,35	

Tabelle 19: Konfiguration der Störungstickets mit Prioritäten je Kategorie

Nachdem die Ausgangskonfiguration vollständig definiert worden ist, wurde im ersten Schritt ein Simulationsexperiment unter Anwendung der Analysekomponente durchgeführt. Die Ergebnisse des Simulationsexperiments in Abbildung 154 zeigen, dass in der Ausgangskonfiguration zu wenig Mitarbeiter bereitgestellt wurden, um drei bis vier pro Stunde ankommende Störungsmeldungen innerhalb der vorgegebenen maximalen Lösungszeit bearbeiten zu können.

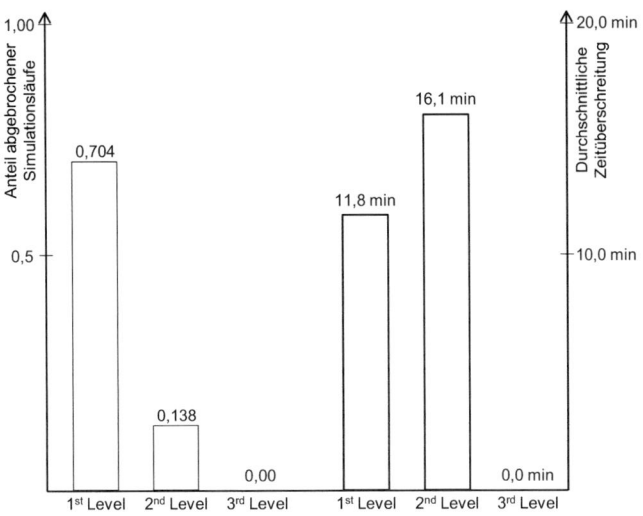

Abbildung 154: Simulationsergebnisse mit Analysekomponente

Über siebzig Prozent aller fünfhundert durchgeführten Simulationsläufe wurden vorzeitig bereits im 1st Level-Support abgebrochen und knapp vierzehn Prozent im 2nd Level-Support. Die Ergebnisse belegten, dass die geschätzte Anzahl pro Stunde eingehender Störungs-meldungen nicht mit der kalkulierten Anzahl Mitarbeiter in der vorgegebenen Lösungszeit bearbeitet werden konnte. Darüber hinaus zeigte die Analyse, dass bei einem vorzeitigen Abbruch eines Simulationslaufs im 1st Level-Support die maximale Lösungszeit um durch-schnittlich knapp zwölf Minuten überschritten wurde. Die Analysekomponente evaluierte, welche Ergebnisse eine bestimmte Ausgangskonfiguration erzeugte, allokierte allerdings keine zusätzlichen personellen Aufgabenträger. Mit Hilfe der Verbesserungskomponente wurde das Simulationswerkzeug dazu verwendet, solange automatisch personelle Aufgaben-träger mit einem bestimmten Erfahrungslevel an identifizierten Engpässen im Simulations-modell hinzuzufügen, bis nach fünfhundert Simulationsläufen ein Toleranzwert von 0,05 für vorzeitige Abbrüche unterschritten wurde.

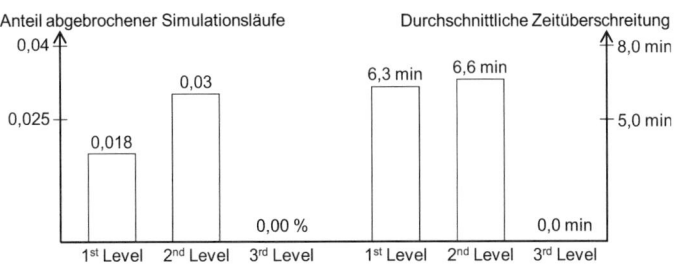

Abbildung 155: Sim-Ergebnisse mit Toleranzwert = 0,05

Nach 2.500 durchgeführten Simulationsläufen und insgesamt vier sukzessive hinzugefügten Mitarbeitern (einer nach jeweils fünfhundert Simulationsläufen) brachen nur noch 1,8 Prozent aller Simulationsabbrüche im 1st Level-Support und 3,0 Prozent im 2nd Level-Support vorzeitig ab. In einem weiteren Simulationsexperiment wurde untersucht, wie viele personelle Aufgabeträger notwendig waren, um einen Toleranzwert von 0,015 zu unterschreiten. Die Ergebnisse sind in Abbildung 156 dargestellt. Der vorgegebene Toleranzwert wurde nach 3.500 Simulationsläufen und insgesamt sechs zusätzlichen Mitarbeitern unterschritten. Durch die verschiedenen Toleranzwerte in Verbindung mit der jeweils benötigten Anzahl personeller Aufgabeträger konnte der Dienstanbieter entscheiden, ob eine bestimmte Anzahl potentieller „Verletzungen" von IT-Dienstleistungsvereinbarungen akzeptiert werden sollte oder nicht.

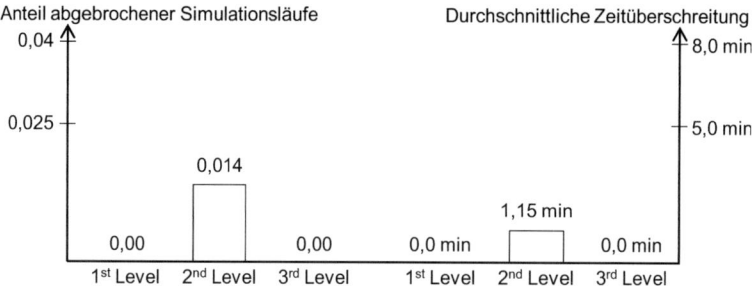

Abbildung 156: Sim-Ergebnisse mit Toleranzwert = 0,015

Außerdem war es dem Dienstanbieter möglich, bereits abgeschlossene IT-Dienstleistungsvereinbarungen auf „Erfüllbarkeit" zu überprüfen, indem die vereinbarten Lösungszeiten mit den derzeit verfügbaren Mitarbeitern simulativ „durchgespielt" wurden. Abbildung 157 fasst die Ergebnisse der Simulationsexperimente im Vergleich zur Ausgangskonfiguration zusammen.

Ausgangskonfiguration					Toleranzwert = 0,05					Toleranzwert = 0,015				
1st			2nd	3rd	1st			2nd	3rd	1st			2nd	3rd
B 1	Software A	B	0	0	**B** -	Software A	B	-	-	**B** -	Software A	B	-	-
A 1		A	2	0	**A + 3**		A	-	-	**A + 4**		A	-	-
E 2		E	1	3	**E** -		E	-	-	**E** -		E	-	-
	Hardware A	B	0	0		Hardware A	B	-	-		Hardware A	B	-	-
		A	2	0			**A + 1**	-				**A + 2**	-
		E	0	2			E	-	-			E	-	-
	Software B	B	0	0		Software B	B	-	-		Software B	B	-	-
		A	2	0			A	-	-			A	-	-
		E	0	2			E	-	-			E	-	-

Abbildung 157: Simulationsergebnisse der Ausgangskonfiguration

Beispielsweise wurden bei einem Toleranzwert von 0,05 drei Mitarbeiter am 1st Level-Support benötigt und ein Weiterer zur Bearbeitung von Störungstickets mit der Kategorie *Hardware A*. Jeder zusätzlich hinzugefügte Mitarbeiter hatte ein Erfahrungslevel *Fortgeschrittener*.

Neben der Festlegung von für den Dienstanbieter „machbaren" Lösungszeiten wurden die Ergebnisse der Simulationsexperimente auch zur Motivation von neu zu schaffenden Arbeitsplätzen verwendet. Der Projektpartner hatte die Notwendigkeit, weitere Mitarbeiter für den 1st Level-Support einzustellen, identifiziert und hatte zur Genehmigung von Personal-kostenbudgets die durchgeführten Simulationsexperimente als zusätzliches Argument erfolgreich angeführt. *CASSIS 1.0* ermöglichte unter anderem:

- die Identifikation der notwendigen Anzahl Mitarbeiter, um eine geschätzte Anzahl ankommender Störungsmeldungen erfolgreich bearbeiten zu können,
- die Identifikation der maximalen Anzahl Störungstickets, die mit einer gegebenen Anzahl personeller Aufgabenträger innerhalb vorgegebener Lösungszeiten maximal bearbeitet werden kann und
- das „Durchspielen" des Störungsmanagementprozesses unter Berücksichtigung verschiedener Erfahrungslevels (z.B. nur Anfänger oder nur Experten).

Simulationsexperimente basieren auf Simulationsmodellen, die lediglich einen Ausschnitt aus der realen Welt repräsentieren. Entsprechend kann auch *CASSIS* einen IT-Service Desk und die jeweiligen Bearbeitungsebenen „nur" nach einem auf der ITIL basierenden, standardi-sierten Störungsmanagementprozess modellieren und simulieren. IT-Dienstleistungsprozesse bei einem Dienstanbieter sollten bereits nach Methoden wie ITIL, CObIT, ISO/IEC 20000 etc. implementiert sein, um die Aussagekraft der Simulationsergebnisse zu erhöhen. Allerdings zeigten die Evaluationsergebnisse mit dem realen Dienstanbieter, dass die im Rahmen der Ausgangskonfiguration getroffenen Annahmen in einer anschließenden Überprüfung in weiten Teilen sehr ähnlich zu den Realdaten (z.B. Anzahl eingehender Tickets, Lösungszeiten, Anzahl Mitarbeiter, etc.) waren. Mit *CASSIS* wurden dem Dienstanbieter Informationen zur Erstellung von Service-Levels und zur Allokation von personellen Aufgabeträgern bereit gestellt, die ohne die durchgeführten Simulations-experimente nicht oder nur ungenau (z.B. Abschätzung von Service-Levels aufgrund Erfahrung) zur Verfügung gestanden hätten.

6.2 Transitionsinschriften-Modellierer (*TiMo*)

Bei der Modellierung von Transitionen in XML-Netzen können prädikatenlogische Ausdrücke als *Transitionsinschriften* verwendet werden, um Schaltbedingungen in Abhängigkeit der Eigenschaften von Prozessobjekten zu formulieren. Sind die im Rahmen der Transitionsinschrift formulierten Schaltbedingungen gegenüber dem betreffenden Prozessobjekt und unter Berücksichtigung des Vor- und Nachbereichs sowie der entsprechenden Filterschemata erfüllt, kann die Transition schalten. Beispielsweise kann die Eigenschaft eines Prozessobjektes ein Attributwert mit einem bestimmten „Ist-Wert" sein, der mit einem „Soll-Wert" verglichen werden soll. Insbesondere bei der Modellierung von IT-Dienstleistungsprozessen wird eine Möglichkeit zur Formulierung von (komplexen) Schaltbedingungen benötigt, wenn beispielsweise Eigenschaften von Prozessobjekten mit in IT-Dienstleistungsvereinbarungen hinterlegten Kennzahlen verglichen und ausgewertet werden sollen. Da in IT-Dienstleistungsvereinbarungen Kennzahlen für IT-Dienstleistungen wie Verfügbarkeit, Reaktionszeiten, Prioritäten etc. modelliert werden, ist die Modellierung von Schaltbedingungen zur Steuerung und Kontrolle von IT-Dienstleistungsprozessen im Rahmen automatisierter Simulationen besonders wichtig.

6.2.1 Beispielszenario

Auf Basis eines typischen Szenarios aus dem IT-Service Management werden die funktionalen Anforderungen an den Transitionsinschriften-Modellierer *TiMo* abgeleitet. Das Kanal-Instanzen-Netz (vgl. Abschnitt 4.2.1) in Abbildung 158 zeigt die verfeinerte Aktivität „Störung kategorisieren" als Teil eines Incident Management Prozesses. Im Rahmen des „Incident Managements" soll die Störung einer IT-Dienstleistung unter Berücksichtigung von, in einer IT-Dienstleistungsvereinbarung hinterlegten, Parametern wie zum Beispiel Wiederherstellungszeit, Verfügbarkeit etc. behoben werden. Durch die Kategorisierung einer Störung werden der Typ der Störung (z.B. SAP, Lotus Notes, etc.), die Dringlichkeit und mögliche Auswirkung[170] der Störung beurteilt. Aufgrund der Kategorisierung werden entsprechende Maßnahmen wie beispielsweise die Weiterleitung des Störungstickets an Fachspezialisten einer anderen Bearbeitungsebene (vgl. Abbildung 146 in Abschnitt 6.1.1) durchgeführt. Der Ticket-Pool in Stelle $s_1(IM)$ repräsentiert alle noch nicht kategorisierten Störungstickets und $s_2(IM)$ das aktuell zu kategorisierende Störungsticket in Form eines XML-Dokuments. Stelle

---

[170] Die *Dringlichkeit* beschreibt im Rahmen dieser Arbeit, wie lange ein Dienstanwender bereit ist, auf die Wiederherstellung einer ausgefallenen IT-Dienstleistung zu warten. Unter *Auswirkung* wird hier der potentielle, mittelbare und unmittelbare Einfluss einer ausgefallenen IT-Dienstleistung zum Beispiel auf einen Dienstanwender, einen Organisationsbereich oder das gesamte Unternehmen verstanden.

$s_6(IM)$ repräsentiert den zum Störungsticket in $s_2(IM)$ korrespondierenden Zeitpunkt des Beginns der Kategorisierung.

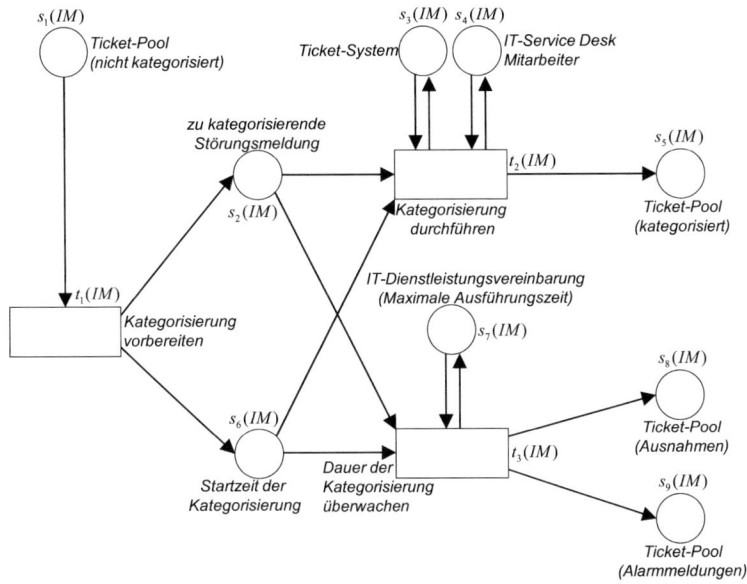

Abbildung 158: Aktivität "Störung kategorisieren" (Kanal-Instanzen-Netz)

Transition $t_2(IM)$ modelliert die Durchführung der Kategorisierung des Störungstickets durch einen Mitarbeiter unter Nutzung eines Ticket-Systems. Die Menge der kategorisierten Störungstickets wird durch Stelle $s_5(IM)$ dargestellt. Transition $t_3(IM)$ repräsentiert die Dauer der Überwachung einer Kategorisierung und Stelle $s_7(IM)$ die maximal zulässige Zeit zur Kategorisierung eines Störungstickets. Die Informationen aus Stelle $s_7(IM)$ werden von der durch $t_3(IM)$ repräsentierten Schaltbedingung verwendet. Stelle $s_8(IM)$ modelliert das nicht kategorisierte Störungsticket aus $s_2(IM)$ in Form eines XML-Dokuments und $s_9(IM)$ eine Alarmmeldung.

Die maximale zulässige Zeit zur Kategorisierung eines Störungstickets wird überwacht, um frühzeitig einer möglichen Verletzung der in IT-Dienstleistungsvereinbarungen hinterlegten Zielwerte der Kennzahlen entgegenzuwirken. Sobald die maximale Zeit zur Kategorisierung überschritten ist, wird eine Alarmmeldung erzeugt und beispielsweise automatisch per Email an einen verantwortlichen Mitarbeiter versendet. Die Überprüfung einer möglichen Über-schreitung der Zeit zur Kategorisierung des XML-basierten Prozessobjektes „Störungsticket" wird als Schaltbedingung in Form einer Transitionsinschrift in $t_3(IM)$ formuliert. Abbildung 159 zeigt das XML-Netz zum Kanal-Instanzen-Netz aus Abbildung 158.

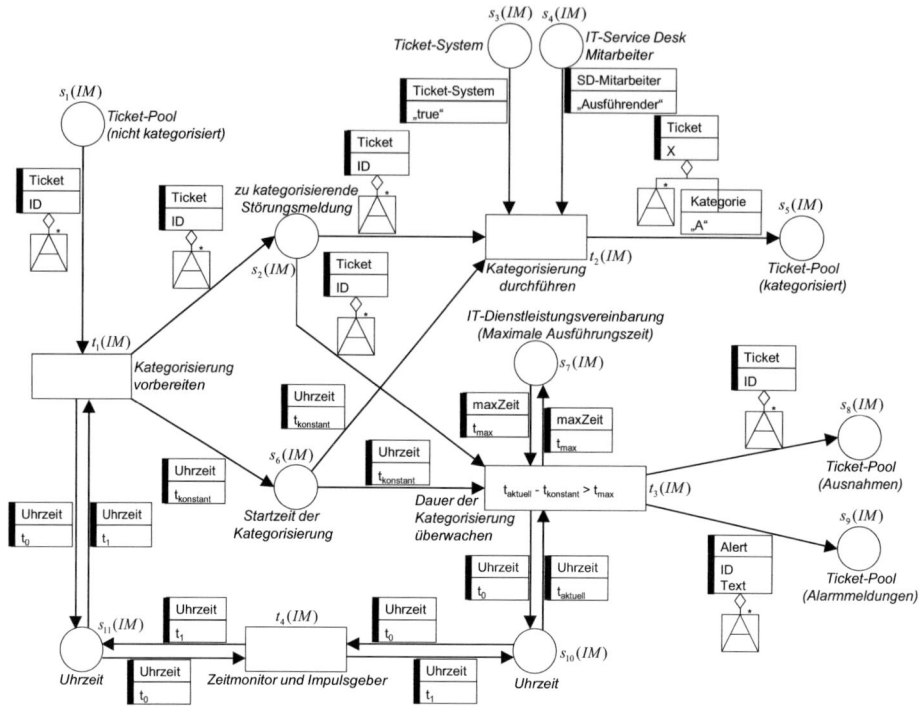

Abbildung 159: Zeitüberwachte Kategorisierung eines Störungstickets (XML-Netz)

Alle Stellen und Kanten werden durch entsprechende Stellenschemata und Filterschemata beschriftet. Die Stellenschemata, die die Prozessobjekte mit ihren jeweiligen Eigenschaften unterscheidbar machen, werden zur besseren Lesbarkeit separat zum XML-Netz in Abbildung 160 dargestellt.

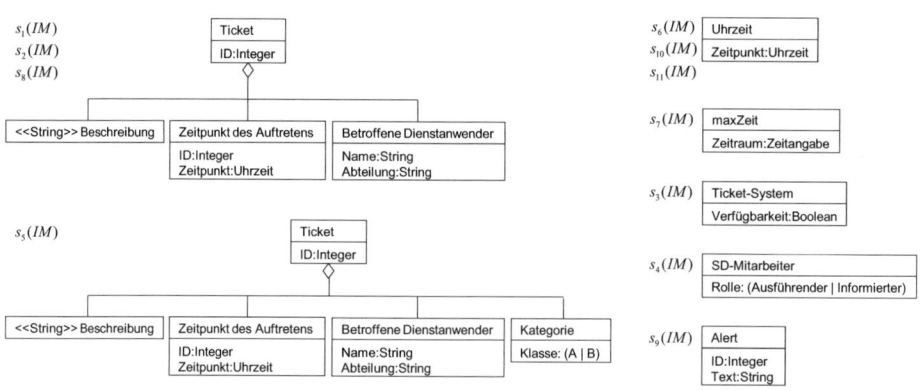

Abbildung 160: Stellenschemata zum XML-Netz aus Abbildung 159

Die Stellenschemata $s_2(IM)$ und $s_5(IM)$ unterscheiden sich, da aufgrund der Filterschemata an den Kanten $s_2(IM) \rightarrow t_2(IM) \rightarrow s_5(IM)$ nach einer durchgeführten Kategorisierung ein Attribut Kategorie mit dem Wert A oder B in das erzeugte XML-Dokument eingefügt worden ist. Die aktuelle Uhrzeit (siehe dazu [Obe90]) wird über einen Zeitmonitor und Impulsgeber in Transition $t_4(IM)$ erzeugt und durch Schalten in die XML-Dokumente der Stellen $s_{10}(IM)$ und $s_{11}(IM)$ eingefügt. Zur Modellierung der Transitionsinschrift in $t_3(IM)$ werden die aus dem Vor- und Nachbereich der Transition jeweils zur Verfügung stehenden Variablen verwendet:

- $\$t_{konstant}$:   Startzeitpunkt der Kategorisierung aus Stelle $s_2(IM)$.
- $\$t_{aktuell}$:   Aktuelle Uhrzeit aus Stelle $s_2(IM)$.
- $\$t_{max}$:   Maximale Zeit zur Kategorisierung aus Stelle $s_7(IM)$.

Mittels der Variablen kann beispielsweise die Schaltbedingung „*maximale Zeit zur Kategorisierung eines Störungstickets wurde überschritten*" in Form des prädikatenlogischen Ausdrucks $\$t_{aktuell} - \$t_{konstant} > \$t_{max}$ modelliert werden (vgl. Definition 4.6). Da für die Transitionen $t_1(IM)$, $t_2(IM)$ und $t_4(IM)$ keine Schaltbedingungen modelliert sind, werden diese immer als „wahr" ausgewertet. Die Schaltbedingung in $t_3(IM)$ ist erfüllt, wenn die maximale Zeit zur Kategorisierung eines Störungstickets überschritten ist. Sobald Transition $t_3(IM)$ schaltet, werden die XML-Dokumente in den Stellen $s_2(IM)$ und $s_6(IM)$ gelöscht und ein XML-Dokument im *Tickt-Pool für Ausnahmen* in $s_8(IM)$ eingefügt. Darüber hinaus wird in $s_9(IM)$ ein XML-Dokument als Alarmmeldung eingefügt, das neben einem *Beschreibungstext der Fehlermeldung* auch die *ID* des relevanten Störungstickets als Attribut enthält.

6.2.2 Anwendungsfälle, Anforderungen und Funktionen

Im Rahmen des am FZI durchgeführten Forschungstransferprojektes aus Abschnitt 5.2 wurde unter anderem untersucht, wie eine automatisierte Simulation der Verfügbarkeit von IT-Dienstleistungen unter Berücksichtigung von in IT-Dienstleistungsvereinbarungen festgelegten Kennzahlen umgesetzt werden könnte. Da Prozessobjekte in XML-Netzen zum Beispiel in Form von Störungstickets oder IT-Dienstleistungsvereinbarungen als XML-Dokumente repräsentiert werden, war eine Grundvoraussetzung zur automatisierten Simulation die syntaktisch und semantisch korrekte Modellierung und Auswertung von prädikatenlogischen Ausdrücken in Transitionen. Insbesondere bei der Modellierung von IT-Service-Management-bezogenen Sachverhalten ist es notwendig, die Beziehung zwischen der vertraglich geregelten Erbringung einer IT-Dienstleistung und der tatsächlich erbrachten Leistung präzise modellieren und entsprechend Simulationsexperimente durchführen zu können. Wie Abbildung 159 und Abbildung 160 zeigen, werden mit XML-Netzen modellierte IT-Dienstleistungsprozesse in Verbindung mit Transitionsinschriften aufgrund der Menge der modellierten Stellen- und Filterschemata schnell unübersichtlich. Im Rahmen des Forschungstransferprojektes wurden

Anwendungsfälle und – daraus abgeleitet – Anforderungen identifiziert, um den Benutzer (Modellierer) bei der Modellierung von Transitionsinschriften zu unterstützen. Die bisher allgemein als „Bearbeitung von Transitionsinschriften" bezeichnete Verwendung des Editor Plug-Ins für Transitionsinschriften wurde in vier Anwendungsfälle unterteilt, um auf deren Basis die funktionalen und nicht-funktionalen Anforderungen zu identifizieren. Abbildung 161 zeigt die mittels der UML modellierten Anwendungsfälle (Use Cases) *AF1* bis *AF4*.

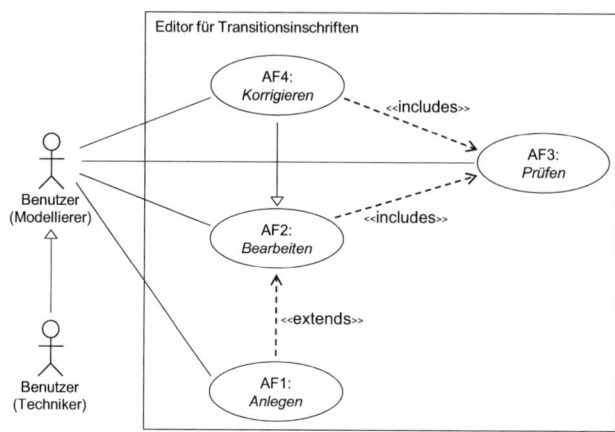

Abbildung 161: Anwendungsfälle AF1 bis AF4

AF1: Anlegen einer Transitionsinschrift

Das „Anlegen einer Transitionsinschrift" entspricht der Erstellung einer neuen Schaltbedingung. Bis zum Zeitpunkt der Erstellung ist die Transitionsinschrift leer und die Transitionsinschrift „wahr". Der Anwendungsfall „Anlegen einer Transitionsinschrift" ist eine Erweiterung des Anwendungsfalls „Bearbeiten einer Transitionsinschrift". Transitionsinschriften können als mathematisch formale und präzise Modellierung eines realen, bedingten Sachverhalts wie zum Beispiel *„Sende Benachrichtigung an Mitarbeiter X, wenn die maximale Zeit zur Kategorisierung eines Störungstickets überschritten wurde"* interpretiert werden. Als Hilfestellung zum Anlegen einer neuen Transitionsinschrift können Inhaltsassistenz-Templates (F-02) verwendet werden, um beispielsweise wiederkehrende Schaltbedingungen schneller modellieren zu können oder die Modellierung von komplexen Schaltbedingungen zu vereinfachen.

AF2: Bearbeiten einer Transitionsinschrift

Bei der Bearbeitung einer Transitionsinschrift wird eine bestehende Schaltbedingung editiert. Eine Änderung kann im Hinzufügen eines Teilausdrucks bestehen, wenn die Ausführung der Transition nachträglich um eine zusätzliche Bedingung ergänzt werden soll. Änderungen können aber auch an bestehenden Teilausdrücken vorgenommen werden. Bei der Bearbeitung einer Transitionsinschrift muss die syntaktische und semantische Korrektheit sichergestellt bleiben, weswegen der Anwendungsfall AF3 „Prüfen einer Transitionsinschrift" in AF2 integriert ist. Während der Bearbeitung einer Transitionsinschrift kann die Inhaltsassistenz (F-01) den Benutzer durch inhaltliche Vervollständigungsvorschläge zum derzeitigen Bearbeitungskontext unterstützen.

AF3: Prüfen einer Transitionsinschrift

Die Prüfung einer Transitionsinschrift umfasst die Sicherstellung der syntaktischen und semantischen Korrektheit sowie die Identifikation und Hervorhebung von Fehlern. Eine Transitionsinschrift kann auf lexikalische, syntaktische und auch bestimmte semantische Fehler automatisiert analysiert werden (*F-06*). Die automatisierte Prüfung unterstützt die Fehleridentifikation, kann aber nicht das „aufmerksame Prüfen durch den Modellierer" vollständig ersetzen. Um dem Modellierer einer Transitionsinschrift eine möglichst effektive und effiziente Prüfung zu ermöglichen, können verschiedene Methoden verwendet werden:

- Verbesserung der Lesbarkeit (*F-04*),
- Kontextualisierung der verwendeten Symbole (*F-03*) und
- Visualisierung der Struktur einer Transitionsinschrift (*F-08*).

AF4: Korrigieren einer Transitionsinschrift

Die Korrektur einer Transitionsinschrift umfasst die Behebung von Fehlern in der Schaltbedingung. Entsprechend ist der Anwendungsfall AF3 „Prüfen einer Transitionsinschrift" auch Teil von AF4. Die durch die Analyse (*F-06*) erkannten Fehler können lokalisiert und hervorgehoben werden (*F-07*), um den Benutzer gezielt bei der Fehlerbehebung zu unterstützen. In der betrieblichen Praxis ist eine strikte Trennung der Anwendungsfälle AF3 und AF4 nicht möglich, da eine Prüfung im Fehlerfall immer eine Korrektur bedingt. Korrekturen werden außerdem notwendig, wenn Änderungen an den Filterschemata im Vor- und Nachbereich einer Transition vorgenommen wurden.

Auf Grundlage des erläuterten Beispielszenarios aus Abschnitt 6.2.1 sowie den Ergebnissen aus verschiedenen Benutzerworkshops im Rahmen des Forschungstransferprojektes mit der öffentlichen Verwaltung wurden die in Tabelle 20 gezeigten nicht-funktionalen (NF) und funktionalen (F) Anforderungen an das Editor Plug-in für Transitionsinschriften abgeleitet. Als nicht-funktionale Anforderung sollte das Plug-in als grafische Benutzerschnittstelle einen Editor für Transitionsinschriften zur Eingabe „logischer Ausdrücke mit Operatoren" [BKK06] bereitstellen (*NF-01*). Darüber hinaus sollte die Architektur des Editors für Transitionsinschriften inklusive weiterer, grafischer Schnittstellen so entworfen werden, dass sie flexibel an verschiedenen Stellen der Benutzungsoberfläche einer RCP-basierten Anwendung eingesetzt werden konnten. Außerdem sollte der Editor für Transitionsinschriften so genannte *Unterstützungsfunktionen* bereitstellen, um den Benutzer bei der Eingabe von logischen Ausdrücken zu unterstützen (NF-02).

ID	Anforderung
NF-01	Flexible GUI
NF-02	Wiederverwendbarkeit von Unterstützungsfunktionen
F-01	Inhaltsassistenz
F-02	Inhaltsassistenz-Templates
F-03	Kontextualisierung
F-04	Syntaxhervorhebung
F-05	Anmerkungsfunktion
F-06	Analyse von Transitionsinschriften
F-07	Anzeige der Analyseergebnisse
F-08	Visualisierung der Transitionsinschriften-Struktur

Tabelle 20: Nicht-Funktionale und Funktionale Anforderungen an TiMo

Die Unterstützungsfunktionen sollten unabhängig von der Implementierung der jeweiligen Anwendung wiederverwendet werden können. Zu den Unterstützungsfunktionen zählten insbesondere das „Anbieten von Variablen" (*F-01*), um die Formulierung des prädikatenlogischen Ausdrucks zu unterstützen, sowie die „Analyse eines eingegebenen logischen Ausdrucks" (*F-06*).

Ein *Inhaltsassistent* sollte als funktionale Anforderung (*F-01*) den Benutzer bei der Eingabe einer Transitionsinschrift unterstützen, indem passend zum derzeitigen Bearbeitungskontext mögliche, inhaltliche „Vervollständigungen" (z.B. die Variablen aus den Filterschemata aus der Umgebung einer Transition) angeboten werden. So genannte *Templates*, d.h. Code-Schablonen und -Muster sollten bereitgestellt werden, um die Generierung häufig verwendeter Transitionsinschriften zu unterstützen (*F-02*). Weiter war eine funktionale Anforderung, dass der Editor für Transitionsinschriften die Abhängigkeiten zwischen einer Transitionsinschrift und ihrem Vor- und Nachbereich erfassen, aufbereiten und dem Benutzer adäquat bereitstellen sollte (*F-03*). Zur Bereitstellung war das Auslesen von relevanten Daten aus den Stellen und Filterschemata im Vor- und Nachbereich einer Transition beim Starten des Transitionsinschriften-Editors notwendig. Mit Hilfe einer *Syntaxhervorhebung* (*F-04*) sollte die Lesbarkeit einer Transitionsinschrift durch gezielte Hervorhebung wichtiger Schlüsselwörter (z.B. Operatoren) verbessert werden, um die Unterscheidbarkeit prädikatenlogischer Teilausdrücke zu erhöhen. Die Hervorhebung sollte mittels Farben und Schriftarten erfolgen. Neben

Fehlermeldungen konnten auch Warnungen oder andere Informationen zu einer Transitions-inschrift oder Teilen einer Transitionsinschrift für den Benutzer relevant sein, weswegen eine weitere funktionale Anforderung die Bereitstelllung einer Annotations- oder *Anmerkungs-funktion* (*F-05*) war. Anmerkungen sollten von einer zentralen Komponente des Plug-ins verwaltet und für die Bearbeitung einer Transitionsinschrift initialisiert werden. Die Erzeu-gung von Anmerkungen über entsprechende Schnittstellen sollte während der Bearbeitung einer Transitionsinschrift möglich sein. Eine wichtige funktionale Anforderung war die Bereitstellung einer *Analysekomponente* (*F-06*) zur Untersuchung von Transitionsinschriften auf lexikografische, syntaktische und semantische Fehler. Durch die semantische Analyse sollte unter anderem geprüft werden, ob alle Variablen einer Transitionsinschrift deklariert und „werteverträglich" verwendet wurden. Die Analysefunktionalität sollte parallel zur Bearbeitung durch den Nutzer ablaufen und bei Änderungen an einer Transitionsinschrift automatisch aktualisiert werden[171]. Beim Öffnen des Transitionsinschriften-Editors sollte die Analysefunktion mit den relevanten Informationen initialisiert werden, um dem Benutzer das Ergebnis der Analyse einer bestehenden Transitionsinschrift unmittelbar zur Verfügung stellen zu können. Die Analyseergebnisse sollten innerhalb der Transitionsinschrift dem Benutzer mittels Annotationen angezeigt und entsprechend hervorgehoben werden können (*F-07*). Die letzte funktionale Anforderung sollte die Lesbarkeit der Struktur von zum Beispiel über mehrere Ebenen verschachtelten Transitionsinschriften durch adäquate Visualisierung verbessern (*F-08*). Die Visualisierung sollte dem Benutzer eine Zuordnung der zu einem prädikatenlogischen Operator zugehörigen „linken und rechten Seite" erleichtern.

6.2.3 Implementierung

Zur softwaregestützten Modellierung von Transitionsinschriften in IT-Dienstleistungs-prozessmodellen wurde ein Editor mit Benutzeroberfläche und entsprechender Funktionalität zur Erstellung und Bearbeitung von Transitionsinschriften entwickelt. Die Modellierung von Transitionsinschriften mittels des Editors bildet die Grundlage für eine spätere Simulation von IT-Dienstleistungsprozessen unter Berücksichtigung von in IT-Dienstleistungsvereinbarungen festgelegten Kennzahlen. Der Editor wurde als Java Plug-in für die Entwicklungsplattform Eclipse entwickelt, um anschließend als Komponente in die auf der Eclipse Rich Client Platform (RCP)[172] [Dau08] basierende Anwendung INCOME2010 [KLO08][173] integriert zu

---

[171] Um ein „flüssiges" Arbeiten sicherzustellen, soll die Analysefunktion in einem eigenen Thread (Ausführungs-reihenfolge in der Abarbeitung eines Programms) ausgeführt werden, damit der Thread der Benutzungsober-fläche zu keinem Zeitpunkt „blockiert" ist.

[172] Mittels RCP können basierend auf der Entwicklungsplattform Eclipse von der Eclipse-IDE unabhängige Anwendungen entwickelt werden.

werden[174]. Entsprechend dem modularen Aufbau der Entwicklungsplattform Eclipse [GaB04] wurden die einzelnen Komponenten von INCOME2010, wie in Abbildung 162 gezeigt, als Plug-ins realisiert.

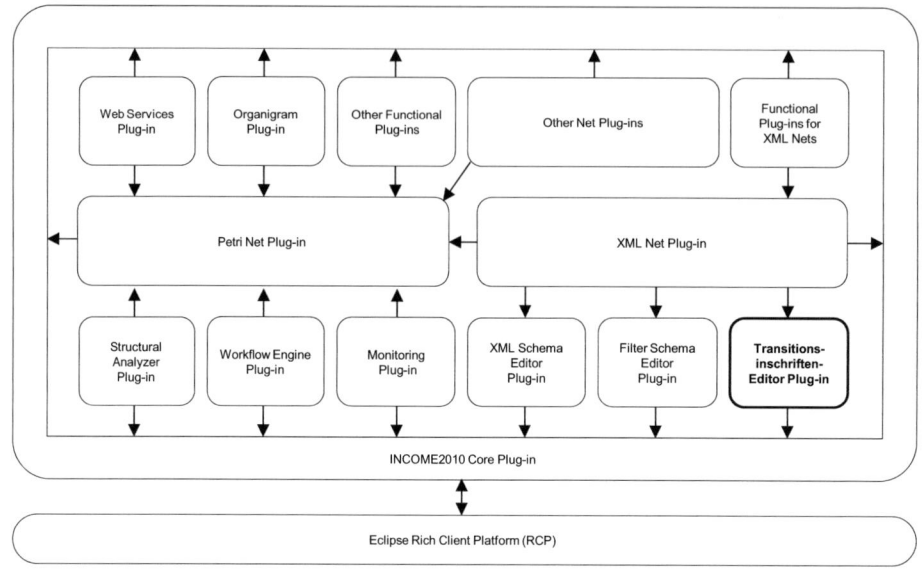

Abbildung 162: Architektur von INCOME2010 [KLO08]

Neben den zentralen Komponenten, die u. a. die Datenmodelle für Petri-Netze (*Petri Net Plug-in*) und XML-Netze (*XML Net Plug-in*) festlegen und die Schnittstellen zur grafischen Bearbeitung der Netz-Graphen auf Basis des Graphical Editing Frameworks (GEF)[175] bereitstellen, sind verschiedene Editor Plug-ins vorgesehen, die Funktionalitäten und Benutzungsoberflächen spezieller Features der XML-Netze wie zum Beispiel das entwickelte *Editor Plug-in für Transitionsinschriften*[176] unterstützen. Das Editor Plug-in für Transitionsinschriften ist an die Komponente XML Net Plug-in gekoppelt, die neben der Festlegung des Datenmodells auch die Modellierung eines XML-Netzes kontrolliert. Neben Sprachen zur Logikprogrammierung wie *PROLOG* [BüS86], können auch Programmiersprachen wie *C* und

---

[173] Mit dem Forschungsprojekt INCOME2010 entsteht am Institut für Angewandte Informatik und Formale Beschreibungsverfahren (AIFB) der Universität Karlsruhe (TH) ein Framework zur Modellierung und Analyse von XML-Netzen. Das Editor Plug-in für Transitionsinschriften soll in dieses Framework integriert werden. Das Framework INCOME2010 ermöglicht die Modellierung und Analyse von Geschäftsprozessen mit XML-Netzen.

[174] Die Implementierung umfasst ca. 700 Zeilen Programmcode sowie 3 Klassen, 2 Schnittstellen und 30 Methoden.

[175] http://www.eclipse.org/gef/

[176] Zum Zeitpunkt der Entwicklung des Editor Plug-ins für Transitionsinschriften wurde in Version 0.2.4 von INCOME2010 im Eigenschaftsdialog zum Bearbeiten einer Transitionsinschrift bereits ein „Platzhalter" ohne weitere Funktionalität berücksichtigt, wodurch die Integration der Benutzerschnittstellen unterstützt worden ist.

Java oder Skriptsprachen wie *JavaScript* Konzepte der Prädikatenlogik zur Formulierung von bedingten Anweisungen abbilden. Darüber hinaus können auch XML-spezifische Sprachen wie *XQuery* [W3C07c] und *XSLT* [W3C99b] logische Ausdrücke als Bedingungen für bestimmte Operationen auswerten. Zur Zeit existiert kein Standard zur Beschreibung von Transitionsinschriften. Beispielsweise setzt das Modellierungswerkzeug *Renew* [KWD04] eine Java-ähnliche, eigene Sprache zur Spezifikation von Transitionsinschriften ein. Das Modellierungswerkzeug *CPNTools* [JKW07] verwendet dagegen einen eigenen Dialekt der funktionalen Programmiersprache *Standard ML* [MTH97]. In, mit der Sprache *YAWL* [AaH05] modellierten, Netzen werden so genannte *Flow Predicates* verwendet, um zum Beispiel in verzweigenden Transitionen Bedingungen für die Wahl der jeweiligen Ausgangskante zu definieren. Flow Predicates entsprechen Transitionsinschriften in XML-Netzen insofern, als dass sie beispielsweise mit dem *YAWL Editor* logische Ausdrücke formulieren, in denen Variablen eines mit YAWL modellierten Netzes, die über XPath-Ausdrücke [W3C07b] referenziert werden, in Funktionen und Relationen eingesetzt werden können. Alle genannten Modellierungswerkzeuge stellen eine Benutzeroberfläche zur Definition von Schaltbedingungen auf hohem Abstraktionsniveau bereit, wodurch der Benutzer keine ausreichende Unterstützung insbesondere bei der Bearbeitung von komplexen Schaltbedingungen erhält. Die Verwendung einer Eclipse-basierten Umgebung zur Entwicklung des Editor-Plug ins für Transitionsinschriften bietet aufgrund der Fülle verfügbarer Editor-Komponenten und –Schnittstellen deutliche Vorteile im Bereich Benutzerfreundlichkeit im Vergleich zu dedizierten Eigenentwicklungen.

Für die Analyse und die Verarbeitung formaler Sprachen wurden im Rahmen des *Übersetzerbaus* [App97; GoW84; Ter04] eine Vielzahl Methoden entwickelt. Abbildung 163 zeigt die grundlegende Funktionsweise eines Übersetzers (*Compiler*), wie sie in Implementierungen häufig verwendet wird.

- *Lexikalische Analyse:*

  In der ersten Analysephase wird eine Symbolerkennung durchgeführt. Es werden die Zeichen der Eingabe als so genannte Token gruppiert und für die Bedeutung der Eingabe nicht weiter relevante Zeichen, wie z. B. Leerraum oder Kommentartexte, werden verworfen. Man bezeichnet die zugehörige Komponente als *Scanner* oder *Lexer*.

- *Syntaktische Analyse:*

  In der zweiten Analysephase wird durch einen *Parser* die Ausgabe des Scanners auf ihre Struktur hin untersucht und in ein Zwischenformat übertragen, das für die weitere Verarbeitung geeignet ist.

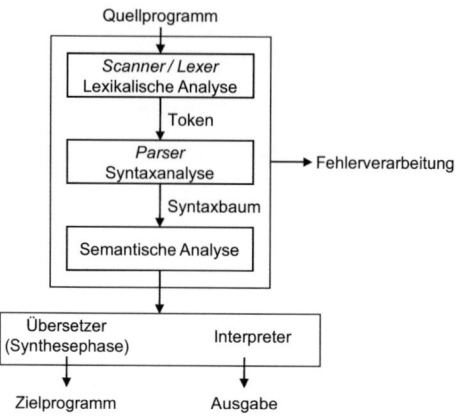

Abbildung 163: Beispiel für den Aufbau eines Übersetzers

- *Semantische Analyse:*

  Die semantische Analyse wandelt das Zwischenformat aus der vorigen Phase strukturell nicht weiter um, sondern fügt den einzelnen Strukturelementen weitere Informationen hinzu, beispielsweise ob eine Transitionsinschrift erfüllbar ist und die verwendeten Variablen und Konstanten Werte verträglich sind.

Die genannten Komponenten werden zusammenfassend auch als *Frontend* bezeichnet und führen die nachfolgend näher beschriebene Analyse einer Sprache durch.

- *Synthese:*

  Zu einem Übersetzer gehört neben den Komponenten des Frontends das so genannte *Backend*, das verschiedene Aufgaben der Synthese ausführt. Das Ergebnis der Analyse wird in mehreren Schritten in eine Zielsprache übersetzt.

Mittels formaler Sprachen können abstrakte Konstrukte und Zusammenhänge so spezifiziert werden, dass sie sowohl durch den Menschen gelesen und nachvollzogen, als auch durch Maschinen zur Ausführung von Prozessen übersetzt und interpretiert werden können. Zur „Zerlegung" formaler Sprachen existieren Kalküle, wie die Hierarchie der Chomsky-Grammatiken [SSH95]. Aus dieser Hierarchie sind insbesondere die regulären sowie die kontextfreien Grammatiken von Interesse, da für diese Grammatiken effiziente Algorithmen zur Lösung eines „Wortproblems" existieren. Zur kompakten Darstellung von kontextfreien Grammatiken werden häufig so genannte Backus-Naur-Formen (BNF) [Knu64] verwendet. Die Modellierung in BNF definiert eine Grammatik als Menge von Produktionen. Die rechte Seite r einer Produktion $\langle l \rangle ::= r$ definiert, welche Kombinationen r terminaler und nicht-terminaler Symbole aus dem nicht-terminalen Symbol l abgeleitet werden können. Mit einem senkrechten Strich | werden alternative Auswahlmöglichkeiten modelliert. Abbildung 164a zeigt ein Beispiel für die Produktion von Zahlen. Eine BNF kann als Eingabespezifikation für Scanner- und Parserkomponenten verwendet werden.

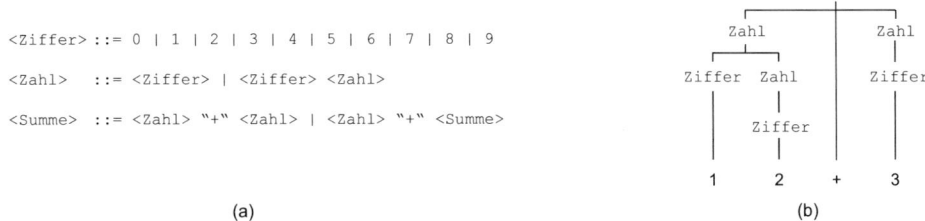

```
<Ziffer> ::= 0 | 1 | 2 | 3 | 4 | 5 | 6 | 7 | 8 | 9

<Zahl>   ::= <Ziffer> | <Ziffer> <Zahl>

<Summe>  ::= <Zahl> "+" <Zahl> | <Zahl> "+" <Summe>
```

(a)   (b)

Abbildung 164: Beispiel für (a) eine Backus-Naur-Form und (b) einen Syntaxbaum

Das Ergebnis der Arbeit eines Parsers wird meist in Form von Syntaxbäumen für darauf aufbauende Verarbeitungsschritte zur Verfügung gestellt. Abbildung 164b zeigt einen Syntaxbaum für die Zerlegung der Summe "12 + 3" gemäß der BNF aus Abbildung 164a.

Zur Integration in die Modellierungssuite INCOME2010 wurde eine Übersetzerkomponente entwickelt, mit der ein Ausschnitt der so genannten *Logical Expressions* aus der XQuery-Syntax [W3C07c] analysiert werden können. Die folgenden beiden Merkmale kennzeichnen den Ausschnitt:

- Da die Filterschemata in INCOME2010 Version 0.2.4 keine Variablen mit komplexen Datentypen verwenden, „akzeptiert" die Analysekomponente nur Variablen der elementaren Datentypen `integer`, `boolean`, `string` und `double`.
- Passend zu den elementaren Datentypen sind numerische Operatoren, Vergleichsoperationen für Zeichenketten sowie die logischen Junktoren Konjunktion, Disjunktion und Negation zugelassen.

Mithilfe der Merkmale können grundlegende Zusammenhänge und Sachverhalte als XQuery-basierte Transitionsinschriften modelliert werden. Ein Vorteil dieser Umsetzung ist die Möglichkeit, Transitionsinschriften in Textform direkt in XQuery-Ausdrücke zu übernehmen, die von INCOME2010 zur Modellierung eines Schaltvorgangs aufgebaut werden. Die Interpretation der Transitionsinschriften ist dadurch nicht mehr notwendig.

Das Editor-Plug-in für Transitionsinschriften besteht in der derzeitigen Implementierung aus den Teilkomponenten *InscriptionManager. InscriptionEditorUI* und *Backend*. Die Komponente *InscriptionManager* übernimmt die zentrale Ablaufsteuerung des Plug-ins und steuert die Kommunikation zwischen weiteren Komponenten und anderen Plug-ins. Der *InscriptionManager* verwaltet die Schnittstelle *IParser*, über die weitere Analysekomponenten an das Editor Plug-in angebunden werden können. Die Komponente *InscriptionEditorUI* bündelt alle Klassen, die die Benutzeroberfläche des Editor Plug-ins für Transitionsinschriften definieren. Als Schnittstelle der Komponente fungiert *IEditorView* zum Einbinden erweiternder Ansichten auf Transitionsinschriften. Die Komponente *Backend* „arbeitet" mit den in ihr enthaltenen Unterstützungsfunktionen zwischen *InscriptionManager* und *InscriptionEditorUI*. Unterstützungsfunktionen (vgl. *F-01* bis *F-08*) erhalten Input durch den *InscriptionManager*. Die Analysekomponente integriert alle Funktionen und Daten für eine lexikografische, syntaktische und semantische Analyse der Transitionsinschriften. Die strikte Trennung zwischen Analysekomponente und allen anderen Komponenten soll die Wahl der zu verwendenden Beschreibungssprache für Transitionsinschriften (z.B. XQuery, JavaScript, etc.) flexibel ermöglichen.

6.2.4 Evaluation

Zur Evaluation des Editor Plug-ins für Transitionsinschriften wurde das Beispielszenario – ein als XML-Netz modellierter Ausschnitt eines Störungsmanagementprozesses – aus Abschnitt 6.2.1 verwendet. In der Evaluation wurden verschiedene nicht-funktionale und funktionalen Anforderungen aus Tabelle 20 an das Editor Plug-in überprüft und anhand der Anwendungsfälle *AF1* bis *AF4* „durchgespielt" Darüber hinaus wurde in einem weiteren Schritt überprüft, ob das Editor Plug-in mit seinen Unterstützungsfunktionen die Modellierung von IT-Dienstleistungsprozessen in Zusammenhang mit in IT-Dienstleistungsvereinbarungen festgelegten Kennzahlen unterstützt. Im ersten Schritt wurde das Beispielszenario als XML-Netz in INCOME 2010 modelliert.

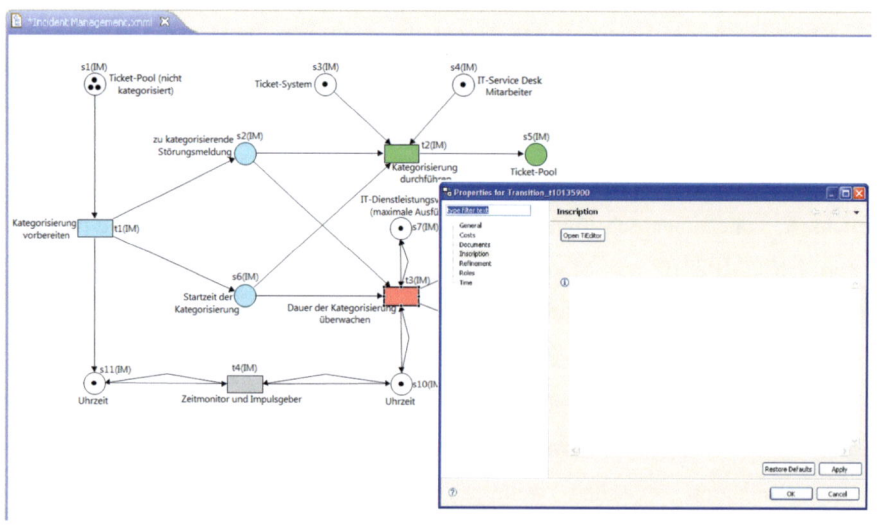

Abbildung 165: XML-Netz und Eigenschaftendialog für Transitionsinschriften"

Anschließend wurden zu den Stellen und Kanten die jeweils typisierenden Stellen- oder Filterschemata zugewiesen. In den Filterschemata an den „Uhr-Schnittstellen" (Stellen $s_{10}(IM)$ und $s_{11}(IM)$) sowie im Stellenschema an Stelle $s_7(IM)$ wurde die Uhrzeit als Ganzzahlwert in Sekunden modelliert. Abbildung 165 zeigt das XML-Netz und das geöffnete Eigenschaftsfenster für die Transitionsinschrift, in dem mittels eines Editors eine neue Transitionsinschrift angelegt werden konnte. Im Beispiel war beim Modellieren der Filterschemata jedoch ein Fehler unterlaufen: Die Variable $ID wurde in zwei Filterschemata mit unterschiedlichen Datentypen eingetragen. Beim Öffnen des Eigenschaftsfensters für die Transitionsinschrift wurde daraufhin dem Benutzer ein Warnsymbol gezeigt (Abbildung 166a).

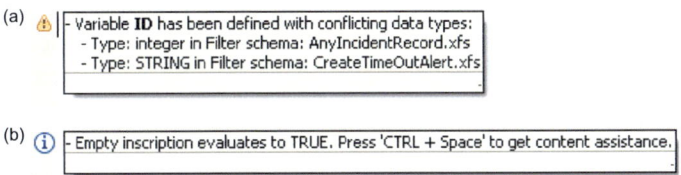

Abbildung 166: Warnungsannotation (a) Konflikt und (b) Hilfsannotation

Wurde der Mauszeiger über dem Warnsymbol platziert, erschien eine entsprechende Information und erklärte den Modellierungsfehler. Der Fehler im Filterschema wurde behoben, und es konnte mit der Modellierung der eigentlichen Transitionsinschrift begonnen werden.

Anlegen und Bearbeiten der Transitionsinschrift

Für die noch leere Transitionsinschrift wurde dem Benutzer eine Annotation angezeigt, die beim Anlegen der Schaltbedingung Hilfestellung gab (Abbildung 166b). Insbesondere wurde die Tastenkombination für die Inhaltsassistenz angegeben. Zur Formulierung der entworfenen Schaltbedingung wurden drei Variablen benötigt. Die Inhaltsassistenz listete die Variablen zur Auswahl auf (Abbildung 167).

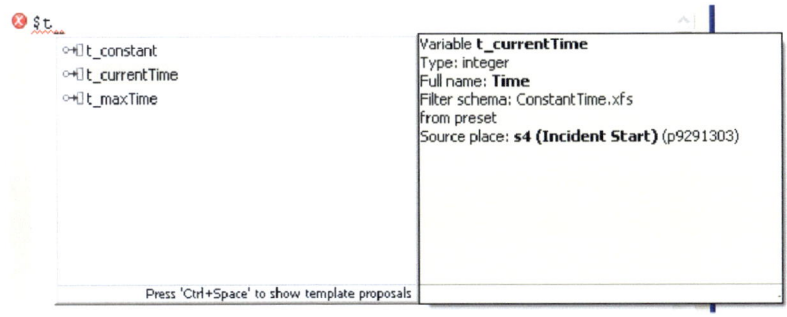

Abbildung 167: Inhaltsassistenz bei der Bearbeitung von Transitionsinschriften

Durch wiederholtes Aufrufen der Inhaltsassistenz konnten die drei Variablen einfach ausgewählt und verwendet werden. Es wurden nur die Variablen zur Auswahl angeboten, die dem Präfix $t_ zum Zeitpunkt der Eingabe entsprachen. War das Präfix leer, so wurden alle Variablen aus dem Vor- und Nachbereich aufgelistet. Die Inhaltsassistenz half, die Anzahl benötigter Tastenanschläge im Vergleich zur manuellen Eingabe der Bezeichner zu senken, und verringerte das Risiko von Tippfehlern. Indirekt liefert die Inhaltsassistenz auch Indikatoren für unvollständige oder nicht wie geplant modellierte Filterschemata, da tatsächlich nur die Variablen zur Auswahl angeboten wurden, die in den Schemata verwendet worden waren.

Prüfen und Korrigieren der Transitionsinschrift

Während der Eingabe der Transitionsinschrift wurde im Hintergrund eine Analyse der Transitionsinschrift durchgeführt. Sobald ein Fehler in der Schaltbedingung erkannt wurde, wurde eine Fehlerannotation sichtbar (vgl. Abbildung 168a).

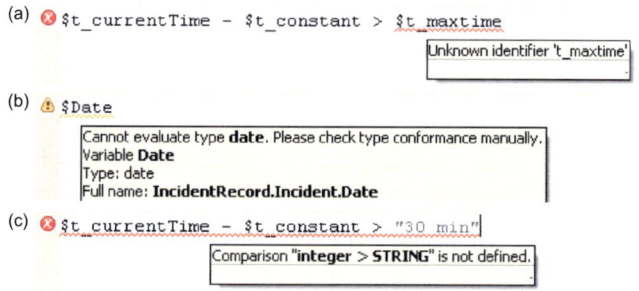

Abbildung 168: Fehlerannotationen (Beispiele)

Abbildung 168b und Abbildung 168c zeigen zwei weitere Fehlerfälle, die bei der Analyse einer Transitionsinschrift erkannt und durch Annotationen dem Benutzer angezeigt werden. Der Nutzer wurde bei der Modellierung durch die Rückmeldungen bei der Fehlererkennung und -behebung unterstützt. Nachdem die Schaltbedingung modelliert wurde, konnte die Kontextualisierung den Benutzer dabei unterstützen, die Transitionsinschrift auf Korrektheit zu überprüfen. Wurde der Mauszeiger über einem Variablenbezeichner platziert, so erschien die Kontextinformation, die durch einen „Collector" während der Modellierung der Transitionsinschrift gesammelt wurde, als Information (vgl. Abbildung 169).

```
$t_currentTime - $t_constant > $t_maxTime
                Variable t_constant
                Type: integer
                Full name: Time
                Filter schema: CurrentTime.xfs
                Source place: s5 (Clock Interface) (p29106149)
```

Abbildung 169: Kontextualisierung einer Variablen durch Zusatzinformation

Mit der modellierten Transitionsinschrift wurde jedoch nicht der gewünschte Sachverhalt modelliert, da die Variablen $t\_constant$ und $t\_current$ in den Filterschemata vertauscht wurden. Die Variable $t\_constant$, die zur Belegung mit dem Startzeitpunkt der Kategorisierung vorgesehen war, wurde jedoch mit der aktuellen Uhrzeit verknüpft. Die in Abbildung 169 eingeblendete Kontextinformation für $t\_constant$ lieferte einen Anhaltspunkt für den Modellierungsfehler, indem der Name der Herkunftsstelle s_5 sichtbar wurde. Darüber hinaus unterstützte die Angabe des jeweils hinterlegten Filterschemas die Fehlerbehebung. Auf Basis der syntaktisch und semantisch korrekt modellierten Transitionsinschrift wurde die Voraussetzung für die automatisierte Simulation geschaffen, da die Transitionsinschrift von der Simulationskomponente in den XQuery-Ausdrücken eingesetzt und ausgewertet werden konnte. Transition $t_3(IM)$ wurde im Rahmen der Simulation dann aktiviert, wenn seit dem Startzeitpunkt der Bearbeitung die Zeitspanne vergangen ist, die als maximale Ausführungszeit in Stelle $s_7(IM)$ hinterlegt war.

Die Visualisierung der Transitionsinschriften-Struktur konnte, wie in Abbildung 170 gezeigt, sowohl für einfache als auch komplexe Transitionsinschriften durch Setzen des Cursors an die Position des Vergleichsoperators aufgerufen werden. Der Benutzer konnte zu jedem Zeitpunkt die zu einem logischen Operator zugehörigen Operanden identifizieren.

$$\$t\_currentTime - \$t\_constant \rhd \$t\_maxTime$$

Abbildung 170: Visualisierung der Transitionsinschriften-Struktur

Durch die Evaluation wurden die nicht-funktionalen und funktionalen Anforderungen im Rahmen der vier Anwendungsfälle überprüft und die Effektivität der Implementierung gezeigt. Durch die Entwicklung des Editor Plug-ins für Transitionsinschriften wurde die Voraussetzung zur Modellierung und Simulation von IT-Dienstleistungsprozessen mit XML-Netzen geschaffen. Im Rahmen eines weiteren Forschungstransferprojektes mit der öffentlichen Verwaltung sollen IT-Dienstleistungsprozesse in Verbindung mit IT-Dienstleistungsvereinbarungen als XML-Netze modelliert und simuliert werden.

7 Zusammenfassung und Ausblick

Dienstanbieter müssen eigene und beschaffte IT-Dienstleistungen systematisch im Rahmen eines kontrollier- und steuerbaren Lebenszyklus organisieren, um Aussagen über die Qualität der den Dienstnehmern angebotenen IT-Dienstleistungen treffen zu können. Die Identifikation der von Dienstnehmern benötigten Verfügbarkeiten für IT-Dienstleistungen ist ein Kernaspekt bei der Gestaltung von IT-Dienstleistungsvereinbarungen zwischen Dienstanbieter und Dienstnehmer. In der betrieblichen Praxis existiert das Problem, dass Ausfallwahrscheinlichkeiten von IT-Dienstleistungen und deren wechselseitigen Korrelationen nicht bekannt oder nur schwer bestimmbar sind. Daher basiert die Festlegung der Verfügbarkeiten für IT-Dienstleistungen meist auf Erfahrungswerten und Schätzungen. Die Validierung von a priori geschätzten Verfügbarkeiten erfolgt zur Laufzeit des Vertrages. Eine der Ursachen für die ungenaue Bestimmung von Service-Levels in IT-Dienstleistungsvereinbarungen liegt in der informellen Modellierung von IT-Dienstleistungsprozessen. Im Rahmen des IT-Service Managements eines Dienstanbieters werden die zur Realisierung von IT-Dienstleistungsprozessen verfügbaren Ressourcen, mögliche Interaktionen sowie deren Einfluss auf zu unterstützende Geschäftsprozesse von Dienstnehmern nicht formal modelliert. Bisherige Modellierungssprachen haben das Defizit, dass sie keine integrierte Darstellungsweise unterstützen. Beispielsweise ist die Modellierung der Verfügbarkeit von IT-Dienstleistungen und deren Auswirkung auf die Performanz von IT-Dienstleistungsprozessen mit der operativen Betriebs- und der taktischen Geschäftsprozessebene nicht präzise möglich.

Die in dieser Arbeit vorgestellte Methode soll Dienstanbieter dabei unterstützen, Qualitätsmerkmale wie die Verfügbarkeit von IT-Dienstleistungen und die zu ihrer Erbringung benötigten IT-Dienstleistungsprozesse zu modellieren und zu simulieren. Es wurde ein auf Petri-Netzen basierendes Verfügbarkeitsmuster eingeführt, das die Verfügbarkeit einer IT-Dienstleistung präzise modelliert. Auf Grundlage der Ergebnisse von auf höheren Petri-Netzen basierenden Simulationsexperimenten wurde gezeigt, wie sich die Verfügbarkeit von IT-Dienstleistungen auf die Performanz sequentieller, nebenläufiger und alternativer IT-Dienstleistungsprozesse auswirkt. Mit den entwickelten prototypischen Softwarewerkzeugen konnten wichtige Komponenten dieser Methode implementiert und erprobt werden. Nachfolgend wird eine Zusammenfassung der vorangegangenen Kapitel gegeben. Danach werden die gewonnenen Erkenntnisse kritisch untersucht. Abschließend wird ein Ausblick über offen gebliebene Forschungsfragen und weiterführende Implementierungsarbeiten gegeben.

7.1 Zusammenfassung

Zunächst wurde eine grundlegende Einführung in das Management von IT-Dienstleistungsprozessen gegeben. Bisherige Ansätze im IT-Service Management wurden erläutert und gegenüber der im Rahmen dieser Arbeit integrierten Methode zur Modellierung und Simulation von IT-Dienstleistungsprozessen abgegrenzt. Es wurde verdeutlicht, warum die Qualität von IT-Dienstleistungen ein entscheidender Wettbewerbsfaktor aus Sicht von Dienstanbietern ist und wie die Erbringung von IT-Dienstleistungen unter Anwendung eines in dieser Arbeit entwickelten Qualitätsanforderungsmodells verbessert werden kann. Darüber hinaus wurde gezeigt, wie Kennzahlen für das IT-Service Management systematisch identifiziert und im Rahmen von IT-Dienstleistungsvereinbarungen zur Qualitätssicherung verwendet werden können. Nachfolgend wurde eine Anforderungsanalyse für Sprachen zur Modellierung von IT-Dienstleistungsprozessen mit komplexen Prozess- und Dienstgüteobjekten vorgestellt. Aufbauend darauf wurden gängige Sprachen zur Modellierung von Prozess- und Dienstgüteobjekten sowie IT-Dienstleistungsprozessen beschrieben und bewertet. Ein besonderer Schwerpunkt lag auf der Darstellung höherer Petri-Netze und ausgewählter Petri-Netz-Erweiterungen zur integrierten Modellierung von Prozess- und Dienstgüteobjekten sowie IT-Dienstleistungsprozessen unter anderem auch auf Basis der XML, des Standards zur Dokumentenbeschreibung in der betrieblichen Praxis. Vorab wurden die grundlegenden Konzepte von einfachen Petri-Netzen beschrieben, daran anknüpfend Varianten höherer Petri-Netze eingeführt und diese durch Modellierungsbeispiele illustriert.

Den zentralen Teil dieser Arbeit bildet die Konzeption, Implementierung und Erprobung einer neuen Methode zur Modellierung und Simulation von IT-Dienstleistungen und deren Auswirkung auf die Performanz von IT-Dienstleistungsprozessen. Die Methode integriert in IT-Dienstleistungsvereinbarungen im Rahmen von Service-Levels festgelegte Qualitätsmerkmale von IT-Dienstleistungen mit der präzisen Modellierung von IT-Dienstleistungsprozessen. IT-Dienstleistungsprozesse erzeugen IT-Dienstleistungen, die zur Ausführung von automatisierten oder teil-automatisierten Aktivitäten in Geschäftsprozessen benötigt werden. Dazu wurde ein auf Petri-Netzen basierendes, integriertes Kennzahlenmuster (Verfügbarkeitsmuster) entwickelt, mit dem zentrale Qualitätsmerkmale einer IT-Dienstleistung wie Verfügbarkeit, Zuverlässigkeit und Wiederherstellungszeit präzise modelliert werden können. Gestützt darauf wurden unter Anwendung des Verfügbarkeitsmusters insgesamt sechzehn

Simulationsexperimente mit sequentiellen, nebenläufigen und parallelen IT-Dienstleistungs-prozessen durchgeführt, ausgewertet und analysiert. Die in den Simulationsexperimenten untersuchten IT-Dienstleistungsprozesse basierten auf Prozessmustern, die während verschiedener Forschungstransferprojekte am FZI identifiziert worden waren. Die Simula-tionsexperimente haben unter anderem verdeutlicht, dass eine reduzierte Performanz eines IT-Dienstleistungsprozesses nicht ausschließlich auf die Nicht-Verfügbarkeit einer IT-Dienst-leistung zurückzuführen ist, sondern dass weitere Aspekte wie zum Beispiel die Struktur des unterstützten IT-Dienstleistungsprozesses, die Bearbeitungszeiten der Aktivitäten oder Zwischenankunftszeiten von Prozessobjekten berücksichtigt werden müssen. Darüber hinaus wurde gezeigt, dass sich in bestimmten Situationen die Verfügbarkeiten von IT-Dienst-leistungen wechselseitig so beeinflussen können, dass eine sehr hohe Verfügbarkeit bei allen IT-Dienstleistungen insgesamt zu einer Verringerung der Performanz des IT-Dienstleistungs-prozesses führen kann. Die simulative a priori Abschätzung der Auswirkungen bereits zur Entwurfszeit von IT-Dienstleistungsvereinbarungen stellt entscheidungsunterstützende Infor-mationen zur Bestimmung von Verfügbarkeiten bereit, da das Informationsdefizit über die „wirklich benötigte" Verfügbarkeit der IT-Dienstleistungen signifikant reduziert wird. Darüber hinaus bietet die simulative a priori Abschätzung Ansatzpunkte zur Verbesserung von Geschäftsprozessen, indem Wechselwirkungen zwischen der Verfügbarkeit von IT-Dienstleistungen mit den IT-Dienstleistungsprozessen und den unterstützten Geschäfts-prozessen aufgezeigt werden.

Im Rahmen dieser Arbeit wurden zwei Softwarewerkzeuge zur Modellierung und Simulation von IT-Dienstleistungsprozessen konzipiert, implementiert und evaluiert. Der in C# imple-mentierte „*Capability Simulator for IT-Service Desks (CASSIS)*" wurde speziell zur Modellierung und Simulation des IT-Dienstleistungsprozesses „Störungsmanagement" entwickelt, um auf Basis diskreter Ereignissimulationen die Auslastung von Mitarbeitern bei der Bearbeitung von Störungstickets zu analysieren. *CASSIS* wurde zur Bewertung des Erfüllungsgrads des Qualitätsmerkmals „Wiederherstellungszeit" verwendet, da dieses ausschlaggebend für die Dauer des Ausfalls einer IT-Dienstleistung ist. Das Software-werkzeug ermöglicht eine Verbesserung der Genauigkeit von Service-Levels in IT-Dienst-leistungsvereinbarungen, da ein Dienstanbieter a priori beispielsweise abschätzen kann, mit wie vielen Mitarbeitern eine bestimmte Anzahl durchschnittlich erzeugter Störungstickets innerhalb eines vereinbarten Zeitraums erfolgreich bearbeitet werden kann. Über eine gra-fische Benutzeroberfläche können mehr als zwanzig verschiedene Parameter einer zur Simulation benötigten Ausgangskonfiguration für ein Beispielszenario editiert werden. Über eine integrierte Verbesserungskomponente können Ausgangskonfigurationen durch gezieltes, automatisches Hinzufügen von Mitarbeitern solange verbessert werden, bis eine vorgegebene Toleranzgrenze für den vorzeitigen Abbruch von Simulationsläufen unterschritten worden ist. Auf diese Weise kann bestimmt werden, wie viele Mitarbeiter mit bestimmten Erfahrungslevels zur Bearbeitung einer vorgegebenen Anzahl Störungstickets notwendig sind, um festgelegte oder festzulegende Service-Levels besser einhalten zu können. Das zweite Softwarewerkzeug, der „*Transitionsinschriften-Modellierer (TiMo)*" unterstützt die Modellierung von IT-Dienstleistungsprozessen mit XML-Netzen, indem Schaltbedingungen in Transitionen in Abhängigkeit der Eigenschaften von Prozessobjekten benutzerfreundlich formuliert und zur Simulation interpretiert werden können. Das Java-basierte Plug-in für die Modellierungssuite *INCOME2010* ermöglicht die Formulierung von (komplexen) Schaltbedingungen, um insbesondere bei der Modellierung von IT-Dienstleistungsprozessen die Eigenschaften von Prozessobjekten mit in IT-Dienstleistungsvereinbarungen hinterlegten Kennzahlen zu vergleichen und auszuwerten. Das Softwarewerkzeug *TiMo* ermöglicht die integrierte Modellierung von Schaltbedingungen zur Steuerung und Kontrolle von IT-Dienstleistungsprozessen unter Berücksichtigung von in IT-Dienstleistungsvereinbarungen festgelegten Kennzahlen und erfüllt somit eine wichtige Voraussetzung zur Durchführung automatisierter Simulationen. Die Funktionsweise beider Softwarewerkzeuge wurde mit Hilfe jeweils eines Beispielszenarios vorgeführt.

7.2   Kritische Betrachtung der Ergebnisse und Ausblick

Die Festlegung der Verfügbarkeit von IT-Dienstleistungen in IT-Dienstleistungsvereinbarungen ist unter anderem deshalb von zentraler Bedeutung, da die mit dem Ausfall einer IT-Dienstleistung verbundenen Konsequenzen oftmals weder für den Dienstanbieter noch den Dienstnehmer vorhersehbar sind. Dieses Informationsdefizit wurde im Rahmen dieser Arbeit durch die Einführung einer integrierten Methode zur Modellierung und Simulation von IT-Dienstleistungsprozessen verringert. In einem ersten Schritt wurde ein Qualitätsanforderungsmodell für die Erbringung von IT-Dienstleistungen vorgestellt, das als Grundlage zur Verbesserung der Qualität von IT-Dienstleistungen verwendet werden kann. Unter anderem sollte damit die Ausfallwahrscheinlichkeit einer IT-Dienstleistung auf Seiten des Dienstanbieters verringert werden. Bei der Entwicklung des Verfügbarkeitsmusters für IT-Dienstleistungen zur Modellierung und Simulation von Ausfällen wurde darauf geachtet, eine möglichst einheitliche und intuitive Notation zur graphischen Darstellung der Verfügbarkeit einer IT-Dienstleistung zu entwickeln und auf bereits bewährte Modellierungskonzepte der Petri-Netze zurückzugreifen. Ziel war es, die im Rahmen einer IT-Dienstleistungsvereinbarung zu berücksichtigenden und voneinander abhängigen Qualitätsmerkmale „Verfügbarkeit", „Zuverlässigkeit" und „Wiederherstellungszeit" in ein einziges Muster zu integrieren, um die Modellierung für den Anwender zu erleichtern. Aufgrund der systematischen Vorgehensweise bei der Simulation der Auswirkungen der Verfügbarkeit von IT-Dienstleistungen auf die Performanz von IT-Dienstleistungsprozessen sowie der Möglichkeit zur Wiederverwendung der bereits verwendeten, generischen Prozessmuster sind weitere Simulationsexperimente leicht durchführbar. Ebenso wurde darauf geachtet, dass die im Rahmen dieser Arbeit verwendeten IT-Dienstleistungsprozesse in Anlehnung an die *IT Infrastructure Library* (ITIL) modelliert und interpretiert worden sind, damit insbesondere Anwender im IT-Service Management die Beispiele leicht nachvollziehen können. Die Verfügbarkeit von IT-Dienstleistungen spielt bei allen IT-Dienstleistungsprozessen eine entscheidende Rolle und wurde deshalb im Rahmen dieser Arbeit durchgängig für Beispiele verwendet. Darüber hinaus wurde die integrierte Methode zur Modellierung und Simulation von IT-Dienstleistungsprozessen bewusst allgemein gehalten, so dass sich vielfältige Anwendungsmöglichkeiten für diese ergeben.

Die integrierte Methode zur Modellierung und Simulation von IT-Dienstleistungsprozessen kann aber nicht alle existierenden Probleme für die Bereitstellung einer hohen Qualität von IT-Dienstleistungen lösen. Aufgrund der Problematik des Managements von immer stärker vernetzten IT-Dienstleistungsprozessen zur Erbringung von IT-Dienstleistungen und dem Einsatz neuer Technologien wie Cloud Computing, Service Mash-Ups oder skalierbarer on-Demand IT-Dienstleistungen muss bei der Modellierung, Analyse und Kontrolle von IT-Dienstleistungsprozessen unter Berücksichtigung von Qualitätsmerkmalen noch stark abstrahiert werden. Speziell bei der Analyse und Kontrolle von unstrukturierten, ex ante schwer modellierbaren IT-Dienstleistungsprozessen kann die vorgestellte integrierte Methode nur eingeschränkt eingesetzt werden. Ein offensichtlicher Nachteil von simulierten IT-Dienstleistungsprozessen ist, dass es sich eben nicht um die realen und gegebenenfalls vernetzten IT-Dienstleistungsprozesse zur Erbringung von IT-Dienstleistungen handelt. Ein Informationsverlust ist stets vorhanden. Aus diesem Grund sollte immer überprüft werden, inwieweit ein Ergebnis eines Simulationsexperiments auch tatsächlich das Ergebnis einer realen Ausführung der IT-Dienstleistungsprozesse wiedergibt. Da Simulationsexperimente auf Simulationsmodellen basieren, repräsentieren diese lediglich einen Ausschnitt aus der realen Welt. Entsprechend kann auch *CASSIS* einen IT-Service Desk und die jeweiligen Bearbeitungsebenen „nur" nach einem auf der ITIL basierenden, standardisierten Störungsmanagementprozess modellieren und simulieren. IT-Dienstleistungsprozesse bei einem

Dienstanbieter sollten bereits nach Methoden wie ITIL, CObIT, ISO/IEC 20000 etc. implementiert sein, um die Aussagekraft der Simulationsergebnisse zu erhöhen. Darüber hinaus wurde angenommen, dass die modellierten personellen Aufgabenträger die Bearbeitung von Störungstickets kontinuierlich auf gleich bleibendem Qualitätsniveau während des Simulationszeitraums durchführen. „Unproduktive" Arbeitszeiten, unvorhersehbare Ereignisse oder durch Mitarbeiter vorsätzlich produzierte Fehler sind in dem Simulationswerkzeug nicht explizit berücksichtigt. Obwohl bei der Entwicklung des Softwarewerkzeugs *TiMo* besonderer Wert auf die Benutzerfreundlichkeit und die damit verbundene Unterstützung bei der Formulierung von (komplexen) Schaltbedingungen gelegt wurde, muss ein Modellierer über detailliertes Wissen über die Erzeugung und Verwendung prädikatenlogischer Ausdrücke verfügen. Eine auch für fachfremde Modellierer nutzbarere, gegebenenfalls an die natürliche Sprache angelehnte, Modellierungssprache ist entsprechend zu entwickeln. Darüber hinaus ist für die Modellierung von Transitionsinschriften mit verschiedenen Sprachen wie zum Beispiel JavaScript die Entwicklung eines neuen und, je nach zu berücksichtigender Ausdrucksmächtigkeit, gegebenenfalls komplexen Parsers notwendig. Einen weiteren Ansatzpunkt für zukünftige Forschungs- und Implementierungsarbeiten stellen Methoden zur Simulation von komplexen, auf Petri-Netzen basierenden IT-Dienstleistungsprozessen in Verbindung mit der Verfügbarkeit von IT-Dienstleistungen beispielsweise mittels Cloud Computing dar. Für umfangreichere Simulationsmodelle mit mehreren Prozesspfaden und einer Vielzahl von IT-Dienstleistungen steigt die Anzahl der Schaltvorgänge rapide an und kann dann nicht mehr mit vertretbarem Aufwand „durchgespielt" werden. Zur schrittweisen Überwindung der technischen Grenzen bei der Analyse umfangreicherer Simulationsmodelle sind zum einen Verbesserungen in Bezug auf die Skalierbarkeit von Simulationsmodellen sowie Verbesserungen an der Effizienz und Effektivität der Simulationsalgorithmen notwendig. In der betrieblichen Praxis wird die Simulation der Verfügbarkeit von IT-Dienstleistungen erst dann für Dienstanbieter in vollem Umfang nutzbar sein, wenn die zur effizienten Berechnung von Simulationsläufen benötigte Rechenleistung kostengünstig und einfach genutzt werden kann. Auch die Kopplung von Simulationsergebnissen mit betriebswirtschaftlichen Kennzahlen wie zum Beispiel direkten und indirekten oder fixen und variablen Kosten einer IT-Dienstleistung sollte unterstützt werden, um diese vereinbarten Strafzahlungen einer nicht eingehaltenen IT-Dienstleistungsvereinbarung gegenüberstellen zu können. Darüber hinaus sind Methoden und Mechanismen zu entwickeln, mit denen die Auswirkungen einer ausgefallenen IT-Dienstleistung auf die Performanz von IT-Dienstleistungsprozessen respektive Geschäftsprozessen monetär bewertet werden kann.

Weiterführende Implementierungsarbeiten ergeben sich im Rahmen dieser Arbeit in erster Linie aus den durch die prototypischen Softwarewerkzeuge noch nicht erfüllten Anforderungen und gemachten Einschränkungen. So wird *CASSIS* im nächsten Entwicklungsschritt beispielsweise um Regeln zur automatischen „Substitution" von Erfahrungslevels erweitert. Aus betriebswirtschaftlicher Sicht kann es sinnvoll sein, dass zwei personelle Aufgabenträger mit einem Erfahrungslevel „Fortgeschrittener" einen „Experten" ersetzen. Entsprechend würden zwei Personen im Simulationsmodell hinzugefügt und eine entfernt.

Verbesserungspotentiale am Softwarewerkzeug *TiMo* liegen vor allem in einer verbesserten Analyse von mehr Datentypen und der „durchgängigen" Präsentation von Kontextinformation.

Bislang wurde die a priori Abschätzung der Auswirkungen der Verfügbarkeit von IT-Dienstleistungen auf IT-Dienstleistungsprozesse nur unzureichend unterstützt. Die in dieser Arbeit entwickelte, integrierte Methode zur Modellierung und Simulation von IT-Dienstleistungsprozessen unterstützt Dienstanbieter bei der Erbringung von IT-Dienstleistungen unter Berücksichtigung von für die Kundenzufriedenheit zentralen Qualitätsmerkmalen. Die Einhaltung der im Rahmen von IT-Dienstleistungsvereinbarungen festgelegten Service-Levels wird verbessert, indem das Informationsdefizit über die Konsequenzen ausgefallener IT-Dienstleistungen für IT-Dienstleistungsprozesse des Dienstanbieters und Geschäftsprozesse des Dienstnehmers reduziert wird. Derzeit wird in einer Vorstudie die Verwendung von XML-Netzen in Verbindung mit dem Softwarewerkzeug *TiMo* zur Verbesserung von IT-Dienstleistungsprozessen bei einem mittelständischen Dienstanbieter geprüft. Insbesondere das Softwarewerkzeug *CASSIS* wurde bei der Durchführung eines Forschungstransferprojektes mit einer öffentlichen Verwaltung zur Einführung eines unternehmensweiten IT-Service Desk als Anlaufstelle für mehr als 2000 Mitarbeiter/innen erfolgreich eingesetzt. Aufgrund der bisher erzielten Ergebnisse wurde die Projektkooperation bis Ende des Jahres 2010 verlängert.

8 Literatur

[AaH04]   van der Aalst, W.M.P.; van Hee, K.: Workflow Management: Models, Methods and Systems. Cambridge, The MIT Press, 2004.

[AaH05]   van der Aalst, W.M.P.; ter Hofstede, A.H.M.: YAWL: Yet Another Workflow Language. In: Information Systems, 30(4), S.245-275, 2005.

[Aal03a] van der Aalst, W.M.P.: Patterns and XPDL: A Critical Evaluation of the XML Process Definition Language. Queensland University of Technology, Technical Report FIT-TR-2003-06, 2003.

[Aal03b] van der Aalst, W.M.P.: Don´t go with the flow: Web services composition standards exposed. In: IEEE Intelligent Systems, Vol.18(1), S.72-76, 2003.

[Aal95]   van der Aalst, W.M.P.: A Class of Petri Net for Modelling and Analyzing Business Processes. Eindhoven University of Technology, Computing Science Report 95/26, Eindhoven, 1995.

[Aal98]   van der Aalst, W.M.P.:The Application of Petri nets to Workflow Management. Department of Mathematics and Computing Science, Eindhoven University of Technology, 1998. http://is.tm.tue.nl/staff/wvdaalst/ publications/p53.pdf, letzter Abruf am 02.September 2009.

[Aal99]   van der Aalst, W.M.P.: Formalization and verification of event-driven process chains. In: Information and Software Technology, Vol.41(10), S.639-650, 1999.

[Abe90]   Abel, D.: Petri-Netze für Ingenieure – Modellbildung und Analyse diskret gesteuerter Systeme. Springer, Berlin, 1990.

[Abr74]   Abrial, J.-R.: Data Semantics. In: IFIP Working Conf. Data Base Management, S.1–60, 1974.

[ACK04]   Alonso, G.; Casati, F.; Kuno, H.; Machiraju, V.: Web Services – Concepts, Architectures and Applications. Springer, Berlin, 2004.

[Add07]   Addy, R.: Effective IT Service Management. Springer, Berlin, 2007.

[AiS08]   Aier, S., Schelp, J.: EAI und SOA - Was bleibt nach dem Hype?. In: Bichler, M.; Hess, T.; Krcmar, H.; Lechner, U.; Matthes, F.; Picot, A.; Speitkamp, B.; Wolf, P. (Hrsg.): Multikonferenz Wirtschaftsinformatik (MKWI08), S.1469-1480, GITO-Verlag, Berlin, 2008.

[Aka95]   Akao, Y. 1995. QFD toward product development management. In: Proc. Intl. Symposium on Quality Function Deployment, S.1-10, Tokio, 1995.

[All01]   Allen, R.: Workflow: An Introduction. In: Fischer, L.(Hrsg.): Workflow Handbook 2001, S.15-38, Future Strategies, 2000.

[And87]   Andrews, K.R.: The Concept of Corporate Strategy. 3.Auflage, Richard D. Irwin, 1987.

[AnG06]   Anthony, R.N.; Govindarajan, V.: Management Control Systems. 12.Auflage, McGraw-Hill/Irwin, 2006.

[App97]   Appel, A.W.: Modern compiler implementation in Java. Cambridge University Press, 1997.

[Bai00]   Baier, P.: Praxishandbuch Controlling. Wirtschaftsverlag Ueberreuter, Wien, 2000.

[BaK02]   Bause, F.; Kritzinger, P.S.: Stochastic Petri Nets – An Introduction to the Theory. 2. Auflage, Vieweg, Wiesbaden, 2002.

[Bal02]   Balbo, G.: Introduction to Stochastic Petri Nets. In: Brinksma, E.; Hermanns, H.; Katoen, J. (Hrsg.): Lectures on formal methods and performance analysis, Vol.2090, S.84-155, Springer, Berlin, 2002.

[BaM08]   Bartsch, C.; Mevius, M.: Entwicklung eines Qualitätsanforderungsmodells für IT-Dienstleistungsprozesse. In: Schmietendorf, A.; Klöppel, B.; Dumke, R.R. (Hrsg.): 3. Workshop Bewertungsaspekte serviceorientierter Architekturen (BSOA 2008), S.13-23, Magdeburger Schriften zum Empirischen Software Engineering, Shaker Verlag, Aachen, 2008.

[Ban98]   Banks, J.: Principles of Simulation. In: Banks, J. (Hrsg.): Handbook of Simulation – Principles, Methodology, Advances, Applications and Practice, S.3-30, Wiley, New York, 1990.

[Bau92]   Bause, F.: Funktionale Analyse zeitbehafteter Petri-Netze. Deutscher Universitäts-Verlag, Wiesbaden, 1992.

[Bau96]   Baumgarten, B.: Petri-Netze: Grundlagen und Anwendungen. 2.Auflage, Spektrum Akademischer Verlag, Heidelberg, 1996.

[Bec04]   Becker, F.: Organisational agility and the knowledge infrastructure. In: Journal of Corporate Real Estate, Vol.3(1), S.28-37, 2001.

[BeM83]   Berthomieu, B.; Menasche, M.: Enumerative approach for Analyzing Time Petri Nets. In: IFIP Congress Series, Vol.9, S.41-46, Elsevier Science Publication Company, 1983.

[Ben04]   Bengel, G.: Grundkurs verteilte Systeme: Grundlagen und Praxis des Client-server-computing. 3.Auflage, Vieweg+Teubner, 2004.

[BéP01]   Bézivin, J.; Ploquin, N.: Tooling the MDA framework – a new software maintenance and evolution scheme proposal, 2001. http://www.sciences.univ-nantes.fr/info/perso/permanents/ploquin/Publications/joop01.pdf, letzter Abruf am 03. März 2008.

[Ber05]   Berger, T.G.: Konzeption und Management von Service-Level-Agreements für IT-Dienstleistungen. Dissertation, Fachbereich Rechts und Wirtschaftswissen-schaften, Technische Universität Darmstadt, 2005.

[Ber06]   Bernhard, M. G.: Service-Level-Management Software Auswahl. In: Bernhard, M.G.; Mann, H.; Lewandowski, W.; Schrey, J. (Hrsg.): Praxishandbuch Service-Level-Management – Die IT als Dienstleistung organisieren, S.361-374, 2.Auflage, Symposion, Düsseldorf, 2006.

[BFS87]   Bratley, P.; Fox, B.L.; Schrage, L.E.: A Guide to Simulation. 2.Auflage, Springer, 1987.

[BKK06]   Betz, S.; Karle, T.; Klink, S.; Koschmider, A.; Li, Y.; Mevius, M.; Oberweis, A.; Ried, D.; Trunko, R.; Zaich, M.: Ein Framework zur Modellierung und Analyse von XML-Netzen. In: Proc. des 13. Workshops ‚Algorithmen und Werkzeuge für Petrinetze' (AWPN06), Universität Hamburg, Hamburg, 2006.

[BKN09]   Baun, C.; Kunze, M.; Nimis, J.; Tai, S.: Cloud Computing: Web-basierte dynamische IT-Services. Springer, Berlin, 2009.

[BKR09]   Becker, S.; Koziolek, H.; Reussner, R.: The Palladio component model for model-driven performance prediction. In: Journal of Systems and Software, Vol.82, S.3-22, 2009.

[Blo03]   Blomer, R.: Die zukünftige Rolle der IT – Motor für Veränderungen. In: Bernhard, M.G.; Mann, H.; Lewandowski, W.; Schrey, J. (Hrsg.): IT-Outsourcing und Service-Management, S.23-40, Symposion, Düsseldorf, 2003.

[BMO06]   Bock, W.; Macek, G.; Oberndorfer, T.; Pumsenberger, R.: ITIL: Zertifizierung nach BS 15000/ISO 20000. 1.Auflage, Galileo Press, Bonn, 2006.

[BMO08]   Bartsch, C; Mevius, M.; Oberweis, A.: Simulation of IT Service Processes with Petri-Nets. In: Proc. 4th Intl. Workshop on Engineering Service-Oriented Applications: Analysis and Design (WESOA'08), in conjunction with the 6th Intl. Conf. on Service Oriented Computing (ICSOC'08), LNCS 5472, S.53-65, Sydney, 2008.

[BMO10]   Bartsch, C; Mevius, M.; Oberweis, A.: Simulation environment for IT service support processes. In: Proc. 2nd Intl. Conf. on Information, Process, and Knowledge Management (DigitalWorld 2010 – eKNOW'10), IEEE Computer Society St.Maarten, Niederländische Antillen, 2010.

[Bol98]   Bol, G.: Deskriptive Statistik. 4.Auflage, Oldenbourg, München, 1998.

[Bon06]   v. Bon, J.: Frameworks for IT Management. Van Haren, Zaltbommel, 2006.

[Bon08]   v. Bon, J.: This is NOT IT Governance. In: CEPIS Upgrade - The European Journal for the Informatics Professional, Vol. 9(1), S.5-13, 2008. http://www.upgrade-cepis.org/issues/2008/1/upgrade-vol-IX-1.html, letzter Abruf am 12.März 2009.

[Bor08]   Borderstep Institut: Energieverbrauch und Energiekosten von Servern und Rechenzentren in Deutschland - Trends und Einsparpotenziale bis 2013. Berlin, 2008. http://www.bitkom.org/files/documents/Energieeinspar potenziale_von_ Rechenzentren_in_Deutschland.pdf, letzter Abruf am 10.Februar 2009.

[Bos92]   Bossel, H.: Modellbildung und Simulation – Konzepte, Verfahren und Modelle zum Verhalten dynamischer Systeme. 2. Auflage, Vieweg, 1992.

[BPM08]   Business Process Management Initiative: Business Process Modeling Notation, V1.1, OMG Available Specification, 2008. http://www.omg.org/spec/BPMN/ 1.1/PDF, letzter Abruf am 11.August 2008.

[Bra07]   Braun, C.: Entwicklung eines Ansatzes zur Modellierung der Unternehmensarchitektur - Weiterentwicklung einer bestehenden Methode und deren Abbildung in einem Meta-Modellierungswerkzeug. Dissertation, Logos, Berlin, 2007.

[Bra87]   Brandt, D.R.: A Procedure for Identifying Value-Enhancing Service Components Using Customer Satisfaction Survey Data. In: Add Value to your Service, AMA Proceeding Series, S.61-65, Chicago, 1987.

[Bre03]   Breyfogle, F.B.: Implementing Six SIGMA: Smarter Solutions Using Statistical Methods. 2.Auflage, Wiley & Sons, New Jersey, 2003.

[BrH08]   Braunwarth, K.S.; Heinrich, B.: IT-Service-Management – Ein Modell zur Bestimmung der Folgen von Interoperabilitätsstandards auf die Einbindung externer IT-Dienstleister. In: Wirtschaftsinformatik, Vol. 50(2), S.98-109, Vieweg+Teubner, 2008.

[BRJ07]   Booch, G.; Rumbaugh, J.; Jacobson, I.: Das UML-Benutzerhandbuch. Addison-Wesley, München, 2007.

[BrK06]   Brabänder, E.; Klückmann, J.: Geschäftsprozessmanagement als Grundlage für SOA. http://www.sigs.de/publications/os/2006/BPM/brabaender_ klueckmann_ OS_BPM_06.pdf, letzter Abruf am 18. April 2009.

[BRS95]   Becker, J.; Rosemann, M.; Schütte, R.: Grundsätze ordnungsgemäßer Modellierung. In: Wirtschaftsinformatik, Vol. 37(5), S. 435-445, Vieweg+Teubner, 1995.

[BRU00]   Becker, J.; Rosemann, M.; v. Uthmann, C.: Guidelines of Business Process Modeling. In: van der Aalst, W.M.P.; Desel, J.; Oberweis, A. (Hrsg.): Business Process Management, LNCS 1806, S.30-49, Springer, 2000.

[Bru04]   Bruton, N.: Managing the IT services process. Butterworth-Heinemann, Burlington, 2004.

[Bru06]   Bruhn, M.: Qualitätsmanagement für Dienstleistungen. 6. Auflage, Springer, Berlin, 2006.

[Bru07]   Bruhn, M.: Kundenorientierung: Bausteine für ein exzellentes Customer Relationship Management (CRM). 3. Auflage, DTV, München, 2007.

[BSI02]   British Standards Institution: BS 15000-1:2002 IT Service Management Part 1 – Specification for Service Management. BSI, London, 2002.

[BSI03]   British Standards Institution: BS 15000-1:2002 IT Service Management Part 2 – Code of practice for Service Management. BSI, London, 2003.

[BSM08]   Bronstein, I.N.; Semendjajew, K.A.; Musiol, G.; Muehlig, H.: Taschenbuch der Mathematik. 7.Auflage, Wissenschaftlicher Verlag Harri Deutsch, Frankfurt, 2008.

[BSW08]   Bartsch, C.; Shwartz, L.; Ward, C.; Grabarnik, G.; Buco, M.J.: Alternative service identification and decomposition of services using ontologies. In: Proc. Intl. Conf. on Applied Computing (IADIS), S.383-388, Algarve, Portugal, 2008.

[Büh99]   Bühler, C.: Kommunikation als integrativer Bestandteil des Dienstleistungsmarketing – Eine systematische Analyse der Bedeutung, Wirkungsweise und Gestaltungsmöglichkeiten der Kommunikationspolitik im Dienstleistungsmarketing. Paul Haupt, Bern, 1999.

[BüS86]   Büning, H.; Schmitgen, S.: PROLOG – Grundlagen und Anwendungen. Teubner, Stuttgart, 1986.

[BuG04]   Buzzell, R.D.; Gale, B.T.: The PIMS program of strategy research: A retrospective appraisal. In: Journal of Business Research, Vol. 57(5), S.478-483, 2004.

[Bur03]   Burr, W.: Service-Level-Agreements – Arten, Funktionen und strategische Bedeutung. In: Bernhard, M.G.; Mann, H.; Lewandowski, W.; Schrey, J. (Hrsg.): Praxishandbuch Service-Level-Management – Die IT als Dienstleistung organisieren, S.33-46, 1.Auflage, Symposion, Düsseldorf, 2003.

[BVG07]   Buchsein, R.; Victor, F.; Günther, H.; Machmeier, V.: IT-Management mit ITIL v3: Strategien, Kennzahlen, Umsetzung. Vieweg, Wiesbaden, 2007.

[BWW03]   Buser, T.; Welte, B.; Wiederkehr, T.: Vom Unternehmen zum Kundenunternehmen. Versus, 2003.

[BZB09]   Bungartz, H.-J.; Zimmer, S.; Buchholz, M.; Pflüger, D.: Modellbildung und Simulation: Eine anwendungsorientierte Einführung. Springer, Berlin, 2009.

[CAA71]   Churchman, C.W.; Ackoff, R.L.; Arnoff, E.L: Operations Research - Eine Einführung in die Unternehmensforschung, 5. Auflage, Oldenbourg, Wien, 1971.

[Che76]   Chen, P.P.: The Entity-Relationship Model – Toward a Unified View of Data. In: ACM Transactions on Database Systems, Vol.1(1), S.9–36, ACM Press, New York, 1976.

[ChH93]   Christensen, S.; Hansen, N.D.: Coloured Petri Nets Extended with Place Capacities, Test Arcs and Inhibitor Arcs. In: Marsan, M.A. (Hrsg.): Application and Theory of Petri Nets, LNCS 691, S.186-205, Springer, Berlin, 1993.

[Chi02]   Chiu, E.: ebXML Simplified: A Guide to the New Standard for Global E-Commerce. Wiley & Sons, New York, 2002.

[Cia87]   Ciardo, G.: Towards a definition of Modelling power for Stochastic Petri Net Models. In: Proc. 2nd Intl. Workshop on Petri Nets and Performance Models, S.54-62, 1987.

[CLO09]   Che, H.; Li, Y.; Oberweis, A.; Stucky, W.: Web Service Composition Based on XML Nets. In: Proc. 42nd Hawaii Intl. Conf. on System Sciences (HICCS'09), IEEE Computer Society, 2009.

[CMM03]   Conway, R.W.; Maxwell, W.L.; Miller, L.W.: Theory of Scheduling. Reprint-Auflage, Dover, 2003.

[Cod90]   Codd, E.F.: The Relational Model for Database Management – Version 2. Addison-Wesley, Boston, 1990.

[CoG07]   Corsten, H.; Gössinger, R.: Dienstleistungsmanagement. 5.Auflage, Oldenbourg, München, 2007.

[Con02]   107th Congress: Sarbanes-Oxley Act of 2002, Public Law 107-204-July 30, 2002. http://www.sec.gov/about/laws/soa2002.pdf, letzter Abruf am 12. Mai 2009.

[Cry87]   Crystal, D.: The Cambridge Encyclopedia of Language. Cambridge University Press, Cambridge, 1987.

[Dau08]   Daum, B.: Java-Entwicklung mit Eclipse 3.3. 5.Auflage, Dpunkt, 2008.

[Dav93]   Davenport, Th.H.: Process Innovation – reengineering work through information technology. Harvard Business School, Boston, 1993.

[Dem94]   Deming, W.E.: The News Economics for Industry, Government, Education. Massachusetts Institute of Technology, 1994.

[DeO96]   Desel, J.; Oberweis, A.: Petri-Netze in der Angewandten Informatik: Einführung, Grundlagen und Perspektiven. In: Wirtschaftsinformatik, Vol.38(4), S.359-367, Vieweg+Teubner, 1996.

[DGQ93]   Deutsche Gesellschaft für Qualität e.V.: Begriffe zum Qualitätsmanagement. 6.Auflage, Beuth, Berlin, 2002.

[DIN05]   DIN Deutsches Institut für Normung e.V. (Hrsg.): Qualitätsmanagementsysteme – Grundlagen und Begriffe (ISO 9000:2005). Beuth, Berlin, 2005.

[DIN08]   DIN Deutsches Institut für Normung e.V. (Hrsg.): DIN 55350-11 – Begriffe zu Qualitätsmanagement und Statistik (Teil 11), Ergänzung zu DIN EN ISO 9000:2005. TÜV Media GmbH, 2008.

[DIN95]   DIN Deutsches Institut für Normung e.V. (Hrsg.): DIN 1319-1:1995-01 – Grundlagen der Meßtechnik, Teil 1: Grundbegriffe. 1995.

[Don66]   Donabedian, A.: Evaluating the Quality of Medical Care. In: The Milbank Memorial Fund Quarterly. Vol.44(3), Teil 2, S.166-206, 1966.

[DOZ97]   Desel, J.; Oberweis, A.; Zimmermann, G.: A Test Case Generator for Validation of High-Level Petri Nets. In: Proc. 6th Intl. Conf. on Emerging Technologies and Factory Automation (ETFA'97), S.327-332, Piscataway, 1997.

[DSB09]   Doleski, T.; Steuerwald, R.; Bartsch, C.; Mevius, M.: Intelligentes Management von ausgelagerten IT-Prozessen. In: Industrialisierung im Outsourcing, S.281-293, 7.Entscheiderforum Outsourcing, Bitkom Servicegesellschaft GmbH, 2009.

[DTG84]   Dugan, J.B.; Trivedi, K.S.; Geist, R.; Nicola, V.F.: Extended Stochastic Petri Nets: Applications and Analysis. In: Proc. 10th Intl. Symposium on Computer Performance Modelling, Measurement and Evaluation, S.507-519, North-Holland Publishing, Amsterdam, 1984.

[Dwe96]   Dwek, R.: Magic of mystery shopping. In: Marketing, S.41-43, 1996.

[Eck06]   Eckert, C.: IT-Sicherheit: Konzepte – Verfahren – Protokolle. 5.Auflage, Oldenbourg, 2006.

[EHP02]   Ehrig, H.; Hoffmann, K.; Padberg, J.; Baldan, P.; Heckel, R.: High-Level Net Processes. In: Brauer, W. et. al. (Hrsg.): Formal and Natural Computing, LNCS 2300, S.191-219, Springer, Berlin, 2002.

[EOK95]   Elgass, P.; Oberweis, A.; Krcmar, H.: Von der informalen zur formalen Geschäftsprozessmodellierung. Arbeitspapier Nr. 75, Lehrstuhl für Wirtschafts-informatik, Universität Hohenheim, 1995.

[ERS08]   Eul, M.; Röder, H.; Simons, E.: Strategisches IT-Management - Vom Kostenfaktor zum Werttreiber. In: Keuper, F. et. al. (Hrsg.): Strategisches IT-Management – Management von IT und IT-gestütztes Management. Gabler, Wiesbaden, 2008.

[Erw02]   Erwin, T.: Entwurf von Geschäftsprozessen mit Petri-Netzen. Dissertation, Fachbereich Wirtschaftswissenschaften, Universität Karlsruhe (TH), 2002.

[EsM07]   Essigkrug, A.; Mey, T.: Rational Unified Process kompakt. 2.Auflage, Elsevier, München, 2007.

[FiF00]   Fitzsimmons, J.A., Fitzsimmons, M.J.: Service Management: Operations, Strategy, Information Technology. 3.Auflage, Mcgraw-Hill, 2000.

[Fis01]   Fishman, G.S.: Discrete-event simulation: modeling, programming and analysis. Springer, Berlin, 2001.

[FiS06]   Fischer, T.M.; Sterzenbach, S.: ZP-Stichwort: Shared Service Centers. In: Zeitschrift für Planung & Unternehmenssteuerung, Vol.17(1), S.123-128, Physica Verlag, 2006.

[Fis96]   Fishman, G.S.: Monte Carlo: concepts, algorithms, and applications. Springer, Berlin, 1996.

[Fow03]   Fowler, M.: UML konzentriert. 3.Auflage, Addison-Wesley, München, 2003.

[Fra03]   Frankel, D.S.: Model Driven Architecture – Applying MDA to Enterprise Computing. Wiley, Indianapolis, 2003.

[Fre04]   Frese, E.: Plan- und Marktsteuerung in der Unternehmung. Interne Märkte im öffentlich-rechtlichen Rundfunk. GWV Fachverlage GmbH, Wiesbaden, 2004.

[Fre84]   Freeman, R.E.: Strategic Management: A Stakeholder Approach. Prentice Hall, 1984.

[Fre94]   Frehr, H.-U.: Total Quality Management: Unternehmensweite Qualitätsverbesserung. Hanser, München, 1994.

[FrL00]   Freese, E.; Lehmann, P.: Outsourcing und Insourcing – Organisations-
           management zwischen Markt und Hierarchie. In: Frese, E. (Hrsg.):
           Organisationsmanagement Neuorientierung der Organisationsarbeit, S.199-238,
           Schäffer-Pöschel, Stuttgart, 2000.

[FrW93]   Frese, E.; von Werder, A.: Zentralbereiche – Organisatorische Formen und
           Effizienzbeurteilung. In: Frese, E. et. al. (Hrsg.): Zentralbereiche: theoretische
           Grundlagen und praktische Erfahrungen, S.1-50, Stuttgart, 1993.

[FZI09]   FZI Forschungszentrum Informatik: Jahresbericht 08/09, S.32-33, Karlsruhe,
           2009. http://www.fzi.de/index.php/de/forschung/ausgewaehlte-projekte/ projekt-
           01, letzter Abruf am 07.12.2009.

[GaB04]   Gamma, E.; Beck, K.: Eclipse erweitern: Prinzipien, Patterns und Plug-Ins.
           Addison-Wesley, München, 2004.

[GeA02]   Gernert, C.; Ahrend, N.: IT-Management: System statt Chaos. 2.Auflage,
           Oldenbourg, München, 2002.

[GeL01]   Gensch, C.; Löhmann, B.: Service Level Agreements als kritischer Erfolgsfaktor
           im Outsourcing-Prozess. In: Zeitschrift für das gesamte Kreditwesen, Vol.14,
           S.34-36, Fritz Knapp, Frankfurt, 2001.

[GeL81]   Genrich, H.J.; Lautenbach, K.: System Modelling with High-Level Petri-Nets.
           In: Theoretical Computer Science, Vol.13, S.109-136, 1981.

[Gen86]   Genrich, H.J.: Predicate/Transition Nets. In: Brauer, W. et. al. (Hrsg.): Petri
           Nets: Central Models and Their Properties, Advances in Petri Nets, S.207-247,
           Springer, Berlin, 1986.

[GNP95]   Goldman, S.L.; Nagel, R.N.; Preiss, K.: Agile competitors and virtual
           organizations: strategies for enriching the customer. Van Nostrand Reinhold,
           New York, 1995.

[Gog94]   Gogolla, M.: An Extended Entity-Relationship Model: Fundamentals and
           Pragmatics. LNCS 767, Springer, Berlin, 1994.

[GoW84]   Goos, G; Waite, W.: Compiler Construction. Springer, 1984.

[Gra01]   Grams, T.; Mildenberger, O. (Hrsg.): Grundlagen des Qualitäts- und
           Risikomanagements – Zuverlässigkeit, Sicherheit, Bedienbarkeit. 1.Auflage,
           Vieweg, Wiesbaden, 2001.

[GrH98]   Gross, D.; Harris, C.M.: Fundamentals of Queueing Theory. Wiley-Interscience,
           New York, 1998.

[Gro01]   Gronau, N.: Industrielle Standardsoftware. Auswahl und Einführung.
           Oldenbourg, München, 2001.

[Grö82]   Grönroos, C.: Strategic Management and marketing in the Service Sector. Forschungsbericht Nr.8, Swedish School of Economics and Business Administration, Helsingfors, 1982.

[HaC94]   Hammer, M.; Champy, J.: Reengineering the Corporation: A Manifesto for Business Revolution. Harper Business, New York, 1994.

[HaG04]   De Haes, S.; van Grembergen, W.: IT Governance and its mechanisms. In: Internal Controls, Information Systems Control Journal, Vol. 1, ISACA, 2004.

[Hah99]   Hahne, B.; Uhlmann, E. (Hrsg.): Beitrag zur Entwicklung eines modularen TQM-Modells für das Krankenhauswesen. Berichte aus dem Produktionstechnischen Zentrum, Fraunhofer-Institut für Produktionsanlagen und Konstruktionstechnik IPK, Institut für Werkzeugmaschinen und Fabrikbetrieb, Berlin, 1999.

[HAN99]   Hegering, H.-G.; Abeck, S.; Neumair, B.: Integriertes Management vernetzter Systeme – Konzepte, Architekturen und deren betrieblicher Einsatz. Dpunkt, Heidelberg, 1999.

[Hel04]   Held, A.: Oracle 10g Hochverfügbarkeit – Die ausfallsichere Datenbank mit RAC, Data Guard und Flashback. Addison-Wesley, München, 2004.

[HeL05]   Heinrich, L.J.; Lehner, F.: Informationsmanagement – Planung, Überwachung und Steuerung der Informationsinfrastruktur. 8.Auflage, Oldenbourg, München, 2005.

[Hil89]   Hilke, W.: Grundprobleme und Entwicklungstendenzen des Dienstleistungs-Marketing. In: Schriften zur Unternehmensführung, Vol.35, S.5-45, Gabler, Wiesbaden, 1989.

[Hil99]   Hiles, A.: The Complete Guide to IT Service Level Agreements: Matching Service Quality to Business Needs. 2.Auflage, Rothstein Associates Inc, Connecticut, 1999.

[Hoh03]   Hochstein, A.; Hunziker, A.: Serviceorientierte Referenzmodelle des IT-Managements. In: Strategisches IT-Management, HMD – Praxis Wirtschaftsinformatik 232, S.45–56, 2003.

[Hol01]   Holthuis, J.: Der Aufbau von Data Warehouse-Systemen: Konzeption – Datenmodellierung – Vorgehen. 2.Auflage, Gabler, Wiesbaden, 2001.

[Hor08]   Horváth, P.: Controlling. 11.Auflage, Vahlen, München, 2008.

[HPD03]   Hewlett Packard Development: The HP IT Service Management (ITSM) Reference Model, Version 3.0, 2003. http://h40054.www4.hp.com/services/ downloads/HP_ITSM_Reference_ModelV.3.0.PDF, letzter Abruf am 18. April 2009.

[HPZ08]   Höller, J.; Pils, M.; Zlabinger, R.: Internet und Intranet, Herausforderung E-Business. 3.Auflage, Springer, Berlin, 2008.

[Hum87]   Humphrey, W.S.: Characterizing the Software Process - A Maturity Framework. Technical Report CMU/SEI-87-TR-11, Software Engineering Institute, Carnegie Mellon University, June 1987. http://www.sei.cmu.edu/pub/documents/ 87.reports/pdf/tr11.pdf, letzter Abruf am 21. Juni 2009.

[IBM00]   IBM Global Services: Managing information technology in a new age. Whitepaper, 2000. http://www-935.ibm.com/services/us/its/pdf/g510-1178-00.pdf, letzter Abruf am 01. Mai 2009.

[IqN07]   Iqbal, M.; Nieves, M.: Service Strategy (ITIL v3). Stationery Office Books, 2007.

[ISA05]   Information Systems Audit and Control Association (ISACA): CObIT 4.0. http://www.isaca.org/Template.cfm?Section=CobiT6&Template=/TaggedPage/ TaggedPageDisplay.cfm&TPLID=55&ContentID=7981, letzter Abruf am 28.11.2007.

[Ish68]   Ishikawa, K.: Guide to Quality Control. 2.Auflage, Asian Productivity Organization, New York, 1986.

[ISO86]   International Organization for Standardization: ISO/IEC 8879:1986 Information processing - Text and office systems - Standard Generalized Markup Language (SGML), 1986.

[ISO02]   International Organization for Standardization: ISO/IEC 13568:2002(E) Information technology – Z formal specification notation – Syntax, type system and semantics, 1986.

[ISO05a]   International Organization for Standardization: ISO/IEC 20000-2: Information Technology Part 1 – Service Management Specification. BSI Standards, Genf, 2005.

[ISO05b]   International Organization for Standardization: ISO/IEC 20000-2: Information Technology Part 2 – Service Management Code of Practice. BSI Standards, Genf, 2005.

[ISO06]   International Organization for Standardization: ISO/IEC 15504-5:2006. Information technology - Process Assessment - Part 5: An exemplar Process Assessment Model, 2006.

[ITG05]   IT Governance Institute: CObIT 4.0. http://www.isaca.at/Ressourcen/CobiT%204.0%20Deutsch.pdf, letzter Abruf am 01.Februar 2009.

[Jas98]   Jaschinski, C.: Qualitätsorientiertes Redesign von Dienstleistungen. Shaker, Aachen, 1998.

[Jen92]   Jensen, K.: Coloured Petri Nets. Vol.1: Basic Concepts. In: EATCS Monographs on Theoretical Computer Science. Springer, Berlin, 1992.

[JKW07]   Jensen, K.; Kristensen, L.M.; Wells, L.: Coloured Petri Nets and CPN Tools for Modelling and Validation of Concurrent Systems. In: Intl. Journal on Software Tools for Technology Transfer (STTT), Vol.9(3-4), S.213-254, Springer, Berlin, 2007.

[JoG07]   Johannsen, W.; Goeken, M.: Referenzmodelle für IT-Governance: strategische Effektivität und Effizienz mit CObIT, ITIL & Co. Dpunkt, Heidelberg, 2007.

[Jos00]   Jost, P.-J.: Organisation und Koordination. Eine ökonomische Einführung. Gabler, Wiesbaden, 2000.

[KaK02]   Karagiannis, D.; Kühn, H.: Metamodelling Platforms. In: Bauknecht, K. et. al. (Hrsg.): ECommerce and Web Technologies – Proc. 3rd Intl. Conf. EC-Web'02, S.182-196, Springer, Berlin, , 2002.

[KaR01]   Kalakota, R.; Robinson, M.: E-business 2.0: Road-map for Success. Addison-Wesley, Boston, 2001.

[KiK06]   Kiesling, T.; Krieger, T.: Efficient parallel queuing system simulation. In: Proc. 38th Conf. on Winter simulation, S.1020-1027, Monterey, 2006.

[KKN91]   Keller, G.; Kirsch, J.; Nüttgens, M.; Scheer, A.-W.: Informationsmodellierung in der Fertigungssteuerung. In: Forschungsberichte des Instituts für Wirtschaftsinformatik, Vol.80, Saarbrücken, 1991.

[KKS06]   Kittel, M.; Koerting, T.J.; Schött, D.: Kompendium für ITIL-Projekte – Menschen, Methoden, Meilensteine. Books on Demand GmbH, Norderstedt, 2006.

[KLO08]   Klink, S.; Li, Y.; Oberweis, A.: INCOME2010 – a Toolset for Developing Process-Oriented Information Systems Based on Petri Nets. In: Proc. Intl. Workshop on Petri Nets Tools and Applications (PNTAP 2008, associated to SIMUTools 2008). ACM digital library, Marseille, 2008.

[KMO05]   Keferstein, K.; Mevius, M.; Oberweis, A.: Management of E-Learning Processes with high-level Petri Nets. In: Proc. 8th Intl. Conf. on Computers and Advanced Technology (CATE'05), S.347-352, Oranjestad, 2005.

[KMO98]   Kneuper, R.; Müller-Luschnat, G.; Oberweis, A. (Hrsg.): Vorgehensmodelle für die betriebliche Anwendungsentwicklung. Teubner, Stuttgart, 1998.

[KMR99]   Kellner, M.I.; Madachy, R.J.; Raffo, D.M.: Software Process Simulation Modeling: Why? What? How?. In: Journal of Systems and Software, Vol.46(2/3), 1999.

[Kna09]   Knapp, D.: A Guide to Service Desk Concepts: Service Desk and the IT Infrastructure Library. 3.Auflage, Course Technology Publishing, 2009.

[Kne06]   Kneuper, R.: CMMI – Verbesserung von Softwareprozessen mit Capability Maturity Model Integration. 2.Auflage, Dpunkt, 2006.

[Knu64]   Knuth, D.E.: Backus normal form vs. Backus Naur form. In: Communications of the ACM archive, Vol.7(12), S.735-736, 1964.

[KoF99]   Kolmogorov, A.N.; Fomin, S.V.: Elements of the Theory of Functions and Functional Analysis. Dover Publication Inc., 1999.

[Köh06]   Köhler, P.T.: PRINCE 2. Springer, Berlin, 2006.

[Kos73]   Kosaraju, S.R.: Limitations of Dijkstra's Semaphore Primitives and Petri Nets. In: ACM SIGOPS Operating Systems Review, Vol.7(4), S. 122-126, 1973.

[Kra02]   Kramer, O.: Methode zur Optimierung der Wertschöpfungskette mittelständischer Betriebe. Dissertation, Herbert Utz Verlag, München, 2002.

[KrB05]   Krcmar, H.; Böhmann, T.: Service Data Management: Potenziale einer integrierten Informationslogistik für Entwicklung und Management industrialisierter IT-Dienstleistungen. In: IM - Information Management & Consulting, Nr. 20, S.13-20, 2005.

[Krc06]   Krcmar, H.: Informationsmanagement. 4. Auflage, Springer, Berlin, 2006.

[KrD04]   Krüger, W.; Danner, M.: Einsatz von Shared Service Centern für Finanzfunktionen. In: CM Controller Magazin, Vol.9(3), S. 215-220, Schäffer-Poeschel, Stuttgart, 2004.

[Kre92]   Kreikebaum, H.: Zentralbereiche. In: Frese, E. (Hrsg.): Handwörterbuch der Organisation, 3.Auflage, S.2603-2610, Schäffer-Poeschel, Stuttgart, 1992.

[Kre95]   Kreisel, H.: Zentralbereiche. Formen, Effizienz und Integration. Dissertation, Gabler, Wiesbaden, 1995.

[Kro05]   Kronz, A.: Management von Prozesskennzahlen im Rahmen der ARIS-
           Methodik. In: Scheer, A.-W. et. al. (Hrsg.): Corporate Performance
           Management: ARIS in der Praxis, Springer, Berlin, 2005.

[KüS99]   Küll, R.; Stähly, P.: Zur Planung und effizienten Abwicklung von
           Simulationsexperimenten. In: Biethahn, J. et. al. (Hrsg.): Simulation als
           betriebliche Entscheidungshilfe - State of the Art und neuere Entwicklungen.
           S.1-21, Physica, Heidelberg, 1999.

[Küt08]   Kütz, M.: Kennzahlen in der IT: Werkzeuge für Controlling und Management.
           3.Auflage, Dpunkt, 2008.

[KuS08]   Kutschker, M.; Schmid, S.: Internationales Management. 6.Auflage,
           Oldenbourg, München, 2008.

[KuW03]   Kuschke, M.; Wölfel, L.: Web Services kompakt. Spektrum Akademischer
           Verlag, Heidelberg, 2003.

[KWD04]   Kummer, O.; Wienberg, F.; Duvigneau, M.: Renew – User Guide. Arbeitsgruppe
           Theoretische Grundlagen der Informatik, Fachbereich Informatik, Universität
           Hamburg, 2004. http://www.informatik.uni-hamburg.de/TGI/renew/renew.pdf,
           letzter Abruf am 01.12.2009.

[Lar99]   Large, R.: Strategisches Beschaffungsmanagement. Gabler, 1999.

[LaS87]   G. Lausen, H.J. Schek: Semantic Specification of complex objects. In: IEEE
           Computer Society Symposium on Office Automation-Integration,
           Interconnection, and Use of Personal Computers, Gaithersburg, 1987.

[Law06]   Law, A.M.: Simulation Modeling and Analysis. 4.Auflage, McGraw Hill, 2006.

[LeB02]   Lee, J.J.; Ben-Natan, R.: Integrating Service Level Agreement: Optimizing Your
           OSS for SLA Delivery. Wiley & Sons, 2002.

[Leh95]   Lehmann, A.: Dienstleistungsmanagement. Strategien und Ansatzpunkte zur
           Schaffung von Servicequalität. Schäffer-Poeschel, Stuttgart, 1995.

[Len03]   Lenz, K.: Modellierung und Ausführung von E-Business Prozessen mit XML-
           Netzen. Dissertation, Frankfurt, 2003.

[LeO03]   Lenz, K.; Oberweis, A.: Inter-organizational Business Process Management with
           XML-Nets. In: Ehrig, H. et. al. (Hrsg.): Advances in Petri Nets, LNCS 2472,
           S.243-263, Springer, Berlin, 2003.

[Lip09]   Lipsky, L.: Queuing Theory: A Linear Algebraic Approach. 2.Auflage, Springer
           Science+Business, Berlin, 2009.

[LiX08]   Liberty, J.; Xie, D.: Programmieren mit C# 3.0. 3.Auflage, O'Reilly, Köln, 2008.

[LMO05]   Lenz, K.; Mevius, M.; Oberweis, A.: Process-oriented Business Performance Management with Petri Nets. In: Proc. 2nd Conf. on e-Technology, e-Commerce and e-Services, S.89-92, IEEE Computer Society, Hong Kong, 2005.

[LRS01]   Laddaga, R.; Robertson, P.; Shrobe, H.: Introduction to Self-adaptive Software: Applications. In: Laddaga, R. et. al. (Hrsg.): Proc. 2nd Intl. Workshop on Self-Adaptive Software: Applications (IWSAS 2001), LNCS 2614, S.1-5, Springer, 2001.

[LTC99]   Levitt, R.; Thomsen, J.; Christiansen, T.R.; Kunz, J.C.; Jin, Y.; Nass,C.: Simulating Project Work Processes and Organizations: Toward a Micro-Contingency Theory of Organizational Design. In: Management Science, Vol.45(11), S.1479-1495, 1999.

[Mag84]   Maggot, J.: Performance Evaluation of Concurrent Systems using Petri Nets. In: Information Processing Letters, Vol.18(1), S.7-13, 1984.

[MaS00]   Mandelbaum, A.; Shimkin, N.: A model for rational abandonments from invisible queues. In: Queueing Systems: Theory and Applications archive, Vol.36(1/3), S.141-173, 2000.

[Mas07]   Masak, D.: SOA? – Serviceorientierung in Business und Software. Springer, Berlin, 2007.

[MeB03]   Meffert, H.; Bruhn, M.: Dienstleistungsmarketing – Grundlagen, Konzepte, Methoden. 4.Auflage, Gabler, Wiesbaden, 2003.

[Mei02]   Meiren, T.: Organisation der Dienstleistungsentwicklung. In: Meiren, T.; Liestmann, V. (Hrsg.): Service Engineering in der Praxis – Kurzstudie zu Dienstleistungsentwicklung in deutschen Unternehmen, Fraunhofer IRB Verlag, Stuttgart, 2002.

[MeM87]   Meyer, A.; Mattmüller, R.: Qualität von Dienstleistungen: Entwurf eines praxisorientierten Qualitätsmodells. In: Marketing - Zeitschrift für Forschung und Praxis, Vol.9(3), S.187-195, 1987.

[MeP04]   Mevius, M.; Pibernik, R.: Process Management in Supply Chains – A New Petri-Net Based Approach. In: Proc. 37th Hawaii Intl. Conf. on System Sciences (HICCS'04), IEEE Computer Society, 2004.

[Mev06]   Mevius, M.: Kennzahlenbasiertes Management von Geschäftsprozessen mit Petri-Netzen. Dissertation, Verlag Dr. Hut, München, 2006.

[Mey08]   Meyer, C.: Betriebswirtschaftliche Kennzahlen und Kennzahlen-Systeme. 5.Auflage, Wissenschaft & Praxis, 2008.

[MGK05]   Mißbach, M.; Gibbels, P.; Karnstädt, J.; Stelzel, J.; Wagenblast, T.: Adaptive Hardware-Infrastrukturen für SAP: Lösungen und Kostenplanung. Galileo Press, Bonn, 2005.

[MOF08]   Microsoft Cooperation: Microsoft Operations Framework (MOF) 4.0, 2008. http://www.microsoft.com/downloads/details.aspx?FamilyId=457ED61D-27B8-49D1-BACA-B175E8F54C0C&displaylang=en, letzter Abruf am 18. April 2009.

[Mol89]   Molloy, M.K.: Performance analysis using stochastic Petri nets. In: Modeling and control of automated manufacturing systems, S.268-272, IEEE Press, 1989.

[MSD07]   Microsoft Developer Network: Curriculum Repository Glossary. http://www.academicresourcecenter.net/curriculum/glossary.aspx, letzer Abruf am 12.12.2008, 2007.

[MTH97]   Milner,R.; Tofte, M.; Harper, R.; MacQueen, D.: The Definition of Standard ML (Revised). MIT Press, 1997.

[Mül05]   Müller, J.: Workflow-based Integration. Springer, Berlin, 2005.

[MWD07]   Maximilien, E.M.; Wilkinson, H.; Desai, N.; Tai, S.: A Domain Specific-Language for Web APIs and Services Mashups. In: Proc. 5th Intl. Conf. on Service-Oriented Computing (ICSOC'07), LNCS 4749, S.13–26, Springer, Berlin, 2007.

[NeM02]   Neumann, K.; Morlock, M.: Operations Research. 2.Auflage, Hanser, München, 2002.

[NiO97]   Niessen, J.; Oldenburg, P.: Service Level Management – Customer Focused. The Stationary Office (TSO), London, 1997.

[NIT04]   National IT and Telecom Agency Definition of open Standards.Dänemark, 2004. http://www.epractice.eu/files/media/media_954.pdf, letzter Abruf am 10.Juli 2009.

[NLL09]   Ni, Z.; Lu, X.; Liu, D.: Simulation of Queuing Systems with Different Queuing Disciplines Based on Anylogic. In: Proc. Intl. Conf. on Electronic Commerce and Business Intelligence (ECBI), S.164-167, 2009.

[NRS00]   Neumann, S.; Rosemann, M.; Schwegmann, A.: Simulation von Geschäftsprozessen. In: Becker, J. et. al. (Hrsg.), Prozessmanagement, 4.Auflage, Springer, Berlin, 2000.

[OAS06]   Organization for the Advancement of Structured Information Standards
             (OASIS): ebXML Business Process Specification Schema Technical
             Specification, Version 2.0.4, 2006. http://docs.oasis-open.org/ebxml-
             bp/2.0.4/OS/spec/ebxmlbp-v2.0.4-Spec-os-en.pdf, letzter Abruf am 23.Juli 2009.

[OAS07a]   Organization for the Advancement of Structured Information Standards
             (OASIS): Business Process Execution Language for Web Services (WS-BPEL),
             Version 2.0, 11.April 2007, OASIS Standard. http://docs.oasis-
             open.org/wsbpel/2.0/OS/wsbpel-v2.0-OS.pdf, letzter Abruf am 1.April 2008.

[OAS07b]   Organization for the Advancement of Structured Information Standards
             (OASIS): WS-BPEL Extension for People (BPEL4People), Version 1.0, Juni
             2007. http://xml.coverpages.org/BPEL4People-V1-200706.pdf, letzter Abruf am
             1.April 2008.

[OAS07c]   Organization for the Advancement of Structured Information Standard (OASIS):
             Web Services Human Task (WS-HumanTask), Version 1.0, Juni 2007.
             http://xml.coverpages.org/WS-HumanTask-V1-200706.pdf, letzter Abruf am
             1.April 2008.

[Obe90]   Oberweis, A.: Zeitstrukturen für Informationssysteme. Dissertation, Universität
             Mannheim, 1990.

[Obe96a]   Oberweis, A.: Modellierung und Ausführung von Workflows mit Petri-Netzen.
             Teubner-Reihe Wirtschaftsinformatik, Teubner, 1996.

[Obe96b]   Oberweis, A.: An integrated approach for the specification of processes and
             related complex structured objects in business applications. In: Decision Support
             Systems, Vol.17(1), S.31-53, 1996.

[ObS94]   Oberweis, A.; Sänger, V.: A graphical query language for simulation databases.
             In: Journal of Microcomputer Applications, Vol.17(4), 1994.

[ObS96]   Oberweis, A.; Sander, P.: Information System Behaviour Specification by High-
             Level Petri Nets. In: ACM Transactions on Information Systems (TOIS),
             Vol.14(4), S.380-420, 1996.

[Oes93]   Oess, A.: Total Quality Management. Die ganzheitliche Qualitätsstrategie. 3.
             Auflage, Gabler, Wiesbaden, 1993.

[Oes06]   Oestereich, B.: Analyse und Design mit UML 2.1 – Objektorientierte
             Softwareentwicklung. Oldenbourg, 2006.

[OGC01a]   Office of Government Commerce: IT Infrastructure Library (ITIL) – Service
             Delivery. The Stationary Office (TSO), Van Haren, London, 2001.

[OGC01b]   Office of Government Commerce: IT Infrastructure Library (ITIL) – Service Support. The Stationary Office (TSO), Van Haren, London, 2001.

[OGC07a]   Office of Government Commerce: IT Infrastructure Library (ITIL) – Service Strategy. The Stationary Office (TSO), Van Haren, London, 2007.

[OGC07b]   Office of Government Commerce: IT Infrastructure Library (ITIL) – Service Design. The Stationary Office (TSO), Van Haren, London, 2007.

[OGC07c]   Office of Government Commerce: IT Infrastructure Library (ITIL) – Service Transition. The Stationary Office (TSO), Van Haren, London, 2007.

[OGC07d]   Office of Government Commerce: IT Infrastructure Library (ITIL) – Service Operation. The Stationary Office (TSO), Van Haren, London, 2007.

[OGC07e]   Office of Government Commerce: IT Infrastructure Library (ITIL) – Continual Service Improvement. The Stationary Office (TSO), Van Haren, London, 2007.

[Olb06]   Olbrich, A.: ITIL kompakt und verständlich. 3.Auflage, Vieweg, Wiesbaden, 2006.

[OMG06]   Object Management Group: Meta Object Facility (MOF) Core Specification, Version 2.0, Januar 2006. http://www.omg.org/spec/MOF/2.0/PDF/, letzter Abruf am 13. Juni 2009.

[OMG07]   Object Management Group: OMG Unified Modeling Language Superstructure, Version 2.1.2, November 2007. http://www.omg.org/docs/ formal/07-11-02.pdf, letzter Abruf am 01.Februar 2009.

[OMG09]   Object Management Group: Business Process Modeling Notation (BPMN), Version 1.2, Januar 2009. http://www.omg.org/docs/formal/09-01-03.pdf, letzter Abruf am 03.Februar 2009.

[OPR09]   Osterburg, S.; Pinnow, A.; Rautenstrauch, C.; Winter, M.: Neue Computing-Grundlagen für das Rechenzentrum. In: Bode, A.: Informatik Spektrum, Vol.32(2), S.118-126, Springer, Berlin, 2009.

[OSS97]   Oberweis, A.; Schätzle, R.; Stucky, W.; Weitz, W.; Zimmermann, G.: Der Einsatz von Petri-Netzen im INCOME/STAR- und INCOME/WF-Projekt. In: Stucky, W. et. al. (Hrsg.): Petri-Netze zur Modellierung verteilter DV-Systeme. Bericht 350, Institut AIFB, 1997.

[Öst90]   Österle, H. (Hrsg.): Integrierte Standardsoftware: Entscheidungshilfen für den Einsatz von Softwarepaketen, Band 2: Auswahl, Einführung und Betrieb von Standardsoftware. Hallbergmoos, 1990.

[Öst95]   Österle, H.: Business Engineering. Prozeß- und Systementwicklung I: Entwurfstechniken. 2.Auflage, Springer, Berlin, 1995.

[Pag87]   Pagnoni, A.: Stochastic Nets and Performance Evaluation. In: Brauer, W. et. al. (Hrsg.): Advances in Petri Nets, Part I, Proc. of an Advanced Course, LNCS 254, S.460-478, Springer, Berlin, 1987.

[Pap07]   Papazoglou, M.P.: Web services: principles and technology. Prentice Hall, Essex, 2007.

[Pat06]   Patig, S.: Die Evolution von Modellierungssprachen. Frank & Timme, Berlin; 2006.

[Pet62]   Petri, C.A.: Kommunikation mit Automaten. Schriften des Institut für Instrumentelle Mathematik, Nr.2, Bonn, 1962.

[Pet81]   Peterson, J.L.: Petri Net Theory and the Modelling of Systems. Prentice Hall, New Jersey, 1981.

[PiR95]   Picot, A.; Rohrbach, P.: Organisatorische Aspekte von Workflow-Management-Systemen. In: Information Management, Vol.10(1), S.28-35, 1995.

[Por96]   Porter, E.M.: Wettbewerbsvorteile: Spitzenleistungen erreichen und behaupten. 4.Auflage, Campus, Frankfurt am Main, 1996.

[PZB85]   Parasuraman, A.; Zeithaml,V.A.; Berry, L.L.: A Conceptual Model of Service Quality and Its Implications for Future Research. In: Journal of Marketing Vol.49(4), S.41-50, 1985.

[Raa08]   RAAD Research: IT Service Management - Status und Potenziale. Studie, 2008. http://www.raad.de/products/studien/ITIL2008/, letzter Abruf am 17.02.2009.

[RaB08]   Rausch, A.; Broy, M.: Die V-Modell XT Grundlagen. In: Höhn, R. et. al. (Hrsg.): Das V-Modell XT - Grundlagen, Methodik und Anwendungen, S.1-28, Springer, Berlin, 2008.

[Ram74]   Ramchandani, C.: Analysis of Asynchronous Concurrent Systems by Timed Petri Nets. Technical Report TR-120, MIT, Cambridge, 1974

[Rei85]   Reisig, W.: Systementwurf mit Netzen. Springer, 1985.

[Rei87]   Reisig, W.: Place/Transition Systems. In: Brauer, W. et. al. (Hrsg.): Advances in Petri Nets, Part I, Proc. of an Advanced Course, LNCS 254, S.117-141, Springer, Berlin, 1987.

[Rei91]   Reisig, W.: Petrinetze – Eine Einführung. Springer, 1982.

[Rei09]   Reisig, W.: Petrinetze. Modellierungstechnik, Analysemethoden, Fallstudien. http://www2.informatik.hu-berlin.de/top/pnene_buch/pnene_buch.pdf, letzter Abruf am 01.Oktober 2009.

[ReR98]   Reisig, W.; Rozenberg, G.: Lectures on Petri Nets I: Basic Models: Advances in Petri Nets. LNCS 1491, Springer, Berlin, 1998.

[ReS04]   Reichert, M.; Stoll, D.: Komposition, Choreograhpie und Orchestrierung von Web Services – Ein Überblick. In: EMISA Forum, Vol.24(2). S.21-32, 2004.

[RLP07]   Reinheimer, S.; Lang, F.; Purucker, J.; Brügmann, H.: 10 Antworten zu SOA. In: Serviceorientierte Architekturen (SOA), HMD – Praxis Wirtschaftsinformatik 253, S.7-17, 2007.

[RNR90]   Riesz, F.; Nagy, B.; Riesz, F.: Functional Analysis. Dover Publication Inc., 1990.

[Rob94]   Robertazzi, T.G.: Computer Networks and Systems: Queuing Theory and Performance Evaluation. 2.Auflage, Atlantic Books, 1994.

[RoG03]   Rottach, T.; Groß, S.: XML kompakt. Spektrum Akademischer Verlag, Heidelberg, 2003.

[Roh99]   Rhoton, J.: Programmer's Guide to Internet Mail: SMTP, POP, IMAP, and LDAP. Butterworth Heinemann, Woburn, 1999.

[Ros02]   Rosenkranz, F.: Geschäftsprozesse – Modell- und computergestützte Planung. Springer, Berlin, 2002.

[Rot01]   Rothlauf, J.: Total Quality Management in Theorie und Praxis. Oldenbourg Verlag, München, 2001.

[RRD03]   Rinderle, S.; Reichert, M.; Dadam, P.: Evaluation Of Correctness Criteria For Dynamic Workflow Changes. In: Proc. Intl. Conf. on Business Process Management (BPM'03), Eindhoven, LNCS 2678, S.41-57, Springer, Berlin, 2003.

[RYC04]   Ridley, G.; Young, J.; Carroll, P.: CObIT and its Utilization: A framework from the literature. In: Proc. 37th Hawaii Intl. Conf. on System Sciences (HICCS'04), IEEE Computer Society, 2004.

[SAB07]   Shwartz, L.; Ayachitula, N.; Buco, M.; Surendra, M.; Ward, C.; Weinberger, S.: Service Provider Considerations for IT Service Management. In: 10th IFIP/IEEE Intl. Symposium on Integrated Network Management (IM'07), S.757-760, 2007.

[Sam02]   Samtani, G.: B2B Integration: A Practical Guide to Collaborative E-commerce. Imperial College Press, 2002.

[San04]   Sandmann, W.: Simulation seltener Ereignisse mittels Importance Sampling unter besonderer Berücksichtigung Markov'scher Modelle. Dissertation, Mathematisch-Naturwissenschaftliche Fakultät, Rheinische Friedrich-Wilhelms-Universität Bonn, 2004.

[Sän96]   Sänger, V.: Eine graphische Anfragesprache für temporal Datenbanken. Dissertation, Fakultät für Wirtschaftswissenschaften, Universität Karlsruhe (TH), 1996.

[SBO07]   Schmidt, R.; Bartsch, C.; Oberhauser, R.: Ontology-based representation of compliance requirements for service processes. In: Proc. of the Workshop on Semantic Business Process and Product Lifecycle Management (SBPM 2007), held in conjunction with the 3rd European Semantic Web Conference (ESWC 2007), CEUR Workshop Proc. Vol.251, S.28-39, 2007.

[SBW09]   Stiehler,A.; Böhmann, T.; Weber, M.: IT Services Made in Germany - Stärken, Erfolgsbeispiele und Strategien deutscher IT-Dienstleister im internationalen Wettbewerb. Bitkom-Studie, 2009. http://www.bitkom.org/ files/documents /IT_Services_Made_in_Germany.pdf, letzter Abruf am 03. Februar 2009.

[ScB07]   Schmidt, R.; Bartsch, C.: Ontology-based Modelling of Service Processes and Services. In: Proc. Intl. Conf. on Applied Computing (IADIS), Salamanca, S.67-74, 2007.

[Sch86]   Schmenner, R.W.: How Can Service Businesses Survive and Prosper?. In: MIT Sloan Management Review, Vol.27(3), S. 21-32, 1986.

[Sch99]   Schneider, M.: Innovation von Dienstleistungen – Organisation von Innovationsprozessen in Universalbanken. Gabler, Wiesbaden, 1999.

[Sch02]   Scheer, A.-W.: ARIS – vom Geschäftsprozeß zum Anwendungssystem. Springer, Berlin, 2002.

[Sch03]   Schrey, J.: Wegweiser für effektive vertragliche Regelungen. In: Bernhard, M.G. et. al. (Hrsg.): IT-Outsourcing und Service-Management, S.313-342, Symposion, Düsseldorf, 2003.

[Sch04]   Schmidt, R.: IT-Service-Management - Aktueller Stand und Perspektiven für die Zukunft. Studie der HTM Aalen und des itSMF Deutschland e.V., 2004. http://www.itsmf.de/fileadmin/dokumente/Presse/Auswertung_ITIL-Studie.pdf, letzter Abruf am 17.02.2009.

[Sch05]   Schmidt, H.: Entwurf von Service-Level-Agreements auf der Basis von Dienstprozessen. 2.Auflage, Utz, München, 2005.

[Sch06]   Schmalzhaf, G.: SAP Adaptive Computing – Implementierung und Anwendung. Galileo Press, Bonn, 2006.

[Sch07a]   Scheer, A.-W.: ARIS – Business Process Modeling. 3.Auflage, Springer, Berlin, 2007.

[Sch07b]   Schmidt, M.: Zufriedenheitsorientierte Steuerung des Customer Care: Management von Customer Care Partnern mittels Zufriedenheits-Service Level Standards. Gabler, Wiesbaden, 2007.

[Sch07c]   Schulze, P.M.: Beschreibende Statistik. 6.Auflage, Oldenbourg, München, 2007

[Sch07d]   Schmalenbach, C.: Performancemanagement für serviceorientierte Java-Anwendungen - Werkzeug- und Methodenunterstützung im Spannungsfeld von Entwicklung und Betrieb. Springer, Berlin, 2007.

[ScK98]   Schildt, G.; Kastner, W.: Prozessautomatisierung. Springer, Wien, 1998.

[SeH93]   Seghezzi, H.D.; Hansen J.R.: Qualitätsstrategien – Anforderungen an das Management der Zukunft. Hanser, München, 1993.

[SMJ00]   Sturm, R.; Morris, W.; Jander, M.: Foundations of Service Level Management. Sams, 2000.

[Soe04]   Söderström, E.: B2B Standards Implementation: Issues and Solutions. Dissertation, Department of Computer and Systems Sciences, Universität Stockholm, 2004.

[Spe92]   Spendolini, M.J.: The Benchmarking Book. American Management Association, Amacom, New York, 1992.

[SSH95]   Sander, P. Stucky, W.; Herschel, R.: Automaten, Sprachen, Berechenbarkeit. Teubner, Stuttgart, 1995.

[Sta08]   Starke, G.: Effektive Softwarearchitekturen. 3.Auflage, Hanser, München, 2008.

[Sta73]   Stachowiak, H.: Allgemeine Modelltheorie. Springer, New York, 1973.

[Sta90]   Starke, P.H.: Analyse von Petri-Netz-Modellen. Teubner, Stuttgart, 1990.

[Ste05]   Stehno, C.: Interchangeable High-Level Time Petri Nets. PNML Workshop - Towards an ISO/IEC Standard Transfer Syntax for Petri Nets, Helsinki, 2005.

[STR00]   Steinle, C.; Thiem, H.; Rohden, H.: Controlling als interne Serviceleistung. In: Controlling, Vol.12(6), S.281-287, Vahlen, München, 2000.

[StS09]   Stantchev, V.; Schröpfer, C.: Negotiating and Enforcing QoS and SLAs in Grid and Cloud Computing. In: Abdennadher, N. et. al. (Hrsg.): Advances in Grid and Pervasive Computing (GPC'09), LNCS 5529, S.25-35, Springer, Berlin, 2009.

[StV05]   Stahl, T.; Völter, M.: Modellgetriebene Softwareentwicklung – Techniken, Engineering, Management. Dpunkt, Heidelberg, 2005.

[Sur05]   Sure, M.: Controlling von Outsourcing-Geschäftsbeziehungen. In: Zeitschrift für Controlling & Management, Vol.49(5), S.328-331, Gabler, Wiesbaden, 2005.

[SZD04]   Schmidt, R.; Zepf, M.; Dollinger, B.F.: Verbreitung und Nutzen des Prozessorientierten IT-Managements - Wo steht ITIL?. FH Aalen, 2004. http://www.fcs-consulting.de/Ergebnisse_ITIL-Studie.pdf, letzter Abruf am 23. März 2005.

[Ter04]   Terry, P.D.: Compiling with C# and Java. Addison-Wesley, Harlow, 2004.

[Thi86]   Thiagaran, P.S.: Elementary Net Systems. In: Brauer, W. et. al. (Hrsg.): Petri Nets: Central Models and Their Properties – Advances in Petri Nets 1986, Part I Proc. of an Advanced Course, S.26-60, Bad Honnef, 1986.

[Tie07]   Tiemeyer, E.: Organisation und Führung im IT-Bereich. In: Tiemeyer, E. (Hrsg.), Handbuch IT-Management, S.347-384, 2007.

[TLD07]   Thomas, O.; Leyking, K.; Dreifus, F.: Prozessmodellierung im Kontext serviceorientierter Architekturen. In: Serviceorientierte Architekturen (SOA), HMD – Praxis Wirtschaftsinformatik 253, S.37-46, 2007.

[UNE09]   United Nations Economic Comission for Europe: United Nations Electronic Data Interchange for Administration, Commerce and Transport (UN/EDIFACT). http://www.unece.org/trade/untdid/directories.htm, letzter Abruf am 16. April 2009.

[VDI93]   VDI-Gesellschaft Fördertechnik Materialfluss Logistik: VDI-Richtlinie 3633, Blatt 1 – Simulation von Logistik-, Materialfluß- und Produktionssystemen - Grundlagen. VDI-Verlag, Düsseldorf, 1993.

[VöN08]   Völker, R.; Neu, J.: Supply Chain Collaboration: Kollaborative Logistikkonzepte für Third- und Fourth-Tier-Zulieferer. Physica, Heidelberg, 2008.

[Vos08]   Vossen, G.: Datenmodelle, Datenbanksprachen und Datenbankmanagement-systeme. 5.Auflage, Oldenbourg, Wiesbaden, 2008.

[W3C99a]   World Wide Web Consortium: HyperText Markup Language 4.01 (HTML) Specification, W3C Recommendation 24.Dezember 1999. http://www.w3.org/TR/html401/, letzter Abruf am 03.Mai 2009.

[W3C99b]   World Wide Web Consortium: XSL Transformations (XSLT) 1.0, W3C Recommendation 16 November 1999. http://www.w3.org/TR/xslt, letzter Abruf am 12.Dezember 2009.

[W3C01]   World Wide Web Consortium: Web Services Description Language (WSDL) 1.1, 2001. http://www.w3.org/TR/2001/NOTE-wsdl-20010315, letzter Abruf am 18.April 2009.

[W3C04] World Wide Web Consortium: Extensible Markup Language (XML) 1.1 (Second Edition), W3C Recommendation 16.August 2006. http://www.w3.org/TR/2006/REC-xml11-20060816/, letzter Abruf am 01.Februar 2009.

[W3C06] World Wide Web Consortium: Namespaces in XML 1.1. W3C Recommendation (Second Edition) 16 August 2006. http://www.w3.org/TR/xml-names11/, letzter Abruf am 15.Juni 2009.

[W3C07a] World Wide Web Consortium: Simple Object Access Protocol (SOAP) 1.2, W3C Recommendation (Second Edition) 27 April 2007. http://www.w3.org/TR/soap/, letzter Abruf am 18.April 2009.

[W3C07b] World Wide Web Consortium: XML Path Language (XPath) 2.0, W3C Recommendation 23 January 2007. http://www.w3.org/TR/xpath20/, letzter Abruf am 08.September 2009.

[W3C07c] World Wide Web Consortium: XQuery 1.0: An XML Query Language, W3C Recommendation 23 January 2007. http://www.w3.org/TR/xquery/, letzter Abruf am 08.September 2009.

[W3C08a] World Wide Web Consortium: XML Schema Definition Language (XSD) 1.1 Part 1: Structures, W3C Working Draft Juni 2008. http://www.w3.org/TR/xmlschema11-1/, letzter Abruf am 01.Februar 2009.

[W3C08b] World Wide Web Consortium: XML Schema Definition Language (XSD) 1.1 Part 2: Datatypes, W3C Working Draft Juni 2008. http://www.w3.org/TR/xmlschema11-2/, letzter Abruf am 01.Februar 2009.

[Wal06] Walther, R.: Service Level Agreements. VDM Verlag Dr. Müller, Saarbrücken, 2006.

[Wan98] Wang, J.: Timed Petri Nets - Theory and Application. Springer, Berlin, 1998.

[WAP01] Wireless Application Protocol Forum: Wireless Markup Language Version 2.0 (WML), WAP-238-WML-20010911-a, 2001. http://www.openmobilealliance.org/tech/affiliates/wap/wap-238-wml-20010911-a.pdf, letzter Abruf am 09.August 2009.

[Wei98] Weitz, W.: Combining Structured Documents with High-level Petri-Nets for Workflow Modeling in Internet-based Commerce. In: Intl. Journal of Cooperative Information Systems, Vol.7(4), S.275-296, 1998.

[Wes07] Weske, M.: Business Process Engineering – Conecpts, Languages, Architectures. Springer, Berlin, 2007.

[Whi04]   White, S.A.: Introduction to BPMN. http://www.bpmn.org/Documents/ Introduction%20to%20BPMN.pdf, letzter Abbruf am 20.März 2007.

[Wil82]   Wild, J.: Grundlagen der Unternehmensplanung. 4.Auflage, VS Verlag für Sozialwissenschaften, Reinbek bei Hamburg, 1982.

[Win06]   Winkelmann, K.: Entwicklung einer Methodik zur Modellierung und Bewertung von dezentralen Erbringungsstrukturen im Dienstleistungsgeschäft kleiner und mittlerer Investitionsgüterhersteller mit Petri-Netzen. Abschlussbericht ServNET, FIR RWTH Aachen, 2006. http://www.fir.rwth-aachen.de/themen/20051231_servnet_AiF14005N_20080717bibcd.pdf, letzter Abruf am 03.Oktober 2009.

[Wir06]   Wirtz, B.W.: Einführung zum Mergers & Aquisitions Management. In: Wirtz, B.W. (Hrsg.), Handbuch Mergers & Aquisitions Management, Gabler, 2006.

[Wir74]   Wirt, N.: On the Design of Programming Languages. In: Rosenfeld, J.L. (Hrsg.): Proc. of the IFIP Congress in Information Processing '74, S.386-393, Amsterdam, 1974.

[WKH98]   Wolak, R.; Kalafatis, S.; Harris, P.: An Investigation into Four Characteristics of Services. In: Journal of Empirical Generalisations in Marketing Science, Vol.3(2), 1998. http://members.byronsharp.com/empgens/emp1.pdf, letzter Abruf am 13.April 2008.

[WMC95]   Workflow Management Coalition: The Workflow Reference Model. Document Number TC00-1003, Issue 1.1, 19.Januar 1995. http://www.wfmc.org/standards/docs/tc003v11.pdf, letzter Abruf am 12.März 2009.

[WMC08]   Workflow Management Coalition: XPDL 2.1 Specification. http://www.wfmc.org/xpdl.html, letzter Abruf am 02.August 2009.

[YSG99]   Yusuf, Y.Y.; Sarhadi, M.; Gunasekaran, A.: Agile manufacturing: The drivers, concepts and attributes. In: International Journal of Production Economics, Vol.62, S.33-43, 1999.

[Zac87]   Zachman, J.A.: A framework for information systems architecture. In: IBM Systems Journal, Vol 26(3), S.276-292, 1987.

[Zan71]   Zangemeister, C.: Nutzwertanalyse in der Systemtechnik: Eine Methodik zur multidimensionalen Bewertung und Auswahl von Projektalternativen. Zangemeister & Partner, München, 1971.

[Zar07]   Zarnekow, R.: Produktionsmanagement von IT-Dienstleistungen - Grundlagen, Aufgaben und Prozesse. Springer, Berlin, 2007.

[ZBP05]   Zarnekow, R.; Brenner, W.; Pilgram, U.: Integriertes Informationsmanagement –
            Strategien und Lösungen für das Management von IT-Dienstleistungen.
            Springer, Berlin, 2005.

[Zei81]   Zeithaml, V.A.: How Consumer Evaluation Processes Differ Between Goods
            and Services. In: Donnelly, J. et. al. (Hrsg.): Marketing of Services, S.39-47,
            American Marketing Association, Chicago, 1981.

[ZEW08]   Zentrum für Europäische Wirtschaftsforschung. FAZIT Unternehmensbefragung
            Sommer 2008 – Kurzbericht. Ausgabe 3, 2008. http://www.fazit-
            forschung.de/uploads/secure/mit_download/Fazit_   Kurzbericht_3_2008.pdf,
            letzer Abruf am 16. Dezember 2008.

[ZHB05]   Zarnekow, R.; Hochstein, A.; Brenner, W.: Service-orientiertes IT-Management.
            Springer, Heidelberg, 2005.

[ZhS99]   Zhang, Z.; Sharifi, H.: A methodology for achieving agility in manufacturing
            organizations: An introduction. In: Intl. Journal of Production Economics,
            Vol.62(1-2), S.7-22, 1999.

[Zim80]   Zimmermann, H.: OSI Reference Model — The ISO Model of Architecture for
            Open Systems Interconnection. In: IEEE Transactions on Communications,
            Vol.28(4), S.425-432, 1980.

[Zim01]   Zimmer, T.: Petri-Netz-Konzepte für die Simulation verteilter betrieblicher
            Abläufe. Shaker, 2001.

[ZKP02]   Zeigler, B.P.; Kim, T.-G.; Praehofer, H.: Theory of Modeling and Simulation:
            Integrating Discrete Event and Continuous Complex Dynamic Systems.
            2.Auflage, Academic Press, 2002.

[Zol06]   Zollondz, H.-D.: Grundlagen Qualitätsmanagement: Einführung in Geschichte,
            Begriffe, Systeme und Konzepte. 2.Auflage, Oldenbourg, München, 2006.

[Zub85]   Zuberek, W.M.: Performance Evaluation Using Extended Timed Petri Nets. In:
            Intl. Workshop on Timed Petri Nets, S.272-278, IEEE Computer Society Press,
            1985.

9 Anhang

A.1 ITIL v3, CObIT und ISO/IEC 20000-Zuordnung zum *Re-QualIT*–Qualitätsanforderungsmodell

A. ITIL v3-Zuordnung zum *Re-QualIT*–Qualitätsanforderungsmodell

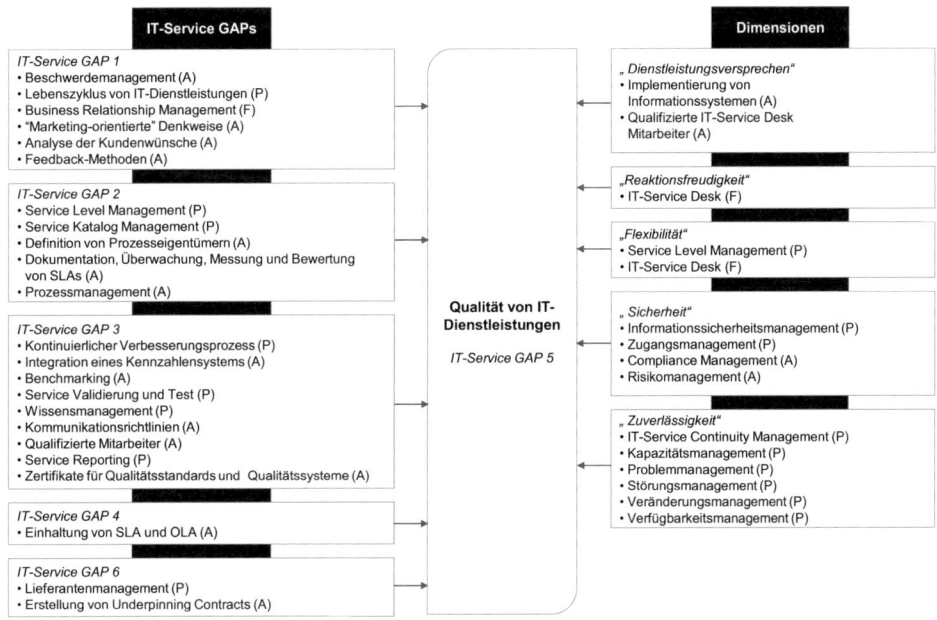

B. ISO/IEC 20000-Zuordnung zum *Re-QualIT*–Qualitätsanforderungsmodell

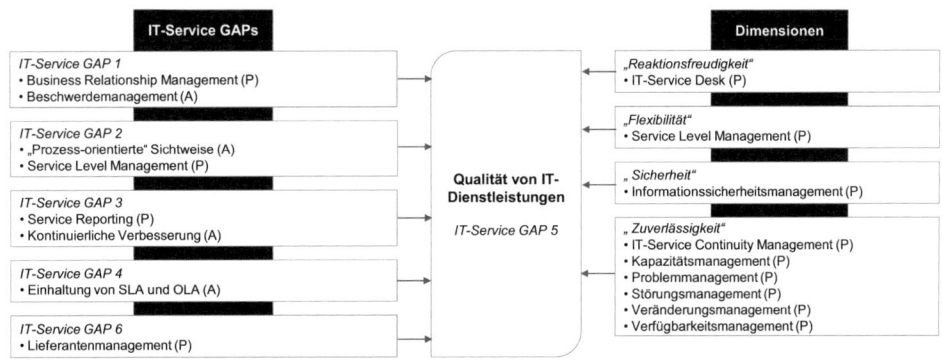

C.   CObIT-Zuordnung zum *Re-QualIT*–Qualitätsanforderungsmodell

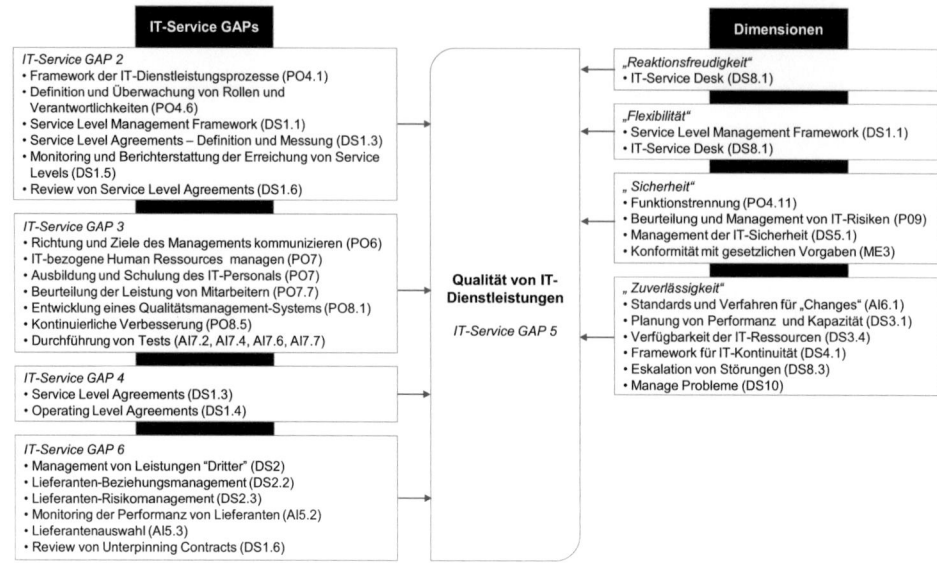

D.   Plausibilitätsprüfung „*Re-QualIT*" – Qualitätsanforderungsmodell

	ITIL v3	**CObIT**	**ISO/IEC 20000**
IT-Service GAP 1	**Business Relationship Management**		**Business Relationship Management**
	Beschwerde-management		**Beschwerde-management**
	Lebenszyklus von IT-Dienstleistungen		
	„Marketing-orientierte" Denkweise		
	Feedback-Methoden		
	Analyse der Kundenwünsche		
IT-Service GAP 2	**Prozessmanagement**	**Framework der IT-Dienstleistungs-prozesse**	**„Prozess-orientierte" Sichtweise**
	Bestimmung von Prozessverant-wortlichen	**Definition und Überwachung von Rollen und Verantwortlichkeiten**	
	Service Level Management	**Service Level Management Framework**	**Service Level Management**
	Dokumentation, Überwachung, Messung und Review von SLAs	**Service Level Agreements – Definition und Messung**	
		Review von Service Level Agreements	

	ITIL v3	CObIT	ISO/IEC 20000
IT-Service GAP 2		Monitoring und Berichterstattung der Erreichung von Service Levels	
	Service Katalog Management		
IT-Service GAP 3	Kontinuierlicher Verbesserungsprozess	Kontinuierliche Verbesserung	Kontinuierliche Verbesserung
	Integration eines Kennzahlensystems		
	Service Reporting		Service Reporting
	Service Validierung und Test	Durchführung von Tests	
	Qualifizierte Mitarbeiter	Ausbildung und Schulung des IT-Personals	
	Kommunikations-richtlinien	Richtung und Ziele des Managements kommunizieren	
	Zertifikate für Qualitäts-standards und Qualitäts-systeme	Entwicklung eines Qualitätsmanagement-Systems	
	Benchmarking		
	Wissensmanagement		
		IT-bezogene Human Ressources managen	
		Beurteilung der Leistung von Mitarbeitern	
IT-Service GAP 4	Einhaltung von SLA und OLA	Service Level Agreements	Einhaltung von SLA und OLA
		Operating Level Agreements	
IT-Service GAP 6	Lieferanten-management	Lieferanten-Beziehungsmanagement	Lieferanten-management
		Management von Leistungen „Dritter"	
		Monitoring der Performance von Lieferanten	
		Lieferanten-Risikomanagement	
		Vertragsmanagement für Lieferanten	
		Lieferantenauswahl	
	Erstellung von Underpinning Contracts	Review von Underpinning Contracts	

	ITIL v3	CObIT	ISO/IEC 20000
„Sicherheit"	Informationssicher-heitsmanagement	Management der IT-Sicherheit	Informationssicher-heitsmanagement
	Risikomanagement	Beurteilung und Management von IT-Risiken	
	Compliance Management	Konformität mit gesetzlichen Vorgaben	
	Zugangsmanagement		
		Funktionstrennung	
„Flexibilität"	Service Level Management	Service Level Management Framework	Service Level Management
	IT-Service Desk	IT-Service Desk	
„Dienstlei-stungsver-sprechen"	Qualifizierte IT-Service Desk Mitarbeiter		
	Implementierung von Informationssystemen		
„Reaktions-freudigkeit"	IT-Service Desk	IT-Service Desk	IT-Service Desk
„Zuver-lässigkeit"	Veränderungs-management	Standards und Verfahren für „Changes"	Veränderungs-management
	Verfügbarkeits-management	Verfügbarkeit der IT-Ressourcen	Verfügbarkeits-management
	IT-Service Continuity-Management	Framework für IT-Kontinuität	IT-Service Continuity-Management
	Kapazitäts-management	Planung von Performance und Kapazität	Kapazitätsmanagement
	Störungsmanagement	Eskalation von Störungen	Störungsmanagement
	Problemmanagement	Manage Probleme	Problemmanagement

A.2 Datentypen in XML-Schema

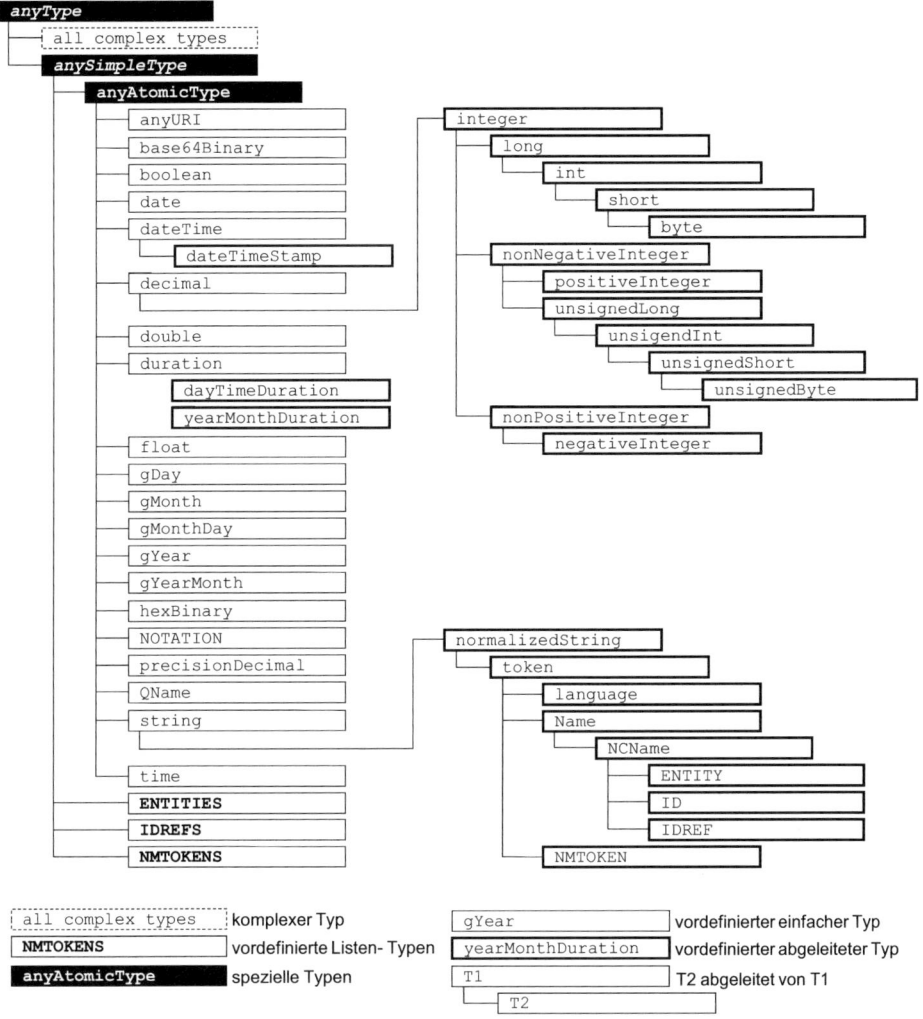

all complex types	komplexer Typ
NMTOKENS	vordefinierte Listen- Typen
anyAtomicType	spezielle Typen

gYear	vordefinierter einfacher Typ
yearMonthDuration	vordefinierter abgeleiteter Typ
T1 / T2	T2 abgeleitet von T1

A.3 Werkzeuge für das Service Level Management

Unternehmen	Produkt
ACOSOFT GmbH	Acosoft Servicecenter
http://www.acosoft.de/Servicecenter.html	
Frox Communication	BMC Remedy IT Service Management / BMC® Service Level
http://www.frox.com/index.php?TPL=10122	
Evidian	Open Master – Service Management intelligence
http://www.evidian.com/openmaster/index.php	
Softek	Softek Enview
http://www-950.ibm.com/services/dms/en/support/enview/	
FrontRange solutions	FrontRange ITSM – Modul Service Level Management
http://www.frontrange.com/itsm.aspx	
Hewlett-Packard GmbH	HP Business Service Level Management Software
https://h10078.www1.hp.com/cda/hpms/display/main/hpms_content.jsp?zn=bto&cp=1-11-15-25^762_4000_5__&jumpid=reg_R1002_DEDE	
Nimsoft, Inc	Nimsoft Monitoring Solution (NMS)
http://www.nimsoft.com/solutions/sla-monitoring.php	
aradyne Networks, Inc.	OpenLane Service Level Management Solutions
http://www.advantagetelcom.com/downloads/documents/paradyne/openlane.pdf	
ProdexNet, Inc.,	ProdexNet Service Level Management
http://www.prodexnet.com/service_management.htm	
Compuware Corporation	Compuware Service Level Management
http://www.compuware.com/solutions/it_service_management.asp	
BMC Software, Inc.	BMC Service Level Management
http://www.bmc.com/products/product-listing/53174792-132703-1311.html	
SAS® SLM	SAS Institute Inc.
http://www.sas.com/offices/europe/germany/solutions/ps_it_1.html	
Axios Systems Global HQ	Assyst – Service Level Manager
http://www.axiossystems.de/six/de/products/service_level_management	
ServicePilot Inc.	ServicePilot ISM
http://www.servicepilot.com/So_SLM.htm	
IBM Corporation	IBM Tivoli Service Level
http://www-01.ibm.com/software/tivoli/products/service-level-advisor/	
Omninet GmbH	Omnitracker
http://www.omninet.de/index.php?id=232&L=0	
LiveTime Software, Inc.	LiveTime Service Level Management
http://www.livetime.com/itil-service-management/service-manager/service-level-management	
Matrix42	Matrix42 Service Management Gesamtlösung
http://www.update4u.de/home-de/produkte/service-desk/service-level-management.html	
Oblicore, Inc.,	Oblicore Guarantee
http://www.oblicore.com/	

A.4 Beispiel eines IT-Dienstleistungsprozesses aus einem ITSM-bezogenen Forschungstransferprojekt

A. Incident Management Prozess (IM-Prozess)

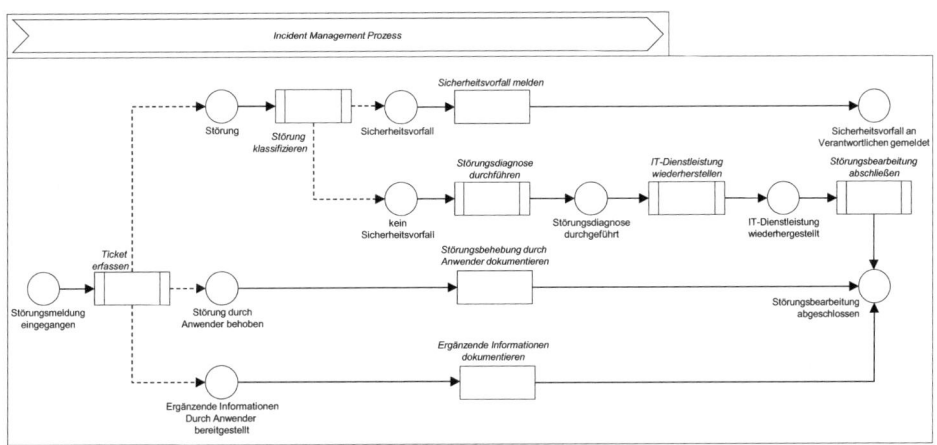

B. IM-Prozess: Ticket erfassen

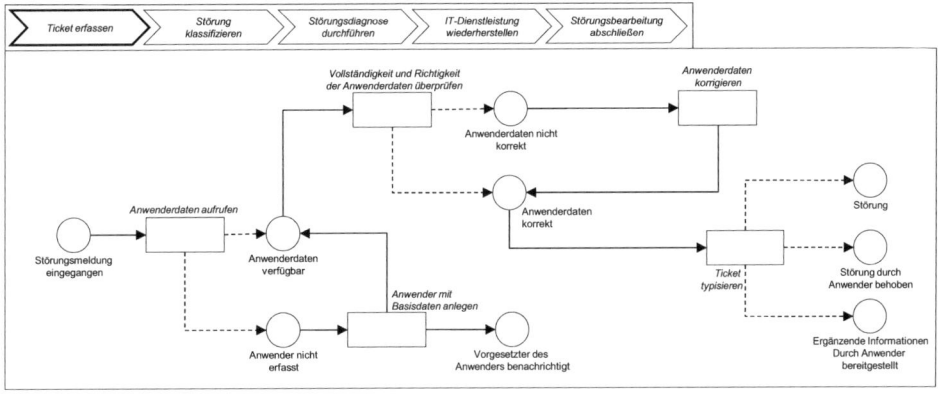

C.   IM-Prozess: Störung klassifizieren

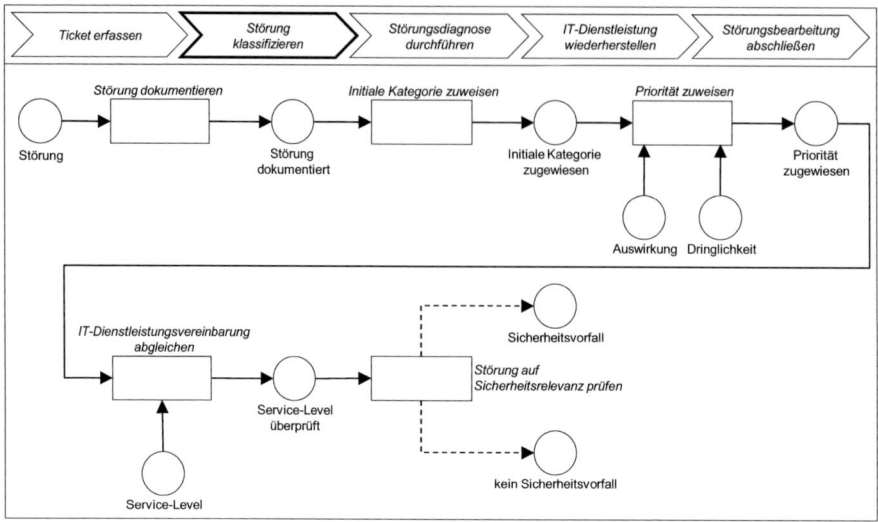

D.   IM-Prozess: Störungsdiagnose durchführen

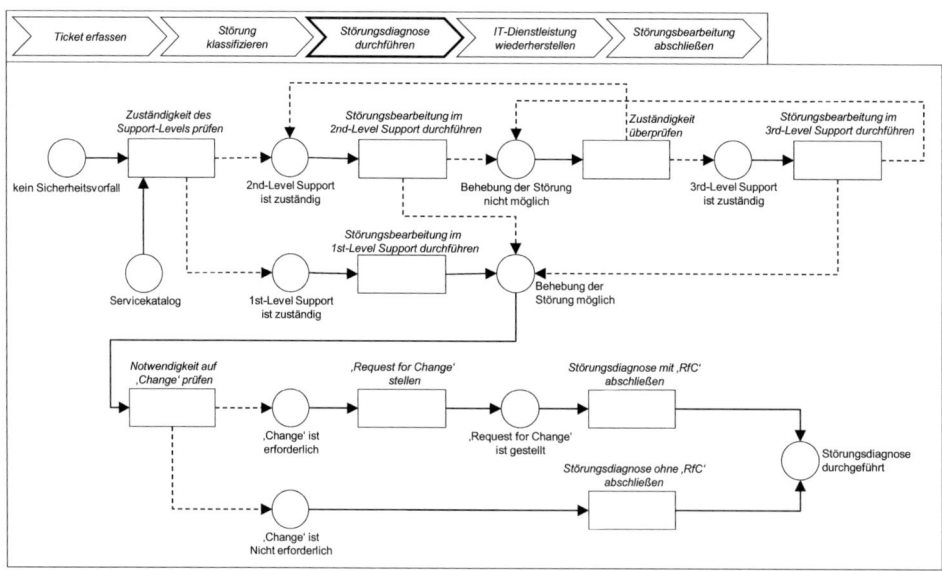

E. IM-Prozess: IT-Dienstleistung wiederherstellen

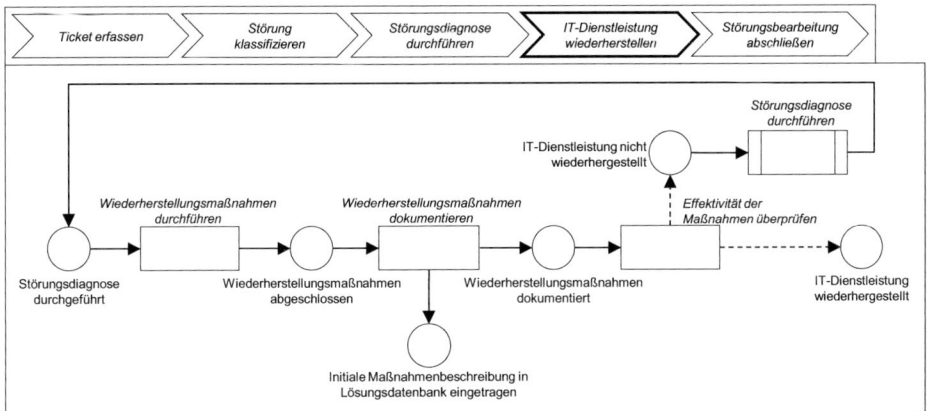

F. IM-Prozess: Störungsbearbeitung abschließen

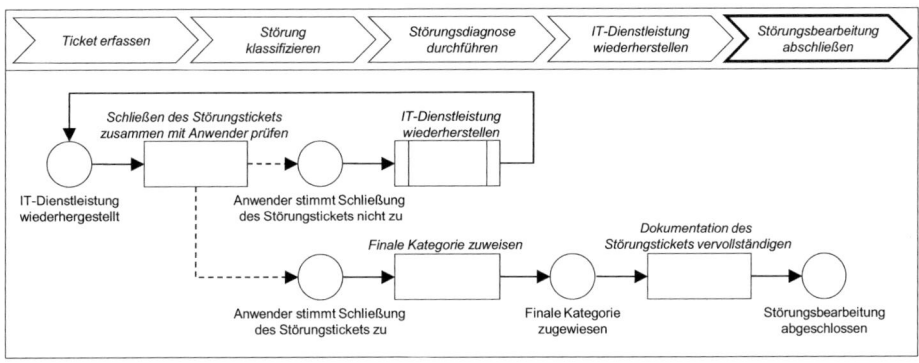

A.5 Simulationswerkzeuge

	INCOME Process Designer	EXSPECT	PACE	CPN Tool	WoPeD	Snoopy	PIPE2	StpnPlay
Unterscheidbare Marken	Ja	Ja	Ja	Ja	Nein	Nein	Nein	Nein
Stochastische Petri-Netze	Ja	Ja	Ja	Ja	Nein	Ja	Ja	Ja
Wahrscheinlich-keit an Transition	Ja	Ja	Ja	Ja	Ja	Ja	Ja	Nein
Zeiterweiterung (stoch. PN)	Ja	Ja	Ja	Ja	Nein	Ja	Ja	Ja
Prioritäten oder Inhibitorkanten	Ja	Ja	Nein	Ja	Nein	Ja	Ja	Nein
Simulation	Ja	Ja	Ja	Ja	Ja	Ja	Ja	Ja
Analyse	Ja	Ja	Ja	Ja	Ja	Nein	Ja	Ja
Verfeinerung	Ja	Ja	Ja	Ja	Ja	Ja	Nein	Nein
Dokumentation	Ja	Ja	Ja	Ja	Ja	Nein	Nein	Nein
Testkante	Ja	Nein	Nein	Nein	Nein	Ja	Nein	Nein
Version (Datum)	4.8.4 (2006)	6.4.1 (2000)	7.1 (2008)	2.2.0 (2006)	2.3.0 (2009)	2.0 (2009)	2.5 (2007)	0.8.5 (2000)
Anbieter	Synlogic AG	Eindhoven University of Technology	IBE Simulation Engineering GmbH	CPN Group, University of Aarhus	Duale Hoch-schule Baden-Württemberg	Branden-burgische TU	Universitat de les Illes Balears	Czech Techni-cal University Prag
Internetseite	1	2	3	4	5	6	7	8

1: http://www.synlogic.ch/

2: http://www.exspect.com/   3: http://www.ibepace.com/index_de.html

4: http://wiki.daimi.au.dk/cpntools/cpntools.wiki   5: http://www.woped.org/

6: http://www-dssz.informatik.tu-cottbus.de/index.html?/software/snoopy.html

7: http://pipe2.sourceforge.net/index.html

8: http://dce.felk.cvut.cz/capekj/StpnPlay/?pg=editor.htm

A.6 Simulationsexperiment-Daten

Simulationsexperiment 1

$$ip_{l-1} = \quad [\tau(t_1(ip_{l-1})) = 5] \rightarrow [\tau(t_2(ip_{l-1})) = 7; a(id_1), a(id_3)] \rightarrow [\tau(t_3(ip_{l-1})) = 12; a(id_2)];$$
$$\tau(ip_{l-1}) = 24;$$

	$A(ip_{l-1})^{177}$	$M(s_4)$	$M(s_3)$	$M(s_2)$	$M(s_1)$	$F(id_1)_{sim}$	$a(id_1)_{sim}$	$F(id_2)_{sim}$	$a(id_2)_{sim}$	$F(id_3)_{sim}$	$a(id_3)_{sim}$
Sim1											
	0,969	3369	110	0	1	8	0,967	6	0,975	10	0,958
$a(id_1) = 0,95$	0,940	3269	210	0	1	11	0,954	13	0,946	11	0,954
$a(id_2) = 0,95$	0,953	3314	165	0	1	11	0,954	12	0,950	12	0,950
$a(id_3) = 0,95$	0,979	3404	75	0	1	15	0,938	4	0,983	8	0,967
	0,944	3284	135	0	1	7	0,971	12	0,950	13	0,946
$\bar{x}$	**0,957**	**3328**	**139**	**0**	**1**	**10**	**0,957**	**9**	**0,961**	**11**	**0,955**
Sim2											
	0,981	3413	66	0	1	9	0,985	12	0,980	16	0,973
$a(id_1) = 0,98$	0,977	3397	82	0	1	14	0,977	15	0,975	7	0,988
$a(id_2) = 0,98$	0,971	3377	102	0	1	10	0,983	20	0,967	5	0,992
$a(id_3) = 0,98$	0,974	3388	91	0	1	14	0,977	18	0,970	15	0,975
	0,981	3413	66	0	1	9	0,985	13	0,978	7	0,988
$\bar{x}$	**0,977**	**3398**	**81**	**0**	**1**	**11**	**0,981**	**16**	**97,4**	**10**	**0,983**
Sim3											
	0,993	3455	24	0	1	13	0,989	7	0,994	12	0,990
$a(id_1) = 0,99$	0,990	3442	37	0	1	11	0,991	12	0,990	13	0,989
$a(id_2) = 0,99$	0,993	3452	27	0	1	9	0,993	8	0,993	15	0,988
$a(id_3) = 0,99$	0,990	3443	36	0	1	9	0,993	11	0,991	13	0,989
	0,988	3437	42	0	1	16	0,987	13	0,989	11	0,991
$\bar{x}$	**0,991**	**3446**	**33**	**0**	**1**	**12**	**0,990**	**10**	**0,992**	**13**	**0,989**
Sim4											
	0,984	3422	57	0	1	14	0,942	14	0,988	7	0,971
$a(id_1) = 0,95$	0,985	3425	54	0	1	10	0,958	12	0,990	13	0,946
$a(id_2) = 0,99$	0,990	3444	35	0	1	8	0,967	9	0,993	14	0,942
$a(id_3) = 0,95$	0,982	3416	63	0	1	15	0,938	11	0,991	14	0,942
	0,988	3437	42	0	1	11	0,954	3	0,998	11	0,954
$\bar{x}$	**0,986**	**3429**	**50**	**0**	**1**	**12**	**0,952**	**10**	**0,992**	**12**	**0,951**
Sim5											
	0,988	3436	43	0	1	11	0,954	8	0,997	14	0,942
$a(id_1) = 0,95$	0,993	3455	32	0	1	8	0,967	9	0,996	10	0,958
$a(id_2) = 0,995$	0,991	3447	24	0	1	7	0,971	10	0,996	12	0,950
$a(id_3) = 0,95$	0,990	3444	35	0	1	18	0,925	10	0,996	8	0,967
	0,991	3445	34	0	1	9	0,963	7	0,997	12	0,950
$\bar{x}$	**0,991**	**3445**	**34**	**0**	**1**	**11**	**0,956**	**9**	**0,996**	**11**	**0,953**

---

[177] Falls nicht anders angegeben, liegt der maximale Prozessoutput der Simulationsexperimenten (wenn alle IT-Dienstleistungen zu 100% verfügbar sind) bei 3478 Objekten.

a(id$_1$)	a(id$_2$)	a(id$_3$)	A(ip$_{1-1}$)			$\varrho_{id_1,ip_{1-1}}$	$\varrho_{id_2,ip_{1-1}}$	$\varrho_{id_3,ip_{1-1}}$
			E(ip$_{1-1}$)	Var(ip$_{1-1}$)	$\varrho_{ip_{1-1}}$			
0,950	0,950	0,950	0,957	2,70	1,64	-0,50	0,97	0,84
0,980	0,980	0,980	0,977	0,20	0,45	0,44	0,99	-0,32
0,990	0,990	0,990	0,991	0,05	0,21	0,37	0,99	-0,47
0,950	0,990	0,950	0,986	0,11	0,33	0,86	0,62	-0,20
0,950	0,995	0,950	0,991	0,04	0,20	0,37	-0,29	0,52

$$ip_{2-1} = \quad \left[\tau\big(t_1(ip_{2-1})\big) = 5\right] \rightarrow \left[\tau\big(t_2(ip_{2-1})\big) = 9; a(id_1), a(id_3)\right] \rightarrow \left[\tau\big(t_3(ip_{2-1})\big) = 10; a(id_2)\right];$$
$$\tau(ip_{2-1}) = 24;$$

	A(ip$_{1-2}$)	M(s$_4$)	M(s$_3$)	M(s$_2$)	M(s$_1$)	F(id$_1$)$_{sim}$	a(id$_1$)$_{sim}$	F(id$_2$)$_{sim}$	a(id$_2$)$_{sim}$	F(id$_3$)$_{sim}$	a(id$_3$)$_{sim}$
Sim1											
	1,000	3478	0	1	1	8	0,967	6	0,975	10	0,958
a(id$_1$) = 0,95	0,993	3454	25	1	0	11	0,954	13	0,946	11	0,954
a(id$_2$) = 0,95	1,000	3478	0	1	1	11	0,954	12	0,950	12	0,950
a(id$_3$) = 0,95	1,000	3478	0	1	1	15	0,938	4	0,983	8	0,967
	0,998	3471	6	2	1	7	0,971	12	0,950	13	0,946
$\bar{x}$	**0,998**	**3472**	**6**	**1**	**1**	**10**	**0,957**	**9**	**0,961**	**11**	**0,955**
Sim2											
	0,999	3476	2	1	1	9	0,985	12	0,980	16	0,973
a(id$_1$) = 0,98	1,000	3478	0	1	1	14	0,977	15	0,975	7	0,988
a(id$_2$) = 0,98	1,000	3478	0	1	1	10	0,983	20	0,967	5	0,992
a(id$_3$) = 0,98	1,000	3477	1	1	1	14	0,977	18	0,970	15	0,975
	1,000	3478	0	1	1	9	0,985	13	0,978	7	0,988
$\bar{x}$	**1,000**	**3477**	**1**	**1**	**1**	**11**	**0,981**	**16**	**0,974**	**10**	**0,983**
Sim3											
	1,000	3478	0	1	1	13	0,989	7	0,994	12	0,990
a(id$_1$) = 0,99	1,000	3478	0	1	1	11	0,991	12	0,990	13	0,989
a(id$_2$) = 0,99	1,000	3478	0	1	1	9	0,993	8	0,993	15	0,988
a(id$_3$) = 0,99	1,000	3478	0	1	1	9	0,993	11	0,991	13	0,989
	1,000	3478	0	1	1	16	0,987	13	0,989	11	0,991
$\bar{x}$	**1,000**	**3478**	**0**	**1**	**1**	**12**	**0,990**	**10**	**0,992**	**13**	**0,989**
Sim4											
	1,000	3478	0	1	1	14	0,942	14	0,988	7	0,971
a(id$_1$) = 0,95	1,000	3478	0	1	1	10	0,958	12	0,990	13	0,946
a(id$_2$) = 0,99	1,000	3478	0	1	1	8	0,967	9	0,993	14	0,942
a(id$_3$) = 0,95	1,000	3478	0	1	1	15	0,938	11	0,991	14	0,942
	0,997	3468	10	1	1	11	0,954	3	0,998	11	0,954
$\bar{x}$	**0,999**	**3476**	**2**	**1**	**1**	**12**	**0,952**	**10**	**0,992**	**12**	**0,951**
Sim5											
a(id$_1$) = 0,95	1,000	3478	0	1	1	11	0,954	8	0,997	14	0,942
a(id$_2$) = 0,995	1,000	3478	0	1	1	8	0,967	9	0,996	10	0,958
a(id$_3$) = 0,95	0,996	3465	2	12	1	7	0,971	10	0,996	12	0,950
	1,000	3478	0	1	1	18	0,925	10	0,996	8	0,967
	1,000	3478	0	1	1	9	0,963	7	0,997	12	0,950
$\bar{x}$	**0,999**	**3475**	**0**	**3**	**1**	**11**	**0,956**	**9**	**0,996**	**11**	**0,953**

a(id$_1$)	a(id$_2$)	a(id$_3$)	A(ip$_{1-2}$)			ϱ$_{id_1, ip_{1-2}}$	ϱ$_{id_2, ip_{1-2}}$	ϱ$_{id_3, ip_{1-2}}$
			E(ip$_{1-2}$)	Var(ip$_{1-2}$)	ϱ$_{ip_{1-2}}$			
0,950	0,950	0,950	0,998	0,09	0,30	-0,07	0,61	0,25
0,980	0,980	0,980	1,000	0,00	0,03	-0,17	-0,40	0,93
0,990	0,990	0,990	1,000	0,00	0,00	-	-	-
0,950	0,990	0,950	0,999	0,02	0,13	-0,12	-0,90	-0,15
0,950	0,995	0,950	0,999	0,03	0,17	-0,46	-0,51	0,20

Simulationsexperiment 2

$$ip_{1-1\prime} = \left[\tau(t_1(ip_{1-1\prime})) = 12\right] \rightarrow \left[\tau(t_2(ip_{1-1\prime})) = 7; a(id_1), a(id_3)\right] \rightarrow \left[\tau(t_3(ip_{1-1\prime})) = 5; a(id_2)\right];$$
$$\tau(ip_{1-1\prime}) = 24;$$

	A(ip$_{1-1\prime}$)	M(s$_4$)	M(s$_3$)	M(s$_2$)	M(s$_1$)	F(id$_1$)$_{sim}$	a(id$_1$)$_{sim}$	F(id$_2$)$_{sim}$	a(id$_2$)$_{sim}$	F(id$_3$)$_{sim}$	a(id$_3$)$_{sim}$
Sim1											
	1,000	3478	0	1	1	8	0,967	9	0,963	8	0,967
a(id$_1$) = 0,95	1,000	3478	0	1	1	11	0,954	9	0,963	9	0,963
a(id$_2$) = 0,95	1,000	3478	0	1	1	10	0,958	12	0,950	11	0,954
a(id$_3$) = 0,95	0,996	3463	15	1	1	7	0,971	14	0,942	11	0,954
	1,000	3478	0	1	1	13	0,946	12	0,950	12	0,950
$\bar{x}$	0,999	3475	3	1	1	9,8	0,959	11,2	0,953	10,2	0,958
Sim2											
	1,000	3478	0	1	1	13	0,978	5	0,992	10	0,983
a(id$_1$) = 0,98	1,000	3478	0	1	1	16	0,973	15	0,975	15	0,975
a(id$_2$) = 0,98	1,000	3478	0	1	1	9	0,985	9	0,985	12	0,980
a(id$_3$) = 0,98	1,000	3478	0	1	1	12	0,980	7	0,988	14	0,977
	1,000	3478	0	1	1	10	0,983	16	0,973	14	0,977
$\bar{x}$	1,000	3478	0	1	1	12	0,980	10,4	98,3	13	0,978
Sim3											
	1,000	3478	0	1	1	9	0,993	12	0,990	7	0,994
a(id$_1$) = 0,99	1,000	3478	0	1	1	11	0,991	16	0,987	15	0,988
a(id$_2$) = 0,99	1,000	3478	0	1	1	11	0,991	13	0,989	14	0,988
a(id$_3$) = 0,99	1,000	3478	0	1	1	11	0,991	14	0,988	14	0,988
	1,000	3478	0	1	1	12	0,990	13	0,989	13	0,989
$\bar{x}$	1,000	3478	0	1	1	10,8	0,991	13,6	0,989	12,6	0,990
Sim4											
	1,000	3478	0	1	1	7	0,971	7	0,994	17	0,929
a(id$_1$) = 0,95	1,000	3478	0	1	1	10	0,958	6	0,995	18	0,925
a(id$_2$) = 0,99	1,000	3478	0	1	1	10	0,958	14	0,988	5	0,979
a(id$_3$) = 0,95	1,000	3478	0	1	1	5	0,979	14	0,988	9	0,963
	1,000	3478	0	1	1	14	0,942	13	0,989	14	0,942
$\bar{x}$	1,000	3478	0	1	1	9,2	0,962	10,8	0,991	12,6	0,948
Sim5											
	1,000	3478	0	1	1	16	0,920	10	0,950	11	0,945
a(id$_1$) = 0,94	0,997	3468	10	1	1	14	0,930	13	0,935	13	0,935
a(id$_2$) = 0,94	1,000	3478	0	1	1	11	0,945	17	0,915	14	0,930
a(id$_3$) = 0,94	1,000	3478	0	1	1	10	0,950	22	0,890	14	0,930
	0,996	3465	13	1	1	14	0,930	16	0,920	11	0,945
$\bar{x}$	0,999	3474	4,6	1	1	13	0,935	15,6	0,922	12,6	0,937

$a(id_1)$	$a(id_2)$	$a(id_3)$	$A(ip_{1-1'})$			$\varrho_{id_1,ip_{1-1'}}$	$\varrho_{id_2,ip_{1-1'}}$	$\varrho_{id_3,ip_{1-1'}}$
			$E(ip_{1-1'})$	$Var(ip_{1-1'})$	$\varrho_{ip_{1-1'}}$			
0,950	0,950	0,950	0,999	0,04	0,19	-0,66	0,72	0,27
0,980	0,980	0,980	1,000	0,00	0,00	-	-	-
0,990	0,990	0,990	1,000	0,00	0,00	-	-	-
0,950	0,990	0,950	1,000	0,00	0,00	-	-	-
0,940	0,940	0,940	0,999	0,00	0,00	0,92	-	-

$$ip_{1-2'} = \left[\tau\big(t_1(ip_{1-2'})\big) = 10\right] \to \left[\tau\big(t_2(ip_{1-2'})\big) = 9; a(id_1), a(id_3)\right] \to \left[\tau\big(t_3(ip_{1-2'})\big) = 5; a(id_2)\right];$$
$$\tau(ip_{1-2'}) = 24;$$

	$A(ip_{1-2'})$	$M(s_4)$	$M(s_3)$	$M(s_2)$	$M(s_1)$	$F(id_1)_{sim}$	$a(id_1)_{sim}$	$F(id_2)_{sim}$	$a(id_2)_{sim}$	$F(id_3)_{sim}$	$a(id_3)_{sim}$
Sim1											
	1,000	3478	0	1	1	8	0,967	9	0,963	8	0,967
$a(id_1) = 0,95$	1,000	3478	0	1	1	11	0,954	9	0,963	9	0,963
$a(id_2) = 0,95$	1,000	3478	0	1	1	10	0,958	12	0,950	11	0,954
$a(id_3) = 0,95$	0,997	3466	16	1	1	7	0,971	14	0,942	11	0,954
	1,000	3478	0	1	1	13	0,946	12	0,950	12	0,950
$\bar{x}$	**0,999**	**3475**	**3**	**1**	**1**	**9,8**	**0,959**	**11,2**	**0,953**	**10,2**	**0,958**
Sim2											
	1,000	3478	0	1	1	13	0,978	5	0,992	10	0,983
$a(id_1) = 0,98$	1,000	3478	0	1	1	16	0,973	15	0,975	15	0,975
$a(id_2) = 0,98$	1,000	3478	0	1	1	9	0,985	9	0,985	12	0,980
$a(id_3) = 0,98$	1,000	3478	0	1	1	12	0,980	7	0,988	14	0,977
	1,000	3478	0	1	1	10	0,983	16	0,973	14	0,977
$\bar{x}$	**1,000**	**3478**	**0**	**1**	**1**	**12**	**0,980**	**10,4**	**98,3**	**13**	**0,978**
Sim3											
	1,000	3478	0	1	1	9	0,993	12	0,990	7	0,994
$a(id_1) = 0,99$	1,000	3478	0	1	1	11	0,991	16	0,987	15	0,988
$a(id_2) = 0,99$	1,000	3478	0	1	1	11	0,991	13	0,989	14	0,988
$a(id_3) = 0,99$	1,000	3478	0	1	1	11	0,991	14	0,988	14	0,988
	1,000	3478	0	1	1	12	0,990	13	0,989	13	0,989
$\bar{x}$	**1,000**	**3478**	**0**	**1**	**1**	**10,8**	**0,991**	**13,6**	**0,989**	**12,6**	**0,990**
Sim4											
	1,000	3478	0	1	1	7	0,971	7	0,994	17	0,929
$a(id_1) = 0,95$	1,000	3478	0	1	1	10	0,958	6	0,995	18	0,925
$a(id_2) = 0,99$	1,000	3478	0	1	1	10	0,958	14	0,988	5	0,979
$a(id_3) = 0,95$	1,000	3478	0	1	1	5	0,979	14	0,988	9	0,963
	1,000	3478	0	1	1	14	0,942	13	0,989	14	0,942
$\bar{x}$	**1,000**	**3478**	**0**	**1**	**1**	**9,2**	**0,962**	**10,8**	**0,991**	**12,6**	**0,948**
Sim5											
	0,990	3442	0	37	1	16	0,920	10	0,950	11	0,945
$a(id_1) = 0,94$	0,997	3468	10	1	1	14	0,930	13	0,935	13	0,935
$a(id_2) = 0,94$	1,000	3478	0	1	1	11	0,945	17	0,915	14	0,930
$a(id_3) = 0,94$	1,000	3478	0	1	1	10	0,950	22	0,890	14	0,930
	0,995	3462	16	1	1	14	0,930	16	0,920	11	0,945
$\bar{x}$	**0,996**	**3466**	**5,2**	**8,2**	**1**	**13**	**0,935**	**15,6**	**0,922**	**12,6**	**0,937**

$a(id_1)$	$a(id_2)$	$a(id_3)$	$A(ip_{1-2'})$			$\varrho_{id_1,ip_{1-2'}}$	$\varrho_{id_2,ip_{1-2'}}$	$\varrho_{id_3,ip_{1-2'}}$
			$E(ip_{1-2'})$	$Var(ip_{1-2'})$	$\varrho_{ip_{1-2'}}$			
0,950	0,950	0,950	0,999	0,02	0,15	-0,66	0,72	0,27
0,980	0,980	0,980	1,000	0,00	0,00	-	-	-
0,990	0,990	0,990	1,000	0,00	0,00	-	-	-
0,950	0,990	0,950	1,000	0,00	0,00	-	-	-
0,940	0,940	0,940	0,996	0,02	5,20	0,37	0,93	-0,67

Simulationsexperiment 3

$$ip_{2-1} = \left[\tau(t_1(ip_{2-1})) = 5\right] \rightarrow \left[\tau(t_2(ip_{2-1})) = 7; a(id_2)\right] \rightarrow \left[\tau(t_3(ip_{2-1})) = 12; a(id_3)\right];$$
$$\tau(ip_{2-1}) = 24;$$

	$A(ip_{2-1})$	$M(s_4)$	$M(s_3)$	$M(s_2)$	$M(s_1)$	$F(id_2)_{sim}$	$a(id_2)_{sim}$	$F(id_3)_{sim}$	$a(id_3)_{sim}$
Sim1									
	0,953	3314	165	0	1	9	0,963	10	0,958
	0,927	3224	255	0	1	17	0,929	13	0,946
$a(id_2) = 0{,}95$	0,940	3269	210	0	1	17	0,929	13	0,946
$a(id_3) = 0{,}95$	0,944	3284	195	0	1	13	0,946	12	0,950
	0,948	3298	181	0	1	15	0,938	11	0,954
$\bar{x}$	**0,942**	**3278**	**201**	**0**	**1**	**14**	**0,941**	**12**	**0,951**
Sim2									
	0,979	3406	73	0	1	12	0,980	15	0,975
	0,980	3407	72	0	1	7	0,988	11	0,982
$a(id_2) = 0{,}98$	0,981	3413	66	0	1	17	0,972	10	0,983
$a(id_3) = 0{,}98$	0,983	3418	61	0	1	7	0,988	10	0,983
	0,984	3423	56	0	1	14	0,977	8	0,987
$\bar{x}$	**0,981**	**3413**	**66**	**0**	**1**	**11**	**0,981**	**11**	**0,982**
Sim3									
	0,994	3457	22	0	1	9	0,993	11	0,991
	0,991	3448	31	0	1	9	0,993	15	0,988
$a(id_2) = 0{,}99$	0,993	3455	24	0	1	12	0,990	11	0,991
$a(id_3) = 0{,}99$	0,995	3461	18	0	1	10	0,992	8	0,993
	0,996	3465	14	0	1	11	0,991	5	0,996
$\bar{x}$	**0,994**	**3457**	**22**	**0**	**1**	**10**	**0,992**	**10**	**0,992**
Sim4									
	0,989	3440	39	0	1	11	0,954	17	0,929
	0,984	3422	57	0	1	10	0,958	18	0,925
$a(id_2) = 0{,}95$	0,985	3425	54	0	1	11	0,954	5	0,979
$a(id_3) = 0{,}995$	0,985	3425	54	0	1	12	0,950	9	0,963
	0,988	3436	43	0	1	11	0,954	14	0,942
$\bar{x}$	**0,986**	**3430**	**49**	**0**	**1**	**11**	**0,954**	**12,6**	**0,948**
Sim5									
	0,960	3338	141	0	1	10	0,983	10	0,958
	0,968	3366	112	0	1	13	0,991	8	0,967
$a(id_2) = 0{,}995$	0,952	3310	169	0	1	17	0,992	12	0,950
$a(id_3) = 0{,}95$	0,963	3349	130	0	1	22	0,989	9	0,963
	0,996	3324	155	0	1	16	0,990	11	0,954
$\bar{x}$	**0,960**	**3337**	**141**	**0**	**1**	**15,6**	**0,989**	**10**	**0,958**

a(id_2)	a(id_3)	A(ip_{2-1})			$\varrho_{id_2,ip_{2-1}}$	$\varrho_{id_3,ip_{2-1}}$
		E(ip_{2-1})	Var(ip_{2-1})	$\varrho_{ip_{2-1}}$		
0,950	0,950	0,942	0,98	0,99	0,77	0,87
0,980	0,980	0,981	0,04	0,21	-0,21	0,84
0,990	0,990	0,994	0,03	0,18	-0,38	0,99
0,950	0,995	0,986	0,05	0,23	-0,13	0,95
0,995	0,950	0,960	0,39	0,62	-0,12	1,00

$$ip_{2-2} = \quad \left[\tau\big(t_1(ip_{2-2})\big) = 5; a(id_3)\right] \rightarrow \left[\tau\big(t_2(ip_{2-2})\big) = 7; a(id_2)\right] \rightarrow \left[\tau\big(t_3(ip_{2-2})\big) = 12\right];$$
$$\tau(ip_{2-2}) = 24;$$

	A(ip_{2-2})	M(s_4)	M(s_3)	M(s_2)	M(s_1)	F(id_2)$_{sim}$	a(id_2)$_{sim}$	F(id_3)$_{sim}$	a(id_3)$_{sim}$
Sim1									
	0,992	3451	28	0	1	9	0,963	10	0,958
	0,995	3459	20	0	1	17	0,929	13	0,946
a(id_2) = 0,95	0,992	3451	28	0	1	17	0,929	13	0,946
a(id_3) = 0,95	0,993	3455	24	0	1	13	0,946	12	0,950
	0,991	3448	31	0	1	15	0,938	11	0,954
$\bar{x}$	**0,993**	**3453**	**26**	**0**	**1**	**14**	**0,941**	**12**	**0,951**
Sim2									
	0,978	3470	9	0	1	12	0,980	15	0,975
	0,997	3469	10	0	1	7	0,988	11	0,982
a(id_2) = 0,98	0,997	3469	10	0	1	17	0,972	10	0,983
a(id_3) = 0,98	0,998	3470	9	0	1	7	0,988	10	0,983
	0,998	3470	9	0	1	14	0,977	8	0,987
$\bar{x}$	**0,998**	**3470**	**9**	**0**	**1**	**11**	**0,981**	**11**	**0,982**
Sim3									
	0,989	3440	39	0	1	9	0,993	11	0,991
	0,999	3475	4	0	1	9	0,993	15	0,988
a(id_2) = 0,99	0,999	3475	4	0	1	12	0,990	11	0,991
a(id_3) = 0,99	0,999	3475	4	0	1	10	0,992	8	0,993
	0,999	3475	4	0	1	11	0,991	5	0,996
$\bar{x}$	**0,997**	**3468**	**11**	**0**	**1**	**10**	**0,992**	**10**	**0,992**
Sim4									
	0,996	3463	16	0	1	20	0,954	8	0,993
	0,994	3463	16	0	1	11	0,958	16	0,987
a(id_2) = 0,95	0,993	3463	13	3	1	10	0,954	16	0,987
a(id_3) = 0,995	0,996	3463	16	0	1	13	0,950	13	0,989
	0,994	3460	19	0	1	12	0,954	8	0,993
$\bar{x}$	**0,994**	**3462**	**16**	**1**	**1**	**13**	**0,954**	**12**	**0,990**
Sim5									
	0,996	3338	141	0	1	10	0,983	10	0,958
	0,996	3366	112	0	1	13	0,991	8	0,967
a(id_2) = 0,995	0,996	3310	169	0	1	17	0,992	12	0,950
a(id_3) = 0,95	0,996	3349	130	0	1	22	0,989	9	0,963
	0,996	3324	155	0	1	16	0,990	11	0,954
$\bar{x}$	**0,960**	**3337**	**141**	**0**	**1**	**15,6**	**0,989**	**10**	**0,958**

a(id$_2$)	a(id$_3$)	A(ip$_{2-2}$)			$\varrho_{id_2,ip_{2-2}}$	$\varrho_{id_3,ip_{2-2}}$
		E(ip$_{2-2}$)	Var(ip$_{2-2}$)	$\varrho_{ip_{2-2}}$		
0,950	0,950	0,993	0,02	0,12	-0,27	-0,58
0,980	0,980	0,998	0,00	0,02	0,12	-0,11
0,990	0,990	0,997	0,20	0,45	-0,51	0,15
0,950	0,995	0,994	0,02	0,14	-0,51	0,50
0,995	0,950	0,996	0,00	0,04	-0,17	0,35

Simulationsexperiment 4

$ip_{3-1} = \left[\tau\big(t_1(ip_{3-1})\big) = 7; a(id_1)\right] \rightarrow \left[\tau\big(t_2(ip_{3-1})\big) = 12; a(id_2)\right] \rightarrow \left[\tau\big(t_3(ip_{3-1})\big) = 5\right];$

$\tau(ip_{3-1}) = 24;$

	A(ip$_{3-1}$)	M(s$_4$)	M(s$_3$)	M(s$_2$)	M(s$_1$)	F(id$_1$)$_{sim}$	a(id$_1$)$_{sim}$	F(id$_2$)$_{sim}$	a(id$_2$)$_{sim}$
Sim1									
	0,944	3283	1	195	1	8	0,967	13	0,946
	0,944	3283	1	195	1	12	0,950	13	0,946
a(id$_1$) = 0,95	0,949	3302	1	176	1	13	0,946	10	0,958
a(id$_2$) = 0,95	0,957	3328	1	150	1	16	0,933	9	0,963
	0,948	3298	1	180	1	9	0,963	11	0,954
$\bar{x}$	**0,948**	**3299**	**1**	**179**	**1**	**12**	**0,952**	**11**	**0,953**
Sim2									
	0,961	3343	1	135	1	14	0,988	8	0,967
	0,955	3322	1	156	1	12	0,990	12	0,950
a(id$_1$) = 0,96	0,952	3310	1	168	1	6	0,995	13	0,946
a(id$_2$) = 0,96	0,955	3322	1	156	1	11	0,991	13	0,946
	0,969	3370	1	108	1	12	0,990	8	0,967
$\bar{x}$	**0,958**	**3333**	**1**	**145**	**1**	**11**	**0,991**	**11**	**0,995**
Sim3									
	0,974	3388	1	90	1	20	0,950	9	0,978
	0,969	3370	1	108	1	10	0,975	11	0,973
a(id$_1$) = 0,97	0,966	3361	1	117	1	8	0,980	12	0,970
a(id$_2$) = 0,97	0,969	3370	1	108	1	15	0,963	12	0,970
	0,955	3320	1	158	1	15	0,963	8	0,980
$\bar{x}$	**0,967**	**3362**	**1**	**116**	**1**	**14**	**0,966**	**10**	**0,974**
Sim4									
	0,976	3394	1	84	1	12	0,980	13	0,978
	0,971	3376	1	8	95	9	0,985	17	0,972
a(id$_1$) = 0,98	0,974	3388	1	90	1	11	0,982	15	0,975
a(id$_2$) = 0,98	0,984	3424	1	54	1	12	0,980	8	0,987
	0,984	3424	1	54	1	8	0,987	9	0,985
$\bar{x}$	**0,978**	**3401**	**1**	**58**	**19,8**	**10**	**0,983**	**12**	**0,979**
Sim5									
	0,988	3436	1	42	1	16	0,983	14	0,965
	0,991	3445	1	30	4	13	0,991	10	0,975
a(id$_1$) = 0,99	0,985	3427	1	51	1	12	0,992	17	0,958
a(id$_2$) = 0,99	0,993	3454	1	24	1	11	0,989	7	0,983
	0,991	3454	1	33	1	10	0,990	11	0,973
$\bar{x}$	**0,960**	**3441**	**1**	**36**	**1,6**	**12**	**0,989**	**12**	**0,971**

$a(id_1)$	$a(id_2)$	$A(ip_{3-1})$			$\varrho_{id_2,ip_{3-1}}$	$\varrho_{id_3,ip_{3-1}}$
		$E(ip_{3-1})$	$Var(ip_{3-1})$	$\varrho_{ip_{3-1}}$		
0,950	0,950	0,948	0,28	0,53	-0,80	0,90
0,960	0,960	0,958	0,46	0,68	-0,60	0,90
0,970	0,970	0,967	0,53	0,73	-0,20	-0,40
0,980	0,980	0,978	0,39	0,63	0,00	1,00
0,990	0,990	0,989	0,09	0,30	0,40	1,00

$$ip_{3-2} = \quad [\tau(t_1(ip_{3-2})) = 7; a(id_1)] \rightarrow [\tau(t_2(ip_{3-2})) = 12; a(id_2)] \rightarrow [\tau(t_3(ip_{3-2})) = 5];$$
$$\tau(ip_{3-2}) = 24;$$

	$A(ip_{3-2})$	$M(s_4)$	$M(s_3)$	$M(s_2)$	$M(s_1)$	$F(id_1)_{sim}$	$a(id_1)_{sim}$	$F(id_2)_{sim}$	$a(id_2)_{sim}$
Sim1									
	0,928	3227	1	8	244	8	0,967	13	0,946
	0,924	3213	1	8	258	12	0,950	13	0,946
$a(id_1) = 0,95$	0,929	3230	0	8	242	13	0,946	10	0,958
$a(id_2) = 0,95$	0,929	3231	0	8	241	16	0,933	9	0,963
	0,932	3242	1	8	229	9	0,963	11	0,954
$\bar{x}$	**0,928**	**3229**	**0,6**	**8**	**243**	**12**	**0,952**	**11**	**0,953**
Sim2									
	0,938	3264	1	8	207	14	0,988	8	0,967
	0,944	3282	1	8	189	12	0,990	12	0,950
$a(id_1) = 0,96$	0,947	3294	1	8	177	6	0,995	13	0,946
$a(id_2) = 0,96$	0,945	3286	0	8	186	11	0,991	13	0,946
	0,956	3326	1	8	145	12	0,990	8	0,967
$\bar{x}$	**0,946**	**3290**	**0,8**	**8**	**181**	**11**	**0,991**	**11**	**0,955**
Sim3									
	0,970	3372	1	8	99	20	0,950	9	0,978
	0,966	3361	1	8	110	10	0,975	11	0,973
$a(id_1) = 0,97$	0,965	3355	0	8	117	8	0,980	12	0,970
$a(id_2) = 0,97$	0,965	3355	1	8	116	15	0,963	12	0,970
	0,951	3307	0	8	165	15	0,963	8	0,980
$\bar{x}$	**0,963**	**3350**	**0,6**	**8**	**121**	**14**	**0,966**	**10**	**0,974**
Sim4									
	0,976	3394	1	8	77	12	0,980	13	0,978
	0,971	3376	1	8	95	9	0,985	17	0,972
$a(id_1) = 0,98$	0,974	3388	1	8	83	11	0,982	15	0,975
$a(id_2) = 0,98$	0,984	3424	1	8	47	12	0,980	8	0,987
	0,984	3424	1	8	47	8	0,987	9	0,985
$\bar{x}$	**0,978**	**3401**	**1**	**8**	**70**	**10**	**0,983**	**12**	**0,979**
Sim5									
	0,988	3436	1	8	35	16	0,960	14	0,965
	0,991	3445	1	5	29	13	0,968	10	0,975
$a(id_1) = 0,99$	0,985	3427	1	8	44	12	0,970	17	0,958
$a(id_2) = 0,99$	0,993	3454	1	8	17	11	0,973	7	0,983
	0,991	3445	1	33	8	26	0,975	11	0,973
$\bar{x}$	**0,989**	**3441**	**1**	**36**	**7**	**30**	**0,969**	**12**	**0,971**

a(id_1)	a(id_2)	A(ip_{3-2})			$\varrho_{id_2,ip_{3-2}}$	$\varrho_{id_3,ip_{3-2}}$
		E(ip_{3-2})	Var(ip_{3-2})	$\varrho_{ip_{3-2}}$		
0,950	0,950	0,928	0,09	0,30	0,20	0,50
0,960	0,960	0,946	0,43	0,65	0,30	0,20
0,970	0,970	0,963	0,52	0,72	0,00	-0,50
0,980	0,980	0,978	0,39	0,63	0,00	1,00
0,990	0,990	0,989	0,09	0,30	0,40	1,00

Simulationsexperiment 5

$$ip_{3-3} = \quad [\tau(t_1(ip_{3-3})) = 7; a(id_1) = 0,95] \rightarrow [\tau(t_2(ip_{3-3})) = 12; a(id_2) = 0,99]$$
$$\rightarrow [\tau(t_3(ip_{3-3})) = 5]; \qquad\qquad \tau(ip_{3-3}) = 24;$$

	A(ip_{3-3})	M(s_4)	M(s_3)	M(s_2)	M(s_1)	F(id_1)$_{sim}$	a(id_1)$_{sim}$	F(id_2)$_{sim}$	a(id_2)$_{sim}$
Sim1									
	0,948	3297	1	1	181	13	0,946	12	0,990
	0,959	3337	1	1	141	10	0,958	17	0,986
$K(s_2(ip_{3-3})) = 1$	0,936	3256	1	1	222	13	0,946	10	0,992
	0,933	3246	0	1	233	11	0,954	8	0,993
	0,950	3304	1	1	174	11	0,954	13	0,989
$\bar{x}$	**0,945**	**3288**	**0,8**	**1**	**190**	**12**	**0,952**	**12**	**0,990**
Sim2									
	0,948	3297	0	2	181	13	0,946	12	0,990
	0,947	3292	0	2	186	10	0,958	17	0,986
$K(s_2(ip_{3-3})) = 2$	0,951	3306	1	2	171	13	0,946	10	0,992
	0,955	3320	1	2	157	11	0,954	8	0,993
	0,943	3280	0	2	198	11	0,954	13	0,989
$\bar{x}$	**0,949**	**3299**	**0,4**	**2**	**179**	**12**	**0,952**	**12**	**0,990**
Sim3									
	0,957	3327	0	5	148	13	0,946	12	0,990
	0,958	3333	0	5	142	10	0,958	17	0,986
$K(s_2(ip_{3-3})) = 5$	0,947	3295	1	5	179	13	0,946	10	0,992
	0,963	3350	0	5	125	11	0,954	8	0,993
	0,956	3325	1	5	149	11	0,954	13	0,989
$\bar{x}$	**0,956**	**3326**	**0,4**	**5**	**149**	**12**	**0,952**	**12**	**0,990**
Sim4									
	0,970	3373	0	10	97	13	0,946	12	0,990
	0,972	3380	1	10	89	10	0,958	17	0,986
$K(s_2(ip_{3-3})) = 10$	0,968	3367	0	10	103	13	0,946	10	0,992
	0,971	3378	1	10	91	11	0,954	8	0,993
	0,971	3376	1	10	93	11	0,954	13	0,989
$\bar{x}$	**0,970**	**3375**	**0,6**	**10**	**95**	**12**	**0,952**	**12**	**0,990**
Sim5									
	0,989	3439	0	15	26	13	0,946	12	0,990
	0,988	3435	0	15	29	10	0,958	17	0,986
$K(s_2(ip_{3-3})) = 15$	0,986	3429	0	15	35	13	0,946	10	0,992
	0,985	3425	0	15	39	11	0,954	8	0,993
	0,988	3437	1	15	27	11	0,954	13	0,989
$\bar{x}$	**0,987**	**3433**	**0,2**	**15**	**31**	**12**	**0,952**	**12**	**0,990**

	A(ip₃₋₃)	M(s₄)	M(s₃)	M(s₂)	M(s₁)	F(id₁)sim	a(id₁)sim	F(id₂)sim	a(id₂)sim
	0,988	3436	0	42	1	13	0,946	12	0,990
	0,986	3430	0	48	1	10	0,958	17	0,986
$K(s_2(ip_{3-3})) = \infty$	0,990	3442	0	36	1	13	0,946	10	0,992
	0,991	3446	0	20	13	11	0,954	8	0,993
	0,986	3431	0	20	28	11	0,954	13	0,989
$\bar{x}$	**0,988**	**3437**	**0**	**33**	**9**	**12**	**0,952**	**12**	**0,990**

Kapazität	A(ip₃₋₃)			$\varrho_{id_1,ip_{3-3}}$	$\varrho_{id_2,ip_{3-3}}$
	E(ip₃₋₃)	Var(ip₃₋₃)	$\varrho_{ip_{3-3}}$		
$K(s_2(ip_{3-3})) = 1$	0,954	1,14	1,07	0,48	-0,98
$K(s_2(ip_{3-3})) = 2$	0,949	0,19	0,43	-0,21	0,75
$K(s_2(ip_{3-3})) = 5$	0,956	0,33	0,57	0,63	0,00
$K(s_2(ip_{3-3})) = 10$	0,970	0,02	0,15	0,90	-0,44
$K(s_2(ip_{3-3})) = 15$	0,987	0,03	0,17	-0,06	-0,68
$K(s_2(ip_{3-3})) = \infty$	0,988	0,04	0,20	-0,40	0,93

$$ip_{3-4} = \ [\tau(t_1(ip_{3-4})) = 7; a(id_1) = 0{,}95] \rightarrow [\tau(t_2(ip_{3-4})) = 11; a(id_2) = 0{,}99]$$
$$\rightarrow [\tau(t_3(ip_{3-4})) = 6]; \qquad\qquad \tau(ip_{3-4}) = 24;$$

	A(ip₃₋₄)	M(s₄)	M(s₃)	M(s₂)	M(s₁)	F(id₁)sim	a(id₁)sim	F(id₂)sim	a(id₂)sim
Sim1									
	0,997	3469	1	1	9	11	0,954	9	0,993
	0,993	3453	1	1	25	14	0,942	8	0,993
$K(s_2(ip_{3-4})) = 1$	0,993	3454	1	1	24	13	0,946	12	0,990
	0,996	3464	0	1	15	9	0,963	8	0,993
	0,999	3476	0	3	1	16	0,933	13	0,989
$\bar{x}$	**0,996**	**3463**	**0,6**	**1,4**	**15**	**13**	**0,948**	**10**	**0,992**
Sim2									
	0,998	3471	1	2	6	11	0,954	9	0,993
	0,999	3473	1	5	1	14	0,942	8	0,993
$K(s_2(ip_{3-4})) = 2$	0,994	3457	1	2	20	13	0,946	12	0,990
	0,997	3465	0	2	13	9	0,963	8	0,993
	0,999	3476	0	3	1	16	0,933	13	0,989
$\bar{x}$	**0,997**	**3468**	**0,6**	**3**	**8**	**13**	**0,948**	**10**	**0,992**
Sim3									
	1,000	3477	1	1	1	11	0,954	9	0,993
	0,999	3473	1	5	1	14	0,942	8	0,993
$K(s_2(ip_{3-4})) = 5$	0,997	3466	1	5	8	13	0,946	12	0,990
	0,997	3468	0	5	7	9	0,963	8	0,993
	0,999	3476	0	3	1	16	0,933	13	0,989
$\bar{x}$	**0,998**	**3472**	**0,6**	**4**	**4**	**13**	**0,948**	**10**	**0,992**

Sim4

	1,000	3478	0	1	1	11	0,954	9	0,993
	0,999	3473	1	5	1	14	0,942	8	0,993
$K(s_2(ip_{3-4})) = 10$	0,997	3468	1	10	1	13	0,946	12	0,990
	0,999	3473	0	4	1	9	0,963	8	0,993
	0,999	3476	0	3	1	16	0,933	13	0,989
$\bar{x}$	**0,999**	**3474**	**0,4**	**5**	**1**	**13**	**0,948**	**10**	**0,992**

Sim5

	1,000	3478	0	1	1	11	0,954	9	0,993
	0,999	3473	1	5	1	14	0,942	8	0,993
$K(s_2(ip_{3-4})) = 15$	0,997	3468	1	10	1	13	0,946	12	0,990
	0,999	3475	0	4	1	9	0,963	8	0,993
	0,999	3476	0	3	1	16	0,933	13	0,989
$\bar{x}$	**0,999**	**3474**	**0,4**	**5**	**1**	**13**	**0,948**	**10**	**0,992**

Sim6

	1,000	3478	0	1	1	11	0,954	9	0,993
	0,999	3473	1	5	1	14	0,942	8	0,993
$K(s_2(ip_{3-4})) = \infty$	0,997	3468	1	10	1	13	0,946	12	0,990
	0,999	3475	0	4	1	9	0,963	8	0,993
	0,999	3476	0	3	1	16	0,933	13	0,989
$\bar{x}$	**0,999**	**3474**	**0**	**5**	**1**	**13**	**0,948**	**10**	**0,992**

Kapazität	$A(ip_{3-4})$			$\varrho_{id_1,ip_{3-4}}$	$\varrho_{id_2,ip_{3-4}}$
	$E(ip_{3-4})$	$Var(ip_{3-4})$	$\varrho_{ip_{3-4}}$		
$K(s_2(ip_{3-4})) = 1$	0,996	0,08	0,28	0,17	0,28
$K(s_2(ip_{3-4})) = 2$	0,997	0,04	0,21	0,17	0,28
$K(s_2(ip_{3-4})) = 5$	0,998	0,02	0,14	0,17	0,28
$K(s_2(ip_{3-4})) = 10$	0,999	0,01	0,11	0,17	0,28
$K(s_2(ip_{3-4})) = 15$	0,999	0,01	0,11	0,17	0,28
$K(s_2(ip_{3-4})) = \infty$	0,999	0,01	0,11	0,17	0,28

Simulationsexperiment 6

$ip_{4-1} = \quad [\tau(t_1(ip_{4-1})) = 7; a(id_1) = 0{,}95] \rightarrow [\tau(t_2(ip_{4-1})) = 5; a(id_2) = 0{,}95]$
$\rightarrow [\tau(t_3(ip_{4-1})) = 12; a(id_3) = 0{,}99]; \qquad\qquad\qquad \tau(ip_{4-1}) = 24;$

	$A(ip_{4-1})$	$M(s_4)$	$M(s_3)$	$M(s_2)$	$M(s_1)$	$F(id_1)_{sim}$	$a(id_1)_{sim}$	$F(id_2)_{sim}$	$a(id_2)_{sim}$	$F(id_3)_{sim}$	$a(id_3)_{sim}$
Sim1											
	0,986	3428	51	0	1	10	0,958	9	0,963	12	0,990
	0,986	3431	48	0	1	13	0,946	13	0,946	11	0,991
$K(s_2(ip_{4-1})) = 1$	0,983	3418	60	1	1	14	0,942	12	0,950	15	0,988
$K(s_3(ip_{4-1})) = \infty$	0,985	3426	53	0	1	13	0,946	6	0,975	12	0,990
	0,985	3426	53	0	1	15	0,938	11	0,954	10	0,992
$\bar{x}$	**0,985**	**3426**	**53**	**0,2**	**1**	**13**	**0,946**	**10**	**0,958**	**12**	**0,990**

329

Sim2

$K(s_2(ip_{4-1})) = \infty$ $K(s_3(ip_{4-1})) = 1$										
0,954	3318	1	160	1	10	0,958	9	0,963	12	0,990
0,938	3262	1	216	1	13	0,946	13	0,946	11	0,991
0,940	3270	1	208	1	14	0,942	12	0,950	15	0,988
0,965	3357	1	121	1	13	0,946	6	0,975	12	0,990
0,945	3286	1	102	1	15	0,938	11	0,954	10	0,992
$\bar{x}$ 0,948	**3299**	**1**	**161**	**1**	**13**	**0,946**	**10**	**0,958**	**12**	**0,990**

Sim3

$K(s_2(ip_{4-1})) = 1$ $K(s_3(ip_{4-1})) = 1$										
0,915	3181	1	1	297	10	0,958	9	0,963	12	0,990
0,887	3084	1	1	394	13	0,946	13	0,946	11	0,991
0,897	3121	1	1	357	14	0,942	12	0,950	15	0,988
0,917	3189	1	1	289	13	0,946	6	0,975	12	0,990
0,894	3111	1	1	367	15	0,938	11	0,954	10	0,992
$\bar{x}$ 0,902	**3137**	**1**	**1**	**341**	**13**	**0,946**	**10**	**0,958**	**12**	**0,990**

Sim4

$K(s_2(ip_{4-1})) = 5$ $K(s_3(ip_{4-1})) = 5$										
0,941	3273	5	5	197	12	0,950	10	0,958	12	0,990
0,947	3295	5	5	175	7	0,971	9	0,963	17	0,986
0,935	3252	5	5	218	6	0,975	16	0,933	12	0,990
0,915	3184	5	5	286	12	0,950	18	0,925	13	0,989
0,920	3200	5	5	270	9	0,963	18	0,925	13	0,989
$\bar{x}$ 0,932	**3241**	**5**	**5**	**229**	**9**	**0,962**	**14**	**0,941**	**13,4**	**0,989**

Sim5

$K(s_2(ip_{4-1})) = 10$ $K(s_3(ip_{4-1})) = 10$										
0,972	3382	10	10	78	12	0,950	10	0,992	12	0,990
0,970	3375	10	10	85	7	0,971	9	0,993	17	0,986
0,963	3350	10	10	110	6	0,975	16	0,987	12	0,990
0,959	3334	10	10	126	12	0,950	18	0,985	13	0,989
0,960	3339	10	10	121	9	0,963	18	0,985	13	0,989
$\bar{x}$ 0,965	**3356**	**10**	**10**	**104**	**9**	**0,962**	**14**	**0,988**	**13,4**	**0,989**

Sim6

$K(s_2(ip_{4-1})) = 15$ $K(s_3(ip_{4-1})) = 15$										
0,985	3426	15	15	24	12	0,950	10	0,992	12	0,990
0,982	3415	15	15	35	7	0,971	9	0,993	17	0,986
0,985	3427	15	15	23	6	0,975	16	0,987	12	0,990
0,984	3423	15	15	27	12	0,950	18	0,985	13	0,989
0,984	3424	15	15	26	9	0,963	18	0,985	13	0,989
$\bar{x}$ 0,984	**3423**	**15**	**15**	**27**	**9**	**0,962**	**14**	**0,988**	**13,4**	**0,989**

Sim7

$K(s_2(ip_{4-1})) = \infty$ $K(s_3(ip_{4-1})) = \infty$										
0,986	3428	51	0	1	10	0,958	9	0,963	12	0,990
0,986	3431	48	0	1	13	0,946	13	0,946	11	0,991
0,983	3418	61	0	1	14	0,942	12	0,950	15	0,988
0,985	3426	53	0	1	13	0,946	6	0,975	12	0,990
0,985	3426	53	0	1	15	0,938	11	0,954	10	0,992
$\bar{x}$ 0,985	**3426**	**53**	**0**	**1**	**13**	**0,946**	**10**	**0,958**	**12**	**0,990**

Kapazität	$A(ip_{4-1})$			$\varrho_{id_1,ip_{4-1}}$	$\varrho_{id_2,ip_{4-1}}$	$\varrho_{id_3,ip_{4-1}}$
	$E(ip_{4-1})$	$Var(ip_{4-1})$	$\varrho_{ip_{4-1}}$			
$K(s_2(ip_{4-1})) = 1$ $K(s_3(ip_{4-1})) = \infty$	0,985	0,02	0,14	0,39	0,05	0,80
$K(s_2(ip_{4-1})) = \infty$ $K(s_3(ip_{4-1})) = 1$	0,948	1,26	1,12	0,38	1,00	0,08
$K(s_2(ip_{4-1})) = 1$ $K(s_3(ip_{4-1})) = 1$	0,902	1,73	1,32	0,58	0,92	-0,17

$K(s_2(ip_{4-1})) = 5$ $K(s_3(ip_{4-1})) = 5$	0,932	1,86	1,36	0,41	0,92	-0,44
$K(s_2(ip_{4-1})) = 10$ $K(s_3(ip_{4-1})) = 10$	0,965	0,38	0,62	0,03	0,97	-0,31
$K(s_2(ip_{4-1})) = 15$ $K(s_3(ip_{4-1})) = 15$	0,984	0,02	0,14	-0,25	-0,48	0,99
$K(s_2(ip_{4-1})) = \infty$ $K(s_3(ip_{4-1})) = \infty$	0,985	0,02	0,14	0,39	0,05	0,80

Simulationsexperiment 7

$$ip_{3-5} = \left[\tau(t_1(ip_{3-5})) = 7; a(id_1) = 0,95\right] \rightarrow \left[\tau(t_2(ip_{3-5})) = 12; a(id_2) = 0,95\right]$$
$$\rightarrow \left[\tau(t_3(ip_{3-5})) = 5\right]; \qquad\qquad \tau(ip_{3-5}) = 24;$$

	$A(ip_{3-5})$	$M(s_4)$	$M(s_3)$	$M(s_2)$	$M(s_1)$	$F(id_1)_{sim}$	$a(id_1)_{sim}$	$F(id_2)_{sim}$	$a(id_2)_{sim}$
Sim1									
	0,951	3309	0	170	1	476	0,952	472	0,953
$TRS(s_1(ip_{3-5})) = 4,32$	0,950	3304	1	174	1	470	0,953	483	0,952
$TRS(s_2(ip_{3-5})) = 4,32$	0,949	3302	0	177	1	486	0,951	489	0,951
	0,949	3299	0	180	1	477	0,952	499	0,950
	0,952	3310	0	159	1	484	0,952	467	0,953
$\bar{x}$	**0,950**	**3305**	**0,2**	**172**	**1**	**479**	**0,952**	**482**	**0,952**
Sim2									
	0,950	3304	1	174	1	197	0,951	192	0,952
$TRS(s_1(ip_{3-5})) = 10,8$	0,948	3296	1	182	1	196	0,951	202	0,950
$TRS(s_2(ip_{3-5})) = 10,8$	0,941	3273	0	206	1	189	0,953	228	0,943
	0,953	3315	1	163	1	206	0,949	180	0,955
	0,954	3319	0	160	1	192	0,952	177	0,956
$\bar{x}$	**0,949**	**3301**	**0,6**	**177**	**1**	**196**	**0,951**	**196**	**0,951**
Sim3									
	0,952	3310	1	168	1	99	0,951	92	0,954
$TRS(s_1(ip_{3-5})) = 21,6$	0,958	3332	1	146	1	95	0,953	89	0,956
$TRS(s_2(ip_{3-5})) = 21,6$	0,944	3284	0	195	1	106	0,947	108	0,946
	0,951	3307	0	172	1	111	0,945	94	0,953
	0,942	3278	1	200	1	81	0,960	111	0,945
$\bar{x}$	**0,949**	**3302**	**0,6**	**176**	**1**	**98**	**0,951**	**99**	**0,951**
Sim4									
	0,946	3289	1	189	1	46	0,943	42	0,948
$TRS(s_1(ip_{3-5})) = 54$	0,960	3338	0	141	1	42	0,948	31	0,961
$TRS(s_2(ip_{3-5})) = 54$	0,952	3311	1	167	1	34	0,958	36	0,955
	0,940	3271	0	208	1	37	0,954	45	0,944
	0,946	3289	1	189	1	28	0,965	42	0,948
$\bar{x}$	**0,949**	**3300**	**0,6**	**179**	**1**	**37**	**0,953**	**39**	**0,951**

Sim5

	A	M(s)							
$TRS\big(s_1(ip_{3-5})\big) = 180$ $TRS\big(s_2(ip_{3-5})\big) = 180$	0,948	3298	1	180	1	18	0,925	12	0,950
	0,943	3279	1	199	1	10	0,958	12	0,950
	0,957	3328	1	150	1	13	0,946	10	0,958
	0,940	3268	1	210	1	9	0,963	14	0,942
	0,957	3328	1	150	1	6	0,975	10	0,958
$\bar{x}$	**0,949**	**3300**	**1**	**178**	**1**	**11**	**0,953**	**12**	**0,952**

Sim6

$TRS\big(s_1(ip_{3-5})\big) = 720$ $TRS\big(s_2(ip_{3-5})\big) = 720$	0,965	3358	1	120	1	2	0,967	2	0,967
	0,965	3358	1	117	4	3	0,950	1	0,983
	0,965	3358	1	120	1	4	0,933	1	0,983
	0,896	3118	1	360	1	4	0,933	5	0,917
	0,931	3238	1	240	1	2	0,967	6	0,900
$\bar{x}$	**0,945**	**3286**	**1**	**191**	**1,6**	**3**	**0,950**	**3**	**0,950**

Kapazität	$A(ip_{3-5})$			$\varrho_{id_1,ip_{3-5}}$	$\varrho_{id_2,ip_{3-5}}$
	$E(ip_{3-5})$	$Var(ip_{3-5})$	$\varrho_{ip_{3-5}}$		
$TRS\big(s_1(ip_{3-5})\big) = 4,32$ $TRS\big(s_2(ip_{3-5})\big) = 4,32$	0,950	0,02	0,13	-0,10	1,00
$TRS\big(s_1(ip_{3-5})\big) = 10,8$ $TRS\big(s_2(ip_{3-5})\big) = 10,8$	0,949	0,28	0,53	-0,57	1,00
$TRS\big(s_1(ip_{3-5})\big) = 21,6$ $TRS\big(s_2(ip_{3-5})\big) = 21,6$	0,949	0,39	0,62	-0,25	0,96
$TRS\big(s_1(ip_{3-5})\big) = 54$ $TRS\big(s_2(ip_{3-5})\big) = 54$	0,949	0,55	0,74	-0,22	1,00
$TRS\big(s_1(ip_{3-5})\big) = 180$ $TRS\big(s_2(ip_{3-5})\big) = 180$	0,949	0,63	0,79	0,03	0,95
$TRS\big(s_1(ip_{3-5})\big) = 720$ $TRS\big(s_2(ip_{3-5})\big) = 720$	0,945	9,52	3,09	0,28	0,83

Simulationsexperiment 8

$ip_{3-6} = \big[\tau\big(t_1(ip_{3-6})\big) = 5; a(id_3) = 0,95\big] \rightarrow \big[\tau\big(t_2(ip_{3-6})\big) = 7; a(id_2) = 0,95\big]$
$\rightarrow \big[\tau\big(t_3(ip_{3-6})\big) = 12\big];$ $\tau(ip_{3-6}) = 24;$

	$A(ip_{3-6})$	$M(s_4)$	$M(s_3)$	$M(s_2)$	$M(s_1)$	$F(id_1)_{sim}$	$a(id_1)_{sim}$	$F(id_2)_{sim}$	$a(id_2)_{sim}$
Sim1									
$TRS\big(s_2(ip_{3-6})\big) = 21,6$ $TRS\big(s_3(ip_{3-6})\big) = 21,6$	0,999	3474	5	0	1	98	0,951	101	0,953
	0,999	3474	5	0	1	102	0,949	88	0,952
	0,999	3474	5	0	1	197	0,902	96	0,951
	0,999	3474	5	0	1	94	0,953	102	0,950
	0,999	3474	4	0	1	92	0,954	97	0,953
$\bar{x}$	**0,999**	**3474**	**4,8**	**0**	**1**	**117**	**0,942**	**97**	**0,952**

Sim2

0,995	3462	17	0	1	8	0,980	12	0,970
0,995	3461	18	0	1	22	0,945	19	0,953
0,996	3465	14	0	1	20	0,950	13	0,968
0,996	3463	16	0	1	17	0,958	24	0,940
0,996	3464	15	0	1	24	0,940	19	0,953
$\bar{x}$ **0,996**	**3463**	**16**	**0**	**1**	**18**	**0,955**	**17**	**0,957**

$TRS\big(s_2(ip_{3-6})\big) = 108$
$TRS\big(s_3(ip_{3-6})\big) = 108$

Sim3

0,991	3447	32	0	1	14	0,942	14	0,942
0,993	3452	27	0	1	14	0,942	23	0,904
0,996	3463	16	0	1	11	0,954	9	0,963
0,995	3444	17	0	1	16	0,933	10	0,958
0,994	3458	21	0	1	6	0,975	16	0,933
$\bar{x}$ **0,994**	**3456**	**23**	**0**	**1**	**12**	**0,949**	**14**	**0,940**

$TRS\big(s_2(ip_{3-6})\big) = 180$
$TRS\big(s_3(ip_{3-6})\big) = 180$

Sim4

0,988	3436	43	0	1	8	0,950	12	0,925
0,984	3423	56	0	1	11	0,931	12	0,925
0,988	3438	41	0	1	13	0,919	8	0,950
0,990	3444	35	0	1	9	0,944	5	0,969
0,988	3435	22	0	23	10	0,938	5	0,969
$\bar{x}$ **0,988**	**3435**	**39**	**0**	**5**	**10**	**0,936**	**8**	**0,948**

$TRS\big(s_2(ip_{3-6})\big) = 270$
$TRS\big(s_3(ip_{3-6})\big) = 270$

Sim5

0,983	3418	61	0	1	1	0,983	1	0,983
0,983	3418	29	32	1	3	0,950	4	0,933
0,970	3374	105	0	1	3	0,950	1	0,983
0,970	3391	88	0	1	3	0,950	5	0,917
0,983	3418	61	0	1	2	0,967	0	1,000
$\bar{x}$ **0,979**	**3404**	**69**	**6**	**1**	**2**	**0,960**	**2**	**0,963**

$TRS\big(s_2(ip_{3-6})\big) = 720$
$TRS\big(s_3(ip_{3-6})\big) = 720$

Sim6

0,992	3451	28	0	1	9	0,944	36	0,982
0,993	3455	24	0	1	6	0,963	110	0,945
0,989	3441	38	0	1	10	0,938	92	0,954
0,994	3456	23	0	1	8	0,950	106	0,947
0,994	3456	23	0	1	5	0,969	91	0,955
$\bar{x}$ **0,992**	**3452**	**27**	**0**	**1**	**8**	**0,953**	**87**	**0,957**

$TRS\big(s_2(ip_{3-6})\big) = 270$
$TRS\big(s_3(ip_{3-6})\big) = 21,6$

Sim7

0,965	3358	1	0	1	36	0,982	9	0,944
0,965	3358	1	0	1	110	0,945	6	0,963
0,965	3358	1	0	1	92	0,954	10	0,938
0,896	3118	1	0	1	106	0,947	8	0,950
0,931	3238	1	0	1	91	0,955	5	0,969
$\bar{x}$ **0,945**	**3286**	**1**	**0**	**1**	**87**	**0,957**	**8**	**0,953**

$TRS\big(s_2(ip_{3-6})\big) = 21,6$
$TRS\big(s_3(ip_{3-6})\big) = 270$

Zeitintervall zur Wiederherstellung einer nicht-verfügbarer IT-Dienstleistung	$A(ip_{3-6})$			$\varrho_{id_2,ip_{3-6}}$	$\varrho_{id_3,ip_{3-6}}$
	$E(ip_{3-6})$	$Var(ip_{3-6})$	$\varrho_{ip_{3-6}}$		
$TRS\big(s_2(ip_{3-6})\big) = 21,6$ $TRS\big(s_3(ip_{3-6})\big) = 21,6$	0,999	0,00	0,01	0,30	-0,02
$TRS\big(s_2(ip_{3-6})\big) = 108$ $TRS\big(s_3(ip_{3-6})\big) = 108$	0,996	0,00	0,05	-0,30	0,16
$TRS\big(s_2(ip_{3-6})\big) = 180$ $TRS\big(s_3(ip_{3-6})\big) = 180$	0,994	0,04	0,20	0,20	0,60

$TRS(s_2(ip_{3-6})) = 270$ $TRS(s_3(ip_{3-6})) = 270$	0,988	0,05	0,22	0,24	0,66
$TRS(s_2(ip_{3-6})) = 720$ $TRS(s_3(ip_{3-6})) = 720$	0,979	0,34	0,59	0,59	0,13
$TRS(s_2(ip_{3-6})) = 720$ $TRS(s_3(ip_{3-6})) = 21,6$	0,992	0,03	0,18	0,78	-0,21
$TRS(s_2(ip_{3-6})) = 21,6$ $TRS(s_3(ip_{3-6})) = 270$	0,993	0,01	0,10	0,09	0,65

Simulationsexperiment 9

$$ip_{4-2} = \quad [\tau(t_1(ip_{4-2})) = 5; a(id_1) = 0,95] \rightarrow [\tau(t_2(ip_{4-2})) = 7; a(id_2) = 0,95]$$
$$\rightarrow [\tau(t_3(ip_{4-2})) = 12; a(id_3) = 0,99]; \qquad\qquad \tau(ip_{4-2}) = 24;$$
$$K(s_2(ip_{4-2})) = 10 \mid K(s_3(ip_{4-2})) = 10$$

	$A(ip_{4-2})$	$M(s_4)$	$M(s_3)$	$M(s_2)$	$M(s_1)$	$F(id_1)_{sim}$	$a(id_1)_{sim}$	$F(id_2)_{sim}$	$a(id_2)_{sim}$	$F(id_3)_{sim}$	$a(id_3)_{sim}$
Sim1											
$TRS(s_1(ip_{4-2}))$ $= 21,6$ $TRS(s_2(ip_{4-2}))$ $= 21,6$	0,991	3446	10	10	14	95	0,953	102	0,949	10	0,992
	0,990	3444	10	10	16	102	0,949	103	0,949	11	0,991
	0,988	3437	10	10	23	87	0,957	91	0,955	13	0,989
	0,991	3447	10	10	13	102	0,949	91	0,955	10	0,992
	0,985	3425	10	10	35	94	0,953	91	0,955	17	0,986
$\bar{x}$	**0,989**	**3440**	**10**	**10**	**20**	**96**	**0,952**	**96**	**0,952**	**12**	**0,990**
Sim2											
$TRS(s_1(ip_{4-2}))$ $= 180$ $TRS(s_2(ip_{4-2}))$ $= 180$	0,966	3361	10	5	104	16	0,933	10	0,958	11	0,991
	0,973	3384	10	10	76	10	0,958	9	0,963	13	0,989
	0,969	3370	10	10	90	12	0,950	16	0,933	9	0,993
	0,971	3377	10	10	83	9	0,963	13	0,946	9	0,993
	0,974	3286	10	10	74	13	0,946	9	0,963	11	0,991
$\bar{x}$	**0,971**	**3276**	**10**	**9**	**85**	**12**	**0,950**	**11**	**0,953**	**11**	**0,991**
Sim3											
$TRS(s_1(ip_{4-2}))$ $= 270$ $TRS(s_2(ip_{4-2}))$ $= 270$	0,961	3342	10	10	118	2	0,988	8	0,950	8	0,993
	0,955	3320	10	10	140	4	0,975	9	0,944	9	0,993
	0,962	3346	10	10	114	5	0,969	6	0,963	13	0,989
	0,950	3304	10	10	156	4	0,975	10	0,938	11	0,991
	0,960	3339	10	10	121	10	0,938	5	0,969	7	0,994
$\bar{x}$	**0,958**	**3330**	**10**	**10**	**130**	**5**	**0,969**	**8**	**0,953**	**10**	**0,992**
Sim4											
$TRS(s_1(ip_{4-2}))$ $= 270$ $TRS(s_2(ip_{4-2}))$ $= 21,6$	0,980	3408	10	10	52	9	0,944	98	0,951	9	0,993
	0,985	3427	10	10	33	7	0,956	84	0,958	6	0,995
	0,973	3384	10	10	76	11	0,931	90	0,955	21	0,983
	0,983	3418	10	10	42	7	0,956	100	0,950	18	0,985
	0,984	3424	10	4	42	9	0,944	101	0,950	4	0,997
$\bar{x}$	**0,981**	**3412**	**10**	**9**	**49**	**9**	**0,946**	**95**	**0,953**	**12**	**0,990**

Sim5

	A(ip₄₋₂)	M(s₄)	M(s₃)	M(s₂)	M(s₁)	F(id₁)ₛᵢₘ	a(id₁)ₛᵢₘ	F(id₂)ₛᵢₘ	a(id₂)ₛᵢₘ	F(id₃)ₛᵢₘ	a(id₃)ₛᵢₘ
$TRS(s_1(ip_{4-2}))$ $= 21{,}6$ $TRS(s_2(ip_{4-2}))$ $= 270$	0,970	3372	10	10	88	108	0,946	7	0,956	11	0,991
	0,960	3340	10	10	119	101	0,950	8	0,950	13	0,989
	0,963	3349	10	10	111	94	0,953	8	0,950	8	0,993
	0,956	3324	10	10	136	94	0,953	9	0,944	13	0,989
	0,959	3337	10	10	123	103	0,949	8	0,950	16	0,987
$\bar{x}$	**0,962**	**3344**	**10**	**10**	**115**	**100**	**0,950**	**8**	**0,950**	**12**	**0,990**

Sim6

	A(ip₄₋₂)	M(s₄)	M(s₃)	M(s₂)	M(s₁)	F(id₁)ₛᵢₘ	a(id₁)ₛᵢₘ	F(id₂)ₛᵢₘ	a(id₂)ₛᵢₘ	F(id₃)ₛᵢₘ	a(id₃)ₛᵢₘ
$TRS(s_1(ip_{4-2}))$ $= 108$ $TRS(s_2(ip_{4-2}))$ $= 108$	0,991	3448	19	1	12	20	0,950	20	0,950	8	0,993
	0,992	3451	10	10	9	26	0,960	26	0,935	9	0,993
	0,991	3445	10	10	15	18	0,950	18	0,955	13	0,989
	0,990	3443	10	10	17	15	0,943	15	0,963	11	0,991
	0,993	3454	10	10	6	19	0,958	19	0,953	7	0,994
$\bar{x}$	**0,991**	**3448**	**12**	**8**	**12**	**20**	**0,952**	**20**	**0,951**	**10**	**0,992**

Zeitintervall zur Wiederherstellung einer nicht-verfügbarer IT-Dienstleistung	$A(ip_{4-2})$			$\varrho_{id_1,ip_{4-2}}$	$\varrho_{id_2,ip_{4-2}}$	$\varrho_{id_3,ip_{4-2}}$
	$E(ip_{4-2})$	$Var(ip_{4-2})$	$\varrho_{ip_{4-2}}$			
$TRS(s_1(ip_{4-2})) = 21{,}6$ $TRS(s_2(ip_{4-2})) = 21{,}6$	0,989	0,07	0,26	-0,51	-0,51	1,00
$TRS(s_1(ip_{4-2})) = 180$ $TRS(s_2(ip_{4-2})) = 180$	0,971	0,09	0,30	0,61	0,38	-0,37
$TRS(s_1(ip_{4-2})) = 270$ $TRS(s_2(ip_{4-2})) = 270$	0,958	0,26	0,51	-0,21	0,82	0,11
$TRS(s_1(ip_{4-2})) = 270$ $TRS(s_2(ip_{4-2})) = 21{,}6$	0,981	0,25	0,50	0,84	-0,13	0,75
$TRS(s_1(ip_{4-2})) = 21{,}6$ $TRS(s_2(ip_{4-2})) = 270$	0,962	0,26	0,51	-0,67	0,95	0,48
$TRS(s_1(ip_{4-2})) = 108$ $TRS(s_2(ip_{4-2})) = 108$	0,991	0,02	0,13	0,90	-0,61	0,81

$$ip_{4-2'} = \left[\tau(t_1(ip_{4-2'})) = 5; a(id_1) = 0{,}95\right] \rightarrow \left[\tau(t_2(ip_{4-2'})) = 7; a(id_2) = 0{,}95\right]$$
$$\rightarrow \left[\tau(t_3(ip_{4-2'})) = 12; a(id_3) = 0{,}99\right]; \qquad \tau(ip_{4-2'}) = 24;$$
$$K(s_2(ip_{4-2'})) = 0 \mid K(s_3(ip_{4-2'})) = 0$$

	A(ip₄₋₂ₚ)	M(s₄)	M(s₃)	M(s₂)	M(s₁)	F(id₁)ₛᵢₘ	a(id₁)ₛᵢₘ	F(id₂)ₛᵢₘ	a(id₂)ₛᵢₘ	F(id₃)ₛᵢₘ	a(id₃)ₛᵢₘ
Sim1											
$TRS(s_1(ip_{4-2'}))$ $= 21{,}6$ $TRS(s_2(ip_{4-2'}))$ $= 21{,}6$	0,989	3439	50	0	1	89	0,956	107	0,947	13	0,989
	0,989	3441	38	0	1	91	0,955	91	0,955	12	0,990
	0,989	3441	38	0	1	81	0,960	97	0,952	12	0,990
	0,984	3421	57	0	1	111	0,945	108	0,946	18	0,985
	0,994	3456	23	0	1	91	0,955	112	0,944	7	0,994
$\bar{x}$	**0,989**	**3440**	**41**	**0**	**1**	**93**	**0,954**	**103**	**0,949**	**12**	**0,990**

Sim2

$TRS(s_1(ip_{4-2'})) = 180$ $TRS(s_2(ip_{4-2'})) = 180$										
0,985	3427	44	8	1	16	0,933	10	0,958	13	0,989
0,985	3425	54	0	1	10	0,950	9	0,963	12	0,990
0,983	3419	60	0	1	12	0,963	16	0,954	12	0,990
0,980	3410	69	0	1	9	0,963	13	0,946	18	0,985
0,989	3440	39	0	1	13	0,933	9	0,967	7	0,994
$\bar{x}$ **0,985**	**3424**	**53**	**2**	**1**	**12**	**0,948**	**11**	**0,958**	**12**	**0,990**

Sim3

$TRS(s_1(ip_{4-2'})) = 270$ $TRS(s_2(ip_{4-2'})) = 270$										
0,961	3342	10	10	118	2	0,988	8	0,950	8	0,993
0,955	3320	10	10	140	4	0,975	9	0,944	9	0,993
0,962	3346	10	10	114	5	0,969	6	0,963	13	0,989
0,950	3304	10	10	156	4	0,975	10	0,938	11	0,991
0,960	3339	10	10	121	10	0,938	5	0,969	7	0,994
$\bar{x}$ **0,958**	**3330**	**10**	**10**	**130**	**5**	**0,969**	**8**	**0,953**	**10**	**0,992**

Sim4

$TRS(s_1(ip_{4-2'})) = 270$ $TRS(s_2(ip_{4-2'})) = 21,6$										
0,980	3408	10	10	52	9	0,944	98	0,951	9	0,993
0,985	3427	10	10	33	7	0,956	84	0,958	6	0,995
0,973	3384	10	10	76	11	0,931	90	0,955	21	0,983
0,983	3418	10	10	42	7	0,956	100	0,950	18	0,985
0,984	3424	10	4	42	9	0,944	101	0,950	4	0,997
$\bar{x}$ **0,981**	**3412**	**10**	**9,0**	**49**	**9**	**0,946**	**95**	**0,953**	**12**	**0,990**

Sim5

$TRS(s_1(ip_{4-2'})) = 21,6$ $TRS(s_2(ip_{4-2'})) = 270$										
0,970	3372	10	10	88	108	0,946	7	0,956	11	0,991
0,960	3340	10	10	119	101	0,950	8	0,950	13	0,989
0,963	3349	10	10	111	94	0,953	8	0,950	8	0,993
0,956	3324	10	10	136	94	0,953	9	0,944	13	0,989
0,959	3337	10	10	123	103	0,949	8	0,950	16	0,987
$\bar{x}$ **0,962**	**3344**	**10**	**10**	**115**	**100**	**0,950**	**8**	**0,950**	**12**	**0,990**

Sim6

$TRS(s_1(ip_{4-2'})) = 108$ $TRS(s_2(ip_{4-2'})) = 108$										
0,991	3448	19	1	12	20	0,950	20	0,950	8	0,993
0,992	3451	10	10	9	16	0,960	26	0,935	9	0,993
0,991	3445	10	10	15	20	0,950	18	0,955	13	0,989
0,990	3443	10	10	17	23	0,943	15	0,963	11	0,991
0,993	3454	10	10	6	17	0,958	19	0,953	7	0,994
$\bar{x}$ **0,991**	**3448**	**12**	**8**	**12**	**19**	**0,952**	**20**	**0,951**	**10**	**0,992**

Zeitintervall zur Wiederherstellung einer nicht-verfügbaren IT-Dienstleistung	$A(ip_{4-2'})$			$\varrho_{id_1, ip_{4-2'}}$	$\varrho_{id_2, ip_{4-2'}}$	$\varrho_{id_3, ip_{4-2'}}$
	$E(ip_{4-2'})$	$Var(ip_{4-2'})$	$\varrho_{ip_{4-2'}}$			
$TRS(s_1(ip_{4-2'})) = 21,6$ $TRS(s_2(ip_{4-2'})) = 21,6$	0,989	0,13	0,36	0,70	-0,06	1,00
$TRS(s_1(ip_{4-2'})) = 180$ $TRS(s_2(ip_{4-2'})) = 180$	0,985	0,10	0,32	-0,86	0,94	0,94
$TRS(s_1(ip_{4-2'})) = 270$ $TRS(s_2(ip_{4-2'})) = 270$	0,983	0,20	0,45	0,54	0,84	0,70
$TRS(s_1(ip_{4-2'})) = 270$ $TRS(s_2(ip_{4-2'})) = 21,6$	0,985	0,03	0,19	0,54	-0,02	0,02
$TRS(s_1(ip_{4-2'})) = 21,6$ $TRS(s_2(ip_{4-2'})) = 270$	0,986	0,00	0,07	0,68	0,01	0,50
$TRS(s_1(ip_{4-2'})) = 108$ $TRS(s_2(ip_{4-2'})) = 108$	0,987	0,08	0,27	-0,03	-0,83	0,98

Simulationsexperiment 10

$ip_{1-3} = \left[\tau(t_1(ip_{1-3})) = 5\right] \rightarrow \left[\tau(t_2(ip_{1-3})) = 7; a(id_1) = 0{,}95, a(id_3) = 0{,}95\right]$
$\rightarrow \left[\tau(t_3(ip_{1-3})) = 12; a(id_2) = 0{,}95\right]; \qquad\qquad \tau(ip_{1-3}) = 24;$

	$A(ip_{1-3})$	$M(s_4)$	$M(s_3)$	$M(s_2)$	$M(s_1)$	$F(id_1)_{sim}$	$a(id_1)_{sim}$	$F(id_2)_{sim}$	$a(id_2)_{sim}$	$F(id_3)_{sim}$	$a(id_3)_{sim}$
Sim1											
$\tau(t_{IN}(ip_{1-3}))$ $= 12\ min$	0,969	3369	110	0	1	8	0,967	6	0,975	10	0,958
	0,940	3269	210	0	1	11	0,954	13	0,946	11	0,954
	0,953	3314	165	0	1	11	0,954	12	0,950	12	0,950
	0,979	3404	75	0	1	15	0,938	4	0,983	8	0,967
	0,944	3284	135	0	1	7	0,971	12	0,950	13	0,946
$\bar{x}$	**0,957**	**3328**	**139**	**0**	**1**	**10**	**0,957**	**9**	**0,961**	**11**	**0,955**
Sim2											
$\tau(t_{IN}(ip_{1-3}))$ $= 13min$	0,990	3179	32	0	1	12	0,950	16	0,933	8	0,967
	0,994	3192	19	0	1	13	0,946	9	0,963	12	0,950
	0,990	3179	32	0	1	11	0,954	15	0,938	11	0,954
	0,990	3177	34	0	1	14	0,942	15	0,938	10	0,958
	0,994	3190	19	2	1	10	0,958	14	0,942	14	0,942
$\bar{x}$	**0,992**	**3183**	**27**	**0,4**	**1**	**12**	**0,950**	**14**	**0,943**	**11**	**0,954**
Sim3											
$\tau(t_{IN}(ip_{1-3}))$ $= 14\ min$	0,998	2975	7	0	0	13	0,946	14	0,942	9	0,963
	0,965	2877	1	0	0	9	0,963	12	0,950	9	0,963
	0,997	2973	8	0	0	17	0,929	16	0,933	20	0,917
	0,998	2976	6	0	0	11	0,954	15	0,938	18	0,925
	0,999	2979	3	0	0	15	0,938	14	0,942	10	0,958
$\bar{x}$	**0,992**	**2956**	**5**	**0**	**0**	**13**	**0,946**	**14**	**0,941**	**13**	**0,945**
Sim4											
$\tau(t_{IN}(ip_{1-3}))$ $= 15\ min$	0,996	2772	3	0	1	11	0,954	14	0,942	12	0,950
	0,998	2776	7	0	1	12	0,950	11	0,954	11	0,954
	1,000	2782	1	0	0	12	0,950	16	0,933	7	0,971
	1,000	2782	1	0	0	6	0,975	11	0,954	7	0,973
	1,000	2781	2	0	1	13	0,946	12	0,950	13	0,946
$\bar{x}$	**0,981**	**2779**	**3**	**0**	**0,6**	**11**	**0,955**	**13**	**0,947**	**10**	**0,958**
Sim5											
$\tau(t_{IN}(ip_{1-3}))$ $= 16\ min$	1,000	2608	1	0	1	17	0,929	6	0,975	13	0,946
	1,000	2607	2	0	1	15	0,938	12	0,950	8	0,967
	1,000	2608	1	0	1	8	0,967	8	0,967	8	0,967
	1,000	2608	1	0	1	11	0,954	11	0,954	12	0,950
	0,997	2599	7	1	1	11	0,954	9	0,963	10	0,958
$\bar{x}$	**0,962**	**2606**	**2,4**	**0,2**	**1**	**12**	**0,948**	**9**	**0,962**	**10**	**0,958**
Sim6											
$\tau(t_{IN}(ip_{1-3}))$ $= 17\ min$	1,000	2455	0	1	0	9	0,963	9	0,963	10	0,958
	1,000	2455	0	1	0	10	0,958	9	0,963	12	0,950
	1,000	2455	0	1	0	14	0,942	6	0,975	13	0,946
	1,000	2455	0	1	0	10	0,958	11	0,954	10	0,958
	1,000	2455	0	1	0	7	0,971	12	0,950	13	0,946
$\bar{x}$	**1,000**	**2455**	**0**	**1**	**0**	**10**	**0,958**	**9**	**0,961**	**12**	**0,952**

Zwischenankunftszeit	A(ip_{1-3})			$\varrho_{id_1,ip_{1-3}}$	$\varrho_{id_2,ip_{1-3}}$	$\varrho_{id_3,ip_{1-3}}$
	$E(ip_{1-3})$	$Var(ip_{1-3})$	$\varrho_{ip_{1-3}}$			
$\tau(t_{IN}(ip_{1-3})) = 12\ min$	0,957	2,70	1,64	-0,50	0,97	0,84
$\tau(t_{IN}(ip_{1-3})) = 13\ min$	0,992	0,05	0,22	0,01	0,83	-0,62
$\tau(t_{IN}(ip_{1-3})) = 14\ min$	0,992	2,20	1,48	-0,88	-0,05	-0,35
$\tau(t_{IN}(ip_{1-3})) = 15\ min$	0,999	0,03	0,16	0,11	0,00	0,34
$\tau(t_{IN}(ip_{1-3})) = 16\ min$	0,999	0,02	0,15	-0,18	0,03	-0,11
$\tau(t_{IN}(ip_{1-3})) = 17\ min$	1,000	0,00	0,00	-	-	-

$$ip_{1-4} = \left[\tau(t_1(ip_{1-4})) = 5\right] \to \left[\tau(t_2(ip_{1-4})) = 9; a(id_1) = 0,95, a(id_3) = 0,95\right]$$
$$\to \left[\tau(t_3(ip_{1-4})) = 10; a(id_2) = 0,95\right]; \qquad\qquad \tau(ip_{1-4}) = 24;$$

	$A(ip_{1-4})$	$M(s_4)$	$M(s_3)$	$M(s_2)$	$M(s_1)$	$F(id_1)_{sim}$	$a(id_1)_{sim}$	$F(id_2)_{sim}$	$a(id_2)_{sim}$	$F(id_3)_{sim}$	$a(id_3)_{sim}$
Sim1											
	1,000	3478	0	1	1	8	0,967	6	0,975	10	0,958
$\tau(t_{IN}(ip_{1-4}))$	0,993	3454	24	1	0	11	0,954	13	0,946	11	0,954
	1,000	3478	0	1	1	11	0,954	12	0,950	12	0,950
$= 12\ min$	1,000	3478	0	1	1	15	0,938	4	0,983	8	0,967
	0,998	3471	0	2	1	7	0,971	12	0,950	13	0,946
$\bar{x}$	0,998	3472	4,8	1,2	0,8	10	0,957	9	0,961	11	0,955
Sim2											
	1,000	3210	1	0	1	12	0,950	16	0,933	8	0,967
$\tau(t_{IN}(ip_{1-4}))$	0,998	3204	4	0	1	13	0,946	9	0,963	12	0,950
	1,000	3210	1	0	1	11	0,954	15	0,938	11	0,954
$= 13min$	1,000	3210	1	0	1	14	0,942	15	0,938	10	0,958
	0,996	3196	8	7	1	10	0,958	14	0,942	14	0,942
$\bar{x}$	0,999	3206	3	1,4	1	12	0,950	14	0,943	11	0,954
Sim3											
	1,000	2981	0	1	0	13	0,946	14	0,942	9	0,963
$\tau(t_{IN}(ip_{1-4}))$	0,998	2975	6	1	0	9	0,963	12	0,950	9	0,963
	0,999	2979	2	1	0	17	0,929	16	0,933	20	0,917
$= 14\ min$	1,000	2981	0	1	1	11	0,954	15	0,938	18	0,925
	1,000	2981	0	1	0	15	0,938	14	0,942	10	0,958
$\bar{x}$	0,999	2979	1,6	1	0,2	13	0,946	14	0,941	13	0,945
Sim4											
	0,997	2774	2	1	1	11	0,954	14	0,942	12	0,950
$\tau(t_{IN}(ip_{1-4}))$	1,000	2782	1	0	1	12	0,950	11	0,954	11	0,954
	1,000	2782	1	0	0	12	0,950	16	0,933	7	0,971
$= 15\ min$	1,000	2782	1	0	0	6	0,975	11	0,954	7	0,973
	1,000	2782	1	0	0	13	0,946	12	0,950	13	0,946
$\bar{x}$	0,999	2780	1,2	0,2	0,4	11	0,955	13	0,947	10	0,958
Sim5											
	1,000	2608	1	0	1	17	0,929	6	0,975	13	0,946
$\tau(t_{IN}(ip_{1-4}))$	1,000	2608	1	0	1	15	0,938	12	0,950	8	0,967
	1,000	2608	1	0	1	8	0,967	8	0,967	8	0,967
$= 16\ min$	1,000	2608	1	0	1	11	0,954	11	0,954	12	0,950
	0,998	2602	4	1	1	11	0,954	9	0,963	10	0,958
$\bar{x}$	0,999	2607	1,6	0,2	1	12	0,948	9	0,962	10	0,958

	A(ip_{1-4})	M(s_6)	M(s_5)	M(s_4)	M(s_3)	F(id_1)_sim	a(id_1)_sim	F(id_2)_sim	a(id_2)_sim	F(id_3)_sim	a(id_3)_sim
$\tau(t_{IN}(ip_{1-4}))$ $= 17\ min$	1,000	2455	0	1	0	9	0,963	9	0,963	10	0,958
	1,000	2455	0	1	0	10	0,958	9	0,963	12	0,950
	1,000	2455	0	1	0	14	0,942	6	0,975	13	0,946
	1,000	2455	0	1	0	10	0,958	11	0,954	10	0,958
	1,000	2455	0	1	0	7	0,971	12	0,950	13	0,946
$\bar{x}$	1,000	2455	0	1	0	10	0,958	9	0,961	12	0,952

Zwischenankunftszeit	A(ip_{1-4})			$\varrho_{id_1, ip_{1-4}}$	$\varrho_{id_2, ip_{1-4}}$	$\varrho_{id_3, ip_{1-4}}$
	E(ip_{1-4})	Var(ip_{1-4})	$\varrho_{ip_{1-4}}$			
$\tau(t_{IN}(ip_{1-4})) = 12\ min$	0,998	0,09	0,30	-0,07	0,61	0,25
$\tau(t_{IN}(ip_{1-4})) = 13\ min$	0,999	0,04	0,19	-0,55	-0,48	0,59
$\tau(t_{IN}(ip_{1-4})) = 14\ min$	0,999	0,01	0,09	-0,73	0,12	-0,07
$\tau(t_{IN}(ip_{1-4})) = 15\ min$	0,999	0,02	0,13	0,50	0,42	0,74
$\tau(t_{IN}(ip_{1-4})) = 16\ min$	1,000	0,01	0,10	-0,22	-0,05	-0,05
$\tau(t_{IN}(ip_{1-4})) = 17\ min$	1,000	0,00	0,00	-	-	-

Simulationsexperiment 11

$$ip_{1N} = \quad [\tau(t_1(ip_{1N})) = 5] \rightarrow ([\tau(t_2(ip_{1N})) = 11; a(id_1), a(id_2)]; [\tau(t_3(ip_{1N})) = 11])$$
$$\rightarrow [\tau(t_4(ip_{1N})) = 8; a(id_3)]; \qquad\qquad \tau_{max}(ip_{1N}) = 24;$$

	A(ip_{1N})	M(s_6)	M(s_5)	M(s_4)	M(s_3)	M(s_2)	F(id_1)_sim	a(id_1)_sim	F(id_2)_sim	a(id_2)_sim	F(id_3)_sim	a(id_3)_sim
Sim1												
	0,890	3094	384	0	1	385	16	0,920	21	0,895	11	0,945
$a(id_1) = 0,94$	0,994	3456	22	1	1	22	8	0,960	8	0,960	9	0,955
$a(id_2) = 0,94$	0,950	3304	174	1	1	174	12	0,994	14	0,930	13	0,935
$a(id_3) = 0,94$	0,942	3277	201	0	1	202	18	0,991	10	0,950	8	0,960
	0,927	3225	253	1	1	253	19	0,905	11	0,945	11	0,945
$\bar{x}$	0,941	3271	207	0,6	1	207	15	0,927	13	0,936	10	0,948
Sim2												
	0,977	3397	81	1	1	81	14	0,942	12	0,950	8	0,967
$a(id_1) = 0,95$	0,986	3428	50	1	1	50	15	0,938	7	0,971	13	0,946
$a(id_2) = 0,95$	0,989	3439	39	1	1	39	12	0,950	9	0,963	11	0,954
$a(id_3) = 0,95$	0,994	3457	21	11	1	11	8	0,967	10	0,958	13	0,946
	0,986	3428	50	0	1	51	9	0,963	14	0,942	11	0,954
$\bar{x}$	0,986	3430	48	5	1	46	12	0,952	10	0,957	11	0,953
Sim3												
	0,997	3468	10	1	1	10	14	0,977	13	0,978	9	0,985
$a(id_1) = 0,98$	1,000	3478	0	0	1	1	8	0,987	10	0,983	10	0,983
$a(id_2) = 0,98$	1,000	3478	0	0	1	1	12	0,980	16	0,973	15	0,975
$a(id_3) = 0,98$	1,000	3478	0	0	1	1	14	0,977	16	0,973	9	0,985
	1,000	3478	0	0	1	1	9	0,985	13	0,978	15	0,975
$\bar{x}$	0,999	3476	2	0,2	1	2,8	11	0,981	14	0,977	12	0,981

Sim4

1,000	3478	0	0	1	1	9	0,985	11	0,982	15	0,938
1,000	3478	0	0	1	1	13	0,978	8	0,987	9	0,963
1,000	3478	0	0	1	1	9	0,985	10	0,983	14	0,942
0,999	3474	0	4	5	1	16	0,973	8	0,987	10	0,958
0,997	3469	9	9	1	1	15	0,975	12	0,980	8	0,967
$\bar{x}$ **0,999**	**3475**	**1,8**	**2,6**	**1,8**	**1**	**12**	**0,979**	**10**	**0,984**	**11**	**0,953**

a(id₁) = 0,98, a(id₂) = 0,98, a(id₃) = 0,95

$a(id_1) = 0{,}98$, $a(id_2) = 0{,}98$, $a(id_3) = 0{,}95$

Sim5

1,000	3478	0	0	1	1	12	0,980	8	0,987	12	0,960
0,999	3475	3	3	1	1	12	0,980	18	0,970	11	0,963
1,000	3478	0	0	1	1	10	0,983	10	0,983	8	0,973
1,000	3478	0	0	1	1	9	0,985	13	0,978	13	0,957
0,999	3475	1	3	3	1	15	0,975	13	0,978	11	0,963
$\bar{x}$ **0,999**	**3477**	**0,8**	**1,2**	**1,4**	**1**	**12**	**0,981**	**12**	**0,979**	**11**	**0,963**

$a(id_1) = 0{,}98$, $a(id_2) = 0{,}98$, $a(id_3) = 0{,}96$

$a(id_1)$	$a(id_2)$	$a(id_3)$	$A(ip_{1N})$			$\varrho_{id_1,ip_{1N}}$	$\varrho_{id_2,ip_{1N}}$	$\varrho_{id_3,ip_{1N}}$
			$E(ip_{1N})$	$Var(ip_{1N})$	$\varrho_{ip_{1N}}$			
0,940	0,940	0,940	0,941	14,22	3,77	0,73	0,84	0,31
0,950	0,950	0,950	0,986	0,39	0,63	0,65	0,32	-0,83
0,980	0,980	0,980	0,999	0,02	0,13	0,52	-0,13	-0,46
0,980	0,980	0,950	0,999	0,01	0,11	0,72	0,44	-0,68
0,980	0,980	0,960	1,000	0,00	0,05	0,75	0,75	0,00

$$ip_{2N} = \quad \left[\tau\big(t_1(ip_{2N})\big) = 5\right] \rightarrow \left(\left[\tau\big(t_2(ip_{2N})\big) = 11;\, a(id_2)\right]; \left[\tau\big(t_3(ip_{2N})\big) = 11;\, a(id_1)\right]\right)$$
$$\rightarrow \left[\tau\big(t_4(ip_{2N})\big) = 8;\, a(id_3)\right]; \qquad\qquad \tau_{max}(ip_{2N}) = 24;$$

	$A(ip_{2N})$	$M(s_6)$	$M(s_5)$	$M(s_4)$	$M(s_3)$	$M(s_2)$	$F(id_1)_{sim}$	$a(id_1)_{sim}$	$F(id_2)_{sim}$	$a(id_2)_{sim}$	$F(id_3)_{sim}$	$a(id_3)_{sim}$
Sim1												
	0,973	3384	50	0	45	95	16	0,920	21	0,895	11	0,945
	1,000	3478	0	0	1	1	8	0,960	8	0,960	9	0,955
	0,988	3435	27	1	17	43	12	0,940	14	0,930	13	0,935
	0,985	3425	53	0	1	54	18	0,910	10	0,950	8	0,960
	0,977	3399	1	64	79	16	19	0,905	11	0,945	11	0,945
$\bar{x}$	**0,985**	**3424**	**26**	**13**	**29**	**42**	**15**	**0,927**	**13**	**0,936**	**10**	**0,948**
Sim2												
	1,000	3478	0	0	1	1	14	0,942	12	0,950	8	0,967
	1,000	3478	0	0	1	1	15	0,938	7	0,971	13	0,946
	0,996	3465	1	13	13	1	12	0,950	9	0,963	11	0,954
	0,994	3457	11	11	11	11	8	0,967	10	0,958	13	0,946
	0,993	3452	26	0	1	27	9	0,963	14	0,942	11	0,954
$\bar{x}$	**0,997**	**3466**	**8**	**5**	**5**	**8**	**12**	**0,952**	**10**	**0,957**	**11**	**0,953**
Sim3												
	0,999	3474	3	1	2	4	14	0,977	13	0,978	9	0,985
	1,000	3478	0	0	1	1	8	0,987	10	0,983	10	0,983
	1,000	3478	0	0	1	1	12	0,980	16	0,973	15	0,975
	1,000	3478	0	0	1	1	14	0,977	16	0,973	9	0,985
	1,000	3478	0	0	1	1	9	0,985	13	0,978	15	0,975
$\bar{x}$	**0,999**	**3477**	**0,6**	**0,2**	**1,2**	**1,6**	**11**	**0,981**	**14**	**0,977**	**12**	**0,981**

Sim1: $a(id_1) = 0{,}94$, $a(id_2) = 0{,}94$, $a(id_3) = 0{,}94$

Sim2: $a(id_1) = 0{,}95$, $a(id_2) = 0{,}95$, $a(id_3) = 0{,}95$

Sim3: $a(id_1) = 0{,}98$, $a(id_2) = 0{,}98$, $a(id_3) = 0{,}98$

Sim4											
	1,000	3478	0	0	1	1	9	0,985	11	0,982	15	0,938
$a(id_1) = 0{,}98$	1,000	3478	0	0	1	1	13	0,978	8	0,987	9	0,963
$a(id_2) = 0{,}98$	1,000	3478	0	0	1	1	9	0,985	10	0,983	14	0,942
$a(id_3) = 0{,}95$	0,999	3474	0	4	5	1	16	0,973	8	0,987	10	0,958
	0,998	3472	6	6	1	1	15	0,975	12	0,980	8	0,967
$\bar{x}$	0,999	3476	1,2	2	1,8	1	12	0,979	10	0,984	11	0,953

Sim5											
	1,000	3478	0	0	1	1	12	0,980	8	0,987	12	0,960
$a(id_1) = 0{,}98$	1,000	3478	0	0	1	1	12	0,980	18	0,970	11	0,963
$a(id_2) = 0{,}98$	1,000	3478	0	0	1	1	10	0,983	10	0,983	8	0,973
$a(id_3) = 0{,}96$	1,000	3478	0	0	1	1	9	0,985	13	0,978	13	0,957
	0,999	3475	1	3	3	1	15	0,975	13	0,978	11	0,963
$\bar{x}$	0,999	3477	0,2	0,6	1,4	1	12	0,981	12	0,979	11	0,963

$a(id_1)$	$a(id_2)$	$a(id_3)$	$A(ip_{2N})$			$\varrho_{id_1,ip_{2N}}$	$\varrho_{id_2,ip_{2N}}$	$\varrho_{id_3,ip_{2N}}$
			$E(ip_{2N})$	$Var(ip_{2N})$	$\varrho_{ip_{2N}}$			
0,940	0,940	0,940	0,985	1,09	1,04	0,83	0,72	0,31
0,950	0,950	0,950	0,997	0,12	0,34	-0,95	0,52	0,31
0,980	0,980	0,980	1,000	0,00	0,05	0,52	-0,13	-0,46
0,980	0,980	0,950	0,999	0,01	0,08	0,81	0,30	-0,68
0,980	0,980	0,960	1,000	0,00	0,04	0,83	0,09	0,00

Simulationsexperiment 12

$$ip_{3N} = \big[\tau\big(t_1(ip_{3N})\big) = 5; a(id_1)\big] \rightarrow \big(\big[\tau\big(t_2(ip_{3N})\big) = 12; a(id_3)\big];$$
$$\big[\tau\big(t_3(ip_{3N})\big) = 8; a(id_1), a(id_2)\big] \rightarrow \big[\tau\big(t_4(ip_{3N})\big) = 3; a(id_3)\big]\big)$$
$$\rightarrow \big[\tau\big(t_5(ip_{3N})\big) = 8\big]; \qquad \tau_{max}(ip_{3N}) = 25;$$

	$A(ip_{3N})$	$M(s_7)$	$M(s_6)$	$M(s_5)$	$M(s_4)$	$M(s_3)$	$M(s_2)$	$F(id_1)_{sim}$	$a(id_1)_{sim}$	$F(id_2)_{sim}$	$a(id_2)_{sim}$	$F(id_3)_{sim}$	$a(id_3)_{sim}$
Sim1													
	0,949	3298	180	1	0	1	180	8	0,967	14	0,942	11	0,954
$a(id_1) = 0{,}95$	0,953	3313	165	1	0	1	165	11	0,954	9	0,963	10	0,958
$a(id_2) = 0{,}95$	0,944	3283	195	1	0	1	195	5	0,979	11	0,954	13	0,946
$a(id_3) = 0{,}95$	0,940	3268	210	1	0	1	210	9	0,963	14	0,942	15	0,938
	0,940	3268	210	1	0	1	210	9	0,963	10	0,958	13	0,946
$\bar{x}$	0,945	3286	192	1	0	1	192	13	0,937	13	0,936	12	0,938
Sim2													
	0,992	3448	30	1	0	1	30	5	0,988	15	0,963	9	0,978
$a(id_1) = 0{,}99$	0,988	3436	42	1	0	1	42	20	0,950	13	0,968	13	0,968
$a(id_2) = 0{,}99$	0,989	3439	39	1	0	1	39	12	0,970	16	0,960	12	0,970
$a(id_3) = 0{,}99$	0,988	3436	42	1	0	1	42	15	0,963	11	0,973	14	0,965
	0,995	3460	18	1	0	1	18	14	0,965	8	0,980	6	0,985
$\bar{x}$	0,990	3444	34	1	0	1	34	13	0,937	13	0,936	12	0,938

Sim3

	A($ip_{3N'}$)	M(s_7)	M(s_6)	M(s_5)	M(s_4)	M(s_3)	M(s_2)	F(id_1)$_{sim}$	a(id_1)$_{sim}$	F(id_2)$_{sim}$	a(id_2)$_{sim}$	F(id_3)$_{sim}$	a(id_3)$_{sim}$
	0,988	3436	42	1	0	1	42	12	0,980	12	0,980	14	0,942
a(id_1) = 0,99	0,992	3448	30	1	0	1	30	10	0,983	14	0,977	9	0,963
a(id_2) = 0,95	0,988	3436	42	1	0	1	42	10	0,983	15	0,975	14	0,942
a(id_3) = 0,99	0,993	3454	24	1	0	1	24	13	0,978	11	0,982	8	0,967
	0,991	3445	32	1	0	1	32	10	0,983	11	0,982	11	0,954
$\bar{x}$	**0,990**	**3444**	**34**	**1**	**0**	**1**	**34**	**13**	**0,937**	**13**	**0,936**	**12**	**0,938**

Sim4

	A($ip_{3N'}$)	M(s_7)	M(s_6)	M(s_5)	M(s_4)	M(s_3)	M(s_2)	F(id_1)$_{sim}$	a(id_1)$_{sim}$	F(id_2)$_{sim}$	a(id_2)$_{sim}$	F(id_3)$_{sim}$	a(id_3)$_{sim}$
	0,980	3409	69	1	0	1	69	12	0,950	10	0,996	19	0,921
a(id_1) = 0,95	0,986	3430	40	1	0	9	40	10	0,958	5	0,998	13	0,946
a(id_2) = 0,95	0,988	3436	42	1	0	1	42	19	0,921	9	0,996	10	0,958
a(id_3) = 0,99	0,989	3439	39	1	0	1	39	11	0,954	17	0,998	8	0,967
	0,985	3424	52	1	0	3	52	13	0,946	13	0,995	14	0,942
$\bar{x}$	**0,986**	**3428**	**48**	**1**	**0**	**3**	**48**	**13**	**0,937**	**13**	**0,936**	**12**	**0,938**

Sim5

	A($ip_{3N'}$)	M(s_7)	M(s_6)	M(s_5)	M(s_4)	M(s_3)	M(s_2)	F(id_1)$_{sim}$	a(id_1)$_{sim}$	F(id_2)$_{sim}$	a(id_2)$_{sim}$	F(id_3)$_{sim}$	a(id_3)$_{sim}$
	0,957	3328	150	1	0	1	150	8	0,980	15	0,988	10	0,975
a(id_1) = 0,99	0,970	3373	106	1	0	1	106	9	0,978	12	0,990	8	0,980
a(id_2) = 0,99	0,936	3253	226	1	0	1	226	8	0,980	11	0,991	15	0,963
a(id_3) = 0,95	0,957	3328	150	1	0	1	150	11	0,973	13	0,989	10	0,975
	0,939	3265	213	1	0	1	213	13	0,968	14	0,988	14	0,965
$\bar{x}$	**0,952**	**3309**	**169**	**1**	**0**	**1**	**169**	**13**	**0,937**	**13**	**0,936**	**12**	**0,938**

a(id_1)	a(id_2)	a(id_3)	A(ip_{3N})			$\varrho_{id_1,ip_{3N}}$	$\varrho_{id_2,ip_{3N}}$	$\varrho_{id_3,ip_{3N}}$
			E(ip_{3N})	Var(ip_{3N})	$\varrho_{ip_{3N}}$			
0,950	0,950	0,950	0,945	0,32	0,56	-0,32	0,30	0,92
0,990	0,990	0,990	0,990	0,09	0,30	0,37	0,54	0,99
0,990	0,950	0,990	0,990	0,05	0,22	-0,34	0,46	0,99
0,950	0,950	0,990	0,986	0,12	0,34	-0,23	0,55	0,99
0,990	0,990	0,950	0,952	2,04	1,43	0,24	-0,13	0,99

$$ip_{3N'} = \left[\tau\big(t_1(ip_{3N'})\big) = 5; a(id_1)\right] \rightarrow \left(\left[\tau\big(t_2(ip_{3N'})\big) = 11; a(id_3)\right];\right.$$
$$\left[\tau\big(t_3(ip_{3N'})\big) = 8; a(id_1), a(id_2)\right] \rightarrow \left.\left[\tau\big(t_4(ip_{3N'})\big) = 4; a(id_3)\right]\right)$$
$$\rightarrow \left[\tau\big(t_5(ip_{3N'})\big) = 8\right]; \qquad \tau_{max}(ip_{3N'}) = 25;$$

	A($ip_{3N'}$)	M(s_7)	M(s_6)	M(s_5)	M(s_4)	M(s_3)	M(s_2)	F(id_1)$_{sim}$	a(id_1)$_{sim}$	F(id_2)$_{sim}$	a(id_2)$_{sim}$	F(id_3)$_{sim}$	a(id_3)$_{sim}$
Sim1													
	0,997	3467	11	1	0	1	11	8	0,967	14	0,942	11	0,954
a(id_1) = 0,95	0,997	3467	11	1	0	1	11	11	0,954	9	0,963	10	0,958
a(id_2) = 0,95	0,997	3468	10	1	0	1	10	5	0,979	11	0,954	13	0,946
a(id_3) = 0,95	0,996	3463	15	1	0	1	15	9	0,963	14	0,942	15	0,938
	1,000	3477	1	1	0	1	1	9	0,963	10	0,958	13	0,946
$\bar{x}$	**0,998**	**3468**	**10**	**1**	**0**	**1**	**10**	**13**	**0,937**	**13**	**0,936**	**12**	**0,938**
Sim2													
	1,000	3478	1	1	0	1	1	5	0,988	15	0,963	9	0,978
a(id_1) = 0,99	1,000	3478	1	1	0	1	1	20	0,950	13	0,968	13	0,968
a(id_2) = 0,99	1,000	3478	1	1	0	1	1	12	0,970	16	0,960	12	0,970
a(id_3) = 0,99	1,000	3478	1	1	0	1	1	15	0,963	11	0,973	14	0,965
	1,000	3478	1	1	0	1	1	14	0,965	8	0,980	6	0,985
$\bar{x}$	**1,000**	**3478**	**1**	**1**	**0**	**1**	**1**	**13**	**0,937**	**13**	**0,936**	**12**	**0,938**

Sim3

a(id)		A	B	C	D	E	F	G	H	I	J	K	L
	1,000	3478	2	1	0	1	2	12	0,980	12	0,980	14	0,942
$a(id_1) = 0,99$	1,000	3478	1	1	0	1	1	10	0,983	14	0,977	9	0,963
$a(id_2) = 0,95$	1,000	3478	1	1	0	1	1	10	0,983	15	0,975	14	0,942
$a(id_3) = 0,99$	1,000	3478	1	1	0	1	1	13	0,978	11	0,982	8	0,967
	0,999	3475	2	1	0	1	2	10	0,983	11	0,982	11	0,954
$\bar{x}$	**0,999**	**3476**	**1,4**	**1**	**0**	**1**	**1,4**	**13**	**0,937**	**13**	**0,936**	**12**	**0,938**

Sim4

a(id)													
	1,000	3478	2	1	0	1	2	12	0,950	10	0,996	19	0,921
$a(id_1) = 0,95$	0,996	3464	6	0	0	9	15	10	0,958	5	0,998	13	0,946
$a(id_2) = 0,95$	1,000	3478	1	1	0	1	1	19	0,921	9	0,996	10	0,958
$a(id_3) = 0,99$	1,000	3478	1	1	0	1	1	11	0,954	17	0,998	8	0,967
	0,998	3469	7	0	0	3	10	13	0,946	13	0,995	14	0,942
$\bar{x}$	**0,998**	**3473**	**3,4**	**0,6**	**0**	**3**	**6**	**13**	**0,937**	**13**	**0,936**	**12**	**0,938**

Sim5

a(id)													
	0,998	3471	7	1	0	1	7	8	0,980	15	0,988	10	0,975
$a(id_1) = 0,99$	1,000	3477	1	1	0	1	1	9	0,978	12	0,990	8	0,980
$a(id_2) = 0,99$	0,989	3440	38	1	0	1	38	8	0,980	11	0,991	15	0,963
$a(id_3) = 0,95$	0,997	3466	12	1	0	1	12	11	0,973	13	0,989	10	0,975
	0,986	3428	50	1	0	1	50	13	0,968	14	0,988	14	0,965
$\bar{x}$	**0,994**	**3456**	**22**	**1**	**0**	**1**	**22**	**13**	**0,937**	**13**	**0,936**	**12**	**0,938**

$a(id_1)$	$a(id_2)$	$a(id_3)$	$A(ip_{3N\prime})$			$\varrho_{id_1,ip_{3N\prime}}$	$\varrho_{id_2,ip_{3N\prime}}$	$\varrho_{id_3,ip_{3N\prime}}$
			$E(ip_{3N\prime})$	$Var(ip_{3N\prime})$	$\varrho_{ip_{3N\prime}}$			
0,950	0,950	0,950	0,998	0,02	0,15	0,00	0,55	0,09
0,990	0,990	0,990	1,000	0,00	0,00	-	-	-
0,990	0,950	0,990	1,000	0,00	0,03	-0,20	-0,58	0,24
0,950	0,950	0,990	0,999	0,03	0,17	-0,48	-0,06	0,19
0,990	0,990	0,950	0,994	0,37	0,61	0,50	-0,10	0,94

Simulationsexperiment 13

$$ip_{1-1} = \quad [\tau(t_1(ip_{1-1})) = 5] \rightarrow [\tau(t_2(ip_{1-1})) = 7; a(id_1), a(id_3)] \rightarrow [\tau(t_3(ip_{1-1})) = 12; a(id_2)];$$
$$\tau(ip_{1-1}) = 24;$$

	$A(ip_{1-1})$[178]	$M(s_4)$	$M(s_3)$	$M(s_2)$	$M(s_1)$	$F(id_1)_{sim}$	$a(id_1)_{sim}$	$F(id_2)_{sim}$	$a(id_2)_{sim}$	$F(id_3)_{sim}$	$a(id_3)_{sim}$
Sim1											
	0,969	3369	110	0	1	8	0,967	6	0,975	10	0,958
$a(id_1) = 0,95$	0,940	3269	210	0	1	11	0,954	13	0,946	11	0,954
$a(id_2) = 0,95$	0,953	3314	165	0	1	11	0,954	12	0,950	12	0,950
$a(id_3) = 0,95$	0,979	3404	75	0	1	15	0,938	4	0,983	8	0,967
	0,944	3284	135	0	1	7	0,971	12	0,950	13	0,946
$\bar{x}$	**0,957**	**3328**	**139**	**0**	**1**	**10**	**0,957**	**9**	**0,961**	**11**	**0,955**

---

[178] Falls nicht anders angegeben, liegt der maximale Prozessoutput der Simulationsexperimenten (wenn alle IT-Dienstleistungen zu 100% verfügbar sind) bei 3478 Objekten.

Sim2

	0,981	3413	66	0	1	9	0,985	12	0,980	16	0,973
$a(id_1) = 0,98$	0,977	3397	82	0	1	14	0,977	15	0,975	7	0,988
$a(id_2) = 0,98$	0,971	3377	102	0	1	10	0,983	20	0,967	5	0,992
$a(id_3) = 0,98$	0,974	3388	91	0	1	14	0,977	18	0,970	15	0,975
	0,981	3413	66	0	1	9	0,985	13	0,978	7	0,988
$\bar{x}$	**0,977**	**3398**	**81**	**0**	**1**	**11**	**0,981**	**16**	**97,4**	**10**	**0,983**

Sim3

	0,993	3455	24	0	1	13	0,989	7	0,994	12	0,990
$a(id_1) = 0,99$	0,990	3442	37	0	1	11	0,991	12	0,990	13	0,989
$a(id_2) = 0,99$	0,993	3452	27	0	1	9	0,993	8	0,993	15	0,988
$a(id_3) = 0,99$	0,990	3443	36	0	1	9	0,993	11	0,991	13	0,989
	0,988	3437	42	0	1	16	0,987	13	0,989	11	0,991
$\bar{x}$	**0,991**	**3446**	**33**	**0**	**1**	**12**	**0,990**	**10**	**0,992**	**13**	**0,989**

Sim4

	0,984	3422	57	0	1	14	0,942	14	0,988	7	0,971
$a(id_1) = 0,95$	0,985	3425	54	0	1	10	0,958	12	0,990	13	0,946
$a(id_2) = 0,99$	0,990	3444	35	0	1	8	0,967	9	0,993	14	0,942
$a(id_3) = 0,95$	0,982	3416	63	0	1	15	0,938	11	0,991	14	0,942
	0,988	3437	42	0	1	11	0,954	3	0,998	11	0,954
$\bar{x}$	**0,986**	**3429**	**50**	**0**	**1**	**12**	**0,952**	**10**	**0,992**	**12**	**0,951**

Sim5

	0,988	3436	43	0	1	11	0,954	8	0,997	14	0,942
$a(id_1) = 0,95$	0,993	3455	32	0	1	8	0,967	9	0,996	10	0,958
$a(id_2) = 0,995$	0,991	3447	24	0	1	7	0,971	10	0,996	12	0,950
$a(id_3) = 0,95$	0,990	3444	35	0	1	18	0,925	10	0,996	8	0,967
	0,991	3445	34	0	1	9	0,963	7	0,997	12	0,950
$\bar{x}$	**0,991**	**3445**	**34**	**0**	**1**	**11**	**0,956**	**9**	**0,996**	**11**	**0,953**

$a(id_1)$	$a(id_2)$	$a(id_3)$	$A(ip_{1-1})$			$\varrho_{id_1,ip_{1-1}}$	$\varrho_{id_2,ip_{1-1}}$	$\varrho_{id_3,ip_{1-1}}$
			$E(ip_{1-1})$	$Var(ip_{1-1})$	$\varrho_{ip_{1-1}}$			
0,950	0,950	0,950	0,957	2,70	1,64	-0,50	0,97	0,84
0,980	0,980	0,980	0,977	0,20	0,45	0,44	0,99	-0,32
0,990	0,990	0,990	0,991	0,05	0,21	0,37	0,99	-0,47
0,950	0,990	0,950	0,986	0,11	0,33	0,86	0,62	-0,20
0,950	0,995	0,950	0,991	0,04	0,20	0,37	-0,29	0,52

$$ip_{1A} = \quad [\tau(t_1(ip_{1A})) = 5] \rightarrow [\tau(t_2(ip_{1A})) = 7; a(id_1), a(id_3)]$$
$$\rightarrow \{[\tau(t_3(ip_{1A})) = 12; a(id_2)]; [\tau(t_4(ip_{1A})) = 12; a(id_2)]\}; \quad \tau(ip_{1A}) = 24|24;$$

	$A(ip_{1A})$	$M(s_4)$	$M(s_3)$	$M(s_2)$	$M(s_1)$	$F(id_1)_{sim}$	$a(id_1)_{sim}$	$F(id_2)_{sim}$	$a(id_2)_{sim}$	$F(id_3)_{sim}$	$a(id_3)_{sim}$
Sim1											
	1,000	3478	1	0	1	8	0,967	6	0,975	10	0,958
$a(id_1) = 0,95$	1,000	3478	1	0	1	11	0,954	13	0,946	11	0,954
$a(id_2) = 0,95$	1,000	3478	1	0	1	11	0,979	12	0,950	12	0,950
$a(id_3) = 0,95$	1,000	3478	1	0	1	15	0,963	4	0,983	8	0,967
	1,000	3478	1	0	1	7	0,963	12	0,950	13	0,946
$\bar{x}$	**1,000**	**3478**	**1**	**0**	**1**	**10**	**0,937**	**9**	**0,961**	**11**	**0,955**

344

Sim2

$a(id_1) = 0{,}98$ $a(id_2) = 0{,}98$ $a(id_3) = 0{,}98$	1,000	3478	1	0	1	9	0,985	12	0,980	16	0,973
	1,000	3478	1	0	1	14	0,977	15	0,975	7	0,988
	1,000	3478	1	0	1	10	0,983	20	0,967	5	0,992
	1,000	3478	1	0	1	14	0,977	18	0,970	15	0,975
	1,000	3478	1	0	1	9	0,985	13	0,978	7	0,988
$\bar{x}$	**1,000**	**3478**	**1**	**0**	**1**	**11**	**0,981**	**16**	**0,974**	**10**	**0,983**

Sim3

$a(id_1) = 0{,}99$ $a(id_2) = 0{,}99$ $a(id_3) = 0{,}99$	1,000	3478	1	0	1	13	0,989	7	0,994	12	0,990
	1,000	3478	1	0	1	11	0,991	12	0,990	13	0,989
	1,000	3478	1	0	1	9	0,993	8	0,993	15	0,988
	1,000	3478	1	0	1	9	0,993	11	0,991	13	0,989
	1,000	3478	1	0	1	16	0,987	13	0,989	11	0,991
$\bar{x}$	**1,000**	**3478**	**1**	**0**	**1**	**12**	**0,990**	**10**	**0,992**	**13**	**0,989**

Sim4

$a(id_1) = 0{,}95$ $a(id_2) = 0{,}99$ $a(id_3) = 0{,}95$	1,000	3478	1	0	1	14	0,942	14	0,988	7	0,971
	1,000	3478	1	0	1	10	0,958	12	0,990	13	0,946
	1,000	3478	1	0	1	8	0,967	9	0,993	14	0,942
	1,000	3478	1	0	1	15	0,938	11	0,991	14	0,942
	1,000	3478	1	0	1	11	0,954	5	0,996	11	0,954
$\bar{x}$	**1,000**	**3478**	**1**	**0**	**1**	**12**	**0,952**	**10**	**0,992**	**12**	**0,951**

Sim5

$a(id_1) = 0{,}95$ $a(id_2) = 0{,}99{,}5$ $a(id_3) = 0{,}95$	1,000	3478	1	0	1	11	0,954	8	0,997	14	0,942
	1,000	3478	1	0	1	8	0,967	9	0,996	10	0,958
	1,000	3478	1	0	1	7	0,971	10	0,996	12	0,950
	1,000	3478	1	0	1	18	0,925	10	0,996	8	0,967
	1,000	3478	1	0	1	9	0,963	7	0,997	12	0,950
$\bar{x}$	**1,000**	**3478**	**1**	**0**	**1**	**11**	**0,956**	**9**	**0,996**	**11**	**0,953**

$a(id_1)$	$a(id_2)$	$a(id_3)$	$A(ip_{1A})$			$\varrho_{id_1,ip_{1A}}$	$\varrho_{id_2,ip_{1A}}$	$\varrho_{id_3,ip_{1A}}$
			$E(ip_{1A})$	$Var(ip_{1A})$	$\varrho_{ip_{1A}}$			
0,950	0,950	0,950	1,000	0,00	0,00	-	-	-
0,980	0,980	0,980	1,000	0,00	0,00	-	-	-
0,990	0,990	0,990	1,000	0,00	0,00	-	-	-
0,950	0,990	0,950	1,000	0,00	0,00	-	-	-
0,950	0,995	0,950	1,000	0,00	0,00	-	-	-

Simulationsexperiment 14

$$ip_{3-7} = \left[\tau(t_1(ip_{3-7})) = 12; a(id_1)\right] \rightarrow \left[\tau(t_2(ip_{3-7})) = 8; a(id_2)\right]$$
$$\rightarrow \left[\tau(t_3(ip_{3-7})) = 7\right]; \qquad \tau(ip_{3-7}) = 27;$$

	$A(ip_{3-7})$	$M(s_5)$	$M(s_4)$	$M(s_3)$	$M(s_2)$	$F(id_1)_{sim}$	$a(id_1)_{sim}$	$F(id_2)_{sim}$	$a(id_2)_{sim}$
Sim1									
$a(id_1) = 0{,}95$ $a(id_2) = 0{,}95$	0,957	3327	1	1	151	10	0,958	18	0,925
	0,940	3267	1	1	211	14	0,942	9	0,963
	0,944	3282	1	1	196	13	0,946	8	0,967
	0,922	3207	1	1	271	18	0,925	12	0,950
	0,931	3237	1	1	241	16	0,933	8	0,967
$\bar{x}$	**0,939**	**3264**	**1**	**1**	**214**	**14**	**0,941**	**11**	**0,954**

Sim2

a(id)									
$a(id_1) = 0{,}99$ $a(id_2) = 0{,}95$	0,989	3440	1	11	28	9	0,993	12	0,950
	0,991	3447	1	1	31	10	0,992	11	0,954
	0,989	3438	1	1	40	13	0,989	9	0,963
	0,990	3441	1	1	37	12	0,990	12	0,950
	0,989	3438	1	1	40	13	0,989	11	0,954
$\bar{x}$	**0,990**	**3441**	**1**	**3**	**35**	**11**	**0,991**	**11**	**0,954**

Sim3

a(id)									
$a(id_1) = 0{,}99$ $a(id_2) = 0{,}99$	0,990	3441	1	1	37	12	0,990	15	0,988
	0,989	3438	1	1	40	13	0,989	10	0,992
	0,987	3432	1	1	46	15	0,988	9	0,993
	0,984	3423	1	1	55	18	0,985	14	0,988
	0,991	3444	1	1	34	11	0,991	7	0,994
$\bar{x}$	**0,988**	**3436**	**1**	**1**	**42**	**14**	**0,989**	**11**	**0,991**

Sim4

a(id)									
$a(id_1) = 0{,}999$ $a(id_2) = 0{,}95$	0,999	3474	1	1	4	10	0,999	12	0,950
	0,999	3475	0	1	4	8	0,999	16	0,933
	0,999	3475	0	1	4	9	0,999	10	0,958
	0,999	3473	0	1	6	15	0,999	16	0,933
	0,999	3473	1	0	6	14	0,999	8	0,967
$\bar{x}$	**0,999**	**3474**	**0,4**	**0,8**	**5**	**11**	**0,999**	**12**	**0,948**

Sim5

a(id)									
$a(id_1) = 0{,}99$ $a(id_2) = 0{,}94$	0,991	3444	1	1	34	11	0,991	10	0,950
	0,989	3438	1	1	40	13	0,989	11	0,945
	0,993	3453	1	1	25	8	0,993	13	0,935
	0,992	3450	1	1	28	9	0,993	8	0,960
	0,989	3438	1	1	40	13	0,989	6	0,970
$\bar{x}$	**0,991**	**3445**	**1**	**1**	**33**	**11**	**0,991**	**10**	**0,952**

$a(id_1)$	$a(id_2)$	$A(ip_{3-7})$			$\varrho_{id_1,ip_{3-7}}$	$\varrho_{id_2,ip_{3-7}}$
		$E(ip_{3-7})$	$Var(ip_{3-7})$	$\varrho_{ip_{3-7}}$		
0,950	0,950	0,939	1,71	1,31	1,00	-0,52
0,990	0,950	0,990	0,01	0,11	1,00	-0,52
0,990	0,990	0,988	0,06	0,24	1,00	-0,52
0,999	0,950	0,999	0,00	0,03	1,00	-0,52
0,990	0,940	0,991	0,04	0,20	1,00	-0,52

$$ip_{2A} = \{[\tau(t_1(ip_{2A})) = 12; a(id_1)] \rightarrow [\tau(t_2(ip_{2A})) = 8; a(id_2)];$$
$$[\tau(t_3(ip_{2A})) = 15] \rightarrow [\tau(t_4(ip_{2A})) = 10; a(id_3)]\} \rightarrow [\tau(t_5(ip_{2A})) = 7];$$
$$\tau(ip_{2A}) = 27|32;$$

	$A(ip_{2A})$	$M(s_5)$	$M(s_4)$	$M(s_3)$	$M(s_2)$	$F(id_1)_{sim}$	$a(id_1)_{sim}$	$F(id_2)_{sim}$	$a(id_2)_{sim}$	$F(id_3)_{sim}$	$a(id_3)_{sim}$
Sim1											
$a(id_1) = 0{,}95$ $a(id_2) = 0{,}95$ $a(id_3) = 0{,}95$	0,991	3447	1	0	1	10	0,958	18	0,925	10	0,958
	0,988	3435	1	0	1	14	0,942	9	0,963	16	0,933
	0,989	3438	1	0	1	13	0,946	8	0,967	9	0,963
	0,984	3423	1	0	1	18	0,925	12	0,950	12	0,950
	0,986	3429	1	0	1	16	0,933	8	0,967	13	0,946
$\bar{x}$	**0,988**	**3434**	**1**	**0**	**1**	**14**	**0,941**	**11**	**0,954**	**12**	**0,950**

Sim2

	A(ip)	M(s₅)	M(s₄)	M(s₃)	M(s₂)	F(id₁)	a(id₁)	F(id₂)	a(id₂)	F(id₃)	a(id₃)
	0,995	3461	1	0	11	9	0,993	12	0,950	10	0,958
$a(id_1) = 0{,}99$	0,998	3471	0	0	1	10	0,992	11	0,954	10	0,958
$a(id_2) = 0{,}95$	0,998	3469	0	0	1	13	0,989	9	0,963	10	0,958
$a(id_3) = 0{,}95$	0,998	3469	1	0	1	12	0,990	12	0,950	10	0,958
	0,998	3469	0	0	1	13	0,989	11	0,954	17	0,929
$\bar{x}$	**0,997**	**3468**	**0,4**	**0**	**3**	**11**	**0,991**	**11**	**0,954**	**11**	**0,953**

Sim3

	0,998	3469	1	0	1	12	0,990	15	0,988	7	0,994
$a(id_1) = 0{,}99$	0,998	3469	0	0	1	13	0,989	10	0,992	9	0,993
$a(id_2) = 0{,}99$	0,997	3467	1	0	1	15	0,988	9	0,993	9	0,993
$a(id_3) = 0{,}99$	0,997	3465	1	0	1	18	0,985	14	0,988	13	0,989
	0,998	3470	1	0	0	11	0,991	7	0,994	10	0,992
$\bar{x}$	**0,997**	**3468**	**0,8**	**0**	**0,8**	**14**	**0,989**	**11**	**0,991**	**10**	**0,992**

Sim4

	1,000	3478	1	0	1	10	0,999	12	0,950	9	0,963
$a(id_1) = 0{,}999$	1,000	3478	0	0	1	8	0,999	16	0,933	11	0,954
$a(id_2) = 0{,}95$	1,000	3478	0	0	1	9	0,999	10	0,958	12	0,950
$a(id_3) = 0{,}95$	1,000	3478	0	0	3	15	0,999	16	0,933	14	0,942
	1,000	3478	1	0	0	14	0,999	8	0,967	15	0,938
$\bar{x}$	**1,000**	**3478**	**0,4**	**0**	**1,2**	**11**	**0,999**	**12**	**0,948**	**12**	**0,949**

Sim5

	0,998	3470	1	0	0	11	0,991	10	0,950	17	0,915
$a(id_1) = 0{,}99$	0,998	3469	0	0	1	13	0,989	11	0,945	4	0,980
$a(id_2) = 0{,}94$	0,999	3472	1	0	0	8	0,993	13	0,935	6	0,970
$a(id_3) = 0{,}94$	0,998	3471	1	0	1	9	0,993	8	0,960	8	0,960
	0,998	3469	0	0	1	13	0,989	6	0,970	16	0,920
$\bar{x}$	**0,998**	**3470**	**0,6**	**0**	**0,6**	**11**	**0,991**	**10**	**0,952**	**10**	**0,949**

$a(id_1)$	$a(id_2)$	$a(id_3)$	$A(ip_{2A})$			$\varrho_{id_1,ip_{2A}}$	$\varrho_{id_2,ip_{2A}}$	$\varrho_{id_3,ip_{2A}}$
			$E(ip_{2A})$	$Var(ip_{2A})$	$\varrho_{ip_{2A}}$			
0,950	0,950	0,950	0,988	0,07	0,26	1,00	-0,52	0,39
0,990	0,950	0,950	0,997	0,01	0,11	1,00	-0,52	0,39
0,990	0,990	0,990	0,997	0,00	0,06	1,00	-0,52	0,39
0,999	0,950	0,950	1,000	0,00	0,02	1,00	-0,52	0,39
0,990	0,940	0,940	0,998	0,00	0,04	1,00	-0,52	0,39

Simulationsexperiment 15

$$ip_5 = \quad [\tau(t_1(ip_5)) = 12; a(id_1)] \rightarrow [\tau(t_2(ip_5)) = 11; a(id_2), a(id_3)]$$
$$\rightarrow [\tau(t_3(ip_5)) = 4]; \qquad\qquad \tau(ip_5) = 27;$$

	$A(ip_5)$	$M(s_5)$	$M(s_4)$	$M(s_3)$	$M(s_2)$	$F(id_1)_{sim}$	$a(id_1)_{sim}$	$F(id_2)_{sim}$	$a(id_2)_{sim}$	$F(id_3)_{sim}$	$a(id_3)_{sim}$
Sim1											
	0,935	3252	1	1	236	15	0,938	11	0,954	19	0,921
$a(id_1) = 0{,}95$	0,961	3342	1	1	136	9	0,963	16	0,933	8	0,967
$a(id_2) = 0{,}95$	0,965	3357	1	1	121	8	0,967	9	0,963	11	0,954
$a(id_3) = 0{,}95$	0,935	3252	1	1	226	15	0,938	16	0,933	13	0,946
	0,948	3296	0	3	181	12	0,950	9	0,963	10	0,958
$\bar{x}$	**0,949**	**3300**	**0,8**	**1,4**	**178**	**12**	**0,951**	**12**	**0,949**	**12**	**0,949**

Sim2

	0,991	3447	1	1	31	10	0,992	7	0,971	10	0,958
$a(id_1) = 0,99$	0,981	3412	0	28	40	13	0,989	11	0,954	9	0,963
$a(id_2) = 0,95$	0,970	3372	0	71	37	12	0,990	10	0,958	14	0,942
$a(id_3) = 0,95$	0,980	3408	0	26	46	15	0,988	11	0,954	10	0,958
	0,965	3356	1	86	37	12	0,990	11	0,954	15	0,938
$\bar{x}$	**0,978**	**3399**	**0,4**	**42**	**38**	**12**	**0,990**	**10**	**0,958**	**12**	**0,952**

Sim3

	0,944	3282	1	1	196	13	0,946	10	0,992	11	0,991
$a(id_1) = 0,95$	0,961	3342	1	1	136	9	0,963	18	0,985	17	0,986
$a(id_2) = 0,99$	0,948	3297	1	1	181	12	0,950	16	0,987	10	0,992
$a(id_3) = 0,99$	0,957	3327	1	1	151	10	0,958	12	0,990	14	0,988
	0,931	3237	1	1	241	16	0,933	16	0,987	8	0,993
$\bar{x}$	**0,948**	**3297**	**1**	**1**	**181**	**12**	**0,950**	**14**	**0,988**	**12**	**0,990**

Sim4

	0,993	3453	1	1	25	8	0,993	11	0,991	15	0,988
$a(id_1) = 0,99$	0,989	3438	1	1	40	13	0,989	9	0,993	9	0,993
$a(id_2) = 0,99$	0,991	3447	1	1	31	10	0,992	12	0,990	21	0,983
$a(id_3) = 0,99$	0,991	3444	1	1	34	11	0,991	18	0,985	10	0,992
	0,991	3444	1	1	34	11	0,991	12	0,990	15	0,988
$\bar{x}$	**0,991**	**3445**	**1**	**1**	**33**	**11**	**0,991**	**12**	**0,990**	**14**	**0,988**

Sim5

	0,996	3462	1	1	16	10	0,996	7	0,994	10	0,992
$a(id_1) = 0,995$	0,996	3464	0	1	15	9	0,996	15	0,988	16	0,987
$a(id_2) = 0,99$	0,997	3467	0	1	12	7	0,997	13	0,989	8	0,993
$a(id_3) = 0,99$	0,994	3455	0	1	24	15	0,994	13	0,989	11	0,991
	0,995	3461	0	1	18	11	0,995	7	0,994	14	0,988
$\bar{x}$	**0,996**	**3462**	**0,2**	**1**	**17**	**10**	**0,996**	**11**	**0,991**	**12**	**0,990**

$a(id_1)$	$a(id_2)$	$a(id_3)$	$A(ip_5)$			ϱ_{id_1,ip_5}	ϱ_{id_2,ip_5}	ϱ_{id_3,ip_5}
			$E(ip_5)$	$Var(ip_5)$	ϱ_{ip_5}			
0,950	0,950	0,950	0,949	1,99	1,41	1,00	0,19	0,73
0,990	0,950	0,950	0,978	1,06	1,03	0,22	0,66	0,87
0,950	0,990	0,990	0,948	1,40	1,18	1,00	-0,11	-0,93
0,990	0,990	0,990	0,991	0,02	0,16	1,00	-0,09	-0,57
0,995	0,990	0,990	0,996	0,02	0,13	1,00	-0,12	0,13

$$
\begin{aligned}
ip_{3A} = \quad &\{[\tau(t_1(ip_{3A})) = 12; a(id_1)] \rightarrow [\tau(t_2(ip_{3A})) = 11; a(id_2), a(id_3)]; \\
&[\tau(t_3(ip_{3A})) = 13] \rightarrow [\tau(t_4(ip_{3A})) = 14; a(id_3)]\} \\
&\rightarrow [\tau(t_5(ip_{3A})) = 4]; \qquad\qquad\qquad \tau(ip_{3A}) = 27|31;
\end{aligned}
$$

	$A(ip_{3A})$	$M(s_5)$	$M(s_4)$	$M(s_3)$	$M(s_2)$	$F(id_1)_{sim}$	$a(id_1)_{sim}$	$F(id_2)_{sim}$	$a(id_2)_{sim}$	$F(id_3)_{sim}$	$a(id_3)_{sim}$
Sim1											
	0,995	3460	0	0	1	15	0,938	11	0,954	19	0,921
$a(id_1) = 0,95$	0,997	3467	0	0	1	9	0,963	16	0,933	8	0,967
$a(id_2) = 0,95$	0,997	3468	0	0	1	8	0,967	9	0,963	11	0,954
$a(id_3) = 0,95$	0,995	3460	0	0	1	15	0,938	16	0,933	13	0,946
	0,996	3462	0	0	3	12	0,950	9	0,963	10	0,958
$\bar{x}$	**0,996**	**3463**	**0**	**0**	**1,4**	**12**	**0,951**	**12**	**0,949**	**12**	**0,949**

Sim2

a(id)										
a(id$_1$) = 0,99	0,999	3475	0	0	1	10	0,992	7	0,971	10	0,958
	0,991	3447	0	0	28	13	0,989	11	0,954	9	0,963
a(id$_2$) = 0,95	0,978	3402	1	2	71	12	0,990	10	0,958	14	0,942
a(id$_3$) = 0,95	0,993	3451	0	0	24	15	0,988	11	0,954	10	0,958
	0,976	3392	1	0	83	12	0,990	11	0,954	15	0,938
$\bar{x}$	**0,987**	**3433**	**0,4**	**0,4**	**41**	**12**	**0,990**	**10**	**0,958**	**12**	**0,952**

Sim3

a(id$_1$) = 0,95	0,996	3462	0	0	1	13	0,946	10	0,992	11	0,991
	0,997	3467	0	0	1	9	0,963	18	0,985	17	0,986
a(id$_2$) = 0,99	0,996	3463	1	0	1	12	0,950	16	0,987	10	0,992
a(id$_3$) = 0,99	0,997	3466	0	0	1	10	0,958	12	0,990	14	0,988
	0,995	3459	0	0	1	16	0,933	16	0,987	8	0,993
$\bar{x}$	**0,996**	**3463**	**0,2**	**0**	**1**	**12**	**0,950**	**14**	**0,988**	**12**	**0,990**

Sim4

a(id$_1$) = 0,99	0,999	3475	1	0	1	8	0,993	11	0,991	15	0,988
	0,999	3474	0	0	1	13	0,989	9	0,993	9	0,993
a(id$_2$) = 0,99	0,999	3475	0	0	1	10	0,992	12	0,990	21	0,983
a(id$_3$) = 0,99	0,999	3474	0	1	1	11	0,991	18	0,985	10	0,992
	0,999	3475	0	0	1	11	0,991	12	0,990	15	0,988
$\bar{x}$	**0,999**	**3475**	**0,2**	**0,2**	**1**	**11**	**0,991**	**12**	**0,990**	**14**	**0,988**

Sim5

a(id$_1$) = 0,995	1,000	3478	0	0	1	10	0,996	7	0,994	10	0,992
	1,000	3478	0	0	1	9	0,996	15	0,988	16	0,987
a(id$_2$) = 0,99	1,000	3478	1	0	1	7	0,997	13	0,989	8	0,993
a(id$_3$) = 0,99	0,999	3477	1	0	1	15	0,994	13	0,989	11	0,991
	1,000	3478	0	0	1	11	0,995	7	0,994	14	0,988
$\bar{x}$	**0,999**	**3477**	**0,4**	**0**	**1**	**10**	**0,996**	**11**	**0,991**	**12**	**0,990**

a(id$_1$)	a(id$_2$)	a(id$_3$)	A(ip_{3A})			$\varrho_{id_1,ip_{3A}}$	$\varrho_{id_2,ip_{3A}}$	$\varrho_{id_3,ip_{3A}}$
			E(ip_{3A})	Var(ip_{3A})	$\varrho_{ip_{3a}}$			
0,950	0,950	0,950	0,996	0,01	0,11	0,99	0,10	0,67
0,990	0,950	0,950	0,987	1,02	1,01	0,07	0,56	0,91
0,950	0,990	0,990	0,996	0,01	0,09	1,00	-0,12	-0,95
0,990	0,990	0,990	0,999	0,00	0,02	0,70	0,30	-0,86
0,995	0,990	0,990	1,000	0,00	0,01	0,87	0,30	-0,14

Simulationsexperiment 16

$$ip_{4A} = [\tau(t_1(ip_{4A})) = 12] \rightarrow \{[\tau(t_2(ip_{4A})) = 27; a(id_1), a(id_3)]$$
$$\rightarrow [\tau(t_3(ip_{4A})) = 24; a(id_2)]; [\tau(t_4(ip_{4A})) = 7; a(id_1), a(id_3)]$$
$$\rightarrow [\tau(t_5(ip_{4A})) = 7; a(id_2)]\} \qquad \tau(ip_{4A}) = 63|26;$$

	Kategorie A			Kategorie B								
	$A(ip_{4A})$	Ober-grenze	$M(s_5)$	$A(ip_{4A})$	Ober-grenze	$M(s_5)$	$F(id_1)_{sim}$	$a(id_1)_{sim}$	$F(id_2)_{sim}$	$a(id_2)_{sim}$	$F(id_3)_{sim}$	$a(id_3)_{sim}$
Sim1												
	0,978	1428	1397	0,972	5526	5371	14	0,942	11	0,954	9	0,963
$a(id_1) = 0,95$	0,994	1385	1376	0,956	5563	5316	14	0,942	12	0,950	11	0,954
$a(id_2) = 0,95$	0,977	1392	1360	0,958	5562	5329	13	0,946	10	0,958	11	0,954
$a(id_3) = 0,95$	0,961	1426	1370	0,965	5529	5334	6	0,975	14	0,942	17	0,929
	0,989	1403	1387	0,954	5550	5296	11	0,954	12	0,950	13	0,946
$\bar{x}$	**0,980**	**1407**	**1378**	**0,961**	**5546**	**5329**	**12**	**0,952**	**12**	**0,951**	**12**	**0,949**
Sim2												
	0,999	1345	1343	0,992	5610	5564	5	0,988	9	0,978	15	0,963
$a(id_1) = 0,97$	0,996	1401	1395	0,994	5550	5515	14	0,965	7	0,983	9	0,978
$a(id_2) = 0,97$	0,999	1419	1418	0,982	5530	5429	12	0,970	15	0,963	11	0,973
$a(id_3) = 0,97$	0,986	1404	1384	0,984	5548	5461	11	0,973	19	0,953	17	0,958
	1,000	1338	1338	0,979	5612	5493	15	0,963	12	0,970	16	0,960
$\bar{x}$	**0,996**	**1381**	**1376**	**0,986**	**5570**	**5492**	**12**	**0,972**	**12**	**0,969**	**14**	**0,966**
Sim3												
	0,999	1425	1423	0,999	5524	5517	12	0,980	11	0,982	10	0,983
$a(id_1) = 0,98$	1,000	1373	1373	0,998	5581	5569	10	0,983	14	0,977	10	0,983
$a(id_2) = 0,98$	0,999	1369	1368	0,999	5584	5576	13	0,978	8	0,987	12	0,980
$a(id_3) = 0,98$	1,000	1388	1388	1,000	5563	5563	12	0,980	10	0,983	10	0,983
	1,000	1416	1416	0,997	5538	5522	10	0,983	10	0,983	13	0,978
$\bar{x}$	**0,948**	**1394**	**1394**	**0,998**	**5558**	**5549**	**12**	**0,981**	**11**	**0,982**	**11**	**0,982**
Sim4												
	1,000	1347	1347	0,999	5596	5592	13	0,989	10	0,992	9	0,993
$a(id_1) = 0,99$	1,000	1392	1392	0,999	5561	5558	18	0,985	18	0,985	14	0,988
$a(id_2) = 0,99$	1,000	1326	1326	1,000	5628	5628	12	0,990	13	0,989	12	0,990
$a(id_3) = 0,99$	0,999	1375	1374	1,000	5575	5575	12	0,990	9	0,993	16	0,987
	1,000	1387	1387	1,000	5565	5565	7	0,994	15	0,988	9	0,993
$\bar{x}$	**0,999**	**1365**	**1365**	**0,999**	**5585**	**5584**	**13**	**0,990**	**13**	**0,989**	**12**	**0,990**
Sim5												
	0,999	1432	3462	1,000	5519	5519	15	0,988	7	0,988	13	0,989
$a(id_1) = 0,99$	1,000	1393	3464	0,999	5556	5548	17	0,986	13	0,978	13	0,989
$a(id_2) = 0,98$	1,000	1379	3467	1,000	5573	5572	10	0,992	15	0,975	10	0,992
$a(id_3) = 0,99$	1,000	1332	3455	1,000	5621	5621	5	0,996	9	0,985	9	0,993
	1,000	1381	3461	1,000	5566	5566	18	0,985	10	0,983	12	0,990
$\bar{x}$	**0,999**	**1383**	**3462**	**0,999**	**5567**	**5565**	**11**	**0,989**	**11**	**0,982**	**11**	**0,991**

$a(id_1)$	$a(id_2)$	$a(id_3)$	Kategorie A $A(ip_{4A})$			$\varrho_{id_1,ip_{4A}}$	$\varrho_{id_2,ip_{4A}}$	$\varrho_{id_3,ip_{4A}}$
			$E(ip_{4A})$	$Var(ip_{4A})$	$\varrho_{ip_{4a}}$			
0,950	0,950	0,950	0,980	1,60	1,26	-0,75	0,42	0,61
0,970	0,970	0,970	0,996	0,36	0,59	-0,04	0,60	0,36
0,980	0,980	0,980	1,000	0,00	0,06	0,59	-0,24	-0,19
0,990	0,990	0,990	1,000	0,00	0,03	-0,06	-0,61	0,73
0,995	0,980	0,990	1,000	0,00	0,03	0,21	-0,67	0,49

a(id$_1$)	a(id$_2$)	a(id$_3$)	Kategorie B A(ip$_{4A}$)			ϱ$_{id_1.ip_{4A}}$	ϱ$_{id_2.ip_{4A}}$	ϱ$_{id_3.ip_{4A}}$
			E(ip$_{4A}$)	Var(ip$_{4A}$)	ϱ$_{ip_{4a}}$			
0,950	0,950	0,950	0,961	0,54	0,74	0,08	-0,05	0,14
0,970	0,970	0,970	0,986	0,41	0,64	0,45	0,66	0,44
0,980	0,980	0,980	0,998	0,01	0,11	-0,69	0,25	0,62
0,990	0,990	0,990	1,000	0,00	0,03	0,63	0,11	-0,25
0,995	0,980	0,990	1,000	0,00	0,06	0,38	0,49	0,45